Springer-Lehrbuch

Springer
Berlin
Heidelberg
New York
Barcelona
Budapest
Hongkong
London
Mailand
Paris
Santa Clara
Singapur
Tokio

Alfred Maußner · Rainer Klump

Wachstumstheorie

Mit 50 Abbildungen

Springer

Prof. Dr. Alfred Maußner
Staatswissenschaftliches Seminar
der Universität zu Köln
Albertus-Magnus-Platz
D-50923 Köln

Prof. Dr. Rainer Klump
Volkswirtschaftliches Institut
der Universität Würzburg
Sanderring 2
D-97070 Würzburg

Die Deutsche Bibliothek - CIP-Einheitsaufnahme

Maussner, Alfred:
Wachstumstheorie / Alfred Maussner ; Rainer Klump. - Berlin
; Heidelberg ; New York ; Barcelona ; Budapest ; Hongkong ;
London ; Mailand ; Paris ; Santa Clara ; Singapur ; Tokio :
Springer, 1996
(Springer-Lehrbuch)
ISBN-13: 978-3-540-61501-9   e-ISBN-13: 978-3-642-61473-6
DOI: 10.1007/978-3-642-61473-6
NE: Klump, Rainer:

ISBN-13: 978-3-540-61501-9 Springer-Verlag Berlin Heidelberg New York

SPIN 10518631   43/2202-5 4 3 2 1 0 – Gedruckt auf säurefreiem Papier

Vorwort

Für ADAM SMITH war die Suche nach den Ursachen wirtschaftlichen Wachstums die Aufgabe der Volkswirtschaftslehre schlechthin. Gleichwohl stand die Wachstumstheorie nicht immer im Mittelpunkt des Forschungsinteresses. Vielmehr entwickelte sie sich in ausgeprägten Wellen. Nach einem spektakulären Durchbruch in den fünfziger Jahren sank das wissenschaftliche Interesse an der Wachstumstheorie spürbar. Vor etwa zehn Jahren galt sie nur noch als ein Randgebiet der Volkswirtschaftslehre. Seither hat die Wachstumstheorie eine spektakuläre Renaissance erlebt, mit der sie ihren Platz im Zentrum des volkswirtschaftlichen Fächerkanons zurückgewinnen konnte. Sie präsentiert sich heute als eine dynamische Theorie gesamtwirtschaftlicher Zusammenhänge, die methodisch auf das engste verbunden ist mit der statischen Makroökonomik und der modernen Konjunkturtheorie.

Die lange Phase der Stagnation hat allerdings dazu beigetragen, daß die deutschsprachige Lehrbuchliteratur zur Wachstumstheorie heute relativ begrenzt ist bzw. nicht mehr die aktuellen Entwicklungen abdeckt. Bei dem Versuch, Veranstaltungen zur Wachstumstheorie anzubieten, standen wir daher vor dem Problem, daß der stark gewachsenen Nachfrage nach begleitender Lektüre nur ein unzureichendes Angebot gegenübersteht. Diese Lücke haben wir zunächst durch Skripten geschlossen, aus denen schließlich dieses Buch entstand.

In mehrerer Hinsicht wollen wir mit der Konzeption des Buches neue Wege gehen. Wir konzentrieren uns in den Hauptteilen vollständig auf die neoklassische Wachstumstheorie, weil uns deren Leistungsfähigkeit allen anderen Ansätzen überlegen scheint; in einem längeren dogmenhistorischen Exkurs setzen wir uns aber auch mit alternativen Wachstumstheorien in Geschichte und Gegenwart auseinander. Wir behandeln das auf ROBERT SOLOW zurückgehende Grundmodell der neoklassischen Wachstumstheorie und die wichtigsten Grundmodelle der neuen Wachstumstheorie, die durch Arbeiten von PAUL ROMER und ROBERT LUCAS angestoßen wurde; wir widmen uns aber auch ausführlich den Wachstumsmodellen mit endogener Sparquote, darunter dem Ansatz von FRANK RAMSEY sowie dem von MAURICE ALLAIS und PAUL SAMUELSON entwickelten Generationenmodell, weil gerade in diesen Modellvarianten die Nähe der Wachstumstheorie zur modernen Makroökonomik besonders deutlich wird.

Bei der Darstellung der Modelle legen wir Wert auf eine formal adäquate Analyse. Daneben zeigen wir mit Hilfe von Simulationsrechnungen die quantitative Seite der Modelle, die sich als nützliche Werkzeuge zur Strukturierung unseres empirischen Wissens über Wachstumsphänomene erweisen sollen. Gerade damit wollen wir dem falschen Eindruck vorbeugen, die dynamische Makroökonomik erschöpfe sich im abstrakt-logischen Modellvergleich. Durch mehrere Anwendungsbeispiele und einen abschließenden Ausblick wollen wir außerdem auf die wachstums- und entwicklungspolitischen Fragestellungen aufmerksam machen, für die wachstumstheoretische Erkenntnisse nutzbar gemacht werden können. Bei der Auswahl der Modellerweiterungen in den drei Hauptteilen haben wir versucht, ein möglichst breites Spektrum zusammenzustellen, das von der Ressourcenökonomik über die monetäre Wachstumstheorie bis zur Analyse politökonomischer Wachstumsmodelle reicht. Wir wollen damit verdeutlichen, daß die Wachstumsthematik in fast jedes andere Gebiet der Volkswirtschaftslehre hineinreicht und daß die neoklassische Wachstumstheorie auf eine Vielfalt von Entwicklungsprozessen angewendet werden kann.

Das Buch wendet sich an Studierende im wirtschaftswissenschaftlichen Hauptstudium, setzt also fundierte Kenntnisse in mikro- und makroökonomischer Theorie voraus. Die Vertrautheit mit den mathematischen Methoden der Wirtschaftstheorie ist gleichfalls von Vorteil. Allerdings haben wir uns bemüht, die Hürden in dieser Hinsicht nicht zu hoch zu setzen, indem wir komplexe Herleitungen in Ergänzungsteilen ausführlich erläutert und zudem in Abschnitt E des Buches die wichtigsten analytischen Hilfsmittel zusammengestellt haben. Teil A soll in die empirisch feststellbaren Grundfragen der Wachstumstheorie einführen, auf die Wechselwirkungen zwischen Wirtschaftsentwicklung und Wachstumstheorie seit Beginn der Neuzeit aufmerksam machen, und die methodischen Besonderheiten der neoklassischen Wachstumstheorie erläutern. Über den Bereich der Wachstumstheorie hinaus sehen wir Einsatzmöglichkeiten für das Buch in Veranstaltungen zur Wachstums- und Entwicklungspolitik, insbesondere durch die Verknüpfung der Grundmodelle in den Teilen B, C und D mit den jeweiligen Anwendungsbeispielen. Für Vorlesungen zur Makroökonomik und Konjunkturtheorie sind die drei Grundmodelle des Teils C gut verwertbar.

Wir danken allen, die in den vergangenen Jahren beim Entstehen des Buches geholfen haben, an erster Stelle unseren Studentinnen und Studenten in Köln und Würzburg, deren Begeisterung für die Wachstumstheorie durch immer wieder neue Skripten auf eine harte Probe gestellt wurde. Unsere Mitarbeiterinnen und Mitarbeiter haben uns in langen und intensiven Diskussionen auf Fehler, Ungenauigkeiten, Verbesserungs- und Erweiterungsmöglichkeiten aufmerksam gemacht, wofür wir Ihnen ganz herzlich danken. Namentlich bedanken wir uns bei Herrn Dipl.-Vw. Klaus Dorner, Herrn Dipl.-Vw. Burkhard Heer, Herrn Dipl.-Kfm. Matthias Kaut, Herrn Dipl.-Vw. Markus Küppers und Herrn Dipl.-Vw. Harald Preißler. Für die Suche nach Schreibfehlern und sprachlichen Ungereimtheiten danken wir Frau Britta Mardak und Herrn Robert Kuntz. Herr Kaut und Herr Küppers haben mit großer Sorgfalt die Fehler im Manuskript korrigiert und das Personen- und Sachverzeichnis erstellt. Frau Nana Schulz und Herrn Thorsten Brackert danken wir für die unentbehrliche Hilfe bei der Literatursuche. Für alle Fehler sind wir selbstverständlich ganz allein verantwortlich. Wir hoffen aber, daß Sie beim Lesen nie in die Situation kommen, für die PAUL SAMUELSON im Vorwort zur Neuauflage seiner "Foundations of Economic Analysis" den Rat gibt: "If the reader feels a sign should be changed, he is probably right."

Köln und Würzburg, im Juni 1996   Alfred Maußner und Rainer Klump

Inhaltsverzeichnis

A

Grundlagen

Wirtschaftliches Wachstum, im Sinne einer stetigen Zunahme der pro Kopf verfügbaren Menge von Sachgütern und Dienstleistungen, ist ein wesentliches Merkmal der
jüngeren Neuzeit. Auf den folgenden Seiten beschreiben wir dieses Phänomen zunächst anhand der Trends zentraler ökonomischer Größen. Anschließend zeigt ein
historischer Streifzug durch die Literatur Wurzeln und Entwicklungslinien der Wachstumstheorie auf. Vor diesem Hintergrund erläutern wir die Methodik der *neoklassischen Wachstumstheorie*, der wir uns in diesem Buch ausschließlich widmen. Mit einem Überblick über die folgenden Kapitel, den wir mit einer Lesehilfe verbinden,
schließt das erste Kapitel.

I. Stilisierte Fakten des Wirtschaftswachstums

Although no one would argue that the "stylized facts" listed below hold in any exact
sense, they do deserve consideration as a set of propositions that may be roughly consi-
stent with long-run trends.

EDWIN BURMEISTER (1980), S. 46.

Kaldors Liste stilisierter Fakten

Den Begriff der stilisierten Fakten hat NICHOLAS KALDOR (1961) in die ökonomische Literatur eingeführt. Darunter versteht er qualitative Eigenschaften der Zeitreihen ökonomischer Größen, wie der Pro-Kopf-Produktion, der Investitionsquote oder
des Kapitalkoeffizienten. Der Trend und die Korrelationsbeziehungen solcher Reihen
bilden ein Muster grundlegender empirischer Zusammenhänge, das jede Wachstumstheorie erklären sollte und das mithin ein erster Prüfstein für deren Leistungsfähigkeit ist.

KALDOR nennt sechs wesentliche Kennzeichen des Wachstumsprozesses:

1. Die Arbeitsproduktivität wächst mit nahezu gleichbleibender Rate.
2. Die Kapitalintensität der Produktion nimmt zu.

3. Die Kapitalrendite ist nahezu konstant.
4. Der Kapitalkoeffizient ist nahezu konstant.
5. Die Einkommensanteile der Arbeit und des Kapitals sind nahezu konstant.
6. Die geographische Streuung der Wachstumsraten der Arbeitsproduktivität ist groß.

Diese Tatbestände kennzeichnen noch heute, 35 Jahre nach der Publikation von KALDORS Aufsatz, das Phänomen Wirtschaftswachstum. PAUL ROMER (1989), S. 54f., weist darauf hin, daß KALDORS Liste zwei überflüssige Merkmale enthält, weil die Eigenschaften 2 und 3 aus den Beobachtungen 1 und 4 bzw. 4 und 5 folgen: Wenn der Kapitalkoeffizient K/Y konstant ist, müssen Kapital K und Produktion Y mit derselben Rate $g=g_K=g_Y$ wachsen. Die Arbeitsproduktivität Y/N kann aber nur zunehmen, wenn die Produktion schneller wächst als der Arbeitseinsatz N, d.h. wenn $g_Y>g_N$ ist. Demnach muß auch $g_K>g_N$ sein, woraus folgt, daß die Kapitalintensität K/N zunehmen muß. Ein konstanter Kapitalkoeffizient K/Y und eine unveränderliche Einkommensquote des Kapitals rK/Y implizieren desweiteren, daß auch die Kapitalrendite r konstant sein muß.

ROMER (1989), S. 55, fügt den Punkten 1 bis 6 noch fünf weitere Merkmale hinzu, und auch andere Autoren [siehe GROSSMAN und HELPMAN (1991), S. 1-6, für einen Überblick] ergänzen KALDORS Liste. Zumeist motivieren diese Ergänzungen spezielle Fragestellungen, so daß es uns sinnvoller erscheint, auf sie an gegebener Stelle hinzuweisen. Nur eine Ergänzung [Punkt 10 aus ROMERS Liste] wollen wir hervorheben:

7. Das Wachstum der Produktion kann durch den vermehrten Arbeits- und Kapitaleinsatz allein nicht erklärt werden.

Wir illustrieren im folgenden die Punkte 1 und 4 bis 7 anhand von Zeitreihen für die Bundesrepublik Deutschland und mit Daten aus dem Penn World Table, einer Sammlung international vergleichbarer Zeitreihen für mittlerweile 148 Länder.[1]

Wachstum des Pro-Kopf-Einkommens

Das reale Pro-Kopf-Einkommen[2] in der Bundesrepublik Deutschland [in der Gebietsabgrenzung vor dem 3. Oktober 1990] ist vor allem nach dem Zweiten Weltkrieg erheblich gewachsen [siehe Abbildung A.I.1]. Zwischen 1850 und 1913 wuchs es im

---

1 Den Penn World Table, den es zur Zeit (1996) in der Version 5.6a gibt, beschreibt der Artikel von SUMMERS und HESTON (1991). Sie können die Dateien auf Diskette direkt beim NBER [National Bureau of Economic Research] gegen eine Gebühr von 4 US-$ erwerben, oder Sie senden eine E-Mail an NBER@HARVARDA.HARVARD.EDU. In diesem Fall erhalten sie die Dateien kostenlos über das Internet.

2 Wir benutzen im folgenden diese Variable anstelle des Einkommens je Beschäftigten.

Durchschnitt mit einer jährlichen Rate von 1,45 Prozent. Nach dem Zweiten Weltkrieg hat sich die Wachstumsrate mehr als verdoppelt: Zwischen 1950 und 1993 ist das Pro-Kopf-Einkommen jährlich um rund 3,7 Prozent gestiegen. 1990 erwirtschaftete jeder Bürger der Alten Bundesländer rund 29.000 DM. Im Jahr 1850 waren es nur rund 2.200 [vergleichbare] Mark. Das entspricht einer mittleren jährlichen Wachstumsrate von rund 1,85 Prozent. Bei der nur geringfügig kleineren Rate von 1,8 Prozent, wäre

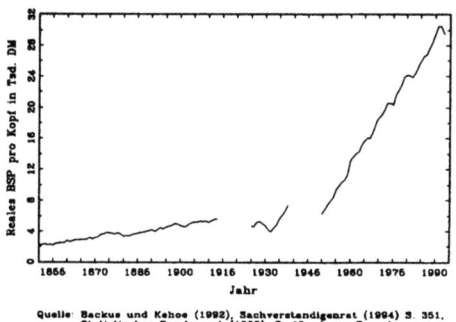

Quelle: Backus und Kehoe (1992), Sachverständigenrat (1994) S. 351, Statistisches Bundesamt (1995), S. 46, eigene Berechnungen

Abbildung A.I.1:   Wirtschaftswachstum in Deutschland 1850-1993

jeder Bundesbürger im Jahr 1990 um rund 2.000 DM ärmer gewesen.[3] Auch Bruchteile von Prozentpunkten, das zeigt diese Rechnung, haben über längere Zeiträume erhebliche Einkommenseffekte.

Ob Einkommenszuwächse auch tatsächlich den Lebensstandard oder das Wohlbefinden der Bürger erhöhen, ist in der Diskussion um das Konzept des Sozialprodukts als Wohlfahrtsindikator immer wieder bezweifelt worden. Am empirischen Tatbestand des Wachstums und an der Suche nach dessen Ursachen ändert diese Diskussion nichts, so daß wir sie hier auch nicht rezipieren.

Abbildung A.I.2 zeigt die Einkommensentwicklung zwischen 1950 und 1992 in den G7-Ländern. Die Daten für das Bruttoinlandsprodukt [BIP] stammen aus dem Penn World Table und sind in internationalen Dollar ausgedrückt, einer Kunstwährung, die Kaufkraftunterschiede beseitigt und Einkommen vergleichbar macht.[4] Durch die Wahl einer konstanten Preisbasis eliminiert der Einkommensindikator auch inflationäre Entwicklungen. Nach wie vor sind die Vereinigten Staaten von Amerika und Kanada die "reichsten" Länder. Durch ein im Vergleich zu diesen Ländern überdurchschnittliches Wachstum konnten insbesondere Japan und die Bundesrepublik Deutschland

---

3   Die Daten für das Bruttosozialprodukt (BSP) für den Zeitraum 1850 bis 1986 stammen aus dem Datenfile zu BACKUS und KEHOE (1992), den uns die Autoren freundlicherweise überlassen haben, wofür wir Ihnen an dieser Stelle danken. Die Daten für das BSP zwischen 1987 und 1993 finden sich im Gutachten des Sachverständigenrats (1994), S. 351. Diese Reihe hat eine andere Preisbasis als die aus der Backus-Kehoe-Datei. Im überlappenden Zeitraum 1980-1986 ist die letztgenannte Reihe im Schnitt um den Faktor 0,73 [Standardabweichung 0,00177] kleiner als die SVR-Reihe. Wir haben die Daten des Sachverständigenrats für 1987-1993 deshalb mit diesem Faktor skaliert. Die Daten für die Wohnbevölkerung stehen im Statistischen Jahrbuch für 1995, S. 46 [Statistisches Bundesamt (1995)]. Die Datenlücken haben wir durch lineare Interpolation geschlossen.

4   Zur Konstruktion dieser Kunstwährung verweisen wir auf SUMMERS und HESTON (1991). In der Variablendefinition des Penn Word Table Mark 5.6a handelt es sich um die Variable RGDPCH:= Real Gross Domestic Product per capita in constant dollars (Chain Index), expressed in international prices, base 1985.

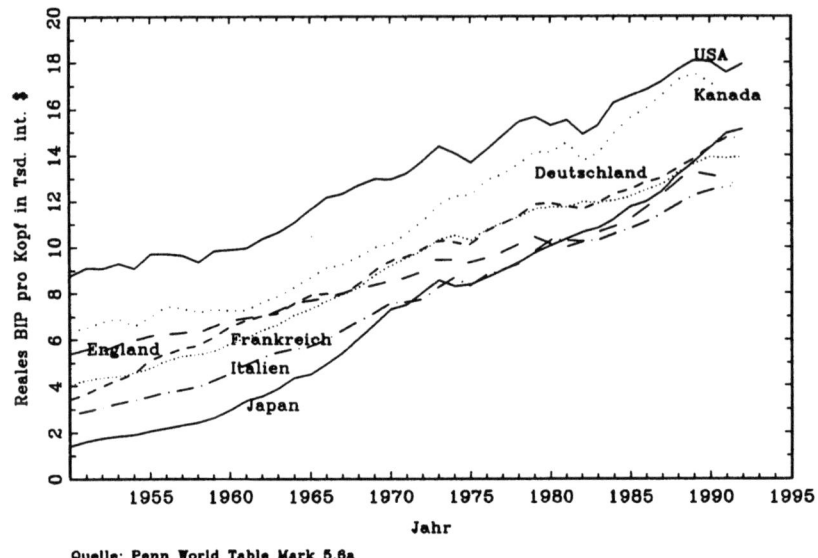

Quelle: Penn World Table Mark 5.6a

Abbildung A.I.2:   Wachstum in den G7-Ländern

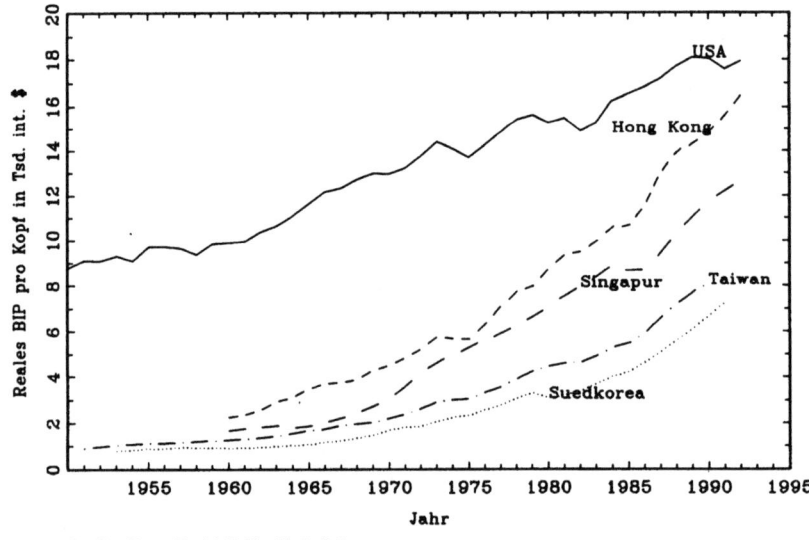

Quelle: Penn World Table Mark 5.6a

Abbildung A.I.3:   Wachstum in ausgewählten südostasiatischen Staaten

den Einkommensabstand verringern. Während das Pro-Kopf-Einkommen der USA im Zeitraum 1950 bis 1990 mit einer mittleren jährlichen Rate von 1,8 Prozent wuchs, verzeichneten Japan und Deutschland Wachstumsraten von 5,9 bzw. 3,7 Prozent.

Auch die anderen Mitglieder der G7-Gruppe haben durch eine höhere Wachstumsrate ihren Einkommensabstand zu den USA vermindert.

Etwa 20 Jahre später, zu Beginn der siebziger Jahre, setzte in einigen südostasiatischen Ländern ein geradezu stürmischer Wachstumsprozeß ein, den Abbildung A.I.3 veranschaulicht. Hong Kong hat mittlerweile fast das Pro-Kopf-Einkommen der USA erreicht; das Pro-Kopf-Einkommen wuchs im Zeitraum 1970 bis 1990 mit einer mittleren Rate von rund 6 Prozent. Im selben Zeitraum verzeichneten Singapur und Südkorea Wachstumsraten von durchschnittlich je 7 Prozent. Etwas langsamer, mit einer Rate von 6,7 Prozent wuchs das Pro-Kopf-Einkommen in Taiwan.

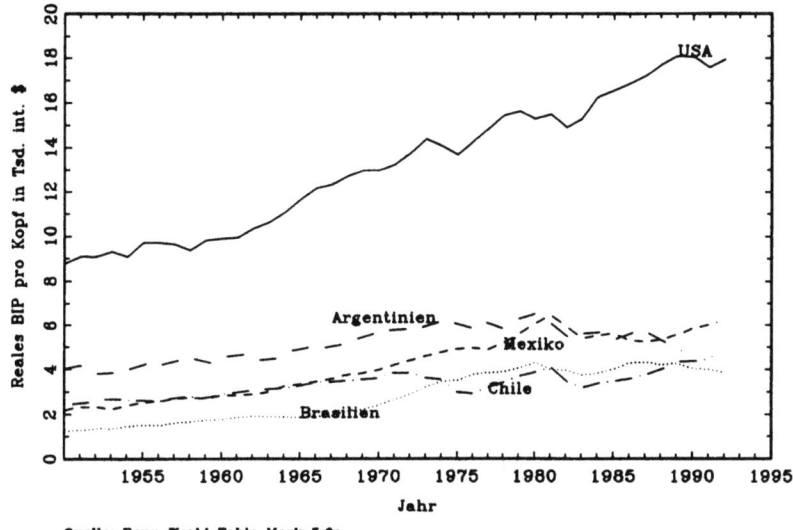

Quelle: Penn World Table Mark 5.6a

Abbildung A.I.4:   Wachstum in ausgewählten Ländern Lateinamerikas

Völlig anders als in Südostasien verlief die jüngere Entwicklung in Südamerika und auf dem afrikanischen Kontinent. Beispielsweise brach der Aufholprozeß in Mexiko und Brasilien, der Ende der sechziger Jahre einsetzte, zu Beginn der achtziger Jahre ab, so daß diese Länder, wie im übrigen auch Chile und Argentinien, im Vergleich zu den USA ärmer wurden [siehe Abbildung A.I.3, A.I.4].

Der große Einkommensabstand zu den USA verdeckt in Abbildung A.I.5, daß auch die Wirtschaften einiger armer Länder gewachsen sind. Dazu zählen beispielsweise Ägypten und Nigeria, wo das Pro-Kopf-Einkommen zwischen 1950 und 1990 im Mittel um rund 2,4 bzw. 2 Prozent pro Jahr wuchs. Im gleichen Zeitraum nahmen die Pro-Kopf-Einkommen in Kenia um etwa 1,1 und in Südafrika um etwa 1,3 Prozent zu, während die Wirtschaft Zaires im Mittel nur um etwa 0,6 Prozent pro Jahr wuchs.

Die ausgewählten Beispiele lassen zum einen erkennen, daß Wirtschaftswachstum nicht auf wenige Länder beschränkt ist, daß es aber geographisch große Unterschiede

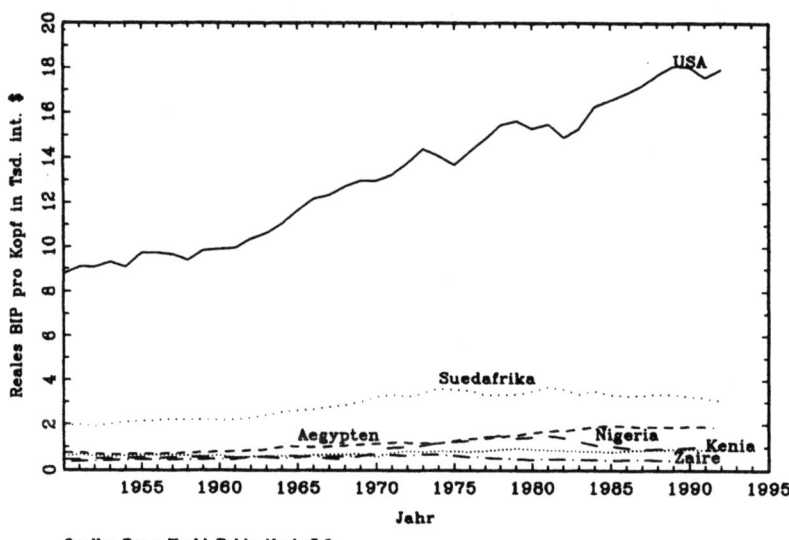

Quelle: Penn World Table Mark 5.6a

Abbildung A.I.5:   Wachstum in ausgewählten Ländern Afrikas

gibt. Sie verdeutlichen zum anderen, daß es Ländergruppen gibt, innerhalb derer das
Wachstum Einkommensunterschiede einebnete, während sich die Pro-Kopf-Einkommen anderer Gruppen weiter voneinander weg entwickelten. Dabei scheint es, wie der
Vergleich der "Tigerstaaten" mit den afrikanischen Ländern zeigt, keinen eindeutigen
Zusammenhang zwischen anfänglicher Armut und Wachstum zu geben. Beispielsweise
hatten Hong Kong und Südafrika 1960 fast dasselbe Pro-Kopf-Einkommen von rund
2.200 internationalen Dollars. Während aber Hong Kong fast zu den USA aufgeschlos-
sen ist, hat sich das Einkommen in Südafrika seither nicht nennenswert verändert.

Abbildung A.I.6 illustriert diese Behauptung mit Hilfe aller 104 Länder, für die der
Penn World Table in den Jahren 1960 und 1990 Daten ausweist. Jeder Punkt repräsentiert ein Land, dessen mittlere Wachstumsrate zwischen diesen beiden Jahren an
der Ordinate abgelesen werden kann. Das relative Einkommen des Landes steht auf
der Abszisse. Es ist definiert als das Pro-Kopf-Einkommen [siehe Fußnote 4] des Landes im Jahr 1960 bezogen auf das Pro-Kopf-Einkommen der USA im selben Jahr.
Würden ärmere Länder schneller wachsen als reichere, müßte sich durch die Punkte-
wolke eine Regressionsgerade mit signifikant negativer Steigung legen lassen. Gerade
das Gegenteil ist der Fall. Die eingezeichnete Regressionslinie deckt einen schwachen,
aber signifikant positiven Zusammenhang zwischen dem relativen Einkommen und der
mittleren Wachstumsrate auf. Die oft vertretene These, Wachstum reduziere die

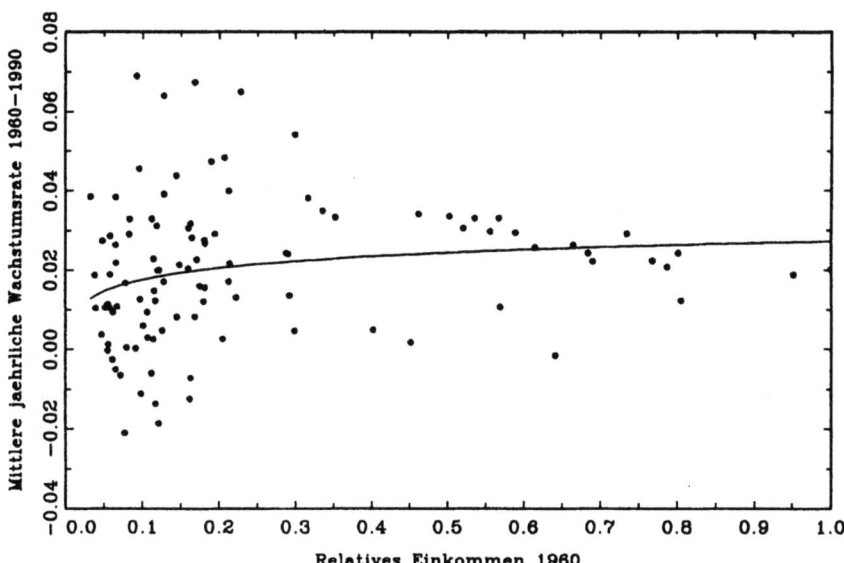

Quelle: Penn World Table, Mark 5.6a

Abbildung A.I.6:   Mittlere Wachstumsraten 1960 bis 1990 und relatives Einkommen in
104 Ländern des Penn World Table

Streuung der Pro-Kopf-Einkommen, bestätigt das Schaubild mithin nicht.[5] Gleichwohl lassen sich, wie wir gesehen haben, Ländergruppen finden, für die diese These zutrifft. Wir werden diese *Konvergenzthese* in Abschnitt B.III.2 nochmals im Licht der Implikationen einfacher neoklassischer Wachstumsmodelle betrachten.

Konstanter Kapitalkoeffizient

Der Kapitalkoeffizient ist der Quotient aus dem Kapitalstock einer Volkswirtschaft und deren Produktion. Er ist mit anderen Worten der Kehrwert der Kapitalproduktivität. Diese Größe scheint keinen eindeutigen Trend zu besitzen. Das schließt nicht aus, daß sie in kürzeren Zeiträumen mitunter erheblich variiert. Einen Eindruck davon vermittelt Abbildung A.I.7. Sie zeigt in drei verschiedenen inhaltlichen Abgren-

---

5   Die Schätzung der semi-logarithmischen Beziehung [g_i:=Wachstumsrate des Landes i, y_i relatives Einkommen des Landes i im Jahr 1960]

$$g_i = \beta_1 + \beta_2 \ln(y_i)$$

nach der Methode der Kleinsten Quadrate führt auf folgendes Ergebnis [heteroskedastizitätsrobuste Standardfehler in Klammern]:

$\beta_1=0{,}0274$ (0,0028), $\beta_2=0{,}0042$ (0,0015).

Demnach ist der Koeffizient β_2 mit einer Irrtumswahrscheinlichkeit von weniger als einem Prozent signifikant positiv. [Das Bestimmtheitsmaß der Regression ist 0,0413].

zungen die Entwicklung des Kapitalkoeffizienten in den Alten Bundesländern zwischen
1950 und 1993.[6] Der Kapitalkoeffizient aller Wirtschaftsbereiche schließt auch den
öffentlichen Kapitalstock ein. Er ist in den fünfziger Jahren gesunken und anschließend in etwa auf sein altes Niveau gestiegen. In etwa denselben Verlauf nahm der
Kapitalkoeffizient der Unternehmen. Der Vergleich zwischen den Reihen mit bzw.
ohne Wohnungsvermietung macht zudem deutlich, daß ein erheblicher Teil des Sachkapitals Wohnbauten sind. Der durchschnittliche Kapitalkoeffizient aller Unternehmen
im betrachteten Zeitraum beträgt 4,3. Klammert man die Unternehmen der Wohnungsvermietung aus, sinkt dieser Wert auf 2,3.

In einem Vergleich der Kapitalkoeffizienten verschiedener Länder über einen Zeitraum von 1870 bis 1979 kommt ROMER (1989), S. 59-62, zu dem Ergebnis, daß der
Kapitalkoeffizient für die Industrienationen konstant und sogar annähernd gleich ist.
In Ländern mit niedrigem Pro-Kopf-Einkommen variiert der Kapitalkoeffizient indes
erheblich.

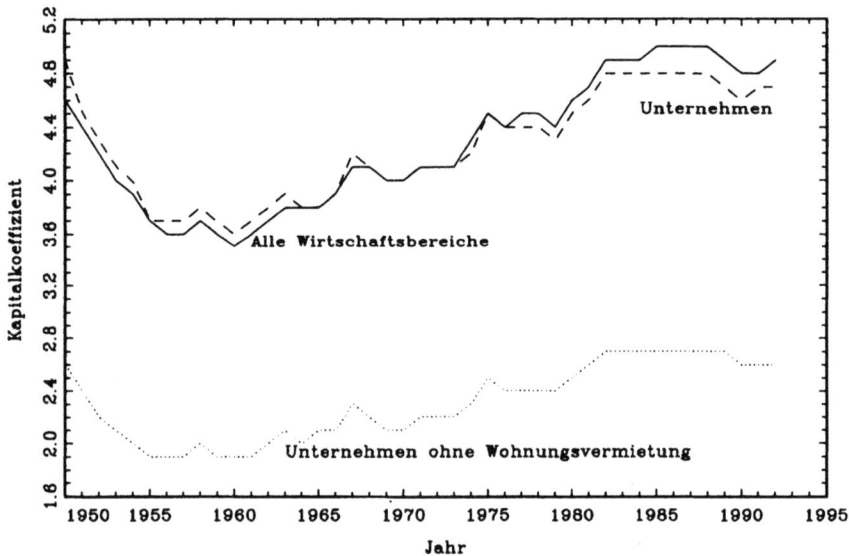

Quelle: Statistisches Bundesamt (1991a), S. 92, Statistisches Bundesamt (1994), Tab. 2.6.3

Abbildung A.I.7:   Kapitalkoeffizient in der Bundesrepublik Deutschland
(Alte Bundesländer)

---

6 Statistisches Bundesamt (1991a), S. 92 bzw. Statistisches Bundesamt (1994), Tabelle 2.6.3.
Der Kapitalkoeffizient aller Wirtschaftsbereiche entspricht dem jahresdurchschnittlichen Bruttoanlagevermögen bezogen auf das Bruttoinlandsprodukt, der Kapitalkoeffizient der Unternehmen
(mit und ohne Wohnungsbau) ist der Quotient aus dem jahresdurchschnittlichen Bruttoanlagevermögen der Unternehmen und deren unbereinigter Bruttowertschöpfung.

Konstanter Einkommensanteil des Kapitals

Die funktionale Einkommensverteilung, d.h. die Aufteilung des Sozialprodukts auf die an seiner Erstellung beteiligten Produktionsfaktoren, spielt in der Wachstumstheorie nach wie vor eine wichtige Rolle, wenngleich die sozialpolitisch relevante Größe die personale Einkommensverteilung ist. Je mehr Vermögen indes in Arbeitnehmerhand gebildet wird, desto lockerer wird der Zusammenhang zwischen beiden Verteilungskonzepten.

Über die Frage, ob der Einkommensanteil des Kapitals im Wachstumsprozeß annähernd konstant geblieben ist, besteht kein völliger Konsens. Einige Schätzungen lassen eher auf einen sinkenden Anteil schließen [ROMER (1989), S. 62f.]. Die unterschiedlichen Ergebnisse beruhen teilweise auf Definitions- und Meßproblemen. Zählt beispielsweise das Einkommen selbständiger Unternehmer zum Lohn- oder zum Kapitaleinkommen? Ist das Einkommen des Vorstands einer Aktiengesellschaft, der seiner Funktion nach unternehmerisch tätig ist, nur Lohneinkommen? Rechnet man das Einkommen Selbständiger überwiegend den Kapitaleinkünften zu und wertet dasjenige leitender Angestellter als Lohneinkommen, dann führt bereits die Umwandlung einer größeren Zahl von Personengesellschaften in Kapitalgesellschaften zu einem Sinken der Kapitaleinkommensquote.

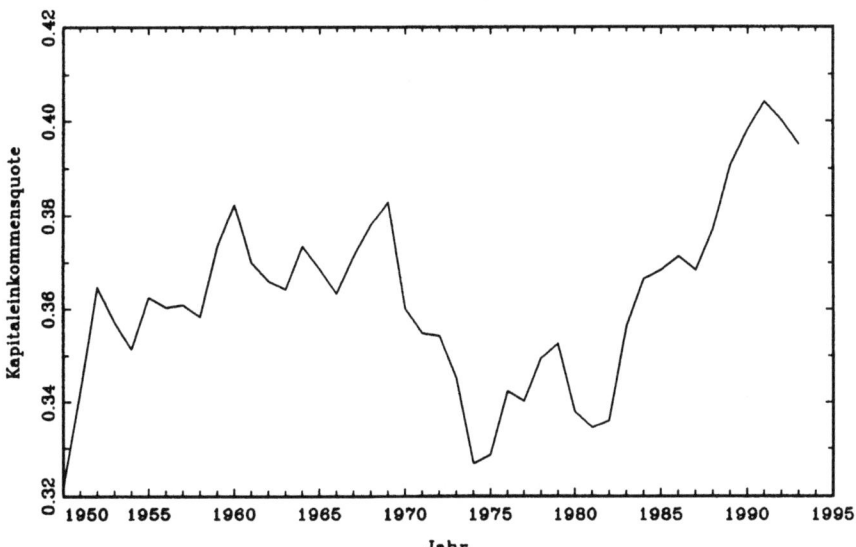

Quelle: Sachverständigenrat (1989), (1994), Statistisches Bundesamt (1991b),
eigene Berechnungen

Abbildung A.I.8: Kapitaleinkommensquote in der Bundesrepublik Deutschland (Alte Bundesländer)

Bei der Konstruktion der in Abbildung A.I.8 gezeigten Reihe ist daher berücksichtigt, daß im Beobachtungszeitraum 1950-1993 der Anteil der Selbständigen an allen Erwerbstätigen von rund 32 Prozent auf 11 Prozent gesunken ist. Im Anschluß an KRELLE (1985), S. 121, haben wir bei der Berechnung der Kapitaleinkommensquote für jeden Selbständigen ein Lohneinkommen unterstellt, das dem durchschnittlichen Lohneinkommen aller unselbständig Beschäftigten entspricht. Das Kapitaleinkommen haben wir als Residualgröße berechnet, die verbleibt, wenn wir das Lohneinkommen der unselbständig Beschäftigten und das hypothetische Lohneinkommen der Selbständigen vom Bruttosozialprodukt abziehen. Der Anteil dieser Restgröße am Bruttosozialprodukt ist unser Indikator der Kapitaleinkommensquote.[7]

Auch diese Größe ist im strengen Wortsinn nicht konstant. Sie besitzt allerdings keinen Zeittrend, sondern schwankt um ihren Mittelwert von 0,36.[8] Bezogen auf die von ROMER (1989), S. 63, zusammengestellten Schätzungen von Kapitaleinkommensquoten für Japan, England und die USA, die zwischen 0,25 und 0,43 schwanken, nimmt der deutsche Wert eine mittlere Position ein.

Wachstum der totalen Faktorproduktivität

Formal kann man den Zusammenhang zwischen dem Sozialprodukt Y und den an seiner Erstellung beteiligten Produktionsfaktoren X_i, $i=1, 2, ..., n$, durch eine Produktionsfunktion erfassen:

$$Y = F(X_1, X_2, ..., X_n, t).$$

Der Zeitindex t repräsentiert dabei alle sonstigen Einflüsse auf die Produktion, die nicht durch die Inputmengen X_i erfaßt werden. Differenziert man diese Gleichung nach der Zeit und erweitert anschließend mit $(1/Y)$, so erhält man:

$$\frac{\dot{Y}}{Y} = \sum_{i=1}^{n} \frac{\partial F}{\partial X_i} \frac{X_i}{Y} \frac{\dot{X}_i}{X_i} + \frac{\partial F}{\partial t} \frac{1}{Y}.$$

Darin ist $(\partial F/\partial X_i)(X_i/Y)$ die Produktionselastizität des i-ten Produktionsfaktors, welche bei Grenzproduktivitätsentlohnung dem Kosten- bzw. Einkommensanteil dieses

---

7 Unsere Datenquellen für die Beschäftigtenzahlen und Sozialproduktgrößen sind die beiden Jahresgutachten des Sachverständigenrates (1989) und (1994) sowie eine Veröffentlichung des Statistischen Bundesamtes (1991b).

8 Die Schätzung eines linearen Zeittrends für die Kapitaleinkommensquote π,

$$\pi_t = \beta_1 + \beta_2 t,$$

führt mit Hilfe des Gauss-Newton-Verfahrens [um Autokorrelation erster Ordnung der Residuen zu berücksichtigen] auf $\beta_2 = 0,0003$. Der Standardfehler dieses Schätzwertes ist 0,0007, so daß man die Hypothese $\beta_2 = 0$ nicht zurückweisen kann.

Faktors entspricht. $\dot{X}_i/X_i$ ist die Wachstumsrate des i-ten Produktionsfaktors.[9] Als Wachstumsrate der *totalen Faktorproduktivität*, $(\partial F/\partial t)/Y$, bezeichnet man das nicht durch Inputwachstum erklärte Wachstum der Produktion:

$$\frac{\partial F/\partial t}{Y} = \frac{\dot{Y}}{Y} - \sum_{i=1}^{n} \frac{\partial F}{\partial X_i} \frac{X_i}{Y} \frac{\dot{X}_i}{X_i}. \qquad (A.I.1)$$

Das Wachstum der totalen Faktorproduktivität wird mithin als Residuum ermittelt. Es hängt damit vor allem von der Zahl der statistisch berücksichtigten Produktionsfaktoren n ab. Je mehr Faktoren man erfaßt, desto kleiner wird die Wachstumsrate der totalen Faktorproduktivität.

Hinter dem Residualansatz verbirgt sich die Vorstellung, daß zumindest ein Teil des Wachstums auf technischen sowie organisatorischen Verbesserungen und auf einer höheren Qualität des Faktoreinsatzes beruht.

Mit Hilfe der Formel (A.I.1) zeigt SOLOW (1957), daß nur rund 1/8 des Wachstums des Pro-Kopf-Einkommens in den USA im Zeitraum 1909 bis 1949 auf den vermehrten Einsatz von Arbeit und Kapital zurückzuführen ist. 7/8 des Wachstums entfallen auf die totale Faktorproduktivität.

In Tabelle A.I.1 haben wir die durchschnittlichen jährlichen Wachstumsraten des Bruttoinlandsprodukts (BIP) und der totalen Faktorproduktivität (TFP) eines Länderquerschnitts zusammengestellt, die wir einer Studie von MADDISON (1991), S. 33 und S. 36, entnommen haben. Dessen Schätzungen berücksichtigen neben Kapital und Arbeit die landwirtschaftliche Nutzfläche und einen Indikator, der die wachsende Qualifizierung der Arbeitskräfte durch zunehmende [schulische] Bildung berücksichtigt.

Mit Ausnahme von Indien ist die TFP in allen Ländern zwischen 1950 und 1973 gestiegen. Interessant dabei ist, daß Länder mit vergleichbaren Wachstumsraten der Produktion teilweise erhebliche Unterschiede der Wachstumsraten der TFP aufweisen. Beispielsweise ist die spanische Wirtschaft mit einer etwas kleineren Rate gewachsen als die mexikanische Wirtschaft. Gleichwohl liegt die Wachstumsrate der TFP in Spanien mehr als 1,5 Prozentpunkte über derjenigen Mexikos. Ähnlich fällt der Vergleich zwischen Kolumbien und Frankreich aus. Beide Länder haben in etwa dieselbe Wachstumsrate des BIP, aber in Frankreich ist die TFP um rund 1,6 Prozentpunkte mehr gewachsen als in Kolumbien. Offensichtlich beruht das europäische Wachstum im betrachteten Zeitraum in größerem Maße auf Faktoren, die nicht auf den vermehrten physischen Input zurückzuführen sind.[10]

---

9   Ein Punkt über einer Variablen bezeichnet die Ableitung dieser Variablen nach der Zeit.

10   Die in der Tabelle ausgewiesenen Wachstumsraten beziehen sich auf die gesamte Produktion, nicht auf die Pro-Kopf-Produktion, die in den Schaubildern A.I.2 bis A.I.5 abgebildet ist. Je nach Ausmaß des Bevölkerungswachstums unterscheiden sich die Wachstumsraten beider Größen daher mitunter erheblich!

Tabelle A.I.1

Land	Wachstumsraten			
	1950-1973		1973-1986	
	BIP	TFP	BIP	TFP
China	5,84	0,49	7,32	
Indien	3,69	-0,02	4,31	
Japan	9,27	5,45	3,69	0,88
Korea	7,49	3,04	7,62	0,98
Taiwan	9,32	3,90	7,60	1,04
Argentinien	3,59	1,07	0,77	-1,23
Brasilien	6,75	1,87	4,95	-0,50
Chile	3,46	1,62	2,09	-0,19
Kolumbien	5,12	2,00	3,98	0,84
Mexico	6,50	1,91	3,66	-1,37
Portugal	5,50	3,07	2,43	-0,53
Spanien	6,12	3,56	1,90	0,69
Frankreich	5,04	3,63	2,15	1,35
Deutschland	5,92	4,14	1,80	1,48
Niederlande	4,74	3,64	1,85	0,17
Großbritannien	3,03	1,99	1,48	1,14
USA	3,65	1,49	2,43	0,28
UDSSR	5,05	0,50	2,19	

Quelle: MADDISON (1991), S. 33 und S. 36

Nach 1973, also nach dem ersten Ölpreisschock, hat sich das Wachstum in fast allen Ländern beträchtlich verlangsamt. China und Indien sind die einzigen Ausnahmen. Der Wachstumsrückgang spiegelt sich auch in der totalen Faktorproduktivität, die in den lateinamerikanischen Ländern mit Ausnahme von Kolumbien sogar gesunken ist.

II. Wachstum und Wachstumstheorie: Ein historischer Streifzug

Considerable and sustained growth took place in Europe before the fourteenth century, and some writers discussed those factors which they believed to be conductive to the improvements in man's material welfare. Yet, the basic elements of a dynamic theory of economic growth are not to be found in the economic literature of the Middle Ages .... . The climate of opinion and the regnant system of values did not favor growth. The degree of improvement in man's material lot that was considered desirable and to be expected was quite limited. Hence, until the composition of the value system had undergone considerable change, economic development could not be stressed.

JOSEPH J. SPENGLER (1960a), S. 3f.

1. Wachstumstheorien vor Beginn des Industriezeitalters: Merkantilismus und Physiokratie

Stilisierte Fakten, wie wir sie im vorangehenden Abschnitt dargestellt haben, fordern Ökonomen zum Nachdenken über die Ursachen und Mechanismen des Wachstums auf, also zur Entwicklung einer Wachstumstheorie. Auch der Umkehrschluß ist zulässig: Die Entwicklung ökonomischer Wachstumstheorien setzt voraus, daß es eine durch Erfahrung und systematische empirische Beobachtung gesicherte Erkenntnis über eine stetige Zunahme des Wohlstandes gibt, verbunden mit der Erwartung, daß diese Entwicklung sich auch in der Zukunft fortsetzen kann und wird. Unter diesen Bedingungen ist die Wachstumstheorie ein typisches Produkt neuzeitlicher Wirtschaftslehren ohne Vorläufer in den Werken antiker oder mittelalterlicher Ökonomik, die - zumindest in der individuellen Wahrnehmung - von der Erfahrung einer stationären ökonomischen Entwicklung ohne nennenswerten Wachstumstrend gekennzeichnet war. Erst die politischen, religiösen, philosophischen, naturwissenschaftlichen und ökonomischen Veränderungen, die in Europa spätestens seit dem 15. Jahrhundert einsetzten, öffneten den Weg für ein verändertes wirtschaftstheoretisches Denken, in dem Wachstumsphänomene nun eine zentrale Rolle spielen. Die zunehmenden Entwicklungsunterschiede zwischen Europa und anderen Teilen der Welt, das "European Miracle", wie es JONES (1981) nennt, werden dabei genauso zum Objekt wirtschaftswissenschaftlicher Analyse wie die Unterschiede in der ökonomischen Entwicklung der sich herausbildenden europäischen Nationalstaaten.

Nichts kann diese besondere Akzentuierung des Wachstumsphänomens in der neuzeitlichen Wirtschaftswissenschaft besser dokumentieren als die Tatsache, daß als ihr erster und bedeutendster "Klassiker" noch immer das Werk von ADAM SMITH (1723-1790) über das Wesen und die Ursachen des Wohlstands der Nationen gilt. Unter Verarbeitung breiter historischer Erfahrungen und mit kritischer Würdigung früherer wirtschaftswissenschaftlicher Analysen fragt ADAM SMITH (1776) am Wendepunkt

zwischen vorindustrieller und industrieller Entwicklung in Europa nach den Ursachen
für die sich vergrößernden Wohlstandsunterschiede; seine Fragestellung [und vieles an
seiner Analyse] hat bis heute nichts an Aktualität verloren.

ADAM SMITH setzt sich kritisch mit zwei früheren Strömungen ökonomischer Theorie auseinander, dem Merkantilismus und der Physiokratie, die in unterschiedlicher
Weise die Wachstumsthematik behandeln. Der Streit zwischen merkantilistischen und
physiokratischen Wirtschaftslehren betrifft sowohl die Frage nach den Determinanten
des ökonomischen Wohlstands und seines Wachstums als auch die Frage, durch welche
wirtschaftspolitischen Eingriffe das Wachstum beschleunigt werden kann. Er erhält
besonderes Gewicht durch die permanente Rivalität zwischen England und Frankreich
während des 17. und 18. Jahrhunderts, bei der ökonomischer Wohlstand immer mehr
als wichtigste Voraussetzung für politisches Machtstreben erkannt wurde. Die Debatte
über die erfolgreichste Wachstumspolitik spielte sich vor dem Hintergrund einer noch
weitgehend agrarisch geprägten Wirtschaft ab, in der es aber schon Handel, Handwerk
und Manufakturbetriebe gab [vgl. GÖMMEL und KLUMP (1994)].

Das gemeinsame Ziel der merkantilistischen Wirtschaftslehren, die in England,
Frankreich und anderen europäischen Ländern entstanden, bildet die Erhöhung des
nationalen Wohlstands zunächst durch die möglichst vollständige und effiziente Nutzung der im Land vorhandenen Produktionsfaktoren, insbesondere der vorhandenen
Arbeitskraft, längerfristig aber auch durch die Vermehrung der verfügbaren Produktionsfaktoren und die Verbesserung ihrer Qualität und Effizienz [vgl. SPENGLER
(1960a), S. 52]. Die massive Unterstützung der Manufakturen und die Förderung des
Handels, insbesondere die Förderung des Exports von Gewerbeerzeugnissen, durch
staatliche Eingriffe in den Wirtschaftsprozeß wurde dabei als erfolgversprechende
wachstumspolitische Strategie angesehen. Als besonders wichtige wirtschaftspolitische
Maßnahmen galten die Garantie niedriger Preise für Agrarprodukte im Inland, um die
Lohnkosten niedrig zu halten, die Erhöhung und Beschleunigung des Geldumlaufs
durch die Förderung von Edelmetallimporten sowie die gezielte Gründung von Finanzinstitutionen, um eine Senkung der inländischen Zinssätze zu erreichen.

Die Physiokratie, die im 18. Jahrhundert zunächst ausschließlich in Frankreich entstand, versuchte mit Rückgriff auf die "natürliche Ordnung" der Wirtschaft vor allem
die landwirtschaftliche Entwicklung zu fördern. Das Haupt der Physiokraten,
FRANCOIS QUESNAY (1694-1774), entwickelte mit dem "Tableau économique" ein
neues methodisches Werkzeug der Wirtschaftsanalyse. Das Tableau gilt traditionell als
Urform der Input-Output-Tabelle und der modernen Kreislaufanalyse. Es läßt sich
aber auch als das erste formale Wachstumsmodell der Wirtschaftstheorie interpretieren [vgl. ELTIS 1978]. In Abhängigkeit von der Höhe der jährlichen Investitionen in
die landwirtschaftliche Produktion, die wiederum von der Höhe der Nachfrage nach
landwirtschaftlichen Erzeugnissen abhängt, kann es entweder ein stationäres, sich
jährlich auf dem gleichen Niveau reproduzierendes Gleichgewicht der Wirtschaft, eine
kontinuierliche Schrumpfung oder ein stetiges Wachstum der Produktion mit

konstanter Rate geben.[11] Die Investitionen in der Landwirtschaft können durch eine hohe Nachfrage nach landwirtschaftlichen Erzeugnissen vergrößert werden. Zu diesem Zweck forderten die Physiokraten nachdrücklich die Öffnung der Inlandsmärkte für ausländische Nachfrager bzw. den ungehinderten Export landwirtschaftlicher Erzeugnisse ins Ausland.

Die Möglichkeit eines stetigen Wachstums im "Tableau économique" ist im übrigen die unmittelbare Folge von QUESNAYS Annahme einer konstanten Produktivität des in der landwirtschaftlichen Produktion eingesetzten Kapitals. Erst nach QUESNAY führt ANNE ROBERT JACQUES TURGOT (1727-1781), der mit der physiokratischen Lehre sympathisiert, die Annahme abnehmender Grenzerträge beim Einsatz der Produktionsfaktoren in der Landwirtschaft, und damit insbesondere auch abnehmende Grenzerträge des Kapitaleinsatzes, als ökonomisches Grundprinzip ein. Damit legt TURGOT das Fundament dafür, daß für mehr als 200 Jahre die Idee eines stetigen, modellendogenen Wachstums innerhalb der ökonomischen Theorie zur Ausnahme und nicht zur Regel wird.

2. Wachstumstheorien am Beginn des Industriezeitalters: Klassik, Historische Schulen und Marxismus

Das Zeitalter der ökonomischen Klassik, das 1776 mit ADAM SMITH und dem "Wealth of Nations" beginnt, konzentriert sich auf England, wo gegen Ende des 18. Jahrhunderts die Industrielle Revolution auf breiter Front einsetzt. Dabei werden die traditionellen Produktionsprozesse in zweierlei Hinsicht verändert: zum einen durch die Mechanisierung der Arbeitsabläufe, zum anderen durch die Nutzung neuer, fossiler Energiequellen. Die Kopplung von Dampfmaschine und mechanischem Webstuhl revolutioniert die Textilindustrie, der nach und nach alle anderen Produktionsbereiche folgen; es entstehen neue Transport- und Kommunikationsnetze; Produzenten und Nachfrager spezialisieren sich.

Für ADAM SMITH ist die *Arbeitsteilung* die Triebkraft des ökonomischen Wachstums, da sie über die Spezialisierung der Arbeitskräfte die Effizienz des Arbeitsein-

---

11   Zentraler gesamtwirtschaftlicher Wohlstandsindikator ist nach physiokratischem Verständnis die Höhe der Bodenrente, die den Grundbesitzern zufließt. Sie ist direkt proportional zur Höhe der landwirtschaftlichen Investitionen. Investitionen in Handel, Gewerbe und Manufakturen erhöhen den so definierten Wohlstand nicht. Da die Investitionshöhe in der Landwirtschaft vom laufenden Einkommen der Bodenpächter abhängt, wird bei konstanten Preisen die Höhe der Nachfrage nach landwirtschaftlichen Produkten zur zentralen Wachstumsdeterminante. Bezeichnet man mit q die gesamtwirtschaftliche Konsumquote für landwirtschaftliche Produkte, so folgt aus dem "Tableau économique" für das Wachstum von Bodenrente und landwirtschaftlichen Investitionen näherungsweise die Rate $g=0.5(q-0.5)-0.66(q-0.5)^2$ [ELTIS (1978), S. 333]. Bei $q=0,5$ wächst die Wirtschaft nicht, während $q=0,6$ ein stetiges Wachstum mit einer Rate von 4,3% sichert.

satzes drastisch erhöht. Arbeitsteilung und Spezialisierung auf bestimmte Marktsegmente setzen aber eine bestimmte Mindestgröße an Absatz voraus, daher ist das Ausmaß der Arbeitsteilung letztlich durch die Größe des Marktes begrenzt. Andererseits hängt die Marktgröße im Inland von der Kaufkraft und damit vom Wohlstandsniveau der Nachfrager ab. Der ungehinderte Zugang zu Absatzmärkten im Ausland wird damit der strategische Faktor, der einen Wachstumsprozeß auslöst, während die unbeschränkte Ausdehnung der Inlandsmärkte einen einmal einsetzenden Wachstumsprozeß weiter in Gang halten kann. Da die Steigerung der Effizienz des Arbeitseinsatzes aber auch an die laufende Bereitstellung neuer Kapitalgüter, also die Investitionstätigkeit der Unternehmen, gebunden ist, erfordert wirtschaftliches Wachstum außer der Freiheit des Marktzugangs eine hohe Rate der Kapitalbildung, die durch Konsumverzicht der Einkommensbezieher zu leisten ist [vgl. BARKAI (1969)].

DAVID RICARDO (1772-1823) systematisiert in seinen "Principles of Political Economy and Taxation" (1817) die Vorstellung über Triebkräfte, Mechanismen und Grenzen der langfristigen wirtschaftlichen Entwicklung. RICARDOS Wachstumsanalyse steht in enger Beziehung zu seiner Verteilungstheorie und den Hypothesen über die Entwicklung der Faktorpreise Lohn, Kapitalzins bzw. Profit und Bodenrente. Sofern keine Bodenrente anfällt, weil immer nur Boden bester Qualität bebaut wird, ist das Wirtschaftswachstum durch die Höhe der Profite beim Kapitaleinsatz bestimmt. Nach RICARDOS Vorstellung werden die Kapitaleinkommen in voller Höhe gespart und investiert, während Löhne und Bodenrenten weitgehend konsumtiv verwendet werden.[12] In einer Phase wirtschaftlichen Wachstums werden vorübergehend auch die Löhne ansteigen. Der Lohnanstieg löst nach RICARDOS Vorstellung aber ein Anwachsen der Bevölkerung aus, so daß eine wachsende Zahl von Arbeitskräften wieder einen Druck auf das Lohnniveau auslöst. Damit kann der Kapitalprofit wieder ansteigen, und das Wirtschaftswachstum kann durch neue Kapitalbildung fortgesetzt werden, sofern man die Entwicklung der Bodenrente vernachlässigt [vgl. LETICHE (1960) und ROSE (1978), S. 30f.]. Technischer Fortschritt besteht für RICARDO im Einsatz einer neuen Generation von Kapitalgütern, durch die sich die Produktivität der Produktionsfaktoren erhöht, allerdings betrachtet er solche Innovationen nicht als einen kontinuierlich wirkenden Prozeß. JOHN STUART MILL (1806-1870), mit dem die Periode der Klassik in England abschließt, betont in seinen "Principles of Political Economy" (1848) unter anderem die Rolle der Institutionen und der Kultur für eine erfolgreiche wirtschaftliche Entwicklung [vgl. SPENGLER (1960b)].

In Deutschland entstehen seit Beginn des 19. Jahrhunderts in kritischer Auseinandersetzung mit der englischen Klassik Vorstellungen von ökonomischer Entwick-

---

12   Diese klassische Sparhypothese findet ihre Entsprechung in der "Goldenen Regel der Kapitalakkumulation" der modernen Wachstumstheorie [vgl. Abschnitt B.I.3]. Nach dieser Regel wird im langfristigen Wachstumsgleichgewicht genau dann das maximale Niveau des Pro-Kopf-Konsums erreicht, wenn die gesamtwirtschaftliche Sparquote mit der gesamtwirtschaftlichen Profitquote übereinstimmt.

lung, die allgemeine ökonomische Gesetzmäßigkeiten leugnen und dafür die Strukturen des Wirtschaftens auf einzelnen *Entwicklungsstufen* besonders herausstellen. In Abhängigkeit von der jeweils erreichten Entwicklungsstufe einer Volkswirtschaft werden unterschiedliche ökonomische Wirkungszusammenhänge unterstellt. Als bedeutendster Vorläufer dieser *Historischen Schulen* in Deutschland gilt FRIEDRICH LIST (1798-1846). Er unterteilt den Entwicklungsprozeß jeder Volkswirtschaft in fünf Stufen und unterstützt die Freihandelsforderungen der englischen Klassik nur für Länder, die bereits die höchste Stufe erreicht haben. Auf früheren Entwicklungsstufen hält LIST dagegen den uneingeschränkten Freihandel für entwicklungshemmend und plädiert für Schutzzölle, die einem noch nicht industrialisierten Land den Aufbau von Manufakturen ermöglichen sollen. BRUNO HILDEBRAND (1812-1878), ein Vertreter der älteren Historischen Schule, legt eine Wirtschaftsstufenlehre vor, die den Übergang von der Naturaltausch- über die Geld- bis zur Kreditwirtschaft beschreibt. KARL BÜCHER (1847-1930), den wir der jüngeren Historischen Schule zurechnen können, differenziert nach dem Grad der Arbeitsteilung zwischen der geschlossenen Hauswirtschaft, der Stadtwirtschaft und der Volkswirtschaft. Die Arbeiten der Historischen Schulen führen zwar nicht zum Entstehen einer eigenständigen Wachstumstheorie, schärfen aber den Blick für den massiven Strukturwandel, der sich im Verlauf der wirtschaftlichen Entwicklung vollzieht und der auch mit erheblichen institutionellen Veränderungen verbunden ist. Sie machen zudem darauf aufmerksam, daß staatliche Wirtschaftspolitik, indem sie die institutionellen Rahmenbedingungen des Wirtschaftens gestaltet, den Strukturwandel erheblich beeinflussen kann [vgl. RIETER (1994)].

Eine besondere Rolle in der Geschichte der Wachstumstheorie nimmt KARL MARX (1818-1883) ein, der sowohl von den deutschen Wirtschaftsstufentheorien als auch von den Werken der englischen Klassiker beeinflußt ist. Als säkulares Entwicklungsgesetz findet sich bei Marx die Abfolge von Urgesellschaft, Feudalismus, Kapitalismus und Sozialismus. Den Übergang von einer Entwicklungsstufe zur nächsten erzwingen die wachsende inneren Widersprüche der jeweils herrschenden Wirtschaftsstruktur. Für die Analyse des Wirtschaftswachstums auf der Stufe der kapitalistischen industriellen Entwicklung, deren Zeitzeuge er war, kommt MARX, aufbauend auf den Arbeiten von QUESNAY, SMITH und RICARDO, zu einer Wachstumstheorie, in der die Bedingungen für eine stetige Vermehrung des Wohlstands abgeleitet werden. Im 2. Band seines Hauptwerks "Das Kapital" [posthum erschienen 1885] findet sich das Schema der *erweiterten Reproduktion*, ein Zwei-Sektoren-Wachstumsmodell, das genau dann ein Wachstumsgleichgewicht aufweist, wenn beide Sektoren mit der gleichen Rate wachsen.[13] Die gleichgewichtige Wachstumsrate ist dabei um so größer, je höher die

---

13 In einer formalen Analyse ergibt sich aus dem Wachstumsmodell von MARX für die Höhe der Wachstumsrate der Produktion im Wachstumsgleichgewicht [ohne Berücksichtigung des Bevölkerungswachstums] der Ausdruck: $g = s/z$. Dabei bezeichnet s die Spar- und Investitionsquote der Kapitalisten, denn MARX geht ebenso wie RICARDO davon aus, daß die Lohnempfän-

(Fortsetzung...)

Sparquote und je niedriger der Kapitalkoeffizient ausfällt [vgl. KLATT (1960) und
KRELLE (1970), S. 92ff.].

3. Wachstumstheorien des 20. Jahrhunderts:
Schumpeterianismus, Keynesianismus und Neoklassik

Das 20. Jahrhundert ist - abgesehen vom Marxismus - durch drei große Strömungen
der Wachstumstheorie geprägt worden: schumpeterianische, (post)keynesianische und
neoklassische Wachstumstheorien. Schon vor dem Ersten Weltkrieg erscheint 1911 mit
der "Theorie der wirtschaftlichen Entwicklung" von JOSEPH ALOIS SCHUMPETER
(1883-1950) eines der bis heute bedeutsamsten Werke der Wachstumsliteratur.
SCHUMPETER führt die Figur des "dynamischen Unternehmers" und die Vorstellung,
daß wirtschaftliches Wachstum untrennbar mit "schöpferischer Zerstörung" in Gestalt
eines ständigen Strukturwandels verbunden ist, in die moderne Wachstumstheorie ein.
Zum zentralen Thema in SCHUMPETERS Gesamtwerk werden die Innovationen, die
das Wirtschaftswachstum kontinuierlich vorantreiben: von der Entwicklung neuer
Güter und Produktionsverfahren über die Entdeckung neuer Kunden und Lieferanten
bis zur Nutzung neuer Transportwege. Durch Innovationen kommt es zu ständigen
Veränderungen der Marktstruktur. Innovatoren müssen einen temporären Monopolge-
winn erzielen, um sie für das Innovationsrisiko zu entschädigen. Imitatoren, die an
den Monopolgewinnen partizipieren möchten, tragen zur Diffusion der Innovationen in
der gesamten Wirtschaft bei. Während es im Frühwerk SCHUMPETERS noch die Eigen-
tümer-Unternehmer sind, die den Innovationen zum Durchbruch verhelfen, sind es in
seinem Spätwerk über "Kapitalismus, Sozialismus und Demokratie" (1942) die Mana-
ger der Großunternehmen, die durch gezielte Forschungs- und Entwicklungsarbeit,
Marktbeobachtung und strategische Planung die Innovationen lenken.

SCHUMPETERS Hypothesen über die Determinanten der Innovationen haben zunächst eine Fülle von empirischen Untersuchungen auf industrieökonomischer Ebene
ausgelöst [einen Überblick gibt FRISCH (1993)]. Sie haben die Wachstumstheorie in
verschiedener Weise beeinflußt. Zum einen ist versucht worden, unter Verwendung des
Konzepts der durch Innovationen ausgelösten Marktphasen [HEUSS (1965)] und unter
Berücksichtigung soziologischer und sozialpsychologischer Theorien über die Voraus-

---

13(...Fortsetzung)
     ger nicht sparen. z entspricht dem Kapitalkoeffizienten in der Definition von MARX, der die
     Summe von "variablem" und "fixem Kapital" ins Verhältnis setzt zur Summe aus "variablem
     Kapital" und "Mehrwert". Da das variable Kapital mit der Lohnsumme übereinstimmt und der
     Mehrwert das Einkommen der Kapitalisten darstellt, bilden beide Einkommenskategorien
     zusammen das Nettosozialprodukt. Sofern s und z konstant bleiben, ist damit ein stetiges
     gleichgewichtiges Wachstum möglich. Vergleichen Sie diese Hypothese mit dem Ausdruck
     (B.II.1.17), der dieselbe Aussage aus einem Modell der modernen Wachstumstheorie herleitet.

setzungen unternehmerischen Handelns, eine allgemeine Wachstums- und Entwicklungstheorie zu konzipieren [DÜRR (1976), S. 100ff.]. Einen anderen Weg hat die *evolutorische Wachstumstheorie* eingeschlagen [vgl. NELSON und WINTER (1982); WITT (1993)]. Sie wendet sich wie SCHUMPETER gegen ein mechanistisches, an Gleichgewichtszuständen orientiertes Fortschrittskonzept und sucht stattdessen die Anbindung an biologische Evolutionsvorstellungen. Innovationen sind dann Mutationen vergleichbar, die in ständiger Auseinandersetzung mit den Umweltbedingungen zu Veränderungen einer Spezies führen. An die Stelle formaler Gleichgewichtsanalysen setzt die evolutorische Wachstumstheorie computergestützte Simulationen, mit denen die zufallsbedingte Ausbreitung von Innovationen und ihre Auswirkungen im Wirtschaftssystem studiert werden können. Vertreter der evolutorischen Wachstumstheorie nehmen für sich in Anspruch, die "stilisierten Fakten des Wachstums", bspw. den säkularen Anstieg von Arbeitsproduktivität, Reallohn und Kapitalintensität bei Konstanz des Realzinses, ebenso gut erklären zu können wie die neoklassische Wachstumstheorie [NELSON (1995), S. 70f.]. Eine dritte Weiterentwicklung von SCHUMPETERS Innovationstheorie führt über die industrieökonomischen Studien direkt zur "neuen" neoklassische Wachstumstheorie. Auch dort wird nun verstärkt nach den Determinanten der Innovationstätigkeit geforscht, die für ein dauerhaftes Wirtschaftswachstum sorgt.

Zum Auslöser der Entwicklung formaler makroökonomischer Wachstumsmodelle wurde das Erscheinen der "General Theory of Employment, Interest and Money" (1936) von JOHN MAYNARD KEYNES (1883-1946). Die Analyse von KEYNES war jedoch ausdrücklich auf die kurze und mittlere Frist, damit auf konjunkturelle Veränderungen und nicht auf das langfristige Wachstum, hin orientiert. Deshalb wurde der Kapazitätserweiterungseffekt von Nettoinvestitionen zunächst ignoriert. ROY HARROD (1900-1978) und später EVSEY DOMAR (geb. 1914) stellen dann aber die Frage, wie sich im Zusammenspiel von Nachfrage- und Kapazitätseffekten der Investitionen das makroökonomische Gleichgewicht von Sparen und Investieren auch in einer wachsenden Wirtschaft aufrechterhalten läßt. Sie suchen nach derjenigen Zuwachsrate der Investitionen, die das Gleichgewicht zwischen der Erhöhung des Einkommens, der tatsächlichen Produktion, und der Zunahme der Produktionskapazität garantiert. Dagegen bleibt das von SCHUMPETER thematisierte Innovationsphänomen in der postkeynesianischen Wachstumstheorie unberücksichtigt.

HARROD (1939, 1942) geht bei der Herleitung der gleichgewichtigen Wachstumsrate von einer konstanten Sparquote $s := S/Y$ und einer Investitionsnachfrage I aus, die nach dem Akzeleratorprinzip proportional zu der erwarteten Produktions- bzw. Einkommensausweitung dY ist. $v := I/dY$ bezeichnet den als konstant angenommenen Akzelerator. Da im makroökonomischen Gleichgewicht die geplante Investition mit der geplanten Ersparnis übereinstimmen muß, erhält man für die gleichgewichtige Wachstumsrate der Produktion, die mit der Wachstumsrate der Ersparnis, des Konsums und der Investitionen übereinstimmt, den Ausdruck $dY/Y = s/v$, der bei Konstanz von Sparquote und Akzelerator ebenfalls konstant sein muß. HARROD bezeichnet diesen

Ausdruck auch als "befriedigende Wachstumsrate" [warranted rate of growth]. DOMAR (1946; 1947) kommt zu dem gleichen Ergebnis, indem er nicht den Akzelerator, sondern einen konstanten durchschnittlichen Kapitalkoeffizienten $\bar{v}=K/Y$ verwendet. Ist der durchschnittliche Kapitalkoeffizient aber konstant, so muß er mit dem marginalen Kapitalkoeffizienten $v=dK/dY=I/dY$ übereinstimmen, der formal wiederum dem Akzelerator bei HARROD entspricht.

Die Annahme des konstanten Kapitalkoeffizienten bzw. Akzelerators wird in der postkeynesianischen Wachstumstheorie dann ergänzt um die Annahme eines ebenfalls konstanten Arbeitskoeffizienten. Formal impliziert dies die Annahme einer limitationalen gesamtwirtschaftlichen Produktionsfunktion, in der effiziente Produktion immer nur mit einem bestimmten konstanten Verhältnis des Faktoreinsatzes möglich ist. Ökonomisch werden die fehlenden Substitutionsmöglichkeiten zwischen den Produktionsfaktoren in der postkeynesianischen Wachstumstheorie damit gerechtfertigt, daß man implizit von einer relativ großen Starrheit der Faktorpreise ausgeht. Die Annahme der Limitationalität entspringt also weniger den technischen Gegebenheiten, als vielmehr der Hypothese eines nur sehr beschränkten Funktionierens der Faktormärkte. Aus der Annahme der Limitationalität folgt unmittelbar, daß ein gleichgewichtiges Wachstum bei Vollauslastung beider Produktionsfaktoren nur dann möglich ist, wenn beide Produktionsfaktoren mit der gleichen Rate wachsen. Unterstellt man ein konstantes Wachstum des Arbeitskräftepotentials mit der Rate n, die HARROD auch als "natürliche Wachstumsrate" [natural rate of growth] bezeichnet, so folgt aus der Konstanz des durchschnittlichen Kapitalkoeffizienten, daß K, I und dann auch Y im langfristigen Wachstumsgleichgewicht bei Vollbeschäftigung ebenfalls mit der Rate n wachsen müssen. Die Wachstumsrate der Produktion pro Kopf beträgt damit $g:=dY/Y-n=s/v-n=0$. Angesichts der unterstellten Konstanz der drei Parameter s, v und n erscheint den Vertretern der postkeynesianischen Wachstumstheorie das Wachstum bei Vollbeschäftigung und ausgelastetem Kapitalstock als äußerst unwahrscheinlich.

Die neoklassische Wachstumstheorie hat sich am Ende des 20. Jahrhunderts als bedeutendste der modernen Wachstumstheorien etablieren können. Als ihr Beginn gilt das Jahr 1956, in dem ROBERT SOLOW (geb. 1924) seinen Artikel "A Contribution to the Theory of Economic Growth" veröffentlichte und das methodische Fundament der postkeynesianischen Theorie durch die Annahme einer substitutionalen Produktionsfunktion untergrub. Die neoklassische Methodik, die wir in Abschnitt A.III.2 noch ausführlicher charakterisieren, erwies sich als überaus leistungsfähig, um früher oder parallel entwickelte Vorstellungen über die Triebkräfte wirtschaftlicher Entwicklung in einen einheitlichen Modellrahmen zu integrieren.

In der Zeit nach dem Zweiten Weltkrieg, als die postkeynesianische und die neoklassische Wachstumstheorie miteinander konkurrierten, galten als die dringendsten wachstumspolitischen Herausforderungen der Wiederaufbau der kriegszerstörten Volkswirtschaften Westeuropas und Japans, die möglichst rasche Hebung des Lebensstandards in den früheren Kolonien und die vermeintliche Systemkonkurrenz zwischen

kapitalistischen und sozialistischen Ländern. Das erneute Aufblühen der Wachstumstheorie seit Mitte der achtziger Jahre, das methodisch durch die Konkurrenz neoklassischer und schumpeterianisch-evolutorischer Ansätze geprägt ist, steht auch in Verbindung mit neuen Herausforderungen der Wachstumspolitik: die Erfahrung mit dem
Scheitern sozialistischer Wirtschaftsplanung und das Problem der Systemtransforma-
tion, die Auswirkungen technologischer Veränderungen in den alten Industrienationen
und die Erklärung für die neuen Wirtschaftswunder in Südostasien angesichts der
dauerhaften Unterentwicklung vieler anderer Entwicklungsländer.

4. Wachstumstheorie und Grenzen des Wachstums

Zur ökonomischen Wachstumstheorie gehörte zu allen Zeiten die Frage nach den
möglichen Grenzen des Wachstums. Immer wieder wurde bezweifelt, ob der in der Vergangenheit erfolgte kontinuierliche Anstieg der Güterversorgung pro Kopf sich auch in
der Zukunft fortsetzen könne. Anlaß zur Formulierung ökonomischer Stagnationstheorien gaben in der Regel konkrete Wachstumseinbrüche, die eben nicht als nur vorübergehende Störungen eines prinzipiell stetig verlaufenden, aufwärts gerichteten Trends,
sondern als Anzeichen einer grundsätzlichen Trendwende gedeutet wurden.

Die *Stagnationstheorien* der Klassik, die insbesondere durch DAVID RICARDO und
THOMAS ROBERT MALTHUS (1766-1834) entwickelt wurden, beruhten auf dem
zwangsläufigen Konflikt zwischen dem zunehmenden Nahrungsmittelbedarf einer
wachsenden Bevölkerung und den abnehmenden Grenzerträgen des Einsatzes der Produktionsfaktoren in der landwirtschaftlichen Produktion. Bei Ausdehnung der Produktion müssen immer schlechtere Böden bebaut werden, so daß für die Besitzer der
Böden besserer Qualität Renten entstehen. Das Anwachsen der Bodenrenten, die rein
konsumtiv verwendet werden, vermindert die Kapitalprofite und hemmt damit langfristig die Kapitalbildung und das Wirtschaftswachstum [vgl. SAMUELSON (1978)]. Die
Erwartung, daß die Phase des Produktionswachstums letztlich in einem stationären
Zustand enden müsse, konnte sich zur Zeit der Klassik durchaus auf historische Erfahrungen stützen. Auf die Landwirtschaft entfiel trotz der beginnenden Industrialisierung zu Beginn des 19. Jahrhunderts weltweit noch der weitaus größte Anteil an der
Gesamtproduktion. Aus der europäischen Wirtschaftsgeschichte sind im übrigen seit
dem Hochmittelalter säkulare Zyklen der Wirtschafts- und Bevölkerungsentwicklung
bekannt, die das den klassischen Stagnationstheoretikern vertraute Muster aufweisen.
Wirtschaftliche Aufschwungphasen wurden bis ins 18. Jahrhundert immer wieder
durch das parallele Wachstum der Bevölkerung abgebremst, das zu Engpässen in der
Nahrungsmittelversorgung, Hungersnöten und absinkenden Investitionen in die Land-
wirtschaft führte [ABEL (1978)]. Durch Innovationen in der Landwirtschaft und die
Erschließung neuer Anbaugebiete endeten diese *Ricardianischen Zyklen* allerdings mit
Beginn des Industriezeitalters.

Nach der Krisentheorie, die KARL MARX im Ersten Band von "Das Kapital" (1867) entwickelt [KRELLE (1970), S. 85ff.], löst das Sinken der Profitrate des Kapitals eine unvermeidliche Wachstumskrise aus. Die Profitrate ist bei MARX der Überschuß der Erlöse über die Lohnkosten bezogen auf die Summe aus Löhnen und Sachkapital. Die Akkumulation des Sachkapitals führt bei konstanter Arbeitsproduktivität dazu, daß der Nenner bei konstantem Zähler steigt. Die sinkende Profitrate führt zur Entlassungen, die über wachsende Arbeitslosigkeit die Reallöhne senken. Dadurch wird vorübergehend der Fall der Profitrate gebremst. Da die Reallöhne aber nicht unter ein Existenzminimum sinken können, muß die kapitalistische Wirtschaftsform letztlich zerbrechen. Die ökonomischen und sozialen Krisen in der Mitte des 19. Jahrhunderts mögen eine solche Interpretation nahegelegt haben. Aus heutiger Sicht erscheinen die Prognosen von MARX allerdings übertrieben und unbegründet.

In der keynesianischen Analyse, die vor allem durch die Erfahrung der *Großen Depression* in den dreißiger Jahren des 20. Jahrhunderts geprägt war, kommt es zu einer säkularen Stagnation durch die Sättigung der Bedürfnisse und einen entsprechenden Nachfrageausfall [HANSEN (1938)]. Auch diese Befürchtung erwies sich bislang als unbegründet. Parallel zum Wirtschaftswachstum hat die Entwicklung neuer Güter in jeder Generation immer wieder neue Bedürfnisse geweckt, die durch eine entsprechend weitere Ausdehnung der Produktion befriedigt wurden. Gleichzeitig hat die geographische Größe der Märkte zugenommen: Nachfrager aus anderen Ländern traten an die Stelle der Inlandsnachfrage, sofern diese Sättigungstendenzen aufwies.

Spätestens seit den siebziger Jahren haben Ökonomen die Frage diskutiert, inwieweit die *Grenzen des Wachstums* der Industriegesellschaft erreicht sind. Diese Grenzen - so die zentralen Thesen - werden zum einen bestimmt durch die erneut zunehmende Erschöpfung der Bodenerträge, zum anderen durch die Verknappung nicht regenerierbarer Ressourcen für die industrielle Produktion, drittens aber auch durch wachsende irreparable Umweltschäden, die als Folge der Industrialisierung und des Massenkonsums entstehen. Die Berichte an den Club of Rome [vgl. MEADOWS, MEADOWS, RANDERS und BEHRENS (1972) und MEADOWS, MEADOWS und RANDERS (1992)] versuchen diese Entwicklung quantitativ zu prognostizieren und sagen einen Zusammenbruch des globalen Wirtschaftssystems am Beginn des 21. Jahrhunderts für den Fall voraus, daß das Wirtschaftswachstum sich in der bisherigen Form fortsetzt. Wachstumspolitisch wird als Folge dieser pessimistischen Prognosen unter anderem die Forderung nach einer Strategie der *nachhaltigen Entwicklung* erhoben, bei der das ökonomische Wachstum an die Beachtung ökologischer Kreislaufrestriktionen gebunden werden soll [bspw. in dem 1987 erschienenen Brundtland-Bericht "Our common future" der World Commission on Environment and Development].

Wir wollen die negativen Begleiterscheinungen des Wachstums nicht verharmlosen, möchten allerdings auch hervorheben, daß alle säkularen Stagnations- und Krisentheorien immer von der Konstanz gegebener Produktions- und Nachfragestrukturen ausgehen und sie in die Zukunft fortschreiben. Ökonomisches Wachstum war und ist aber mit ständigen Innovationen verbunden, die ganz im Sinne SCHUMPETERS einen permanenten Strukturwandel induzieren. Der Preismechanismus erwies sich bislang durchaus als fähig, den drohenden Verknappungs- und Sättigungstendenzen durch die Lenkung von Innovationen in die betreffenden Bereiche entgegenzuwirken. Das Problem der Wirtschaftstheorie, den Strukturwandel adäquat zu beschreiben, darf also nicht mit der Anpassungsfähigkeit des realen ökonomischen Systems verwechselt werden. Berücksichtigt man den stetigen Strom von Innovationen und den permanenten Strukturwandel, so stellt sich ökonomisches Wachstum letztlich als das Zusammentreffen der prinzipiell unbegrenzten menschlichen Bedürfnisse mit der ebenfalls kaum begrenzten menschlichen Kreativität dar, die für die Produktion immer neuer ökonomischer Güter, Sachgüter ebenso wie Dienstleistungen, nutzbar gemacht wird. In einer sehr langfristigen Perspektive wird dieser Prozeß nicht durch die knappen physischen Ressourcen begrenzt, sondern er wird alleine durch unzureichende institutionelle und soziale Anreize für Innovationen in falsche Richtungen gelenkt. Vor allem DOUGLAS NORTH (1981) hat diesen Entwicklungsprozeß nachgezeichnet. Die soziale Etablierung von exklusiven Eigentumsrechten an Grund und Boden eröffnete in der *neolithischen Revolution* den Weg von der Welt der Jäger und Sammler zu den langfristig produktiveren und ressourcenschonenderen Wirtschaftsformen Ackerbau und Viehzucht. An der Wiege der *industriellen Revolution* stand die Etablierung exklusiver Eigentumsrechte an immateriellen Gütern in Form von Patentrechten, mit denen neues Wissen gegenüber sofortiger Nachahmung geschützt wurde. Die Herausforderung der Zukunft bleibt die Etablierung und Durchsetzung exklusiver Rechte an den knappen Umweltressourcen, um deren Übernutzung und Verschwendung zu verhindern.

III. Neoklassische Wachstumstheorie und der Aufbau des Buches

Warum ... der Widerstand gegen die neoklassische Wachstumstheorie, die doch aus wenigen, plausiblen Voraussetzungen sehr viel mehr erklären kann als die meisten anderen Wachstumstheorien und die Konfrontierung mit der Wirklichkeit auf ihrem Abstraktionsgrad nicht zu scheuen braucht?

WILHELM KRELLE und GÜNTHER GABISCH (1972), S. 203.

1. Alte und neue neoklassische Wachstumstheorie

Nach einem ersten Höhepunkt in den späten fünfziger und frühen sechziger Jahren flachte das Interesse an der neoklassischen Wachstumstheorie merklich ab, bevor es in den späten achtziger Jahren eine Renaissance erlebte. Wir haben diese bemerkenswerte Wellenbewegung bereits mit der veränderten ökonomischen Situation in

Verbindung gebracht: dem Nachlassen des weltweiten Wachstums, der Befürchtung einer bevorstehenden Sättigung der Güternachfrage und der Erwartung bald erreichter Grenzen des Wachstums durch Ressourcenverknappung und Umweltschädigung. Es gibt aber auch methodische Ursachen für die relative Stagnation der neoklassischen Wachstumstheorie während der sechziger und siebziger Jahre, die erst durch erfolgreiche Modellinnovationen seit Mitte der achtziger Jahre überwunden wurden.

Das von SOLOW (1956) eingeführte Grundmodell der neoklassischen Wachstumstheorie zeigt, daß durch die Annahme einer substitutionalen makroökonomischen Produktionsfunktion die langfristige Stabilität des Wachstums gesichert werden kann. Mit der ebenfalls von SOLOW (1957) entwickelten Methode des *growth accounting* begann die empirische Analyse des Beitrags einzelner Produktionsfaktoren zum Wachstum des gesamtwirtschaftlichen Produktionsniveaus [sehen Sie hierzu insbesondere die Studie von DENISON (1962)]. Das Solow-Modell wies aber zwei signifikante Schwachstellen auf. Zum einen wurde das Konsum- und Sparverhalten noch traditionell keynesianisch durch die Annahme einer exogenen Konsum- und Sparquote modelliert. Versuche einer mikroökonomischen Fundierung der Spar- und Konsumhypothesen mußten daher zwangsläufig nach Wegen suchen, um Konsumverzicht und Kapitalbildung als Ergebnis optimierenden Verhaltens unter Beachtung dynamischer Restriktionen zu modellieren. Zum anderen zeigten die empirische Untersuchungen, daß die Erklärung des Wachstums von einer Residualgröße der Produktionsfunktion dominiert wurde. Die Erweiterung des Solow-Modells um exogenen technischen Fortschritt gab dieser Restgröße zwar einen Namen, ließ aber offen, von welchen Faktoren ihre Entwicklung beeinflußt und gesteuert wird. Die mikroökonomische Fundierung der Angebotsseite unter besonderer Berücksichtigung der Determinanten des technischen Fortschritts blieb damit die zweite große Herausforderung für die neoklassische Wachstumstheorie.

Die Bemühungen um eine Mikrofundierung der Konsum- und Sparentscheidungen führte in den sechziger Jahren zum Aufkommen der intertemporalen Optimierungsmodelle. Das *Ramsey-Modell* zur Bestimmung einer optimalen gesamtwirtschaftlichen Sparquote wurde von DAVID CASS (1965) und TJALLING KOOPMANS (1965) neu entdeckt; parallel dazu wurde das *Generationenmodell* durch PETER DIAMOND (1965) in die neoklassische Wachstumstheorie eingeführt. Wenn dadurch die breite Akzeptanz der neoklassischen Wachstumstheorie nicht nur nicht verbessert wurde, sondern sich sogar das Interesse an wachstumstheoretischen Fragestellungen für längere Zeit deutlich verringerte, so ist dies vor allem auf zwei Faktoren zurückzuführen. Für die intertemporalen Optimierungsmodelle erwies es sich erstens als problematisch, daß das Ergebnis des Ramsey-Ansatzes traditionell als eine normative Entscheidungsregel interpretiert worden war. Damit entstand der Eindruck, durch die Verwendung eines solchen Modelltyps in der Wachstumstheorie werde letztlich die Idee einer staatlichen Wachstumsplanung verfolgt. Die formale Äquivalenz zwischen der Planungs- und der Wettbewerbslösung [sehen Sie hierzu ROMER (1989), S. 70ff.] und die daraus resultierende Möglichkeit, die Ergebnisse der intertemporalen Allokationsentscheidungen eines repräsentativen Individuums als Grundlage einer positiven Theorie ökonomischen Wachstums zu verwenden, blieb lange Zeit unbeachtet. Dazu mag zweitens die geringe empirische Orientierung der neoklassischen Wachstumstheorie in dieser Periode beigetragen haben. Da die Frage nach den Determinanten des technischen Fortschritts nicht befriedigend beantwortet werden konnte, halfen die intertemporalen Optimierungsansätze zunächst wenig bei der wirtschaftspolitischen Analyse. Weder die Therapie der Wachstumsschwäche in den Industrieländern, noch die anhaltende Unterentwicklung in vielen Entwicklungsländern noch die unterschiedlichen internationalen Konvergenzmuster konnten erklärt werden. Die neoklassische Wachstumstheorie geriet in die Gefahr, ein esoterisches und realitätsfernes Randgebiet der ökonomischen Theorie zu werden.

Natürlich gab es auch in dieser Zeit schon Versuche, den technischen Fortschritt zu endogenisieren und die Entwicklung der anonymen Restgröße auf andere Faktoren zurückzuführen. Durch die Entwicklung von *Vintage-Modellen* [SOLOW (1957)], in denen in jeder Periode technisch verbesserte Kapitalgüter an die Stelle verschlissener Bestandteile des Kapitalstocks treten, wird die Idee des kapitalgebundenen technischen Fortschritts propagiert. Durch die Idee des *Learning by doing* [ARROW (1962)] verbreitet sich die Vorstellung von einer permanenten Verbesserung der menschlichen Qualifikation im Arbeits- und Produktionsprozeß. HIROFUMI UZAWA (1965) geht dem Problem einer optimalen Fortschrittsrate nach und liefert damit das formale Gerüst für das Humankapitalmodell, das LUCAS (1988) rund zwanzig Jahre später entwickelt. Mitte der siebziger Jahre entwickelt MANFRED NEUMANN (1976) ein explizites Modell endogenen Wachstums, in dem der technische Fortschritt wie bei UZAWA das Ergebnis von Kosten- und Nutzenabwägungen im Rahmen des intertemporalen Optimierungskalküls ist.

Die Renaissance der neoklassischen Wachstumstheorie begann aber erst, als Wege gefunden wurden, um technologische Externalitäten, Produktdifferenzierung, zunehmende Skalenerträge und Humankapitalakkumulation so in die intertemporalen Optimierungsmodelle zu integrieren, daß eine endogene Erklärung des technischen Fortschritts möglich wurde. Die Beiträge von PAUL ROMER (1986) und ROBERT LUCAS (1988) leisteten in dieser Hinsicht Pionierarbeit. Sie lösten in kurzer Zeit eine Flut neuer wachstumstheoretischer Überlegungen aus, eben die "neue" Wachstumstheorie. ROMER, LUCAS und die überwiegende Zahl ihrer Nachfolger stellten klar umrissene empirische Fragestellungen an den Beginn ihrer Überlegungen: die säkulare Beschleunigung des weltwirtschaftlichen Wachstums, die extrem unterschiedlichen Wachstumspfade einzelner Entwicklungsländer oder die gemessenen Konvergenzgeschwindigkeiten einzelner Industrieländer. Die neoklassischen Wachstumsmodelle werden somit heute grundsätzlich als Beiträge zu einer positiven Theorie der wirtschaftlichen Entwicklung verstanden [ROMER (1994)].

Aus ihrer umfassenden innovationstheoretischen Fundierung und ihrem bewußt gesuchten empirischen Bezug folgt als dritte Besonderheit der "neuen" Wachstums-

theorie ihre Öffnung gegenüber anderen Wachstums- und Entwicklungstheorien, die
lange Zeit als unvereinbar mit dem neoklassischen Paradigma galten [KLUMP (1996)].
Vermittelt über die Industrieökonomik hat die neoklassische Wachstumstheorie inzwischen zahlreiche Aspekte der schumpeterianischen Wachstumstheorie aufgenommen, wie bspw. die Funktion temporärer Monopole für die Tätigkeit von Innovatoren
und Imitatoren oder die Bedeutung des Finanzsystems für den Innovationsprozeß. Im
Zusammenhang mit dem Auftreten von Externalitäten zeigen sich neue Möglichkeiten,
um die Interaktion zwischen institutionellen Regelungen und dem Wirtschaftswachstum im neoklassischen Modellrahmen darzustellen und damit die dynamischen Konsequenzen ordnungspolitischer Reformen zu analysieren. In der entwicklungstheoreti-
schen Diskussion scheint die "neue" Wachstumstheorie zum Kern einer "new development literature" [EHRLICH (1992)] werden zu können, da sie den Zusammenhang zwischen Wachstum und Strukturwandel sehr viel deutlicher macht als die alte neoklassische Theorie.

2. Methodische Besonderheiten der neoklassischen Wachstumstheorie

Als eine Theorie der dynamischen Veränderung gesamtwirtschaftlicher Aggregat-
größen basiert die Wachstumstheorie auf der statischen makroökonomischen Theorie,
der Einkommens- und Beschäftigungstheorie. Gegenstand der statischen Makroökonomik ist die Frage, unter welchen Bedingungen alle in einer Volkswirtschaft verfügbaren Produktionsfaktoren in einer Kreislaufperiode vollbeschäftigt sind. Die ebenso
einfache, wie in ihrer praktischen Relevanz umstrittene Antwort auf diese Frage lautet: Wenn alle Preise flexibel, die Angebots- und Nachfragepläne auf allen Märkten
preiselastisch und die Produktionsfaktoren hinreichend gegeneinander austauschbar
sind, sorgt der Preismechanismus auch kurzfristig für Vollbeschäftigung. Die neoklassische Wachstumstheorie geht nun davon aus, daß diese Voraussetzungen erfüllt sind,
unterstellt also insbesondere völlig flexible Güter- und Faktorpreise. Die geplante
Ersparnis muß damit in jeder Periode mit den geplanten Investitionen übereinstimmen. Da in dem dynamischen Modellrahmen die Investitionen sowohl die Güternachfrage als auch die Produktionskapazität erhöhen, setzt dies voraus, wie schon HARROD
und DOMAR herausgearbeitet haben, daß die gesamtwirtschaftliche Nachfrage genau
mit der Rate wächst, die dem Quotient aus Sparquote (oder Investitionsquote) und
Kapitalkoeffizient entspricht.

Durch die Vollbeschäftigungsannahme vernachlässigt die neoklassische Wachstumstheorie [bislang] mögliche Rückwirkungen zwischen kurzfristigen, also konjunkturellen
Ungleichgewichten und der langfristigen Wirtschaftsentwicklung. Sie konzentriert sich
stattdessen darauf, die Bedingungen herauszufinden, unter denen im Zusammenspiel
von originären und produzierten Produktionsfaktoren [siehe Abbildung A.III.2.1] wirtschaftliches Wachstums entsteht und erhalten bleibt. Zu den originären Produktions-

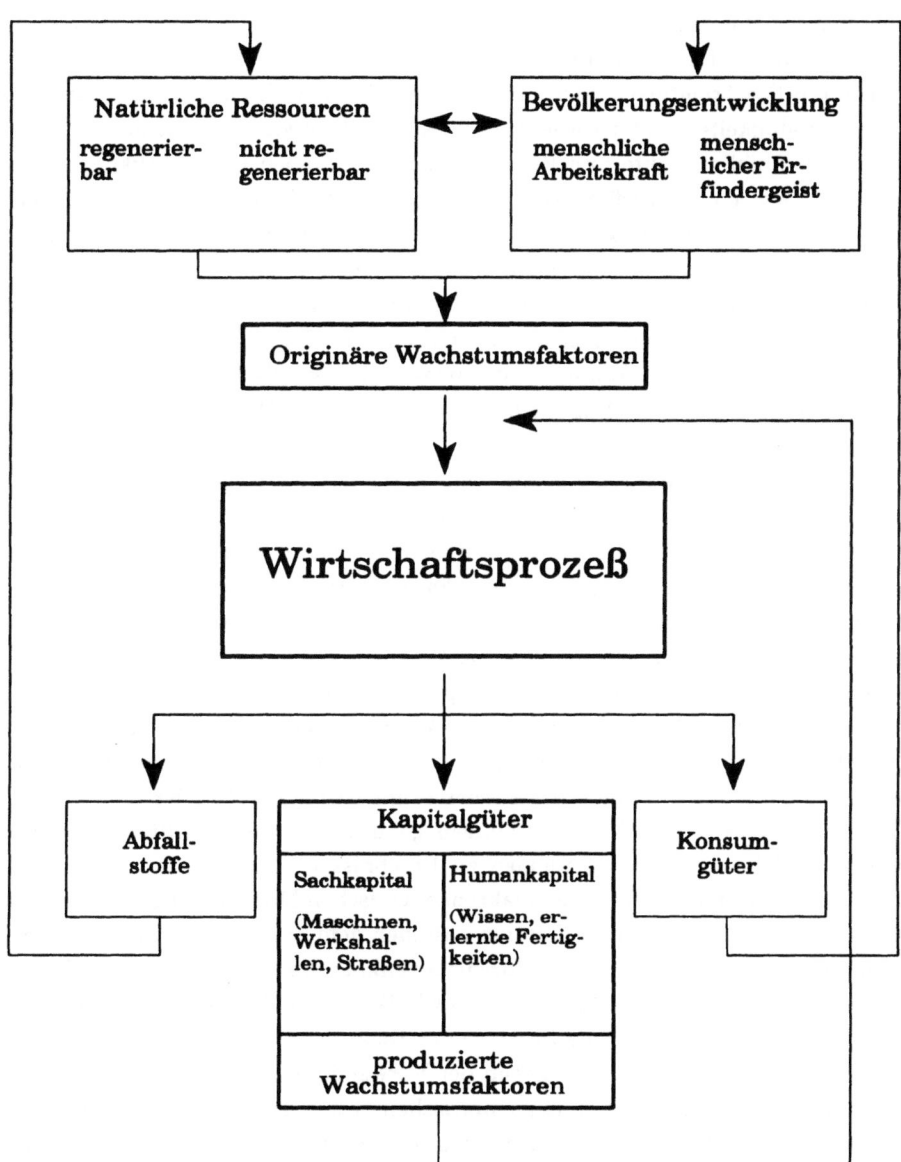

Abbildung A.III.2.1: Wachstumsdeterminanten

faktoren zählen die natürlichen, regenerierbaren und nicht-regenerierbaren Ressourcen wie Bodenschätze, landwirtschaftliche Nutzflächen oder die Biomasse in den Ozeanen sowie die Leistungen des Produktionsfaktors Arbeit, bei denen man den Einsatz physischer Arbeitskraft und die prinzipiell unbegrenzte menschliche Kreativität unterscheiden kann. Als Ergebnis des Wirtschaftsprozesses entstehen Konsumgüter zur Befriedi-

gung menschlicher Bedürfnisse, unerwünschte Abfallstoffe und Kapitalgüter, also
Güter, die weiter im Produktionsprozeß Verwendung finden. Als Bestandteile des
Sachkapitals (Realkapitals) oder des Humankapitals einer Volkswirtschaft, also der er-
worbenen Fähigkeiten und des erlernten Wissens, bilden sie die produzierten Produktionsinputs. Abfallprodukte und Konsumgüter beeinflussen über Rückkopplungsme-
chanismen dagegen die Verfügbarkeit der primären Produktionsinputs. Den äußeren
Rahmen des Systems der Wachstumsdeterminanten bildet die *Wirtschaftsordnung*. Die
institutionellen, kulturellen, sozialen und politischen Faktoren, die zusammen die
Wirtschaftsordnung ausmachen, steuern die Art und Weise, in der die Produktionsfaktoren im Wachstumsprozeß zusammenwirken. Der Einfluß solcher institutionellen
Wachstumsdeterminanten kommt in der neoklassischen Wachstumstheorie meistens
indirekt durch die Berücksichtigung bestimmter exogener Modellparameter zum Ausdruck [Klump (1995)].

Mit der statischen Makroökonomik teilt die neoklassische Wachstumstheorie das
Aggregationsproblem. Die Frage, inwieweit die betrachteten Makroaggregate das Verhalten der Wirtschaftssubjekte auf der Mikroebene adäquat abbilden, betrifft vor allem
zwei typische Bestandteile neoklassischer Wachstumsmodelle: zum einen die Verwendung aggregierter Produktionsfunktionen und aggregierter Einsatzmengen der Faktoren zur Beschreibung der Produktionsprozesse einer Volkswirtschaft, zum anderen die
Verwendung der Nutzenfunktion eines repräsentativen Individuums zur Bewertung
der Ergebnisse. Die Debatte über die Aussagekraft aggregierter Produktionsfunktionen
war Bestandteil der durch JOAN ROBINSON (1954) ausgelösten Cambridge-Kontroverse
[siehe HARCOURT (1976)]. In der Diskussion zeigte sich in der Tat, daß die konsistente
Aggregation an sehr enge Voraussetzungen geknüpft ist [bspw. GREEN (1964) und
FISHER (1969)] und unter Umständen zu Ergebnissen führen kann, die im Widerspruch zu zentralen neoklassischen makroökonomischen Modellaussagen stehen. Dazu
gehört insbesondere die inverse Relation zwischen dem Zins und dem Konsum. Wenn
es mehrere Kapitalgüter gibt, ist es durchaus denkbar, daß der Konsum mit dem Zins
zunimmt [BURMEISTER (1980), S. 100ff. sowie BURMEISTER und DOBELL (1969), S.
245ff.]. Allerdings zeigte sich als Ergebnis der Diskussion auch keine sinnvolle Alternative zu dem neoklassischen Vorgehen der Verwendung einer aggregierten Produktionsfunktion, das sich gerade unter empirischen Gesichtspunkten als ausgesprochen
leistungsfähig zur Überprüfung wachstumstheoretischer Aussagen erwies.[14] Zudem
sind Bedingungen bekannt, unter denen zumindest im Vergleich langfristiger Gleichge-

---

14 Der empirische "Erfolg" neoklassischer Produktionsfunktionen darf allerdings nicht als Indiz
    dafür gewertet werden, daß diese Funktionen tatsächlich die mikroökonomische Realität
    korrekt reflektieren. FRANKLIN FISHER (1971) schätzt Cobb-Douglas-Produktionsfunktion für
    fiktive Wirtschaften mit vielen Kapitalgütern, in denen die Bedingungen für eine konsistente
    Aggregation verletzt sind [d.h. keine makroökonomische Produktionsfunktion existiert!], die
    Mikrostruktur aber eine konstante Lohnquote bedingt. Er zeigt, daß die Cobb-Douglas-Tech-
    nologie die Lohnentwicklung dieser Wirtschaften gut erklärt.

wichte die Implikationen neoklassischer Einsektorenmodelle auch für Mehrsektoren-modelle gelten [BURMEISTER (1980), S. 118ff., BURMEISTER und DOBEL (1969), S. 272ff.]. Gleichwohl empfiehlt es sich nicht, die aggregierte Produktionsfunktion mit dem Maßstab der konsistenten Aggregation beurteilen zu wollen. Vielmehr muß sie als zentraler Baustein einer *Methode* verstanden werden, die gesamtwirtschaftliche Zusammenhänge zwischen wenigen aggregierten Größen zu strukturieren und erklärend zu durchdringen sucht. Ihr Erfolg bei der Bewältigung dieser Aufgabe rechtfertigt die Makroökonomik als Methode und nicht die Frage, ob sie eine ja letztlich unbekannte Mikrostruktur konsistent zu reflektieren vermag.

In der gleichen Weise erfolgt auch die Auseinandersetzung mit dem Aggregationsproblem auf der Nachfrageseite. Zum neoklassischen Paradigma zählt die Position des methodologischen Individualismus, die JAMES BUCHANAN (1987), S. 586 wie folgt beschreibt: "*Only individuals choose and act. Collectives, as such, neither choose nor act and analysis that proceeds as if they do is not within the accepted scientific canon. Social aggregates are considered only as the results of choices made and actions taken by individuals. ... An aggregative result that is observed but which cannot, somehow, be factored down and explained by the choices of individuals stands as a challenge to the scholar rather than as a demonstration of non-individualistic organic unity*". Das einzelne Individuum wird also grundsätzlich als handelnde Einheit, aber auch als die Quelle aller Bewertungen angesehen. Für gesamtwirtschaftlich orientierte Analysen stellt sich damit prinzipiell die Frage, wie die individuellen Präferenzen zu einer gesamtwirtschaftlichen Werteordnung aggregiert werden können. KENNETH ARROW (1951) hatte bereits frühzeitig auf die Unmöglichkeit hingewiesen, individuelle Präferenzen zu einer konsistenten gesellschaftlichen Wohlfahrtsfunktion zu integrieren. Die Hypothese, daß ein repräsentatives Individuum intertemporale Optimierungsentscheidungen trifft, kann im Kontext der neoklassischen Wachstumstheorie daher auch nicht durch konsistente Aggregation gerechtfertigt, sondern nur als ein spezifisch makroökonomischer Modellbaustein angesehen werden, dessen Implikationen dem empirischen Test standhalten müssen.

Im Zentrum der Methodik, mit der die neoklassische Wachstumstheorie die Entwicklung dynamischer Systeme analysiert, steht das Konzept des *Wachstumsgleichgewichts*, des *stationären Gleichgewichts* oder *Steady States*. Es handelt sich dabei um das dynamische Gegenstück zu einem statischen Marktgleichgewicht, das bekanntlich dadurch gekennzeichnet ist, daß es ohne weiteren äußeren Anstoß in dem erreichten Zustand für alle Zeiten verharrt. Die dynamische Gleichgewichtskonzeption bezieht das Verharren nun auf die Höhe der Wachstumsraten von Modellvariablen oder auf die Konstanz des Verhältnisses zweier im Zeitablauf stetig wachsender Größen. Man kann das Wachstumsgleichgewicht als ein Wettbewerbsgleichgewicht interpretieren, in dem sich alle Produzenten und Nachfrager an gegebene Güter- und Faktorpreise optimal anpassen, so daß niemand einen Anlaß zu einer Änderung dieses Zustandes verspürt. Das Aggregationsproblem verliert dann an Schärfe, denn alle individuellen

Grenzraten der Substitution und Grenzraten der Transformation werden über das System der Gleichgewichtspreise mit den gesamtwirtschaftlichen Grenzraten in Übereinstimmung gebracht. Die Pareto-Optimalität des Wachstumsgleichgewichts kann dazu verwendet werden, gesellschaftlich ineffiziente Zustände zu bewerten, in denen zumindest noch ein Individuum besser gestellt werden kann, ohne daß andere Individuen eine Nutzeneinbuße erleiden.

Wie die statische Einkommens- und Beschäftigungstheorie kennt auch die Wachstumstheorie drei wesentliche Analyseschritte. Zunächst geht es darum zu prüfen, ob ein Modell ein eindeutiges Wachstumsgleichgewicht besitzt. Anschließend muß untersucht werden, ob dieses Gleichgewicht stabil ist, d.h. ob es ökonomische Kräfte gibt, die nach [kleineren] Störungen das Gleichgewicht wieder herstellen. Die Stabilität ist eine wichtige Voraussetzung für den letzten Analyseschritt, die Komparative Statik, die den Zusammenhang zwischen den exogenen Modellgrößen und den endogenen studiert. Diese drei Schritte ergänzt ein viertes Analysekonzept: die Komparative Dynamik. Sie untersucht den Einfluß exogener Parameter auf den Anpassungspfad, entlang dessen sich ein System seinem Wachstumsgleichgewicht nähert. Gerade durch die intensive Beschäftigung der "neuen" Wachstumstheorie mit der Konvergenzproblematik hat sich das Interesse am Verlauf der Anpassungspfade und damit auch an der Anpassungsgeschwindigkeit erheblich erhöht. Computersimulationen, die auf jedem PC möglich sind, haben darüber hinaus dazu beigetragen, daß komparativ dynamische Analysen heute zum Standardrepertoire der dynamischen Makroökonomik gehören.

3. Aufbau des Buches

Eine chronologisch geordnete Darstellung der modernen Wachstumstheorie müßte mit SCHUMPETERS "Theorie der wirtschaftlichen Entwicklung" oder mit dem postkeynesianischen Wachstumsmodell von HARROD und DOMAR beginnen. Wir gehen einen anderen Weg. Wegen der Dominanz des neoklassischen Ansatzes und seiner Leistungsfähigkeit, auch Aussagen konkurrierender Theorien angemessen zu integrieren, stellen wir ihn von Anfang an in den Mittelpunkt. Wir beginnen deshalb mit dem Solow-Modell. Das Gerüst unserer Darstellung orientiert sich dann an der wachsenden Komplexität der Modelle und nicht zwangsläufig an der Chronologie ihrer Entstehung. Gleichwohl sind die moderneren Ansätze häufig auch die formal komplexeren. Dem eiligen Leser, der sich über die Entwicklungstrends der Wachstumstheorie während der letzten 50 Jahre informieren will, empfehlen wir die Lektüre der Grundmodelle in den Abschnitten B.I, C.I und D.I sowie den Abschnitt B.II.1, der den Weg von der postkeynesianischen bis zur "neuen" Wachstumstheorie aufzeigt.

Bei der Auswahl der dargestellten Modellvarianten ging es uns darum, die Vielfalt der Verwendungsmöglichkeiten des neoklassischen Wachstumsmodells zu dokumentieren. Wir haben uns entschlossen, in Modellerweiterungen und Anwendungsbeispiele [bzw. einen Ausblick] zu unterscheiden. Dies mag künstlich erscheinen, ist uns aber

wichtig, um zwei unterschiedliche Perspektiven in der Darstellung der Wachstumsmodelle zu entwickeln. Bei der Darstellung der Modellerweiterungen stehen technische
Aspekte der Modellierung und die systematische Behandlung einzelner ökonomischer
Teilbereiche im Vordergrund. Bei den Anwendungsbeispielen und im abschließenden
Ausblick geht es vor allem um die wirtschaftspolitische Aussagekraft der neoklassischen Wachstumstheorie bzw. um ihre Eignung zur Erklärung besonderer ökonomischer Phänomene. Wir verzichten in diesen Teilen weitgehend auf formale Analysen
und greifen auf die Aussagen unterschiedlicher Modellvarianten zurück.

Bei der Darstellung der grundlegenden Modelle und ihrer Erweiterungen unterscheiden wir zwischen einem Haupttext und kleingedruckten Ergänzungen, die zusätzliche Aspekte aufgreifen oder eine ausführliche formale Argumentation enthalten, die
für das Verständnis der Zusammenhänge nicht unbedingt erforderlich ist. Wer es eilig
hat oder an technischen Details nicht interessiert ist, kann das Kleingedruckte über-
blättern. Die formalen Anforderungen an den Leser sind im Haupttext nicht groß,
wenngleich es in der Natur des Gegenstands liegt, daß wir ohne Formeln, algebraische
Umformungen und die Grundregeln des Differenzierens und Integrierens nicht auskommen. In den Ergänzungen setzen wir mehr voraus. Wir haben uns aber bemüht,
insbesondere wenn wir neue Konzepte einführen, möglichst ausführlich zu argumentie-
ren. Mit Bleistift, Papier und etwas gutem Willen sollte es möglich sein, alle Rechnun-
gen nachzuvollziehen. Eine weitere Hilfe dazu bieten wir mit Kapitel E an, das die
wichtigsten mathematischen Grundlagen zum Verständnis der modernen Wachstumstheorie zusammenstellt.

Wir beginnen im Abschnitt B mit den neoklassischen Wachstumsmodellen bei gegebener Sparquote. Nach der Darstellung des Grundmodells von SOLOW (1956) zeigen
wir in den Modellerweiterungen zunächst, welche Eigenschaften der Produktionsfunktion dieses Modell einerseits in ein postkeynesianisches Wachstumsmodell und andererseits in ein Modell der "neuen" neoklassischen Wachstumstheorie verwandeln. Wir
erweitern das Solow-Modell um exogenen technischen Fortschritt und zeigen dann,
daß die Akkumulation von Humankapital eine mögliche Quelle dieses Fortschritts ist.
Die Erweiterung um den Faktor Humankapital durch MANKIW, ROMER und WEIL
(1992) hat dem Solow-Modell eine unerwartete Renaissance beschert. Wir analysieren
die Möglichkeiten, durch staatliche Eingriffe das Wachstumsgleichgewicht zu beeinflussen und untersuchen dann die Konsequenzen, die sich aus der Einbeziehung er-
schöpfbarer Ressourcen in das Solow-Modell ergeben. Zwei Beispiele sollen die vielfältigen Verwendungsmöglichkeiten dieses Modelltyps in der Wachstums- und Entwicklungspolitik demonstrieren. Wir zeigen zum einen, wie Entwicklungsfallen entstehen und wie strukturelle Entwicklungsschwellen überwunden werden können. Zum
anderen betrachten wir, welche Aussagen die verschiedenen Varianten des Solow-Modells zum Ablauf ökonomischer Konvergenz- und Rekonstruktionsprozesse machen, die
sich bei internationalen oder intertemporalen Entwicklungsunterschieden einstellen
können.

Im Abschnitt C vernachlässigen wir den technischen Fortschritt und konzentrieren uns auf neoklassische Wachstumsmodelle mit endogen bestimmter Sparquote. Wir behandeln zunächst drei verwandte Grundmodelle: das auf FRANK RAMSEY (1928) zurückgehende Modell der intertemporalen Allokation, das von MAURICE ALLAIS (1947) und PAUL SAMUELSON (1958) entwickelte Generationenmodell und schließlich OLIVIER BLANCHARDS (1985) Modell der ewigen Jugend, das, wie PHILIPPE WEIL (1989) nachweist, sowohl das Ramsey-Modell als auch das Generationenmodell als Spezialfälle enthält. Die Modellerweiterungen beginnen mit einer Diskussion alternativer Konzepte einer intertemporal optimalen Allokation, bei der wir normative Allokationsregeln (Ramsey-Kriterium, Rawls-Kriterium, Chichilnisky-Kriterium) einerseits und andererseits Elemente einer erweiterten positiven Theorie der intertemporalen Allokation unter Berücksichtigung von Nutzen und Kosten der Nachkommen gegenüberstellen. Bei der Integration von Geld und Staatsaktivitäten in den Modellrahmen geht es uns vor allem darum zu zeigen, wie im Ramsey-Modell die strikten Neutralitätspostulate von der Superneutralität des Geldes und der Ricardianischen Äquivalenz hergeleitet werden können, während im Blanchard-Modell der ewigen Jugend nicht-neutrale Effekte von Geld- und Finanzpolitik entstehen. Die Unterschiede zwischen Ramsey- und Blanchard-Modell zeigen sich auch bei der Analyse von außenwirtschaftlichen Beziehungen im Kontext intertemporaler Optimierungsentscheidungen. Als letzte Modellerweiterung diskutieren wird die Problematik intertemporaler und intergenerativer Externalitäten, die im Zusammenhang mit der Nutzung knapper Umweltressourcen entstehen. Am Schluß dieses Abschnitts stellen wir dann zwei Beispiele für die Anwendung der intertemporalen Optimierungsmodelle vor. Dies ist zunächst die Erklärung langwelliger Wachstumsschwankungen durch endogene Zyklen der Zeitpräferenzrate, die wiederum an Veränderungen im Wohlstandsniveau geknüpft werden. Danach untersuchen wir die Auswirkungen von unterschiedlich ausgestalteten Alterssicherungssystemen auf die intertemporalen Allokationsentscheidungen.

Im Abschnitt D wenden wir uns dem Bereich der *neuen Wachstumstheorie* zu, in der nicht nur die Sparquote, sondern nun auch die Wachstumsrate aller Pro-Kopf-Größen das Ergebnis individueller Optimierungskalküle ist. Die Suche nach den Determinanten der Fortschrittsrate hat zwar der Wachstumstheorie einen gewaltigen neuen Auftrieb gegeben; gleichzeitig hat sich die neue Wachstumstheorie von der formal noch relativ leicht überschaubaren Struktur der Solow- oder Ramsey-Modelle gelöst. Eine Fülle von immer neuen und formal zum Teil äußerst komplexen Modellvarianten ist in den vergangenen Jahren publiziert und zum Teil noch nicht abschließend diskutiert worden. Vor diesem Hintergrund haben wir uns dafür entscheiden, die Darstellung der wichtigsten Grundmodelle in den Vordergrund zu rücken und nur zwei Modellerweiterungen zu diskutieren.

Wir beginnen mit einem Überblick über die verschiedenen Möglichkeiten, wie eine Endogenisierung der Fortschrittsrate in neoklassischen Wachstumsmodellen formal erreicht werden kann. Danach behandeln wir zunächst das von SERGIO REBELO

(1991) eingeführte einfache AK-Modell, dessen Struktur entweder durch Learning by Doing [wie im Modell von ROMER (1986)] oder durch Akkumulation von Humankapital begründet werden kann. Auf Humankapitalbildung, allerdings in einer Zwei-Sektoren-Wirtschaft, beruht auch das Modell von LUCAS (1988), das auf früheren Überlegungen von UZAWA (1965) aufbaut. Zur Erläuterung der Mehrsektoren-Modelle der neuen Wachstumstheorie, in denen endogene Verfahrens- und Güterinnovationen stattfinden, betrachten wir zwei Prototypen, bei denen wir versuchen, die komplexen Zusammenhänge durch einige Vereinfachungen möglichst überschaubar zu halten. Wir beginnen mit einem Modell zunehmender Produktvielfalt, das sich an dem Ansatz von ROMER (1990) orientiert. Es folgt ein Modell zunehmender Produktqualität, das den Quality Ladder-Ansatz von GENE GROSSMAN und ELHANAN HELPMAN (1991) darstellt, der seinerseits Elemente des von PHILIPPE AGHION und PETER HOWITT (1992) entwickelten Modells der *Creative Destruction* enthält.

Die beiden Modellerweiterungen, in denen wir das AK-Modell und den Quality Ladder-Ansatz wieder aufgreifen, sollen darauf aufmerksam machen, daß Institutionen und institutionelle Regelungen eine besondere Rolle in der Theorie endogenen Wachstums spielen. Sowohl die Beziehung zwischen Wachstum und Einkommensverteilung, bei der politische Wahlen über die Steuerpolitik und damit über die Höhe der Wachstumsrate entscheiden, als auch die Bedeutung des Finanzsystem für die Durchsetzung von Innovationen weisen auf Bereiche der Wachstumstheorie hin, die mit dem Instrumentarium des Solow- oder Ramsey-Modells kaum analysierbar sind. Die Rolle der Institutionen und des institutionellen Wandels beschäftigt uns dann auch in unserem Ausblick, in dem wir danach fragen, welchen prinzipiell neuen Beitrag die Theorie endogenen Wachstums für die Wachstumspolitik leisten kann. Wir loten unterschiedliche Dimensionen dieser Frage aus und kommen zu dem Ergebnis, daß die Betonung von Externalitäten zwangsläufig die Frage nach den Institutionen aufwirft, die eine geeignete Form der Internalisierung gewährleisten. Seit dem Zeitalter des Merkantilismus hat sich eingebürgert, Institutionen des Nationalstaats als verantwortlich für solche Internalisierungsstrategien, und damit als Träger der Wachstumspolitik, anzusehen. Der individuelle Wohlstand war in dieser Hinsicht eng mit den Wohlstand der Nationen verbunden. Wir geben am Schluß zu bedenken, daß sich dieser Zusammenhang in Zukunft lockern könnte.

B

Wachstum bei gegebener Sparquote

Growth theory did not begin with my articles of 1956 and 1957, and it certainly did not end there. Maybe it began with *The Wealth of Nations*; and probably even Adam Smith had predecessors. More to the point, in the 1950's I was following a trail that had been marked out by Roy Harrod and Evsey Domar, and also by Arthur Lewis in a slightly different context. Actually I was trying to track down and relieve a certain discomfort that I felt with their work.

ROBERT M. SOLOW (1988), S. iv.

Am Beginn der neoklassischen Wachstumstheorie steht die kritische Auseinandersetzung mit der postkeynesianischen Wachstumstheorie. ROY HARROD und EVSEY DOMAR haben aus der keynesianischen Beschäftigungstheorie die Bedingungen für ein Wachstumsgleichgewicht herausgearbeitet. Darunter verstehen sie einen Zustand, in dem die endogenen Modellvariablen entweder konstant bleiben oder mit einer konstanten Rate wachsen und in dem alle Produktionsfaktoren vollbeschäftigt sind. Im Wachstumsgleichgewicht muß der Kapitalstock mit einer Rate wachsen, die dem Verhältnis von Sparquote zu Kapitalkoeffizient entspricht. Diese Rate muß zudem mit der Wachstumsrate des Arbeitskräftepotentials übereinstimmen.

HARROD und DOMAR äußerten massive Zweifel an der Existenz und der Stabilität eines solchen Gleichgewichts. Sie betrachteten die Sparquote, den Kapitalkoeffizienten und die Wachstumsrate des Arbeitskräftepotentials als gegebene Modellparameter, so daß die genannten Bedingungen nur zufällig erfüllt sein können.

Ist die Konzeption eines Wachstumsgleichgewichts deshalb ein empirisch gehaltloser Begriff? Oder ist vielmehr das postkeynesianische Modell eine zu pessimistische Interpretation der ökonomischen Realität? Eine Antwort auf diese Fragen geben die Arbeiten von ROBERT SOLOW (1956) und TREVOR SWAN (1956), welche die neoklassische Wachstumstheorie begründen. Das Etikett *neoklassisch* beruht darauf, daß diese Theorie die gesamtwirtschaftlichen Produktionsmöglichkeiten mit Hilfe einer Produktionsfunktion beschreibt, die Faktorsubstitution zuläßt, d.h. es ist möglich, eine gegebene Produktionsmenge mit verschiedenen Faktorkombinationen herzustellen. Die Faktorsubstitution bedingt einen variablen Kapitalkoeffizienten, so daß die Existenz eines Wachstumsgleichgewichts nicht länger vom puren Zufall abhängt. Vielmehr gibt es nun unter vergleichsweise harmlosen Bedingungen zu jeder gegebenen Sparquote und jeder gegebenen Wachstumsrate des Arbeitskräftepotentials ein stabiles Wachstumsgleichgewicht.

Wir beschreiben zunächst die wichtigsten Bausteine eines elementaren Modells, das
sowohl in den Originalarbeiten wie auch in vielen Büchern zur Wachstumstheorie zu
finden ist. Die wichtigsten Bausteine dieses Modells werden uns immer wieder begeg-
nen. Es lohnt sich deshalb, sie an dieser Stelle besonders ausführlich zu erläutern. Es
folgen fünf Modellerweiterungen und danach zwei Anwendungsbeispiele, in denen die
dynamischen Eigenschaften des Solow-Modell genutzt werden, um grundlegende Probleme der Wachstums- und Entwicklungspolitik zu diskutieren.

I. Grundmodell

1. Modellbeschreibung

Güter und Preise

Wir betrachten eine geschlossene Volkswirtschaft ohne staatliche Aktivität. Der
Unternehmenssektor produziert ein homogenes Gut Y, das für Konsum C und Investitionen I in den Kapitalstock K genutzt werden kann. Produktionsfaktoren sind Arbeit N und Kapital K. Beide Faktoren sind im Besitz der Haushalte.

Wir zeichnen damit ein bewußt einfaches Bild einer Volkswirtschaft, indem wir die
Vielzahl der Produkte und Produktionsfaktoren einer realen Volkswirtschaft ausblen-
den. Alternativ dazu können wir annehmen, daß es möglich ist, die heterogenen Produkte zu einem Gut "Sozialprodukt" zusammenzufassen und aus heterogenen Arbeitskräften und Maschinen zwei Aggregate "Arbeit" bzw. "Kapital" zu bilden. Eine besonders einfache Aggregation ist mit Hilfe der Preise möglich. In diesem Fall müssen wir
aber ausschließen, daß sich die Preisstruktur verändert und damit unsere Aggregationsvorschrift verlorengeht.

In der Wachstumstheorie ist es üblich, ein und dasselbe Symbol zu benutzen für den
Bestand einer Ressource und für die Leistungen, welche diese in der Produktion er-
bringt. Beispielsweise können wir die Arbeitsleistung in Mann-Jahren pro Jahr messen. Die Zahl der Arbeitskräfte N hingegen ist eine Bestandsgröße. Die Gleichsetzung

$$N \text{ [Mann-Jahre pro Jahr]} = N \text{ [Personen] [Mann-Jahre pro Jahr pro Person]}$$

zeigt, daß diese Praxis verlangt, daß wir zum einen den Faktor [Mann-Jahr pro Jahr
pro Person] gleich Eins setzen und zum anderen gedanklich N jedesmal mit diesem
Faktor multiplizieren, wenn wir mit N die Zahl der Arbeitsleistungen und nicht die
Zahl der Personen meinen. Dasselbe gilt für den Kapitalbestand, den wir etwa über die
Zahl der Maschinen erfassen und die Kapitalleistungen, die wir beispielsweise in Ma-
schinenstunden pro Jahr messen können.

Die produzierte Gütermenge Y kann gleichermaßen konsumtiven wie investiven Zwecken zugeführt werden. Demnach haben Konsumgüter denselben Preis P [DM je Mengeneinheit] wie Investitionsgüter. Mit w bezeichnen wir den Nominallohnsatz [DM je Arbeitseinheit], zu dem die Unternehmen Arbeitsleistungen von den Haushalten erwerben. Die Haushalte stellen den Unternehmen auch das Sachkapital zur Verfügung. Zur Motivation dieser Annahme können Sie sich vorstellen, daß jeder Haushalt zugleich eine Personengesellschaft besitzt und aus seinen Ersparnissen den Maschinenpark seines Unternehmens finanziert. Wir kämen indes zu denselben Ergebnissen, wenn wir unterstellen würden, jedes Unternehmen sei eine Aktiengesellschaft und die Haushalte legten ihre Ersparnisse in Aktien an. Den Nutzungspreis [in DM] für eine Einheit Kapitalleistungen nennen wir r.

Kreislaufbeziehungen

Außer dem Lohn- und Kapitaleinkommen erhalten die Haushalte die Unternehmensgewinne $\Pi := PY - wN - rK$. Aus ihrem Einkommen $wN + rK + \Pi = PY$ finanzieren die Haushalte ihre Konsumausgaben und ihre Vermögensbildung. Sachkapital K ist der einzige Vermögenstitel, so daß alle Ersparnisse in Kapital fließen. Im Produktionsprozeß verschleißt Kapital mit der Rate δ je Zeiteinheit. Eine Bruttoersparnis in Höhe von PI, erhöht somit das Vermögen um $P\dot{K} = PI - \delta PK$, wobei der Punkt über der Variablen K deren zeitliche Veränderung symbolisiert. Die Kreislaufbeziehungen zwischen Haushalten und Unternehmen zeigt Tabelle B.I.1.1.

Tabelle B.I.1.1

	Zuflüsse		Abflüsse
Haushalte	$wN^s + rK^s + \Pi$	$=$	$PC^d + P\dot{K} + \delta PK$
Unternehmen	PY^s	$=$	$wN^d + rK^d + \Pi$
Gesamtwirtschaft	$w[N^s - N^d] + r[K^s - K^d] + P[Y^s - C^d - \dot{K} - \delta K] = 0$		

Das hochgestellte s [d] kennzeichnet ein geplantes Angebot [eine geplante Nachfrage]. Die Kapitalleistungen K^s bzw. K^d haben den Preis r, neue Kapitalgüter $I = \dot{K} + \delta K$ den Preis P. Die letzte Zeile der Tabelle geht aus der Summe der Budgetrestriktionen der Haushalte und der Unternehmen hervor. Sie zeigt - von links nach rechts - das Überschußangebot auf dem Arbeits-, dem Kapital- und dem Gütermarkt. Aus dieser Gleichung folgt, daß das Gleichgewicht auf zweien der drei Märkte auch ein Gleichgewicht auf dem dritten Markt impliziert. Das Gleichgewicht auf den Märkten stellen die jeweiligen Preise sicher. Da aber nur zwei Märkte ins Gleichgewicht zu bringen sind, spielt es keine Rolle, welche Höhe der Preis auf dem verbleibenden dritten Markt besitzt. Dieser ist in jedem Fall im Gleichgewicht. Mit anderen Worten: Unser Modell besitzt infolge der Kreislaufbeziehungen einen Freiheitsgrad. Wir können ihn dadurch beseitigen, daß wir einen Preis willkürlich festsetzen. Üblicherweise wählt man dazu den Preis des produzierten Gutes. Wir folgen dieser Praxis und setzen $P=1$ [DM je Gütereinheit]. Die Konsequenz ist, daß nun alle anderen Preise und Wertgrößen unseres Modells Kaufkrafteinheiten darstellen. Beispielsweise können wir mit dem Lohnsatz w Gütereinheiten erwerben und der Unternehmensgewinn entspricht Π Gütereinheiten. Wir haben damit aus unserem Modell alle DM-Größen verbannt. Um dies immer wieder in Erinnerung zu behalten, nennen wir w und r reale Nutzungspreise.

Produktionstechnik

Die Produktionstechnik unserer Wirtschaft beschreiben wir mit Hilfe einer *neoklassischen Produktionsfunktion*:

$$Y = F(K, N)$$

mit:

(1) $F(0, 0) = 0,$ (B.I.1.1)

(2) $aY = F(aK, aN),$

(3) $F_K, F_N > 0,\ F_{KK},\ F_{NN} < 0$ für $K, N \in [0, \infty)$.

Ihre wesentlichen Eigenschaften sind: (1) Ohne Faktoreinsatz ist keine Produktion möglich; (2) konstante Skalenerträge (oder lineare Homogenität), d.h. eine a-fache Erhöhung beider Einsatzmengen erhöht auch die Produktion um das a-fache; (3) das Grenzprodukt des Kapitals F_K wie das der Arbeit F_N ist positiv und sinkt mit zunehmendem Kapital- bzw. Arbeitseinsatz [$F_{KK} < 0$, $F_{NN} < 0$]. Außerdem ist die Produktionsfunktion zweimal stetig differenzierbar. Die Substitutionselastizität σ,

$$\sigma := -\frac{\mathrm{d}(K/N)}{\mathrm{d}(F_N/F_K)}\,\frac{F_N/F_K}{K/N},$$ (B.I.1.2)

mißt den Grad der Substituierbarkeit von Arbeit durch Kapital. Die Implikationen dieser Annahmen haben wir in Ergänzung B.I.1.1 zusammengestellt. Sie erlauben u.a., die Pro-Kopf-Produktion $y:=Y/N$ als streng konkave Funktion der Kapitalintensität $k:=K/N$ darzustellen:

$$y = f(k),\ f'(k) > 0,\ f''(k) < 0 \text{ für } k \in [0, \infty).$$ (B.I.1.3)

Dabei entspricht $f'(k)$ dem Grenzprodukt des Kapitals und $f(k)-f'(k)k$ dem Grenzprodukt der Arbeit.

Preisbildung

Arbeit und Kapital sind in jedem Zeitpunkt t gegebene Größen. Sie werden von den Haushalten preisunelastisch angeboten. Ein Unternehmen, das bei vollständiger Konkurrenz seinen Gewinn maximieren will, fragt soviel Arbeit und Kapital nach, bis das Grenzprodukt der Arbeit dem Reallohn w und das Grenzprodukt des Kapitals dem Kapitalnutzungspreis r entspricht. Die Vollbeschäftigung beider Faktoren und mithin ein Gleichgewicht auf allen drei Märkten ist folglich dann gewährleistet, wenn sich w und r so einstellen, daß

$$w = f(k) - f'(k)k,$$
$$r = f'(k) \tag{B.I.1.4}$$

gilt. Aus der letzten Zeile von Tabelle B.I.1.1 folgt in diesem Fall für den Gütermarkt

$$\dot{K} = Y - C - \delta K. \tag{B.I.1.5}$$

Konsumnachfrage und Bevölkerungsentwicklung

Das Einkommen der Haushalte ist $wN+rK$. Im Gleichgewicht der Faktormärkte entspricht es dem Bruttosozialprodukt [das folgt aus (B.I.1.4) und den Gleichungen (i) und (v) in Ergänzung B.I.1.1]. Die Konsumnachfrage der Haushalte ist direkt proportional zu ihrem Einkommen:

$$C = (1 - s)Y, \, s \in (0, 1). \tag{B.I.1.6}$$

In dieser Formel steht s für die Sparquote, die als Verhaltensparameter modellexogen ist.

Das Arbeitsangebot N wächst mit einer konstanten Rate $n \geq 0$:

$$\frac{\dot{N}}{N} = n. \tag{B.I.1.7}$$

Wenn die Erwerbsquote, d.h. der Anteil der Erwerbspersonen an der Wohnbevölkerung, konstant bleibt, entspricht n zugleich der Wachstumsrate der Wohnbevölkerung.

Ergänzung B.I.1.1: Die neoklassische Produktionsfunktion

Aus den Annahmen (1) bis (3) in (B.I.1.1) folgen eine Reihe nützlicher Zusammenhänge. Eigenschaft (2) hat zur Folge, daß bei Entlohnung der Produktionsfaktoren mit ihrem jeweiligen Grenzprodukt Lohn- und Kapitaleinkommen die Produktion genau ausschöpfen, d.h. keine Gewinne anfallen. Dies ist eine Konsequenz des *Euler-Satzes für homogene Funktionen* [bspw. BERCK und SYDSÆTER (1991), S. 15, Formel 3.17]:

$$F(K, N) = F_K(K,N)K + F_N(K,N)N. \tag{i}$$

Wenn man diese Identität auf beiden Seiten nach N bzw. K differenziert, folgt:

$$F_{NN} = -F_{KN}(K/N) \Rightarrow F_{KN} > 0,$$

$$F_{KK} = -F_{NK}(N/K) \Rightarrow F_{NK} > 0. \qquad \text{(ii)}$$

Wenn auch die beiden zweiten Ableitungen stetige Funktionen sind [die Funktion heißt dann zweimal stetig differenzierbar], so sind nach dem *Satz von Schwarz* die beiden Kreuzableitungen gleich [bspw. BERCK und SYDSÆTER (1991), S. 13, Formel 3.2]:

$$F_{KN} = F_{NK}. \qquad \text{(iii)}$$

Die Produktion je Einheit eingesetzter Arbeit ist infolge der Linearen Homogenität nur eine Funktion der Kapitalintensität $k:=K/N$:

$$\frac{Y}{N} = F(\frac{K}{N}, 1) =: f(k). \qquad \text{(iv)}$$

Mit Hilfe der Funktion $f(k)$ lauten die Grenzprodukte von Kapital und Arbeit:

$$F_K = \frac{\partial N f(K/N)}{\partial K} = f'(k),$$

$$F_N = \frac{\partial N f(K/N)}{\partial N} = f(k) - f'(k)k. \qquad \text{(v)}$$

Die Annahme, Kapital habe ein abnehmendes Grenzprodukt, $F_{KK}<0$, impliziert deshalb $f''(k) <0$ [denn $F_{KK}=f''(k)/N$].

Wenn Arbeit in der Produktion unbedingt erforderlich ist,

$$\lim_{N \to 0} F(K, N) = 0 \quad \text{für } K > 0, \qquad \text{(vi)}$$

dann strebt das Grenzprodukt des Kapitals mit zunehmender Kapitalintensität gegen Null:

$$\lim_{N \to 0} F(K, N) = K \lim_{N \to 0} \frac{N}{K} F(K/N, 1) = 0$$

$$\Rightarrow \lim_{k \to \infty} \frac{f(k)}{k} = \lim_{k \to \infty} f'(k) = 0. \qquad \text{(vii)}$$

Die letzte Gleichsetzung folgt aus der Regel von L'Hôpital [siehe Gleichung (E.I.13)].

Bei Entlohnung der Faktoren mit ihrem jeweiligen Grenzprodukt ergänzen sich bei einer linear homogenen Produktionsfunktion infolge von (i) die Lohn- und die Kapitaleinkommensquote zu Eins. Die Kapitaleinkommensquote π ist infolge von (iv) und (v) nur eine Funktion der Kapitalintensität:

$$\pi(k) := \frac{F_K K}{Y} = \frac{f'(k)k}{f(k)}. \qquad \text{(viii)}$$

Die *Grenzrate der Substitution zwischen Kapital und Arbeit (GRS)*, die Steigung einer Isoquante, ist bekanntlich der Quotient aus dem Grenzprodukt der Arbeit und dem Grenzprodukt des Kapitals:

$$GRS = \frac{F_N}{F_K} = \frac{f(k)}{f'(k)} - k. \qquad \text{(ix)}$$

Die *Substitutionselastizität* σ mißt die prozentuale Veränderung der Kapitalintensität, die einer einprozentigen Veränderung der Grenzrate der Substitution zugeordnet ist:

$$\sigma := - \frac{dk}{d\,GRS}\frac{GRS}{k} = - \frac{f'(k)}{f''(k)k}(1-\pi(k)) = \frac{F_K F_N}{F(K,N)\,F_{NK}}... \tag{x}$$

Sie ist ein Maß für die Krümmung einer Isoquante, d.h. des geometrischen Orts aller Paare (N, K), die zur selben Produktionsmenge Y führen. Ihr Definitionsbereich ist das Intervall $[0, \infty)$.

2. Modellimplikationen

Das Wachstumsgleichgewicht

Für die Analyse einer wachsenden Wirtschaft brauchen wir einen geeigneten Gleichgewichtsbegriff. Wenn wir unter Gleichgewicht einen Zustand verstehen, der zeitinvariant ist, dürfen wir die Definition nicht an Niveaugrößen festmachen: Gerade diese ändern sich im Wachstum fortwährend. Zeitinvariant können bestenfalls die Wachstumsraten der Niveaugrößen sein. Unter einem *Wachstumsgleichgewicht, Steady State* oder *stationärem Gleichgewicht* verstehen wir daher im folgenden einen Modellzustand, in dem die Wachstumsraten der uns jeweils interessierenden Größen konstant sind.

Wir zeigen zunächst, daß unser Modell ein Wachstumsgleichgewicht besitzt, in dem die Produktion und der Kapitalstock mit derselben Rate wachsen wie das Arbeitsangebot. Zu diesem Ergebnis gelangen wir mit Hilfe einer Gleichung, die den Zeitpfad der Kapitalintensität k beschreibt. Aus der Definition $k:=K/N$ erhalten wir folgende Gleichung für die Wachstumsrate der Kapitalintensität:[1]

$$\frac{\dot{k}}{k} = \frac{\dot{K}}{K} - \frac{\dot{N}}{N} = \frac{sY - \delta K}{K} - n = \frac{N(sY/N - \delta(K/N))}{K} - n.$$

Wenn wir in dieser Gleichung die Pro-Kopf-Produktion $y = Y/N$ durch die Produktionsfunktion (B.I.1.3) ersetzen und auf beiden Seiten mit $k = K/N$ multiplizieren, erhalten wir die folgende Gleichung:

$$\dot{k} = sf(k) - (n + \delta)k. \tag{B.I.2.1}$$

---

1 Die Wachstumsrate eines Produkts

$$z = x_1 x_2 ... x_n \tag{i}$$

ist die Summe der Wachstumsraten seiner einzelnen Faktoren:

$$\frac{\dot{z}}{z} = \frac{\dot{x}_1}{x_1} + \frac{\dot{x}_2}{x_2} + ... + \frac{\dot{x}_n}{x_n}. \tag{ii}$$

Diesen Zusammenhang kann man wie folgt beweisen: Aus der Definitionsgleichung (i) folgt:

$$\ln(z) = \ln(x_1) + \ln(x_2) + ... + \ln(x_n). \tag{iii}$$

Ableiten von (iii) nach der Zeit mit Hilfe der Kettenregel führt [wegen $d[\ln(z)]/dz = 1/z$ und $dz/dt = \dot{z}$] auf Gleichung (ii). Gleichung (ii) kann man natürlich auch auf Quotienten anwenden, denn $\ln(1/x) = -\ln(x)$.

Sie beschreibt die zeitliche Entwicklung der Kapitalintensität, von der alle anderen
Variablen in eindeutiger Weise abhängen. Falls der Kapitalstock K und das Arbeits-
angebot N mit derselben Rate wachsen, bleibt die Kapitalintensität konstant [siehe
Fußnote 1], d.h. es muß $\dot{k}=0$ erfüllt sein. Aus Gleichung (B.I.2.1) folgt, daß diese
Bedingung von einem k^{*} erfüllt wird, das die Gleichung

$$0 = sf(k^{*}) - (n+\delta)k^{*} \qquad\qquad\qquad \text{(B.I.2.2)}$$

löst. Abbildung B.I.2.1 zeigt, daß genau ein $k^{*}>0$ existiert.

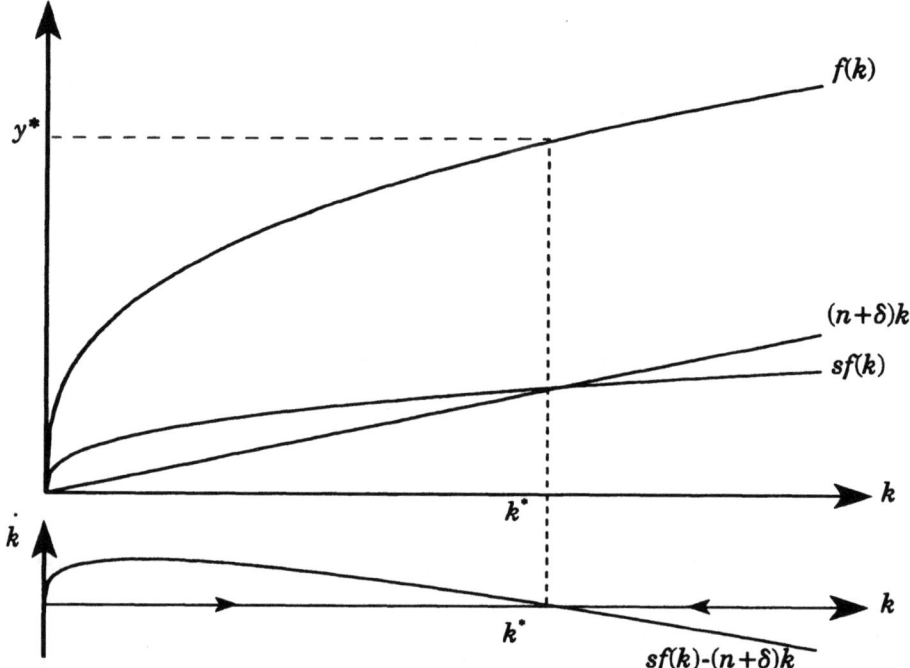

Abbildung B.I.2.1: Existenz und Stabilität eines Wachstumsgleichgewichts im Solow-Modell

Dafür müssen folgende Bedingungen erfüllt sein:

a) Die Pro-Kopf-Produktion $f(k)$ ist eine streng konkave und streng monoton wachsende Funktion. Dies folgt aus der Annahme eines stets positiven, aber fallenden
   Grenzprodukts des Kapitals.

b) Arbeit ist ein essentieller Produktionsfaktor, d.h. $F(K,0)=0$ für $K>0$. [In diesem
   Fall strebt das Grenzprodukt des Kapitals mit wachsender Kapitalintensität
   gegen Null, $\lim_{k\to\infty} f'(k)=0$, siehe Ergänzung B.I.1.1.]

c) Die Steigung der Funktion $sf(k)$ ist im Ursprung größer als die Steigung der
   Geraden $(n+\delta)k$.

Unter diesen Bedingungen schneidet die Gerade $(n+\delta)k$ genau einmal die Pro-Kopf-Ersparnis $sf(k)$. Links dieses Schnittpunkts ist die Pro-Kopf-Ersparnis größer als notwendig, um die Abschreibungen $[\delta k]$ und das Wachstum der Arbeitskräfte $[nk]$ zu kompensieren. Deshalb nimmt hier die Kapitalintensität zu. Rechts von k^* ist es umgekehrt. Jede anfängliche Kapitalintensität $k(0) \neq k^*$ strebt daher dem Wachstumsgleichgewicht zu; es ist global asymptotisch stabil.

Im Wachstumsgleichgewicht ist neben der Kapitalintensität jede andere, eindeutig durch sie bestimmte Größe konstant. Dazu zählen die Faktorproduktivitäten, die Faktorpreise und die Verteilung des Einkommens auf die beiden Produktionsfaktoren Kapital und Arbeit.

Die konstante Arbeitsproduktivität $y^* := (Y/N)^* = f(k^*)$ impliziert, daß die Produktion mit der Rate des Arbeitseinsatzes n wächst. Wenn die Produktion und der Kapitalstock mit n wachsen, dann ist der Kapitalkoeffizient $k^*/y^* = (K/Y)^*$ ebenfalls konstant. Für $k=k^*$ bestimmen die Gleichgewichtsbedingungen der Faktormärkte (B.I.1.4) den Reallohn w^* und den realen Nutzungspreis des Kapitals r^*. Damit ist auch die Einkommensquote des Kapitals $\pi(k^*) = f'(k^*)k^*/f(k^*)$ konstant.

Mit Hilfe von Abbildung B.I.2.1 können Sie sich überlegen, welchen Einfluß die Modellparameter s, n und δ auf Kapitalintensität und Pro-Kopf-Einkommen im Wachstumsgleichgewicht haben. Eine größere Sparquote s führt dazu, daß sich die Funktion $sf(k)$ nach oben in die Richtung der Funktion $f(k)$ dreht. Der Schnittpunkt mit der Geraden $(n+\delta)k$ wandert nach rechts. Ein geringeres Bevölkerungswachstum n oder eine niedrigere Abschreibungsrate δ drehen die Gerade $(n+\delta)k$ nach unten, so daß diese die Funktion $sf(k)$ weiter rechts schneidet.

Mit Hilfe von Abbildung B.I.2.2 kann man zudem zeigen, daß mit der Kapitalintensität der Reallohn steigt und der reale Nutzungspreis des Kapitals sinkt.[2] Je weiter entfernt k vom Ursprung ist, desto geringer ist die Steigung der Funktion $f(k)$ und mithin das Grenzprodukt des Kapitals. Gleichzeitig wandert der Ordinatenabschnitt der Tangente an $f(k)$ in k nach oben.

---

2 Es ist:

$$\tan\alpha = f'(k) = \frac{\overline{0w}}{\overline{0(w/r)}} = \frac{\overline{wy}}{\overline{0k}} \tag{i}$$

und somit

$$f'(k)k = \overline{wy}. \tag{ii}$$

Nach Gleichung (B.I.1.4) ist $w=f(k)-f'(k)k$ und $r=f'(k)$, so daß folgt:

$$w = f(k) - rk = \overline{0y} - \overline{wy} = \overline{0w}, \tag{iii}$$

und deshalb markiert der Schnittpunkt der Tangente an die Funktion $f(k)$ im Punkt k mit der Ordinate den Reallohn w. Schließlich folgt aus (i) und (iii):

$$\frac{w}{r} = \frac{\overline{0w}}{\overline{0w}/\overline{0(w/r)}} = \overline{0(w/r)}.$$

Der Einfluß der Kapitalintensität auf
die funktionale Einkommensverteilung
hängt von der Höhe der Substitutionselastizität zwischen Kapital und Arbeit σ
ab.[3] Betrachten wir dazu die Relation
von Lohn- zu Kapitaleinkommen, (wN)
$/(rK)=(w/r)/(K/N)$. Wenn $\sigma<1$ ist und das
Faktorpreisverhältnis w/r um ein Prozent zunimmt, dann wächst die Kapitalintensität K/N um weniger als ein Prozent. Mithin steigt das Lohneinkommen
relativ zum Kapitaleinkommen, d.h. die
Kapitaleinkommensquote sinkt.

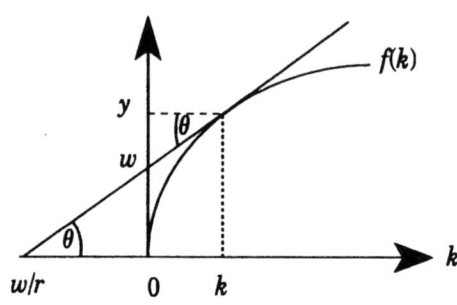

Abbildung B.I.2.2: Kapitalintensität und Faktorpreise

Ergebnis B.I.2.1: ───

a) Unter den Annahmen:

$f(0)=0$, $f'(k)>0$ für alle $k\geq 0$, $f''(k)<0$ für alle $k\geq 0$,

$f'(0) > \dfrac{n+\delta}{s}$ und $F(K,0)=0$ für $K>0$

existiert ein eindeutiges und stabiles Wachstumsgleichgewicht, in dem das Einkommen
und der Kapitalstock mit der Rate n wachsen und in dem alle Pro-Kopf-Größen sowie
die Faktorproduktivitäten und Faktorpreise konstant sind.

b) Die Kapitalintensität, das Pro-Kopf-Einkommen und der Reallohn in einem Wachstumsgleichgewicht sind um so größer, je höher die Sparquote s ist. Sie sind um so
kleiner, je höher die Wachstumsrate des Arbeitsangebots n und die Abschreibungsrate
δ sind. Bei einer Substitutionselastizität $\sigma<1$ im Wachstumsgleichgewicht nimmt auch
die Lohnquote, $1-\pi(k^*)$, mit s zu und mit n und δ ab.

───

3 Nach Gleichung (viii) in Ergänzung B.I.1.1 ist die Kapitaleinkommensquote

$$\pi(k) = \frac{f'(k)k}{f(k)},$$

so daß [wir vernachlässigen das jeweilige Funktionsargument]

$$\pi'(k) = \frac{f[f''\,k+f']-f'\,kf'}{f^2} = \frac{f''\,k+f'\,[1-f'k/f]}{f} = \frac{f''\,k+f'\,(1-\pi)}{f}$$

ist.

Formel (x) aus Ergänzung B.I.1.1 impliziert $f'(1-\pi) = -\sigma f''\,k$, so daß folgt:

$$\pi'(k) = \frac{f''\,k(1-\sigma)}{f}.$$

Ergänzung B.I.2.1: Existenz und Stabilität des Wachstumsgleichgewichts

Abbildung B.I.2.1 vermittelt intuitiv die Bedingungen, die sicherstellen, daß ein Wachstumsgleichgewicht existiert und asymptotisch stabil ist. Hier beweisen wir beide Behauptungen [siehe dazu BURMEISTER und DOBELL (1971), S. 25 und S. 28]. Der Beweis zeigt, daß die sogenannten Inada-Bedingungen,

$$\lim_{K \to 0} F_K(K,N) = \lim_{N \to 0} F_N(K,N) = \infty, \tag{i}$$

$$\lim_{K \to \infty} F_K(K,N) = \lim_{N \to \infty} F_N(K,N) = 0, \tag{ii}$$

die oft für den Existenzbeweis benutzt werden, strenger als notwendig sind. Hinreichend sind vielmehr bereits folgende Bedingungen:

$f(k)$ ist streng konkav und differenzierbar, $\tag{iii}$

Arbeit ist ein essentieller Produktionsfaktor, d.h. $F(K, 0)=0$ für $K>0$, $\tag{iv}$

$sf'(0)>n+\delta.$ $\tag{v}$

Existenz:
Eine Lösung der Gleichung (B.I.2.2) ist eine Nullstelle der Funktion $\phi(k):=sf(k)-(n+\delta)k$. Eine Nullstelle ist offensichtlich $k=0$. An dieser Stelle hat die Funktion $\phi(k)$ wegen (v) eine positive Steigung: $\phi'(k=0)=sf'(0)-(n+\delta)>0$. Die Funktion schneidet die Abszisse also von unten kommend und muß daher rechts von $k=0$ positiv sein. Wenn Arbeit ein essentieller Produktionsfaktor ist, strebt der Ausdruck $f(k)/k$ mit $k\to\infty$ gegen Null [siehe Ergänzung B.I.1.1], so daß $\lim_{k\to\infty} \phi(k)/k=sf(k)/k-(n+\delta)=-(n+\delta)<0$, so daß für großes k $\phi(k)<0$. Die Funktion $\phi(k)$ muß deshalb für hinreichend kleines $k>0$ positiv und für großes $k<\infty$ negativ sein. Mithin schneidet sie zumindest einmal die Abszisse. Aus der strengen Konkavität von $f(k)$ folgt, daß auch $\phi(k)$ streng konkav ist, so daß es im Intervall $(0, \infty)$ nur eine Nullstelle geben kann.

Stabilität:
Sei $h:=k-k^*$ die Distanz zwischen einem beliebigen Anfangswert $k>0$ und dem Wachstumsgleichgewicht und sei $V(h)=h^2$. Dann ist $V(h)$ für alle h positiv und $V(0)=0$. Außerdem ist

$$\dot{V} = 2h\dot{h} = 2h\dot{k} = 2h[sf(k) - (n+\delta)k]$$

$$= 2h[sf(h+k^*) - (n+\delta)(h+k^*)]$$

$$\leq 2h[s(f(k^*)+f'(k^*)h) - (n+\delta)(h+k^*)]$$

$$= 2h^2[sf'(k^*) - (n+\delta)]$$

$$= 2h^2\left[\frac{(n+\delta)k^*f'(k^*)}{f(k^*)} - (n+\delta)\right] \quad \text{da } s = \frac{(n+\delta)k^*}{f(k^*)}$$

$$= \frac{2h^2(n+\delta)}{f(k^*)}[f'(k^*)k^* - f(k^*)] < 0 \text{ solange } h \neq 0.$$

Die erste Ungleichung in dieser Beweisfolge beruht auf der Eigenschaft einer konkaven, differenzierbaren Funktion, wonach $f(k)\leq f(k^*)+f'(k^*)(k-k^*)$ [Satz E.I.2a]. Das Resultat zeigt, daß sich die Distanz zwischen jedem anfänglichen $k>0$ und dem Wachstumsgleichgewicht kontinuierlich verringert. $V(h)$ ist eine Ljapunow-Funktion und die asymptotische Stabilität folgt aus Satz E.IV.3.2.

Konvergenzeigenschaften

Alle Eigenschaften eines Wachstumsgleichgewichts gelten nur asymptotisch. Solange sich die Wirtschaft noch nicht in der Nähe ihres Wachstumsgleichgewichts befindet, verändern sich Faktorproportionen, Faktorproduktivitäten und Faktorpreise. Wenn beispielsweise die anfängliche Kapitalintensität unter derjenigen im Wachstumsgleichgewicht liegt und mithin das momentane Pro-Kopf-Einkommen niedriger als im Wachstumsgleichgewicht ist, wächst das Sozialprodukt mit einer größeren Rate als das Arbeitsangebot, $\dot{Y}/Y > n$. Die Wachstumsrate des Pro-Kopf-Einkommens erhalten wir aus $y = f(k)$, wenn wir diesen Ausdruck nach der Zeit ableiten, durch y teilen und $\dot{k}$ durch die rechte Seite von Gleichung (B.I.2.1) ersetzen:

$$\frac{\dot{y}}{y} = \frac{f'(k)[sf(k) - (n+\delta)k]}{f(k)}.$$

Aus dieser Gleichung folgt:

$$\frac{\partial(\dot{y}/y)}{\partial k} = \frac{f''(k)[sf(k) - (n+\delta)k]}{f(k)} - (1 - \pi(k))\frac{f'(k)(n+\delta)}{f(k)}. \qquad \text{(B.I.2.3)}$$

Links vom Wachstumsgleichgewicht ist dieser Ausdruck eindeutig negativ [begründen Sie diese Behauptung!], so daß folgt:

Ergebnis B.I.2.2 : _____

Die Wachstumsrate des Pro-Kopf-Einkommens ist um so größer, je weiter die anfängliche Kapitalintensität unterhalb ihres stationären Wertes liegt.

_____

Eine Konsequenz dieser Aussage ist, daß ärmere Länder, deren Kapitalausstattung je Erwerbsperson noch weit unterhalb ihres Gleichgewichtswertes liegt, größere Wachstumsraten ihres Pro-Kopf-Einkommens haben müßten als reiche Länder, die ihren gleichgewichtigen Wachstumspfad schon erreicht haben. [Vergleichen Sie diese Implikation mit den stilisierten Fakten des Wirtschaftswachstums!]

In diesem Zusammenhang taucht natürlich die Frage auf, wie schnell der Konvergenzprozeß abläuft. Eine gewisse Vorstellung davon gibt ein numerisches Beispiel. Nehmen wir an, die Pro-Kopf-Produktionsfunktion sei

$$y = k^\beta, \quad \beta \in (0,1), \qquad \text{(B.I.2.4)}$$

wobei β die Produktionselastizität des Kapitals ist. Mit dieser Funktion lautet Gleichung (B.I.2.1):

$$\dot{k} = sk^\beta - (n+\delta)k.$$

Der Kapitalkoeffizient $z:=k/y=k^{1-\beta}$ verändert sich deshalb gemäß

$$\dot{z} = (1-\beta)s - (1-\beta)(n+\delta)z.$$

Der Kapitalkoeffizient im Wachstumsgleichgewicht [d.h. wenn $\dot{z}=0$] hat den Wert $z^*=s/(n+\delta)$, die Distanz zum Wachstumsgleichgewicht ist $\bar{z}:=z-z^*$. Sie folgt der Gleichung

$$\dot{\bar{z}} = \dot{z} = -(1-\beta)(n+\delta)\bar{z}.$$

Diese lineare Differentialgleichung mit konstantem Koeffizienten hat die Lösung [siehe Gleichung (E.III.2)]:

$$d(t) := \frac{z(t)-z^*}{z(0)-z^*} = e^{-(1-\beta)(n+\delta)t}. \qquad (\text{B.I.2.5})$$

Daraus kann man errechnen, in welchem Zeitpunkt t ein vorgegebenes Ausmaß d der Anpassung abgeschlossen ist. Abbildung B.I.2.3 zeigt den Graph dieser Funktion für verschiedene Werte von α und $(n+\delta)$. Die Konvergenz beansprucht um so mehr Zeit, je größer die Produktionselastizität des Kapitals β ist und je kleiner die Summe aus Abschreibungsrate und Bevölkerungswachstumsrate ist. Der von uns gewählte Wert $(n+\delta)=0{,}05$ ist für Jahreswerte eher niedrig: Seit 1960 ist das westdeutsche Bruttoinlandsprodukt mit etwa 3 Prozent pro Jahr $[n=0.03]$ gewachsen, und der jährliche Abschreibungssatz liegt bei etwa 2,5 Prozent.[4] Im Fall der Produktionsfunktion (B.I.2.4) entspricht β der Kapitaleinkommensquote wie Sie mit Hilfe der Formel (viii) in Ergänzung B.I.1.1 nachprüfen können. Der Schätzwert für Deutschland liegt bei etwa einem Drittel

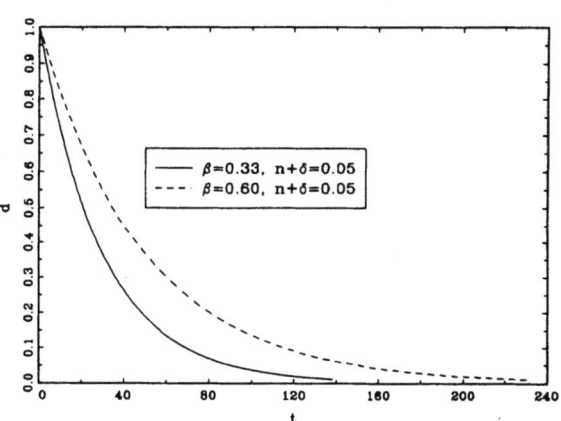

Abbildung B.I.2.3: Konvergenzgeschwindigkeit im Solow-Modell

---

4 Wir haben die Abschreibungsrate berechnet als mittleren Wert des Quotienten aus den jährlichen Abschreibungen und dem jahresdurchschnittlichen Bruttoanlagevermögen der westdeutschen Wirtschaft. Dem Ergebnis liegen Werte von 1960 bis 1992 zugrunde. Die Preisbasis beider Reihen ist 1991. Das Bruttoanlagevermögen haben wir der Statistik des Statistischen Bundesamtes (1994), Reihe 1.3, entnommen, die Abschreibungen der Datenbank des Deutschen Instituts für Wirtschaftsforschung [Vierteljährliche Volkswirtschaftliche Gesamtrechnung]. Einen Überblick zu empirischen Schätzungen von Abschreibungsraten liefert JORGENSON (1996).

[siehe S. 10]. Diese Werte implizieren, daß die Hälfte der Distanz zum Wachstumsgleichgewicht nach 21 Jahren zurückgelegt ist.[5] Empirische Schätzungen [z.B. BARRO
und SALA-I-MARTIN (1994), S. 394 und S. 398] deuten indes auf eine *Halbwertszeit*
von rund 35 Jahren hin. Im vorliegenden Modell wäre dies nur mit einer Kapitaleinkommensquote von 60 Prozent zu erwarten.

Ergänzung B.I.2.2: Approximation und Schätzung der Konvergenzgeschwindigkeit

Wir zeigen im folgenden, daß der für den Fall der Produktionsfunktion $f(k) = k^\beta$ abgeleitete
Ausdruck für die Konvergenzgeschwindigkeit $\lambda = (1-\beta)(n+\delta)$ approximativ für jede neoklassische
Produktionsfunktion $f(k)$ gilt.

Wir schreiben die Gleichung für die Veränderung der Kapitalintensität (B.I.2.1) um zu

$$\frac{\dot{k}}{k} = \frac{sf(k)}{k} - (n+\delta). \tag{i}$$

Nach (i) ist die Wachstumsrate der Kapitalintensität eine nichtlineare Funktion der Kapitalintensität. Diese Funktion können wir an der Stelle k^* linear approximieren [siehe Abschnitt E.I.]:

$$\frac{\dot{k}}{k} \approx h(k^*) + h'(k^*)(k - k^*), \quad h(k) := \frac{sf(k)}{k} - (n+\delta). \tag{ii}$$

Da $h(k^*)=0$ und

$$h'(k^*) = \frac{k^* sf'(k^*) - sf(k^*)}{(k^*)^2} = \frac{-sf(k^*)(1 - f'(k^*)k^*/f(k^*))}{(k^*)^2} = -\frac{(n+\delta)(1-\pi(k^*))}{k^*}$$

erhalten wir:

$$\frac{\dot{k}}{k} \approx -(1 - \pi(k^*))(n+\delta)\frac{k - k^*}{k^*}. \tag{iii}$$

Nun ist $d\ln(k/k^*)/dt = \dot{k}/k$ und $\ln(k/k^*) \approx (k-k^*)/k^*$ [siehe Gleichung (E.I.7)], so daß (iii) näherungsweise durch eine lineare Differentialgleichung in der Variablen $\ln(k/k^*)$ beschrieben wird:

$$\frac{d\ln(k/k^*)}{dt} = -\lambda\ln(k/k^*), \quad \lambda := (1 - \pi(k^*))(n+\delta).$$

Deren Lösung ist [siehe Gleichung (E.IV.2.2)]

$$\ln(k(t)/k^*) = \ln(k(0)/k^*)e^{-\lambda t}. \tag{iv}$$

Mit Hilfe der Näherungen $\ln(k/k^*) \approx (k-k^*)/k^*$ bzw. $\ln(k(0)/k^*) \approx (k(0)-k^*)/k^*$ können wir dafür auch

$$\frac{k(t) - k^*}{k(0) - k^*} = e^{-\lambda t}$$

schreiben.

Gleichung (iv) gilt im übrigen auch für das Pro-Kopf-Einkommen: Es ist $\ln(y)=\ln(f(k))$ und an
der Stelle k^* gilt approximativ

$$\frac{d\ln(y)}{dt} \approx \pi(k^*)\frac{d\ln(k)}{dt} \quad \text{und} \quad \ln(y/y^*) \approx \pi(k^*)\ln(k/k^*),$$

so daß folgt:

---

5 $\tau(0.5) \approx -\ln(0.5)/(0.033) = 0.69/0.033 \approx 21$.

$$\ln(y(t)) = (1 - e^{-\lambda t})\ln(y^*) + e^{-\lambda t}\ln(y(0)). \qquad \text{(v)}$$

Gleichung (v) kann man zur Grundlage einer Regressionsanalyse machen. Dazu benutzt man das Pro-Kopf-Einkommen y_r einer Reihe von Regionen $r=1, 2, ..., R$ zu zwei unterschiedlichen Zeitpunkten t_1 und t_2 und schätzt die Gleichung

$$\ln(y_r(t_2)) = c + b\ln(y_r(t_1)) + s_r$$

[mit s_r als Fehlerterm]. Aus dem Schätzwert für $b = e^{-\lambda(t_2 - t_1)}$ kann man λ berechnen.

Für westdeutsche Kreise schätzt SEITZ (1995), Tabelle 3, auf Basis dieser Gleichung mit $t_1 = 1980$ und $t_2 = 1990$ ein $\lambda = 0{,}027$. Für die westdeutschen Arbeitsmarktregionen im selben Zeitraum schätzt er ein $\lambda = 0.016$. Das impliziert Halbwertszeiten von 25 bzw. 43 Jahren.

3. Goldene Regel der Kapitalakkumulation

Das Wachstumsmodell aus Abschnitt B.I.1 begründet einen positiven Zusammenhang zwischen der Sparquote und dem Pro-Kopf-Einkommen einer Volkswirtschaft. Das höchste Pro-Kopf-Einkommen wäre mit einer Sparquote von 100 Prozent zu erreichen. In diesem Fall müßten die Haushalte aber völlig auf Konsum verzichten. Andererseits kann aber auch eine Sparquote von Null nicht optimal sein. Der Kapitalstock würde in diesem Fall allmählich abgebaut, bis schließlich mangels Kapital auch keine Konsumgüter mehr produziert werden können. Zwischen diesen beiden Extremen muß es folglich eine Sparquote geben, die einen maximalen Pro-Kopf-Konsum ermöglicht.

Abbildung B.I.3.1 zeigt, wie man die optimale Sparquote findet. Die Wirtschaft mit der Sparquote s_1, der Wachstumsrate n und der Abschreibungsrate δ hat bei k_1^* ihr Wachstumsgleichgewicht. Die vertikale Distanz zwischen der Pro-Kopf-Ersparnis $sf(k_1^*)$ und der Pro-Kopf-Produktion $f(k_1^*)$ entspricht dem Pro-Kopf-Konsum. Die Distanz zwischen der Geraden $(n+\delta)k$ und der Produktionsfunktion $f(k)$ ist im Punkt k_2^* maximal. In diesem

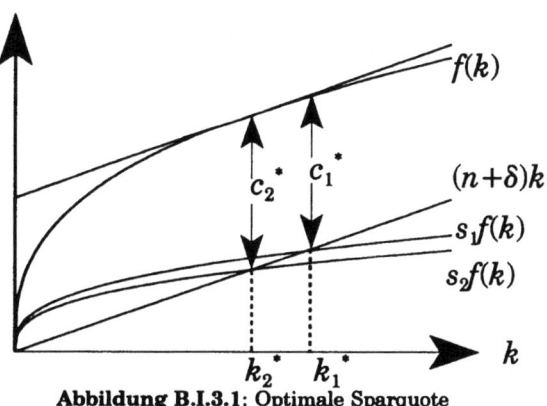

Abbildung B.I.3.1: Optimale Sparquote

Punkt entspricht die Steigung der Pro-Kopf-Produktionsfunktion der Steigung der Geraden $(n+\delta)k$:

$$f'(k_2^*) = n + \delta.$$ (B.I.3.1)

Der Punkt k_2^* kann als Wachstumsgleichgewicht mit der im Vergleich zu s_1 kleineren Sparquote s_2 erreicht werden. Bezogen auf das Ziel eines möglichst großen Pro-Kopf-Konsums ist die Sparquote s_1 der Wirtschaft zu groß.

Man kann die Optimalitätsbedingung (B.I.3.1) auf eine etwas griffigere Formel bringen. Dazu multiplizieren wir Gleichung (B.I.3.1) mit $k_2^*/f(k_2^*)$ und berücksichtigen, daß im Wachstumsgleichgewicht $(n+\delta)k_2^* = s_2 f(k_2^*)$ gilt. Das Ergebnis lautet [der einfacheren Schreibweise zuliebe verzichten wir nun auf das Subskript und kennzeichnen die konsumoptimale Sparquote mit einem Sternchen]:

$$\frac{f'(k^*)k^*}{f(k^*)} = s^*.$$ (B.I.3.2)

Der Ausdruck auf der linken Seite von Gleichung (B.I.3.2) entspricht der Kapitaleinkommensquote im Wachstumsgleichgewicht. Die optimale Sparquote ist also jene, die im Wachstumsgleichgewicht zu einer gleich großen Kapitaleinkommensquote führt. Im Anschluß an EDMUND PHELPS (1961) nennt man diese Bedingung *Goldene Regel der Kapitalakkumulation*:

Ergebnis B.I.3.1: ——————————————————————————

Die Goldene Regel der Kapitalakkumulation ist ein Kriterium für die Wahl derjenigen Sparquote, die den Pro-Kopf-Konsum einer Wirtschaft maximiert. Sie schreibt vor, die Sparquote so zu wählen, daß sie der von ihr implizierten Kapitaleinkommensquote entspricht.

——

II. Modellerweiterungen

1. Spezielle Produktionsfunktionen

Überblick

Bislang haben wir es vermieden, die Produktionsfunktion näher zu spezifizieren. Die von uns formulierten qualitativen Eigenschaften der Produktionsfunktion [siehe Ergänzung B.I.2.1, (iii) bis (v)] reichen aus, um die Existenz, Eindeutigkeit und Stabilität des Wachstumsgleichgewichts sicherzustellen. In diesem Abschnitt wollen wir nun überprüfen, welchen Einfluß in der Literatur häufig benutzte Produktionsfunktionen auf die Ergebnisse des Grundmodells besitzen.

Wir gehen aus von einer Produktionsfunktion mit konstanter Substitutionselastizität, der CES-Produktionsfunktion [Constant Elasticity of Substitution], und zeigen zunächst, daß aus dieser funktionalen Form die *Cobb-Douglas-Produktionsfunktion*, die (limitationale) *Leontief-Produktionsfunktion* und die (lineare) *von Neumann-Produktionsfunktion* als Spezialfälle abgeleitet werden können. Danach analysieren wir, welche besonderen Eigenschaften das Wachstumsgleichgewicht für den Fall der allgemeinen CES-Funktion und für die drei Spezialfälle aufweist.

Im Zusammenhang mit der Diskussion der Leontief-Funktion stoßen wir auf die Ergebnisse der von ROY HARROD (1939; 1942) und EVSEY DOMAR (1946; 1947) entwickelten postkeynesianischen Wachstumstheorie. Die Betrachtung der von Neumann-Funktion läßt bereits die Grundstruktur von Modellen endogenen Wachstums erkennen, mit denen wir uns im Abschnitt D noch ausführlicher beschäftigen werden.

CES-Produktionsfunktion

Das Kennzeichen einer CES-Produktionsfunktion ist die konstante Substitutionselastizität σ zwischen den Produktionsfaktoren. σ ist ein Maß für die Krümmung der Produktionsisoquanten. Wir erinnern an die Definition (B.I.1.2):

$$\sigma := -\frac{d(K/N)}{d(F_N/F_K)} \frac{(F_N/F_K)}{(K/N)} . \qquad \text{(B.II.1.1)}$$

Die allgemeine Form einer linear-homogenen Produktionsfunktion mit konstanter Substitutionselastizität lautet:

$$Y = \left[\delta_N(AN)^\rho + \delta_K(BK)^\rho\right]^{1/\rho}, \quad \rho := \frac{\sigma - 1}{\sigma} . \qquad \text{(B.II.1.2)}$$

Dabei ist ρ der konstante Substitutionsparameter. Da die Substitutionselastizität σ Werte zwischen Null und $+\infty$ annehmen kann, ist der Definitionsbereich von ρ das Intervall $(-\infty, 1]$. A, B, δ_N und δ_K sind positive Parameter der CES-Funktion. A und B beeinflussen die Produktivität der eingesetzten Faktoren, δ_N und δ_K deren Einkommensquoten [siehe Ergänzung B.II.1.1].

Je nach Höhe der Substitutionselastizität bzw. des Substitutionsparameters lassen sich nun drei Sonderfälle der allgemeinen CES-Produktionsfunktion unterscheiden.

Cobb-Douglas-Produktionsfunktion

Für $\sigma=1$ [$\Leftrightarrow \rho=0$] erhält man eine Cobb-Douglas-Produktionsfunktion [nach COBB und DOUGLAS (1928)]:

$$Y = (AN)^\alpha (BK)^\beta, \quad \alpha := \frac{\delta_N}{\delta_N + \delta_K}, \beta := \frac{\delta_K}{\delta_N + \delta_K} = 1 - \alpha . \qquad \text{(B.II.1.3)}$$

Die Produktionsisoquanten nähern sich beiden Achsen des Faktoreinsatzes asymptotisch an. Für die Produktion ist immer der Einsatz beider Produktionsfaktoren erforderlich. Die Produktionselastizitäten entsprechen genau den Einkommensquoten, es ist also $\alpha = 1\text{-}\pi$ und $\beta = \pi$.

Leontief-Produktionsfunktion

Für $\sigma = 0$ [$\Leftrightarrow \rho = -\infty$] erhält man den Fall der limitationalen Leontief-Produktionsfunktion [nach LEONTIEF (1941)]:

$$Y = \min[AN, BK]. \tag{B.II.1.4}$$

Im Produktionsprozeß ist keinerlei Substitution zwischen Arbeit und Kapital möglich. Effiziente Produktion erfordert vielmehr fest vorgegebene Einsatzmengen beider Produktionsfaktoren. Die Produktionsisoquanten verlaufen rechtwinklig. A und B bezeichnen die konstanten Durchschnitts- und Grenzprodukte der Faktoren; ihre Kehrwerte $1/A$ und $1/B$ entsprechen dem Arbeits- bzw. dem Kapitalkoeffizienten.

Von Neumann-Produktionsfunktion

Für $\sigma = +\infty$ [$\Leftrightarrow \rho = 1$] erhält man die lineare von Neumann-Produktionsfunktion [nach VON NEUMANN (1937)]:

$$Y = \delta_N AN + \delta_K BK. \tag{B.II.1.5}$$

Die beiden Faktoren sind hier stets perfekte Substitute. Die Produktionsisoquanten verlaufen linear und schneiden beide Achsen, d.h. die Produktion ist auch nur mit einem Faktor möglich.

Zwischen den drei Extremfällen liegen die Bereiche schwacher Substitution [für $0 < \sigma < 1$ bzw. $-\infty < \rho < 0$] und starker Substitution [für $1 < \sigma < +\infty$ bzw. $1 > \rho > 0$]. Bei starker Substitution kann auch mit jeweils nur einem Faktor produziert werden, so daß der jeweils andere nicht für die Produktion notwendig ist. Beispielsweise ist

$$F(0, K) = \delta_K^{1/\rho} (BK) > 0 \text{ für } K > 0.$$

Damit verletzt die CES-Funktion für $\sigma > 1$ die Existenzbedingung (iv) in Ergänzung B.I.2.1.

Ergänzung B.II.1.1: Eigenschaften der CES-Produktionsfunktion

Die CES-Produktionsfunktion (B.II.1.2) ist linear homogen,

$$aY = \left[\delta_N (aAN)^\rho + \delta_K (aBK)^\rho \right]^{1/\rho},$$

so daß $Y = F_N N + F_K K$ gilt. Ihre Grenzprodukte sind positiv,

$$F_K : = \frac{\partial Y}{\partial K} = \delta_K B^\rho (Y/K)^{1-\rho} > 0, \tag{i}$$

$$F_N := \frac{\partial Y}{\partial N} = \delta_N A^\rho (Y/N)^{1-\rho} > 0, \tag{ii}$$

und sinken für $\rho < 1$ mit zunehmendem Faktoreinsatz:

$$F_{KK} := \frac{\partial^2 Y}{\partial K^2} = \delta_K (\rho - 1) B^\rho (Y/K)^{-\rho} K^{-2} (Y - F_K K) < 0, \tag{iii}$$

$$F_{NN} := \frac{\partial^2 Y}{\partial N^2} = \delta_N (\rho - 1) A^\rho (Y/N)^{-\rho} N^{-2} (Y - F_N N) < 0. \tag{iv}$$

Für $\rho = 1$ gilt dagegen $F_{NN} = F_{KK} = 0$.

Bei Entlohnung beider Produktionsfaktoren nach ihrem Grenzprodukt gilt für die Lohn- und die Kapitaleinkommensquote:

$$\omega(K/N) = \frac{F_N N}{Y} = \frac{\delta_N (AN)^\rho}{\delta_N (AN)^\rho + \delta_K (BK)^\rho} = \frac{\delta_N}{\delta_N + \delta_K [(B/A)(K/N)]^\rho}, \tag{v}$$

$$\pi(K/N) := \frac{F_K K}{Y} = \frac{\delta_K (BK)^\rho}{\delta_N (AN)^\rho + \delta_K (BK)^\rho} = \frac{\delta_K}{\delta_N [(B/A)(K/N)]^{-\rho} + \delta_K}. \tag{vi}$$

Da die Funktion linear-homogen ist, summieren sich die Verteilungsquoten zu Eins.

Um die beiden Grenzwerte $\sigma = 1$ [$\leftrightarrow \rho = 0$] und $\sigma = 0$ [$\leftrightarrow \rho = -\infty$] bestimmen zu können, logarithmieren wir zunächst die Definitionsgleichung (B.II.1.2):

$$\ln Y = \frac{\ln(\delta_N (AN)^\rho + \delta_K (BK)^\rho)}{\rho} =: \frac{W(\rho)}{V(\rho)}.$$

Nach der Regel von L'Hôpital entspricht der Grenzwert von $W(\rho)/V(\rho)$ dem Grenzwert von $W'(\rho)/V'(\rho)$. Da $V'(\rho) = 1$ ist, bestimmt sich der Grenzwert aus

$$W'(\rho) = \frac{\delta_N (AN)^\rho \ln(AN) + \delta_K (BK)^\rho \ln(BK)}{\delta_N (AN)^\rho + \delta_K (BK)^\rho} = \frac{\delta_N \ln(AN) + \delta_K [(BK)/(AN)]^\rho \ln(BK)}{\delta_N + \delta_K [(BK)/(AN)]^\rho}. \tag{vii}$$

[Bekanntlich ist $d\ln(x)/dx = 1/x$ und $d(b^x)/dx = b^x \ln(b)$!]. Für $\rho \to 0$ [$\leftrightarrow \sigma \to 1$] folgt aus (vii):

$$\frac{\delta_N \ln(AN) + \delta_K \ln(BK)}{\delta_N + \delta_K}$$

was uns zur Cobb-Douglas-Funktion

$$Y = (AN)^\alpha (BK)^\beta \quad \text{mit } \alpha := \frac{\delta_N}{\delta_N + \delta_K} \text{ und } \beta := \frac{\delta_K}{\delta_N + \delta_K} = 1 - \alpha$$

führt. Der Grenzwert $\rho \to -\infty$ [$\leftrightarrow \sigma \to 0$] hängt vom Verhältnis (BK/AN) ab. Ist $(BK) > (AN)$, d.h. Arbeit ist der relativ knappe Faktor, so strebt der Term $[(BK)/(AN)]^\rho$ in (vii) mit $\rho \to -\infty$ gegen Null, und wir erhalten $\ln(Y) = \ln(AN)$ bzw. $Y = AN$. Ist dagegen Kapital relativ knapp, $(BK) < (AN)$, so erhalten wir $\ln(Y) = \ln(BK)$ bzw. $Y = BK$ [um das zu prüfen, müssen Sie den ersten Bruch in (vii) mit $(BK)^{-\rho}$ erweitern]. Beide Ergebnisse können wir zusammenfassen in der Leontief-Funktion:

$$Y = \min[AN, BK].$$

Für $\rho \to 1$ [$\Leftrightarrow \sigma \to +\infty$] geht die CES-Funktion, wie Sie aus (B.II.1.2) unmittelbar ablesen können, in eine lineare von Neumann-Funktion über:

$$Y = \delta_N AN + \delta_K BK.$$

Über- [$\mu > 1$] oder unterlinear-homogene [$\mu < 1$] CES-Funktionen haben die Form:

$$Y = \left[\delta_N (AN)^\rho + \delta_K (BK)^\rho \right]^{(\mu/\rho)}$$

mit dem Parameter μ als Homogenitätsgrad.

Wachstumsgleichgewicht und allgemeine CES-Produktionsfunktion

Wir analysieren nun das Wachstumsgleichgewicht des Grundmodells mit Hilfe der allgemeinen CES-Produktionsfunktion (B.II.1.2) für die Fälle starker und schwacher Substitution. Aus Gleichung (B.II.1.2) erhalten wir die Pro-Kopf-Produktion als Funktion der Kapitalintensität $k = K/N$:

$$y := \frac{Y}{N} = \left[\delta_N A^\rho + \delta_K (Bk)^\rho \right]^{1/\rho} =: f(k). \qquad \text{(B.II.1.6)}$$

Das Arbeitskräftepotential wächst mit der konstanten Rate n. Um uns ein wenig Schreibarbeit zu sparen, vernachlässigen wir in den folgenden Abschnitten die Ersatzinvestitionen, $\delta = 0$. Aus der Definitionsgleichung für den Steady State, Gleichung (B.I.2.2), $sf(k^*) = nk^*$, folgt dann mit Hilfe von (B.II.1.6):

$$\left[\delta_K B^\rho + \delta_N (A/k^*)^\rho \right]^{1/\rho} = \frac{n}{s}.$$

Wir lösen diesen Ausdruck nach k^* auf und erhalten damit die Kapitalintensität im Wachstumsgleichgewicht:

$$k^* = \left[\frac{\delta_N A^\rho}{(n/s)^\rho - \delta_K B^\rho} \right]^{1/\rho}. \qquad \text{(B.II.1.7)}$$

Positive Werte von k^* erfordern - je nach unterstellter Höhe der Substitutionselastizität - bestimmte Parameterrestriktionen. Aus (B.II.1.7) können wir die folgenden Existenzbedingungen ableiten:

$$s < (n/B)\delta_K^{-1/\rho} \quad \text{bei starker Substitution } [\sigma > 1 \text{ bzw. } \rho > 0],$$

$$\qquad \qquad \qquad \qquad \qquad \qquad \qquad \qquad \qquad \qquad \qquad \qquad \text{(B.II.1.8)}$$

$$s > (n/B)\delta_K^{-1/\rho} \quad \text{bei schwacher Substitution } [\sigma < 1 \text{ bzw. } \rho < 0].$$

Sofern das Wachstumsgleichgewicht existiert, ist es auch stabil [siehe Ergänzung B.I.2.1]. Gleichung (B.II.1.7) zeigt, daß die Kapitalintensität und über (B.II.1.6) auch die Pro-Kopf-Produktion um so größer sind, je größer die Sparquote *s* und je kleiner die Wachstumsrate des Arbeitsangebots *n* ist.

Mit Hilfe der CES-Funktion können wir auch eine Reihe von Größen identifizieren, welche die Höhe der Konvergenzgeschwindigkeit λ beeinflussen, also jene Rate, mit der sich das System aus einer Ungleichgewichtslage heraus dem langfristigen Wachstumsgleichgewicht nähert. Aus Ergänzung B.I.2.2 wissen wir, daß die Konvergenzgeschwindigkeit vom Wachstum des Arbeitsangebots *n* und der Einkommensverteilung im Wachstumsgleichgewicht abhängt:

$$\lambda = (1 - \pi(k^*)) \, n \, .$$

Die Kapitaleinkommensquote im Fall der CES-Funktion ist $\delta_K (Bk/y)^\rho$. Ihren Wert im Wachstumsgleichgewicht können wir mit Hilfe der Gleichungen (B.II.1.6) und (B.II.1.7) berechnen. Wir finden:

$$\lambda = n \, (1 - \pi(k^*)) = n \left[1 - \delta_K (sB/n)^\rho \right]. \tag{B.II.1.9}$$

Daran sehen wir, daß die Sparquote nicht nur die Lage des Wachstumsgleichgewichts, sondern auch die Konvergenzgeschwindigkeit beeinflußt. Aus dieser Gleichung folgt zusammen mit den Existenzbedingungen (B.II.1.8):

$$\frac{\mathrm{d}\lambda}{\mathrm{d}n} = [1 - \delta_K (sB/n)^\rho] + \rho \delta_K (sB/n)^\rho \, ,$$

$$\frac{\mathrm{d}\lambda}{\mathrm{d}s} = -\rho \delta_K s^{\rho-1} (B/n)^\rho \, .$$

Die Konvergenzgeschwindigkeit nimmt bei starker Substitution [d.h. für $\rho > 0$], mit *n* zu. Bei schwacher Substitution [d.h. für $\rho < 0$] gilt dies nur, wenn der Betrag von ρ kleiner ist als $(1 - \pi(k^*))/\pi(k^*)$. Die Sparquote beschleunigt [verlangsamt] den Konvergenzprozeß bei schwacher [starker] Substitution.

Ergebnis B.II.1.1 : ———————————————————————

Bei Verwendung der allgemeinen CES-Produktionsfunktion mit konstanter Substitutionselastizität $\sigma \in (0, \infty)$ existiert für den Fall schwacher [starker] Substitution, d.h. für $\sigma < 1$ [$\sigma > 1$], ein Wachstumsgleichgewicht, wenn die exogenen Parameter die Bedingung $s > [<] \left[\delta_K^{-(1/\rho)} n/B \right]$ erfüllen. Sofern das Wachstumsgleichgewicht existiert, ist es auch stabil und es gelten die im Grundmodell hergeleiteten komparativstatischen Ergebnisse. Im Fall der schwachen [starken] Substitution nimmt die Konvergenzgeschwindigkeit mit der Sparquote zu [ab]. Ein eindeutig positiver Zusammenhang zwischen der Konvergenzgeschwindigkeit λ und der Wachstumsrate des Arbeitsangebots *n* besteht nur bei starker Substitution.

Wachstumsgleichgewicht und Cobb-Douglas-Produktionsfunktion

Die Ergebnisse, die wir für den Fall der allgemeinen CES-Produktionsfunktion erhalten haben, können wir jetzt vergleichen mit dem Fall der Cobb-Douglas-Produktionsfunktion, deren Substitutionselastizität gleich Eins ist. Aus der Definitionsgleichung (B.II.1.3) folgt für die Pro-Kopf-Produktion der Ausdruck:

$$y = A^\alpha (Bk)^\beta =: f(k).$$ (B.II.1.10)

und für die Höhe der Kapitalintensität im Wachstumsgleichgewicht erhalten wir bei einer Abschreibungsrate von $\delta = 0$:

$$k^* = A(s/n)^{1/\alpha} B^{\beta/\alpha}.$$ (B.II.1.11)

Da im Cobb-Douglas-Fall die Einkommensquoten den (konstanten) Produktionselastizitäten entsprechen, können wir für die Konvergenzgeschwindigkeit den Ausdruck

$$\lambda = n(1-\pi^*) = n\alpha = n(1-\beta),$$ (B.II.1.12)

ableiten, der uns bereits in Gleichung (B.I.2.5) begegnet ist. Damit lassen sich die folgenden Ergebnisse formulieren:

Ergebnis B.II.1.2 : ─────────────────────────────

Im Fall der Cobb-Douglas-Produktionsfunktion existiert für beliebige [positive] Werte der Modellparameter n, s, A und B ein ökonomisch sinnvolles Wachstumsgleichgewicht. Die Konvergenzgeschwindigkeit λ ist unabhängig von der Höhe der Sparquote; sie steigt, wenn die Lohnquote, die der (konstanten) Produktionselastizität der Arbeit entspricht, zunimmt.

───

Wachstumsgleichgewicht und Leontief-Produktionsfunktion

Mit Hilfe der limitationalen Leontief-Produktionsfunktion können wir die Verbindung zwischen der neoklassischen und der *postkeynesianischen* Wachstumstheorie aufzeigen. Diese Funktion liegt implizit den wachstumstheoretischen Überlegungen von ROY HARROD (1939; 1942) und EVSEY DOMAR (1946; 1947) zugrunde.[6] Wir zeigen, daß bei dieser Produktionstechnik, einer konstanten Sparquote und einer

─────────────────

6 WAN (1971), S. 20ff., diskutiert eine Reihe von Möglichkeiten, um die Annahme der Limitationalität der Produktionsfaktoren zu rechtfertigen. Außer technologischen Ursachen, wie sie die Funktion (B.II.1.4) verkörpert, können auch Unvollkommenheiten auf den Faktormärkten die Substituierbarkeit der Faktoren behindern. Hierzu zählen etwa institutionell oder durch Marktmacht verursachte Rigiditäten in den Faktorpreisen. Eine Substitutionselastizität von Null wäre dann beispielsweise zu erwarten, wenn die Löhne durch Kartellbildung der Tarifpartner rigide sind, und der Zins im Bereich der Keynesschen Liquiditätsfalle verharrt.

konstanten Wachstumsrate des Arbeitsangebots ein Wachstumsgleichgewicht, in dem beide Produktionsfaktoren vollbeschäftigt sind, nur unter äußerst restriktiven Annahmen existiert. Ein störungsfreies Wachstum ist bei dieser Technologie ohne staatliche Interventionen daher kaum vorstellbar.

Im Zentrum des postkeynesianischen Wachstumsmodells steht die Leontief-Produktionsfunktion (B.II.1.4), in der $1/A$ und $1/B$ die fixen Produktionskoeffizienten von Arbeit und Kapital bezeichnen. Für die Pro-Kopf-Produktion erhalten wir:

$$y = \min[A, Bk] = f(k). \qquad \text{(B.II.1.13)}$$

Solange $k<(A/B)$ $[\Leftrightarrow Bk<A]$ wächst die Pro-Kopf-Produktion mit der Kapitalintensität: $y=Bk$, und wegen $BK<AN$ werden nicht alle Arbeitskräfte beschäftigt. An der Stelle $k=(A/B)$ $[\Leftrightarrow AN=BK]$ sind Kapital und Arbeit vollbeschäftigt. Eine weitere Kapitalintensivierung, $k>(A/B)$ vermag die Pro-Kopf-Produktion nicht weiter zu steigern, denn nun ist Arbeit der Engpaßfaktor: $y=A$.

Mit der Funktion (B.II.1.13) lautet die Akkumulationsgleichung (B.I.2.1) bei $\delta=0$:

$$\dot{k} = s \min[A, Bk] - nk. \qquad \text{(B.II.1.14)}$$

Wir müssen nun drei Fälle unterscheiden:

(1) Falls $n<sB$, verläuft die Gerade sBk über der Geraden nk [siehe Abbildung B.II.1.1]. Die Kapitalintensität nimmt daher zu, bis bei $k=(A/B)$ Arbeit zum Engpaßfaktor wird. Da an dieser Stelle $sA=sBk>nk$ ist, wächst die Kapitalintensität zunächst noch weiter, bis sie bei $k^*=sA/n$ ihren Gleichgewichtswert erreicht. Rechts von k^* ist $sA<nk$, so daß k^* wie im Grundmodell ein stabiles Wachstumsgleichgewicht beschreibt. In

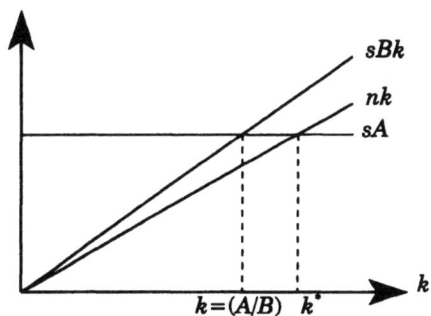

Abbildung B.II.1.1: Das Wachstumsgleichgewicht bei limitationaler Produktionsfunktion

diesem Gleichgewicht wächst der Kapitalstock mit der Rate des Arbeitsangebots n. Gleichwohl ist der Kapitalstock nur teilweise ausgelastet, denn je Arbeitseinheit werden nur $(A/B)<k^*$ Kapitaleinheiten benötigt.

(2) Ist $n>sB$, so liegt die Gerade nk stets über der Geraden sBk und schneidet die Linie sA links von (A/B). Links von (A/B) ist die Pro-Kopf-Ersparnis sBk aber kleiner als nk. Es gibt daher keine stationäre Kapitalintensität. Die Kapitalausstattung pro Kopf sinkt permanent. Sobald sie die Schwelle (A/B) unterschreitet, begrenzt das knapper werdende Kapital die Produktion und die Arbeitslosigkeit wächst kontinuierlich.

(3) Lediglich im Sonderfall $n=sB$ [⇔ $s=n(1/B)$], wenn also die Sparquote zufällig mit dem Produkt von Wachstumsrate des Arbeitsangebots und Kapitalkoeffizient übereinstimmt, existiert ein Wachstumsgleichgewicht an der Stelle $k^*=(A/B)$, in dem beide Produktionsfaktoren vollbeschäftigt sind. Das Wachstumsgleichgewicht ist allerdings nur halbseitig stabil: Jede anfängliche Kapitalintensität rechts von k^* sinkt bis sie das Wachstumsgleichgewicht erreicht. Allerdings reproduziert sich jeder Anfangswert links von k^*, denn dort ist $\dot{k}=(sB-n)k=0$. Eine anfänglich vorhandene Unterauslastung des Faktors Arbeit bleibt mithin langfristig erhalten.

Bei limitationalen Produktionsfaktoren ist das Wachstum bei Vollbeschäftigung von Arbeit und Kapital also ein äußerst unwahrscheinlicher Spezialfall. Vor diesem Hintergrund ist die Forderung der Postkeynesianer nach staatlichen Eingriffen verständlich, die vor allem die Höhe der gesamtwirtschaftlichen Sparquote korrigieren sollen. Beispielsweise müßte im Fall (1) die gesamtwirtschaftliche Sparquote gesenkt werden, was durch vermehrten staatlichen Konsum zu erreichen wäre. Umgekehrt müßten die konsumtiven Ausgaben des Staates im Fall (2) gekürzt werden, so daß die gesamtwirtschaftliche Sparquote zunimmt. Die Sparquote kann ebenso über eine Umverteilung der privaten Einkommen gesteuert werden. Diese Strategie legt das Wachstumsmodell von NICHOLAS KALDOR (1956) nahe, das in der Tradition des Harrod-Domar-Ansatzes steht [siehe Ergänzung B.II.1.2].

Zentrale Annahmen des Kaldor-Modells sind die unterschiedlich hohen Sparquoten einzelner Gruppen von Einkommensbeziehern. Bezieher von Kapital-, Gewinn- und Renteneinkommen haben nach KALDOR (1956) eine hohe Sparquote, Lohneinkommensempfänger hingegen eine geringe. Im Fall (1), in dem zum Erreichen des stabilen Wachstumsgleichgewichts eine Senkung der gesamtwirtschaftlichen Sparquote erforderlich ist, müßte somit die Lohnquote erhöht werden. Bei wachsender Arbeitslosigkeit infolge des Kapitalmangels [Fall (2)], muß sie zugunsten der Kapitaleinkommensquote gesenkt werden.

Berücksichtigt man die Möglichkeit, daß Ungleichgewichte am Arbeits- und Kapitalmarkt die Faktorpreisrelation und damit die Einkommensverteilung verändern, dann weist das Modell von Kaldor auch einen Weg aus der Instabilität des postkeynesianischen Wachstumsmodells. Die Annahme der gruppenspezifischen Sparquote führt bei Flexiblität der Faktorpreise nämlich zur Variabilität der gesamtwirtschaftlichen Sparquote, die sich mithin dem gleichgewichtigen Wert $s=n/B$ anpaßt. Eine andere Möglichkeit, um die Gleichgewichtskonstellation der drei Parameter zu erreichen, besteht in einer variablen Wachstumsrate n. Die Klassiker der ökonomischen Theorie gingen in der Regel davon aus, daß ein wachsendes Überschußangebot am Arbeitsmarkt über fallende Löhne den Lebensstandard breiter Bevölkerungsschichten senkt. Die Folge sind weniger Geburten und eine höhere Sterberate, die das Bevölkerungswachstum hemmen. Umgekehrt steigt bei Arbeitskräftemangel der Lohn und der wachsende Lebensstandard erhöht die Wachstumsrate der Bevölkerung.

Die Variabilität der Sparquote und der Wachstumsrate der Bevölkerung können im Rahmen des postkeynesianischen Wachstumsmodells langfristig zum Erreichen des Wachstumsgleichgewichts beitragen. Der entscheidende Beitrag von SOLOW (1956) ist der Nachweis, daß die Substitutionalität der Produktionsfaktoren ausreicht, um bei konstanter Sparquote s und konstanter Wachstumsrate des Arbeitsangebots n die Existenz eines stabilen Wachstumsgleichgewichts sicherzustellen.

Ergänzung B.II.1.2: Das Wachstumsmodell von Kaldor

Die von KALDOR (1956) entwickelte Variante des postkeynesianischen Wachstumsmodells besteht aus der Akkumulationsgleichung (B.II.1.14) und einer modifizierten Konsumfunktion. Wir unterstellen zwei Gruppen von Einkommensbeziehern mit konstanten, gruppenspezifischen Sparquoten. Die Sparquote der Kapitaleinkommensbezieher s_K ist größer als diejenige der Lohneinkommensempfänger s_N. Die gesamtwirtschaftliche Sparquote ist dann das mit den jeweiligen Einkommensquoten gewichtete arithmetische Mittel beider Sparquoten:

$$s := \frac{S}{Y} = \frac{s_K rK}{Y} + \frac{s_N(Y-rK)}{Y} = s_K\pi + s_N(1-\pi), \quad \pi := \frac{rK}{Y}. \tag{i}$$

In (i) symbolisiert π die Kapitaleinkommensquote, d.h. den Anteil des Kapitaleinkommens rK am Sozialprodukt Y. Der Teil des Sozialprodukts, der nicht an die Kapitaleigner fließt, ist Lohneinkommen. Demzufolge ist die Summe aus Lohn- und Kapitaleinkommensquote stets Eins, unabhängig davon, wie die Nutzungsentgelte für Arbeit w und Kapital r festgelegt werden.

Aus der Gleichgewichtsbedingung $sy = sBk^* = nk^* \Leftrightarrow s = n/B$ können wir mit Hilfe von (i) diejenige Kapitaleinkommensquote berechnen, die ein eindeutiges und stabiles Wachstumsgleichgewicht sichert:

$$s = s_K\pi^* + s_N(1-\pi^*) = n/B \;\Rightarrow\; \pi^* = \frac{n/B - s_N}{s_K - s_N}. \tag{ii}$$

Da per Annahme $s_K > s_N$, hat (ii) nur dann eine sinnvolle Lösung, $\pi^* > 0$, wenn $n/B > s_N$ ist.

Weicht die tatsächliche Primärverteilung der Einkommen von π^* ab, müssen die Einkommen umverteilt werden. Dazu bedarf es nicht unbedingt staatlicher Eingriffe. Schließlich ist es schwer vorstellbar, daß ein permanenter Mangel an Arbeitskräften [oder an Kapital, im Fall (2)] keinen Druck auf die Faktorpreise ausübt. Steigt der Lohnsatz relativ zum Nutzungspreis des Kapitals in einer Situation mit zu hoher Sparquote, $s > n/B$, so senkt die zunehmende Lohnquote die gesamtwirtschaftliche Sparquote nach (ii). Umgekehrt führt Kapitalmangel, $s < n/B$, zu sinkenden Löhnen und steigenden Nutzungskosten des Kapitals. Die sinkende Lohnquote läßt die Sparquote steigen.

Wir kommen damit in diesem Abschnitt zu folgenden Ergebnissen:

Ergebnis B.II.1.3: _____

Im Fall einer limitationalen Leontief-Produktionsfunktion mit konstanten Arbeits- und Kapitalkoeffizienten $1/A$ und $1/B$, konstanter Sparquote s und konstanter Wachstumsrate des Arbeitsangebots n existiert ein Wachstumsgleichgewicht nur dann, wenn die Verhaltensparameter zufällig die Bedingung $s = n(1/B)$ erfüllen. Dieses Gleichgewicht wird nicht erreicht, wenn in der Ausgangssituation die Kapitalintensität k kleiner als A/B ist.

Übersteigt die Sparquote den Wert n/B, investiert die Wirtschaft zuviel und der Kapitalstock ist permanent unterausgelastet. Ist hingegen $s<n/B$, sinkt die Kapital-intensität kontinuierlich, und der zunehmende Kapitalmangel führt zu wachsender Arbeitslosigkeit.

Es gibt drei Möglichkeiten, die Überbestimmtheit des postkeynesianischen Wachs-tumsmodells zu umgehen: Die "klassische Lösung" mit variablem Wachstum des Ar-beitskräftepotentials, die "Kaldor-Lösung" mit variabler gesamtwirtschaftlicher Spar-quote und schließlich die "Solow-Lösung" mit einer substitutionalen Produktionsfunk-tion und variablem Kapitalkoeffizienten.

Wachstumsgleichgewicht und von Neumann-Produktionsfunktion

Die aus der von Neumann-Produktionsfunktion (B.II.1.5) abgeleitete Pro-Kopf-Produktionsfunktion

$$y = \delta_N A + \delta_K B k := f(k), \tag{B.II.1.15}$$

ist weder streng konkav, $f''(k) = 0$, noch ist Arbeit ein essentieller Produktionsfaktor, $f(0) > 0$. Das Durchschnittsprodukt des Kapitals $y/k = \delta_N A/k + \delta_K B$ nähert sich mit zunehmender Kapitalintensität dem konstanten Grenzprodukt $f'(k) = \delta_K B$. Die Funk-tion verletzt mithin zwei der Existenzbedingungen eines Wachstumsgleichgewichts [siehe Ergänzung B.I.2.1]. Im folgenden Abschnitt wollen wir vor allem den Zweck dieser Bedingungen aufdecken.

Mit Hilfe der Funktion (B.II.1.15) lautet die fundamentale Akkumulationsgleichung (B.I.2.1) unseres Grundmodells:

$$\dot{k} = s f(k) - nk = s\left[\delta_N A + \delta_K B k\right] - nk. \tag{B.II.1.16}$$

Die Kapitalintensität in einem Wachstumsgleichgewicht ist daher:

$$k^* = \frac{s\delta_N A}{n - s\delta_K B}.$$

Solange $n > s f'(0) = s\delta_K B$ existiert ein eindeutiges und stabiles Wachstumsgleichge-wicht.[7]

Interessant ist nun der Fall $s f'(0) = s\delta_K B > n$. Es gibt kein Wachstumsgleichgewicht mit konstanter Kapitalintensität. Diese wächst vielmehr mit der Rate

---

[7] Es ist

$$[f'(k^*)k^* - f(k^*)] = -\delta_N A < 0,$$

so daß nach Ergänzung B.I.2.1 $\dot{V} < 0$ ist. Aus Satz E.III.3.2 folgt somit die globale asymptotische Stabilität.

$$\frac{\dot{k}}{k} = \frac{sf(k)}{k} - n = \frac{s\delta_N A}{k} + s\delta_K B - n,$$

die asymptotisch dem Wert

$$g := \lim_{k \to \infty} \frac{sf(k)}{k} - n = s\delta_K B - n \qquad \text{(B.II.1.17)}$$

zustrebt. Mit der gleichen Rate, die positiv von der Sparquote s und dem Grenzprodukt des Kapitals $\delta_K B$ und negativ von der Wachstumsrate des Arbeitsangebots n abhängt, wächst [asymptotisch] auch das Pro-Kopf-Einkommen.

Dieses Beispiel verdeutlicht die Funktion des Gleichgewichtsbegriffs in der Wachstumstheorie. Die asymptotisch konstante Wachstumsrate g ist ein Gleichgewicht im Sinne eines zeitinvarianten Zustands modellendogener Größen. Die Tatsache, daß es unter der Bedingung $sf'(0) > n$ keine [asymptotisch] konstante Kapitalintensität gibt, rechtfertigt nicht die Aussage, es gebe kein Wachstumsgleichgewicht. *Das Wachstumsgleichgewicht ist ein modellspezifischer Begriff, den der Forscher an beliebigen Variablen konkretisieren kann.*

Unser Beispiel illustriert noch einen weiteren Punkt. Wenn das Ziel der Wachstumstheorie darin besteht, die Determinanten der Entwicklung des Pro-Kopf-Einkommens aufzudecken, dann ist die Annahme einer strikt konkaven Produktionsfunktion sehr restriktiv, denn sie impliziert im Widerspruch zu den stilisierten Fakten des Wachstums ein langfristig konstantes Pro-Kopf-Einkommen. Gleichwohl hat die Wachstumstheorie bis in die achtziger Jahre an dieser Annahme festgehalten. Erst die im Abschnitt D beschriebene Theorie des endogenen Wachstums rückt von ihr ab. Wie trotz der strikten Konkavität der Produktionsfunktion das Wachstum des Pro-Kopf-Einkommens erklärt werden kann, erläutern wir im folgenden Abschnitt. Zuvor halten wir noch fest:

Ergebnis B.II.1.4 : _____

Im Fall der linearen von Neumann-Produktionsfunktion existiert ein stabiles Wachstumsgleichgewicht [im Sinne einer asymptotisch konstanten Kapitalintensität] nur, wenn die Modellparameter die Bedingung $s\delta_K B < n$ erfüllen.

Ist diese Bedingung verletzt, wachsen Kapitalintensität und Pro-Kopf-Einkommen asymptotisch mit der Rate $g = s\delta_K B - n$.

2. Exogener technischer Fortschritt

Harrod- und Hicks-neutraler technischer Fortschritt

Das Wachstum in unserem Grundmodell wird vom Wachstum des Faktors Arbeit getragen. Im Wachstumsgleichgewicht nimmt das Sozialprodukt mit derselben Rate zu, mit der das Arbeitskräftepotential wächst. Daher bleibt das Pro-Kopf-Einkommen im Wachstumsgleichgewicht konstant. Nun zählt aber gerade das dauerhafte Wachstum des Pro-Kopf-Einkommens zu den empirischen Fakten. Die Ursache dafür liegt im technischen Fortschritt.

Dieser Abschnitt ist eine erste Auseinandersetzung mit dem technischen Fortschritt, der hier als modellexogen betrachtet wird. Technischer Fortschritt zeigt sich sowohl in neuen Produkten als auch in neuen Produktionsverfahren. Hier betrachten wir nur den *Verfahrensfortschritt*. Verfahrensfortschritt zeigt sich daran, daß bei gleichem Einsatz an Arbeit und Kapital mehr produziert werden kann. Wenn wir technischen Fortschritt als modellexogen ansehen, heißt das, daß wir seinen Zeitpfad als gegebene Größe auffassen und uns auf die Analyse seiner Wirkungen konzentrieren. Symbolhaft drücken wir dies dadurch aus, daß wir die Zeit t als zusätzliche Variable in der Produktionsfunktion betrachten, also beispielsweise statt $y=f(k)$ nun $y=f(k, t)$ schreiben.

In der Wachstumstheorie klassifiziert man den technischen Fortschritt im Hinblick auf seine Wirkung auf die Einkommensverteilung, die man entweder an der Kapitaleinkommensquote $\pi:=rK/Y$ oder am Verhältnis von Lohn- und Kapitaleinkommen wN/rK messen kann. Man nennt den technischen Fortschritt nach HARROD (1942) *Harrod-neutral*, wenn er bei gegebenem *Kapitalkoeffizienten* die Einkommensverteilung nicht verändert. Sinkt bei gegebenem Kapitalkoeffizienten die Lohnquote [Kapitaleinkommensquote], so heißt der technische Fortschritt arbeitssparend [kapitalsparend] im Sinne von Harrod. Nach der Klassifikation von HICKS (1932) heißt der technische Fortschritt dann neutral, wenn er bei gegebener *Kapitalintensität* die Einkommensverteilung nicht verändert. Wiederum heißt er arbeitssparend [kapitalsparend], wenn er bei gegebener Kapitalintensität die Lohnquote [Kapitaleinkommensquote] senkt.[8]

Harrod-neutraler technischer Fortschritt hält den Kapitalnutzungspreis konstant: Wenn die Kapitaleinkommensquote konstant bleibt, muß

$$\frac{\dot{\pi}}{\pi} = \frac{\dot{r}}{r} + \frac{\dot{K}}{K} - \frac{\dot{Y}}{Y} = 0$$

gelten. Der Kapitalkoeffizient K/Y impliziert $\dot{K}/K = \dot{Y}/Y$, so daß $\dot{r}/r = 0$ folgt. Werden die Faktoren mit ihrem Grenzprodukt entlohnt, so muß auch das Grenzprodukt des

---

[8] Eine weitere Klassifikation geht auf SOLOW (1957) zurück. Danach heißt der technische Fortschritt Solow-neutral, wenn sich die Relation der Faktoreinkommen wN/rK entlang eines Wachstumspfades mit konstantem Arbeitskoeffizienten (N/Y) nicht verändert.

Kapitals konstant bleiben. Graphisch betrachtet dreht Harrod-neutraler technischer Fortschritt die Pro-Kopf-Produktionsfunktion nach oben, so daß entlang eines Strahls aus dem Ursprung die Steigung der Funktion konstant bleibt [siehe Abbildung B.II.2.1].

Hicks-Neutralität impliziert:

$$\frac{\dot{w}}{w} + \frac{\dot{N}}{N} - \frac{\dot{r}}{r} - \frac{\dot{K}}{K} = 0.$$

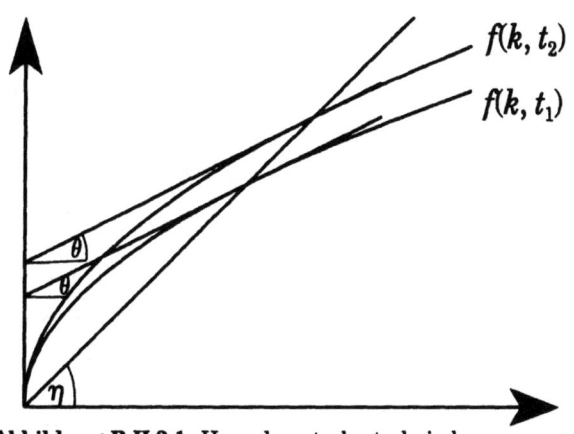

Abbildung B.II.2.1: Harrod-neutraler technischer Fortschritt

Zusammen mit der konstanten Kapitalintensität, $\dot{K}/K = \dot{N}/N$ folgt daraus, daß sich das Faktorpreisverhältnis w/r im Zeitverlauf nicht verändert: $\dot{w}/w = \dot{r}/r$. Hicks-neutraler technischer Fortschritt verschiebt daher die Pro-Kopf-Produktionsfunktion entlang einer gegebenen Kapitalintensität k derart, daß die Tangenten in k jeweils denselben Abszissenabschnitt besitzen [siehe Abbildung B.II.2.2].

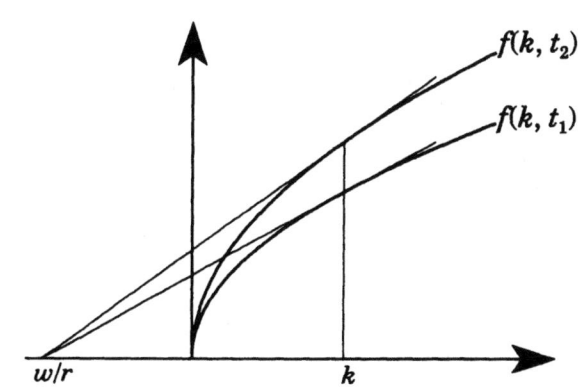

Abbildung B.II.2.2 Hicks-neutraler technischer Fortschritt

Faktorvermehrender technischer Fortschritt

Von *faktorvermehrendem technischen Fortschritt* spricht man, wenn die Produktionsfunktion $F(N, K, t)$ in der Form $F(AN, BK)$ dargestellt werden kann, wobei neben N und K auch A und B Funktionen der Zeit sind. Technischer Fortschritt wird hier gleichsam als Vermehrung der physischen Inputmengen dargestellt. Daher nennt man AN Effizienzeinheiten der Arbeit und BK Effizienzeinheiten des Kapitals. Zwischen den beiden Neutralitätskonzepten und dem Konzept des faktorvermehrenden technischen Fortschritts besteht folgender Zusammenhang [BURMEISTER und DOBELL (1969)]:

Ergebnis B.II.2.1: ———————————————————————————————

Technischer Fortschritt ist genau dann Harrod-neutral, wenn er als rein arbeits-
vermehrender technischer Fortschritt in der Form $F(K, AN)$ dargestellt werden kann.
Er ist genau dann Hicks-neutral, wenn er gleichzeitig arbeits- und kapitalvermehrend
ist und in der Form $AF(K, N)$ dargestellt werden kann.

Wir werden uns im folgenden praktisch nur mit Harrod-neutralem technischen
Fortschritt befassen. Der Grund dafür liegt im folgenden Ergebnis, das wir in Ergänzung B.II.2.1 beweisen:

Ergebnis B.II.2.2 : ———————————————————————————————

Ein Wachstumsgleichgewicht, in dem der Kapitalkoeffizient und die Einkommensverteilung konstant bleiben, ist bei Hicks-neutralem technischen Fortschritt nur
bei einer Substitutionselastizität der Produktionsfunktion von $\sigma=1$ möglich.

Ergänzung B.II.2.1: Wachstumsgleichgewicht und Hicks-Neutralität

Zu zeigen ist, daß Hicks-neutraler technischer Fortschritt nur im Fall einer Substitutionselastizität von $\sigma=1$ zu einem Wachstumsgleichgewicht führt, in dem sowohl der Kapitalkoeffizient als auch
die Einkommensverteilung konstant sind. Sei deshalb $Y=AF(K, N)$, wobei F die in (B.I.1.1) geforder-
ten Eigenschaften besitze. Außerdem seien wie bisher $y:=Y/N=Af(k)$; $f(k):=F(k, 1)$; $k:= K/N$, so daß
[siehe Ergänzung B.I.1.1]:

$$\pi:= \frac{\partial Y}{\partial K} \cdot \frac{K}{Y} = \frac{f'(k)k}{f(k)},$$

$$\sigma = - \frac{f'(k)(1-\pi)}{f''(k)k}.$$

Demnach ist [die Funktionsargumente lassen wir der einfacheren Schreibweise wegen weg]:

$$\frac{\dot{y}}{y} = \frac{\dot{A}}{A} + \frac{f'\dot{k}}{f} = \frac{\dot{A}}{A} + \frac{f'k}{f}\frac{\dot{k}}{k},$$

woraus zusammen mit $\dot{y}/y = \dot{k}/k$ [konstanter Kapitalkoeffizient!]

$$\frac{\dot{A}}{A} = (1-\pi)\frac{\dot{k}}{k} \tag{i}$$

folgt. Nun ist

$$\frac{\dot{\pi}}{\pi} = \frac{\dot{f'}}{f'} + \frac{\dot{k}}{k} - \frac{\dot{f}}{f} = \frac{f''\dot{k}}{f'}\frac{\dot{k}}{k} + \frac{\dot{k}}{k} - \frac{f'k}{f}\frac{\dot{k}}{k},$$

$$\frac{\dot{\pi}}{\pi} = \frac{\dot{k}}{k}\left[\frac{f''k}{f'}+1-\pi\right] = \frac{\dot{k}}{k}\left[-\frac{1}{\sigma}(1-\pi)+1-\pi\right] = (1-\pi)\frac{\dot{k}}{k}\left[1-\frac{1}{\sigma}\right].$$

Für eine konstante Wachstumsrate des technischen Fortschritts $a = \dot{A}/A \neq 0$ erreicht die Kapitaleinkommensquote daher entweder nach $T < \infty$ Zeiteinheiten den Wert Eins,

$$\lim_{t \to T} \pi(t) = 1 \quad (\text{wenn } \sigma > 1)$$

oder sie strebt gegen Null

$$\lim_{t \to \infty} \pi(t) = 0 \quad (\text{wenn } \sigma < 1).$$

Wachstum bei Harrod-neutralem technischen Fortschritt

Wir verändern das Grundmodell aus Abschnitt B.I.1, indem wir an die Stelle der Produktionsfunktion (B.I.1.1) die Funktion

$$Y = F(K, AN)$$

mit:

(1) $F(0, 0) = 0$, (B.II.2.1)

(2) $bY = F(bK, b(AN))$,

(3) $F_K, F_{AN} > 0$, $F_{KK}, F_{AN\,AN} < 0$ für $K, AN \in [0, \infty)$.

setzen und annehmen, der technische Fortschritt wachse mit einer konstanten Rate a:

$$\frac{\dot{A}}{A} = a. \qquad (\text{B.II.2.2})$$

Alle anderen Annahmen des Grundmodells gelten weiterhin. Über wenige Umformungen gelangen wir zur Wachstumsgleichung dieses neuen Modells. Dazu beziehen wir alle relevanten Variablen auf die Variable AN, auf Arbeit in Effizienzeinheiten. Insbesondere definieren wir:

$$\bar{k} := \frac{K}{AN}, \quad \bar{y} := \frac{Y}{AN}, \quad \bar{c} := \frac{C}{AN}, \quad f(\bar{k}) := F(\bar{k}, 1). \qquad (\text{B.II.2.3})$$

Die Veränderungsrate von $\bar{k}$ ist:

$$\frac{\dot{\bar{k}}}{\bar{k}} = \frac{\dot{K}}{K} - (a + n). $$

Im Gleichgewicht des Gütermarktes ist $\dot{K} = Y - C - \delta K$ [siehe Tabelle B.I.1.1]. Zusammen mit der Konsumfunktion $C = (1-s)Y$ und den Definitionen in (B.II.2.3) können wir daher $\dot{K}/K$ aus der vorstehenden Gleichung eliminieren und erhalten:

$$\dot{\bar{k}} = sf(\bar{k}) - (a + n + \delta)\bar{k}. \qquad (\text{B.II.2.4})$$

Diese Gleichung unterscheidet sich nur unwesentlich von der fundamentalen Wachstumsgleichung (B.I.2.1) des Grundmodells. Wenn Sie die Analysemethode im Abschnitt
B.I.1.2 verstanden haben, sollten Sie auch dieses Ergebnis beweisen können:[9]

Ergebnis B.II.2.3: ──────────────────────────────────────

a) Unter den Annahmen

$$f(0) = 0, \; f'(\bar{k}) > 0 \text{ für alle } \bar{k} \geq 0, \; f''(\bar{k}) < 0 \text{ für alle } \bar{k} \geq 0 \text{ und}$$

$$f'(0) > \frac{a + n + \delta}{s}$$

existiert ein eindeutiges und stabiles Wachstumsgleichgewicht, in dem Einkommen
und Kapitalstock mit der Rate $a+n$ wachsen, während alle Pro-Kopf-Größen mit der
Rate des technischen Fortschritts a wachsen. Die Einkommensverteilung ist im
Wachstumsgleichgewicht konstant. Dies gilt auch für den Kapitalnutzungspreis r.
Hingegen wächst der Reallohn mit der Rate a.

b) Die Produktion je Effizienzeinheit Arbeit im Wachstumsgleichgewicht nimmt mit
der Sparquote zu und mit a, n und δ ab. Bei einer Substitutionselastizität $\sigma<1$ nimmt
auch die Lohnquote $1-\pi(\bar{k}^{*})$ mit s zu und mit $(a+n+\delta)$ ab.

───

Formal gesehen unterscheidet sich das Modell mit technischem Fortschritt nicht
vom Grundmodell, wenn wir dort n als Summe der Wachstumsrate des physischen Arbeitseinsatzes und der Wachstumsrate der Effizienz einer Arbeitseinheit interpretieren
und alle Pro-Kopf-Größen als Größen in Effizienzeinheiten verstehen. Wir können
deshalb auch die Ergebnisse über die Dynamik außerhalb des Wachstumsgleichgewichts auf unser Modell übertragen.

───────────────────────

9 Die Aussage bezüglich des Reallohns läßt sich wie folgt beweisen: Der Reallohn entspricht dem
   Grenzprodukt der Arbeit:

$$w = \frac{\partial Y}{\partial N} = \frac{\partial A N f(\bar{k})}{\partial N} = A[f(\bar{k}) - f'(\bar{k})\bar{k}].$$

   Hieraus folgt für die Wachstumsrate des Reallohns:

$$\frac{\dot{w}}{w} = \frac{\dot{A}}{A} + \frac{\pi}{\sigma}\frac{\dot{\bar{k}}}{\bar{k}}, \quad \sigma := -\frac{f'(1-\pi)}{f''\bar{k}}.$$

Ergebnis B.II.2.4 :———————————————————————————————

a) Je weiter die anfängliche Kapitalausstattung je Effizienzeinheit Arbeit unterhalb ihres stationären Wertes liegt, desto größer ist die Wachstumsrate der Produktion in Effizienzeinheiten der Arbeit.

b) Im Fall der Cobb-Douglas-Produktionsfunktion $y=f(\bar{k})):=\bar{k}^{\beta}$, $\beta \ \epsilon(0, 1)$, bestimmt $\lambda=(1-\beta)(n+a+\delta)$ die Konvergenzgeschwindigkeit. Im allgemeinen Fall $y=f(\bar{k})$ muß β durch die Kapitaleinkommensquote im Wachstumsgleichgewicht ersetzt werden, und die Formel für λ gilt nur noch näherungsweise in der Umgebung des Wachstumsgleichgewichts.

———————————————————————————————

Der Teil b) dieser Behauptung folgt aus Gleichung (v) in Ergänzung B.I.2.2. Die Variablen des Grundmodells brauchen mithin nur geeignet uminterpretiert zu werden, um eine infolge des technischen Fortschritts wachsende Wirtschaft zu beschreiben. Wir verzichten deshalb darauf, den arbeitserhöhenden technischen Fortschritt explizit in jene Modelle einzubeziehen, die diese Interpretation zulassen.

3. Humankapital

Überblick

Die Berücksichtigung eines exogenen technischen Fortschritts, der die Effizienz des Einsatzes physischer Arbeitskraft stetig verbessert, sagt noch nichts über die eigentlichen Ursachen der Effizienzsteigerungen aus. Bereits EDWARD DENISON (1962) [vgl. auch DENISON (1967)] führt einen großen Teil der Effizienzverbesserung auf Bildung und Ausbildung der Arbeitskräfte und damit auf die Zunahme des Humankapitals zurück. Wir untersuchen in diesem Abschnitt, wie sich unser Grundmodell verändert, wenn wir Humankapital als einen weiteren eigenständigen Produktionsfaktor berücksichtigen.

Wir gehen in zwei Schritten vor. Im ersten Teil führen wir Humankapital in unser Grundmodell als dritten Produktionsfaktor ein und behandeln es völlig analog zum Sachkapital: Humankapital wird durch Konsumverzicht aufgebaut und durch Abschreibungen gemindert. Diese Erweiterung erfordert eine neue Analysetechnik, die wir ausführlich erläutern. Offen bleibt in diesem Modell, welche Faktoren den Anteil der Ressourcen bestimmen, die dem Aufbau von Humankapital gewidmet werden. In einem zweiten Modell gehen wir dieser Frage nach. Wir berücksichtigen zum einen, daß der Erwerb von Humankapital zeitintensiv ist, und zum anderen, daß die individuelle Humankapitalbildung häufig daran gebunden ist, daß bestimmte öffentliche Güter, wie etwa ein allgemeines Bildungssystem oder die Grundlagenforschung, durch den Staat bereitgestellt werden. Diese Modellvariante verdeutlicht, daß die Bildung von

Humankapital - wie die Fiktion des exogenen technischen Fortschritts - ein dauerhaftes Wachstum der Pro-Kopf-Produktion ermöglicht.

Humankapital und Wachstumsgleichgewicht

Das folgende Modell orientiert sich an der Arbeit von MANKIW, ROMER und WEIL
(1992), die zu einer Renaissance des Solow-Modells in der modernen Wachstumstheorie
beitrug. Wir unterscheiden zwischen drei Produktionsfaktoren: Arbeit N, Sachkapital
K und Humankapital H. Exogenen technischen Fortschritt schließen wir aus. Das
Arbeitskräftepotential wächst exogen mit der Rate n. Die Haushalte erwerben in jeder
Periode neues Humankapital in Höhe eines konstanten Bruchteils s_H ihres Einkommens Y. Die Abschreibungsrate auf das bereits vorhandene Humankapital ist δ_H. Die
Investitionen in Sachkapital sind ebenfalls ein konstanter Bruchteil s_K des Einkommens. Abschreibungen berücksichtigen wir mit der Rate δ_K.

Tabelle B.II.3.1 zeigt die Kreislaufbeziehungen dieser Wirtschaft. Ihre letzte Zeile
deckt auf, daß in unserer erweiterten Wirtschaft mit vier Märkten nur drei voneinander unabhängige Gleichgewichtsbedingungen existieren. Wir normieren deshalb den
Preis des produzierten Gutes auf Eins, so daß die anderen Preise in Kaufkrafteinheiten gemessen werden.

Die Haushalte bieten neben Arbeit und Sachkapital auch Humankapital zum Nutzungspreis q an. Ihr Einkommen verwenden sie für den Konsum und den Aufbau von
Sach- und Humankapital. Im Gleichgewicht der drei Faktormärkte entsprechen die
geplanten Ersparnisse Y^s-C^d den geplanten Investitionen in Sach- und Humankapital.

Tabelle B.II.3.1

	Zuflüsse	Abflüsse
Haushalte	$wN^s+rK^s+qH^s+\Pi$	$=$ $C^d+\dot{K}+\delta_K K+\dot{H}+\delta_H H$
Unternehmen	Y^s	$=$ $wN^d+rK^d+qh^d+\Pi$
Gesamtwirtschaft	$w[N^s\text{-}N^d] + r[K^s\text{-}K^d] + q[H^s\text{-}H^d]+$ $[Y^s\text{-}C^d\text{-}\dot{K}\text{-}\delta_K K\text{-}\dot{H}\text{-}\delta_H H] = 0$	

Die Produktionsfunktion des Unternehmenssektors ist eine linear-homogene Cobb-
Douglas-Funktion in der γ die Produktionselastizität des Humankapitals symbolisiert:

$$Y = F(N,K,H) := N^\alpha K^\beta H^\gamma, \quad \alpha+\beta+\gamma = 1. \tag{B.II.3.1}$$

In den Pro-Kopf-Größen $y:=Y/N$, $k:=K/N$ und $h:=H/N$ können wir dafür auch

$$y = f(k,h) := k^\beta h^\gamma \tag{B.II.3.2}$$

schreiben.

Die Veränderung der Kapitalintensität k und des Humankapitals je Arbeitseinheit h beschreiben die nächsten beiden Gleichungen:[10]

$$\dot{k} = s_K k^\beta h^\gamma - (n + \delta_K)k, \tag{B.II.3.3}$$

$$\dot{h} = s_H k^\beta h^\gamma - (n + \delta_H)h. \tag{B.II.3.4}$$

Sie bilden ein nichtlineares Differentialgleichungssystem in den Variablen k und h. Dieses System analysieren wir mit Hilfe des Phasendiagramms in Abbildung B.II.2.31.

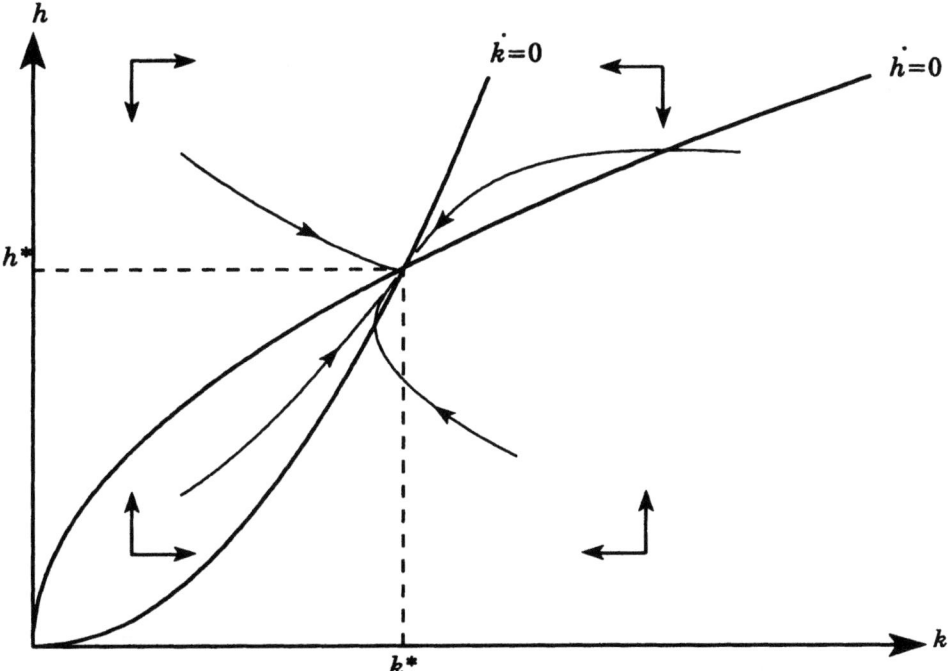

Abbildung B.II.3.1: Phasendiagramm des Wachstumsmodells mit Sach- und Humankapital

Dazu zeichnen wir in ein Koordinatensystem zunächst den geometrischen Ort aller Paare (k, h), die eine konstante Kapitalintensität implizieren. Diese Paare erfüllen die Gleichung

$$h = \left[\frac{n + \delta_K}{s_K} \right]^{1/\gamma} k^{(1-\beta)/\gamma}, \tag{B.II.3.5}$$

die wir aus Gleichung (B.II.3.3) für $\dot{k} = 0$ erhalten. Sie können sich leicht davon überzeugen, daß diese Kurve im Ursprung beginnt, eine positive Steigung besitzt und

---

10   Aus $\dot{k}/k = (\dot{K}/K) - n$ und $\dot{K} = s_K Y - \delta_K K$ folgt Gleichung (B.II.3.3). Gleichung (B.II.3.4) folgt analog aus $\dot{H} = s_H Y - \delta_H H$.

streng konvex ist.[11] Alle Punkte, die in der k-h-Ebene links von dieser Kurve liegen, implizieren $\dot{k} > 0$. Umgekehrt nimmt die Kapitalintensität rechts der Linie (B.II.3.5) ab. Die horizontalen Pfeile in Abbildung B.II.2.31 zeigen die Richtung an, in die sich die Kapitalintensität bewegt.

Der geometrische Ort aller Paare (k, h), die mit einem konstanten Pro-Kopf-Humankapital vereinbar sind, folgt über $\dot{h} = 0$ aus Gleichung (B.II.3.4):

$$ h = \left[\frac{n + \delta_H}{s_H} \right]^{1/(\gamma - 1)} k^{\beta/(1-\gamma)} . \qquad \text{(B.II.3.6)} $$

Diese Kurve beginnt im Ursprung, hat eine positive Steigung und ist streng konkav.[12] Links von ihr sinkt die Humankapitalausstattung je Arbeitseinheit, $\dot{h} < 0$, rechts davon nimmt h zu, wie es die vertikalen Pfeile anzeigen.

Im Schnittpunkt von (B.II.3.5) mit (B.II.3.6) liegt das Wachstumsgleichgewicht (k^*, h^*). Die Berechnung des Schnittpunkts führt auf die Lösungen:

$$ k^* = \left[\frac{s_H}{n + \delta_H} \right]^{\gamma/\alpha} \left[\frac{s_K}{n + \delta_K} \right]^{(1-\gamma)/\alpha} , \qquad \text{(B.II.3.7)} $$

$$ h^* = \left[\frac{s_K}{n + \delta_K} \right]^{\beta/\alpha} \left[\frac{s_H}{n + \delta_H} \right]^{(1-\beta)/\alpha} . \qquad \text{(B.II.3.8)} $$

Das Wachstumsgleichgewicht ist lokal stabil: Es attrahiert jedes Paar (k, h) in seiner Nähe. Diese Intuition vermitteln die von den Pfeilen in Abbildung (B.II.3.4) angegebenen Bewegungsrichtungen der Variablen k und h und die vier eingezeichneten Zeitpfade, die wir mit Hilfe einer numerischen Simulation des Modells berechnet haben.[13]

Die Lösungen (B.II.3.7) und (B.II.3.8) zeigen, daß die Sach- und die Humankapitalintensität, k^* bzw. h^*, positiv von beiden Sparquoten und negativ von den Abschreibungsraten und der Wachstumsrate der Arbeit abhängen. Eine höhere Sparquote für Sachkapital vergrößert im Gleichgewicht auch die Humankapitalausstattung der Wirtschaft: Das vermehrt vorhandene Sachkapital erhöht das Einkommen, so daß auch die Humankapitalinvestitionen zunehmen. Dasselbe gilt mutatis mutandis auch für eine größere Sparquote für Humankapital. Infolge dieser Wechselwirkung übersteigt die Elastizität des Pro-Kopf-Einkommens bezüglich der jeweiligen Sparquote die Produktionselastizität des betreffenden Faktors: Es ist $(\partial y^* / \partial s_K)(s_K / y^*) = \beta/\alpha$ und $(\partial y^* / \partial s_H)$

---

11   Es ist $h'(k) = ((1-\beta)/\gamma)(h/k) > 0$ und $h''(k) = (\alpha(1-\beta)/\gamma^2)(h/k^2) > 0$.

12   Es ist $h'(k) = (\beta/(1-\gamma))(h/k) > 0$ und $h''(k) = -(\alpha\beta/(1-\gamma)^2)(h/k^2) < 0$.

13   Die verwendeten Parameterwerte sind: $\alpha = \beta = \gamma = 1/3$, $s_K = 0{,}25$, $s_H = 0{,}1$, $n = 0{,}01$, $\delta_K = 0{,}04$ und $\delta_H = 0{,}02$.

$(s_H/y^*)=\gamma/\alpha$. Eine höhere Wachstumsrate des Arbeitsangebots n mindert das Pro-Kopf-Einkommen um so mehr, je bedeutender Humankapital in der Produktion, gemessen an der Elastizität γ, ist: Die entsprechende Elastizität ist $(\partial y^*/\partial n)(n/y^*)=-(\beta+\gamma)/\alpha$. Der Investitionsbedarf, der entsteht, um bei einem wachsenden Arbeitskräftepotential die Kapitalausstattung pro Kopf konstant zu halten, betrifft in diesem Modell eben nicht nur Realkapital, sondern auch Humankapital.

Im Wachstumsgleichgewicht verändern sich alle Niveaugrößen mit der Rate n. Somit haben die Sparquoten und Abschreibungsraten auch in diesem Modell keinen Einfluß auf die Wachstumsrate der Wirtschaft.

Die Konvergenzgeschwindigkeit des Pro-Kopf-Einkommens kann man für den Fall gleicher Abschreibungsraten analytisch ableiten [siehe Ergänzung B.II.3.1]. Sie beträgt $\lambda=\alpha(n+\delta)$ mit δ als gemeinsamer Abschreibungsrate beider Kapitalgüter. Wenn wir die Lohnquote der Wirtschaft in etwa hälftig auf ungelernte und gelernte Arbeit [d.h. Humankapital] aufteilen, $\alpha \approx 1/3$, dann prognostiziert unser Modell für $(n+\delta)$ zwischen 0,08 und 0,05 Halbwertszeiten zwischen 26 und 41 Jahren. Es erklärt damit die empirischen Schätzungen weit besser als das einfache Solow-Modell.

Ergebnis B.II.3.1: _____

Im Rahmen einer Cobb-Douglas-Technologie mit Humankapital als zweitem akku-mulierbaren Produktionsfaktor gibt es ein eindeutiges und stabiles Wachstumsgleich-gewicht, in dem alle Niveaugrößen mit der Rate n wachsen.

Die Elastizität des gleichgewichtigen Pro-Kopf-Einkommens bezüglich der Modell-parameter s_K, s_H, δ_K, δ_H und n übersteigt die Produktionselastizität des jeweiligen Inputs.

Die Konvergenzgeschwindigkeit des Pro-Kopf-Einkommens liegt für realistische Parameterwerte im Bereich der empirisch geschätzten Geschwindigkeiten.

Ergänzung B.II.3.1: Stabilität und Konvergenz

Stabilität:

Die lokale Stabilität eines zweidimensionalen Differentialgleichungssystems kann nach Satz E.IV.3.1 mit Hilfe seiner Jacobimatrix geprüft werden. Die Jacobimatrix des Systems (B.II.3.3), (B.II.3.4) ist an der Stelle des Wachstumsgleichgewichts

$$\begin{pmatrix} \beta s_K(k^*)^{\beta-1}(h^*)^{\gamma} - (n+\delta_K) & \gamma s_K(k^*)^{\beta}(h^*)^{\gamma-1} \\ \beta s_H(k^*)^{\beta-1}(h^*)^{\gamma} & \gamma s_H(k^*)^{\beta}(h^*)^{\gamma-1} - (n+\delta_H) \end{pmatrix} = \begin{pmatrix} -(1-\beta)(n+\delta_K) & \gamma s_K(n+\delta_H)/s_H \\ \beta s_H(n+\delta_K)/s_K & -(1-\gamma)(n+\delta_H) \end{pmatrix}.$$

Ihre Spur ist eindeutig negativ und ihre Determinante, $\alpha(n+\delta_H)(n+\delta_K)$, ist eindeutig positiv. Nach Satz E.IV.3.1 ist das Differentialgleichungssystem daher lokal stabil.

Konvergenz:

Wir greifen im folgenden auf die in Ergänzung B.I.2.2 entwickelte Technik zurück. Im Unterschied dazu, haben wir es hier aber mit einem zweidimensionalen Differentialgleichungssystem zu tun. Gleichwohl können wir für den Spezialfall $\delta_K = \delta_H = \delta$ einen sehr einfachen Ausdruck ableiten.

Wir approximieren zunächst $\dot{k}/k$ und $\dot{h}/h$ linear. Aus Gleichung (B.II.3.3) und Satz E.I.1 folgt zunächst:

$$\frac{\dot{k}}{k} = \Phi(k,h) := \frac{s_k k^\beta h^\gamma}{k} - (n + \delta_k) \approx \Phi_k(k^*, h^*)(k - k^*) + \Phi_h(k^*, h^*)(h - h^*). \tag{i}$$

Wir berechnen die beiden partiellen Ableitungen der Funktion Φ an der Stelle des Wachstumsgleichgewichts, verwenden die Beziehungen $\ln(x/x^*) \approx (x-x^*)/x^*$ sowie $d[\ln(x/x^*)]/dt = \dot{x}/x$ und schreiben für (i)

$$\frac{d\ln(k/k^*)}{dt} = -(1 - \beta)(n + \delta_K)\ln(k/k^*) + \gamma(n + \delta_K)\ln(h/h^*).$$

Auf demselben Weg erhalten wir aus (B.II.3.4)

$$\frac{d\ln(h/h*)}{dt} = \beta(n + \delta_H)\ln(k/k^*) - (1 - \gamma)(n + \delta_H)\ln(h/h^*).$$

Nun ist

$$\frac{d\ln(y/y^*)}{dt} = \beta\frac{d\ln(k/k^*)}{dt} + \gamma\frac{d\ln(h/h^*)}{dt}$$

$$= \left[\gamma(n + \delta_H) - (1 - \beta)(n + \delta_K)\right]\beta\ln(k/k^*) + \left[\beta(n + \delta_K) - (1 - \gamma)(n + \delta_H)\right]\gamma\ln(h/h^*).$$

Wir können diese Formel in eine lineare Differentialgleichung in $\ln(y/y^*)$ verwandeln, wenn $\delta = \delta_K = \delta_H$ erfüllt ist:

$$\frac{d\ln(y/y^*)}{dt} = -\alpha(n + \delta)\left[\beta\ln(k/k^*) + \gamma\ln(h/h^*)\right] = -\alpha(n + \delta)\ln(y/y^*).$$

Die Lösung dieser Gleichung führt auf:

$$\frac{\ln(y(t)/y^*)}{\ln(y(0)/y^*)} = e^{-\alpha(n + \delta)t}.$$

Humankapital, Zeitallokation und öffentliche Güter

In Gleichung (B.II.3.4) unterstellen wir, Humankapital werde wie Sachkapital durch Konsumverzicht gebildet. Diese Sicht vernachlässigt aber einen wesentlichen Unterschied zwischen Human- und Sachkapital. Sachkapital besteht aus physischen Gütern, Humankapital manifestiert sich in geistigen und körperlichen Fähigkeiten sowie im ökonomisch nutzbaren Wissen, über das eine Gesellschaft verfügt. Mit den beiden Gleichung (B.II.3.3) und (B.II.3.4) unterstellen wir, das produzierte Gut eigne sich gleichermaßen für den Konsum sowie den Aufbau weiterer Sach- *und* Humankapitals. Nun gibt es Produkte, wie Getreide und Milch, die man sofort verbrauchen kann, die als Saatgut und Futter aber auch Kapitaleigenschaft haben. Ähnliche Beispiele fallen uns aber für Humankapital nicht ein. Es gibt indes eine andere Interpretation der Gleichung (B.II.3.4). Wenn wir unseren Humankapitalbegriff auf jene Fähigkeiten reduzieren, die im Zuge der Produktion erlernbar sind, dann beschreibt $s_H y$ eine einfache lineare Produktionsfunktion, in der s_H die Menge an Humankapital angibt, die mit jeder produzierten Gütereinheit durch Lernen und Üben erworben wird. Im Rahmen eines umfassenden Humankapitalbegriffs, der auch jenes Wissen beinhaltet, das nur über eine lange schulische und universitäre Ausbildung erworben wird, ist es aber unerläßlich, eine eigenständige Produktionsfunktion für Humankapital einzuführen. Diesen Ansatz verfolgen wir nun. In unserer Produktionsfunktion für Humankapital berücksichtigen wir außer Arbeit ein öffentliches Gut, nämlich die öffentlich bereitgestellte Bildungsinfrastruktur. Dieses Gut kann von allen Wirtschaftssubjekten gleichzeitig beansprucht werden; es ist nicht rival. Finanziert wird das öffentliche Gut bei ausgeglichenem Staatsbudget durch eine proportionale Einkommensteuer. Das Modell erlaubt es, den Steuersatz und die Sparquote so zu bestimmen, daß sie den Konsum im Wachstumsgleichgewicht maximieren.

Wir erörtern diese Zusammenhänge im Rahmen eines Modells von ZIESEMER (1990), das explizit an die entwicklungspolitische Vorstellung von SCHULTZ (1964; 1987) anknüpft, der vorschlägt, über die gezielte Förderung der Grundlagenforschung, des Bildungssystems und der Investitionen in Humankapital nachhaltige Wachstumsimpulse in Entwicklungsländern zu erzeugen.

Im Wachstumsgleichgewicht des Modells nimmt das Pro-Kopf-Einkommen zu, obwohl wir exogenen technischen Fortschritt ausschließen. Die Ursache dafür liegt im externen Effekt der staatlichen Bildungsausgaben. Jede Mark, die ein Haushalt gezwungenermaßen zum öffentlichen Bildungswesen beiträgt, erhöht ceteris paribus nicht nur sein eigenes Humankapital, sondern auch das aller anderen Haushalte. Dieser Mechanismus ersetzt den exogenen arbeitserhöhenden technischen Fortschritt.

Wir gehen aus von der Produktionsfunktion (B.II.3.1). Unter der Annahme vollständiger Konkurrenz auf allen Märkten werden die drei Produktionsfaktoren mit ihrem jeweiligen Grenzprodukt entlohnt. Mit w für den Reallohn, r für den realen Nutzungspreis des Sachkapitals und q für den realen Nutzungspreis des Humankapitals erhalten wir aus (B.II.3.1) folgende Beziehungen:

$$w = \frac{\partial Y}{\partial N} = \alpha \frac{Y}{N},$$

$$r = \frac{\partial Y}{\partial K} = \beta \frac{Y}{K}, \tag{B.II.3.9}$$

$$q = \frac{\partial Y}{\partial H} = \gamma \frac{Y}{H}.$$

Im Zeitpunkt t gibt es $L(t)$ identische Haushalte. Der typische Haushalt i verfügt über ein Zeitbudget von Eins, das er auf Arbeit bei den Unternehmen N_i und zum Erwerb zusätzlichen Humankapitals E_i aufteilen kann:

$$1 = N_i + E_i.$$ (B.II.3.10)

Neben dem individuellen Zeitaufwand bestimmt das Angebot eines öffentlichen Gutes B, das allen Individuen gleichermaßen zugänglich ist, die Produktion des Humankapitals, für die wir eine Cobb-Douglas-Funktion unterstellen,

$$H_i = B^\mu E_i^{1-\mu},$$ (B.II.3.11)

in der μ den Beitrag öffentlicher Güter zur Produktion individuellen Humankapitals erfaßt.

Der typische Haushalt i teilt seine Arbeitszeit so auf, daß sein Arbeitseinkommen

$$wN_i + qH_i$$ (B.II.3.12)

unter den Nebenbedingungen (B.II.3.10) und (B.II.3.11) maximiert wird. Aus der Bedingung 1. Ordnung für ein Maximum, erhält man eine Regel für die optimale individuelle Zeitallokation, die angesichts der für alle Individuen gegebenen Faktorpreise und einer gegebenen Größe von B für alle Individuen identisch ist:

$$\frac{w}{q} = (1 - \mu)(B/E_i)^\mu.$$ (B.II.3.13)

Aus (B.II.3.9) erhalten wir für das Faktorpreisverhältnis:

$$\frac{w}{q} = \frac{\alpha}{\gamma}\frac{H}{N} = \frac{\alpha L H_i}{\gamma L N_i} = \frac{\alpha H_i}{\gamma N_i}.$$ (B.II.3.14)

Dabei folgt die zweite Gleichsetzung aus der Tatsache, daß der Haushalt i repräsentativ für alle anderen Haushalte ist, so daß die gesamtwirtschaftlichen Variablen H, N und E das L-fache der entsprechenden einzelwirtschaftlichen Größen sind. Mit Hilfe der Produktionsfunktion für Humankapital (B.II.3.11) können wir die Optimumsbedingung (B.II.3.13) umschreiben zu

$$\frac{w}{q} = (1 - \mu)\frac{H_i}{E_i}.$$

und erhalten damit aus Gleichung (B.II.3.14) die Lösung für die optimale Aufteilung der individuellen und gesamtwirtschaftlichen Arbeitszeit:

$$\frac{N_i}{E_i} = \frac{L N_i}{L E_i} = \frac{N}{E} = \frac{\alpha}{\gamma(1 - \mu)}.$$ (B.II.3.15)

Die Zahl der Haushalte L wächst mit der konstanten Rate n. Aus der vorstehenden Gleichung folgt, daß die individuelle wie die gesamtwirtschaftliche Zeitallokation im Zeitablauf konstant sind, denn der Quotient N/E hängt nur von den Modellparametern ab. Während N_i und E_i konstant sind, wachsen aber N und E mit der Rate n, mit der das gesamtwirtschaftliche Zeitbudget L zunimmt. Aus der Optimumsbedingung

(B.II.3.13) und der Tatsache, daß $\dot{E}_i = 0$ ist, können wir einen Zusammenhang zwischen der Wachstumsrate des Humankapitals und der Wachstumsrate des öffentlichen Bildungsangebots B ableiten: Aus

$$\frac{\dot{w}}{w} - \frac{\dot{q}}{q} = \frac{\dot{Y}}{Y} - n - \left[\frac{\dot{Y}}{Y} - \frac{\dot{H}}{H}\right] = \mu \frac{\dot{B}}{B} - \mu \frac{\dot{E}_i}{E_i}$$

folgt

$$\frac{\dot{H}}{H} = \mu \frac{\dot{B}}{B} + n. \qquad \text{(B.II.3.16)}$$

Der Staat finanziert zusätzliche Bildungsausgaben $\dot{B}$ vollständig über eine proportionale Produktions- oder Einkommensteuer mit dem Steuersatz τ:

$$\dot{B} = \tau Y. \qquad \text{(B.II.3.17)}$$

Die Haushalte sparen einen konstanten Bruchteil s ihres verfügbaren Einkommens $(1-\tau)Y$, und bilden daher [wir verzichten der Einfachheit halber auf Abschreibungen] Sachkapital gemäß

$$\dot{K} = s(1-\tau)Y. \qquad \text{(B.II.3.18)}$$

In der Ergänzung B.II.3.2 zeigen wir, daß dieses Modell ein eindeutiges, lokal stabiles Wachstumsgleichgewicht besitzt, in dem der Kapitalkoeffizient (K/Y) und der "Bildungskoeffizient" (B/Y) konstant sind. Mit Hilfe dieser Information können wir aus der Produktionsfunktion (B.II.3.1) und der Gleichung (B.II.3.16) die gleichgewichtige Wachstumsrate bestimmen. Da die Produktion mit derselben Rate wachsen muß wie K und B folgt:

$$\frac{\dot{Y}}{Y} = \alpha n + \beta \frac{\dot{K}}{K} + \gamma \frac{\dot{H}}{H} = \alpha n + \beta \frac{\dot{Y}}{Y} + \gamma \mu \frac{\dot{Y}}{Y} + \gamma n,$$

woraus wir die Wachstumsrate der Produktion im Gleichgewicht erhalten:

$$\frac{\dot{Y}}{Y} = \frac{1-\beta}{1-\beta-\gamma\mu} n =: g > n. \qquad \text{(B.II.3.19)}$$

Infolge des externen Effektes des öffentlichen Gutes, $\mu > 0$, wächst die Produktion mit einer größeren Rate als das gesamte Arbeitsangebot. Das Pro-Kopf-Einkommen nimmt daher auch im Wachstumsgleichgewicht zu.

Der Humankapitalbestand wächst im Gleichgewicht schneller als die beiden anderen Produktionsfaktoren, denn aus (B.II.3.16) und (B.II.3.19) folgt

$$\frac{\dot{H}}{H} = \mu \frac{\dot{B}}{B} + n = \frac{1-\beta+\alpha\mu}{1-\beta-\gamma\mu} n > n.$$

Die Folge ist ein permanentes Sinken der Entlohnung von Humankapital während gleichzeitig der Reallohn zunimmt:

$$\frac{\dot{q}}{q} = \frac{\dot{Y}}{Y} - \frac{\dot{H}}{H} = -\frac{\alpha\mu}{1-\beta-\gamma\mu}n,$$

$$\frac{\dot{w}}{w} = \frac{\dot{Y}}{Y} - n = \frac{\gamma\mu}{1-\beta-\gamma\mu}n.$$

Der Nutzungspreis des Kapitals ändert sich infolge des konstanten Kapitalkoeffizienten im Wachstumsgleichgewicht nicht. Die Kapitalintensität wächst mit derselben Rate wie der Reallohn g-n.

Die Produktion von Humankapital mit Hilfe öffentlicher Güter führt mithin zu dem gleichen Ergebnis, das sich im Solow-Modell nur durch die Annahme eines exogenen arbeitserhöhenden technischen Fortschritts begründen läßt.

Die langfristige Wachstumsrate der Pro-Kopf-Einkommen ist auch in dieser Modellvariante unabhängig von der Höhe der Sparquote. Analog zur "Goldenen Regel der Kapitalakkumulation" im Grundmodell, können wir aber fragen, ob es eine bestimmte Höhe der Sparquote und des Steuersatzes gibt, die das gesamtwirtschaftliche Konsumniveau - und damit auch den Konsum pro Kopf - maximieren. In einer beliebigen Periode ist das Gesamtvolumen des Konsums im Wachstumsgleichgewicht:

$$C = Y - gK - gB.$$

Dieser Ausdruck wird maximal, wenn in jeder Periode das Grenzprodukt des Kapitals bzw. das Grenzprodukt des öffentlichen Bildungssektors der Wachstumsrate des Einkommens entspricht.[14] Diese Bedingung erfüllen eine Sparquote und ein Steuersatz, die gemäß

$$\tau^* = \gamma\mu,$$

$$s^* = \frac{\beta}{1-\tau^*}$$

(B.II.3.20)

gewählt werden. Der optimale Steuersatz entspricht damit der Elastizität der gesamtwirtschaftlichen Produktion bezüglich des Angebots an öffentlichen Gütern. Je höher diese Elastizität ist, desto geringer liegt andererseits die optimale Sparquote. Würden die öffentlichen Güter keinen Beitrag zum Aufbau von Humankapital liefern, so müßte

---

14   Der Konsum im Wachstumsgleichgewicht ist eine Funktion von K und B. Die notwendigen Bedingungen erster Ordnung für ein Maximum dieser Funktion sind

$$\frac{\partial C}{\partial K} = \frac{\partial Y}{\partial K} - g = 0 \Rightarrow \beta\frac{Y}{K} = g,$$

$$\frac{\partial C}{\partial B} = \frac{\partial Y}{\partial B} - g = 0 \Rightarrow \gamma\mu\frac{Y}{B} = g.$$

(i)

Da die Produktionsfunktion $Y = N^\alpha K^\beta (B^\mu E^{1-\mu})^\gamma$ streng konkav in (K, B) ist, sind diese Bedingungen auch hinreichend. Die Lösungen für τ und s erhalten wir, wenn wir in (i) für g den Ausdruck in (B.II.3.19) einsetzen und (Y/K) sowie (Y/B) durch ihre Werte im Wachstumsgleichgewicht ersetzen. Die Ausdrücke dafür finden Sie in Formel (iii) in Ergänzung B.II.3.2.

die optimale Sparquote wie im Grundmodell der Produktionselastizität des Realkapitals β entsprechen. Als Zusammenfassung erhalten wir:

Ergebnis B.II.3.2:

Werden beim Aufbau von Humankapital öffentliche Güter verwendet, die wie das Bildungssystem oder die staatliche Grundlagenforschung für jedermann uneingeschränkt nutzbar sind, so wird ein dauerhaftes Wachstum des Pro-Kopf-Einkommens möglich. Die optimale private Sparquote liegt um so niedriger und der optimale Steuersatz, der zur Finanzierung des Angebots an öffentlichen Gütern dient, liegt um so höher, je höher die gesamtwirtschaftliche Produktionselastizität der öffentlichen Güter ist.

Ergänzung B.II.3.2: Existenz und Stabilität des Wachstumsgleichgewichts

Wir leiten zunächst zwei Differentialgleichungen ab, welche die Entwicklung der Wirtschaft beschreiben. Dazu definieren wir den Kapitalkoeffizienten $x:=K/Y$ und den "Bildungskoeffizienten" $z:=B/Y$. Diese Größen entwickeln sich wie folgt. Aus

$$\frac{\dot{x}}{x} = \frac{\dot{K}}{K} - \frac{\dot{Y}}{Y} = \frac{\dot{K}}{K} - \left[\alpha n + \beta\frac{\dot{K}}{K} + \gamma\left[\mu\frac{\dot{B}}{B} + n\right]\right] = (1-\beta)s(1-\tau)\frac{Y}{K} - \gamma\mu\tau\frac{Y}{B} - (\alpha+\gamma)n$$

folgt

$$\dot{x} = s(1-\beta)(1-\tau) - \gamma\mu\tau(x/z) - (\alpha+\gamma)nx. \tag{i}$$

Analog folgt aus

$$\frac{\dot{z}}{z} = \frac{\dot{B}}{B} - \frac{\dot{Y}}{Y} = \frac{\dot{B}}{B} - \left[\alpha n + \beta\frac{\dot{K}}{K} + \gamma\left[\mu\frac{\dot{B}}{B} + n\right]\right] = -\beta s(1-\tau)\frac{Y}{K} + (1-\gamma\mu)\tau\frac{Y}{B} - (\alpha+\gamma)n$$

die Differentialgleichung

$$\dot{z} = (1-\gamma\mu)\tau - s\beta(1-\tau)(z/x) - (\alpha+\gamma)nz. \tag{ii}$$

In einem Wachstumsgleichgewicht verändern sich weder x noch z. Wenn wir in (i) $\dot{x} = 0$ und in (ii) $\dot{z} = 0$ setzen, können wir aus den resultierenden Gleichungen das Wachstumsgleichgewicht berechnen. Die Lösung lautet:

$$x^* = \frac{s(1-\beta-\gamma\mu)(1-\tau)}{(\alpha+\gamma)n},$$

$$z^* = \frac{\tau(1-\beta-\gamma\mu)}{(\alpha+\gamma)n}. \tag{iii}$$

Beide Werte sind wegen $\alpha+\beta+\gamma=1$, $\tau\in(0,1)$ und $\mu\in(0,1)$ positiv.

Die Jacobimatrix des Systems (i),(ii) ist an der Stelle des Wachstumsgleichgewichts:

$$\begin{bmatrix} -\dfrac{(1-\beta)(\alpha+\gamma)n}{1-\beta-\gamma\mu} & \dfrac{s\gamma\mu(1-\tau)(\alpha+\gamma)n}{\tau(1-\beta-\gamma\mu)} \\[3mm] \dfrac{\beta\tau(\alpha+\gamma)n}{s(1-\tau)(1-\beta-\gamma\mu)} & -\dfrac{(1-\gamma\mu)(\alpha+\gamma)n}{1-\beta-\gamma\mu} \end{bmatrix}.$$

Ihre Spur ist negativ und ihre Determinante $[(\alpha+\gamma)n]^2/(1-\beta-\gamma\mu)$ ist positiv. Nach Satz E.IV.3.1 ist damit das Wachstumsgleichgewicht (x^*, z^*) lokal stabil.

4. Staatsausgaben, Steuern und öffentliche Verschuldung

Überblick

Wir wollen nun die Rolle des Staates in einer Wirtschaft mit gegebenem Sparverhalten der privaten Haushalte untersuchen. Dazu entwickeln wir drei Modelle. Das erste Modell unterscheidet sich nur wenig vom Grundmodell. Privates und öffentliches Kapital sind hier perfekte Substitute, und das staatliche Budget ist stets ausgeglichen. Sofern der Staat einen größeren Anteil seiner Einnahmen investiert als die privaten Haushalte, kann er durch höhere Steuern die gesamtwirtschaftliche Sparquote erhöhen. Bei gegebener privater Sparquote und öffentlicher Investitionsquote kann somit durch die Wahl der Steuerquote der Konsum pro Kopf im Wachstumsgleichgewicht gemäß der Goldenen Regel maximiert werden.

Wesentlich komplizierter wird dieses Modell, wenn wir staatliche Verschuldung zulassen. Die Eindeutigkeit und globale Stabilität des Wachstumsgleichgewichts geht verloren. Bei fixierter Steuer- und Investitionsquote des Staates kann es sein, daß eine anfängliche Verschuldung über die Zeit wächst und der Kapitalstock der Wirtschaft kontinuierlich sinkt. Um ein konsummaximales Wachstumsgleichgewicht zu erreichen, müssen die wirtschaftspolitischen Parameter des Staates mithin einer Reihe von einschränkenden Bedingungen genügen.

Im dritten Modell unterscheiden wir zwischen privatem Sachkapital und öffentlicher Infrastruktur, schließen aber vereinfachend Budgetdefizite aus. Infrastrukturinvestitionen fördern in diesem Modell die private Kapitalbildung, und das Ziel, den Pro-Kopf-Konsum im Wachstumsgleichgewicht zu maximieren, legt nun die Steuerquote und die öffentliche Investitionsquote fest.

Wachstum bei ausgeglichenem Staatshaushalt und homogenem Kapital

Wir müssen zunächst die staatliche Wirtschaftstätigkeit in den Kreislaufbeziehungen des Grundmodells berücksichtigen. Tabelle B.II.4.1 zeigt die notwendigen Änderungen. Den aus den Kreislaufbeziehungen folgenden Freiheitsgrad nutzen wir, um das Preisniveau auf Eins zu normieren.

Tabelle B.II.4.1

	Zuflüsse		Abflüsse
Haushalte	$wN^s + rK_p^s + \Pi$	$=$	$C_p^d + T + \dot{K}_p + \delta K_p$
Unternehmen	Y^s	$=$	$wN^d + rK_p^d + \Pi$
Staat	T	$=$	G
Gesamtwirtschaft	$w[N^s - N^d] + r[K_p^s - K_p^d] + [Y^s - C_p^d - G - \dot{K}_p - \delta K_p] = 0$		

Bei den Haushalten müssen wir die Steuerzahlungen T auf der Seite der Abflüsse verbuchen. Die Haushalte planen den Konsum C_p^d und legen ihre Ersparnisse in privatem Sachkapital K_p an. Die Unternehmen produzieren mit privatem und öffentlichem Kapital $K_{\ddot{o}}$. Letzteres können sie als rein öffentliches Gut ohne Entgelt nutzen. Private Kapitaldienste erwerben sie von den Haushalten zum Nutzungspreis r. Wir unterstellen, öffentliches und privates Kapital seien perfekte Substitute. Der gesamtwirtschaftliche Kapitalstock K ist dann die Summe beider Kapitalgüter:

$$K = K_p + K_{\ddot{o}}. \tag{B.II.4.1}$$

Damit können wir die Produktionstechnik der Wirtschaft weiterhin mit Hilfe der Produktionsfunktion (B.I.1.1) bzw. (B.I.1.3) abbilden. Arbeitsleistungen und private Kapitaldienste werden mit ihrem jeweiligen Grenzprodukt entlohnt. Die Unternehmen erwirtschaften daher Gewinne in Höhe der unentgeltlichen Nutzung des öffentlichen Kapitalstocks

$$\Pi = F_K(K, N)K_{\ddot{o}}.$$

Das Bruttoeinkommen der Haushalte entspricht nach wie vor der produzierten Gütermenge $Y = F(K, N)$.

Das staatliche Budget ist ausgeglichen, wenn die staatlichen Ausgaben für Konsum und öffentliche Investitionen G den Steuereinnahmen entsprechen. Die staatliche Politik beschreiben wir durch die beiden folgenden Hypothesen: Die Steuern werden in Form einer Einkommensteuer auf das Bruttoeinkommen der Haushalte erhoben:

$$T = \tau Y. \tag{B.II.4.2}$$

Der Steuersatz $\tau \in [0,1]$ ist konstant. Ein Bruchteil $\kappa \in [0, 1]$ der staatlichen Ausgaben ist investiver Natur, der Rest ist öffentlicher Konsum:

$$C_{\ddot{o}} = (1 - \kappa)G. \tag{B.II.4.3}$$

Die staatlichen Ausgaben bestehen aus Käufen bei den Unternehmen. Der Staat produziert selbst keine Güter. Die investiven Ausgaben erhöhen den Kapitalstock, die konsumtiven fließen als reine öffentliche Güter den Haushalten zu.

Die Haushalte sparen den konstanten Bruchteil $s \in (0, 1)$ ihres verfügbaren Einkommens $Y-T$. Für ihren geplanten Konsum gilt daher:

$$C_p^d = (1-s)(1-\tau)Y. \tag{B.II.4.4}$$

Die Kapitalintensität der eben beschriebenen Wirtschaft verändert sich gemäß

$$\frac{\dot{k}}{k} = \frac{\dot{K}}{K} - \frac{\dot{N}}{N} = \frac{\dot{K}_p + \dot{K}_{\ddot{o}}}{K} - n, \tag{B.II.4.5}$$

wenn die Erwerbspersonen (oder der effektive Arbeitseinsatz) mit der Rate n wachsen. Tabelle B.II.4.1 zeigt, daß im Gleichgewicht des Arbeits- und Kapitalmarktes

$$\dot{K}_P = Y^s - C_p^d - G - \delta K_p \tag{B.II.4.6}$$

gelten muß. Das öffentliche Sachkapital wächst gemäß

$$\dot{K}_{\ddot{o}} = \kappa G - \delta K_{\ddot{o}}.$$

Berücksichtigt man die beiden vorstehenden Gleichungen in (B.II.4.5), so folgt mit Hilfe der anderen Gleichungen:

$$\frac{\dot{k}}{k} = \frac{Y - (1-s)(1-\tau)Y - \tau Y - \delta K_p + \kappa \tau Y - \delta K_{\ddot{o}}}{K} - n$$

$$= \frac{F(K,N)[s(1-\tau) + \kappa\tau] - \delta K}{K} - n,$$

woraus mit Hilfe der Pro-Kopf-Produktionsfunktion (B.I.1.3) und der Definition $k := K/N$ die Gleichung

$$\dot{k} = [s(1-\tau) + \kappa\tau]f(k) - (n+\delta)k \tag{B.II.4.7}$$

folgt. Sie beschreibt die Dynamik der Wirtschaft.

Das Wachstumsgleichgewicht finden wir mit Hilfe einer Graphik, die sich nur wenig von Abbildung B.I.2.1 unterscheidet. Abbildung B.II.4.1 hilft Ihnen, folgende Aussage zu begründen:

Ergebnis B.II.4.1: ───

Unter den Annahmen

$$f(0) = 0, \ f'(k) > 0 \text{ für alle } k \geq 0, \ f''(k) < 0 \text{ für alle } k \geq 0,$$

$$f'(0) > \frac{n+\delta}{s(1-\tau) + \kappa\tau} \text{ und } F(K, 0) = 0 \text{ für } K > 0$$

existiert ein eindeutiges und stabiles Wachstumsgleichgewicht, in dem Einkommen und Kapitalstock mit der Rate n wachsen und in dem alle Pro-Kopf-Größen sowie die Faktorpreise konstant sind.

Das Pro-Kopf-Einkommen im Wachstumsgleichgewicht nimmt mit der öffentlichen Investitionsquote κ zu. Es steigt mit dem Einkommensteuersatz τ, wenn die öffentliche Investitionsquote größer ist als die private Sparquote s.

Hinter dem zuletzt genannten Ergebnis verbirgt sich eine sehr einfache Intuition. Jede zusätzliche Mark an Steuern senkt die privaten Investitionen um s DM. Falls der Staat nun von jeder Mark an Steuereinnahmen κDM$>s$DM investiert, wächst die gesamtwirtschaftliche Investitionsquote mit jeder weiteren Mark an Steuern.

Durch die Wahl der Investitionsquote oder des Einkommensteuersatzes kann der Staat mithin den Konsum pro Kopf im Wachstums-

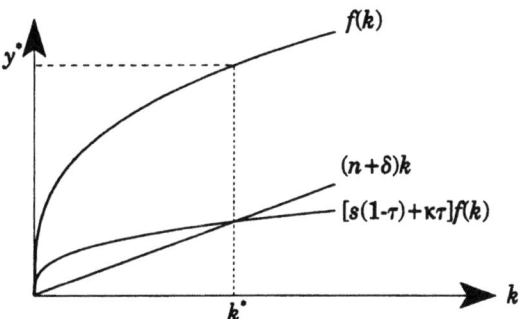

Abbildung B.II.4.1: Wachstumsgleichgewicht einer Wirtschaft mit ausgeglichenem Staatshaushalt und homogenem Kapitalstock

gleichgewicht maximieren. Im Wachstumsgleichgewicht ist $f(k)-(n+\delta)k$ die gesamte für den Konsum verfügbare Gütermenge. Wenn öffentlicher und privater Konsum vollkommene Substitute sind, so daß wir $C=C_p+C_{\ddot{o}}$ schreiben können, muß folglich mit $c:=C/N$ gelten:

$$c := \frac{C_p + C_{\ddot{o}}}{N} = \frac{[Y - G - \delta K_p] + (1 - \kappa)G}{N} = \frac{Y - \delta K_p - \delta K_{\ddot{o}}}{N} = f(k) - (n + \delta)k.$$

Der Pro-Kopf-Konsum c wird maximiert, wenn die von der optimalen Steuerquote τ^* (oder der optimalen öffentlichen Investitionsquote) induzierte Einkommensquote des Kapitals der gesamtwirtschaftlichen Sparquote entspricht:

$$\pi(k^*) := \frac{f'(k^*)k^*}{f(k^*)} = s(1 - \tau^*) + \kappa\tau^*.$$

Die gesamtwirtschaftliche Sparquote ist dabei die mit dem Steuersatz gewichtete Summe aus privater Sparquote s und öffentlicher Sparquote κ. Sofern die öffentliche der privaten Sparquote entspricht, geht unser Modell mithin in das Grundmodell über.

Wachstum und Staatsverschuldung

Wir lassen nun staatliche Budgetdefizite zu. Der Staat finanziert diese durch Kredite bei den Haushalten, die in Form von Anleihen mit variablem Zins verbrieft werden.

Die Haushalte können ihre Ersparnisse S nun auf privates Realkapital K_p und öffentliche Anleihen B aufteilen:

$$S = \dot{B} + \dot{K}_p + \delta K_p.$$

Um das Modell einfach zu halten, unterstellen wir, daß die Haushalte indifferent sind zwischen Realkapital und öffentlichen Anleihen. Damit der Staat Käufer für seine Papiere findet, muß er diese mithin mit der Nettoertragsrate des privaten Kapitals verzinsen, d.h. mit r-δ. Tabelle B.II.4.2 zeigt die Konsequenzen dieser Annahmen für die Budgetrestriktionen von Haushalten, Unternehmen und Staat.

Tabelle B.II.4.2

	Zuflüsse		Abflüsse
Haushalte	$wN^s + rK_p^s + (r\text{-}\delta)B + \Pi$	$=$	$C_p^d + T + S$
Unternehmen	Y^s	$=$	$wN^d + rK_p^d + \Pi$
Staat	$T + \dot{B}$	$=$	$G + (r\text{-}\delta)B$
Gesamtwirtschaft	$w[N^s\text{-}N^d] + r[K_p^s - K_p^d] + [Y^s\text{-}C_p^d\text{-}G\text{-}(S - \dot{B})] = 0$		

Das Einkommen der Haushalte besteht nun aus Lohneinkommen, Einkommen aus der Vermietung von Sachkapital, Zinseinkommen und Dividenden. Alle Einkommensbestandteile sind in Kaufkrafteinheiten ausgedrückt $[P \equiv 1]$. B symbolisiert daher die Höhe der realen staatlichen Verschuldung und $\dot{B}$ das jeweilige reale Budgetdefizit des Staates. In dieser Höhe muß der Staat neue Anleihen ausgeben, die von den Haushalten erworben werden. Die Haushalte sparen wiederum einen konstanten Bruchteil ihres verfügbaren Einkommens $Y + (r\text{-}\delta)B\text{-}T$. Der Staat besteuert Arbeits- und Vermögenseinkommen mit dem Steuersatz $\tau \in (0,1)$.

Die staatlichen Güterkäufe sind nun nicht mehr über die Einnahmeseite fixiert. Wir nehmen an, sie seien ein konstanter Bruchteil $\mu \in (0, 1)$ des Sozialprodukts:

$$G = \mu Y. \qquad\qquad\qquad (\text{B.II.4.8})$$

Die übrigen Verhaltenshypothesen des ersten Modells behalten wir bei.

Zusammenfassend besteht das Modell daher aus folgenden Gleichungen:

$$Y = F(K, N) = Nf(k), \; k := K/N, \tag{B.II.4.9}$$

$$C_p^d = (1 - s)[Y + (r - \delta)B - T], \tag{B.II.4.10}$$

$$T = \tau[Y + (r - \delta)B], \tag{B.II.4.11}$$

$$r = F_K(K, N), \tag{B.II.4.12}$$

$$\dot{B} = G + (r - \delta)B - T, \tag{B.II.4.13}$$

$$\dot{K} = S - \dot{B} + \kappa G - \delta K, \tag{B.II.4.14}$$

$$\frac{\dot{N}}{N} = n. \tag{B.II.4.15}$$

Gleichung (B.II.4.9) ist die Produktionsfunktion des Unternehmenssektors mit den üblichen neoklassischen Eigenschaften. Die Konsumfunktion wird von Gleichung (B.II.4.10) definiert. Gleichung (B.II.4.11) bestimmt das Steueraufkommen. Das Gleichgewicht des Marktes für privates Kapital legt gemäß Gleichung (B.II.4.12) den Nutzungspreis des Kapitals fest. Die Budgetrestriktion des Staates steht in Gleichung (B.II.4.13). Gleichung (B.II.4.14) beschreibt die Veränderung des Sachkapitals. Sie folgt aus

$$\dot{K} = \dot{K}_p + \dot{K}_\delta = \dot{K}_p + \kappa G - \delta K_\delta = S - \dot{B} + \kappa G - \delta(K_p + K_\delta).$$

Die Zahl der Erwerbspersonen (oder das effektive Arbeitsangebot) wächst nach Gleichung (B.II.4.15) mit konstanter Rate n.

Für die Veränderungsrate der Kapitalintensität erhalten wir mit Hilfe von Gleichung (B.II.4.14) und Gleichung (B.II.4.15):

$$\frac{\dot{k}}{k} = \frac{\dot{K}}{K} - n = \frac{S - \dot{B} + \kappa G}{K} - (n + \delta).$$

Im Gleichgewicht des Gütermarktes ist nach Tabelle B.II.4.2 $S - \dot{B} = Y - C_p - G$, so daß mit Hilfe der Konsumfunktion sowie der Gleichungen (B.II.4.12) und (B.II.4.8) folgt:

$$\dot{k} = [s + \tau(1 - s) - \mu(1 - \kappa)]f(k) - (n + \delta)k - (1 - s)(1 - \tau)(f'(k) - \delta)b, \tag{B.II.4.16}$$

wobei $b := B/N$, $g := G/N$ und $\tau := T/N$ ist. Die zweite Gleichung zur Beschreibung der Dynamik folgt aus der Veränderungsrate der Pro-Kopf-Verschuldung:

$$\frac{\dot{b}}{b} = \frac{\dot{B}}{B} - n.$$

Nach Einsetzen aus der Budgetgleichung des Staates erhalten wir mit Hilfe von Gleichung (B.II.4.8) in Pro-Kopf-Größen:

$$\dot{b} = (\mu - \tau)f(k) + [(1 - \tau)(f'(k) - \delta) - n]b. \qquad \text{(B.II.4.17)}$$

Gleichung (B.II.4.16) und Gleichung (B.II.4.17) beschreiben die Wachstumsdynamik unseres Modells. Um herauszufinden, ob auch diese Wirtschaft ein (stabiles) Wachstumsgleichgewicht besitzt, zeichnen wir wieder ein Phasendiagramm. Um die Analyse etwas zu vereinfachen, unterstellen wir zunächst, daß die Steuereinnahmen ausreichen, die Güterkäufe zu finanzieren, d.h. $\tau = \mu$. Die Frage ist, ob eine anfänglich gegebene positive Staatsschuld $b(0) > 0$ im Zuge des Wachstums einem konstanten Wert zustrebt.

In ein Diagramm zeichnen wir zunächst den geometrischen Ort aller Paare (k, b), die zu einer konstanten Pro-Kopf-Verschuldung führen. Diese Paare beschreibt die folgende Gleichung, die wir aus (B.II.4.17) für $\dot{b} = 0$ und $\tau = \mu$ erhalten:

$$b = \begin{cases} 0 \text{ für } k \neq k_1^*, \ f'(k_1^*) = \dfrac{n}{1-\tau} + \delta, \\[2ex] \text{beliebig für } k = k_1^*. \end{cases} \qquad \text{(B.II.4.18)}$$

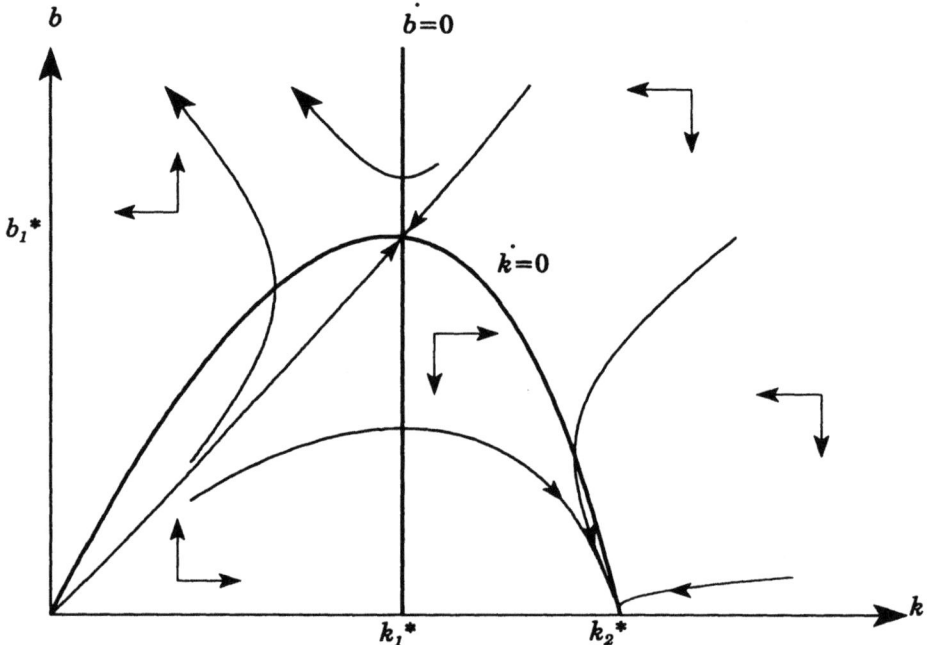

Abbildung B.II.4.2: Phasendiagramm des Modells mit staatlichem Budgetdefizit und homogenem Kapital

Bei unserer neoklassischen Produktionsfunktion sinkt das Grenzprodukt des Kapitals mit zunehmender Kapitalintensität k. Links von k_1^* ist daher das Grenzprodukt des

Kapitals so groß, daß die Nettozinsen des Staates $(1-\tau)(f''(k)-\delta)$ das Wachstum der Bevölkerung übersteigen, und die Pro-Kopf-Verschuldung zunimmt. Rechts von k_1^* gilt genau das Umgekehrte. Die vertikal verlaufenden Pfeile in Abbildung B.II.4.2 zeigen diese Entwicklung an.

Der geometrische Ort aller Paare (k, b), die mit einer konstanten Kapitalintensität verbunden sind, folgt aus Gleichung (B.II.4.16):

$$b = \frac{[s(1-\tau) + \kappa\tau]f(k) - (n+\delta)k}{(1-s)(1-\tau)(f'(k) - \delta)}. \qquad \text{(B.II.4.19)}$$

Diese Kurve schneidet die Abszisse an der Stelle k_2^*, das als Lösung von

$$[s(1-\tau) + \kappa\tau]f(k_2^*) = (n+\delta)k_2^*$$

folgt. Dieser Wert der Kapitalintensität entspricht dem Wachstumsgleichgewicht unseres ersten Modells. An der Stelle $\underline{k} > k_1^*$, $f'(\underline{k}) = \delta$ besitzt die Kurve einen Pol. Sie beginnt im Ursprung. Der Zähler des Bruches auf der rechten Seite von Gleichung (B.II.4.19) entspricht dem Abstand der Kurve $[s(1-\tau)+\kappa\tau]f(k)$ von der Geraden $(n+\delta)k$. Abbildung B.II.4.1 zeigt, daß dieser Abstand zunächst zu- und dann abnimmt. Der Nenner des Bruches ist links von $\underline{k}$ eine monoton abnehmende Funktion der Kapitalintensität. Demnach muß die von Gleichung (B.II.4.19) beschriebene Kurve links von k_2^* ein Maximum besitzen. Es hängt von den Modellparametern ab, ob $k_1^* < k_2^*$. Dies ist beispielsweise der Fall, wenn die gesamtwirtschaftliche Sparquote $s(1-\tau)+\kappa\tau$ in der Nähe der Kapitaleinkommensquote $\pi(k_2^*)$ liegt.[15] Abbildung B.II.4.2 haben wir unter dieser Voraussetzung gezeichnet.[16] Unterhalb der $\dot{k} = 0$-Isoklinen ist infolge der niedrigen Pro-Kopf-Verschuldung $\dot{k} > 0$, d.h. die Kapitalintensität nimmt zu. Oberhalb dieser Linie sinkt die Kapitalintensität, wie die horizontal verlaufenden Pfeile veranschaulichen.

Abbildung B.II.4.2 zeigt, daß es nun zwei Wachstumsgleichgewichte gibt. Das Gleichgewicht (k_1^*, b_1^*) ist mit einer konstanten, aber positiven Pro-Kopf-Verschuldung verbunden. Die zugehörige Kapitalintensität ist kleiner als im zweiten Wachstumsgleichgewicht $(k_2^*, 0)$. Die Ursache hierfür wird klar, wenn wir das Konsumverhalten

---

15   In diesem Fall ist näherungsweise die Goldene Regel erfüllt, d.h.

$$f'(k_2^*) \approx n + \delta < f'(k_1^*) = \frac{n}{1-\tau} + \delta,$$

und das Ergebnis folgt aus der Annahme des sinkenden Grenzprodukts des Kapitals.

16   Die Zeichnung beruht auf der Pro-Kopf-Produktionsfunktion $y = k^\beta$. Die Modellparameter haben wir wie folgt gewählt: $\beta = 1/3 = s$, $\delta = 0,05$, $\tau = \mu = 0,42$ [das entspricht etwa der Steuerquote der bundesdeutschen Wirtschaft], $\kappa = 0,4$, $n = 0.03$ [das entspricht etwa der durchschnittlichen jährlichen Wachstumsrate der bundesdeutschen Wirtschaft in den Jahren 1960-1990]. Die Zeitpfade wurden mit Hilfe eines Runge-Kutta-Verfahrens vierter Ordnung berechnet.

der Haushalte betrachten. Die private Konsumquote, d.h. der Anteil des privaten Verbrauchs am Sozialprodukt, wächst mit den staatlichen Zinszahlungen:

$$\frac{C_p}{Y} = (1-s)(1-\tau)[1 + (f'(k)-\delta)\frac{B}{Y}].$$

Bei fixierter Staatsquote $\mu=G/Y$ muß deshalb die Bruttoinvestitionsquote der Wirtschaft um so niedriger sein, je größer die öffentliche Verschuldungsquote B/Y und der
Realzins $f'(k)$-δ sind.

Die Pfeile und die eingezeichneten Zeitpfade verdeutlichen, daß eine Wirtschaft, die
im Zeitpunkt $t=0$ nicht allzuweit von $(k_2^*, 0)$ entfernt ist, diesem Gleichgewicht zustrebt. Es gibt aber auch Anfangsbedingungen, die zu keinem Gleichgewicht führen,
wie Abbildung B.II.4.2 zeigt. Nehmen wir beispielsweise an, die Kapitalausstattung der
Wirtschaft im Zeitpunkt $t=0$ sei niedrig. Auf die ausstehenden Staatsanleihen müssen
dann vergleichsweise hohe Zinsen bezahlt werden. Die Schuldenquote ist groß und die
Investitionsquote niedrig. Die Investitionen reichen nicht aus, den Reinvestitionsbedarf
zu decken. Die Kapitalintensität sinkt und die Zinsen steigen. Die Schuldenquote
wächst und mindert aufs Neue die Investitionsquote. Eine Spirale wachsender
Staatsschulden, sinkender Kapitalbildung und steigender Zinsen setzt ein.

Zum zweiten Wachstumsgleichgewicht (k_1^*, b_1^*) führen nur zwei Zeitpfade. Sie teilen
den Phasenraum in den stabilen und instabilen Bereich. Da fast alle Zeitpfade entweder dem zweiten Wachstumsgleichgewicht zustreben oder zum Kollaps der Wirtschaft
führen, besitzt das zweite Wachstumsgleichgewicht keine praktische Relevanz.

Wenn wir die Annahme $\mu=\tau$ aufgeben, erhalten wir aus Gleichung (B.II.4.17) folgenden Ausdruck für die $\dot{b}=0$ Isokline:

$$b = \frac{(\mu - \tau)f(k)}{n - (1-\tau)(f'(k) - \delta)}.$$

Diese Kurve hat k_1^* als Asymptote und strebt mit wachsendem k gegen ∞. Da sie aber
für $\mu \to \tau$ in die Kurve (B.II.4.18) übergeht, muß sie für $\mu \approx \tau$, $\mu > \tau$ die $\dot{k}=0$ Isokline
ebenfalls zweimal schneiden. Es ist indes nicht gewährleistet, daß dies für eine Staats-
quote gilt, die beliebig über der Steuerquote liegt. Nicht jede beliebige Fixierung von
Ausgabe- und Einnahmezielen ist daher mit dem Ziel stetigen Wachstums vereinbar.
WENZEL und WREDE (1993) zeigen, daß es gleichwohl Kombinationen der drei Parameter der staatlichen Wirtschaftspolitik μ, τ und κ gibt, die den Konsum in einem
lokal stabilen Wachstumsgleichgewicht maximieren und mit einer konstanten Pro-
Kopf-Verschuldung verbunden sind.

Ergebnis B.II.4.2: _____

Staatliche Budgetdefizite können den Wachstumsprozeß destabilisieren. Die staatlichen Entscheidungsparameter müssen einer Reihe von einschränkenden Bedingungen genügen, wenn die Wirtschaft einem Wachstumsgleichgewicht mit konstanter Pro-Kopf-Verschuldung und konstanter Kapitalintensität zustreben soll.

_____

Ergänzung B.II.4.1: Stabilitätsanalyse

Grundlage der Stabilitätsanalyse ist wiederum Satz E.III.1. Die dort benutzten Funktionen h und g werden im vorliegenden Fall durch die rechte Seite von Gleichung (B.II.4.16) bzw. von Gleichung (B.II.4.17) definiert, wobei x durch k und y durch b zu ersetzen ist. Die Elemente der Jacobimatrix des Differentialgleichungssystems lauten für den Fall $\mu=\tau$:

$$h_x := [s(1-\tau)+\kappa\tau]f'(k) - (n+\delta) - (1-s)(1-\tau)f''(k)b,$$

$$h_y := (1-s)(1-\tau)(f'(k)-\delta),$$

$$g_x := (1-\tau)f''(k)b,$$

$$g_y := (1-\tau)(f'(k)-\delta)-n.$$

An der Stelle des Wachstumsgleichgewichts (k_1^*, b_1^*) lautet die Determinante der Jacobimatrix [da $(1-\tau)(f'(k_1^*)-\delta)=n$]:

$$(1-s)(1-\tau)nf''(k_1^*)b_1^* < 0,$$

womit die Sattelpunkteigenschaft dieses Gleichgewichts bewiesen ist. An der Stelle des zweiten Wachstumsgleichgewichts mit $b_2^*=0$ lautet die Determinante der Jacobimatrix

$$\left\{[s(1-\tau)+\kappa\tau]f'(k_2^*)-(n+\delta)\right\}[(1-\tau)(f'(k_2^*)-\delta)-n].$$

Notwendig und hinreichend für die lokale Stabilität dieses Gleichgewichts ist, daß der Term in geschweiften Klammern kleiner als Null ist. Da $f'(k_2^*)) < n/(1-\tau) + \delta$ ist, ist

$$\frac{n}{1-\tau}+\delta < \frac{n+\delta}{s(1-\tau)+\kappa\tau}$$

eine hinreichende Bedingung. Sie ist erfüllt, wenn

$$\kappa < \frac{(1-\tau)(1-s)}{\tau}.$$

Diese Bedingung ist kaum restriktiv, da κ nach oben auf Eins beschränkt ist und die rechte Seite der Ungleichung für realistische Werte der Steuer- und Sparquote, wie z.B. $\tau=0{,}4$ und $s=0{,}3$ bereits größer als Eins ist.

Wachstum bei ausgeglichenem Staatshaushalt und heterogenem Kapital

Wir geben nun die Annahme auf, öffentliches und privates Kapital seien homogen. Die öffentliche Infrastruktur K_{δ} ist neben Arbeit N und privatem Kapital K_p der dritte Produktionsfaktor. Um die Algebra zu vereinfachen, unterstellen wir eine Cobb-Douglas-Technologie mit konstanten Skalenerträgen:

$$Y = N^{\alpha} K_p^{\beta} K_{\ddot{o}}^{\gamma}, \quad \alpha + \beta + \gamma = 1. \tag{B.II.4.20}$$

Der Staat finanziert seine Güterkäufe G wiederum über eine lineare Einkommensteuer auf das Bruttoeinkommen der Haushalte, $T = \tau Y$, investiert κG in die Infrastruktur und gleicht seinen Haushalt in jeder Periode aus. Die physische Verschleißrate des öffentlichen Kapitals sei $\delta_{\ddot{o}}$. Aus diesen Prämissen erhalten wir folgende Gleichung für die Veränderung des Infrastrukturkapitals pro Kopf $k_{\ddot{o}}$:

$$\dot{k}_{\ddot{o}} = \kappa \tau k_p^{\beta} k_{\ddot{o}}^{\gamma} - (n + \delta_{\ddot{o}}) k_{\ddot{o}}. \tag{B.II.4.21}$$

Aus Tabelle B.II.4.1 wissen wir, daß im Gleichgewicht der Faktormärkte

$$\dot{K}_p = Y - C_p - G - \delta_p K_p = Y[1 - (1-s)(1-\tau) - \tau] - \delta_p K_p$$

gilt. Dabei haben wir die Konsumfunktion (B.II.4.4) unterstellt. δ_p ist die Verschleißrate des privaten Kapitals. Die Veränderung des privaten Kapitals pro Kopf k_p genügt demnach der Gleichung

$$\dot{k}_p = s(1-\tau) k_p^{\beta} k_{\ddot{o}}^{\gamma} - (n + \delta_p) k_p. \tag{B.II.4.22}$$

Wir können uns die Analyse dieses Modells sehr einfach machen. Bis auf die Definition der Variablen entspricht es dem Humankapitalmodell (B.II.3.3) und (B.II.3.4). Wir finden, es ist eine gute Übung, wenn Sie deshalb das folgende Ergebnis selbst ableiten:

Ergebnis B.II.4.3: _____

Das von den Gleichungen (B.II.4.21) und (B.II.4.22) beschriebene Modell besitzt ein eindeutiges und lokal stabiles Wachstumsgleichgewicht. In diesem Gleichgewicht wächst die Wirtschaft mit der Rate des Bevölkerungswachstums n. Das Pro-Kopf-Einkommen ist daher konstant.

Das private und das öffentliche Kapital je Erwerbsperson sind im Wachstumsgleichgewicht um so kleiner, je größer die Abschreibungsraten δ_p bzw. $\delta_{\ddot{o}}$ und das Bevölkerungswachstum n sind. Sie sind um so größer, je größer die öffentliche Investitionsquote κ ist. Sofern die Steuerquote kleiner als die Produktionselastizität des öffentlichen Kapitals ist, $\tau < \gamma$, nehmen beide Kapitalintensitäten mit dem Steuersatz zu.

Wenn die Abschreibungsraten auf privates und öffentliches Kapital gleich sind, ist die Konvergenzgeschwindigkeit des Pro-Kopf-Einkommens ceteris paribus um so kleiner, je größer die Produktionselastizität des öffentlichen Kapitals ist.

Vermehrte Infrastrukturinvestitionen des Staates erhöhen mithin auch das private Sachkapital. Mit zunehmendem öffentlichen Kapitaleinsatz steigt die Produktivität des privaten Kapitals. Das Sozialprodukt wächst, und die Ersparnis der Haushalte nimmt zu. Auf diese Weise steigt auch die private Kapitalbildung.

Das Ziel, den Pro-Kopf-Konsum im Wachstumsgleichgewicht zu maximieren, legt nun beide staatlichen Aktionsparameter fest. Sofern privater und öffentlicher Konsum perfekte Substitute sind, ist der Pro-Kopf-Konsum $c = (C_p + C_{\ddot{o}})/N$ im Wachstumsgleichgewicht

$$c = k_p^{\beta} k_{\ddot{o}}^{\gamma} - (n + \delta_p) k_p - (n + \delta_{\ddot{o}}) k_{\ddot{o}}.$$

Er wird maximiert, wenn die Nettogrenzprodukte des jeweiligen Kapitalgutes der Wachstumsrate der Wirtschaft entsprechen. Die resultierenden beiden Gleichungen fixieren τ und κ.

5. Erschöpfbare Ressourcen

Überblick

Anfang der siebziger Jahre hat ein Bericht an den Club of Rome [MEADOWS et al. (1972)] auf die Grenzen des Wachstums durch begrenzte Rohstoffvorräte der Erde hingewiesen. Der Wachstumspessimismus dieser Studie ist nicht neu. DAVID RICARDO hat ein Ende des Wachstums erwartet, weil die landwirtschaftlich nutzbaren Flächen begrenzt sind. Und sein Freund, THOMAS ROBERT MALTHUS, hat den damit verbundenen Konflikt zwischen einer wachsenden Bevölkerung und begrenzten Nahrungsmitteln hervorgehoben. Die industrielle Revolution im 19. Jahrhundert, die ungeahnte Steigerung der landwirtschaftlichen Produktivität durch Düngung und moderne Methoden der Bodenbearbeitung und der Rückgang des Bevölkerungswachstums in den Industrieländern haben ihre Prognosen zunichte gemacht. Gleichwohl stehen wir heute mit Blick auf die Entwicklungsländer vor ähnlichen Problemen.

Einen Aspekt dieser Probleme behandelt dieser Abschnitt. Wir arbeiten die Bedingungen heraus, unter denen beschränkte Rohstoffvorräte die Produktion einer Volkswirtschaft zeitlich begrenzen. Eine zentrale Rolle spielen dabei die Substitutionsmöglichkeiten zwischen Rohstoffen und Sachkapital sowie technische Entwicklungen, die helfen, den Rohstoffverbrauch zu verringern. Anschließend studieren wir den Wachstumspfad einer Volkswirtschaft mit konstanter Sparquote, in der es eine erschöpfbare Ressource gibt, deren Produktivität durch technischen Fortschritt fortwährend wächst. Durch die Wahl einer geeigneten Abbaupolitik kann auch diese Wirtschaft zeitlich unbegrenzt produzieren.

Produktionsmöglichkeiten bei begrenzten Ressourcen

Im folgenden bezeichnen wir einen Produktionsfaktor als erschöpfbare Ressource, wenn es davon einen in der Gegenwart $t=0$ bekannten und nicht vermehrbaren Bestand $S(0)>0$ gibt. Die Summe der jeweiligen Nutzungsraten $R(t)$ über einen beliebig langen Zeitraum ist folglich begrenzt:

$$\int_0^\infty R(t)\,dt \le S(0).$$ (B.II.5.1)

Für die Volkswirtschaft erwachsen daraus nur dann Probleme, wenn diese Ressource notwendig in dem Sinn ist, daß ohne ihren Einsatz keine Güter hergestellt werden können. Wenn wir von einer Produktionsfunktion $F(\cdot)$ mit den Faktoren Arbeit N, Kapital K und dem Rohstoff R ausgehen, muß mithin gelten:

$$F(N, K, R=0) = 0 \text{ für alle } K, N > 0.$$ (B.II.5.2)

Wir beschränken uns im folgenden auf eine Produktionsfunktion mit konstanter Substitutionselastizität zwischen den drei Produktionsfaktoren [siehe Ergänzung B.II.1.1]:

$$Y = \left\{\alpha N^\rho + \beta K^\rho + \gamma R^\rho\right\}^{1/\rho}, \alpha + \beta + \gamma = 1, \rho := \frac{\sigma - 1}{\sigma}, \sigma \in (0, \infty).$$ (B.II.5.3)

An ihr läßt sich die Rolle der Substitutionsmöglichkeiten gut herausarbeiten.

Im Fall von $\sigma>1$ ist die knappe Ressource nicht produktionsnotwendig, wie Sie selbst prüfen können. Nur $\sigma\le 1$ impliziert $F(N,K,0)=0$. Wenn $\sigma<1$ ist, begrenzt der Rohstoffvorrat auch die Produktion der Volkswirtschaft: Da mit steigendem Faktoreinsatz das Grenzprodukt sinkt[17], nimmt die Durchschnittsproduktivität des Rohstoffs Y/R mit zunehmendem Verbrauch ab. Der maximale Wert des Outputs je Rohstoffeinheit wird für $R\to 0$ erreicht und beträgt $\gamma^{(1/\rho)}$.[18] Demnach muß

$$\int_0^\infty Y\,dt \le \gamma^{1/\rho}\int_0^\infty R\,dt = \gamma^{1/\rho}S(0)$$

gelten.

---

17   Für $X\in\{N, K, R\}$ und $x\in\{\alpha, \beta, \gamma\}$ ist [siehe Ergänzung B.II.1.1]:

$$F_X := \frac{\partial Y}{\partial X} = x(X/Y)^{\rho-1} > 0 \text{ und } F_{XX} := \frac{\partial^2 Y}{\partial X^2} = (\rho-1)x(Y/X)^{-\rho}X^{-2}(Y - F_X) < 0.$$

18   Für $\sigma<1$ und daher $\rho<0$ gilt:

$$\lim_{R\to 0} (Y/R)^\rho = \lim_{R\to 0}\left[\alpha(N/R)^\rho + \beta(K/R)^\rho + \gamma\right] = \gamma \Rightarrow \left.\frac{Y}{R}\right]_{max} := \lim_{R\to 0}\frac{Y}{R} = \gamma^{1/\rho}.$$

Diese Ungleichung impliziert, daß es einen Zeitpunkt $T<\infty$ gibt, ab dem keine weitere Produktion möglich ist.[19]

Interessant ist der Spezialfall $\sigma=1$, für den die CES-Funktion in die Cobb-Douglas-Funktion

$$Y = N^\alpha K^\beta R^\gamma \qquad\qquad \text{(B.II.5.4)}$$

übergeht [siehe Ergänzung B.II.1.1]. Das Durchschnittsprodukt des begrenzten Rohstoffs ist nun nicht nach oben beschränkt. Es ist deshalb grundsätzlich möglich, den über die Zeit sinkenden Rohstoffeinsatz durch vermehrten Kapitaleinsatz auszugleichen und so die Produktion auf Dauer zu sichern. In Ergänzung B.II.5.1 leiten wir ein bemerkenswertes Ergebnis ab: Wenn die Abschreibungen auf den Kapitalstock vernachlässigbar sind und die Bevölkerung nicht wächst, kann mit der Cobb-Douglas-Technologie (B.II.5.4) trotz beschränkten Rohstoffvorrats unbegrenzt produziert werden. Darüber hinaus kann jede Generation dieselbe maximale Gütermenge verbrauchen, wenn sie das Einkommen der knappen Ressource vollständig investiert, d.h. die Sparquote s in Höhe der Produktionselastizität der Ressource γ wählt.[20] Jede Generation verbraucht zwar einen Teil der erschöpfbaren Ressource. Ihre Investitionspolitik sorgt indes dafür, daß die nachfolgende Generation über einen größeren Kapitalstock verfügt, der es dieser Generation erlaubt, dieselbe Gütermenge mit geringerem Rohstoffverbrauch herzustellen. Asymptotisch wächst der Kapitalstock ins Unermeßliche, während der Rohstoffverbrauch auf Null sinkt.

Dieser Spezialfall ist ein Beispiel für *nachhaltige Entwicklung [sustainable development]*. In der öffentlichen Diskussion bezeichnet dieser Begriff zuweilen eine Entwicklungsstrategie, welche die natürlichen Ressourcen der Erde schont, um künftigen Generationen eine unverbrauchte, artenreiche und intakte Natur zu hinterlassen. Allein das Beispiel einer produktionsnotwendigen, erschöpfbaren Ressource zeigt, daß diese Definition ökonomisch unsinnig ist. "*To make something reasonable and useful out of the idea of sustainability, I think you have to try a different kind of definition. The best thing I can think of is that it is an obligation to conduct ourselves so that we leave to the future the option or the capacity to be as well off as we are. Sustainability is an injunction not to satisfy ourselves by impoverishing our successors.*" Nach dieser Definition von ROBERT SOLOW (1992), S. 3, führt die oben beschriebene Investitionspolitik zu nachhaltigem Wachstum. Der wachsende Kapitalbestand gleicht den sinkenden

---

19 Für jedes noch so kleine $\epsilon>0$ ist das Integral

$$\int_0^\infty \epsilon\, dt$$

unbeschränkt.

20 SOLOW (1988), S. 144, nennt diese Regel Hartwick-Regel, nach HARTWICK (1977).

Ressourcenvorrat aus und bietet allen Generationen - gemessen am Konsum - denselben Lebensstandard.

Abgesehen von diesem Ausnahmefall beschränkt der Rohstoffvorrat die Produktion. Grenzen des Wachstums lassen sich nur vermeiden, wenn es technischen Fortschritt gibt, der den Rohstoff gleichsam vermehrt. In Analogie zum Abschnitt B.II.2 können wir dies mit Hilfe der Produktionsfunktion

$$Y = F(N, K, AR) \qquad\qquad\qquad\qquad \text{(B.II.5.5)}$$

ausdrücken. Die zeitabhängige Variable A mißt die Effizienz des Ressourceneinsatzes. Die Entwicklung des technischen Wissens bestimmt den Zeitpfad dieser Größe. Die Anstrengungen, Rohstoffe einzusparen, werden um so größer sein, je kleiner in Relation zum Verbrauch die bekannten Rohstoffvorkommen sind. A ist daher sowohl eine Funktion der Produktionshöhe als auch des jeweiligen Rohstoffbestands. Gleichwohl unterstellen wir vereinfachend, A wachse mit einer konstanten Rate a. Es läßt sich dann stets ein Zeitpfad des Ressourcenverbrauchs finden, der den effektiven Ressourceneinsatz $e^{at}R$ daran hindert, auf Null zu sinken. Die Eigenschaften des damit verbundenen Wachstumspfades analysieren wir im folgenden Abschnitt. Davor halten wir noch fest:

Ergebnis B.II.5.1 ——————————————————————————————

Ohne ressourcenvermehrenden technischen Fortschritt beschränken produktionsnotwendige erschöpfbare Ressourcen die Produktion einer Volkswirtschaft.

Eine Ausnahme existiert im Fall einer konstanten Substitutionselastizität von Eins, konstanter Bevölkerung und vernachlässigbarem Kapitalverschleiß.

——

Ergänzung B.II.5.1:   Nachhaltiges Wirtschaften ohne ressourcenvermehrenden technischen Fortschritt

Wir leiten das Ergebnis von HARTWICK (1977) in Anlehnung an DASGUPTA und HEAL (1979), S. 201ff., ab. Es zeigt, daß es unter speziellen Umständen möglich ist, eine knappe Ressource durch Kapital zu ersetzen, um auf Dauer die Produktion zu sichern. Wir unterstellen die Cobb-Douglas-Produktionsfunktion (B.II.5.4) und nehmen an, daß die Zahl der Erwerbspersonen konstant und gleich Eins ist. [Diese Festsetzung ist harmlos, denn sie legt nur die Einheit fest, in der wir die Erwerbspersonen messen.] Wir gehen weiter davon aus, daß es keinen Kapitalverschleiß gibt. Ist es unter diesen Umständen möglich, eine konstante Gütermenge $\overline{Y}$ auf Dauer zu produzieren? Sei $I > 0$ die Investition je Zeiteinheit. Der Kapitalstock im Zeitpunkt t ist dann:

$$K = K(0) + \overline{I}t. \qquad\qquad\qquad\qquad\qquad\qquad \text{(i)}$$

Aus der Produktionsfunktion folgt [$N \equiv 1$!]

$$R = \overline{Y}^{1/\gamma}[K(0) + \overline{I}t]^{-\beta/\gamma}.$$

Ein Wachstumspfad, der den Ressourcenbestand asymptotisch ausschöpft, genügt der Gleichung

$$\int\limits_0^\infty R\,dt = \bar{Y}^{1/\gamma} \int\limits_0^\infty [K(0) + \bar{I}\,t]^{-\beta/\gamma}\,dt = S(0). \tag{ii}$$

Die Stammfunktion der Funktion hinter dem zweiten Integral ist

$$H(t) = -\frac{\gamma}{\beta-\gamma}\frac{1}{\bar{I}}[K(0) + \bar{I}\,t]^{-\frac{\beta-\gamma}{\gamma}}.$$

Falls $\beta > \gamma$, konvergiert der Ausdruck $\lim_{T\to\infty}[H(T)\text{-}H(0)]$ gegen Null. In diesem Fall erhalten wir aus (ii) die Gleichung

$$\bar{Y} = \bar{C} + \bar{I} = \bar{I}^\gamma \left(\frac{\beta-\gamma}{\gamma}\right)^\gamma K(0)^{\beta-\gamma} S(0)^\gamma. \tag{iii}$$

Darin ist $\bar{C}$ der unbegrenzt mögliche Konsum je Zeiteinheit. Durch die geeignete Wahl der Investitionen kann der Konsum maximiert werden. Aus (iii) erhalten wir dafür die Bedingung

$$\gamma\frac{\bar{Y}}{\bar{I}} - 1 = 0 \Rightarrow s := \frac{\bar{I}}{\bar{Y}} = \gamma.$$

Eine Sparquote in Höhe der Produktionselastizität der erschöpfbaren Ressource ermöglicht mithin einen auf Dauer maximalen Konsum.

Dieses Ergebnis hängt entscheidend von der Voraussetzung ab, daß der Kapitalstock keinem Verschleiß unterliegt. Nur so kann der permanent sinkende Ressourcenverbrauch durch den stetig wachsenden Kapitaleinsatz kompensiert werden. Abschreibungen, die proportional zur jeweils vorhandenen Kapitalausstattung sind, beschränken die Kapitalbildung. Für jede positive Abschreibungsrate $\delta > 0$ gibt es einen maximalen Kapitalstock, bei dem die Ersatzinvestitionen die gesamte Produktion aufzehren:

$$\delta K_{max} = K_{max}^\beta R^\gamma.$$

Spätestens wenn dieser Kapitalstock erreicht ist, kann die Produktion nur noch um den Preis zunehmenden Ressourcenverbrauchs erhöht werden. Ein positiver Konsum ist daher nicht unbegrenzt realisierbar.

Wachstum bei ressourcenvermehrendem technischen Fortschritt

Wir betrachten nun eine Wirtschaft mit den Produktionsfaktoren Arbeit N, Kapital K und dem erschöpfbaren Rohstoff R. Die Bevölkerung und damit das Arbeitsangebot sind konstant. Wir normieren es auf Eins, so daß wir hinfort nicht zwischen Niveaugrößen und Pro-Kopf-Größen unterscheiden müssen. Das Effizienzniveau A der Ressource wächst mit der konstanten Rate $a > 0$. Wir setzen $A(0) = 1$, so daß $A(t) = e^{at}$. Die Produktionstechnik beschreiben wir mit Hilfe der Cobb-Douglas-Funktion (B.II.5.4), die im vorliegenden Fall übergeht in

$$Y = K^\beta (e^{at} R)^\gamma, \quad \alpha = 1 - \beta - \gamma, \ \beta, \gamma > 0. \tag{B.II.5.6}$$

Die Haushalte besitzen die drei Produktionsfaktoren. Sie bieten Arbeit und Kapital preisunelastisch an. Das Gleichgewicht auf dem Arbeitsmarkt legt den Reallohn w in Höhe des Grenzprodukts der Arbeit fest. Das Gleichgewicht auf dem Markt für Sachkapitalleistungen bestimmt den realen Nutzungspreis des Kapitals r. Er entspricht dem Grenzprodukt des Kapitals.

Der Rohstoffbestand S ist ein Teil des Vermögens der Haushalte. In Einheiten des produzierten Gutes ist $K + qS$ der Wert des Vermögens in der Periode t; q ist der am

Markt erzielbare reale Rohstoffpreis. Ein Rohstoffangebot von R^s Mengeneinheiten
entspricht deshalb ceteris paribus einem geplanten Entsparen in Höhe von $-q\dot{S} = qR^s$.
Das Rohstoffangebot ist mithin nicht unabhängig von der Anlageentscheidung der
Haushalte. In einem gesamtwirtschaftlichen Gleichgewicht müssen die Rohstoffbesitzer
indifferent sein zwischen dem Verkauf des Rohstoffs an die Unternehmen und der
Alternative, den Rohstoff zu behalten. Nur so kann verhindert werden, daß bereits in
der ersten Periode der gesamte Rohstoffvorrat verbraucht wird. Wenn die Anleger
Rohstoffvorräte und Sachkapital als gleichwertige Anlagemöglichkeiten sehen, darf es
im Gleichgewicht keine Ertragsunterschiede geben. Für eine Gütereinheit kann ein
Anleger eine Kapitaleinheit oder $1/q$ Anteile an einer Rohstofflagerstätte erwerben. Die
Kapitaleinheit bringt eine Nettorendite von $r\text{-}\delta$ Gütereinheiten. Der Rohstoffbesitzer
kann nur mit Kursgewinnen q^e seiner Anteile rechnen. Seine erwartete Rendite entspricht deshalb der erwarteten Veränderungsrate des Rohstoffpreises. Um das Problem
der Erwartungsbildung nicht mit jenem der Kapitalakkumulation zu vermengen, gehen wir im folgenden davon aus, daß die Anleger rationale Erwartungen haben. In
unserem deterministischen Modell entspricht daher die erwartete Veränderungsrate
des Rohstoffpreises der tatsächlichen. Die Arbitragemöglichkeiten zwischen Sachkapital und Rohstoffbesitz sind deshalb ausgeschöpft, wenn

$$\frac{\dot{q}}{q} = \beta\frac{Y}{K} - \delta \qquad\qquad\qquad\qquad\text{(B.II.5.7)}$$

gilt, wobei der erste Term auf der rechten Seite der Gleichung das Grenzprodukt des
Kapitals ist.

Wir unterstellen wie üblich, daß die Haushalte einen konstanten Bruchteil $s\in(0,1)$
ihres Bruttoeinkommens Y sparen und daß Abschreibungen auf das Sachkapital in
Höhe von δK, $\delta\in(0,1)$, anfallen. Die nicht verbrauchte Nettoproduktion, $Y\text{-}C\text{-}\delta K$, kann
naturgemäß nur zum Aufbau des Sachkapitals benutzt werden. Da die Erwerbsperso-
nenzahl auf Eins normiert ist, beschreibt

$$\dot{K} = sY - \delta K \qquad\qquad\qquad\qquad\text{(B.II.5.8)}$$

die Entwicklung der Kapitalintensität. Aus dieser Gleichung und der Produktionsfunktion (B.II.5.6) folgt

$$\frac{\dot{Y}}{Y} = \beta(sv - \delta) + \gamma\left[a + \frac{\dot{R}}{R}\right] \qquad\qquad\text{(B.II.5.9)}$$

für das Wachstum des Pro-Kopf-Einkommens. Darin steht $v := Y/K$ für die Kapitalproduktivität. Das Gleichgewicht des Rohstoffmarktes impliziert

$$q = \gamma\frac{Y}{R} \Rightarrow \frac{\dot{q}}{q} = \frac{\dot{Y}}{Y} - \frac{\dot{R}}{R}.$$

Zusammen mit Gleichung (B.II.5.7) erhalten wir daraus folgende Beziehung für die Veränderungsrate des Rohstoffverbrauchs:

$$\frac{\dot{R}}{R} = \frac{\dot{Y}}{Y} - (\beta v - \delta). \tag{B.II.5.10}$$

Aus der Definition der Veränderungsrate der Kapitalproduktivität,

$$\frac{\dot{v}}{v} = \frac{\dot{Y}}{Y} - \frac{\dot{K}}{K},$$

erhalten wir nach Einsetzen aus Gleichung (B.II.5.9), (B.II.5.8) und (B.II.5.10), nach einigen Umformungen,

$$\frac{\dot{v}}{v} = \frac{\gamma a + (1 - \beta)\delta}{1 - \gamma} - \frac{\alpha s + \beta \gamma}{1 - \gamma} v. \tag{B.II.5.11}$$

Die zweite Gleichung zur Beschreibung des Wachstumspfades der Wirtschaft folgt aus der Definition $u := R/S$. u ist der Bruchteil des Rohstoffbestands, der in der Periode abgebaut wird. Für die Veränderungsrate von u gilt:

$$\frac{\dot{u}}{u} = \frac{\dot{R}}{R} - \frac{\dot{S}}{S} = \frac{\dot{R}}{R} + \frac{R}{S} = \frac{\dot{R}}{R} + u,$$

so daß nach Einsetzen von Gleichung (B.II.5.10)

$$\frac{\dot{u}}{u} = \frac{\gamma a + (1 - \beta)\delta}{1 - \gamma} - \frac{(1 - s)\beta}{1 - \gamma} v + u \tag{B.II.5.12}$$

folgt. Die beiden Gleichungen (B.II.5.11) und (B.II.5.12) führen auf das in Abbildung B.II.5.1 dargestellte Phasendiagramm.

Aus Gleichung (B.II.5.11) können wir schließen, daß die Kapitalproduktivität für alle Paare (v, u) gleichbleibt, die entweder auf der Ordinate oder der Linie

$$v^* = \frac{a\gamma + (1 - \beta)\delta}{\alpha s + \beta \gamma} \tag{B.II.5.13}$$

liegen. Links von v^* nimmt die Kapitalproduktivität zu, rechts davon sinkt sie. Der geometrische Ort aller Paare (v, u), die mit einer konstanten Nutzungsrate u verbunden sind, liegen entweder auf der Abszisse oder der Geraden

$$u = \frac{(1 - s)\beta}{1 - \gamma} v - \frac{\gamma a + (1 - \beta)\delta}{1 - \gamma}. \tag{B.II.5.14}$$

Die beiden Isoklinen schneiden sich an der Stelle

$$u^* = \frac{(\beta - s)[a\gamma + (1 - \beta)\delta]}{\alpha s + \beta \gamma}. \tag{B.II.5.15}$$

Ein Wachstumsgleichgewicht mit positiver Nutzungsrate u setzt mithin voraus, daß die Produktionselastizität des Kapitals größer als die Sparquote ist, $\beta > s$. Unterhalb (oberhalb) der Geraden (B.II.5.14) sinkt (steigt) die Nutzungsrate des Rohstoffs.

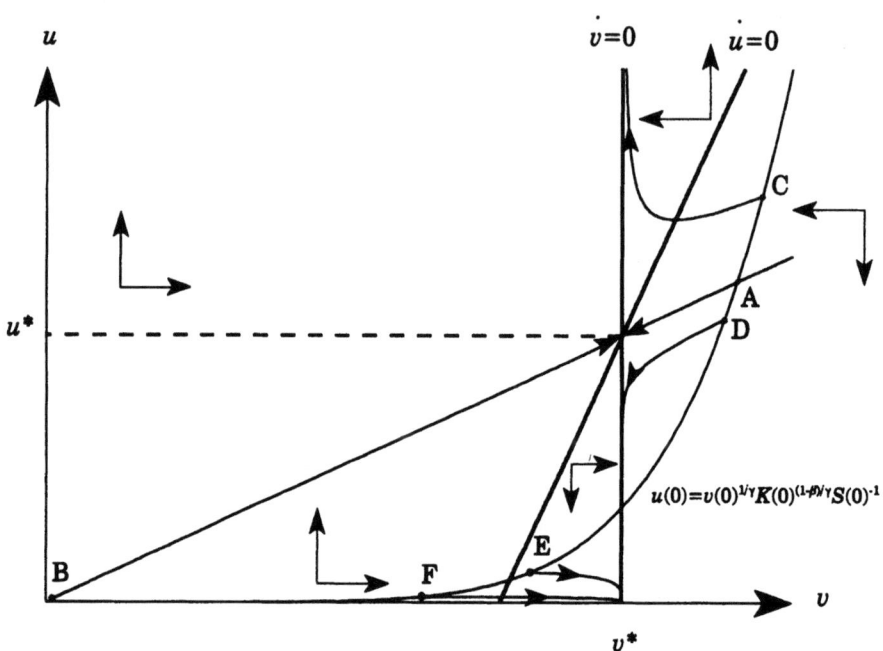

Abbildung B.II.5.1: Phasendiagramm des Wachstumsmodells mit ressourcenvermehrendem technischen Fortschritt

Das Wachstumsgleichgewicht (v^*, u^*) ist ein Sattelpunkt. Es kann nur über zwei
Zeitpfade erreicht werden. Der Ausgangspunkt eines Wachstumspfades kann jedoch
nicht frei gewählt werden. Die Produktionsfunktion erlaubt nur bestimmte Kombinationen aus Kapitalproduktivität und anfänglicher Nutzungsrate, die vom gegebenen
Kapitalstock und Rohstoffvorrat abhängen:

$$u(0) = v(0)^{1/\gamma} K(0)^{(1-\beta)/\gamma} S(0)^{-1}. \tag{B.II.5.16}$$

Der Graph dieser streng konvexen Funktion beginnt im Ursprung und verläuft zunächst nahe der Abszisse, sofern die Produktionselastizität des Rohstoffs niedrig
ist.[21] Es kann daher höchstens zwei zulässige Pfade zum Wachstumsgleichgewicht
geben. In Abbildung B.II.5.1 liegt der linke Ast der Linie AB stets oberhalb des Graphen von (B.II.5.16). Nur wenn in der Gegenwart die in A liegende Nutzungsrate
gewählt wird, strebt die Wirtschaft zum Wachstumsgleichgewicht (v^*, u^*). Man kann
zeigen [Ergänzung B.II.5.2], daß Pfade, die oberhalb der Linie AB beginnen, den Ressourcenbestand in endlicher Zeit ausschöpfen. Zeitpfade, die unterhalb von AB starten,
erlauben ein permanentes Wachstum. Sie sind im Vergleich zum Pfad nach (v^*, u^*)

---

21   Abbildung B.II.5.1 und die darin gezeigten Zeitpfade haben wir für folgende Parameterwerte
      gezeichnet bzw. berechnet $\beta=0,25$, $\gamma=0,15$, $\delta=0,04$, $s=0,20$, $a=0,03$.

jedoch ineffizient, weil sie den Ressourcenbestand asymptotisch nicht ausschöpfen. Die Produktion und der Konsum sind auf diesen Pfaden niedriger als entlang des bei A beginnenden Pfades.

Im Wachstumsgleichgewicht nimmt die Kapitalintensität mit der Rate

$$\frac{\dot{K}}{K} = s v^* - \delta = \frac{[a s - (\beta - s)\delta]\gamma}{a s + \beta \gamma} \tag{B.II.5.17}$$

zu. Dies ist zugleich auch die Wachstumsrate des Pro-Kopf-Einkommens. Sie hängt ab von den Parametern der Produktionsfunktion, von der Rate des ressourcenvermehrenden technischen Fortschritts und von der Sparquote. Damit haben wir erstmals eine Variante des Grundmodells gefunden, in der nicht ausschließlich das Wachstum des originären Produktionsfaktors das Einkommenswachstum bestimmt. Sie können leicht nachprüfen, daß die Wachstumsrate des Einkommens mit der Sparquote steigt und der Abschreibungsrate sinkt. Gleichung (B.II.5.17) verdeutlicht, daß ein Mindestmaß ressourcenvermehrenden technischen Fortschritts notwendig ist, um zu verhindern, daß das Pro-Kopf-Einkommen sinkt:

$$a \geq \frac{(\beta - s)\delta}{s}.$$

Wir können demnach festhalten:

Ergebnis B.II.5.2 : ———————————————————————————

Unter den Voraussetzungen

$$a \geq \frac{(\beta - s)\delta}{s} \text{ und } \beta > s,$$

gibt es Zeitpfade, die ein zeitlich unbefristetes Einkommenswachstum erlauben. Höchstens zwei dieser Pfade schöpfen den Rohstoffvorrat asymptotisch aus.

———

Grenzen des Wachstums infolge begrenzter Rohstoffvorräte gibt es folglich dann, wenn die Substitutionsmöglichkeiten zwischen Rohstoffen und akkumulierbaren Produktionsfaktoren eingeschränkt sind und es keinen technischen Fortschritt gibt, der den Verbrauch der Rohstoffe hinreichend schnell senkt. Was unsere Analyse in Form des ressourcenvermehrenden technischen Fortschritts indes nur ungenügend erfaßt, und insofern ist sie zu pessimistisch, ist die Entwicklung von Produktionsverfahren, die völlig auf knapper werdende Rohstoffe verzichten können. Sie ändern die gesamte Produktionsfunktion. Ein Beispiel dafür ist die Gewinnung von Treibstoff aus ölhaltigen Pflanzen wie Raps, die an die Stelle fossiler Brennstoffe treten können oder der Ersatz von Metallen durch hochwertige Keramik. Solange dem menschlichen

Erfindungsgeist keine Grenzen erwachsen, werden knappe Rohstoffe kein Wachstums-
hemmnis sein; jedenfalls zeigt das die historische Erfahrung.

Ergänzung B.II.5.2: Stabilitätsanalyse

An der Stelle (v^*, u^*) hat das Differentialgleichungssystem (B.II.5.11) und (B.II.5.12) die Jacobimatrix:

$$\begin{bmatrix} -\dfrac{\alpha s + \beta \gamma}{1-\gamma} v^* & 0 \\[2ex] -\dfrac{(1-s)\beta}{1-\gamma} u^* & u^* \end{bmatrix}.$$

Ihre Determinante $-(\alpha s + \beta \gamma)(1-\gamma)^{-1} v^* u^*$ ist negativ. Das Wachstumsgleichgewicht ist deshalb nach
Satz E.III.1 sattelpunktstabil.

Betrachten wir nun einen Zeitpfad, der oberhalb der Linie AB in Abbildung B.II.5.1 in C beginnt.
Der Pfad kann AB nicht überschreiten, denn die Eindeutigkeit der Lösung eines Systems gewöhnli-
cher Differentialgleichungen impliziert, daß sich Zeitpfade nicht schneiden. Die Pfeilrichtungen
zeigen, daß der Pfad daher die Linie $u=0$ überschreiten muß. Links dieser Linie ist $v<0$ und $u>0$.
Der Pfad strebt deshalb nach v^*, ohne jemals diesen Wert zu überschreiten, denn bei v^* ist $v=0$.
Näherungsweise können wir daher die Entwicklung von u durch die Differentialgleichung

$$\frac{u}{u} = u - \lambda, \quad \lambda := \frac{(1-s)\beta v^* - \alpha \gamma - (1-\beta)\delta}{1-\gamma} > 0 \text{ für } \beta > s, \tag{i}$$

beschreiben. In der Variablen $z=u^{-1}$ lautet diese Gleichung

$$\dot{z} = -1 + \lambda z.$$

Sie hat die Lösung $z = (1/\lambda) + (z(0)-(1/\lambda))e^{\lambda t}$. Folglich ist

$$u = \lambda [1 - (1 - (\lambda/u(0))e^{\lambda t}]^{-1} \tag{ii}$$

die Lösung von Gleichung (i). Auf dem betrachteten Pfad ist per Voraussetzung stets $u>\lambda$, so daß
$\lambda/u<1$ ist. Aus Gleichung (ii) folgt mithin, daß es ein $T<\infty$ gibt, für das u unendlich groß ist. Spätestens in diesem Zeitpunkt wird der Rohstoffvorrat völlig verbraucht. Eine weitere Produktion über
T hinaus ist nicht möglich.

Pfade, die unterhalb der Linie AB in Abbildung B.II.5.1 bei D, E oder F beginnen, streben ebenfalls nach v^*. Sie verharren unterhalb von AB. Pfade, die links von v^* entspringen, überschreiten
deshalb die $u=0$ Isokline, und u beginnt zu sinken. Obwohl u sinkt, kann keiner der Pfade die Abszisse erreichen: Dort ist $u=0$ und mithin $Y=0$, was im Widerspruch zu $v>0$ steht. Wenn ein Pfad
nahe genug bei v^* angelangt ist, beschreibt Gleichung (i) näherungsweise seinen weiteren Verlauf.
Da nun aber

$$u<0 \Leftrightarrow \lambda > u$$

gilt, strebt die Lösung (ii) nur asymptotisch gegen Null.

Damit haben wir gezeigt, daß auf diesen Pfaden die Produktion zeitlich nicht begrenzt ist. Vielmehr wächst das Einkommen näherungsweise mit der Rate $sv^*-\delta$: Da v nahezu konstant ist, folgt

$$\frac{\dot{Y}}{Y} \approx \frac{\dot{K}}{K} \approx sv^* - \delta.$$

Im Unterschied zum Wachstumsgleichgewicht (v^*, u^*) schöpft die Produktion auf den bei D, E oder
F beginnenden Pfaden den Rohstoffvorrat aber nicht aus: Im Wachstumsgleichgewicht gilt für den
Rohstoffverbrauch

$$R = u^* S \Rightarrow \dot{R} = u^* \dot{S} = -u^* R.$$

Diese Differentialgleichung hat die Lösung $R = u^* S(0) e^{-u^* t}$, so daß

$$\int_0^\infty R\, dt = u^* S(0) \left[-\frac{1}{u^*} e^{-u^* t} \right]_0^\infty = S(0).$$

Der Rohstoffvorrat wird asymptotisch ausgeschöpft. Hingegen ist die Nutzungsrate entlang jeden Pfades unterhalb der Linie AB stets niedriger als entlang eines Pfades zum Wachstumsgleichgewicht. Der summierte Rohstoffverbrauch muß deshalb kleiner als $S(0)$ sein.

III. Anwendungsbeispiele

1. Armutsfallen, Entwicklungsstufen und Strategien der Entwicklungspolitik

The malady of many underdeveloped economies can be diagnosed as a stable equilibrium level of per capita income at or close to subsistence requirements. ... If the capital stock is accumulating, population is rising at a rate equally fast; thus the amount of capital equipment per worker is not increasing. If economic growth is defined as rising per capita income, these economies are not growing. They are caught in a low-level equilibrium trap.

RICHARD R. NELSON (1956), S. 894.

Überblick

Durch eine leichte Modifikation des Solow-Modells läßt sich erklären, warum es Länder gibt, die trotz massiver interner und externer Entwicklungsanstrengungen keine dauerhafte Erhöhung des Pro-Kopf-Einkommens erzielen, sondern in einer "Armutsfalle" verharren. Die Idee der "Low-level-equilibrium-trap" unterstellt implizit die Existenz mehrerer Entwicklungsstufen, die auf dem Weg von einem niedrigen zu einem hohen Wohlstandsniveau zu durchlaufen sind. Sie ist damit eng verwandt mit den Stufentheorien der wirtschaftlichen Entwicklung, wie sie bereits von FRIEDRICH LIST und Vertretern der Historischen Schule in Deutschland aufgestellt und von WALT ROSTOW (1960) in die moderne entwicklungspolitische Diskussion wieder eingeführt wurden. Für LIST, ROSTOW und andere Stufentheoretiker stellt sich vor allem die Frage, wie das Verharren auf einer niedrigen Stufe der Entwicklung überwunden und ein "Take off", also ein sich selbst tragender Entwicklungsprozeß hin zu einem höheren Wohlstandsniveau, ausgelöst werden kann.

Wir zeigen zunächst, wie das Phänomen der Armutsfalle im Kontext eines Solow-Modells mit mehreren Wachstumsgleichgewichten hergeleitet werden kann, sofern die Gleichgewichte unterschiedliche Stabilitätseigenschaften aufweisen. Danach untersuchen wir, welche Hypothesen die Existenz multipler Wachstumsgleichgewichte zu

begründen vermögen. Abschließend diskutieren wir die verschiedenen entwicklungspolitischen Strategien zur Überwindung einer Armutsfalle. In diesem Zusammenhang
stellt sich dann vor allem die Frage nach der adäquaten Darstellung institutioneller
Faktoren im Rahmen des Solow-Modells.

Multiple Wachstumsgleichgewichte und das Phänomen der Armutsfalle

Formal gesehen kann das Phänomen einer Armutsfalle, also eines dauerhaften
Wachstumsgleichgewichts auf einem niedrigen Wohlstandsniveau, dann auftreten,
wenn das Modell mehrere Wachstumsgleichgewichte mit unterschiedlichen Stabilitäts-
eigenschaften zuläßt. Um dies zu demonstrieren, betrachten wir die in Abbildung
B.III.1.1 gezeichneten Entwicklungspfade für die Kapitalintensität. Der Verlauf des
Graphen der Funktion $\dot{k} = h^2(k)$ entspricht der Darstellung in Abbildung B.I.2.1, mit
deren Hilfe wir die Stabilität des Wachstumsgleichgewichts des Solow-Modells zeigen.
Unter den Annahmen einer streng konkaven und monoton wachsenden Pro-Kopf-
Produktionsfunktion, einer konstanten Sparquote, einer konstanten Abschreibungsrate und einer konstanten Wachstumsrate der Arbeitskräfte, existiert genau ein stabiles Wachstumsgleichgewicht bei der Ka-
pitalintensität k_0^*. Prinzipiell denkbar
sind aber auch Entwicklungspfade der
Kapitalintensität, wie sie aus dem Verlauf des Graphen der Funktion
$\dot{k} = h^1(k)$ folgen. Dieser Graph schneidet, abgesehen vom Ursprung, dreimal
die Abszisse. Neben k_0^* sind mithin auch
die Kapitalintensitäten k_1^* und k_2^* Wachstumsgleichgewichte. Im Unterschied zum
Grundmodell sind sie indes nicht alle
stabil. k_2^* ist ein instabiles Gleichgewicht.

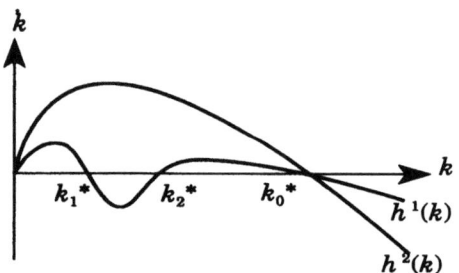

Abbildung B.III.1.1: Multiple Wachstumsgleichgewichte im Solow-Modell

Bereits kleinste Störungen des Gleichgewichts leiten eine Entwicklung ein, die
entweder zur höheren Kapitalintensität k_0^* oder zum weit kleineren Wert k_1^* führen.
Die Kapitalintensitäten k_0^* und k_1^* verkörpern in diesem modifizierten Solow-Modell
zwei unterschiedliche Entwicklungsniveaus. Der automatische Übergang vom niedrigen
zum hohen Niveau wird durch die Entwicklungsschwelle bei k_2^* verhindert. Würde der
Graph von $h^1(k)$ noch weitere Nullstellen besitzen, gäbe es weitere Armutsfallen wie
k_1^* und weitere Entwicklungsschwellen wie k_2^*.

Ursachen für das Entstehen einer Armutsfalle

Die Gründe für die Existenz multipler Wachstumsgleichgewichte und damit für das Entstehen von Armutsfallen liegen entweder in der Variabilität von Sparquote und Wachstumsrate der Bevölkerung in Abhängigkeit vom jeweils erreichten Entwicklungsniveau oder im nicht-monotonen Verlauf der Produktionsfunktion. So findet sich bei NELSON (1956) die These, die Sparquote verharre im Entwicklungsprozeß lange auf sehr niedrigem Niveau, weil die Befriedigung elementarer Konsumbedürfnisse nur eine geringe Kapitalbildung zuläßt. Erst bei relativ hoher Kapitalintensität komme es zu einem Anstieg der Sparquote. Abbildung B.III.1.2.a skizziert diese Hypothese. Liegt der Entwicklungsbereich, in dem die Sparquote auf ein höheres Niveau ansteigt, bei einer höheren Kapitalintensität als k_1^* in Abbildung B.III.1.1 und steigt s ausreichend stark an, so kann damit der Verlauf von $h^1(k)$ und die Existenz einer Armutsfalle bei k_1^* erklärt werden.

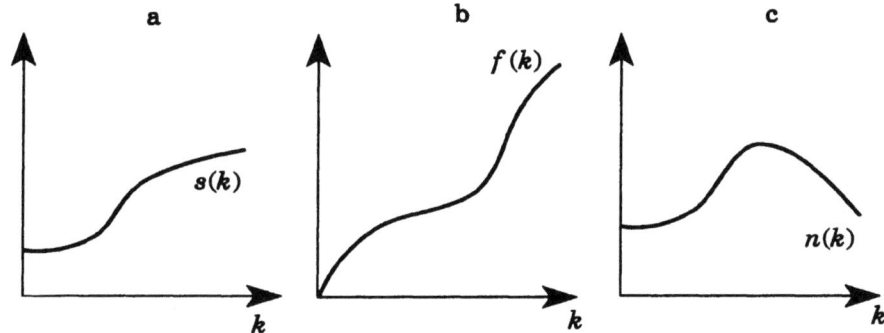

Abbildung B.III.1.2: Entwicklungsstufen und Wachstumsdeterminanten

Das gleiche Ergebnis erhalten wir durch die Annahme, daß die Kapitalproduktivität im Wachstums- und Entwicklungsprozeß nicht kontinuierlich fällt, wie es die Annahme vom abnehmenden Grenzprodukt des Kapitals impliziert, sondern daß die Produktionsfunktion mehrere Entwicklungsstufen aufweist, auf denen das Grenzprodukt zunächst steigt und dann fällt [siehe Abbildung B.III.1.2.b]. Diese Vorstellung liegt dann nahe, wenn berücksichtigt wird, daß durch die Verwendung einer einzigen, gesamtwirtschaftlichen Produktionsfunktion im neoklassischen Wachstumsmodell jede Form eines intersektoralen Strukturwandels unberücksichtigt bleibt. Sieht man ein wesentliches Kennzeichen von Entwicklung in dem Wechsel von einer landwirtschaftlichen zu einer industriellen Produktionsweise, so bedeutet dies aber einen gravierenden sektoralen Strukturwandel. Wenn die Produktivität des in der Landwirtschaft eingesetzten Kapitals bereits abnimmt, würde der Ausbau des Industriesektors einen neuen Produktionsschub auslösen, der auch die Kapitalproduktivität wieder steil ansteigen läßt. Liegt der Beginn der neuen Entwicklungsstufe aber jenseits des stabilen

Wachstumsgleichgewichts bei k_1^*, so kann sich k_2^* wieder als eine Schranke erweisen, die das Erreichen des Gleichgewichts bei k_0^* verhindert.

Die dritte Hypothese sieht den Zusammenhang zwischen Bevölkerungsentwicklung und jeweils erreichtem Lebensstandard als Ursache für Armutsfallen. Bereits ROBERT MALTHUS (1798) hatte den raschen Anstieg der Bevölkerung als Reaktion auf wirtschaftliches Wachstum für die langfristige Stagnation der Pro-Kopf-Einkommen verantwortlich gemacht. Der gleiche Zusammenhang spielt eine zentrale Rolle in NELSONS (1956) Theorie der *Low-level-equilibrium-trap*. ROBERT SOLOW (1956) hat die Wechselwirkungen zwischen Wirtschafts- und Bevölkerungsentwicklung in den Rahmen des neoklassischen Wachstumsmodells integriert. Sein Ansatz ist von JOHN BUTTRICK (1958; 1960) weiterentwickelt worden.[22]

Abstrahiert man von internationalen Wanderungsbewegungen und unterstellt eine konstante Erwerbsquote, so läßt sich das Wachstum des Arbeitskräfteangebots n ausdrücken als die Differenz der Geburtenrate n_G und der Sterberate n_S. Eine Aussage über den Zusammenhang zwischen n und dem wirtschaftlichen Entwicklungsniveau, das anhand der Kapitalintensität k gemessen werden kann, hängt somit ab vom Einfluß des Entwicklungsstands auf n_G und n_S. Erfahrungen aus Industrie- und Entwicklungsländern zeigen übereinstimmend, daß die Sterberate mit zunehmendem Lebensstandard kontinuierlich sinkt, also $dn_S/dk < 0$ gilt. Dagegen ist für die Geburtenrate ein anderes Entwicklungsmuster typisch. Beginnt man auf einem niedrigen Entwicklungsniveau, so ist bei einer Zunahme des Lebensstandards zunächst mit einer deutlichen Zunahme der Geburtenrate zu rechnen, vor allem als Folge einer rückläufigen Kindersterblichkeit. Erst wenn die ökonomischen Kosten hoher Kinderzahl, vor allem als Folge hoher Opportunitätskosten durch entgangene Arbeitseinkommen der Eltern, an Bedeutung gewinnen, wird die Geburtenrate wieder rückläufig; sie pendelt sich auf einem relativ hohen Entwicklungsniveau auf einen konstant niedrigen Wert ein. Fügt man beide Hypothesen zusammen, so zeigt sich, daß die Wachstumsrate des Arbeitskräftepotentials typischerweise im Bereich mittlerer Kapitalintensität und Einkommenshöhe ein ausgeprägtes Maximum besitzt, während sie bei niedriger und hoher Kapitalintensität relativ niedrige, eventuell sogar negative Werte annimmt [siehe Abbildung B.III.1.2.c]. Man bezeichnet diese Reaktion des Bevölkerungswachstums auf ökonomisches Wachstum auch als *demographischen Übergang*.

Die Hypothese über die Variabilität des Bevölkerungswachstums können wir nun in das Solow-Modell einfügen. In Verbindung mit den Standardannahmen über die Produktionsfunktion und bei konstanter Sparquote wird das Auftreten von mindestens drei Wachstumsgleichgewichten mit unterschiedlichen Stabilitätseigenschaften möglich. Das Gleichgewicht bei k_1^* repräsentiert nun eine typische *malthusianische*

---

22   Zahlreiche Beispiele für die Modellierung endogenen Bevölkerungswachstums im Rahmen des Solow-Modells finden sich bei STRIGENS (1975) und STEINMANN (1974).

Armutsfalle. Kommt es zufällig zu einem Anstieg des Lebensstandards über k_1^* hinaus, so würde der starke Bevölkerungsanstieg hohe Investitionen erfordern, um die Kapitalintensität auf dem höheren Niveau zu halten. Da aber keine ausreichend hohe Ersparnisbildung zur Verfügung steht, fällt die Wirtschaft wieder auf das Niveau k_1^* zurück. Erst wenn die Entwicklungsschwelle bei k_2^* überschritten wird, setzt aufgrund rückläufigen Bevölkerungswachstums und ausreichender Kapitalbildung ein automatisches Wachstum bis zum Niveau k_0^* ein.

Entwicklungspolitische Strategien zur Überwindung einer Armutsfalle

Das Auftreten einer Armutsfalle in einem Entwicklungsland wird um so wahrscheinlicher, je stärker die eben erörterten Entwicklungsmuster für die Sparquote, die Kapitalproduktivität und das Wachstum der Bevölkerung ausfallen bzw. je mehr diese in Kombination auftreten. Die Analyse dieser Zusammenhänge im Rahmen des modifizierten Solow-Modells läßt aber auch ein Bündel entwicklungspolitischer Maßnahmen erkennen, mit denen ein wirksamer "Take off" und damit der Wechsel von einer unteren zu einer höheren Stufe wirtschaftlicher Entwicklung eingeleitet werden kann. Zu diesen Maßnahmen zählen insbesondere massive externe Kapitalhilfe, Technologietransfer, Bevölkerungspolitik, Maßnahmen der Spar- und Investitionsförderungen sowie ordnungspolitische Reformen im weitesten Sinne. Sie zielen entweder darauf ab, den Bereich des instabilen Wachstumsgleichgewichts zu überwinden oder das Entwicklungsgesetz der Kapitalintensität so zu verändern, daß es - wie der Graph von $h^2(k)$ in Abbildung B.III.1.1 - keine multiplen Wachstumsgleichgewichte besitzt.

Kurzfristige Hilfe bei der Überwindung einer Armutsfalle wäre durch eine einmalige exogene Erhöhung der Kapitalintensität möglich. Dies setzt voraus, daß Sparquote, Bevölkerungswachstum und Kapitalproduktivität auf die exogen verursachte Kapitalintensivierung genauso reagieren wie auf eine endogene Zunahme des Wohlstands, daß also der Graph von $h^1(k)$ seine Lage nicht verändert. Könnte durch einmalige exogene Kapitalhilfe das Niveau der Kapitalintensität von k_1^* über das kritische Niveau des instabilen Wachstumsgleichgewichts bei k_2^* hinaus angehoben werden, so würde ein sich selbst tragender Wachstumsprozeß einsetzen. Dieser führt zum stabilen Wachstumsgleichgewicht k_0^* auf dem höheren Wohlstandsniveau. Die Vorstellung, besonders durch massive äußere Kapitalhilfe den Übergang von einer Entwicklungsstufe zur nächsten zu ermöglichen, schlug sich in der entwicklungspolitischen Vision des "Big Push" [ROSENSTEIN-RODAN (1943), MURPHY, SHLEIFER und VISHNY (1989)] nieder, die darauf vertraute, durch Kapitalhilfe den sektoralen Strukturwandel von der Agrar- zur Industriegesellschaft voranzutreiben. Der relativ geringe Erfolg der Big-Push-Strategien mag damit zusammenhängen, daß zum einen die Quantifizierung der notwendigen Kapitalhilfe schwierig ist, zum anderen aber auch unklar bleibt, inwieweit die unterstellten Strukturen tatsächlich im Zuge der exogenen Wohlstandszunahme erhalten bleiben.

An die Stelle einer einmaligen Steigerung der Kapitalintensität können auch Maßnahmen treten, die über eine modellexogene Erhöhung der Spar- und Investitionsquote s die Kapitalbildung fördern, um auf diese Weise die Armutsfalle zu überwinden.
Diese Strategie ist dann erfolgreich, wenn es gelingt, den Graph der Funktion $h^1(k)$ in
Abbildung B.III.1.1 so weit nach oben zu verschieben, daß anstelle der multiplen
Wachstumsgleichgewichte nur noch ein Steady State auf dem hohen Entwicklungsniveau k_0^* existiert. Die wichtigste Möglichkeit, um diese Strategie zu realisieren, stellt
eine dauerhafte Subventionierung der inländischen Kapitalbildung durch ausländische
Entwicklungshilfe dar. Wenn die Erfolge solcher Maßnahmen ebenfalls unbefriedigend
bleiben, so mag dies unter anderem daran liegen, daß die externe Investitionsförderung
von einem Anstieg der inländischen Konsumquote begleitet ist; die ausländische Hilfe
ersetzt also lediglich die inländische Ersparnis, verursacht aber keine Nettozunahme
der Investitionsquote.

Den Entwicklungsprogrammen, die auf einmalige oder permanente Kapitalhilfe
setzen, sind Strategien verwandt, die einen massiven Technologietransfer zur Überwindung von Unterentwicklung vertreten. Modelltheoretisch läßt sich der Stand des
technischen Wissens in einer Volkswirtschaft durch einen Parameter A erfassen, der
als Hicks-neutraler technischer Fortschritt die Effizienz der gesamtwirtschaftlichen
Produktion mißt, so daß $y=Af(k)$ gilt. Eine einmalige exogene Zunahme von A würde
das Wachstumsgleichgewicht des Solow-Modells in der gleichen Weise beeinflussen wie
eine exogene Zunahme der Sparquote.[23]

Eher langfristig dürften sich bevölkerungspolitische Maßnahmen zur Überwindung
einer Armutsfalle auswirken. Hierzu zählen alle Maßnahmen, mit denen entweder die
Wachstumsrate der Bevölkerung insgesamt gesenkt oder, sofern ein Anstieg von n auf
einem mittleren Entwicklungsniveau zu erwarten ist, dieser Anstieg gebremst und damit der demographische Übergang beschleunigt werden kann. In beiden Fällen vermindert sich der für die Ausstattung neu hinzukommender Arbeitskräfte erforderliche
Kapitalbedarf im relevanten Bereich, so daß bei gegebener Sparquote mehr in den Net-
tozuwachs des Kapitalstocks und damit in eine Erhöhung der Kapitalintensität investiert werden kann.

Eine letzte Gruppe von entwicklungspolitischen Maßnahmen zur Überwindung einer Armutsfalle läßt sich erkennen, wenn man in das Solow-Modell einen Steuersatz τ
auf die gesamtwirtschaftliche Produktion bzw. auf alle Faktoreinkommen einführt.
Das verfügbare Pro-Kopf-Einkommen ist dann $y=(1-\tau)f(k)$. Die Verwendung der

---

23   Eine Zunahme der Effizienz des gesamtwirtschaftlichen Produktionsprozesses könnte auch
     auf eine exogene Zunahme des Humankapitals zurückgeführt werden, das im übrigen häufig
     komplementär zum reinen Technologietransfer auftritt. Man denke in diesem Zusammenhang
     insbesondere an ausländische Direktinvestitionen in Entwicklungsländern, die neben der
     reinen Investition in der Regel auch einen massiven Transfer an Technologie und Humankapi-
     tal beinhalten.

Steuereinnahmen erfolge rein konsumtiv, habe also keinen Einfluß auf die gesamtwirtschaftliche Realkapitalbildung. Unter diesen Annahmen würde eine Senkung des Steuersatzes τ dieselben Folgen haben wie ein Anstieg der gesamtwirtschaftlichen Sparquote oder des technischen Wissens der Volkswirtschaft. Kommt es durch den Abbau der Besteuerung und die parallele Verringerung des Staatskonsums zu einem ausreichenden Anstieg der Kapitalbildung, kann die Armutsschwelle dauerhaft überwunden und ein anhaltender "Take off" ausgelöst werden.

Das Konzept der Einkommensbesteuerung mit einem konstanten Steuersatz τ, dessen Aufkommen in hohem Maße konsumtiven Verwendungen zufließt, können wir in zweierlei Hinsicht erweitern. Zunächst kann der Einkommensteuersatz gleichsam als Spiegelbild des Effizienzparameters A gesehen werden. DOUGLAS NORTH, ein Vertreter des *Neuen Institutionalismus*, trifft in diesem Zusammenhang die Unterscheidung zwischen den technischen Produktionsmöglichkeiten einer Volkswirtschaft und ihren strukturellen Produktionsmöglichkeiten, die sich nach Abzug von Transaktionskosten ergeben. Interpretiert man $y=(1-\tau)f(k)$ als die strukturellen Produktionsmöglichkeiten, so läßt sich der Steuersatz auch als ein Transaktionskostensatz interpretieren, dessen Höhe von den institutionellen Gegebenheiten in einer Volkswirtschaft determiniert ist. Institutionelle Reformen können zu Veränderungen des Transaktionskostenpegels führen und auf diese Weise Wachstumsimpulse auslösen. Ähnlich wie bei der Besteuerung im engeren Sinne unterstellen wir dabei, daß die Transaktionskosten überwiegend konsumtiven Verwendungen zufließen.

Zum anderen läßt sich der Steuersatz τ aber auch als ein Indikator für das Vorliegen allokativer Ineffizienzen verwenden. Besonders plastisch wird die formale Analogie zwischen Besteuerung und Ineffizienz im Zusammenhang mit den Wachstumseffekten monopolistischer Marktmacht. In der statischen mikroökonomischen Betrachtung kann das Ausmaß der Marktmacht von Anbietern bekanntlich durch das Lerner-Maß $1/\epsilon$ angegeben werden [bspw. NEUMANN (1994), S. 158]. $\epsilon>1$ bezeichnet dabei den Betrag der Preiselastizität der Marktnachfrage, in der sich die Dringlichkeit des Bedarfs ebenso niederschlägt wie die Verfügbarkeit von Substitutionsgütern. Wir unterstellen wiederum, daß als Folge von Marktmacht Monopolgewinne entstehen, die überwiegend konsumiert werden. Auf eine diesbezügliche Analogie zwischen Monopolmacht und Besteuerung verweist bereits ADAM SMITH (1776). Bei Marktmacht auf den Absatzmärkten entlohnen die Unternehmen die Produktionsfaktoren nicht mit dem Grenzprodukt. Der Abschlag auf das Grenzprodukt ist um so höher, je größer die Marktmacht ist. Für den Reallohn w und den realen Nutzungspreis des Kapitals r gilt:

$$w = [f(k) - f'(k)k](1 - 1/\epsilon),$$

$$r = f'(k)(1 - 1/\epsilon).$$

Die Produktionsfaktoren haben daher ein Pro-Kopf-Einkommen in Höhe von $y=w+rk$ $=f(k)(1-1/\epsilon)$. Da nach unserer Hypothese Investitionen nur aus dem Faktoreinkommen finanziert werden, lassen sich durch das Lerner-Maß die gleichen Wachstumswirkungen wie die einer Steuer abbilden. Auch ein Abbau von Monopolmacht könnte damit einen entscheidenden Impuls zur Überwindung einer Armutsfalle geben. Generell stützt unsere wachstumstheoretische Analyse die ordnungspolitische Empfehlung, als Voraussetzung für einen nachhaltigen Entwicklungsschub besonders die allokative Funktionsfähigkeit des Marktsystems zu verbessern.

2. Konvergenzprozesse, Rekonstruktionsphänomene und die Rolle der Wachstumspolitik

Professor Milton Friedman has recently stated in a public address that he knows of a sure formula for promoting rapid growth. Destroy the greater part of a nation's fixed capital stock in war activity and dislocate the whole economic structure. Eventual recovery from this chaotic state of affairs will be rapid, giving a growth rate of 8-10 per cent annually. West Germany, Japan, and the Soviet Union are striking examples of this type of growth.

LAWRENCE R. KLEIN (1961), S. 291.

Überblick

Das Solow-Modell läßt sich auch verwenden, um das Auftreten von *Wirtschaftswundern* zu analysieren. Das Phänomen überdurchschnittlich hoher Wachstumsraten kann sowohl in internationaler wie in intertemporaler Perspektive auftreten. Bereits die Klassiker der Volkswirtschaftslehre suchten nach Erklärungen für das Phänomen der *Nachkriegskonjunkturen*; ebenso wird seit Beginn der Industrialisierung über die Gründe für rasches, *aufholendes Wachstum* wenig entwickelter Länder nachgedacht. In moderner Form ist diese Debatte im Zusammenhang mit den Wachstumsschüben nach schweren Kriegszerstörungen - *Friedmans Gesetz* bzw. die *Rekonstruktionstheorie des Wirtschaftswachstums* - und dem internationalen Aufholen gegenüber den technologisch führenden Nationen - *Catching-up-Hypothese* bzw. *Konvergenztheorie des Wirtschaftswachstums* - neu belebt worden. Wir geben zunächst einen Überblick über die verschiedenen Rekonstruktions- und Konvergenzhypothesen und zeigen dann, wie sie im Kontext des neoklassischen Wachstumsmodells reproduziert werden können. Dabei interessiert uns vor allem die Frage, inwieweit Wirtschaftswunder das Ergebnis automatischer ökonomischer Anpassungsprozesse oder das Resultat bewußter wirtschaftspolitischer Steuerung sind.

Rekonstruktions- und Konvergenztheorien

Der Arzt und Ökonom THOMAS CHALMERS (1832), S. 111ff., verglich den nach Kriegszerstörungen einsetzenden wirtschaftlichen Wiederaufbau mit den Selbstheilungskräften in biologischen Wachstumsprozessen. Krankheitsbedingte Verzögerungen des natürlichen Wachstums werden nach dieser Vorstellung durch eine vorübergehende Phase der Wachstumsbeschleunigung aufgeholt. Auch FRIEDRICH LIST wies auf das Phänomen der quasi-automatischen Wiederherstellung des Wohlstandes nach Kriegen oder Krisen hin: "*Deutschland ist in jedem Jahrhundert durch Pest, durch Hungersnot oder durch innere und äußere Kriege verheert worden; immer hat es aber einen großen Teil seiner produktiven Kräfte gerettet, und so gelangte es schnell wieder zu einigem Wohlstand.*" [LIST (1841), S. 149]. JOHN STUART MILL (1848), S. 74f., betonte, daß die Wirtschaft eines kriegszerstörten Landes, sofern Umfang und Ausbildungsstand der Bevölkerung sich nicht wesentlich verändern, in kurzer Zeit wieder das Entwicklungsniveau der Vorkriegszeit erreichen könne. "*An enemy lays waste a country by fire and sword, and destroy and carries away nearly all the moveable wealth existing in it; all the inhabitants are ruined, and yet in a few years after, everything is as much as it was before.*" [MILL (1848), S. 93]. In den 60er Jahren dieses Jahrhunderts ist erneut über mögliche Zusammenhänge zwischen Kriegszerstörungen und Wirtschaftswundern diskutiert worden; KOGIKU (1966) prägte in Anlehnung an LAWRENCE KLEIN (1961) den Begriff von *Friedmans Gesetz*.

Besondere Aufmerksamkeit erzielte dann vor allem FRANZ JÁNOSSYS (1968) *Theorie der Rekonstruktionsperiode*. Nach dieser Theorie entwickeln sich in normalen Phasen der wirtschaftlichen Entwicklung das Arbeitskräftepotential, das sich sowohl nach der Zahl der Arbeitskräfte als auch ihrem Qualifikationsniveau bemißt, und die Zahl der verfügbaren Arbeitsplätze parallel. Wird durch Kriegszerstörungen oder andere äußere Einwirkungen ein Teil des Kapitalstocks zerstört, so kommt es automatisch zu einer Rekonstruktionsperiode. Jede Investition führt nun zur Wiedereingliederung von Arbeitskräften in den Produktionsprozeß und hat daher einen überdurchschnittlich hohen Wachstumseffekt. Dieses überdurchschnittlich hohe Wachstum bleibt auch dann erhalten, wenn der Kapitalstock und damit die Zahl der verfügbaren Arbeitsplätze ihr altes Niveau wieder erreicht haben. Sofern während der Rekonstruktionsperiode das Arbeitskräftepotential entweder quantitativ oder vom Qualifikationsprofil her weiter zugenommen hat, müssen erst weitere Arbeitsplätze geschaffen werden, bevor ein neuer gleichgewichtiger Wachstumspfad erreicht ist. Die überdurchschnittliche Wachstumsdynamik entsteht nach JÁNOSSYS Theorie also allein aus der Differenz zwischen der Qualifikationsstruktur der vorhandenen Arbeitskräfte und der tatsächlichen Arbeitsplatzstruktur, die vom Zerstörungsgrad des Kapitalstocks abhängt. Erst in zweiter Linie interessieren die in der Wiederaufbauphase getroffenen wirtschafts- und ordnungspolitischen Entscheidungen. Aufbauend auf JÁNOSSYS Theorie stellte WERNER ABELSHAUSER (1975) die These auf, der Beitrag der westdeutschen

Währungs- und Wirtschaftsreform von 1948 für die Nachkriegsentwicklung der Bundesrepublik sei, gegenüber den nach Kriegsende sowieso vorhandenen Rekonstruktionskräften, weit überschätzt worden; das bundesdeutsche "Wirtschaftswunder" sei lediglich eine normale Rekonstruktionsperiode gewesen.

THORSTEIN VEBLEN (1915) und ALEXANDER GERSCHENKRON (1962) zählen zu den Wegbereitern der Konvergenztheorie des Wachstums, indem sie die Tatsache, daß seit Mitte des 19. Jahrhunderts die meisten kontinentaleuropäischen Volkswirtschaften stärker wuchsen als England, das Mutterland der Industriellen Revolution, auf besondere Wachstumsvorteile der industriellen Nachzügler zurückführten. Besonders ausführlich ist die Idee des aufholenden Wachstums dann von MOSES ABRAMOWITZ (1979; 1986) beschrieben worden. Sie basiert auf der anfänglichen Existenz von internationalen Produktivitäts- und Technologielücken, die in der Phase des technologischen Catching-up geschlossen werden. Durch die prinzipielle Verfügbarkeit besserer Technologien in den technologisch führenden Ländern besteht damit für unterentwickelte Länder ein enormes Potential für aufholendes Wachstum. Von DUMKE (1990) ist schließlich eine Synthese von Catching-up und Rekonstruktionstheorie versucht worden. Anstelle des langfristig für ein Land konstanten Wachstumspfades bei JÁNOSSY (1968) tritt dabei die Produktivitätsentwicklung im technologisch führenden Land. Kriegszerstörungen in einem technologisch rückständigen Land ermöglichen es, beim Wiederaufbau die beste international verfügbare Technologie zu nutzen und damit den Konvergenzprozeß zu beschleunigen.

Rekonstruktions- und Konvergenzprozesse im Solow-Modell

Im Rahmen des Solow-Modells lassen sich Rekonstruktions- und Konvergenzphänomene als Anpassungsprozesse an ein langfristig stabiles Wachstumsgleichgewicht reproduzieren. Wir haben bei der Diskussion des Grundmodells bereits darauf hingewiesen [vgl. die Erläuterung zu Ergebnis B.I.2.2], daß sich aus dem neoklassischen Wachstumsmodell eine Konvergenzhypothese ableiten läßt, wonach ärmere Länder mit relativ geringer Kapitalausstattung pro Kopf schneller wachsen müßten, als Länder mit hoher Kapitalintensität. Die Verwendung des neoklassischen Wachstumsmodells für die Analyse von Rekonstruktionsphänomenen hat schon KOGIKU (1966) vorgeschlagen. Wir greifen im folgenden auf die in den Abschnitten B.II.2 und B.II.4 erläuterten Zusammenhänge zurück und decken die Grenzen und Schwächen der Rekonstruktions- und Konvergenzhypothesen auf. Immerhin zeigte sich bei Betrachtung der stilisierten Fakten des Wachstums, daß die Konvergenzthese empirisch im allgemeinen nicht bestätigt werden kann, und in der Geschichte finden sich zahlreiche Beispiele, in denen Kriegszerstörungen keine signifikanten Nachkriegskonjunkturen auslösten.

Wir ersetzen im ersten Modell des Abschnitts B.II.4 die Pro-Kopf-Größen durch Größen in Effizienzeinheiten der Arbeit und unterstellen nur konsumtive Staatsaus-

gaben, $\kappa=0$. Aus Gleichung (B.II.4.7) erhalten wir dann eine Gleichung für die stationäre Kapitalausstattung in Effizienzeinheiten der Arbeit $\bar{k}^*$:

$$s(1-\tau)f(\bar{k}^*) = (n+a+\delta)\bar{k}^*.$$

Wenn die Funktion $f(\bar{k})$ streng konkav
ist, gibt es ein eindeutiges und stabiles
Wachstumsgleichgewicht. In diesem
Gleichgewicht wachsen der Kapitalstock
und die Gesamtproduktion mit der Rate,
mit der das effektive Arbeitsangebot zunimmt, d.h. mit $n+a$ [siehe Ergebnis
B.II.2.3]. Die Produktion einer Wirtschaft unterhalb ihres Wachstumsgleichgewichts wächst mit einer Rate $g>n+a$,
wobei g um so größer ist, je unterentwik-
kelter die betrachtete Wirtschaft ist [sie-
he Ergebnis B.I.2.4]. Diesen Sachverhalt

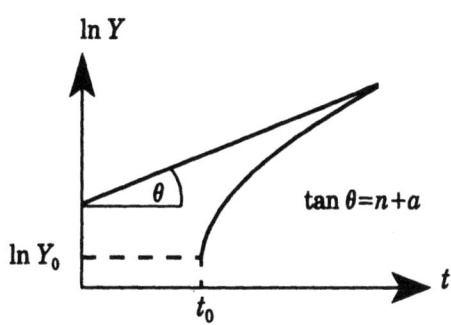

Abbildung B.III.2.1: Gleichgewichtswachstum
und Rekonstruktionsphase

veranschaulicht Abbildung B.III.2.1. Infolge der logarithmischen Skala ist der gleichgewichtige Wachstumspfad eine Gerade mit der Steigung $n+a$. Seine Lage wird von $\bar{k}^*$
bestimmt. Der tatsächliche Wachstumspfad einer unterentwickelten Wirtschaft beginnt
beispielsweise im Zeitpunkt t_0 beim Einkommen $\ln Y_0$ und nähert sich asymptotisch
dem Gleichgewichtspfad an. Würden in allen Ländern der Welt die gleichen Parameter
n, a, s, δ und τ gelten, und wären auch die Produktionsfunktionen identisch, so müßte
es in der Tat zu ausgeprägter internationaler Konvergenz kommen: Die ärmeren Länder, deren Kapitalausstattung noch weit unterhalb des gemeinsamen Gleichgewichts
bei $\bar{k}^*$ liegt, würden weit schneller wachsen, als die reichen, die $\bar{k}^*$ schon [fast] erreicht haben.

Kommt es dagegen zu Abweichungen vom Wachstumsgleichgewicht in intertemporaler Hinsicht, so treten in dem Modell Rekonstruktionsphänomene auf. Werden in
einem Steady State plötzlich große Teile des Kapitalstocks zerstört, so fällt die Kapitalintensität in Effizienzeinheiten unter ihren langfristigen Gleichgewichtswert $\bar{k}^*$ ab.
Da bei einer geringeren Kapitalintensität aber die Kapitalproduktivität ansteigt,
kommt es zu einem höheren Produktionswachstum als im langfristigen Gleichgewicht.
Die Phase des überdurchschnittlich hohen Wachstums hält so lange an, bis die gleichgewichtige Höhe der Kapitalintensität pro Effizienzeinheit wiederhergestellt wurde. Da
während der Anpassungsphase die Erwerbstätigenzahl und ihre Effizienz mit unverändert hoher Rate angestiegen sind, wird im neuen Wachstumsgleichgewicht der Kapitalstock höher sein müssen, als bei Verlassen des alten Gleichgewichtspfades. Anders
ausgedrückt findet die Phase überdurchschnittlich hohen Wachstums ihr Ende nicht
schon dann, wenn die vor der Krise erzielte Produktionshöhe wieder erreicht ist,

sondern erst, wenn auch für die neu hinzugekommenen Arbeitskräfte und Qualifika-
tionsprofile eine entsprechende Kapitalausrüstung bereitgestellt wurde. In Abbildung
B.III.2.1 ist das typische Muster der Rekonstruktionsperiode erkennbar, wonach als
Folge von Kriegen oder Wirtschaftskrisen zunächst ein tiefer Produktionseinbruch
stattfindet. Ihm folgt eine Phase überdurchschnittlich hohen Wachstums, die erst nach
Überschreiten der vor dem Einbruch erreichten Produktionshöhe asymptotisch auf
den alten Wachstumpfad einschwenkt. Voraussetzung für diesen Prozeß ist allerdings,
analog den Überlegungen zur Konvergenz, die intertemporale Konstanz der Parameter
n, a, s, δ und τ, welche die Lage des Wachstumsgleichgewichts bestimmen.

Rekonstruktion und Wachstumspolitik

KOGIKU (1966), S. 157, erwähnt ausdrücklich, daß Friedmans Gesetz an die Konstanz aller exogenen Parameter vor und nach der Störung des Wachstumsgleichgewichts geknüpft ist: "*... we have not considered possible postwar changes in the values
of parameters of the system ... resulting from major structural changes following the
war ... . These changes could shift the long-run growth path to which the economy is
approaching, and therefore change (increase or decrease) the growth rate and cumula-
tive growth during the recovery period.*" Auch die erwähnten Klassiker wiesen auf die
möglichen Gefahren hin, die einer raschen Rekonstruktion durch Veränderung zentraler Wachstumsdeterminanten drohen können. So ist etwa als Folge von Kriegen mit
einem Anstieg der privaten Konsumquote oder auch einem Anstieg der gesamtwirtschaftlichen Steuerquote zur Finanzierung der Kriegs- und Kriegsfolgelasten zu rechnen. Ebenso können als Folge von Kriegen oder Wirtschaftskrisen institutionelle Regelungen entstanden sein, die mit höheren gesamtwirtschaftlichen Transaktionskosten
oder einem höheren Maß an allokativer Ineffizienz verbunden sind, was sich ceteris
paribus ebenso auswirkt wie ein Anstieg der Besteuerung. Alle diese Phänomene führen letztlich zu einem Rückgang der gesamtwirtschaftlichen Ersparnisse und Investitionen, verringern damit die Rate der Kapitalakkumulation und senken die Höhe der
gleichgewichtigen Kapitalintensität pro Effizienzeinheit. Je nach Ausmaß des Rück-
gangs der Spar- und Investitionsquote verschiebt sich dann auch die Lage des gleichgewichtigen Wachstumspfades, und der Umfang der Rekonstruktion verringert sich.
Aufgabe einer erfolgreichen Wachstumspolitik ist es in dieser Situation, die negativen
Strukturveränderungen zu verhindern oder zu konterkarieren und damit erst die
Bedingungen für eine erfolgreiche Wiederaufbauphase zu schaffen. Je höher s und je
geringer τ gewählt werden kann, desto größer werden die Wachstumsraten in der Anpassungsphase ausfallen.

Neben dem Ausmaß der Rekonstruktion läßt sich durch wirtschaftspolitische Maßnahmen aber auch die Geschwindigkeit beeinflussen, mit der sich die Wirtschaft nach
einer Störung ihrem langfristigen Wachstumsgleichgewicht wieder nähert. Die

Konvergenzgeschwindigkeit λ ist bei einer Cobb-Douglas-Produktionsfunktion unabhängig von der Spar-, Investitions- oder Steuerquote [siehe Ergebnis B.II.2.4]. Allerdings deuten zahlreiche empirische Schätzungen darauf hin, daß die Substitutionselastizität zwischen Arbeit und Kapital eher kleiner als Eins ist. Somit ist es sinnvoller, die gesamtwirtschaftlichen Produktionsmöglichkeiten mit Hilfe der allgemeineren CES-Funktion zu beschreiben. Im Kontext eines Modells mit den Parametern n, a, s, δ und τ erhalten wir folgenden Ausdruck für λ:[24]

$$\lambda = (n + a + \delta)\left[1 - \left(\frac{s(1-\tau)B}{n+a+\delta} \right)^{\rho} \right], \quad \rho := \frac{\sigma - 1}{\sigma}.$$

Für $\sigma < 1$ [$\Leftrightarrow \rho < 0$] steigt λ mit der Sparquote und sinkt mit dem Steuersatz. Im Falle schwacher Substitution wächst mithin die Zeitspanne bis zum Erreichen des langfristigen Wachstumspfades, wenn die Spar- und Investitionsquote sinkt oder die gesamtwirtschaftliche Steuerbelastung ansteigt. Umgekehrt eröffnet sich damit die Möglichkeit, durch wirtschaftspolitische Maßnahmen, die auf s, τ oder die Effizienz des Kapitaleinsatzes B einwirken, die Konvergenzgeschwindigkeit zu beeinflussen. Gelingt es, die Sparquote und die Kapitalproduktivität zu erhöhen oder den Steuersatz zu senken, so führt dies nicht nur zu einer höheren Kapitalintensität im Wachstumsgleichgewicht, sondern auch zu einer beschleunigten Annäherung an das neue Wachstumsgleichgewicht. Aus dieser Sicht sind Wirtschaftswunder eben nur in sehr eingeschränktem Maße als das automatische Ergebnis vorheriger Produktionseinbrüche erklärbar. Sie sind vielmehr zu jedem beliebigen Zeitpunkt dadurch erzielbar, daß durch prozeß- oder ordnungspolitische Maßnahmen die Rate der Kapitalakkumulation beschleunigt wird, sofern man von schwacher Substitution zwischen den Produktionsfaktoren ausgehen kann.

Unsere Hypothese, daß Rekonstruktionsprozesse nicht unabhängig von Wirtschaftsordnung und Wirtschaftspolitik analysiert werden können, wird durch die Nachkriegsentwicklung der westdeutschen Wirtschaft gestützt [vgl. KLUMP (1989), S. 410ff.]. Unmittelbar nach dem Ende des Zweiten Weltkriegs ging man in Deutschland aus gutem Grund nicht von einer raschen Rekonstruktion aus. Ein zeitgenössisches Wirtschaftsgutachten, das *Detmolder Memorandum* vom 17.11.1945, kommt vielmehr, unter Bezugnahme auf die Rekonstruktionstheorie von MILL, zu der folgenden Einschätzung: "*Selbst nach verlorenen Kriegen stellte sich, ähnlich wie nach großen Naturkatastrophen (Erdbeben usw.), bisher noch stets eine charakteristische 'Nachkriegskonjunktur' bei den betroffenen Volkswirtschaften heraus, die zu einer überraschend schnellen*

---

24 Zu diesem Ergebnis kommen Sie mit Hilfe von Gleichung (B.II.1.9), wenn Sie dort die Sparquote s durch $s(1-\tau)$ ersetzen und für n den Ausdruck $n+a+\delta$ einsetzen. [In Abschnitt B.II.1 haben wir den Abschreibungssatz gleich Null gesetzt und nicht explizit zwischen dem physischen und dem effizienten Arbeitseinsatz unterschieden.]

Wiederherstellung der wirtschaftlichen Leistungsfähigkeit, ja sogar oft zu einer Überer-
zeugung führte. Heute besteht demgegenüber ... keine Aussicht darauf, daß es wie nach
früheren Kriegen nicht nur bei den Siegernationen, sondern auch bei dem besiegten
Volke wieder zu einer solchen "Nachkriegskonjunktur" kommen wird, durch die seine
Wirtschaft in einem raschen Anlauf wieder in Gang kommt" [MÖLLER (1961), S. 117].
Einer raschen Rekonstruktion stand vor allem die viel zu geringe Kapitalbildung ent-
gegen. Die unzureichende Versorgungslage der Bevölkerung ließ nur eine äußerst ge-
ringe Ersparnisbildung erwarten; gleichzeitig erwiesen sich die direkten und indirekten
Folgen der Kriegsfinanzierung als hinderlich für den Wiederaufbau, weil sie die Steuer-
lasten und Transaktionskosten erhöhten und die Kapitalproduktivität senkten. Als
Folge einer massiven Erhöhung des Geldumlaufs bei staatlich gebundenen Preisen und
Löhnen herrschte eine zurückgestaute Inflation, deren hohe Transaktionskosten daran
abzulesen waren, daß monetäre Tauschakte immer stärker durch Naturaltausch ersetzt wurden. Eine weitere Folge der zurückgestauten Inflation bestand in der Verzerrung der Struktur relativer Preise, die keine verläßlichen Orientierungen für In-
vestitionsentscheidungen mehr geben konnten. Der Versuch, den Geldüberhang durch
eine drastische Erhöhung der direkten Steuern zu verringern, hatte schließlich auch
die gesamtwirtschaftliche Steuerquote gegenüber dem Vorkriegsniveau signifikant
erhöht. Unter diesen Bedingungen war es nicht erstaunlich, daß man von einer sehr
langen Dauer des Wiederaufbaus ausging. Erst die 1948 in Westdeutschland durch-
geführte Währungsreform und die sie begleitenden Maßnahmen veränderten die Bedingungen für die Rekonstruktion, und dies gleich in mehrerer Hinsicht. Die Reform
des Geldwesens schuf wieder eine stabile Währung und ein funktionsfähiges Bankensystem; damit reduzierte sich das Niveau der gesamtwirtschaftlichen Transaktionskosten. Die Wiedereinführung der Marktwirtschaft setzte die Informationsfunktion des
Preissystems wieder in Kraft und erhöhte die Produktivität des eingesetzten Kapitals.
Eine Steuerreform sorgte schließlich für eine deutliche Senkung der Abgabenbelastung
und förderte ausdrücklich die Kapitalbildung der Unternehmen. Erst nachdem die
erforderlichen wirtschaftspolitischen Voraussetzungen geschaffen worden waren, die
sich im übrigen auch erheblich von den Bedingungen der Vorkriegszeit unterschieden,
setzte das beschleunigte Wirtschaftswachstum in Westdeutschland ein. Für die These
von ABELSHAUSER (1975), wonach die Wachstumswirkungen der Währungsreform
überschätzt werden, findet sich weder eine empirische, noch eine wachstumstheoretische Rechtfertigung.

Konvergenz-Clubs und bedingte Konvergenz

Die Ergebnisse der Diskussion des Rekonstruktionsphänomens lassen sich auch auf
internationale Zusammenhänge und damit auf die Konvergenzdebatte übertragen
[KLUMP (1995)]. Die Vorstellung, alle Länder weisen die gleiche Spar- und

Investitionsquote auf, ist unrealistisch; auch durch internationalen Kapitalverkehr werden die bestehenden Unterschiede nur teilweise ausgeglichen. Noch größer dürften die Unterschiede bezüglich derjenigen Faktoren sein, die im Steuersatz τ zusammengefaßt sind. Steuerbelastung, Transaktionskosten und Ineffizienzen differieren international erheblich; ebenso unterscheiden sich die Wachstumsraten der Bevölkerung. Schließlich gibt es krasse Abweichungen zwischen Modellvorstellung und realen Verhältnissen bezüglich der Verfügbarkeit des technischen Fortschritts. Das Solow-Modell suggeriert, technischer Fortschritt stehe als ein öffentliches Gut allen potentiellen Verwendern zur Verfügung und könne ohne weitere Kosten im Produktionsprozeß eingesetzt werden. In der Praxis der Entwicklungspolitik erweist sich aber gerade der Technologietransfer als gravierendes Problem. Als Voraussetzung für einen erfolgreichen Technologietransfer und damit für den Beginn eines Konvergenzprozesses sind in der Regel erhebliche institutionelle Reformen und der [kostspielige] Aufbau von Humankapital erforderlich.

Angesichts dieser Relativierung der allgemeinen Konvergenzthese ist es nicht erstaunlich, daß die empirischen Untersuchungen Konvergenzprozesse in der Regel nur innerhalb von speziellen Ländergruppen nachweisen, die sich durch relativ ähnliche Werte der zentralen Wachstumsdeterminanten auszeichnen. WILLIAM BAUMOL (1986) prägte in diesem Zusammenhang den Begriff der *Konvergenz-Clubs*, die auf jeweils unterschiedlichem Entwicklungsniveau und unter Umständen auch mit unterschiedlichen Steady-State-Wachstumsraten die aus dem Solow-Modell zu erwartende Anpassungsdynamik zeigen. Extreme Fälle solcher Konvergenz-Clubs sind beispielsweise die Teilregionen eines einzelnen Staates, also etwa die Bundesstaaten der USA, die deutschen Bundesländer oder die französischen Regionen, in denen Sparquoten, Steuersätze und andere exogene Determinanten des Wachstumsgleichgewichts relativ ähnlich sind. Empirische Untersuchungen auf dieser Ebene brachten dann auch die erwarteten Ergebnisse. Sie schließen wiederum nicht aus, daß gezielte Maßnahmen der Regionalpolitik in wenig entwickelten Teilregionen einen zusätzlichen Wachstumsschub auslösen können.

Angesichts der Abhängigkeit der Konvergenzprozesse von den exogenen Parametern des Steady State muß die Konvergenzaussage des Solow-Modells stark relativiert werden. Sie kann nur noch dann Gültigkeit besitzen, wenn zuvor der Einfluß der anderen Wachstumsdeterminanten und damit die unterschiedliche Lage des Wachstumsgleichgewichts berücksichtigt wird. Diesem Einwand versucht das Konzept der *bedingten Konvergenz* zu entsprechen. In den empirischen Untersuchungen zur Konvergenz wird dabei nicht mehr nur die Höhe von Kapitalintensität oder Sozialprodukt pro Kopf in der Ausgangssituation erfaßt, sondern gleichfalls die exogenen Determinanten des Wachstumsgleichgewichts, insbesondere die Investitionsquoten in Real- und Humankapital. Empirische Tests auf bedingte Konvergenz führen in der Tat zu statistisch signifikanten Ergebnissen. Die Weltbank faßte diese Erfahrung folgendermaßen zusammen:

"Economies that were relatively poor in 1960 grew significantly faster than relatively rich ones, controlling for levels of education and investment. So although ... poor economies did not do better on average than the high-income economies - income levels were not converging - this was particularly because poor economies invested less. ... We call this conditional convergence, because economies with low rates of investment and school enrollment would not catch up despite the "advantages" apparently offered by relatively being poor." [World Bank (1993), S. 50].

C

Wachstum bei endogener Sparquote

Ramsey's formulation of the problem served as a model for almost all subsequent studies of optimal growth, and, with the critical addition of a growing population, might have created neoclassical growth theory about thirty years before Solow's (1956) contribution.

DAVID M. NEWBERY (1987), S. 48.

Nach der Goldenen Regel der Kapitalakkumulation [siehe Ergebnis B.I.3.1] gibt es eine Sparquote, die den Pro-Kopf-Konsum im Wachstumsgleichgewicht maximiert. Eine Wirtschaft, deren augenblickliche Sparquote nach dieser Regel zu hoch ist, sollte deshalb ohne Zweifel weniger sparen. Der größere Konsum hebt den Lebensstandard ihrer Bürger in der Gegenwart *und* in der Zukunft. Die Goldene Regel versagt jedoch als Handlungsmaxime bei einer zu geringen Sparquote. Soll man heute Verzicht üben, um künftig besser zu leben? Soll die alte Generation für ihre Nachfahren sparen? Sollen wir die Ressourcen der Erde um unserer Enkel und Urenkel willen schonen? Alle Antworten darauf setzen voraus, daß wir unseren eigenen Lebensstandard heute mit dem in der Zukunft und gegebenenfalls mit dem unserer Nachfahren vergleichen. Wenn wir die Befriedigung unserer Bedürfnisse mit Konsum gleichsetzen, brauchen wir eine Präferenzordnung über alternative Konsumprofile. Sobald wir diese in unser Modell einführen, können wir nicht länger von einer gegebenen Sparquote ausgehen. Die Sparentscheidung ist nun der Reflex eines wie auch immer ausgewählten Zeitpfades des Konsums.

Wer trifft in einem hochaggregierten Modell Konsumentscheidungen und über welchen Zeitraum? Die Präferenzen der Individuen können wir nicht in einer konsistenten gesellschaftlichen Wohlfahrtsfunktion ausdrücken, wie wir seit ARROW (1951) wissen. Die moderne Makroökonomik greift deshalb auf das Konzept des repräsentativen Individuums zurück, das stellvertretend für den Durchschnittsverbraucher Konsumentscheidungen trifft, und identifiziert gesellschaftlich suboptimale Allokationen mit Hilfe des Pareto-Kriteriums. Danach sind jene Zustände ineffizient, die es erlauben, zumindest ein Individuum besser zu stellen, ohne anderen eine Nutzeneinbuße abzufordern.

Im Mittelpunkt der modernen dynamischen Makroökonomik steht deshalb ein Haushalt, der mit Hilfe einer intertemporalen Nutzenfunktion seinen Lebenskonsum plant. Der wesentliche Unterschied zwischen den Modellen liegt in ihrer Zeitstruktur und der damit verbundenen Länge des Planungszeitraums. Das *Ramsey-Modell* geht von einem unendlich weit entfernten Planungshorizont aus. Angesichts der Endlichkeit des individuellen Lebens beinhaltet dies die Vorsorge der Eltern für alle ihre Nachfahren. Dies wird besonders deutlich, wenn wir das Ramsey-Modell dem *Generationenmodell* gegenüberstellen, das den Lebenszyklus in zwei Perioden stilisiert, der Jugend und dem Alter. Dort erhalten wir dem Ramsey-Modell vergleichbare Ergebnisse nur, wenn die Eltern in dem Sinne altruistisch sind, daß ihr eigener Lebensnutzen auch von dem ihrer Nachfahren abhängt. Das *Modell der ewigen Jugend* ist eine Synthese beider Modelle. Es vereinigt die Endlichkeit des Lebens im Generationenmodell mit der Vielzahl gleichzeitig lebender Generationen und der zeitkontinuierlichen Struktur des Ramsey-Modells.

Wir stellen die drei Modelltypen zunächst isoliert dar. Anschließend analysieren wir fünf Modellerweiterungen, in denen gerade der Vergleich von Varianten der drei Grundmodelle zu interessanten Einsichten führt. Bei der Behandlung der Staatsaktivitäten können wir außerdem unmittelbare Vergleiche mit den Ergebnissen ziehen, die wir im Rahmen des Solow-Modells hergeleitet haben. Die Anwendungsbeispiele stellen auf zwei Besonderheiten der intertemporalen Optimierungsmodelle ab: Die Diskontierung zukünftiger Ereignisse und die Ausgestaltung der Beziehungen zwischen den Generationen.

I. Grundmodelle

1. Das Ramsey-Modell

Modellstruktur

FRANK RAMSEY, ein jung verstorbener, brillanter Mathematiker, Philosoph und Ökonom, hat die Frage aufgeworfen [RAMSEY (1928)], wieviel eine Gesellschaft sparen sollte, wenn ihr Ziel darin besteht, die Wohlfahrt ihrer Mitglieder über einen unbeschränkten Zeitraum hinweg zu maximieren. Seine Perspektive war damit keineswegs individualistisch, und sein Artikel, obgleich von KEYNES hochgelobt,[1] hat erst Jahre später durch Arbeiten von CASS (1965) und KOOPMANS (1965) zu dem geführt, was wir heute das Ramsey-Modell nennen.

Wenngleich dieses Etikett die Grundstruktur eines Modells umreißt, so unterscheiden sich dessen einzelne Versionen in manchen Details. Wir verweisen auf die Dar-

---

1 KEYNES (1930) schreibt in einem Nachruf auf RAMSEY über dessen Beitrag:

   ... one of the most remarkable contributions to mathematical economics ever made, both in respect of the intrinsic importance and difficulty of its subject, the power and elegance of the technical methods employed, and the clear purity of illumination with which the writer's mind is felt by the reader to play about its subject.

stellungen von BLANCHARD und FISCHER (1989) sowie von GROSSMAN und HELPMAN (1991). Wir verzichten bei unserer Version auf einen Markt für Konsumentenkredite, wie er sich in den genannten Quellen findet. Wie im Solow Modell gibt es nur Sachkapital als Anlageform. Wir greifen zurück auf die im Teil B.I.1 beschriebene Wirtschaft. An den Kreislaufbeziehungen ändert sich nichts, so daß wir auch weiterhin einen Freiheitsgrad besitzen, der erlaubt, das Preisniveau auf Eins zu normieren. Den Haushaltssektor stellen wir uns jetzt am besten als große Familie vor, die in der Gegenwart $t=0$ über $N(0)\equiv1$ Mitglieder verfügt und die mit der Rate $n\geq0$ wächst.[2] Jedes Familienmitglied bietet am Arbeitsmarkt eine Einheit Arbeitsleistungen an und erhält dafür w Gütereinheiten als Lohn. Die Unternehmen vergüten Sachkapitalleistungen wieder mit der realen Mietrate r.

Die Produktionstechnik der Wirtschaft beschreiben wir wieder durch eine neoklassische Produktionsfunktion,

$$Y = F(K, N)$$

mit:
(1) $F(0, 0) = 0$,
(2) $aY = F(aK, aN)$,
(3) $F_K, F_N > 0$, $F_{KK}, F_{NN} < 0$ für $K, N \in [0, \infty)$.

(C.I.1.1)

bzw. die daraus erwachsende Pro-Kopf-Funktion

$$Y = Nf(k), \quad f(k) := F(K/N, 1), \quad k := K/N$$

mit:

$$f(0) = 0, f'(k) > 0, f''(k) < 0 \text{ für } k \in [0, \infty).$$

(C.I.1.2)

[siehe Ergänzung B.I.1.1 zu den Eigenschaften dieser Funktion]. Die Unternehmen fragen soviel Arbeit und Kapital nach, bis deren jeweilige Grenzprodukte dem Reallohn bzw. der realen Mietrate des Kapitals entsprechen:

$$w = f(k) - f'(k)k,$$

$$r = f'(k).$$

(C.I.1.3)

In diesem Fall erwirtschaften die Unternehmen keine Gewinne, und das Familieneinkommen ist $wN+rK$. Der Familienkonsum C bestimmt bei gegebenem Einkommen und gegebenen Abschreibungen auf das vorhandene Realkapital das Ausmaß der Nettoersparnis, die in Realkapital angelegt wird:

---

2 Natürlich können wir die Gegenwart mit t bezeichnen und s als Symbol für die Zeit im Planungszeitraum $[t, \infty)$ verwenden. Die Gegenwart mit dem Ursprung der reellen Zahlengerade gleichzusetzen, ist indes keineswegs einschränkend, es ist nur eine hilfreiche Normierung. Wählen wir t als Gegenwart, so hat die neue Zeitvariable $\tau:=s-t$ wiederum den Wert Null in der Gegenwart $s=t$.

$$\dot{K} = wN + rK - \delta K - C. \tag{C.I.1.4}$$

Wir unterstellen [anders als etwa MAUSSNER und HEER (1995)], daß Kapitalgüter kostenlos in Konsumgüter umgewandelt werden können. Der Periodenkonsum wird also nur von der Summe aus Kapitalstock und Produktion begrenzt.

Im Unterschied zur Darstellung in Abschnitt B.I.1 betrachten wir jetzt die Konsumentscheidung unter dem Gesichtspunkt der Nutzenmaximierung. Wir nehmen an, die Konsumentscheidung der Familie verfolgt das Ziel, den Nutzen der im Zeitpunkt $t=0$ lebenden Familienmitglieder über einen unbeschränkten Planungszeitraum zu maximieren. Dieser Nutzen sei eine Funktion U des Zeitprofils $\{c(t)\}_{t=0}^{\infty}$ des Pro-Kopf-Konsums $c:=C/N$. Für die Nutzenfunktion

$$U := U\left(\{c(t)\}_{t=0}^{\infty}\right)$$

unterstellen wir, sie sei additiv bezüglich des Konsums im Zeitpunkt t:

$$U := \int_{0}^{\infty} u(c)e^{-\rho t}\mathrm{d}t, \ \rho > 0. \tag{C.I.1.5}$$

Darin beschreibt die streng konkave Funktion $u(c)$ den Nutzen des Konsums im Zeitpunkt t, der mit dem Gewicht $e^{-\rho t}$ zum Lebensnutzen beiträgt.[3] Der Parameter ρ ist Ausdruck der Zeitpräferenz: Je größer ρ ist, desto weniger trägt künftiger Konsum zum Lebensnutzen bei. Wir motivieren und charakterisieren diese Nutzenfunktion in Ergänzung C.I.1.1. Für den momentanen Nutzen $u(c)$ werden wir häufig die Funktion

$$u(c) := \frac{c^{1-\eta} - 1}{1 - \eta}, \ \ \eta > 0 \tag{C.I.1.6}$$

verwenden. Der Parameter $-\eta$ ist die Elastizität des Grenznutzens des Konsums. In Ergänzung C.I.1.1 zeigen wir, daß $1/\eta$ - die intertemporale Substitutionselastizität des Konsums - ein Maß für die Bereitschaft darstellt, heutigen gegen künftigen Konsum zu tauschen. Für $\eta=1$, ist $u(c)=\ln c$, wie man mit Hilfe der Regel von L'Hôpital [siehe Gleichung (E.I.13)] zeigen kann.[4]

---

3 Wo immer es ohne Problem möglich ist, unterdrücken wir den Zeitindex als Argument einer Funktion.

4 Um den Grenzfall

$$\lim_{\eta \to 1} \frac{c^{1-\eta} - 1}{1 - \eta} = \ln c$$

zu erhalten, muß man in die Definition des Periodennutzens den Term $-1/(1-\eta)$ aufnehmen. Auf das optimale Konsumprofil hat der Ausdruck aber keinen Einfluß, so daß man die Nutzenfunktion auch in der Form $c^{1-\eta}/(1 - \eta)$ schreiben könnte. Allerdings hat diese Funktion für $\eta \to 1$ nicht den Grenzwert $\ln c$.

Das Vermögen je Familienmitglied ist $k = K/N$ und aus der Veränderungsrate dieser Größe erhält man unter Berücksichtigung von Gleichung (C.I.1.4):

$$\dot{k} = w + (r - n - \delta)k - c. \tag{C.I.1.7}$$

Außer den Parametern n und δ sind alle Variablen in dieser Gleichung Funktionen der Zeit t. Das Konsumprofil je Familienmitglied - und damit den Zeitpfad der Ersparnis - erhält man aus der Maximierung der intertemporalen Nutzenfunktion (C.I.1.5) unter der Nebenbedingung (C.I.1.7).

Formal handelt es sich dabei um ein Problem der dynamischen Optimierung, das man mit Hilfe der Kontrolltheorie lösen kann. Wir skizzieren diese Technik in Abschnitt E.IV.2, verzichten aber im Haupttext darauf, sie explizit anzuwenden. Es ist nämlich durchaus möglich, die zentrale Optimalitätsbedingung eines nutzenmaximalen Konsumprofils auf eher intuitivem Weg abzuleiten. Die Analyse des Ramsey-Modells und der auf ihm aufbauenden Erweiterungen erfordert deshalb über die Phasendiagrammtechnik hinaus keine zusätzlichen formalen Kenntnisse. Eine ausführliche formale Analyse des Ramsey-Modells finden Sie in Ergänzung C.I.1.2. Die nun folgende Ergänzung informiert Sie über das Konzept der intertemporalen Nutzenfunktion.

Ergänzung C.I.1.1: Intertemporale Nutzenfunktion

Zeitkontinuierliche Modelle sind formal oft wesentlich einfacher zu handhaben als zeitdiskrete Modelle [eine Gegenüberstellung beider Modellkonzepte finden Sie bei MAUSSNER (1994), S. 203ff]. Andererseits entziehen sie sich leichter unserer Anschauung. Wir wollen deshalb zunächst eine zeitdiskrete intertemporale Nutzenfunktion betrachten.

Nehmen wir an, die Zeit ist in Perioden mit fester Länge $h > 1$ eingeteilt, die wir beginnend mit der Gegenwart $s = 0$ mit Hilfe der natürlichen Zahlen 1, 2, ... T, numerieren. In diesem Rahmen ist ein Konsumprofil nichts anderes als ein sehr großes Güterbündel $q = (c_0, c_1, ..., c_T)$, das aus den Konsummengen c_s der Perioden $s = 0, 1, ..., T$ besteht. Die intertemporale Nutzenfunktion ist aus dieser Sicht nichts anderes als eine gewöhnliche Nutzenfunktion $U(q)$. Mit dieser allgemeinen Formulierung können wir indes kaum intuitiv verständliche Ergebnisse ableiten. Wir müssen die Funktion $U(\bullet)$ daher weiter konkretisieren. Sehr viel einfacher ist es zu unterstellen, $U(\bullet)$ sei eine gewichtete Summe der Periodennutzen $u(c_s)$:

$$U(c_0, c_1, ..., c_T) := \sum_{s=0}^{T} \frac{1}{(1 + \rho(h))^s} u(c_s). \tag{i}$$

In der Gewichtung können wir das Maß der Gegenwartsbezogenheit oder *Zeitpräferenz* zum Ausdruck bringen. Weit in der Zukunft befriedigte Bedürfnisse, die mit sehr kleinen Gewichten zum Lebensnutzen beitragen, sprechen für eine hohe Gegenwartsbezogenheit. Der Parameter $\rho(h)$ bestimmt daher die Höhe der Zeitpräferenz. Wie bei einem Zinssatz hängt sein Wert von der Länge der betrachteten Periode h ab. Die Grenzrate der Substitution zwischen dem Konsum in der Gegenwart c_0 und dem Konsum in einer beliebigen Periode $s = 1, 2, ... T$, errechnet man aus

$$u'(c_0)dc_0 + \frac{1}{(1 + \rho(h))^s} u'(c_s)dc_s = 0$$

als

$$- \frac{dc_s}{dc_0} = \frac{u'(c_0)}{u'(c_s)} (1+\rho(h))^s =: GRS(0,s). \tag{ii}$$

Der Ausdruck $GRS(0, s)$ ist der zukünftige Konsum, den ein repräsentatives Individuum in der Periode s bereit ist, gegen eine Einheit Konsum in der Gegenwart zu tauschen. Man kann daher

$$\frac{u'(c_s)}{u'(c_0)} (1+\rho(h))^{-s} \tag{iii}$$

als Diskontfaktor interpretieren, der den Konsum in der Periode s und den in der Periode 0 vergleichbar macht. Der Vorteil der additiven intertemporalen Nutzenfunktion liegt darin, daß dieser Ausdruck nur von den beiden Perioden 0 und s abhängt.

Bei einer gegebenen Periodenlänge h liegen zwischen den Zeitpunkten 0 und T genau $T+1$ Perioden. Wenn wir die Periodenlänge halbieren, verdoppelt sich die Zahl der Perioden im Intervall $[0, T]$. Wenn wir in ein Diagramm auf der Abszisse dieses Intervall abtragen und auf der Ordinate die zu einer Periode gehörenden Konsummengen, rücken die einzelnen Punkte mit jeder weiteren Halbierung der Periodenlänge enger zusammen. Im Grenzfall $h=0$ bilden sie eine stetige Linie oder Funktion $c(s)$ im Intervall $[0, T]$. Wenn wir für den Augenblick von der Diskontierung absehen, entspricht die Fläche unter dieser Linie dem Nutzen des Konsumstroms

$$U(\{c(s)\}_{s=0}^T) = \int_0^T c(s)\,ds.$$

Wenn wir den Zeithorizont mehr und mehr in die Zukunft rücken, $T \to \infty$, strebt der Wert dieses Integrals gegen unendlich, und zwar unabhängig davon, ob die Funktion $c(s)$ im Intervall $[0, \infty)$ beschränkt ist oder nicht. $U(\cdot)$ als Maßstab für den Vergleich alternativer Konsumpfade zu wählen, ist dann zwecklos, und wir müßten einen anderen Maßstab suchen [was RAMSEY (1928) im übrigen tut, denn er lehnt eine Diskontierung als ethisch unvertretbar ab]. Betrachten wir nun den Diskontfaktor

$$x(s) := \frac{1}{(1+\rho(h))^s},$$

der sich mit der Rate

$$\frac{x(s+h) - x(s)}{x(s)} = - \frac{\rho(h)}{1+\rho(h)}$$

verändert. Wenn wir beide Seiten dieser Definitionsgleichung durch h teilen und den Grenzwert für $h \to 0$ bilden, folgt

$$\lim_{h \to 0} \frac{[x(s+h) - x(s)]/h}{x(s)} = \lim_{h \to 0} - \frac{\rho(h)/h}{1+\rho(h)} \quad \Leftrightarrow \quad \frac{dx(s)/ds}{x(s)} = -\rho. \tag{iv}$$

Das Ergebnis beruht darauf, daß der Term $\rho(h)$ in einem Intervall der Länge Null verschwindet, $\lim_{h \to 0} \rho(h) = 0$ [in einer Zeitspanne von Null werden auch keine Zinsen bezahlt] und der Annahme, daß der Grenzwert $\lim_{h \to 0} \rho(h)/h =: \rho$ existiert und von s unabhängig ist. ρ ist damit die Veränderungsrate des Diskontfaktors je Zeiteinheit. Die Differentialgleichung (iv) hat die Lösung

$$x(s) = e^{-\rho s}. \tag{v}$$

[Siehe (E.III.2.2), wobei die Konstante $K=1$ ist, denn im Zeitpunkt $s=0$ ist der Diskontfaktor gleich Eins]. Mit Hilfe von (iii) und (v) können wir die Grenzrate der Substitution zwischen zwei beliebigen Zeitpunkten $s \geq t$ im zeitkontinuierlichen Fall wie folgt schreiben:

$$GRS(t, s) := -\frac{d\,c(s)}{d\,c(t)} = e^{\rho(s-t)}\,\frac{u'\bigl(c(t)\bigr)}{u'\bigl(c(s)\bigr)}. \tag{vi}$$

Mit Hilfe dieses Ausdrucks kann man die Substitutionselastizität zwischen dem Konsum in t und s definieren:

$$\epsilon(t, s) := \frac{d\,[c(s)/c(t)]}{d\,[GRS(t, s)]}\,\frac{GRS(t, s)}{c(s)/c(s)}. \tag{vii}$$

Wir wollen diese Elastizität an der Stelle $s=t$ berechnen. Um dabei die Übersicht nicht zu verlieren, verwenden wir für den Augenblick die Abkürzungen $u_t \equiv u'(c(t))$, $u_{tt} \equiv u''(c(t))$ und $c(t) \equiv c_t$. Aus (vi) erhalten wir:

$$dGRS(t, s) = u_s^{-2}\Bigl[u_s u_{tt}dc_t - u_t u_{ss}dc_s\Bigr] = u_s^{-2}\Bigl[u_s u_{tt} + u_t u_{ss}GRS(t, s)\Bigr]dc_t.$$

Außerdem ist:

$$d\,[c_s/c_t] = c_t^{-2}\Bigl[c_t dc_s - c_s dc_t\Bigr] = -c_t^{-2}\Bigl[c_t GRS(t, s) + c_s\Bigr]dc_t,$$

so daß folgt:

$$\frac{d\,[c_t/c_s]}{d\,GRS(t, s)}\,\frac{GRS(t, s)}{c_s/c_t} = -\left[\frac{GRS(t, s)}{c_s} + \frac{1}{c_t}\right]\frac{u_s u_t}{u_s u_{tt} + u_t u_{ss}GRS(t, s)}.$$

Der Wert dieses Ausdrucks für $s \to t$ ist die intertemporale Substitutionselastizität des Konsums, für die aus der vorstehenden Gleichung [$\lim_{s \to t} GRS(t, s)=1$] folgt:

$$\epsilon(t, t) = -\frac{u'(c(t))}{u''(c(t))\,c(t)}. \tag{viii}$$

Die Substitutionselastizität (viii) entspricht dem Betrag des Kehrwerts der Elastizität des Grenznutzens des momentanen Konsums:

$$\eta(t) := -\frac{u''(c(t))}{u'(c(t))}c(t). \tag{ix}$$

Durch zweimaliges Integrieren folgt aus (ix) die Klasse der Funktionen mit konstanter Grenznutzenelastizität $-\eta$:

$$u(c) := K_1 + K_2 c^{1-\eta},$$

mit K_1 und K_2 als beliebigen Parametern.

Keynes-Ramsey-Regel

Solange der Pro-Kopf-Konsum und der Kapitalstock positiv sind, erfüllt ein nutzenmaximales Konsumprofil außer der Nebenbedingung (C.I.1.7) die folgende Gleichung [siehe Ergänzung C.I.1.2]:

$$\frac{\dot{c}(t)}{c(t)} = \frac{1}{\eta(t)}\bigl[r(t) - \delta - \rho - n\bigr], \quad \eta(t) := -\frac{u''(c(t))}{u'(c(t))}c(t). \tag{C.I.1.8}$$

Sie besagt, daß entlang eines optimalen Konsumpfads der Pro-Kopf-Konsum stets wächst, wenn die Nettoertragsrate des Kapitals, $r-\delta$, größer ist als die Summe aus

Zeitpräferenz und Wachstumsrate der Familie. Diese Optimalitätsbedingung ist als
Keynes-Ramsey-Regel bekannt, weil RAMSEY (1928) auf eine Interpretation seiner Optimalitätsbedingung durch KEYNES verweist. Um diese Regel nachzuvollziehen, stellen
wir uns vor, die Zeitachse wäre in Perioden gleicher Länge h eingeteilt. Am Anfang einer Periode konsumieren die Haushalte einen Teil der Produktion. Während der verbleibenden Zeit bis zum Periodenende produzieren die Unternehmen neue Güter, und
das angesparte Sachkapital verzinst sich netto mit der Rate $r(t)$-δ je Zeiteinheit. Ein
optimales Konsumprofil sollte folgende Eigenschaft haben: Eine zeitliche Umschich-
tung des Konsums vermag den Lebensnutzen nicht zu steigern. Betrachten wir dazu
die folgende Reallokation: Am Anfang einer beliebigen Periode t verzichtet ein Haushalt auf Konsum in Höhe von Δc. Dadurch sinkt sein Lebensnutzen näherungsweise
um $u'(c(t))\Delta c$. Der Konsumverzicht in t erhöht sein Vermögen während der Zeit t bis
$t+h$, die bis zum nächsten Konsumtermin verstreicht. In $t+h$ kann der Haushalt das
zusätzliche Vermögen Δc samt der aufgelaufenen Zinsen verbrauchen. Der entsprechende Betrag ist näherungsweise $[1+(r(t)$-$\delta)h]\Delta c$.[5] Da im Zeitraum $[t, t+h]$ die Familie näherungsweise um $(1+nh)N(t)$ Personen gewachsen ist, kann jedes Familienmitglied in $t+h$ die Menge $\Delta c':=\{[1+(r(t)$-$\delta)h]\Delta c\}/(1+nh)$ verbrauchen. Zum Zeitpunkt
$t+h$ nimmt der Lebensnutzen folglich um $u'(c(t+h))\Delta c'$ zu. Wenn der Konsumpfad
optimal ist, muß der auf den Zeitpunkt t abdiskontierte Nutzenzuwachs genau der
Nutzeneinbuße in t entsprechen. Für ein Intervall der Länge h ist der Diskontfaktor
näherungsweise $1/(1+\rho h)$. Unsere Optimalitätsbedingung lautet deshalb:

$$u'(c(t))\Delta c = \frac{1 + (r(t) - \delta)h}{(1+\rho h)(1+nh)} u'(c(t+h))\Delta c$$

bzw.

$$\frac{u'(c(t))}{u'(c(t+h))}(1+\rho h) = \frac{1 + (r(t) - \delta)h}{(1+nh)}.$$

Die linke Seite ist die Grenzrate der Substitution zwischen dem Konsum im Zeitpunkt
t und jenem im Zeitpunkt $t+h$. Sie ist Ausdruck der Bereitschaft des Haushalts, Kon-
sum in der Gegenwart gegen Konsum in der Zukunft zu tauschen. Die rechte Seite der
Gleichung, die Grenzrate der Transformation, drückt aus, welche Menge künftigen
Konsums der Haushalt erwarten kann, wenn er in der Gegenwart auf eine Einheit
Konsum verzichtet. Wir können diese Optimalitätsbedingung umschreiben zu:

$$-\frac{u'(c(t+h)) - u'(c(t))}{u'(c(t+h))} = \frac{[r(t) - \delta - n - \rho]h - \rho nh^2}{(1+\rho h)(1+nh)}.$$

---

5 Die Veränderung des zusätzlichen Vermögens folgt im Intervall $[t, t+h]$ der Differentialgleichung

$$\frac{d\Delta c}{ds} = [r(t)-\delta]\Delta c(s)$$

mit der Anfangsbedingung $\Delta c=\Delta c(s=t)$. Die Lösung dieser Gleichung ist $\Delta c(t+h)=\Delta c(t)e^{[r(t)-\delta]h}$.
Bei sehr kleinem h gilt $\Delta c(t+h)\approx[1+(r(t)$-$\delta)h]\Delta c(t)$.

Nun sehen wir, daß entlang eines nutzenmaximalen Konsumprofils der Grenznutzen des Konsums sinken muß, wenn die Zinsrate groß genug ist, $r(t)h > (\delta + \rho + n)h + \rho n h^2$. Wenn wir beide Seiten der Gleichung durch h teilen und den Grenzwert $h \to 0$ bilden, erhalten wir die Keynes-Ramsey-Regel[6]

$$-\frac{u''(c(t))}{u'(c(t))}\, \dot{c}(t) = r(t) - \delta - n - \rho.$$

Konsumfunktion

Mit Hilfe der Keynes-Ramsey-Regel (C.I.1.8) und der Budgetrestriktion (C.I.1.7) können wir die Konsumfunktion des Haushalts berechnen, die uns Auskunft über die Rolle der Grenznutzenelastizität η gibt. Wir unterstellen deshalb für den Augenblick, η sei konstant. Außerdem definieren wir den durchschnittlichen Zins im Intervall $[0, t]$ wie folgt:

$$\bar{r}(t) = \frac{1}{t} \int_0^t r(s)\,ds. \qquad\qquad \text{(C.I.1.9)}$$

Damit können wir die Budgetrestriktion in folgender Weise schreiben:[7]

$$k(T)e^{-[\bar{r}(T) - \delta - n]T} = k(0) + \int_0^T e^{-[\bar{r}(t) - \delta - n]t}\,[\,w(t) - c(t)\,]\,dt. \qquad \text{(C.I.1.10)}$$

Die rechte Seite dieser Gleichung ist die Summe aus dem Anfangsvermögen $k(0)$ und dem abdiskontierten Wert der Ersparnisse $[w(t)\text{-}c(t)]$. Diese Summe entspricht dem Gegenwartswert des Vermögens auf der linken Seite der Gleichung. Ein rationaler Haushalt, dessen momentaner Nutzen $u(c(t))$ mit der Konsummenge wächst und dessen Planungshorizont nur bis T reicht, würde sein Vermögen in T vollständig aufbrauchen. Würde er dies nicht tun, könnte er in der letzten Periode mehr konsumieren, ohne die Budgetrestriktion (C.I.1.10) zu verletzen, und sein Lebensnutzen würde zunehmen. Ein nutzenmaximales Konsumprofil über dem Intervall $[0, T]$ schöpft die Budgetrestriktion voll aus. Ein optimaler Konsumplan über dem unbeschränkten Planungszeitraum $[0, \infty)$ muß die dazu äquivalente Bedingung

$$\lim_{T \to \infty} k(T)e^{-[\bar{r}(T) - \delta - n]T} = 0 \qquad\qquad \text{(C.I.1.11)}$$

erfüllen. Aus Gleichung (C.I.1.10) folgt deshalb

---

6 Der Grenzwert im Zähler des Ausdrucks auf der linken Seite der Gleichung folgt aus der Kettenregel des Differenzierens.

7 Die Budgetrestriktion (C.I.1.7) ist eine lineare Differentialgleichung mit zeitvariablem Koeffizienten, deren Rückwärtslösung nach Gleichung (E.III.2.7) zu Gleichung (C.I.1.10) führt.

$$\int_0^\infty c(t)\, e^{-[\bar{r}(t)-\delta-n]t}\mathrm{d}t \;=\; k(0) \;+\; \int_0^\infty w(t)\, e^{-[\bar{r}(t)-\delta-n]t}\mathrm{d}t. \qquad\qquad (\text{C.I.1.12})$$

Der Gegenwartswert der Konsumausgaben auf der linken Seite der Gleichung entspricht der Summe aus dem Sachvermögen der Gegenwart $k(0)$ und dem Gegenwartswert aller künftigen Löhne, d.h. dem *Humanvermögen* der Gegenwart. Wenn wir die Keynes-Ramsey-Regel nach dem Konsum im Zeitpunkt t auflösen,[8] erhalten wir

$$c(t) \;=\; c(0)\, e^{\frac{1}{\eta}[\bar{r}(t)-\delta-n-\rho]t}. \qquad\qquad (\text{C.I.1.13})$$

Damit können wir $c(t)$ aus Gleichung (C.I.1.12) eliminieren. Das Ergebnis ist die Konsumfunktion des Haushalts in der Gegenwart $t=0$:

$$c(0) \;=\; \theta(0)\,[k(0) + h(0)],$$

$$h(0) \;:=\; \int_0^\infty w(t)\, e^{-[\bar{r}(t)-\delta-n]t}\mathrm{d}t,$$

$$\theta(0) \;:=\; \left[\int_0^\infty e^{-\left\{[\bar{r}(t)-\delta-n](1-\frac{1}{\eta})+\frac{\rho}{\eta}\right\}t}\,\mathrm{d}t\right]^{-1}. \qquad (\text{C.I.1.14})$$

Die Konsumnachfrage ist damit direkt proportional zum Gesamtvermögen $k(0)+h(0)$. Die Konsumquote θ hängt ab von den Modellparametern und vom Zeitprofil der Verzinsung. Der Betrag der Grenznutzenelastizität, η, bestimmt den Einfluß des Durchschnittszins $\bar{r}(t)$ auf die Konsumquote. Ein größerer Zins löst zwei gegenläufige Effekte aus: Er vergrößert die Grenzrate der Transformation, so daß vermehrt Konsum aus der Gegenwart in die Zukunft verlagert wird. Dieser Substitutionseffekt senkt die Konsumquote. Andererseits nimmt mit dem Zins das gegenwärtige Einkommen zu. Die additive Nutzenfunktion (C.I.1.4) impliziert, daß der Konsum der Gegenwart ein normales Gut ist, so daß der Zinsanstieg über den Einkommenseffekt die Konsumquote erhöht. Falls die Grenznutzenelastizität dem Betrag nach kleiner als Eins ist, dominiert der Substitutionseffekt. Für $\eta>1$ dominiert der Einkommenseffekt. Die beiden Effekte heben sich auf, wenn $\eta=1$ ist. In diesem Fall entspricht die Konsumquote gerade der Zeitpräferenzrate ρ und ist daher eine Konstante.

Zwischen der Konsumfunktion (C.I.1.14) und der *Permanenteinkommenshypothese* von MILTON FRIEDMAN (1957) gibt es eine interessante Parallele [TAKAYAMA (1985)]. FRIEDMAN behauptet, der Konsum sei direkt proportional zum permanenten Einkom-

---

8 Die Keynes-Ramsey-Regel ist ebenfalls eine lineare Differentialgleichung mit zeitvariablem Koeffizienten, deren Rückwärtslösung zu Gleichung (C.I.1.13) führt.

men y^P, das er als jenes Einkommen definiert, dessen Verbrauch das Vermögen nicht schmälert. In unserem Modell verzinst sich das Pro-Kopf-Vermögen mit der Nettorate $\bar{r}:=r\text{-}\delta\text{-}n$, so daß $y^P=\bar{r}(k+h)$ ist. Wenn wir den Proportionalitätsfaktor $\Theta:=\theta/\bar{r}$ definieren, können wir die Konsumfunktion (C.I.1.14) in der Form $c=\Theta y^P$ schreiben.

Die Konsumfunktion (C.I.1.14) verdeutlicht noch eine weitere Eigenschaft des Modells: Es unterstellt vollkommene Voraussicht der Haushalte, denn der Konsum der Gegenwart ist eine Funktion des Zeitprofils von Reallöhnen $\{w(t)\}_{t=0}^{\infty}$ und Durchschnittszinsen $\{\bar{r}(t)\}_{t=0}^{\infty}$.

Optimale Kapitalakkumulation

Berücksichtigt man in den beiden Gleichungen (C.I.1.7) und (C.I.1.8) die Gleichgewichtsbedingungen für die beiden Faktormärkte, (C.I.1.3), so erhält man zwei Gleichungen, die Zeitpfade für das Pro-Kopf-Vermögen und den Pro-Kopf-Konsum bestimmen [wir unterdrücken nun den Zeitindex von c und k]:

$$\dot{k} = f(k) - c - (n+\delta)k, \qquad\qquad\qquad \text{(C.I.1.15)}$$

$$\dot{c} = \frac{c}{\eta}\Big(f'(k) - \delta - n - \rho\Big). \qquad\qquad\qquad \text{(C.I.1.16)}$$

Mit Hilfe des Phasendiagramms in Abbildung C.I.1.1 können wir die Dynamik der Kapitalakkumulation studieren. Beim Kapitalstock k^* entspricht das Grenzprodukt des Kapitals der Summe aus Abschreibungsrate, Wachstumsrate der Bevölkerung und Zeitpräferenz:

$$f'(k^*) = \delta + n + \rho.$$

Bei dieser Höhe des Vermögens verändert sich der Pro-Kopf-Konsum nicht. Links der $\dot{c} = 0$ Linie ist infolge des sinkenden Grenzprodukts des Kapitals $f'(k)>\delta + n +\rho$, so daß nach Gleichung (C.I.1.16) der Pro-Kopf-Konsum wächst. Rechts der Linie ist das Grenzprodukt des Kapitals kleiner als die Summe aus Abschreibungsrate, Wachstumsrate des Arbeitsangebots und Zeitpräferenzrate. Deshalb sinkt in diesem Bereich der Pro-Kopf-Konsum. Die vertikalen Pfeile zeigen, in welche Richtung sich der Konsum jeweils verändert. Den geometrischen Ort alle Paare (k, c), entlang dessen das Pro-Kopf-Vermögen konstant bleibt, $\dot{k} = 0$, beschreibt die Gleichung

$$c = f(k) - (n+\delta)k.$$

Er beginnt im Ursprung, erreicht nach der Goldenen Regel ein Maximum bei

$$k^{\mathrm{GR}} \text{ aus } f'(k^{\mathrm{GR}}) = n + \delta$$

und endet bei

$k^{\max}$ aus $f(k^{\max}) = (n + \delta)k^{\max}$

auf der Abszisse. Die Veränderung des Vermögens abseits der $\dot{k} = 0$ Linie zeigen die

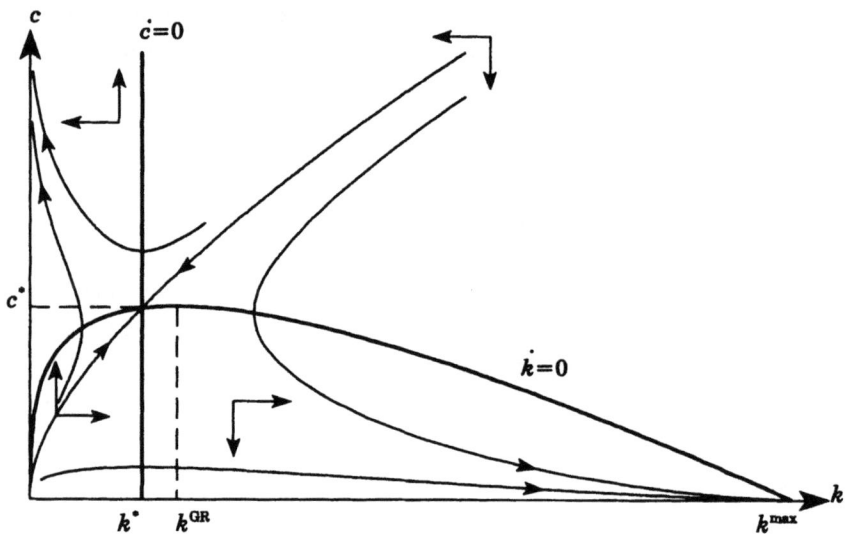

Abbildung C.I.1.1: Optimale Kapitalakkumulation im Ramsey-Modell

horizontalen Pfeile an. Sie ergibt sich daraus, daß bspw. unterhalb der Isoklinen der Konsum niedriger als jener ist, der mit einem konstanten Vermögen vereinbar ist.

Die Pfeile und die eingezeichneten Zeitpfade[9] weisen darauf hin, daß der stationäre Zustand bei (c^*, k^*) nur entlang eines Pfades erreicht werden kann. Das Wachstumsgleichgewicht ist sattelpunktstabil. Der optimale Pfad der Kapitalakkumulation ist der Weg zum stationären Gleichgewicht, andere Pfade sind nicht optimal. Alle Pfade, die links vom Gleichgewichtspfad beginnen, führen in begrenzter Zeit zum Zusammenbruch der Wirtschaft, d.h. es gibt ein $T < \infty$, so daß $k(T) = 0$. Pfade, deren Ursprung rechts vom Gleichgewichtspfad liegt, schöpfen die Budgetrestriktion nicht aus und sind daher suboptimal [siehe Ergänzung C.I.1.2].

---

9 Das Phasendiagramm beruht auf einer Cobb-Douglas-Produktionsfunktion mit einer Produktionselastizität des Kapitals von $\beta = 1/3$ und der Nutzenfunktion (C.I.1.6) mit $\eta = 1$. Die Werte der restlichen Modellparameter sind: $n + \delta = 0{,}05$ und $\rho = 0{,}01$. Die Zeitpfade haben wir mit Hilfe des in Abschnitt E.III.4 beschriebenen Runge-Kutta-Verfahrens 4. Ordnung berechnet.

Pareto-Optimalität

Die eben beschriebene intertemporale Allokation ist *pareto-optimal*: Kein anderer Zeitpfad ermöglicht einem Familienmitglied einen höheren Lebensnutzen ohne gleichzeitig den Nutzen anderer Individuen zu schmälern. Man gelangt nämlich zu derselben Allokation, wenn man den Nutzen eines Familienmitglieds unter der Ressourcenbeschränkung der Wirtschaft maximiert, d.h. das folgende Problem löst:

$$\max_{\{c(t)\}_{t=0}^{\infty}} \int_0^{\infty} u(c)e^{-\rho t}\,dt$$

unter den Nebenbedingungen

$$\dot{k} = f(k) - (n+\delta)k - c,$$

(C.I.1.17)

$k(0)$ gegeben.

Daran zeigt sich, daß der aus der statischen Allokationstheorie bekannte Zusammenhang zwischen einem Wettbewerbsgleichgewicht und einer pareto-optimalen Allokation auch für intertemporale Allokationsprobleme gilt, allerdings - wie im statischen Fall - nur unter den einschränkenden Voraussetzungen, die dem Modell des vollkommenen Wettbewerbs unterliegen. Zusätzlich müssen die Haushalte den Zeitpfad der Löhne und Kapitalrenditen richtig voraussehen.

Die Äquivalenz zwischen der intertemporalen Allokation einer dezentralen Wirtschaft und der Lösung eines intertemporalen Planungsproblems nutzt man vielfach in der Wachstums- und Konjunkturtheorie: Anstatt das umfangreichere dezentrale Modell zu formulieren, studiert man das einfachere Planungsproblem (C.I.1.17).

Eigenschaften des Wachstumsgleichgewichts

Im Wachstumsgleichgewicht (k^*, c^*) ist das Pro-Kopf-Vermögen und mithin die Kapitalintensität der Wirtschaft konstant. Demnach muß der Kapitalstock mit derselben Rate wachsen, mit der das Arbeitsangebot zunimmt. Diese Rate bestimmt auch das Wachstum der Produktion und des Einkommens, denn das Pro-Kopf-Einkommen $y=f(k)$ ist im Wachstumsgleichgewicht ebenfalls konstant. Insofern unterscheidet sich das Ramsey-Modell nicht vom Solow-Modell des Abschnitts B.I.1. Die positive Zeitpräferenzrate ρ führt indes dazu, daß die Kapitalausstattung pro Kopf im Wachstumsgleichgewicht stets kleiner ist als jene, die den Konsum pro Kopf nach der Goldenen Regel maximiert. Aus der Gleichung für die stationäre Kapitalintensität,

$$f'(k^*) = \delta + n + \rho,$$

und den Eigenschaften der neoklassischen Produktionsfunktion folgt zudem, daß die Kapitalintensität und das Pro-Kopf-Einkommen im Wachstumsgleichgewicht um so

kleiner sind, je größer die Abschreibungsrate δ, die Wachstumsrate des Arbeitsangebots n und die Zeitpräferenzrate ρ sind.

Ein numerisches Beispiel

Mit Hilfe eines numerischen Beispiels wollen wir einige empirische Implikationen
des Ramsey-Modells aufzeigen. Dem Beispiel liegt eine Cobb-Douglas-Produktionsfunktion $y = k^\beta$ und die Nutzenfunktion (C.I.1.6) zugrunde. Empirische Schätzungen der
intertemporalen Substitutionselastizität des Konsums, $1/\eta$, weisen auf einen Betrag der
Grenznutzenelastizität hin, der in etwa im Intervall [3, 5] liegt [PATTERSON und
PESARAN (1992)]. Wir haben daher $\eta=3$ gewählt. Die Summe aus der Wachstumsrate
des Arbeitsangebots n und der Abschreibungsrate δ haben wir auf 0,05 gesetzt [siehe
Abschnitt B.I.2]. Im Zeitraum 1961-1993 lag der durchschnittliche Ex-post-Realzins in
der Bundesrepublik Deutschland bei rund 3,5 Prozent. Dieser Wert sollte im Wachstumsgleichgewicht dem Nettogrenzprodukt des Kapitals entsprechen, das seinerseits
gleich $n+\rho$ ist. Die Zeitpräferenzrate sollte deshalb nicht größer als etwa 0,03 sein. Unserer Simulation liegt $\rho=0,01$ zugrunde. Die Produktionselastizität des Kapitals β ist
1/3 für die durchgezogen gezeichneten Zeitpfade und 2/3 für die gestrichelten Pfade.
Die Kapitalintensität im Zeitpunkt $t=0$ beträgt ein Viertel der Kapitalintensität des
Wachstumsgleichgewichts. Abbildung C.I.1.2 zeigt die Zeitpfade für die Kapitalintensität [als Bruchteil ihres stationären Wertes, $k(t)/k^*$], die Wachstumsrate des Einkommens $(dy/dt)/y$, die Sparquote s und die Nettorendite des Kapitals $f'(k)-\delta$.

Die Zeitreihen konvergieren relativ rasch, wenn die Kapitaleinkommensquote β
klein ist. Die Hälfte der Distanz zum Gleichgewicht ist nach weniger als 20 Jahren zurückgelegt. Wesentlich länger ist die Halbwertszeit für $\beta=2/3$. Gemessen an den empirischen Schätzungen impliziert das Ramsey-Modell deshalb wie das Solow- Modell eine
zu rasche Konvergenz, wenn Kapital wenig produktiv ist. Die Kapitaleinkommensquote $\beta=2/3$ und damit realistische Konvergenzzeiten können wir empirisch nur rechtfertigen, wenn wir den Kapitalbegriff über das Sachkapital hinaus auf Humankapital
ausweiten.

Die anfängliche Wachstumsrate des Pro-Kopf-Einkommens liegt für $\beta=1/3$ bei rund
3 Prozent pro Jahr. Sie fällt nach weniger als 20 Jahren auf unter 1 Prozent. Rekon-
struktionsphasen [siehe Abschnitt B.III.2] mit überdurchschnittlichen Wachstumsraten
vermag daher auch das Ramsey-Modell zu erklären. Allerdings fallen diese weniger
kräftig aus, wenn Kapital sehr produktiv ist.

Die Sparquote sinkt während der Anpassungsphase leicht von 30 auf 28 Prozent im
Fall $\beta=1/3$. Sie klettert von etwa 49 auf 54 Prozent für $\beta=2/3$. Die auffällig hohe Brut-
tosparquote im letzten Fall ist die Folge des breiteren Kapitalbegriffs. Demzufolge
müßten wir bspw. Ausgaben für die Schulbildung sowie die berufliche Aus- und Wei-
terbildung den Ersparnissen zurechnen.

Das Ramsey-Modell führt auf sehr hohe Nettoertragsraten des Kapitals für wenig
entwickelte Länder. Im Fall $\beta=1/3$ liegen sie bei rund 14 Prozent und damit um mehr

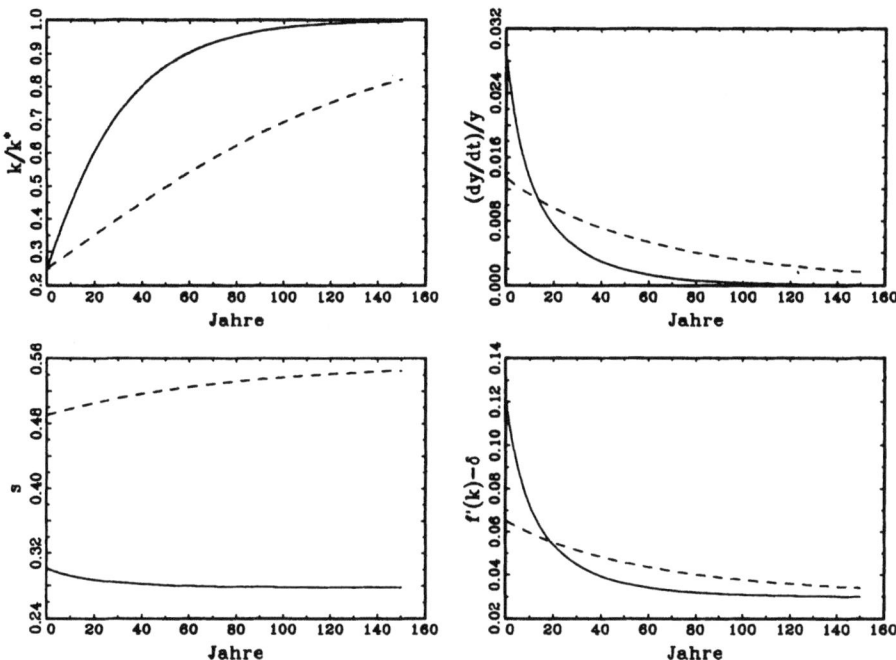

Abbildung C.I.1.2: Simulation des Ramsey-Modells

als das Dreifache über ihrem langfristigen Gleichgewichtswert. Entwicklungsländer müßten daher äußerst hohe Realzinsen haben, wofür es empirisch keine Belege gibt [KING und REBELO (1993)]. Auch in diesem Fall liefert das Ramsey-Modell für den breiteren Kapitalbegriff und damit für $\beta = 2/3$ realistischere Ergebnisse.

Ergebnis C.I.1.1: _____

a) Das Ramsey-Modell besitzt ein eindeutiges Wachstumsgleichgewicht. Der einzige Pfad, der zu diesem Wachstumsgleichgewicht führt, beschreibt eine intertemporale, pareto-optimale Allokation.

b) Die asymptotische Wachstumsrate der Wirtschaft entspricht der Wachstumsrate des Arbeitsangebots. Im Wachstumsgleichgewicht sind alle Pro-Kopf-Größen, die Faktorpreise und die Einkommensquoten der Produktionsfaktoren konstant.

c) Pro-Kopf-Einkommen, Kapitalintensität und Pro-Kopf-Konsum sind im Wachstumsgleichgewicht um so geringer, je größer die Zeitpräferenzrate ρ, die Wachstumsrate des Arbeitsangebots n und die Abschreibungsrate des Kapitals δ sind.

Ergänzung C.I.1.2: Formale Analyse des Ramsey-Modells

Optimalität

Das Planungsproblem (C.I.1.17) ist ein Kontrollproblem, das wir mit Hilfe von Satz E.IV.2.1 lösen können. Der Pro-Kopf-Konsum ist die Kontrollvariable, die Kapitalintensität die Zustandsvariable. Wir betrachten nur Lösungen, die im Inneren der Menge $\{(k, c): k, c > 0\}$ liegen. Die Momentanwert-Hamiltonfunktion des Problems lautet:

$$\bar{H} = \psi_0 u(c) + \psi[f(k) - c - (n + \delta)k].$$

Die Matrix aus der Rangbedingung (E.IV.2.20) ist in unserem Fall $d[f(k)-c-(n+\delta)k]/dc=-1$, so daß die Bedingung erfüllt ist, und $\psi_0=1$ gesetzt werden darf. Die notwendige Bedingung für ein Maximum von H bezüglich c lautet:

$$H_c = u'(c) - \psi = 0. \tag{i}$$

Da $u(\bullet)$ streng konkav in c ist, $u''(\bullet)<0$, ist auch die hinreichende Bedingung für ein Maximum erfüllt. Die Gleichung für den Schattenpreis des Kapitals ist:

$$\psi - \rho\psi = -\bar{H}_k = n + \delta - f'(k). \tag{ii}$$

Wenn wir (i) nach der Zeit t ableiten und das Ergebnis durch $u'(c) = \psi$ teilen, erhalten wir:

$$\frac{u''(c)}{u'(c)}\dot{c} = \frac{\dot{\psi}}{\psi}.$$

Mit Hilfe von (ii) können wir aus dieser Gleichung $\dot{\psi}/\psi$ eliminieren und erhalten die Keynes-Ramsey-Regel:

$$\dot{c} = \frac{c}{\eta}[f'(k) - \delta - n - \rho], \quad \eta := -\frac{u''(c)}{u'(c)}c.$$

Der Schattenpreis des Kapitals muß positiv sein, wenn der Grenznutzen $u'(c)$ des Konsums stets positiv ist. In diesem Fall ist die Hamiltonfunktion eine positive Linearkombination aus der streng konkaven Nutzenfunktion $u(c)$ und der ebenfalls streng konkaven Produktionsfunktion $f(k)$. Nach Satz E.I.2.b) ist die Hamiltonfunktion deshalb konkav, so daß natürlich auch die maximierte Hamiltonfunktion konkav ist.

Wir müssen nun noch ausschließen, daß alle Zeitpfade, die nicht zum Wachstumsgleichgewicht streben, optimal sind. Dazu betrachten wir das Phasendiagramm in Abbildung C.I.1.1. Entlang eines Zeitpfades, der oberhalb des Wachstumsgleichgewichts und links des Sattelpfades beginnt, sinken zunächst k und c. Da er den Sattelpfad nicht kreuzen kann [das folgt aus der Eindeutigkeit der Lösung eines Differentialgleichungssystems] wird er schließlich die $\dot{c} = 0$ Linie kreuzen, so daß bei weiter sinkender Kapitalintensität nun der Pro-Kopf-Konsum steigt. In den Bereich $(\dot{k} < 0, \dot{c} > 0)$ streben auch die Zeitpfade, die unterhalb des Wachstumsgleichgewichts links vom Sattelpfad starten. Wir zeigen nun, daß jeder Zeitpfad aus dem Bereich $(\dot{k} < 0, \dot{c} > 0)$ in begrenzter Zeit den Kapitalstock auf Null reduziert. Dazu differenzieren wir Gleichung C.I.1.15 nach der Zeit,

$$\frac{d\dot{k}}{dt} = \ddot{k} = [f'(k) - \delta - n]\dot{k} - \dot{c}.$$

Links der $\dot{c} = 0$ Linie ist $f'(k) > \delta + n + \rho$. Außerdem ist $\dot{c} > 0$, so daß $\ddot{k}$ negativ ist und folgende Ungleichung im gesamten Bereich $(\dot{k} < 0, \dot{c} > 0)$ gilt:

$$\ddot{k} < \rho\dot{k}.$$

Nach zweimaligem Integrieren dieser Ungleichung folgt:

$$k(T) = \dot{k}(0)\frac{1}{\rho}\left[e^{\rho T} - 1\right] + k(0).$$

Aus $\dot{k}(0)<0$ und $k(0)>0$ folgt dann, daß es ein $T<\infty$ gibt, so daß $k(T)=0$. Da bei einem Kapitalstock von Null auch Produktion und Konsum Null sind, müßte zu diesem Zeitpunkt der Konsum auf Null fallen. Die damit verbundene Unstetigkeit des Schattenpreises des Kapitals verstößt aber gegen Satz E.IV.2.1, wonach der Schattenpreis eine stetige Funktion der Zeit ist.

Betrachten wir nun Zeitpfade, die rechts des Sattelpfades starten. Sie streben asymptotisch gegen $k^{\max}$. Der Gegenwartswert des Kapitalstocks entlang eines solchen Pfads ist

$$e^{-\rho t}\psi(t)k(t) = \psi(0)e^{(\delta + n - \bar{r}(t))t}k(t), \quad \bar{r}(t) := \frac{1}{t}\int_0^t f'(k(s))\,ds,$$

wobei die zweite Gleichsetzung aus der Rückwärtslösung der Differentialgleichung (ii) folgt. Da rechts der $\dot{c}=0$ Linie $f'(k)<\delta+n+\rho$ ist, wird der Gegenwartswert des Kapitalstocks pro Kopf für $t\to\infty$ unendlich groß, so daß das damit verbundene Konsumprofil auch die Budgetrestriktion nicht ausschöpft, d.h. Bedingung (C.I.1.11) verletzt. Andererseits strebt der Gegenwartswert des Kapitals pro Kopf entlang des Sattelpfades gegen Null. Alle Zeitpfade, die gegen $k^{\max}$ streben, verletzen damit die Transversalitätsbedingung

$$\lim_{t\to\infty} e^{-\rho t}\psi(t)\Big[k(t) - \bar{k}(t)\Big] \geq 0.$$

Der Sattelpfad erfüllt daher die notwendigen und hinreichenden Bedingungen des Satzes E.IV.2.1.

Konvergenzgeschwindigkeit

Um die Dynamik des Ramsey-Modells in der Nähe des Wachstumsgleichgewichts zu betrachten, linearisieren wir die beiden Gleichungen

$$\frac{\dot{c}}{c} =: h(c, k) = \frac{1}{\eta}\Big(f'(k) - \delta - n - \rho\Big),$$

$$\frac{\dot{k}}{k} =: g(c, k) = \frac{f(k) - c}{k} - (\delta + n)$$

an der Stelle (k^*, c^*) [die logarithmisch-lineare Approximation einer Einzelgleichung besprechen wir ausführlich in Ergänzung B.I.2.2]:

$$\begin{bmatrix} \dfrac{\dot{c}}{c} \\[2mm] \dfrac{\dot{k}}{k} \end{bmatrix} = \begin{bmatrix} 0 & \dfrac{f''(k^*)k^*}{\eta} \\[2mm] -\dfrac{c^*}{k^*} & \rho \end{bmatrix} \begin{bmatrix} \dfrac{c-c^*}{c^*} \\[2mm] \dfrac{k-k^*}{k^*} \end{bmatrix} \qquad (iii)$$

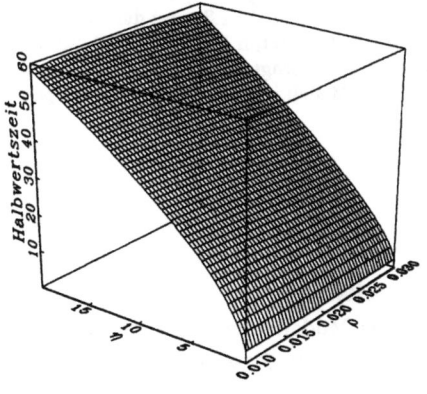

Abbildung C.I.1.3: Halbwertszeiten im Ramsey-Modell

Wenn wir von einer Cobb-Douglas-Funktion $y=k^\beta$ ausgehen, ist

$$k^* = \left[\frac{\delta + n + \rho}{\beta}\right]^{\frac{1}{\beta-1}}, \quad f''(k^*)k^* = (\beta-1)(\delta + n +\rho), \quad -\frac{c^*}{k^*} = -\frac{\rho + (n+\delta)(1-\beta)}{\beta}.$$

Mit Hilfe der Näherungen $\ln(x/x^*)=(x-x^*)/x^*$ und $d\ln(x/x^*)/dt=\dot{x}/x$ können wir (iii) in diesem Fall umschreiben zu:

$$
\begin{bmatrix} \dfrac{d\ln(c/c^*)}{dt} \\[2mm] \dfrac{d\ln(k/k^*)}{dt} \end{bmatrix} = \begin{bmatrix} 0 & (\beta-1)(\delta+n+\rho)/\eta \\[2mm] -(\rho+(1-\beta)(n+\delta))/\beta & \rho \end{bmatrix} \begin{bmatrix} \ln(c/c^*) \\[2mm] \ln(k/k^*) \end{bmatrix} . \tag{iv}
$$

Die Determinante der Jacobimatrix von (iv) lautet:

$$
\det J := \big(\rho+(1-\beta)(\delta+n)\big)(\beta-1)(\delta+n+\rho)/\beta\eta .
$$

Sie ist wegen $0<\beta<1$ eindeutig negativ, so daß das Wachstumsgleichgewicht ein Sattelpunkt ist. Die Lösung des linearen Systems (iv) für die Kapitalintensität ist nach (E.III.3.3)

$$
\ln(k(t)/k^*) = a_1 e^{\lambda_1 t} + a_2 e^{\lambda_2 t},
$$

mit den noch unbestimmten Koeffizienten a_1 und a_2 und den Wurzeln der charakteristischen Gleichung

$$
\lambda_{1,2} = \frac{\rho}{2} \pm \frac{1}{2}\sqrt{\rho^2 - 4\det J} . \tag{v}
$$

Eine der Wurzeln, λ_1, ist positiv und größer als ρ. Die andere Wurzel, λ_2, ist negativ. Die Kapitalintensität konvergiert daher nur, wenn der Koeffizient $a_1=0$ gewählt wird. a_2 folgt dann aus dem gegebenen $k(0)$. Die Lösung ist mithin:

$$
\ln(k(t)/k^*) = \ln(k(0)/k^*)e^{\lambda_2 t}, \quad \lambda_2 < 0 .
$$

Wegen $\ln(y/y^*)=\beta\ln(k/k^*)$, bestimmt λ_2 auch die Konvergenzgeschwindigkeit des Pro-Kopf-Einkommens. Abbildung C.I.1.3 zeigt die Halbwertszeit als Funktion von η und ρ für $\beta=1/3$ und $\delta+n=0,05$. In dem betrachteten Intervall $\eta\in(0, 20]$ und $\rho\in[0,01, 0,03]$ ist nur der Einfluß der Grenznutzenelastizität ausgeprägt. Empirisch plausible Halbwertszeiten von rund 30 bis 40 Jahren impliziert das Ramsey-Modell nur für kleine intertemporale Substitutionselastizitäten von $1/\eta<0,1$.

2. Das Generationenmodell

Modellstruktur

Das Modell überlappender Generationen geht auf Arbeiten von MAURICE ALLAIS (1947), PAUL SAMUELSON (1958) und PETER DIAMOND (1965) zurück. Es stilisiert den Lebenszyklus in zwei Phasen. Die Jugend ist die Erwerbsphase, das Alter die Rentenphase. Jeder Haushalt lebt daher für zwei Perioden und in jeder Periode existiert gleichzeitig eine junge und eine alte Generation. In jeder Periode t wird eine Generation Junger geboren, und am Ende der Periode scheidet die alte Generation aus dem Leben. Die Jungen [wir bezeichnen damit - geschlechtsneutral - Mitglieder der jungen Generation] arbeiten und sparen. Aus ihren Ersparnissen finanzieren sie den Konsum im Alter. Tabelle C.I.2.1 zeigt die Kreislaufzusammenhänge [die Superskripte s und d bezeichnen Angebots- bzw. Nachfragepläne].

Das Einkommen der Jungen besteht nur aus Löhnen $w_t N_t^s$. Sie erwerben damit Konsumgüter $P_t C_{1t}^d$ und legen den Rest in Sachkapital K_{t+1} an. Die Ersparnisse der Alten aus ihrer Jugendzeit bilden den Kapitalstock der Periode t. Ihr Einkommen besteht aus den Nutzungsentgelten für Kapitalleistungen $r_t K_t^s$, Unternehmensgewinnen Π und dem Erlös aus dem Verkauf der nach Abzug der Abschreibungen $\delta P_t K_t$ verbliebenen Kapitalgüter, $P_t(1-\delta)K_t$. Sie verbrauchen ihr gesamtes Einkommen. Ihre geplanten Konsumausgaben haben wir mit $P_t C_{2t}^d$ bezeichnet.

Tabelle C.I.2.1

	Zuflüsse		Abflüsse
Junge	$w_t N_t^s$	$=$	$P_t C_{1t}^d + P_t K_{t+1}$
Alte	$r_t K_t^s + P_t(1-\delta)K_t + \Pi$	$=$	$P_t C_{2t}^d$
Unternehmen	$P_t Y_t^s$	$=$	$w_t N_t^d + r_t K_t^d + \Pi$
Gesamtwirt-schaft	$w_t\left[N_t^s - N_t^d\right] + r_t\left[K_t^s - K_t^d\right] + P_t\left[Y_t^s + (1-\delta)K_t - C_{1t}^d - C_{2t}^d - K_{t+1}\right] = 0$		

Die letzte Zeile von Tabelle C.I.2.1 deckt auf, daß auch dieses Modell den üblichen Freiheitsgrad besitzt, denn die Summe der Überschußangebote auf dem Arbeitsmarkt, dem Markt für Kapitalleistungen und dem Gütermarkt ist Null. Das Güterangebot besteht aus den neu produzierten Gütern Y_t^s und den verbliebenen Kapitalgütern. Die Güternachfrage setzt sich aus der Konsumnachfrage der Jungen und der Alten sowie der Nachfrage der Jungen nach Realkapital zusammen. Wir normieren die Güterpreise auf Eins [$P_t = 1$ für alle t] und bestimmen den Reallohn und die reale Mietrate für Sachkapitalleistungen aus den Gleichgewichtsbedingungen der betreffenden Märkte. Zunächst betrachten wir aber das Entscheidungsproblem eines repräsentativen Mitglieds der jungen Generation. Wir verwenden Kleinbuchstaben für alle Größen, die sich auf dieses Mitglied beziehen, und Großbuchstaben für gesamtwirtschaftliche Größen.[10]

Der optimale Konsumplan

Jeder Junge bietet eine Einheit Arbeit an und erhält dafür w_t Gütereinheiten Lohn. Davon konsumiert er c_{1t} und spart $s_t = w_t - c_{1t}$. Die Ersparnis investiert er in Realkapital, das in der nächsten Periode eine Nettorendite von $r_{t+1} - \delta$ erzielt. Sein Konsum im Alter ist daher $c_{2t+1} = (1 + r_{t+1} - \delta)s_t$. Der Lebensnutzen des Jungen sei wie im Ramsey-Modell die Summe der abdiskontierten momentanen Nutzen $u(c)$.

---

10 Achten Sie bitte darauf, daß in diesem Modell Pro-Kopf-Größen nicht mit den auf die Zahl der Jungen bezogenen Größen identisch sind. Bei N_{t-1} Alten und $N_t = (1+n)N_{t-1}$ Jungen in der Periode t, leben $L_t = (2+n)N_{t-1}$ Personen in dieser Periode, von denen nur N_t arbeiten. Die Erwerbsquote ist daher $(1+n)/(2+n)$.

Die auf die Periode mit einer Länge von Eins bezogene Zeitpräferenzrate bezeichnen wir mit θ:

$$U(c_{1t}, c_{2t+1}) := u(c_{1t}) + \frac{1}{1+\theta} u(c_{2t+1}), \; \theta > 0. \qquad \text{(C.I.2.1)}$$

Der momentane Nutzen $u(\cdot)$ sei wiederum eine streng konkave Funktion [d.h. $u'(\cdot) > 0$ und $u''(\cdot) < 0$] des Konsums.

Bei gegebenem Lohn und gegebener Kapitalrendite ist der Lebensnutzen nur eine Funktion der Ersparnis. Die nutzenmaximale Ersparnis erfüllt folgende notwendige Bedingung:

$$\frac{u'(c_{1t})}{u'(c_{2t+1})} = \frac{1 + r_{t+1} - \delta}{1 + \theta}. \qquad \text{(C.I.2.2)}$$

Danach entspricht die Grenzrate der Substitution zwischen dem Konsum im Alter und dem in der Jugend, $(1+\theta)u'(c_{1t})/u'(c_{2t+1})$, der Rate, mit der die Kaufkraft aus der Gegenwart in die Zukunft transferiert werden kann, $1+r_{t+1}-\delta$. Diese Bedingung bestimmt die Ersparnis als Funktion der Kapitalrendite und des Lohnes:

$$s_t = s(w_t, r_{t+1}). \qquad \text{(C.I.2.3)}$$
$$+ \quad ?$$

Der Zusammenhang zwischen Lohn und Ersparnis ist eindeutig positiv. Offen ist indes der Einfluß der Verzinsung auf die Ersparnis: Mit dem Zins steigt das Lebenseinkommen. Wenn der Konsum in der Jugend ein normales Gut ist, sinkt die Ersparnis. Diesem Einkommenseffekt steht ein gegenläufiger Substitutionseffekt gegenüber: Mit dem Zins verteuert sich der Konsum in der Jugend, so daß die Ersparnis zunimmt. Der Substitutionseffekt dominiert den Einkommenseffekt, wenn die Grenznutzenelastizität $-\eta$ der Funktion $u(c)$ an der Stelle des Optimums dem Betrag nach kleiner als Eins ist [siehe Ergänzung C.I.2.1]. Wenn die Grenznutzenelastizität konstant ist, wie im Fall der Funktion (C.I.1.6), lautet die Konsumfunktion eines Jungen

$$c_{1t} = w_t \left[1 + \frac{(1 + r_{t+1} - \delta)^{(1-\eta)/\eta}}{(1+\theta)^{1/\eta}} \right]^{-1}. \qquad \text{(C.I.2.4)}$$

Zeitpfade der Kapitalakkumulation

Lohn und Zins werden wie im Ramsey-Modell durch das Gleichgewicht auf dem Markt für Arbeit und Kapitaldienstleistungen gebildet: Der Lohn entspricht dem Grenzprodukt der Arbeit, die Kapitalrendite dem Grenzprodukt des Kapitals:

$$w_t = f(k_t) - f'(k_t)k_t,$$

(C.I.2.5)

$$r_t = f'(k_t),$$

wobei $f(k_t):=Y_t/N_t$ das Durchschnittsprodukt der Arbeit und $k_t:=K_t/N_t$ die Kapital-intensität sind. Die Bevölkerung wächst mit der Rate $n\geq0$, so daß $N_{t+1}=(1+n)N_t$ die Anzahl der Jungen in der Periode $t+1$ ist. Am Ende einer Periode besitzen die Jungen den gesamten Kapitalstock der Wirtschaft, den sie von den Alten im Tausch gegen Konsumgüter erworben haben. Das Gleichgewicht auf dem Gütermarkt impliziert deshalb, daß die Ersparnis aller Jungen $N_t s(w_t, r_{t+1})$ dem für die nächste Periode zur Verfügung stehenden Kapital, K_{t+1}, entspricht [siehe Tabelle C.I.2.1]:

$$K_{t+1} = N_t s(w_t, r_{t+1}),$$

woraus nach Division mit N_{t+1} und unter Berücksichtigung von (C.I.2.5)

$$k_{t+1} = \frac{1}{1+n} s(f(k_t) - f'(k_t)k_t, f'(k_{t+1}))$$

(C.I.2.6)

folgt. Diese Funktion bestimmt den Zeitpfad der Wirtschaft.

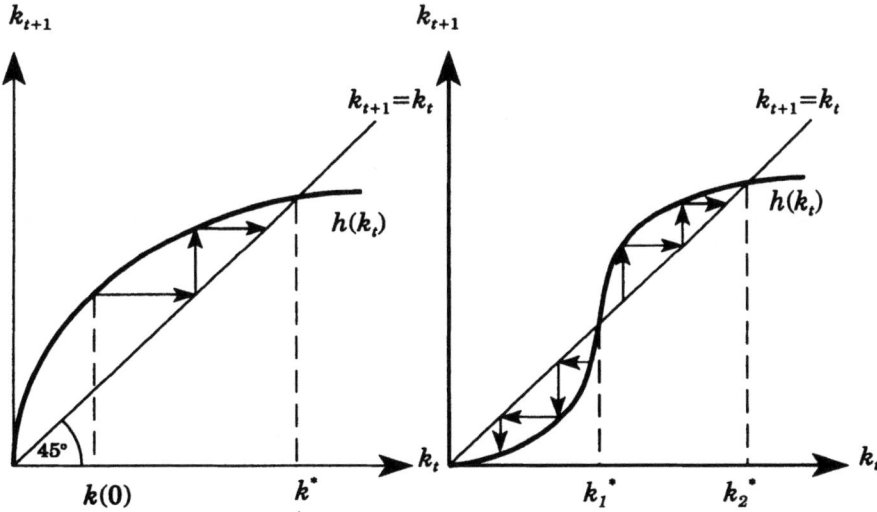

Abbildung C.I.2.1: Alternative Pfade der Kapitalakkumulation im Modell überlappender Generationen

Sie definiert implizit die Kapitalintensität der nächsten Periode als Funktion der Kapitalintensität der Gegenwart, $k_{t+1}=h(k_t)$. Abbildung C.I.2.1 zeigt zwei mögliche

Verläufe des Graphen der Funktion h. Im linken Bild gibt es ein stationäres Gleichgewicht, dem die Wirtschaft von jeder Anfangsposition aus zustrebt. Das rechte
Bild zeigt drei stationäre Gleichgewichte, eines im Ursprung, eines bei k_1^* und
eines bei k_2^*. Das mittlere Gleichgewicht k_1^* ist instabil und bildet eine Entwicklungsschwelle. Entweder schrumpft die Wirtschaft oder sie strebt dem Wachstumsgleichgewicht bei k_2^* zu. Der im rechten Bild gezeigte Graph von h ist zu erwarten,
wenn bei hoher Kapitalrendite [d.h. wegen $f''(k) < 0$ bei niedriger Kapitalausstat-
tung] der Substitutionseffekt einer Zinsänderung den Einkommenseffekt dominiert,
aber bei niedrigen Renditen an Einfluß verliert [siehe Ergänzung C.I.2.1]. Eine
Wirtschaft mit geringer Kapitalausstattung, d.h. $k(0)$ ist im Intervall $[0, k_1^*]$, spart
dann zu wenig, um ihren Kapitalstock aufrechterhalten zu können. Sie schrumpft
unweigerlich. Nur ein exogener Entwicklungsschub, der ihre Kapitalausstattung
über k_1^* anhebt, initiiert einen Wachstumsprozeß, der infolge des sinkenden Grenzprodukts des Kapitals schließlich bei k_2^* zum Erliegen kommt.

Ergänzung C.I.2.1: Eigenschaften der Sparfunktion im Generationenmodell

Wir wollen im folgenden die Eigenschaften der Sparfunktion (C.I.2.3) und des daraus erwachsenden Zeitpfades der Kapitalakkumulation näher analysieren. Zur Vereinfachung der Schreibweise
lassen wir alle Zeitindizes weg. Beim Lohneinkommen w und einem Konsum in der Jugend von c
spart ein Haushalt $s = w-c$ in seiner ersten Lebenshälfte. Sein Konsum im Alter ist demnach $s(1+r-\delta)$. Damit können wir das Nutzenmaximierungsproblem wie folgt formulieren:

$$\max_s u(w - s) + \frac{1}{1+\theta}u((1+r-\delta)s). \tag{i}$$

Die notwendige Bedingung für ein Nutzenmaximum ist:

$$u'(w - s) - \frac{1+r-\delta}{1+\theta}u'((1+r-\delta)s) =: g(s, w, r) = 0. \tag{ii}$$

Daraus können wir mit Hilfe von Satz E.II.1 $[g(\bullet)$ steht für $f^{1}(\bullet)]$ die partiellen Ableitungen der
Sparfunktion berechnen. Die Determinante der Jacobimatrix $g_s(\bullet)$ ist im vorliegenden Fall:

$$\Delta := -u''(w - s) - \frac{(1+r-\delta)^2}{1+\theta}u''((1+r-\delta)s) > 0. \tag{iii}$$

Sie ist positiv, weil u streng konkav ist, d.h. $u''(\bullet) < 0$. Für $-g_w$ und $-g_r$ erhalten wir:

$$-g_w = -u''(w - s) > 0,$$

$$-g_r := \frac{u'((1+r-\delta)s)}{1+\theta}(1-\eta), \quad \eta := -\frac{u''((1+r-\delta)s)(1+r-\delta)}{u'((1+r-\delta)s)} > 0. \tag{iv}$$

Somit lauten die partiellen Ableitungen der Sparfunktion:

$$s_w := \frac{\partial s}{\partial w} = \frac{-g_w}{g_s} = -\frac{u''(w - s)}{\Delta} > 0,$$

$$s_r := \frac{\partial s}{\partial r} = \frac{-g_r}{g_s} = -\frac{g_r}{\Delta} ?.$$

Das Vorzeichen von g_r hängt vom Betrag der Grenznutzenelastizität an der Stelle des Nutzenma-
ximums ab. Diese entspricht, wie wir aus dem Ramsey-Modell wissen [siehe Ergänzung C.I.1.1] dem

Kehrwert der intertemporalen Substitutionselastizität. Wenn daher die Bereitschaft, Konsum zwischen den Perioden zu substituieren, groß ist, $1/\eta > 1$, dominiert der Substitutionseffekt den Einkommenseffekt.

Die Steigung der von Gleichung (C.I.2.6) definierten Funktion $k_{t+1} = h(k_t)$ berechnen wir ebenfalls mit Hilfe von Satz E.II.1. Das Ergebnis lautet:

$$\frac{dk_{t+1}}{dk_t} = \frac{-f''(k_t)k_t s_w(k_t, k_{t+1})}{1 + n - s_r(k_t, k_{t+1})f''(k_{t+1})}.$$

In diesem Ausdruck spiegeln sich zwei möglicherweise gegenläufige Effekte: Je größer die Kapitalintensität in der Periode t ist, desto höher ist der Reallohn und damit die Ersparnis. Dieser Effekt begründet den positiven Zusammenhang zwischen k_t und k_{t+1}. Je größer andererseits die Kapitalintensität in der Periode $t+1$ sein wird, desto niedriger sind die Zinsen, die ihrerseits die Sparentscheidung in der Periode t beeinflussen. Falls der Einkommenseffekt dominiert, sparen die Haushalte ceteris paribus infolge der höheren künftigen Kapitalintensität mehr. Der Kapitalstock in der Periode t kann daher niedriger ausfallen. Dieser Effekt begründet den negativen Zusammenhang zwischen k_t und k_{t+1}. Nur wenn der Substitutionseffekt durchgängig den Einkommenseffekt dominiert, s_r mithin größer als Null ist, hat $h(k_t)$ eindeutig eine positive Steigung.

Dynamische Effizienz

Eine Allokation heißt *dynamisch effizient* oder auch intertemporal optimal, wenn es durch eine Umverteilung der Ressourcen nicht möglich ist, den Nutzen eines Mitglieds einer Generation zu erhöhen, ohne gleichzeitig den Nutzen eines Mitglieds dieser oder einer anderen Generation zu vermindern.

Nehmen wir an, die oben beschriebene Wirtschaft besitze ein eindeutiges und stabiles stationäres Gleichgewicht bei k^*. Wenn die Nettorendite des Kapitals $r^*-\delta = f'(k^*)-\delta$ in diesem Gleichgewicht kleiner ist als die Wachstumsrate der Bevölkerung n, dann ist die intertemporale Allokation nicht dynamisch effizient.[11]

Eine einfache Überlegung mag diesen Zusammenhang erläutern: Wir betrachten eine Umverteilung des Konsums und berücksichtigen, daß im stationären Gleichgewicht jede Generation denselben Konsumplan (c_1, c_2) wählt: Ab der Periode T verzichten jeweils die Jungen auf Konsum in Höhe von τ zugunsten der Alten. Deren Konsum nimmt damit um $(1+n)\tau$ zu. Der Lebensnutzen jeder Generation beträgt damit $u(c_1-\tau)+u(c_2+(1+n)\tau)/(1+\theta)$. Die marginale Nutzenänderung an der Stelle $\tau=0$ ist

$$-u'(c_1) + \frac{u'(c_2)(1+n)}{(1+\theta)},$$

und ist für $r^*-\delta < n$ positiv, wie man nach Ersetzen von $-u'(c_1)$ mit Hilfe von (C.I.2.2) prüfen kann. Damit ist diese Situation pareto-superior zum Konkurrenzgleichgewicht. Dieses Ergebnis hängt allerdings von der Annahme ab, die Wirtschaft als ganze ende niemals. Bricht nämlich die Umverteilungskette im Zeitpunkt $T+\Delta$ ab, wird der

---

11 Sie werden bemerkt haben, daß $f'(k^*)=n+\delta$ die Goldene Regel der Kapitalakkumulation ist, die im vorliegenden Modell einen maximalen Konsum je Arbeiter sichert.

Nutzen der dann lebenden Jungen vermindert, ohne daß diese noch einen Ausgleich in der nächsten Periode erwarten können. Ihr Nutzen würde folglich sinken, das Konkurrenzgleichgewicht wäre dynamisch effizient.

Eine Volkswirtschaft, deren Nettoertragsrate des Kapitals $f'(k^*)$-δ geringer ist als die Wachstumsrate der Bevölkerung n, spart mithin zuviel. Die Produktivitätszuwächse, die mit einer Erhöhung des Kapitalstocks einhergehen, sind geringer als die Ressourcen, die nötig sind, um die Neugeborenen mit Kapital auszustatten. Eine Verminderung des Kapitalstocks erhöht die Konsummöglichkeiten.

Wie wahrscheinlich ist es, daß eine Wirtschaft zuviel spart? Um eine gewisse Vorstellung davon zu geben, betrachten wir ein einfaches Beispiel. Dazu unterstellen wir eine Grenznutzenelastizität von $-\eta=1$ und eine Cobb-Douglas-Produktionstechnik $y=k^\beta$. Aus Gleichung (C.I.2.4), $s_t=w_t$-c_t und den beiden Gleichungen (C.I.2.5) folgt die Ersparnis eines Jungen als $s_t=w_t/(2+\theta)=(f(k)-f'(k)k)/(2+\theta)$. Die Kapitalintensität in einem Wachstumsgleichgewicht finden wir als Lösung von

$$k^* = \frac{s(k^*, k^*)}{1+n} = \frac{1-\beta}{(1+n)(2+\theta)}(k^*)^\beta.$$

Mit Hilfe von k^* können wir die Nettorendite des Kapitals im Wachstumsgleichgewicht berechnen. Aus der Ungleichung $\beta(k^*)^{\beta-1}-\delta<n$ können wir einen Schwellenwert für die Produktionselastizität des Kapitals bestimmen, ab dem die Wirtschaft zuviel Kapital bildet:

$$\beta < \frac{n+\delta}{(n+\delta)+(1+n)(2+\theta)}.$$

Welche Werte sind für Parameter auf der rechten Seite dieser Gleichung realistisch? Zunächst müssen Sie sich klar machen, daß die Periodenlänge im Generationenmodell die Hälfte der durchschnittlichen Lebenserwartung ist, die in westlichen Industrieländern etwa 60 bis 70 Jahre beträgt. Eine jährliche Wachstumsrate von x Prozent entspricht einer Wachstumsrate von $(1+x)^{30}$-1 bezogen auf einen Zeitraum von 30 Jahren. In Westdeutschland ist die Zahl der Erwerbspersonen von 1960 bis 1993 im Durchschnitt um 0,47 Prozent gewachsen. Die durchschnittliche Abschreibungsrate im Zeitraum 1960 bis 1992 ist etwa 2,5 Prozent [siehe S. 47]. Wenn wir nun noch eine jährliche Zeitpräferenzrate von einem Prozent annehmen, so erhalten wir folgende Parameterwerte: n=0,15, δ=0,53 und θ=0,35. Der Schwellenwert für β ist dann rund 0,20. Er liegt unter der Kapitaleinkommensquote der westdeutschen Wirtschaft. Für eine jährliche Zeitpräferenzrate von 2 Prozent ist der Schwellenwert rund 0,17. Selbst wenn wir die Periodenlänge des Generationenmodells mit 35 Jahren ansetzen, erhalten wir nur geringfügig größere kritische Werte für β. Sie liegen bei rund 0,21 bzw. 0,18, je nach Größe der jährlichen Zeitpräferenzrate. Gemessen an diesen Zahlenbeispielen ist eine Überakkumulation wenig wahrscheinlich.

Vererbung und Bezug zum Ramsey-Modell

Wir wollen nun die Möglichkeit berücksichtigen, der nachfolgenden Generation eine Erbschaft zu hinterlassen. Um dies zu motivieren, berücksichtigen wir den Lebensnutzen der Kinder in der Nutzenfunktion der Eltern:

$$U_t = u(c_{1t}) + \frac{1}{1+\theta} u(c_{2t+1}) + \frac{1}{1+\rho} U_{t+1}, \qquad \text{(C.I.2.7)}$$

wobei ρ die Diskontrate für den Nutzen der Kinder ist. Der Konsum eines Jungen, der z_t erbt und plant, $(1+n)z_{t+1}$ zu vererben, ist

$$c_{1t} = w_t + z_t - s_t ,$$
$$c_{2t+1} = (1 + r_{t+1} - \delta)s_t - (1+n)z_{t+1} . \qquad \text{(C.I.2.8)}$$

Wenn man berücksichtigt, daß $U_{t+1} = u(c_{1t+1}) + u(c_{2t+2})/(1+\theta) + U_{t+2}/(1+\rho)$ ist, führt die Maximierung von (C.I.2.7) durch die Wahl von s_t und z_{t+1} unter der Nebenbedingung $z_{t+1} \geq 0$ auf folgende notwendige Bedingungen [siehe Satz E.IV.1.1]:

$$u'(c_{1t}) = \frac{1 + r_{t+1} - \delta}{1+\theta} u'(c_{2t+1}),$$
$$0 = \left[u'(c_{2t+1}) - \frac{1+\theta}{(1+n)(1+\rho)} u'(c_{1t+1}) \right] z_{t+1} . \qquad \text{(C.I.2.9)}$$

Die erste dieser Bedingungen entspricht (C.I.2.2) und steuert die Allokation des Konsums zwischen Jugend und Alter. Die zweite bestimmt das Ausmaß der Vererbung. Falls das Vererbungsmotiv wirksam ist, $z_{t+1} > 0$, entspricht der Grenznutzen des Konsums der Eltern im Alter dem mit dem Faktor $(1+\theta)/(1+n)(1+\rho)$ gewichteten Grenznutzen der Kinder in der Jugend. In diesem Fall führt das Generationenmodell zum selben Wachstumsgleichgewicht wie das Ramsey-Modell: In einem stationären Zustand wählt jede Generation denselben Konsumplan, so daß aus (C.I.2.9) und $f'(k^*) = r^*$ für den stationären Pro-Kopf-Kapitalstock

$$1 + f'(k^*) - \delta = (1+n)(1+\rho) \quad \Rightarrow \quad f'(k^*) = n + \delta + \rho + \rho n \qquad \text{(C.I.2.10)}$$

folgt. Nur der Term ρn unterscheidet diese Bedingung von derjenigen, die im Ramsey-Modell den Kapitalstock im Wachstumsgleichgewicht bestimmt. Dieser Term ist indes nur das Ergebnis der Tatsache, daß wir im Ramsey-Modell die Zeit als stetige, im Generationenmodell aber als diskrete Variable betrachtet haben.

Aus Gleichung (C.I.2.10) können wir ablesen, daß der Altruismus der Eltern gegenüber ihren Kindern eine Überakkumulation verhindert. Der Lebensnutzen der Eltern umfaßt den ihrer Kinder und über deren Kinder den ihrer Enkel und aller weiteren Nachkommen. Der Planungszeitraum der Elterngeneration erstreckt sich deshalb über die eigene Lebensspanne hinaus bis in die unendlich ferne Zukunft.[12]

Ergebnis C.I.2.1: _____

Das Generationenmodell kann mehrere Wachstumsgleichgewichte besitzen. In diesem Fall liegt zwischen zwei stabilen Gleichgewichten jeweils ein instabiles.

In einem eindeutigen Wachstumsgleichgewicht ist die Allokation dynamisch ineffizient, wenn die Wachstumsrate der Bevölkerung größer ist als die Nettorendite des Sachkapitals.

Wenn es im Generationenmodell ein wirksames Vererbungsmotiv gibt, dann entspricht die Allokation im Wachstumsgleichgewicht des Generationenmodells derjenigen des Ramsey-Modells.

---

3. Das Modell der ewigen Jugend

Modellstruktur

Die Bedeutung individuell begrenzter Zeithorizonte für die Allokation der Ressourcen werden wir nun in einem weiteren Modell herausarbeiten, welches das Ramsey-Modell als Spezialfall enthält. Das Modell ist ein zeitkontinuierliches Modell, in dem Personen unterschiedlichen Alters gleichzeitig leben. Es verbindet den Vorteil der analytisch einfacheren Struktur zeitkontinuierlicher Modelle mit dem Grundgedanken der Generationenmodelle. Das Modell geht auf eine Arbeit von OLIVIER BLANCHARD (1985) zurück und wurde von WEIL (1989) erweitert. Varianten dieses Modells finden Sie bei BLANCHARD und FISCHER (1989), S. 115-126, sowie bei BARRO und SALA-I-MARTIN (1995), S. 110-116. Wir entwickeln hier eine weitere Variante, die eine wachsende Bevölkerung und die Möglichkeit der Vererbung berücksichtigt.

Stellen Sie sich zunächst noch vor, die Zeit wäre in Perioden mit fester Länge $h > 0$ eingeteilt. In jeder Periode t wird eine Generation von Individuen geboren. Die Wahrscheinlichkeit zu sterben, ist für jedes Individuum unabhängig von seinem Lebensalter und gleich $p(h) \in [0, 1]$ in jeder Periode. In dieser Hinsicht bleiben sie ewig jung, wenngleich ihr Leben doch begrenzt ist. Die Wahrscheinlichkeit, daß ein in der Periode j

---

12   Die formale Äquivalenz mit der Zielfunktion des Ramsey-Modells tritt zutage, wenn wir aus der Nutzenfunktion der Elterngeneration in der Periode t durch fortgesetzte Substitution den Term U_{t+1} eliminieren. Dazu definieren wir $\bar{u}(\bar{c}_t) := u(c_{1t}) + u(c_{2t+1})/(1+\theta)$, verschieben den Zeitindex in Gleichung (C.I.2.7) um Eins in die Zukunft und ersetzen U_{t+1} in Gleichung (C.I.2.7) durch das Ergebnis dieser Operation. Nach diesem Prinzip können wir auch U_{t+2} und alle weiteren U_{t+s}, $s = 1, 2, ...$, aus der Nutzenfunktion entfernen. Schließlich erhalten wir:

$$U_t = \sum_{s=t}^{\infty} \bar{u}(\bar{c}_s)(1+\rho)^{-(s-t)}.$$

Geborener nach $s=t\text{-}j$ Perioden noch lebt, ist das s-fache Produkt der Wahrscheinlichkeit, in einer Periode nicht zu sterben:

$$x(s) = (1 - p(h))^s.$$

Die Wahrscheinlichkeit, daß ein s Jahre altes Individuum stirbt, ist folglich $p(h)x(s)$. Die Veränderungsrate von $x(s)$ ist:

$$\frac{x(s + h) - x(s)}{x(s)} = -p(h).$$

Wir teilen diese Gleichung durch die Periodenlänge h und lassen h gegen Null streben:

$$\lim_{h \to 0} \left[\frac{x(s + h) - x(s)}{h x(s)} \right] = \lim_{h \to 0} \frac{-p(h)}{h} \Rightarrow \frac{dx(s)/ds}{x(s)} = -p.$$

$p := \lim_{h \to 0} [p(h)/h]$ ist demnach die Sterbewahrscheinlichkeit je Zeiteinheit. Im Gegensatz zu $p(h)$ kann p jeden Wert zwischen Null und Unendlich annehmen. Im ersten Fall stirbt man nie, im letzten Fall sofort. In einem zeitkontinuierlichen Modell ist mithin die Wahrscheinlichkeit, s Zeiteinheiten zu leben, die Lösung der Differentialgleichung $(dx(s)/ds)/x(s)=-p$ mit der Anfangsbedingung $x(0)=1$ [niemand stirbt bei seiner Geburt]. Demnach stirbt ein in Periode j Geborener mit der Wahrscheinlichkeit

$$px(t\text{-}j) = pe^{-p(t-j)} \tag{C.I.3.1}$$

in der Periode $t \geq j$. Seine Lebenserwartung [mathematisch ein Erwartungswert] beträgt[13]

$$\int_j^\infty (t-j)pe^{-p(t-j)}dt = \frac{1}{p}.$$

Auch in diesem Modell wächst die Bevölkerung mit der Rate n je Zeiteinheit. Bei einer Bevölkerung der Größe $N(t)$ sterben $pN(t)$ Personen in der Periode t. Folglich müssen $(p+n)N(t)$ Personen geboren werden. Wir normieren die Bevölkerung im Zeitpunkt $t=0$ auf Eins. Die Bevölkerung in t umfaßt deshalb

$$N(t) = \int_{-\infty}^t \left[(p + n)e^{nj} \right] e^{-p(t-j)} dj = e^{nt}$$

---

[13] Wir berechnen das Integral mit Hilfe der Formel für die partielle Integration (E.I.11), wobei wir $x=t$, $g'(x) := pe^{-p(t-j)}$ und $f(x)=(t\text{-}j)$ definieren:

$$\int_j^\infty (t-j)pe^{-p(t-j)}dt = -(t-j)e^{-p(t-j)}\Big|_j^\infty - \int_j^\infty -e^{-p(t-j)}dt.$$

Mit Hilfe der Regel von L'Hôpital kann man leicht feststellen, daß der erste Term auf der rechten Seite der Gleichung verschwindet. Der zweite Term ist $1/p$.

Personen. Der erste Faktor unter dem Integral ist die Zahl der in der Periode j Geborenen, der zweite Faktor ist der Bruchteil dieser Generation, der in t noch lebt.

Im Unterschied zum Generationenmodell ist der Zeitpunkt des Todes ungewiß. Es kann daher vorkommen, daß ein Haushalt stirbt, ohne sein Vermögen verbraucht zu haben. Egoistische Haushalte, deren Nutzen ausschließlich vom Konsum abhängt, werden deshalb versuchen, sich gegen dieses Risiko zu versichern. Die Form dieser Versicherung ist das Gegenteil einer Risikolebensversicherung, mit der man seine Hinterbliebenen absichern will. Sie sieht vor, daß der Versicherungsgesellschaft im Fall des Todes das gesamte Vermögen des Versicherten zufällt. Dafür zahlt diese dem Versicherungsnehmer zeitlebens eine Prämie. Wie hoch ist die Prämie? Wenn $K(t)$ das aggregierte Sachvermögen ist, dann nimmt die Versicherung $pK(t)$ Gütereinheiten ein. Auf einem wettbewerblichen Markt für Versicherungsleistungen, die ohne Kosten erbracht werden können, darf kein Versicherungsunternehmen einen Gewinn erwirtschaften. Die ausbezahlten Prämien müssen sich deshalb ebenfalls auf $pK(t)$ belaufen. Der Prämiensatz je Einheit Sachvermögen ist deshalb p. Die Nettorendite des Sachvermögens mit einer Abschreibungsrate von δ ist daher $r(t)+p-\delta$.

Der individuelle Konsumplan

Wir studieren zunächst den Konsumplan, den ein Haushalt, der im Jahr j geboren wurde, in der Gegenwart t aufstellt. Mit dem Index s bezeichnen wir vorerst die Zeit im Intervall $[t, \infty), j \le t$. Der momentane Nutzen des Konsums in einer beliebigen Periode s sei $\ln c(j, s)$, d.h. wir unterstellen eine konstante Grenznutzenelastizität $-\eta = 1$. Diese Annahme vereinfacht die spätere Aggregation erheblich.

Die Unsicherheit über den Zeitpunkt des Ablebens macht den Lebensnutzen zu einer Zufallsgröße. Wir benutzen das Bernoulli-Prinzip, das vorsieht, bei Unsicherheit den Erwartungswert des Lebensnutzens $E(U(j, t))$ zu maximieren. Bei einer additiven Nutzenfunktion $U(j, t) = \int_t^\infty \ln c(j, s) e^{-\rho(s-j)} ds$ mit der Zeitpräferenzrate ρ ist dieser Erwartungswert die Summe der erwarteten Periodennutzen

$$E(\ln c(j, s)) = e^{-p(s-t)} \ln c(j, s),$$

und die Zielfunktion lautet:

$$E(U(j, t)) := \int_t^\infty \ln c(j, s) e^{-(\rho+p)(s-t)} ds. \qquad \text{(C.I.3.2)}$$

Die Unsicherheit erhöht mithin die individuelle Diskontrate.

Ein Haushalt, der in der Periode j geboren wird, erhält von seinen Eltern gegebenenfalls ein Anfangsvermögen in Höhe von $k(j, j)$. Er arbeitet während seines ganzen Lebens zum Lohn von $w(j, s)$, erhält Vermögenseinkommen in Höhe von $(r(s)+p-\delta)k(j, s)$ und überläßt seinen neugeborenen Kindern jeweils Vermögen in Höhe von $\mu(p+n) k(j, s)$, wobei der Parameter μ Werte zwischen Null und Eins annehmen kann. Die beiden Grenzwerte beschreiben den Rabenvater, $\mu=0$, und die fürsorgliche Mutter, die jedes Neugeborene mit demselben Vermögen ausstattet, über das sie selbst zum Zeitpunkt seiner Geburt verfügt, $\mu=1$. Die Budgetrestriktion lautet daher [im folgenden symbolisiert der Punkt die Ableitung einer Funktion nach s]:

$$\dot{k}(j,s) = w(j,s) + (r(s) + p - \delta)k(j,s) - (p+n)\mu k(j,s) - c(j,s). \qquad \text{(C.I.3.3)}$$

Der optimale Konsumplan des Haushalts maximiert die Nutzenfunktion (C.I.3.2) unter der Nebenbedingung (C.I.3.3) und der Bedingung des gegebenen Anfangsvermögens $k(j,t)$. Formal entspricht dieses Problem vollkommen dem des Ramsey-Modells, so daß wir aus Gleichung (C.I.1.14) die Konsumfunktion des Haushalts in der Gegenwart t ableiten können.[14] Zusammen mit der Definition des durchschnittlichen Zinses im Intervall $[t,s]$,

$$\bar{r}(t,s) := \frac{1}{s-t}\int_t^s r(\tau)\,d\tau, \qquad \text{(C.I.3.4)}$$

lautet das Ergebnis:

$$c(j,t) = (p+p)\big(k(j,t) + h(j,t)\big),$$

$$h(j,t) := \int_t^\infty w(j,s)\, e^{-[\bar{r}(t,s)+p-\delta-(p+n)\mu](s-t)}\,ds. \qquad \text{(C.I.3.5)}$$

Der Konsum ist demnach direkt proportional zum Gesamtvermögen der Periode $s=t$, das die Summe aus dem im Intervall $[j,t]$ angesparten Sachvermögen $k(j,t)$ und dem Gegenwartswert aller künftigen Lohneinkommen $h(j,t)$ ist. Die Konsumquote ist infolge der intertemporalen Substitutionselastizität von Eins zeitinvariant.

Aggregation

Wir betrachten nun die Gesamtwirtschaft in der Gegenwart $s=t$. Jede gesamtwirtschaftliche Größe $X(t)$ ist die Summe der entsprechenden individuellen Größen $x(j,t)$. Von einer Generation j leben in t noch $(p+n)e^{jn-p(t-j)}$ Personen, die sich in nichts voneinander unterscheiden. Der Index j ist im Intervall $[-\infty, t]$ definiert, denn wir können nicht ausschließen, daß in unserer Wirtschaft auch der eine oder andere Methusalem $[j\to-\infty]$ lebt. Demnach lautet unsere Aggregationsvorschrift:

$$X(t) = \int_{-\infty}^t x(j,t)\,[(p+n)e^{jn}][e^{-p(t-j)}]\,dj. \qquad \text{(C.I.3.6)}$$

---

14 Dabei müssen wir analog zur Bedingung (C.I.1.11) unterstellen, daß gilt:

$$\lim_{s\to\infty} k(j,s)\,e^{-[\bar{r}(t,s)+p-\delta-(p+n)\mu](s-t)} = 0.$$

Für den Konsum $C(t)$, den Kapitalstock $K(t)$ und das Humanvermögen $H(t)$ erhalten wir deshalb die folgenden Beziehungen:

$$C(t) = (\rho + p)\big(K(t) + H(t)\big), \tag{C.I.3.7}$$

$$K(t) = \int_{-\infty}^{t} k(j, t)(p + n) e^{j(n + p) - pt} \mathrm{d}j, \tag{C.I.3.8}$$

$$H(t) = \int_{-\infty}^{t} h(j, t)(p + n) e^{j(n + p) - pt} \mathrm{d}j = N(t) h(t), \tag{C.I.3.9}$$

$$h(t) = \int_{t}^{\infty} w(s) e^{-[\bar{r}(t, s) + p - \delta - (p + n)\mu](s - t)} \mathrm{d}s.$$

Die Definition des gesamtwirtschaftlichen Humanvermögens in Gleichung (C.I.3.9) folgt aus Gleichung (C.I.3.5), wenn wir - um dem Namen des Modells gerecht zu werden - unterstellen, daß der Lohn einer Person unabhängig von ihrem Alter ist.

Aus diesen Definitionen können wir auch die zeitliche Veränderung des Vermögens berechnen. Wir differenzieren Gleichung (C.I.3.8) mit Hilfe der Leibnitzregel (E.I.12) nach t und formen das Ergebnis mit Hilfe der individuellen Budgetrestriktion (C.I.3.3) und der Aggregationsvorschrift (C.I.3.6) um. Das Ergebnis lautet:

$$\dot{K}(t) = k(t, t)(p + n) e^{nt} + w(t) N(t) + [r(t) - \delta - (p + n)\mu] K(t) - C(t).$$

Der erste Term auf der rechten Seite dieser Gleichung ist das Vermögen, mit dem die Eltern ihre Neugeborenen ausstatten. Dieser Term entspricht $(p+n)\mu K(t)$. Die Summe aus Lohn- und Kapitaleinkommen $wN+rK$ entspricht dem Volkseinkommen, wenn auf den Faktormärkten Wettbewerb herrscht und die Produktionsfunktion $Y=F(N, K)$ konstante Skalenerträge besitzt. Demnach können wir die vorstehende Gleichung umschreiben zu [wir unterdrücken den Zeitindex t]

$$\dot{K} = F(N, K) - \delta K - C. \tag{C.I.3.10}$$

Sie reflektiert das Gleichgewicht des Gütermarktes. Aus Gleichung (C.I.3.9) erhalten wir die Veränderung des Humanvermögens im Zeitpunkt t:

$$\dot{H} = [r(t) - \delta + (p + n)(1 - \mu)]H - wN. \tag{C.I.3.11}$$

Mit Hilfe dieser Gleichungen und der Gleichgewichtsbedingungen für die Faktormärkte (C.I.1.3) können wir nun für die Kapitalintensität $k:=K/N$ und den Pro-Kopf-

Konsum $c:=C/N$ je eine Differentialgleichung ableiten. Das Ergebnis lautet:[15]

$$\dot{k} = f(k) - c - (n + \delta)k \, , \tag{C.I.3.12}$$

$$\dot{c} = \left(f'(k) - \delta - \rho - (p + n)\mu\right)c - (p + n)(1 - \mu)(p + \rho)k. \tag{C.I.3.13}$$

Der Unterschied zum Ramsey-Modell manifestiert sich nur in der Gleichung für den Pro-Kopf-Konsum, die für $p=0$ und $\mu=1$ in jene des Ramsey-Modells übergeht. Nehmen wir für einen Augenblick an, μ sei gleich Eins. Dann entfällt der zweite Term auf der rechten Seite und die Veränderungsrate des Pro-Kopf-Konsums ist um p niedriger als im Ramsey-Modell. Dies ist der Reflex der höheren individuellen Opportunitätskosten der Vermögensbildung, denn jede Einheit Sachkapital erfordert in Zukunft einen zusätzlichen Konsumverzicht von $(p+n)$, der als Erbe an die Nachkommen fließt. Mit wachsendem Egoismus der Eltern sinken diese Kosten, da sie je Kapitaleinheit nurmehr $(p+\rho)\mu$ an ihre Kinder weitergeben. Die Folge ist eine größere individuelle Wachstumsrate des Konsums.

Den zweiten Term auf der rechten Seite von Gleichung (C.I.3.13) können wir als externen Effekt interpretieren. $(p+\rho)k$ ist nach Gleichung (C.I.3.7) der durchschnittliche Konsum aus dem Sachvermögen. Nun werden in jeder Periode $(p+n)$ Kinder je Familie geboren [wenn N die Zahl der Familien ist]. Jeder Neugeborene erbt im Durchschnitt aber nur ein Vermögen von $(1-\mu)k$. Im Vergleich zu den älteren Generationen, die im Mittel $(p+\rho)(k+h)$ konsumieren, verbraucht er nur $(p+n)(p+\rho)(1-\mu)k$ Güter. Der Egoismus der Eltern mindert deshalb als externer Effekt die gesamtwirtschaftliche Veränderung der Konsumrate in Höhe von $(p+n)(1-\mu)k/(k+h)$. Der externe Effekt verschwindet, wenn die Eltern altruistisch sind, $\mu=1$. Die größere Fürsorge der Eltern gegenüber ihrem Nachwuchs fördert die gesamtwirtschaftliche Kapitalbildung, denn sie mindert per Saldo die Wachstumsrate des Konsums:

$$\frac{\partial(\dot{c}/c)}{\partial\mu} = -(p + n)\left(1 - \frac{k}{k + h}\right) < 0.$$

---

15 Die erste Gleichung folgt aus:

$$\frac{\dot{k}}{k} = \frac{\dot{K}}{K} - n = \frac{F(N, K) - \delta K - C}{K} - n = \frac{N}{K}[f(k) - c] - (n + \delta),$$

die zweite aus

$$\frac{\dot{c}}{c} = \frac{\dot{C}}{C} - n = \frac{(\rho + p)[\dot{K} + \dot{H}]}{C} - n.$$

Wenn man daraus $\dot{K}$ und $\dot{H}$ mit Hilfe von (C.I.3.10) bzw. (C.I.3.11) eliminiert und schließlich noch $h=c/(\rho+p)-k$ [aus Gleichung (C.I.3.7)] setzt.

Optimale Kapitalakkumulation

Die beiden Gleichungen (C.I.3.12) und (C.I.3.13) beschreiben den Zeitpfad der Kapitalakkumulation, der infolge des individuellen Sparverhaltens auf aggregierter Ebene beobachtbar ist. Wir konstruieren nun das zugehörige Phasendiagramm [siehe Abbildung C.I.3.1].

Der geometrische Ort aller Paare (k, c), die eine konstante Kapitalintensität $\dot{k} = 0$ implizieren, entspricht jenem des Ramsey-Modells. Er beginnt im Ursprung, erreicht nach der Goldenen Regel bei k^{GR} aus $f'(k^{GR}) = n + \delta$ ein Maximum und endet bei k^{max} aus $f(k^{max}) = (n + \delta)k^{max}$ auf der Abszisse. Unterhalb der Kurve $\dot{k} = 0$ nimmt die Kapitalintensität zu, oberhalb dieser Kurve nimmt sie ab.

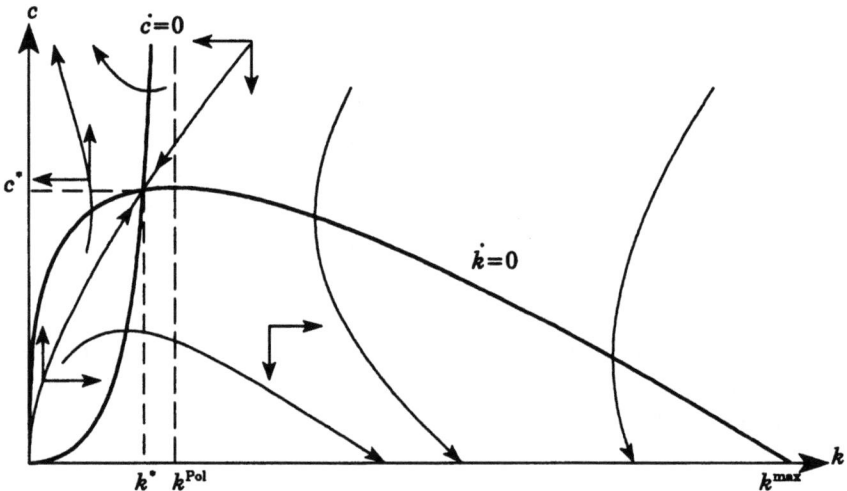

Abbildung C.I.3.1: Optimale Kapitalakkumulation im Modell der ewigen Jugend

Der geometrische Ort aller Paare (k, c), die einen konstanten Pro-Kopf-Konsum $\dot{c} = 0$ implizieren, wird von der Gleichung

$$c = \frac{(\rho + p)(p + n)(1 - \mu)}{f'(k) - \rho - \delta - (p + n)\mu} \, k$$

beschrieben. Die von dieser Gleichung definierte Funktion $c(k)$ besitzt an der Stelle k^{Pol},

$$f'(k^{Pol}) = \rho + \delta + (p + n)\mu$$

einen Pol. Sie beginnt im Ursprung und wächst streng monoton. Im Ursprung ist sie flacher als die $\dot{k}=0$ Kurve, wenn $\lim_{k\to 0} f'(k)=\infty$ und die Elastizität des Grenzprodukts der Arbeit für $k\to 0$ beschränkt ist [siehe Ergänzung C.I.3.1]. Demnach gibt es genau einen Schnittpunkt der beiden Kurven und mithin ein eindeutiges Wachstumsgleichgewicht, das links von k^{Pol} liegen muß. Der Pro-Kopf-Konsum sinkt rechts der $\dot{c}=0$ Linie und steigt links davon. Die Pfeile verdeutlichen, daß das Wachstumsgleichgewicht (k^*, c^*) ein Sattelpunkt ist. Der Weg zu diesem Gleichgewicht ist der optimale Pfad der Kapitalakkumulation.[16]

Auch im Modell der ewigen Jugend kann es zur Überakkumulation kommen. Der Pol der $\dot{c}=0$ Kurve liegt um so weiter vom Ursprung entfernt, je kleiner μ ist. Deshalb kann man ein Wachstumsgleichgewicht mit $f'(k^*) - \delta < n$ nicht a priori ausschließen. Die Voraussetzung dafür ist allerdings, daß die Zeitpräferenzrate ρ kleiner als die Wachstumsrate der Bevölkerung ist. Wenn indes der Altruismus der Eltern groß ist, d.h. μ=1 ist, kann es keine Überakkumulation geben, wie klein die durchschnittliche Lebenserwartung auch immer sein mag.

Altersabhängiger Lohn und Überakkumulation

Wir sind bislang davon ausgegangen, der Lohn sei unabhängig vom Alter einer Person. Wir geben diese Annahme nun auf und unterstellen folgendes Lohnprofil für einen in der Periode j geborenen Arbeiter:

$$w(j, s) = \frac{\theta + p + n}{p + n}\, w(s)\, e^{-\theta(s-j)}. \tag{C.I.3.14}$$

Falls der Parameter θ positiv ist, erhält ein $(s\text{-}j)$ Jahre alter Arbeiter nur den Bruchteil $e^{-\theta(s-j)}$ des Lohnes einer ganz jungen Person $s=j$. Wir beschreiben damit gleichsam einen gleitenden Übergang von der Erwerbsphase in die Rentenphase [der allerdings schon mit dem ersten Lebensjahr beginnt]. $\theta=0$ führt zurück zum Modell der altersunabhängigen Entlohnung, und negative Werte für θ beschreiben ein ansteigendes Lohnprofil, etwa infolge wachsender Erfahrung und damit steigender Produktivität im Alter. Der Proportionalitätsfaktor $(\theta+p+n)/(p+n)$ stellt sicher, daß die Summe der nach diesem Muster ausbezahlten Löhne der Lohnsumme der Wirtschaft entspricht.[17]

---

16 Wie im Ramsey-Modell verstoßen die anderen Pfade entweder gegen die Stetigkeit des Schattenpreises des Kapitals oder sie schöpfen die Budgetrestriktion nicht aus.
Das Phasendiagramm beruht auf der Cobb-Douglas-Produktionsfunktion $y=k^\beta$ mit $\beta=1/3$, $n=0{,}01, \rho=0{,}01, p=1/60, \delta=0{,}03$ und μ=0. Wegen μ=0 und $n=\rho$, ist in diesem Fall $k^{\text{GR}}=k^{\text{Pol}}$.

17 Es muß schließlich gelten:

$$w(s)N(s) = \int_{-\infty}^{s} \frac{\theta + p + n}{p + n}\, w(s)\, e^{-\theta(s-j)}(p+n)\, e^{jn - p(s-j)}\, \mathrm{d}j\,.$$

Wenn wir die Gleichung (C.I.3.14) in der Definition des individuellen Humanvermögens (C.I.3.5) berücksichtigen, erhalten wir folgenden Ausdruck für das Humanvermögen einer Person j im Zeitpunkt t:

$$h(j, t) = \frac{\theta + p + n}{p + n} e^{-\theta(t-j)} h(t),$$

$$\tag{C.I.3.15}$$

$$h(t) := \int_t^\infty w(s) e^{-[\bar{r}(t, s) + \theta + p - \delta - (p+n)\mu](s - t)} \, ds.$$

Das Humanvermögen der Volkswirtschaft ist daher $H(t)=N(t)h(t)$ und an die Stelle von Gleichung (C.I.3.11) tritt:

$$\dot{H} = [r + \theta - \delta + (p + n)(1 - \mu)] H - wN. \tag{C.I.3.16}$$

Damit lautet die Gleichung für die Veränderung des Pro-Kopf-Konsums (C.I.3.13) nun

$$\dot{c} = \left(f'(k) + \theta - \delta - \rho - (p+n)\mu \right) c - [\theta + (p + n)(1 - \mu)](p + \rho) k. \tag{C.I.3.17}$$

Die Asymptote des geometrischen Orts aller (k, c), die zu einem konstanten Pro-Kopf-Konsum führen, wird nun von der Gleichung

$$f'(k^{\text{POL}}) = \rho + \delta + (p + n)\mu - \theta$$

bestimmt. Wenn der Lohn mit zunehmendem Alter vergleichsweise stark sinkt, d.h. θ positiv und groß ist, liegt diese Asymptote rechts der Kapitalintensität, die aus der Goldenen Regel $f'(k^{\text{GR}}) = \delta + n$ folgt. Eine Überakkumulation ist daher auch bei $\mu=1$ möglich, wenn $\theta > \rho$ ist.

Im Generationenmodell erhalten die Alten kein Lohneinkommen, d.h. das Lohnprofil fällt äußerst steil ab. Die Überakkumulation im Generationenmodell kann daher aus der Notwendigkeit erwachsen, in der Jugend vergleichsweise viel sparen zu müssen, um den Lohnausfall im Alter zu kompensieren.

Ergebnis C.I.3.1: ────────────────────────────────

a) Das Modell der ewigen Jugend enthält das Ramsey-Modell als Spezialfall, wenn die Lebenserwartung unendlich groß ist und die Eltern ihren Kindern gegenüber altruistisch sind [$p=0$ und $\mu=1$].

b) Sind diese Bedingungen nicht erfüllt, und sinkt insbesondere der Lohn mit zunehmendem Alter, kann man nicht ausschließen, daß es wie im Generationenmodell zu einer Überakkumulation kommt. Der Kapitalstock der Wirtschaft übersteigt in diesem Fall den Wert, der den Pro-Kopf-Konsum im Wachstumsgleichgewicht maximieren würde.

Ergänzung C.I.3.1: Eindeutigkeit und Stabilität des Wachstumsgleichgewichts im Modell der ewigen Jugend

Eindeutigkeit

Die Funktion

$$c(k) := \frac{(\rho + p)(p + n)(1 - \mu)}{f'(k) - r - \delta - (p + n)\mu} k \tag{i}$$

ist der geometrische Ort aller Punkte (k, c), entlang dessen der Pro-Kopf-Konsum konstant bleibt. Die Steigung dieser Funktion ist

$$c'(k) = \frac{c(k)}{k} - \frac{c(k)}{f'(k) - \rho - \delta - (p + n)\mu} f''(k) = \frac{c(k)}{k} \left[1 + \frac{\zeta(k)}{1 - [\rho + \delta + (p + n)\mu]/f'(k)} \right],$$

$$\zeta(k) := - \frac{f''(k)}{f'(k)} k. \tag{ii}$$

Sie hat für die streng konkave Pro-Kopf-Produktionsfunktion $f(k)$, $f'(k) > 0$, $f''(k) < 0$, mit der Elastizität des Grenzprodukts des Kapitals $\zeta(k)$ im Intervall $[0, k^{\text{Pol}}]$ eine positive Steigung und wächst mithin streng monoton auf diesem Intervall. Wir unterstellen nun, daß das Grenzprodukt des Kapitals für $k \to 0$ unendlich groß wird, $\lim_{k \to 0} f'(k) = 0$, und daß gleichzeitig die Elastizität $\zeta(k)$ für $k \to 0$ beschränkt ist [im Fall der Cobb-Douglas-Funktion ist $\zeta(k) = (1-\beta)$]. In diesem Fall strebt der Ausdruck in eckigen Klammern in (ii) mit $k \to 0$ gegen 1. Da außerdem

$$\lim_{k \to 0} \frac{c(k)}{k} = 0$$

ist $c'(k) = 0$, d.h. der Graph der Funktion $c(k)$ ist im Ursprung völlig flach.

Gleichzeitig ist der Graph der Funktion

$$c(k) := f(k) - (n + \delta)k \text{ mit } c'(k) = f'(k) - (n + \delta)$$

im Ursprung völlig steil und wird im Intervall $[0, k^{\text{GR}}]$ immer flacher, während die Funktion (i) immer steiler wird und an der Stelle k^{Pol} völlig steil ist. Daraus folgt, daß es im Intervall $[0, k^{\text{Pol}}]$ genau einen Schnittpunkt beider Isoklinen geben muß.

Stabilität

Die Jacobimatrix des Differentialgleichungssystems (C.I.3.12) und (C.I.3.13) an der Stelle (k^*, c^*) lautet:

$$\begin{bmatrix} f'(k^*) - (n + \delta) & -1 \\ -(\rho + p)(p + n)(1 - \mu) + f''(k^*) & f'(k^*) - \rho - \delta - (p + n)\mu \end{bmatrix}.$$

Die Determinante dieser Matrix kann wegen

$$c^* = f(k) - (n + \delta)k^*,$$

$$\frac{k^*}{c^*} = \frac{f'(k^*) - \rho - \delta - (p + n)\mu}{(\rho + p)(p + n)(1 - \mu)},$$

$$f(k^*) = w* + r^* k^*,$$

auf folgende Form gebracht werden:

$$\det J = -\frac{w^*}{c^*}(\rho + p)(p + n)(1 - \mu) + f''(k^*)c^* < 0.$$

Das Wachstumsgleichgewicht ist deshalb ein Sattelpunkt.

Aus der logarithmisch-linearen Approximation des Differentialgleichungssystems können wir die Konvergenzgeschwindigkeit des Einkommens in der Nähe des Steady State berechnen. Sie folgt aus dem stabilen Eigenwert λ der Jacobimatrix des linearen Differentialgleichungssystems

$$\begin{bmatrix} \dfrac{d\ln(k/k^*)}{dt} \\[2mm] \dfrac{d\ln(c/c^*)}{dt} \end{bmatrix} = \begin{bmatrix} f'(k*) - \delta - n & -\dfrac{c^*}{k^*} \\[2mm] \left(f(k^*) - \rho - \delta - (p+n)\mu\right) + f''(k^*)k^* & f'(k^*) - \delta - \rho - (p+n)\mu \end{bmatrix} \begin{bmatrix} \ln(k/k^*) \\[2mm] \ln(c/c^*) \end{bmatrix}.$$

Abbildung C.I.3.2 zeigt die Halbwertszeit $\ln(0{,}5)/\lambda$ als Funktion von μ im Intervall $[0, 1]$ und von $1/p$ im Intervall $[50, 75]$. Wir haben wieder eine Cobb-Douglas-Funktion mit $\beta = 1/3$ unterstellt. Die Werte der restlichen Modellparameter sind $n = 0{,}01$, $\delta = 0{,}03$, $\rho = 0{,}01$ und $\theta = 0$. Die Halbwertszeit nimmt mit der Lebenserwartung $1/p$ zu: Ein kleineres p macht die Kapitalbildung attraktiver und erhöht somit die gleichgewichtige Kapitalintensität. Gleichzeitig nimmt aber die Wachstumsrate des Konsums zu und mindert das Tempo der Kapitalakkumulation. Mit dem Grad des Altruismus μ sinkt die Halbwertszeit, weil dieser das Konsumwachstum senkt und daher die Kapitalakkumulation beschleunigt.

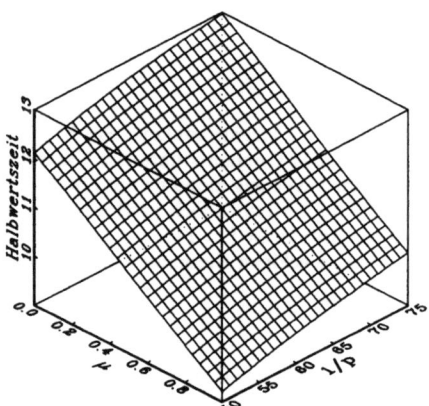

Abbildung C.I.3.2: Halbwertszeiten im Modell der ewigen Jugend

II. Modellerweiterungen

1. Alternative Optimalitätskonzepte

Individuelle versus gesellschaftliche Optimalität

Das Ramsey-Modell, so wie wir es im Abschnitt C.I.1 präsentieren, ist eine *positive Theorie* des wirtschaftlichen Wachstums. Grundlage dieser Theorie ist der *methodologische Individualismus*, der gesellschaftliche Phänomene auf das Wollen und Handeln unabhängiger Individuen zurückführt. Deren Werturteile sind der Maßstab, an dem die Allokation der Ressourcen zu messen ist. Nun lassen sich die Werturteile einzelner nicht widerspruchsfrei zu einer gesellschaftlichen Werteskala zusammenfassen, wie ARROW (1951) nachweist. Ein gesellschaftliches Optimalitätskriterium gibt es in diesem Kontext deshalb nur im Sinn des Pareto-Kriteriums, das eine Allokation optimal nennt, die keinem Individuum einen Nutzenzuwachs ermöglicht ohne gleichzeitig den Nutzen anderer Gesellschaftsmitglieder zu schmälern. Die intertemporale Allokation, die das Ramsey-Modell beschreibt, ist im Sinne dieses Kriteriums auch gesellschaftlich optimal. Im Generationenmodell kann hingegen die individuell optimale Sparquote größer sein als jene, die den Pro-Kopf-Konsum im Wachstumsgleichgewicht maximiert.

RAMSEY (1928) versteht sein Modell als eine *normative Theorie* der intertemporalen Allokation. Dazu muß er eine gesellschaftliche Wohlfahrtsfunktion formulieren, wobei sich für ihn - etwa 30 Jahre vor ARROWS (1951) bahnbrechender Arbeit - das Aggregationsproblem nicht stellt. Unabhängig davon steht der Formulierung einer gesellschaftlichen Wohlfahrtsfunktion natürlich nichts entgegen, wenn man den Boden des methodologischen Individualismus verläßt.

Die Formulierung einer gesellschaftlichen Wohlfahrtsfunktion setzt jedoch ethische Maßstäbe voraus, die nur philosophisch oder religiös zu begründen sind. Eine positive Theorie wählt hingegen die Eigenschaften der individuellen Nutzenfunktion nach ganz anderen Kriterien. Zum einen müssen Nutzenfunktionen analytisch handhabbar in dem Sinn sein, daß sie zu möglichst eindeutigen, empirisch prüfbaren Hypothesen führen. Zum anderen dürfen ihre Implikationen nicht dem empirisch gesicherten Wissen widersprechen. Je nach Standpunkt ist deshalb die Diskontierung künftiger Nutzen in einer intertemporalen Nutzenfunktion entweder eine Frage der Zweckmäßigkeit oder der Ethik.

Vor diesem Hintergrund verweisen wir nun auf alternative Formulierungen der intertemporalen Nutzenfunktion, die fallweise entweder als gesellschaftliche Wohlfahrtsfunktion oder als individuelle Präferenzordnung zu verstehen ist.

Ramsey-Kriterium

FRANK RAMSEY (1928), S. 543, spricht sich gegen eine Diskontierung zukünftiger Nutzenströme aus: " ... *we do not discount later enjoyments in comparison with earlier ones, a practice which is ethically indefensible and arises merely from the weakness of the imagination.*" Die additive intertemporale Nutzenfunktion $\int_0^\infty u(c(t))$ ist aber für jedes Konsumprofil $\{c(t)\}_{t=0}^\infty$ unbeschränkt. Ihre Maximierung liefert deshalb kein Entscheidungskriterium und RAMSEY (1928) weicht daher auf eine andere Zielfunktion aus. Er unterstellt, daß es - etwa infolge von Sättigungstendenzen - ein maximales Konsumniveau $\bar{C}$ und damit Nutzenniveau $\bar{u} := u(\bar{C})$ gibt und minimiert die Summe der jeweiligen Abweichungen von diesem Maximum:

$$\min_{\{C(t)\}_{t=0}^\infty} \int_0^\infty [u(C) - \bar{u}]\, dt$$

unter den Nebenbedingungen

$$\dot{K} = F(1, K) - \delta K - C,$$

$K(0)$ gegeben.

(C.II.1.1)

Unterstellt ist dabei ein konstantes Arbeitsangebot $N=1$ und eine Abschreibungsrate des Kapitals in Höhe von δ.[18] Mit Hilfe der Ressourcenbeschränkung kann man die Integrationsvariable t durch K ersetzen:

$$\int_0^\infty \frac{u(C) - \bar{u}}{F(1, K) - C - \delta K}\, dK.$$

Um dieses Integral zu minimieren, muß man nur zu jedem gegebenen Kapitalstock den Konsum so bestimmen, daß der Integrand minimal wird. Die Bedingung erster Ordnung dafür lautet:

$$\big(F(1, K) - \delta K - C\big)u'(C) + (u(C) - \bar{u}) = 0.$$

Wir differenzieren diese Bedingung nach der Zeit t und erhalten:

$$\dot{C} = -\frac{u'(C)}{u''(C)}\big(F_K(1, K) - \delta\big). \tag{C.II.1.2}$$

Gleichung (C.II.1.2) entspricht der Keynes-Ramsey-Regel (C.I.1.8) unseres Grundmodells für $\rho = 0$. Allerdings besitzt das Ramsey-Problem (C.II.1.1) eine andere Transversalitätsbedingung, die auf einen anderen Pfad der Kapitalakkumulation führt. Die Zielfunktion in (C.II.1.1) konvergiert nur dann gegen einen endlichen Wert, wenn $u(C)$ gegen $\bar{u}$ strebt. Im Fall einer streng konkaven und streng monotonen Nutzenfunktion $u(C)$ mit der oberen Schranke $\bar{u} = u(\bar{C})$ muß daher C gegen $\bar{C}$ streben und damit $u'(C) \to u'(\bar{C}) = 0$.[19] Der asymptotisch erreichte Konsum liegt deshalb nicht etwa bei K^* aus $F_K(1, K^*) = \delta$ auf der $\dot{K} = 0$ Isokline, sondern bei $\bar{K}$ aus $\bar{C} = F(1, \bar{K}) - \delta\bar{K}$. Der Pfad dorthin muß gleichzeitig die Ressourcenbeschränkung $\dot{K} = F(1, K) - \delta K - C$ und die Keynes-Ramsey-Regel (C.II.1.2) erfüllen.

Neben dem Ramsey-Kriterium gibt es mittlerweile weitere Vorschläge, das mit einer unbeschränkten intertemporalen Nutzenfunktion verbundene Problem zu lösen. Beispielsweise schlägt VON WEIZSÄCKER (1965) vor, ein Konsumprofil dann als optimal zu bezeichnen, wenn der zugehörige Lebensnutzen bereits in endlicher Zeit den jedes anderen Konsumprofils übersteigt. Interessanterweise genügt ein solches Konsumprofil ebenfalls der Keynes-Ramsey-Regel [FEICHTINGER und HARTL (1986), Satz 7.4 und Bemerkung 7.5 auf S. 187].

---

18   RAMSEY (1928) geht von einer konstanten Bevölkerung aus. Seine Wohlfahrtsfunktion enthält den Konsum und die Arbeit als Argumente, so daß er das Arbeitsangebot endogen bestimmen kann.

19   An der oberen Schranke des Konsums muß selbstverständlich der Grenznutzen des Konsums Null sein.

Rawls-Kriterium

Eine Alternative zum Ansatz von RAMSEY (1928) entwickelt SOLOW (1974) aus JOHN RAWLS "Theory of Justice" (1971). Überträgt man die Regeln, die dieser über gerechte Verteilungen entwickelt, auf intertemporale Allokationsprobleme, so wäre das niedrigste Niveau des Periodennutzens unter der Nebenbedingung der dynamischen Ressourcenrestriktion zu maximieren. *"In other words, the current generation is always entitled to take as much out of the common intertemporal pool as it can, provided only that it leaves behind the possibility that each succeeding generation can be as well off as this one. According to this maximin criterion, a society starting from such an egalitarian reference path would not be justified in demanding any sacrifice, however small, from one generation in order to provide a benefit, however large, to any other generation."* [SOLOW (1986), S. 143].

Bezogen auf unsere Darstellung in Abbildung C.I.1.1 müßte die Gesellschaft mit einem Anfangsvermögen $k(0)$ den dazu gehörenden Punkt auf der $\dot{k}=0$ Isokline wählen. In diesem Fall verharrt das Pro-Kopf-Vermögen dieser und jeder nachfolgenden Generation bei $k(0)$. Der maximal erreichbare Konsum entspricht dann $c(0)=f(k(0))-(n+\delta)k(0)$.

Das Rawls-Kriterium ist unfair gegenüber künftigen Generationen, denn es nimmt ihnen die Möglichkeit, durch Konsumverzicht in der Gegenwart ihre Wohlfahrt gegenüber der gegenwärtigen Generation zu verbessern.

Nutzen und Kosten der Nachkommen

Im Rahmen einer positiven Theorie des Wirtschaftswachstums kann man die Diskontrate $\rho>0$ durch die Höhe der Netto-Realzinsen rechtfertigen, die in der Regel deutlich über der Wachstumsrate der Bevölkerung liegen. Gleichwohl ist unsere Version des Ramsey-Modells im Abschnitt C.I.1 nur eine Möglichkeit, den Nutzen der Nachkommen zu berücksichtigen.

Betrachten wir nochmals die intertemporale Nutzenfunktion (C.I.1.5). Bei einer Familie der Größe $N(t)=e^{nt}$ können wir sie wie folgt schreiben:

$$U(0) = \int_0^\infty u(c)e^{-\rho t}\mathrm{d}t = \int_0^\infty Nu(c)e^{-(\rho+n)t}\mathrm{d}t. \qquad (\text{C.II.1.3})$$

Diese Formulierung zeigt, daß der Familiennutzen der Periode t, $Nu(c)$, mit einem Faktor diskontiert wird, der die Summe aus der Zeitpräferenzrate ρ und der Wachstumsrate der Familie n ist. Abgesehen von der Zeitdistanz, die sich in der Diskontierung mit ρ niederschlägt, behandelt der Familiengründer die größeren Familien der fernen Zukunft ebenso wie seine kleinere Familie der Gegenwart. Die vergleichsweise große Diskontrate führt zu einer relativ niedrigen Kapitalintensität k^R im Wachstumsgleichgewicht, die aus der Lösung von

$f'(k^R) - \delta = \rho + n$

folgt.

Nach dem Konzept der *dynastischen Vorsorge* maximiert der Familiengründer demgegenüber die Summe aller künftigen, nur mit der Rate ρ abdiskontierten Familiennutzen [siehe auch BARRO und SALA-I-MARTIN (1995), S. 61]:

$$U(0) = \int_0^\infty Nu(c)\,e^{-\rho t}\,\mathrm{d}t = \int_0^\infty u(c)\,e^{-(\rho - n)t}\,\mathrm{d}t. \qquad\qquad \text{(C.II.1.4)}$$

Jedes in der Periode t lebende Familienmitglied geht mit dem Term $u(c)\,e^{-\rho t}$ in den Lebensnutzen des Dynastiegründers ein. Hingegen liegen dem Familienvater der Funktion (C.II.1.3) seine älteren Kinder mehr am Herzen als seine jüngeren, denn der Gegenwartsnutzen eines t Jahre alten Kindes ist $[u(c)\,e^{-\rho t}]e^{-nt}$. Die intertemporale Nutzenfunktion (C.II.1.3) behandelt alle künftigen Familien oder Generationen gleich, während die Formulierung in (C.II.1.4) jedes Individuum gleich gewichtet.

Um sicherzustellen, daß der Lebensnutzen nach (C.II.1.4) endlich ist, müssen wir nun allerdings unterstellen, daß die Zeitpräferenzrate ρ größer ist als die Wachstumsrate der Bevölkerung n. Die Folge der niedrigeren Diskontrate in (C.II.1.4) ist eine höhere Kapitalintensität $k^{DV} > k^R$ im Wachstumsgleichgewicht. Die Optimalitätsbedingung für das Problem

$$\max_{\{c(t)\}_{t=0}^\infty} \int_0^\infty u(c)\,e^{-(\rho - n)t}\,\mathrm{d}t$$

unter den Nebenbedingungen

$\dot{k} = f(k) - (n + \delta)k - c,$

$k(0)$ gegeben,

führt nämlich auf folgende Gleichung für die Veränderungsrate des Konsums:[20]

---

20   Die Momentanwert-Hamiltonfunktion des Problems lautet:

$$\bar{H} := e^{(\rho - n)t}H = u(c) + \psi\big(f(k) - (n + \delta)k - c\big). \qquad\qquad \text{(i)}$$

Daraus folgt für den Schattenpreis des Kapitals pro Kopf die Gleichung [siehe Satz E.IV.2.1]

$$\dot{\psi} - (\rho - n)\psi = -\frac{\partial \bar{H}}{\partial k} = -\psi\big(f'(k) - \delta - \rho\big). \qquad\qquad \text{(ii)}$$

Aus der notwendigen Bedingung für ein Maximum von (i) bezüglich c, $u'(c) = \psi$, folgt

$$\frac{\dot{\psi}}{\psi} = -\eta\frac{\dot{c}}{c}, \quad \eta := -\frac{u''(c)}{u'(c)}\,c. \qquad\qquad \text{(iii)}$$

(ii) und (iii) führen auf das Ergebnis.

$$\frac{\dot{c}}{c} = \frac{1}{\eta}\Big(f'(k) - \delta - \rho\Big), \quad \eta := -\frac{u''(c)}{u'(c)}\, c,$$

aus der die Kapitalintensität im Wachstumsgleichgewicht als Lösung der Gleichung

$$f'(k^{DV}) - \delta = \rho.$$

folgt. Da per Annahme die Zeitpräferenzrate ρ die Wachstumsrate der Bevölkerung n übersteigt, ist auch bei dynastischer Vorsorge die Kapitalintensität k^{DV} kleiner als diejenige, die den Konsum pro Kopf nach der Goldenen Regel maximiert:

$$f'(k^{GR}) - \delta = n.$$

Die intertemporale Nutzenfunktion

$$U(0) = \int\limits_{0}^{\infty} u(c)e^{-(\rho - \nu n)t}\mathrm{d}t, \quad \nu \in [0, 1], \, \rho > \nu n, \qquad (\text{C.II.1.5})$$

schließt unsere Version des Ramsey-Modells und das Modell der dynastischen Vorsorge als Grenzfälle ein. Sie erwächst aus der Gewichtung individueller Nutzen $u(c)$ mit dem Faktor N^{ν}. Der Parameter ν mißt dabei den Grad des Altruismus in der Nutzenfunktion.

Wir können das Modell der dynastischen Vorsorge noch aus einer anderen Perspektive betrachten. Dazu müssen wir uns klarmachen, daß der Term nk in der dynamischen Restriktion

$$\dot{k} = f(k) - c - \delta k - nk$$

Ausdruck der Kosten der Kinder ist, wenn sich der Dynastiegründer entschließt, alle Nachkommen mit demselben Vermögen auszustatten, über das er zum Zeitpunkt ihrer Geburt verfügt. Jedes Kind geht bei dynastischer Vorsorge mit dem Term $u(c)$ in den Lebensnutzen des Dynastiegründers ein, während es in der Nutzenfunktion (C.II.1.3) nur mit dem Gewicht e^{-nt} berücksichtigt wird. In beiden Fällen entstehen gleich hohe Kosten, denn die dynamische Restriktion ist in beiden Problemen dieselbe. Es ist das Auseinanderfallen der Nutzen der Kinder bei gleich hohen Kosten, die in der Welt der Nutzenfunktion (C.II.1.3) zu einer geringeren Kapitalbildung als in der Welt der dynastischen Vorsorge führt.

Altruistisches Verhalten in unterschiedlicher Intensität, das nicht am Nutzen, sondern an den Kosten der Nachkommen ansetzte, haben wir im Kontext des Modells der ewigen Jugend [Abschnitt C.I.3] kennengelernt und dort mit dem Parameter μ in der individuellen Budgetrestriktion bezeichnet. Wenn wir den Term $u(c)$ in der intertemporalen Nutzenfunktion (C.II.1.3) als den Periodennutzen eines buchstäblich ewig lebenden Individuums interpretieren, gibt es andererseits keinen Grund, a priori anzunehmen, diese Person fühlte sich ihren Kindern verpflichtet. Sie könnte ihre Nachkommen schlichtweg ignorieren, wie verstoßene oder enterbte Kinder. Ein Modell der enterbten Kinder [WEIL (1989)] ist [im Fall der logarithmischen Nutzenfunktion $u(c)=\ln c$] ein Spezialfall des Modells der ewigen Jugend, wenn die individuelle Lebensdauer unbegrenzt ist, d.h. $p=0$, und der Altruismusparameter [in der Budgetrestriktion] den Wert $\mu=0$ annimmt. Aus Gleichung (C.I.3.13) folgt deshalb

$$\frac{\dot{c}}{c} = f'(k) - \delta - \rho - \rho n \frac{k}{c}, \qquad\qquad (C.II.1.6)$$

wobei c und k für den Pro-Kopf-Konsum bzw. die Kapitalintensität der Wirtschaft stehen. Den Term $\rho nk/c$ können wir wieder als externen Effekt betrachten, der den Unterschied zwischen individuellen und gesellschaftlichen Kosten der Kapitalbildung spiegelt. Die Optimalitätsbedingung für das Problem des Dynastiegründers j,

$$\max \int_{0}^{\infty} \ln c(j,t)\, e^{-\rho t}\, dt$$

unter den Nebenbedingungen

$$\dot{k}(j,t) = w(j,t) + (r(t) - \delta)k(j,t) - c(j,t),$$

$k(j,0)$ gegeben,

lautet nämlich

$$\frac{\dot{c}(j,t)}{c(j,t)} = r(t) - \delta - \rho.$$

Im Gleichgewicht des Marktes für Kapitaldienste ist $r(t)=f'(k)$. Die gesellschaftlichen Opportunitätskosten der Kapitalbildung liegen deshalb um $\rho nk/c$ über den individuellen Kosten. Aus der Bedingung für ein Wachstumsgleichgewicht,

$$f'(k^{EK}) = \delta + \rho + \rho n k^{EK}/c^{EK},$$

kann man ableiten, daß die Kapitalintensität im Modell der enterbten Kinder zwischen der des Grundmodells und jener des Modells der dynastischen Vorsorge liegen muß:

$$f'(k^{R}) = \delta + \rho + n > f'(k^{EK}) = \delta + \rho + \rho n k^{EK}/c^{EK} > f'(k^{DV}) = \delta + \rho.$$

Die mittlere Ungleichung folgt aus der Beobachtung, daß aus $c=\rho(k+h)$ die Ungleichung $n>\rho nk/c=nk/(k+h)$ folgt.[21]

---

21   Die Relation zwischen dem Pro-Kopf-Konsum und dem Pro-Kopf-Vermögen $(k+h)$ folgt aus Gleichung (C.I.3.7) nach Division mit N. h ist das durchschnittliche Humanvermögen im Sinn des Gegenwartswerts künftiger Lohneinkommen.

Die Vernachlässigung der Kosten der Kinder, die einen Keil zwischen die individuellen und die gesellschaftlichen Kosten der Vermögensbildung treibt, führt mithin dazu, daß die Gesellschaft mehr Kapital bildet als in unserem Grundmodell. Abbildung C.II.1.1 stellt die verschiedenen Wachstumsgleichgewichte nochmals gegenüber. Die mit $\dot{c} = 0$ überschriebenen Kurven sind die geometrischen Orte der Paare (k, c), die im Ramsey-Modell, dem Modell der enterbten Kinder und im Modell der dynastischen

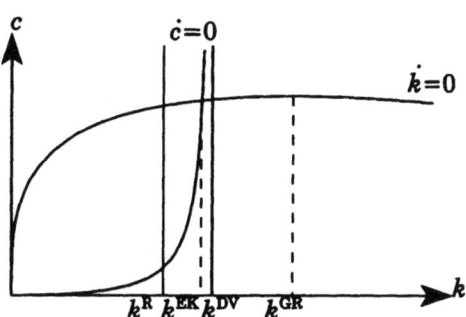

Abbildung C.II.1.1: Wachstumsgleichgewichte bei unterschiedlicher Behandlung der Kosten und Nutzen der Kinder

Vorsorge zu einem konstanten Pro-Kopf-Konsum führen.

Ein gutes Anschauungsbeispiel für das Modell der enterbten Kinder ist die Migration von Arbeitskräften. Stellen Sie sich ein Land vor, dessen Arbeitskräftepotential nur durch Zuwanderung von außen wächst. Die Einwanderer besitzen kein Realvermögen, sondern nur ihre physische Arbeitskraft, und die Inländer statten sie nicht mit Kapital aus. Sie haben daher denselben Status wie enterbte Kinder. Interessanterweise fördert diese Konstellation die Kapitalbildung und damit das Pro-Kopf-Einkommen mehr als ein internes Bevölkerungswachstum, bei dem die Inländer ihre Kinder wie im Grundmodell mit Kapital ausstatten.

Ergebnis C.II.1.1 :

Mit Hilfe der beiden Altruismusparameter ν und μ lassen sich im Fall einer logarithmischen Nutzenfunktion bezüglich der Nutzen und Kosten der Kinder drei Modellvarianten unterscheiden: a) Das Ramsey-Modell ($\nu=0$ und $\mu=1$), b) das Modell der enterbten Kinder ($\nu=0$ und $\mu=0$) und c) das Modell der dynastischen Vorsorge ($\nu=1$ und $\mu=1$).

Bezüglich der Höhe der Kapitalintensität im Wachstumsgleichgewicht wird die Modellvariante a) durch Variante b) und diese wieder durch Variante c) eindeutig dominiert.

Chichilnisky-Kriterium

Intergenerativer Altruismus und Egoismus beschreiben individuelle Verhaltensweisen gegenüber den Nachkommen. Wir können aber auch danach fragen, welche Entscheidungsregel ein zentraler Planer verfolgen sollte, wenn er eine intergenerativ gerechte Allokation anstrebt. Extremer Egoismus, wie im Modell der enterbten Kinder,

kann aufgrund des Auftretens externer Effekte offensichtlich nicht Inhalt der Zielfunktion eines zentralen Planers sein, wohl aber unterschiedliche Grade des intergenerativen Altruismus. GRACIELLA CHICHILNISKY schlägt in diesem Zusammenhang eine
besondere intertemporale Optimalitätsregel vor. Sie interpretiert die Konsum- und
Sparentscheidungen jeder Generation als eine unendliche Folge von Abstimmungen,
deren Ergebnis die Entscheidungen des sozialen Planers festlegt. Die Aggregation der
Einzelabstimmungen zu einer Gesamtstrategie beruht dann auf der Prämisse, daß
weder die gegenwärtige noch zukünftige Generationen allein über die optimale
intertemporale Ressourcenallokation entscheiden bzw. das Gesamtergebnis der Abstimmungen diktieren dürfen: *"Nondictatorship of the present means that it should not
be possible to determine the ranking of any two utility streams by looking only at the
finite numbers of their components. Nondictatorship of the future means that the ranking of two utility streams should not depend only on their limiting properties but
should be sensitive to their characteristics over finite horizons. These axioms suffice to
characterize the valuation of utility streams as the sum of two terms, one is a discounted integral of utilities and one that depends on the limiting properties of the stream."*
[BELTRATTI, CHICHILNISKY und HEAL (1995), S. 149f.]

Das Chichilnisky-Kriterium beruht daher auf der linearen Kombination eines traditionellen utilitaristischen Diskontierungskonzepts mit der größten unteren Schranke
[dem Infimum], der die Nutzenfunktion mit der Zeit zustrebt. Die Wohlfahrtsfunktion
lautet:

$$U(0) = \theta \int_0^\infty u(c)e^{-\rho t}dt + (1-\theta) \lim_{t \to \infty} \inf u(c), \ \theta \in [0,1]. \tag{C.II.1.7}$$

Ist der Parameter $\theta = 1$, so erhalten wir die Zielfunktion unseres Ramsey-Grundmo-
dells. Ist dagegen $\theta = 0$, dann geht in das Maximierungskalkül bereits in der Gegenwart
- und nicht erst als Ergebnis eines optimalen Konvergenzprozesses - der stationäre
Pro-Kopf-Konsum ein. An die Stelle der dynamischen Ressourcenrestriktion des Ramsey-Modells tritt dann die statische Restriktion $f(k)=c+(n+\delta)k$. Die Lösung des Problems

$$\max_c u(c)$$

unter der Nebenbedingung

$$c = f(k) - (n+\delta)k$$

führt aber zur Goldenen Regel der Kapitalakkumulation [siehe Abschnitt B.I.3], d.h.
die optimale Kapitalintensität löst die Gleichung $f'(K^{GR}) - \delta = n$.[22] Je stärker bei
Entscheidungen nach dem Chichilnisky-Kriterium die Ansprüche zukünftiger Genera-

---

22 Wenn Sie in der Nutzenfunktion c durch die Nebenbedingung ersetzen und die Ableitung
    dieses Ausdrucks nach k gleich Null setzen, erhalten Sie das Ergebnis.

tionen berücksichtigt werden, je kleiner also θ gewählt wird, desto höher wird der Kapitalstock sein, der sich im langfristigen Wachstumsgleichgewicht einstellt.

Grün-Goldene-Regel

Eine besondere Bedeutung erhält das Chichilnisky-Kriterium im Zusammenhang mit der Diskussion über das Konzept der *nachhaltigen Entwicklung* [sustainable development, siehe BELTRATTI, CHICHILNISKY und HEAL 1995]. Nachhaltigkeit umfaßt dabei zwei Aspekte: Zum einen die Berücksichtigung der Interessen künftiger Generationen bei heutigen Allokationsentscheidungen, zum anderen die Berücksichtigung der begrenzten Regenerationsmöglichkeiten natürlicher Ressourcen. Beide Aspekte implizieren, daß die optimale Ressourcenausstattung pro Kopf möglichst hoch gewählt, bzw. der laufende Ressourcenverbrauch pro Kopf gesenkt werden sollte.

Um diese Zusammenhänge in einem Wachstumsmodell abzubilden, interpretieren wir die Variable k als den Pro-Kopf-Bestand einer Ressource, der sich nach folgender Gleichung entwickelt:

$$\dot{k} = f(k) - c - nk. \tag{C.II.1.8}$$

Die Funktion $f(k)$ bildet die Regenerationsfähigkeit ab, und c ist der laufende Ressourcenverbrauch. Solange die Regenerationsleistung pro Kopf und Periode, $f(k) - nk$, den laufenden Verbrauch c übersteigt, wächst der Bestand, $\dot{k} > 0$. Als Zielfunktion der intertemporalen Optimierung, bei der die Interessen zukünftiger Generationen nicht durch die Gegenwart dominiert werden, verwenden wir das Chichilnisky-Kriterium. Die besondere Bedeutung des Ressourcenbestands in unserem Entscheidungskalkül berücksichtigen wir dadurch, daß wir k als zweites Argument des Periodennutzens u betrachten. Wir schreiben also $u(c, k)$ und unterstellen positive und abnehmende Grenznutzen für beide Argumente.

Das intertemporale Allokationsproblem lautet damit:

$$\max \quad \theta \int_0^\infty u(c,k)e^{-\rho t}\mathrm{d}t + (1-\theta)\, \liminf_{t \to \infty} u(c,k), \ \theta \in [0, 1],$$

unter den Nebenbedingungen

$$\tag{C.II.1.9}$$

$$\dot{k} = f(k) - nk - c,$$

$k(0)$ gegeben.

Es impliziert für $\theta = 1$ einen stationären Bestand der Ressource, der folgender Gleichung genügt:

$$f'(k^*) = \rho + n - \frac{u_k(c^*, k^*)}{u_c(c^*, k^*)}. \qquad\qquad\text{(C.II.1.10)}$$

Der Term auf der rechten Seite dieser
Gleichung ist die Grenzrate der Substitution zwischen dem Verbrauch der
Ressource c und ihrem Bestand k.[23] Er
ist infolge unserer Annahmen stets
positiv, so daß der Ressourcenbestand im
Wachstumsgleichgewicht   immer   über
jenem Bestand liegt, der sich ergeben
würde, wenn die jeweils vorhandene
Ressourcenmenge - wie im Ramsey-
Grundmodell - nicht nutzenstiftend
wäre.

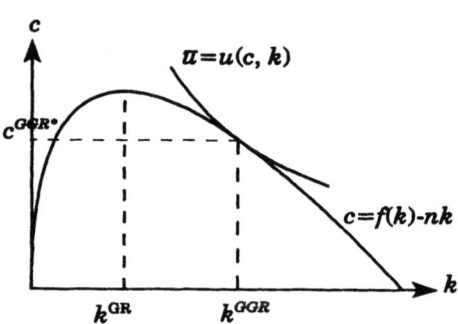

Abbildung C.II.1.2: Grün-Goldene-Regel

Spielen in der Wohlfahrtsfunktion (C.II.1.9) nur die Interessen künftiger Generationen eine Rolle, d.h. ist θ gleich Null, dann erhalten wir die *Grün-Goldene-Regel*:[24]

$$f'(k^{GGR}) = n - \frac{u_k(c^{GGR}, k^{GGR})}{u_c(c^{GGR}, k^{GGR})}. \qquad\qquad\text{(C.II.1.11)}$$

Das optimale Paar (c^{GGR}, k^{GGR}) liegt demnach im Tangentialpunkt einer Indifferenz-

---

23   Die Momentanwert-Hamiltonfunktion des Problems (C.II.1.9) lautet für $\theta = 0$:

$$\bar{H} = u(c, k) + \psi\big(f(k) - nk - c\big).$$

Daraus folgen nach Satz E.IV.2.1 folgende notwendige Bedingungen:

$$u_c(c, k) = \psi,$$

$$\psi - \rho\psi = -u_k(c, k) - \psi\big(f'(k) - n\big).$$

Die Konstanz des Schattenpreises im Wachstumsgleichgewicht, $\psi = 0$, impliziert Gleichung
(C.II.1.10).

24   Die Lagrangefunktion [siehe Satz E.IV.1.1] des Problems "Maximiere $u(c, k)$ unter der Nebenbedingung $c = f(k) - nk$", lautet:

$$\mathcal{L} = u(c, k) + \lambda\big(f(k) - nk - c\big).$$

Die Quasisattelpunktbedingungen

$$\frac{\partial\mathcal{L}}{\partial c} = u_c(c, k) - \lambda = 0,$$

$$\frac{\partial\mathcal{L}}{\partial k} = u_k(c, k) + \lambda\big(f'(k) - n\big) = 0,$$

implizieren die Optimalitätsbedingung (C.II.1.11).

kurve der Nutzenfunktion $u(c, k)$ mit der $\dot{k} = 0$ Isokline [siehe Abbildung C.II.1.2]. Infolge der negativen Steigung der Indifferenzkurve muß der optimale Ressourcenbestand größer sein als jener, der den Pro-Kopf-Konsum nach der Goldenen Regel maximiert, d.h. der die Gleichung $f'(k^{GR}) = n$ erfüllt.

Als Ergebnis können wir zweierlei festhalten: Wenn der Bestand einer regenerierbaren Ressource nutzenstiftend ist, so erhöht dies den stationären Ressourcenbestand. Dieser ist um so größer, je mehr nach dem Chichilnisky-Kriterium der Nutzen künftiger Generationen gewichtet wird.

2. Staatsverschuldung

Überblick

Wir kehren zu dem in Abschnitt B.II.4 beschriebenen Modell mit staatlicher Verschuldung zurück. Die Frage, die wir nun stellen, lautet: Ändern sich die dort gewonnenen Ergebnisse, wenn wir anstelle des fixierten Sparverhaltens eine optimale Konsumplanung der Haushalte berücksichtigen?

Wir zeigen zunächst, daß die öffentliche Verschuldung im Ramsey-Modell einen viel geringeren Stellenwert besitzt als im Solow-Modell. Während dort die Gefahr einer Verschuldungsspirale nicht ausgeschlossen werden kann, ist der Zeitpfad der Kapitalakkumulation im Ramsey-Modell unabhängig von der Finanzierung öffentlicher Ausgaben. Der Grund dafür ist die vorausschauende Konsumplanung der Haushalte. Ihr unbegrenzter Planungshorizont und ihr impliziter Altruismus bewirken, daß nur der Finanzbedarf, aber nicht die Finanzierungsart in die intertemporale Budgetrestriktion eingeht.

Der Egoismus der Elterngeneration, den wir im Modell der ewigen Jugend thematisieren, treibt einen Keil zwischen die private und die öffentliche Diskontrate. Defizitfinanzierte öffentliche Ausgaben entlasten nun das individuelle Budget, weil der Gegenwartswert der zu ihrer Rückzahlung notwendigen künftigen Steuern kleiner ist als die Steuerersparnis in der Gegenwart. Die Finanzierung öffentlicher Ausgaben beeinflußt daher das Wachstumsgleichgewicht und den Konvergenzprozeß.

Wir erläutern zunächst die wichtigsten Bausteine des Modells. Danach betrachten wir die optimale Kapitalakkumulation im Rahmen des Ramsey-Kalküls. Anschließend untersuchen wir die Rolle der öffentlichen Verschuldung im Modell der ewigen Jugend.

Modellstruktur

Rekapitulieren wir nochmals die wichtigsten Kreislaufzusammenhänge des Modells aus Abschnitt B.II.4. Der Staat erwirbt Güter G, erhebt Steuern T und finanziert sein Budgetdefizit durch die Ausgabe von Anleihen B. Der Teil κ seiner Ausgaben dient dem Aufbau der öffentlichen Infrastruktur $K_{\ddot{o}}$, die zusammen mit dem privaten Kapital K_p den Kapitalstock der Wirtschaft K bildet. Öffentliches und privates Kapital sind in der Produktion vollkommene Substitute, so daß $K=K_p+K_\delta$ gilt. Die Haushalte legen ihre Ersparnisse in privatem Kapital und in öffentlichen Anleihen an, wobei sie indifferent zwischen beiden Anlageformen sind. Der Staat muß daher seine Anleihen mit der Nettoertragsrate des privaten Kapitals verzinsen. Die Unternehmen nutzen Arbeitsleistungen, privates Kapital, für das sie rK_p als Nutzungsentgelt zahlen und öffentliches Kapital, das der Staat unentgeltlich zur Verfügung stellt. Die Produktionsfunktion des Unternehmenssektors ist $Y=F(N, K)$ mit den in Gleichung (C.I.1.1) und Gleichung (C.I.1.2) beschriebenen Eigenschaften. Die privaten Produktionsfaktoren werden mit ihrem jeweiligen Grenzprodukt entlohnt, so daß nach wie vor auch die Gleichgewichtsbedingungen (C.I.1.3) zutreffen. Die Unternehmen erwirtschaften daher einen Gewinn in Höhe der unentgeltlichen Nutzung der öffentlichen Infrastruktur,

$$\Pi = f'(k)K_\delta,$$
(C.II.2.1)

der den Haushalten als zusätzliches Einkommen zufließt.

Das Haushaltseinkommen besteht aus Lohn- und Kapitaleinkommen, Unternehmensgewinnen und Zinseinkünften. Die nach Abzug der Steuern T und Konsumausgaben C_p verbleibenden Ersparnisse erhöhen das Vermögen V, das nun aus Sachkapital und öffentlichen Anleihen besteht, $V=K_p+B$:

$$\dot{V} = \Pi + wN + (r-\delta)(K_p+B) - T - C_p = \Pi + wN + (r-\delta)V - T - C_p.$$
(C.II.2.2)

Das staatliche Defizit wächst nach der Gleichung

$$\dot{B} = G + (r-\delta)B - T.$$
(C.II.2.3)

Ricardianische Äquivalenz

Für die weitere Analyse des Modells ist es wieder hilfreich, Pro-Kopf-Größen zu betrachten. Aus der Definition $v:=V/N$ folgt

$$\dot{v} = \pi + w + (r-\delta-n)v - \tau - c_p,$$
(C.II.2.4)

wobei alle klein geschriebenen Variablen [außer r und n, der Wachstumsrate des Arbeitsangebots] Pro-Kopf-Größen symbolisieren, insbesondere steht τ für die Pro-Kopf-Steuern. Gleichermaßen folgt aus $b:=B/N$:

$$\dot{b} = g + (r-\delta-n)b - \tau.$$
(C.II.2.5)

Das Konsumprofil des Haushaltssektors maximiert die intertemporale Nutzenfunktion

$$U(0) := \int_0^\infty u(c_p)e^{-\rho t}dt, \quad \rho > 0,$$
(C.II.2.6)

unter der Nebenbedingung (C.II.2.4). Anders als im Modell des Abschnitts C.I.1 können sich die Haushalte im Prinzip verschulden, indem sie Kredite beim Staat aufnehmen [d.h. $b<0$]. Um sicherzustellen, daß sich weder der Staat noch die Haushalte übermäßig verschulden, brauchen wir noch zwei weitere Bedingungen. Dazu integrieren wir die Budgetrestriktionen der Haushalte (C.II.2.4) und des Staates (C.II.2.5) im Intervall [0, *t*]. Mit der Definition des durchschnittlichen Zinses

$$\bar{r}(t) := \frac{1}{t} \int_0^t r(s)\,ds \qquad (C.II.2.7)$$

lautet das Ergebnis [siehe Gleichung (E.III.2.7)]:

$$e^{-(\bar{r}(t) - \delta - n)t} v(t) = v(0) + \int_0^t e^{-(\bar{r}(s) - \delta - n)s}\Big(\pi + w - \tau - c_p\Big)ds, \qquad (C.II.2.8)$$

bzw.

$$e^{-(\bar{r}(t) - \delta - n)t} b(t) = b(0) + \int_0^t e^{-(\bar{r}(s) - \delta - n)s}\Big(g - \tau\Big)ds. \qquad (C.II.2.9)$$

Bis auf die Definition des Vermögens entspricht Gleichung (C.II.2.8) der Gleichung (C.I.1.10) des einfachen Ramsey-Modells. Sie drückt nur eine definitorische Beziehung aus: Das auf die Gegenwart abdiskontierte Vermögen der Periode *t* entspricht der Summe aus dem Anfangsvermögen $v(0)$ und der Summe der abdiskontierten Ersparnisse. Wäre nun *t* der Planungshorizont, und darf ein Haushalt in *t* keine Schulden, $v(t)<0$, haben, so muß die linke Seite der Gleichung Null sein. Wäre sie positiv, könnte der Haushalt in der letzten Periode weniger sparen und mehr konsumieren. Dadurch würde sich sein Lebensnutzen erhöhen. Ein optimales Konsumprofil über dem Intervall [0, *t*] schöpft deshalb die Budgetrestriktion aus. Im Fall des unendlich weit entfernten Planungshorizonts, $t \to \infty$, gilt diese Bedingung asymptotisch: Die linke Seite von Gleichung (C.II.2.8) strebt mit $t \to \infty$ gegen Null. Dasselbe gilt für die intertemporale Budgetrestriktion des Staates (C.II.2.9), wenn wir dem Staat nicht erlauben, sich asymptotisch schneller zu verschulden als mit der Rate $\bar{r}$-δ-n. Wir erhalten daher:

$$v(0) = \int_0^\infty e^{-(\bar{r}(t) - \delta - n)t}\Big(c_p + \tau - w - \pi\Big)dt,$$

$$b(0) = \int_0^\infty e^{-(\bar{r}(t) - \delta - n)t}\Big(\tau - g\Big)dt.$$

Hieraus folgt aufgrund von $v(0)=b(0)+k_p(0)$:

$$\int_0^\infty e^{-(\bar{r}(t) - \delta - n)t} c_p\,dt = k_p(0) + \int_0^\infty e^{-(\bar{r}(t) - \delta - n)t}\Big(\pi + w - g\Big)dt.$$

Diese Gleichung enthält eine bemerkenswerte Aussage, die als *Ricardianisches Äquiva-lenztheorem* bekannt ist:[25] Der optimale Konsumplan der Haushalte, der unter den genannten Bedingungen und bei vollständiger Voraussicht dieser Gleichung genügt, ist unabhängig von der Finanzierung der staatlichen Ausgaben. Er wird nur vom Pfad der staatlichen Ausgaben $\{g(t)\}_0^\infty$ beeinflußt. Die vorausschauende Planung der Haushalte berücksichtigt, daß die öffentliche Verschuldung in der Gegenwart durch höhere Steu-ern in der Zukunft finanziert werden muß, wenn sich die öffentlichen Haushalte nicht ad infinitum verschulden können. Der Gegenwartswert künftiger Steuern entspricht somit stets der momentanen Verschuldung. In die intertemporale Budgetrestriktion der Haushalte gehen somit nur die Finanzierungserfordernisse des Staates ein, jedoch nicht die Art der Finanzierung. Finanzmathematisch sind unter den hier geltenden Be-dingungen öffentliche Kredite und Steuern völlig äquivalent. Zentral für dieses Ergeb-nis ist, daß der individuelle und der staatliche Zeithorizont sowie die jeweiligen Dis-kontraten übereinstimmen und außerdem alle Familien in derselben Weise mit Steu-ern belastet werden. Bevor wir diesen Punkt weiter vertiefen, studieren wir den Zeit-pfad der optimalen Kapitalakkumulation.

Optimale Kapitalakkumulation

Die notwendige Bedingung für einen nutzenmaximalen Konsumpfad entspricht nach wie vor der Keynes-Ramsey-Regel:[26]

$$\frac{\dot{c}_p}{c_p} = \frac{1}{\eta}\left(r - \delta - n - \rho\right), \quad \eta := -\frac{u''(c_p)}{u'(c_p)}c_p. \qquad \text{(C.II.2.10)}$$

Wir unterstellen, daß die Staatsausgaben pro Kopf g ein konstanter Bruchteil $\theta \in (0, 1)$ der jeweiligen Pro-Kopf-Produktion $y=f(k)$ sind:

$$g = \theta f(k). \qquad \text{(C.II.2.11)}$$

Das öffentliche Kapital pro Kopf wächst nach der Gleichung

---

25 Einen Überblick über die theoretische Fundierung dieser Aussage und über ihre empirische Relevanz finden Sie bei SEATER (1993).

26 Das Kontrollproblem

$$\max_{\{c_p(t)\}_{t=0}^\infty} \int_0^\infty u(c_p)e^{-\rho t}dt$$

unter den Nebenbedingungen

$$\dot{v} = w + \pi + (r - \delta - n)v - \tau - c_p \text{ und } v(0) \text{ gegeben,}$$

hat die Momentanwert-Hamiltonfunktion $\bar{H} = u(c_p) + \psi\left(w + \pi + (r - \delta - n)v - \tau - c_p\right)$ [siehe Satz E.IV.2.1]. Gleichung (C.II.2.10) folgt aus den notwendigen Optimalitätsbedingungen

$$u'(c_p) = \psi \Rightarrow \frac{\dot{\psi}}{\psi} = \frac{u''(c_p)}{u'(c_p)}\dot{c}_p,$$

$$\dot{\psi} - \rho\psi = -\frac{\partial\bar{H}}{\partial v} = -\psi(r - \delta - n).$$

$$\dot{k}_{\ddot{o}} = \kappa g - n k_{\ddot{o}}. \qquad\qquad (\text{C.II.2.12})$$

Für das private Kapital erhalten wir über $v - \dot{b} = \dot{k}_p$ aus Gleichung (C.II.2.4), Gleichung (C.II.2.5) sowie der Beziehung $f(k)=w+\pi+rk_p$ [wegen (C.II.2.1)]:

$$\dot{k}_p = f(k) - (n + \delta)k_p - c_p - g. \qquad\qquad (\text{C.II.2.13})$$

Die Summe der beiden vorstehenden Gleichungen führt zusammen mit (C.II.2.10) auf die Veränderung der gesamtwirtschaftlichen Kapitalintensität:

$$\dot{k} = f(k)(1 - \theta(1-\kappa)) - (n + \delta)k - c_p. \qquad\qquad (\text{C.II.2.14})$$

Bis auf den Term $(1-\theta(1-\kappa))$ unterscheidet sie sich nicht von der entsprechenden Gleichung des Ramsey-Modells im Abschnitt C.I.1. Wenn wir in Gleichung (C.II.2.10) noch r durch $f'(k)$ ersetzen, erhalten wir:

$$\dot{c}_p = \frac{c_p}{\eta}\left(f'(k) - \delta - n - \rho\right). \qquad\qquad (\text{C.II.2.15})$$

Die beiden Gleichungen (C.II.2.14) und (C.II.2.15) beschreiben die Zeitpfade von Konsum und Kapitalintensität, die offensichtlich unabhängig vom Zeitpfad der Finanzierungsinstrumente sind. Mit ihrer Hilfe können wir ein Phasendiagramm zeichnen, das sich nur unwesentlich von Abbildung C.I.1.1 unterscheidet.

Die gestrichelte Linie in Abbildung C.II.2.1 zeigt den geometrischen Ort aller Paare (k, c), die im Ramsey-Modell zu einer konstanten Kapitalintensität führen, d.h. die Bedingung $c=f(k)-(n+\delta)k$ erfüllen. Im vorliegenden Modell definiert die Kurve $c_p = f(k)(1-\theta(1-\kappa))-(n+\delta)k$ die $\dot{k}=0$ Linie. Sie verläuft unterhalb der entsprechenden Kurve des Ramsey-Modells, denn der Term $(1-\theta(1-\kappa))$ liegt zwischen Null und Eins. Der Abstand beider Kurven ist um so größer, je größer die Staatsquote θ ist, und je kleiner die öffentliche Investitionsquote κ ist. Unterhalb der $\dot{k}=0$ Linie wächst infolge des relativ geringen Konsums die Kapitalintensität, während sie oberhalb dieser Linie abnimmt. Die Keynes-Ramsey-Regel (C.II.2.15) führt auf dieselbe stationäre Kapitalintensität k^* wie im Ramsey-Modell. Diese folgt aus der Gleichung $f'(k^*)=\rho+\delta+n$. Links von k^* ist das Grenzprodukt des Kapitals größer als die Summe aus Zeitpräferenzrate ρ, Abschreibungsrate δ und Wachstumsrate des Arbeitsangebots n, so daß der private Pro-Kopf-Konsum zunimmt. Rechts von k^* sinkt er.

Die Pfeile und die beispielhaft berechneten Zeitpfade deuten an, daß es wiederum nur einen Pfad zum Wachstumsgleichgewicht gibt.[27] Dieser Pfad ist konsumoptimal. Den Beweis dafür können Sie analog zum Beweis in Ergänzung C.I.2.2 führen.

---

27   Abbildung C.II.2.1 beruht auf einer Cobb-Douglas-Produktionsfunktion $y=k^\beta$ mit $\beta=1/3$ und der Nutzenfunktion (C.I.1.6) mit $\eta=1$. Die restlichen Modellparameter haben folgende Werte: $\rho=0{,}01$, $n+\delta=0{,}04$, $\kappa=0{,}1$ und $\theta=0{,}45$.

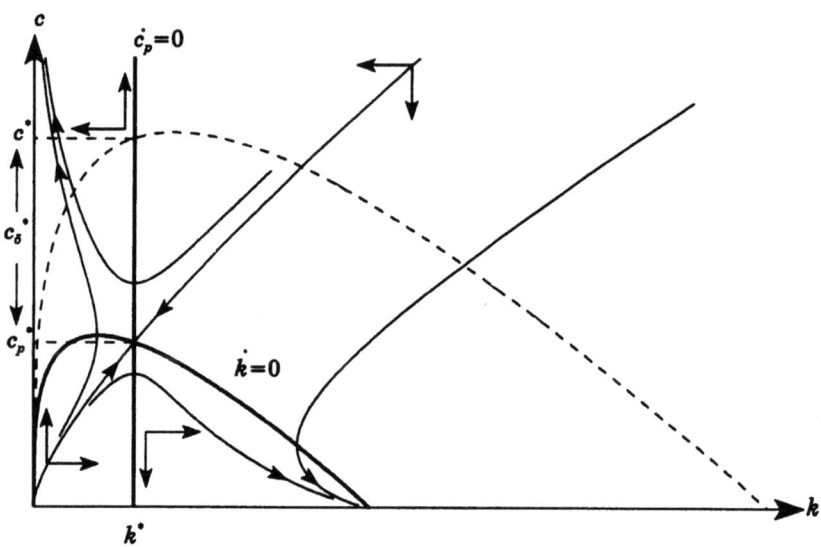

Abbildung C.II.2.1: Zeitpfad der optimalen Kapitalakkumulation im Ramsey-Modell mit Staat

Die Graphik C.II.2.1 macht deutlich, daß die Kapitalintensität im Wachstumsgleichgewicht unabhängig von allen staatlichen Parametern ist. Der private Verbrauch
c_p^* ist um die Höhe des öffentlichen Verbrauchs $\theta(1-\kappa)f(k^*)$ niedriger als im Ramsey-
Modell ohne Staat. Die Summe aus privatem und öffentlichem Verbrauch entspricht
mithin derjenigen des Ramsey-Modells. Sofern öffentlicher und privater Konsum perfekte Substitute sind, d.h. $c = c_p + c_\delta$ gilt, hat die repräsentative Familie im stationären
Gleichgewicht denselben Nutzen. Zwischen beiden Modellen besteht daher in bezug auf
das Wachstumsgleichgewicht keinerlei Unterschied.

Sie unterscheiden sich jedoch im Hinblick auf den optimalen Pfad. Während im
Ramsey-Modell die Sachkapitalbildung völlig in der Hand der Haushalte liegt, beeinflussen im vorliegenden Modell die Staatsquote θ und die öffentliche Investitionsquote
κ das Tempo des Wachstumsprozesses. Die Richtung des Einflusses hängt ab von der
Höhe der intertemporalen Substitutionselastizität $1/\eta$. Die Ursache dafür liegt in zwei
gegenläufigen Effekten, deren Größenordnung von η abhängt. Eine größere öffentliche
Investitionsquote und eine niedrigere Staatsquote setzen Ressourcen frei, die sowohl
zum schnelleren Aufbau des Kapitals als auch zu einem höheren privaten Konsum verwendet werden können. Wenn die Neigung, Konsum intertemporal zu substituieren,
nicht zu klein ist, dominiert das erste Motiv und der Wachstumsprozeß wird beschleunigt. Abbildung C.II.2.2 zeigt, daß für unsere Standardparameter $\beta = 1/3$, $n + \delta = 0{,}05$

und $\rho=0{,}01$ der kritische Wert für η zwischen 3 und 5 liegen muß. Die linke Graphik zeigt, daß die Halbwertszeit bei $\eta=3$ mit θ im Intervall [0, 0.5] sinkt und mit κ im Intervall [0, 1] steigt. Das umgekehrte Muster tritt zutage, wenn $\eta=5$ ist.

$\eta=3.0$ $\eta=5.0$

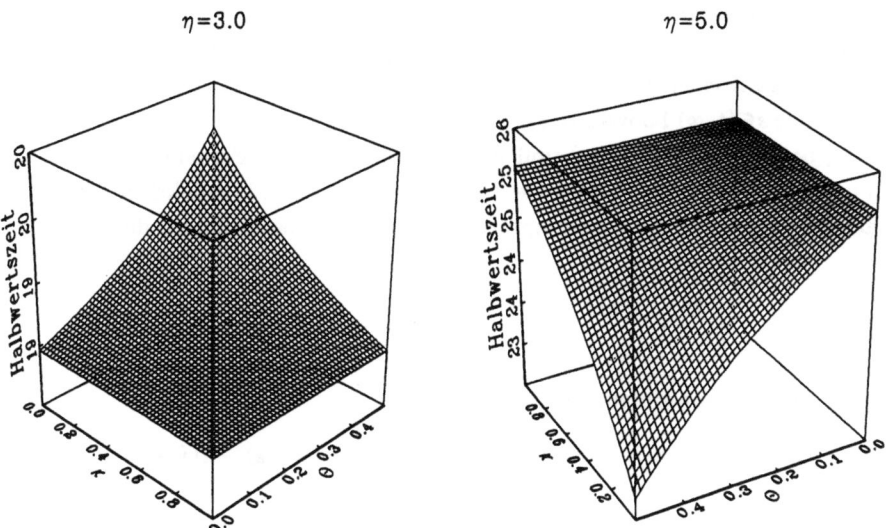

Abbildung C.II.2.2: Halbwertszeiten im Ramsey-Modell mit Staat

Ergänzung C.II.2.1: Konvergenzgeschwindigkeit im Ramsey-Modell mit Staat

Wenn wir das Differentialgleichungssystem (C.II.2.14) und (C.II.2.15) an der Stelle des Wachstumsgleichgewichts (k^*, c_p^*) logarithmisch-linear approximieren, erhalten wir:

$$\begin{bmatrix} \dfrac{\mathrm{d}\ln(k(t)/k^*)}{\mathrm{d}t} \\[2ex] \dfrac{\mathrm{d}\ln(c_p(t)/c_p^*)}{\mathrm{d}t} \end{bmatrix} = \begin{bmatrix} \rho - (\rho+\delta+n)\mu(1-\kappa) & -c_p^*/k^* \\[2ex] k^*f''(k^*)/\eta & 0 \end{bmatrix} \begin{bmatrix} \ln(k(t)/k^*) \\[2ex] \ln(c_p(t)/c_p^*) \end{bmatrix}$$

Die Determinante der Jacobimatrix, $c_p^* f''(k^*)/\eta$, ist negativ, solange der private Konsum im Wachstumsgleichgewicht positiv ist. Damit dies gewährleistet ist, darf die öffentliche Konsumquote $\theta(1-\kappa)$ nicht zu groß sein:

$$\theta(1-\kappa) < \frac{f(k^*) - (n+\delta)k^*}{f(k^*)}.$$

Solange diese Bedingung erfüllt wird, ist das Wachstumsgleichgewicht ein Sattelpunkt. Die Halbwertszeit $\ln(0{,}5)/\lambda$ hängt daher vom negativen Eigenwert λ der Jacobimatrix ab [siehe Ergänzung C.I.1.2].

Begrenzter Planungshorizont, Altruismus und Ricardianische Äquivalenz

Wir wollen nun durch ein Gegenbeispiel nochmals die Bedingungen herausarbeiten, unter denen Steuern und öffentliche Kredite äquivalente Finanzierungsinstrumente sind. Den geeigneten Rahmen dafür liefert das Modell der ewigen Jugend aus Abschnitt C.I.3. Wir formulieren zunächst das Entscheidungsproblem eines Haushalts, der in der Periode j geboren wurde und in der Gegenwart t seinen Lebensnutzen durch die Wahl eines Konsumprofils $\left\{ c_p(j, s) \right\}_{s=t}^{\infty}$ maximieren will. Der Haushalt bezieht in jeder Periode $s \in [t, \infty)$ Löhne $w(j, s)$, Unternehmensgewinne $\pi(j, s)$ und Zinsen $(r(s)+p-\delta)v(j, s)$, bezahlt Steuern $\tau(j, s)$ und überläßt seinen in der Periode s geborenen Kindern $\mu(p+n)v(j, s)$ seines Vermögens. Der Parameter $\mu \in [0, 1]$ reflektiert den Grad des Altruismus. Das optimale Konsumprofil des Haushalts löst demnach das Problem:

$$\max_{\left\{ c_p(j, s) \right\}_{s=t}^{\infty}} \int_t^{\infty} \ln c_p(j, s)\, e^{-(\rho+p)(s-t)}\, ds$$

(C.II.2.16)

unter den Nebenbedingungen

$$v(j, s) = w(j, s) + \pi(j, s) + \left(r(s)+p-\delta-(p+n)\mu \right)v(j, s) - \tau(j, s) - c_p(j, s),$$

$v(j, t)$ gegeben.

Wir integrieren die dynamische Budgetrestriktion des Problems mittels der Bedingung

$$\lim_{s \to \infty} v(j, s)\, e^{-R_j(t, s)(s-t)} = 0$$

und den Definitionen

$$R_j(t, s) := \bar{r}(t, s) + p - \delta - (p+n)\mu, \quad \bar{r}(t, s) := \frac{1}{s-t} \int_t^s r(\zeta)\, d\zeta.$$

Das Ergebnis lautet:

$$\int_t^{\infty} c(j, s)\, {}^{-R_j(t, s)(s-t)}\, ds = k_p(j, t) + b(j, t) + \int_t^{\infty} \left(w(j, s) + \pi(j, s) - \tau(j, s) \right)e^{-R_j(t, s)(s-t)}\, ds.$$

Stellen Sie sich nun für den Augenblick vor, der Staat würde alle seine Bürger gleichmäßig und altersunabhängig zur Finanzierung seiner Pro-Kopf-Ausgaben heranziehen. Wenn wir die staatliche Budgetrestriktion (C.II.2.5) unter dieser Prämisse im Intervall $[t, \infty)$ integrieren, erhalten wir[28]

---

28   Dabei haben wir analog zum Ramsey-Modell unterstellt, daß sich der Staat nicht schneller als mit der Rate $\bar{r}(t,s) - \delta - n$ verschulden kann, d.h.

$$\lim_{s \to \infty} b(s)\, e^{-(\bar{r}(t, s)-\delta-n)(s-t)} = 0.$$

$$b(j, t) = \int_t^\infty (\tau(j, s) - g)\, e^{-(\bar{r}(t,\, s)\, -\, \delta\, -\, n)(s\, -\, t)}\, \mathrm{d}s.$$

Die gesellschaftliche Diskontrate $\bar{r}(t, s) - \delta - n$ in dieser Gleichung ist geringer als die Diskontrate $R_j(t, s) = \bar{r}(t, s) + p - \delta - (p + n)\mu$ in der Budgetgleichung des Haushalts, solange der Altruismus der Eltern ihren Kindern gegenüber eingeschränkt ist, $0 \leq \mu < 1$. In der Budgetgleichung des Haushalts kürzen sich deshalb die Steuerzahlungen nicht wie im Fall des Ramsey-Modells. Eine höhere öffentliche Verschuldung zugunsten niedrigerer Steuern in der Gegenwart entlastet das individuelle Budget, weil der Beitrag des Haushalts zur späteren Finanzierung finanzmathematisch kleiner ist als der Gegenwartswert der Schulden.

Die Äquivalenz von Steuern und öffentlichen Krediten setzt daher zwei Bedingungen voraus: Erstens eine altersunabhängige Steuerbelastung der Haushalte durch eine Pro-Kopf-Steuer[29] und zweitens altruistisches Verhalten gegenüber den Nachkommen, $\mu = 1$. Das begrenzte individuelle Leben spielt insofern keine Rolle, als die Diskontraten auch für $p = 0$ und $0 \leq \mu < 1$ auseinanderfallen. Zentral ist also der Altruismus und nicht der Planungshorizont.

Für die weitere Analyse des Modells berechnen wir zunächst die Konsumfunktion des Haushalts j. Nachdem sich das Entscheidungsproblem (C.II.2.16) formal zunächst nicht von dem des Abschnitts C.I.3 unterscheidet, erhalten wir [siehe (C.I.3.5)]:

$$c_p(j, t) = (\rho + p)\big(v(j, t) + h(j, t)\big),$$

$$h(j, t) = \int_t^\infty e^{-R_j(t,\, s)(s\, -\, t)} \big(w(j, s) + \pi(j, s) - \tau(j, s)\big)\mathrm{d}s. \tag{C.II.2.17}$$

Um die Wirtschaft auf aggregierter Ebene mit Hilfe der Vorschrift (C.I.3.6) beschreiben zu können, müssen wir nun unterstellen, daß nicht nur die Lohn-, sondern auch die Dividendeneinkommen und die Steuern altersunabhängig sind. In diesem Fall erhalten wir analog zu den Gleichungen (C.I.3.7), (C.I.3.10) und (C.I.3.11) folgende Beziehungen [wir unterdrücken den Zeitindex und benutzen Großbuchstaben für gesamtwirtschaftliche Größen]:

$$C_p = (\rho + p)(V + H), \tag{C.II.2.18}$$

$$\dot{V} = W + \Pi + (r - \delta)V - T - C_p, \tag{C.II.2.19}$$

$$\dot{H} = -(W + \Pi - T) + \big(r - \delta - (p + n)(1 - \mu)\big)H. \tag{C.II.2.20}$$

---

29 Infolge der homothetischen Nutzenfunktion ist die gesamtwirtschaftliche Konsumnachfrage unabhängig von der Verteilung der Steuern auf Individuen gleichen Alters. Bei anderen Präferenzen muß die Steuer auch verteilungsneutral erhoben werden.

Gleichung (C.II.2.18) ist die gesamtwirtschaftliche Konsumfunktion. Gleichung (C.II.2.19) beschreibt die Entwicklung des Vermögens aller Haushalte $V=B+K_p$, sie entspricht Gleichung (C.II.2.2), woraus unmittelbar folgt, daß sich auch in diesem Modell die Kapitalintensität, $k:=(K_p+K_\delta)/N$, nach Gleichung (C.II.2.14) entwickelt. Aus den drei vorstehenden Gleichungen können wir nun eine Gleichung für den privaten Pro-Kopf-Konsum, $c_p:=C_p/N$, ableiten. Nach einigen Umformungen erhalten wir:

$$\dot{c}_p = c_p\Big(f'(k) - \delta - \rho - (p+n)\mu\Big) - (\rho+p)(p+n)(1-\mu)(b+k_p). \qquad \text{(C.II.2.21)}$$

Diese Gleichung weicht um den zweiten Term auf der rechten Seite von der Keynes-Ramsey-Regel (C.II.2.15) ab. Sie stimmt mit dieser nur überein, wenn jeder Haushalt gegenüber seinen Nachkommen altruistisch ist [$\mu=1$] und unbegrenzt lebt [$p=0$].

Wir betrachten nun das Wachstumsgleichgewicht dieses Modells, in dem die Bedingungen $\dot{k}=\dot{c}_p=\dot{b}=0$ erfüllt sind. Aus Gleichung (C.II.2.14), (C.II.2.21) und (C.II.2.5) erhalten wir das folgende System von Gleichungen:

$$0 = c_p^*\Big(f'(k^*) - \delta - \rho - (p+n)\mu\Big) - (p+n)(1-\mu)(p+\rho)(b+k_p^*), \qquad \text{(C.II.2.22)}$$

$$0 = c_p^* + (n+\delta)k^* - f(k^*)\big(1 - \theta(1-\kappa)\big), \qquad \text{(C.II.2.23)}$$

$$0 = \theta f(k^*) + \Big(f'(k^*) - \delta - n\Big)b^* - \tau^*. \qquad \text{(C.II.2.24)}$$

Diese drei Gleichungen können drei Variable festlegen. Wir gehen davon aus, daß der Staat ein Verschuldungsziel formuliert; b ist dann ein Parameter unseres Modells, während die Pro-Kopf-Steuern τ endogen sind. In Ergänzung C.II.2.2 untersuchen wir die Stabilität dieses Systems und seine komparativ-statischen Eigenschaften für eine beliebig fixierte Staatsschuld und ein gegebenes Ausgabenziel, und zeigen, daß eine größere öffentliche Verschuldung die stationäre Kapitalintensität und den Pro-Kopf-Konsum senkt. Im folgenden betrachten wir eine spezielle Verschuldungspolitik, deren Konsequenzen wir graphisch analysieren können.

Wir nehmen an, der Staat plane Schulden in Höhe des öffentlichen Kapitalstocks $b=k_\delta$. In diesem Fall steht hinter den staatlichen Verbindlichkeiten gegenüber dem privaten Sektor Sachkapital in gleicher Höhe, und das Vermögen der Haushalte entspricht dem Kapitalstock der Wirtschaft. Diese Verschuldungspolitik entspricht dem im Grundgesetz der Bundesrepublik Deutschland [Art. 115, Abs. I, Satz 2] formulierten Grundsatz, wonach Kredite nur zur Finanzierung öffentlicher Investitionen dienen sollen. In diesem Fall vereinfacht sich Gleichung (C.II.2.22) zu

$$c_p^* = \frac{(p+n)(1-\mu)(p+\rho)}{f'(k^*) - \delta - \rho - (p+n)\mu}\, k_p^*.$$

Der Graph dieser Funktion ist uns aus dem Modell der ewigen Jugend bekannt. Die Funktion beginnt im Ursprung, besitzt eine positive Steigung und hat an der Stelle

k^{Pol} aus $f'(k^{Pol}) = \delta + \rho + (p+n)\mu$ einen Pol [siehe Ergänzung C.I.3.1]. Aus Abbildung C.II.2.1 kennen wir auch schon den Graphen der $\dot{k} = 0$ Isokline, die von Gleichung (C.II.2.23) definiert wird. Beides zusammen führt auf die Graphik C.II.2.3.

Das Wachstumsgleichgewicht liegt im Schnittpunkt der beiden Isoklinen $\dot{c} = 0$ und $\dot{k} = 0$. Da der öffentliche Konsum $\theta(1-\kappa)f(k^*)$ entspricht, liegt der gesamte Pro-Kopf-Konsum der Wirtschaft bei $c^* = f(k^*)-(n+\delta)k^*$. An der Graphik können wir auch den Einfluß der Staatsquote und der öffentlichen Investitionsquote auf die stationäre Kapitalintensität klarmachen. Der Abstand der $\dot{k} = 0$ Isokline von der Kurve $c^* = f(k^*)-(n+\delta)k^*$ nimmt mit der Staatsquote zu und mit der öffentlichen Investitionsquote ab. Bei-

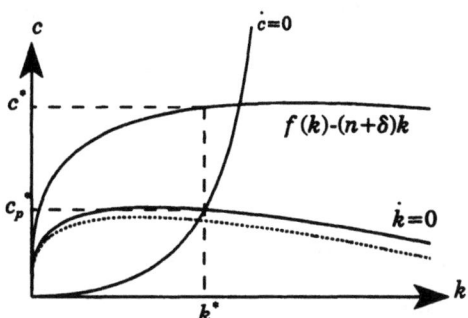

Abbildung C.II.2.3: Wachstumsgleichgewicht im Modell der ewigen Jugend mit öffentlicher Verschuldung

spielsweise dreht eine größere Staatsquote die Isokline in Richtung der gepunkteten Kurve. Die stationäre Kapitalintensität sinkt. Damit geht sowohl der private wie auch der öffentliche Konsum zurück. Dahinter steht ein einfacher Mechanismus: Größere staatliche Ausgaben beeinträchtigen die gesamtwirtschaftliche Kapitalbildung, wenn sie nur zum Teil in die Infrastruktur fließen, $\kappa < 1$. Sie senken damit die Opportunitätskosten des Konsums [siehe Gleichung (C.II.2.21)]. Die Folge ist ein weiterer Rückgang der Kapitalbildung, der am Ende auch die Konsummöglichkeiten der Wirtschaft einschränkt. Umgekehrt fördert eine größere Investitionsquote des Staates die Kapitalbildung, erhöht die Opportunitätskosten des Konsums und sorgt somit für eine höhere gleichgewichtige Kapitalintensität.

Aus Gleichung (C.II.2.22) wird aber auch deutlich, daß diese Effekte nur dann auftreten, wenn der Altruismus eingeschränkt ist, $0 \leq \mu < 1$. Andernfalls sind die gleichgewichtige Kapitalintensität und [nach Gleichung (C.II.2.23)] der private Pro-Kopf-Konsum unabhängig von den staatlichen Parametern.

Ergebnis C.II.2.1: _____

a) Im Ramsey-Modell gilt das Ricardianische Äquivalenztheorem, wonach Steuern und staatliche Kredite äquivalente Finanzierungsinstrumente sind. Die Finanzierung öffentlicher Ausgaben hat daher keinen Einfluß auf den Pfad der Kapitalakkumulation. Die stationäre Kapitalintensität ist zudem unabhängig von der Höhe der Staatsquote und der öffentlichen Investitionsquote. Beide Parameter der staatlichen Ausgabenpolitik beeinflussen aber die Konvergenzgeschwindigkeit, die mit der Staatsquote sinkt und der öffentlichen Investitionsquote steigt.

b) Die Ricardianische Äquivalenz beruht darauf, daß die gesellschaftliche Diskontrate mit der individuellen Diskontrate übereinstimmt und die Steuern als Pro-Kopf-Steuern verteilungsneutral erhoben werden. Die erste Bedingung ist verletzt, wenn die Eltern gegenüber ihren Kindern nur eingeschränkt altruistisch handeln. Wenn in diesem Fall die öffentliche Verschuldung der Höhe des öffentlichen Kapitals entspricht, ist die stationäre Kapitalintensität um so kleiner, je größer die Staatsquote und je kleiner die öffentliche Investitionsquote ist.

Ergänzung C.II.2.2: Verschuldungseffekte im Modell der ewigen Jugend

Stabilität

Wir betrachten folgende Politik des Staates: Die öffentliche Schuld pro Kopf b wird durch eine flexible Steuerpolitik konstant gehalten, so daß b nun ein Parameter unseres Modells ist. Statt einer fixierten Staatsquote θ unterstellen wir gegebene, zeitunabhängige Staatsausgaben pro Kopf g. In diesem Fall entwickeln sich der private Konsum c_p, die Kapitalintensität k und der öffentliche Pro-Kopf-Kapitalstock k_0 gemäß den folgenden Gleichungen:

$$\dot{c}_p = c_p\left(f'(k) - \delta - \rho - (p+n)\mu\right) - (p+n)(1-\mu)(p+\rho)(b+k-k_0),$$

$$\dot{k} = f(k) - (1-\kappa)g - c_p - (n+\delta)k, \qquad\qquad\qquad\qquad\qquad (i)$$

$$\dot{k}_0 = \kappa g - (n+\delta)k_0.$$

Die Jacobimatrix des Differentialgleichungssystems (i) an der Stelle des Wachstumsgleichgewichts lautet:

$$J := \begin{pmatrix} \xi & c_p^* f''(k^*) - \xi c_p^*/v^* & \xi c_p^*/v^* \\ -1 & f'(k^*) - n - \delta & 0 \\ 0 & 0 & -(n+\delta) \end{pmatrix}, \quad \xi := f'(k^*) - \delta - \rho - (p+n)\mu \geq 0.$$

Sie hat die charakteristische Gleichung

$$\left(-(n+\delta) - \lambda\right)\left\{\lambda^2 - \lambda\left(\xi + f'(k^*) - \delta - n\right) + \Delta\right\} = 0,$$

$$\Delta := c_p f''(k^*) - \xi\left(f'(k^*) - n - \delta - c_p/v\right).$$

Offensichtlich ist ein Eigenwert $\lambda_1 = -(n+\delta) < 0$. Der Ausdruck in den geschweiften Klammern ist Null, wenn λ_2 und λ_3 die entsprechende quadratische Gleichung lösen. Das Produkt der beiden Wurzeln muß gleich Δ sein [siehe (E.III.3.14)]. Eine hinreichende Bedingung für $\Delta < 0$ lautet:

$$c_p^* \geq \left(f'(k^*) - n - \delta\right)v^*. \qquad\qquad\qquad\qquad\qquad\qquad (ii)$$

In diesem Fall führt wiederum genau ein Pfad zum Wachstumsgleichgewicht, der bei gegebenem $k_p(0)$ und $k_0(0)$ den privaten Konsum in der Gegenwart $t=0$ bestimmt.

Die Stabilitätsbedingung (ii) können wir etwas griffiger formulieren. Wegen $v^* = b + k_p^*$, $c_p^* = f(k^*) - (n+\delta)k^* - (1-\kappa)g$ und $\tau = g + (f'(k^*) - n - \delta)b$ folgt nach einigen Umformungen:

$$1 \geq \frac{\tau^*}{f(k^*)} + \frac{f'(k^*)k_p^*}{f(k^*)}. \qquad\qquad\qquad\qquad\qquad\qquad (iii)$$

Demnach darf im Wachstumsgleichgewicht die Summe von Steuerquote und Einkommensquote des privaten Kapitals nicht größer als Eins sein.

Komparative Statik

Die Folgen einer höheren öffentlichen Verschuldung für das Wachstumsgleichgewicht können wir aus dem Gleichungssystem

$$0 = c_p\left(f'(k) - \delta - \rho - (p+n)\mu\right) - (p+n)(1-\mu)(p+\rho)\left[b+k-\frac{\kappa g}{n+\delta}\right],$$

$$0 = f(k) - (1-\kappa)g - (n+\delta)k - c_p,$$

$$0 = g + \left(f'(k) - n - \delta\right)b - \tau.$$

(iv)

ableiten. Seine Jacobimatrix

$$\begin{bmatrix} \xi & c_p f''(k) - \xi c_p/\upsilon & 0 \\ -1 & f'(k) - n - \delta & 0 \\ 0 & f''(k)b & -1 \end{bmatrix}$$

hat die Determinante $-\Delta$, die unter der Bedingung (iii) positiv ist. Nach Satz E.II.1 erhalten wir damit folgende partielle Ableitung:

$$\frac{\partial k}{\partial b} = \frac{\xi c_p}{\Delta \upsilon} < 0.$$

Eine höhere Verschuldung senkt demnach die stationäre Kapitalintensität. Sofern $f'(k) - n - \delta > 0$ ist [d.h. das Wachstumsgleichgewicht liegt links von der konsummaximalen Kapitalintensität], sinkt mit k auch der private Pro-Kopf-Konsum. Da außerdem mit k die Zinszahlungen auf die öffentliche Schuld wachsen, nimmt auch die Steuerbelastung pro Kopf zu.

3. Geld und Inflation

Überblick

Nach der Quantitätstheorie des Geldes hat die Geldmenge keinen Einfluß auf Produktion, Beschäftigung und relative Preise. Geld ist in diesem Sinne neutral. In einer wachsenden Wirtschaft heißt Geld *superneutral*, wenn die Wachstumsrate der Geldmenge die stationäre Allokation nicht berührt. Ebenso wie die Ricardianische Äquivalenz ist die *Superneutralität* ein wichtiges Referenzkonzept. Wir werden deshalb in diesem Abschnitt der Frage nachgehen, unter welchen Bedingungen Geld superneutral ist und sehen, daß diese noch weit restriktiver sind, als jene, auf denen die Ricardianische Äquivalenz beruht.

Entscheidend für die Rolle des Geldes in der einfachen Wirtschaft des Ramsey-Modells ist die Art und Weise, in der es in das Modell eingeht. Es liegt nämlich keineswegs auf der Hand, wozu die Haushalte hier überhaupt Geld brauchen. Weder das Vorsichtsmotiv noch das Wertaufbewahrungsmotiv liefern in diesem Rahmen einen überzeugenden Grund, Geld zu halten: Bei vollständiger Voraussicht der Wirtschaftssubjekte sind in einer Welt der Sicherheit alle Ein- und Auszahlungen im voraus bekannt, so daß ein Geldpolster für unerwartete Zahlungen überflüssig ist. Im Unterschied zu Realkapital oder verzinslichen Staatsanleihen ist die Geldhaltung bestenfalls ertraglos oder mit Verlusten in Höhe der Inflationsrate verbunden. Es gibt daher für einen rationalen Haushalt keinen Grund, Kaufkraft in Geld festzulegen, womit auch das Wertaufbewahrungsmotiv ausscheidet. In einer Wirtschaft mit nur einem produzierten Gut ist zudem der Naturaltausch sehr einfach, so daß auch das Transaktionsmotiv nicht ohne weiteres die Geldhaltung erklären kann. Die Literatur zur monetären Wachstumstheorie bedient sich deshalb einer Reihe von Hilfskonstruktionen [siehe BLANCHARD und FISCHER (1989), Chapter 4 und KLUMP (1992), (1993), Abschnitt I].

Auf ROBERT CLOWER (1967) gehen die Cash-in-Advance-Modelle zurück. Kennzeichen einer Geldwirtschaft ist nach CLOWER (1967), daß Güter nur mit Geld erworben werden.[30] Wenn man nun keine Kreditkäufe zuläßt, muß jeder Käufer über einen Geldbestand verfügen. Die Cash-in-Advance-Bedingung fordert daher, daß die Höhe der Ausgaben einen vorgegebenen Geldbestand nicht überschreiten kann. Diese Nebenbedingung reicht aus, um Geld in ein Modell zu integrieren.

Wenn wir für einen Augenblick die enge Welt des Ramsey-Modells verlassen und in die arbeitsteilige Realität zurückkehren, dann besteht natürlich kein Zweifel, daß Arbeitsteilung in dem uns bekannten Ausmaß ohne Geld als Medium des Tauschs nicht vorstellbar ist. Geld ist in diesem Sinne ein wichtiger Produktionsfaktor, so daß wir im Ramsey-Modell die Geldhaltung dadurch motivieren können, daß wir Geld als zusätzlichen Produktionsfaktor in unsere Produktionsfunktion aufnehmen, wie es LEVHARI und PATINKIN (1968) vorschlagen.

Der dritte Ansatz geht auf MIGUEL SIDRAUSKI (1967) zurück, der die Realkasse als Argument der Nutzenfunktion berücksichtigt. In diesem Fall dient die Realkasse als Index für die Serviceleistungen der Geldhaltung, also beispielsweise für die Minderung des Risikos zahlungsunfähig zu werden oder für die Zeitersparnis gegenüber dem Naturaltausch [BROCK (1974), FEENSTRA (1986), KLUMP (1992)].

Wir werden uns zunächst ausführlich mit dem Sidrauski-Modell auseinandersetzen. Dort ist Geld im Wachstumsgleichgewicht superneutral, wenn - wie in unserer Version des Ramsey-Modells - Arbeitsleistungen nicht mit Nutzeneinbußen verbunden sind. Gleichwohl beeinflußt die Wachstumsrate des Geldangebots die Konvergenz zum stationären Gleichgewicht [FISCHER (1979)]. Anschließend zeigen wir, daß die Superneutralität an den unbegrenzten Planungshorizont und den Altruismus des Familienvaters gegenüber seinen Kindern gebunden ist. Im Modell der ewigen Jugend erhöht die Wachstumsrate der Geldmenge die stationäre Kapitalintensität [MARINI und VAN DER

---

30   *Money buys goods and goods buy money; but goods do not buy goods.* [CLOWER (1967), S. 5]

PLOEG (1988), WEIL (1989)]. Den gegenteiligen Effekt erzielt die Geldpolitik, wenn die Realkasse ein Produktionsfaktor ist: Wir zeigen, daß die stationäre Kapitalintensität in diesem Fall mit der Wachstumsrate der Geldmenge sinkt. Dieses Ergebnis läßt sich auch aus einem Cash-in-Advance-Modell ableiten, mit dem wir diesen Abschnitt beschließen.

Geld in der Nutzenfunktion: Das Sidrauski-Modell

Wir ergänzen das Ramsey-Modell des Abschnitts C.I.1 um einen öffentlichen Sektor, der den Haushalten in jeder Periode Sozialleistungen in Höhe von PZ überweist, die er durch die Emission von $\dot{M}^s$ DM Zentralbankgeld finanziert. Von privaten Banken geschaffenes Buchgeld gibt es nicht. Den DM-Wert aller umlaufenden Noten und Münzen bezeichnen wir mit M, den DM-Preis des produzierten Gutes mit P. Die Haushalte können ihre Ersparnisse sowohl in Realkapital als auch in Geld anlegen.

Tabelle C.II.3.1 zeigt die Kreislaufbeziehungen in dieser Wirtschaft, wobei alle geplanten Zahlungsströme in Kaufkrafteinheiten angegeben sind, und die Superskripte d und s Nachfrage- bzw. Angebotspläne kennzeichnen. w und r stehen für die realen Nutzungspreise der Arbeitsleistungen N bzw. der Kapitaldienste K. C ist der Konsum und Y die Produktion.

Tabelle C.II.3.1

	Zuflüsse		Abflüsse
Haushalte	$wN^s + rK^s + Z$	=	$C^d + \dot{K} + \delta K + \dot{M}^d/P$
Unternehmen	Y^s	=	$wN^d + rK^d$
Staat	$\dot{M}^s/P$	=	Z
Gesamtwirtschaft	$w[N^s\text{-}N^d] + r[K^s\text{-}K^d] + [Y^s\text{-}C^d\text{-}\dot{K}\text{-}\delta K] + (1/P)[\dot{M}^s - \dot{M}^d] = 0$		

Die Produktionstechnik des Unternehmenssektors $Y = F(N, K)$ ist neoklassisch, d.h. sie besitzt die in Gleichung (C.I.1.1) angegebenen Eigenschaften, so daß die Arbeitsproduktivität $y = Y/N$ eine Funktion der Kapitalintensität $k := K/N$ ist. Die Eigenschaften der Funktion $y = f(k)$ beschreibt Gleichung (C.I.1.2). Die Produktionsfaktoren werden mit ihrem jeweiligen Grenzprodukt entlohnt,

$$w = F_N(N, K) = f(k) - f'(k)k,$$

$$r = F_K(N, K) = f'(k),$$

(C.II.3.1)

so daß die Unternehmen infolge der konstanten Skalenerträge keine Gewinne erwirtschaften $[y = w + rk]$.

Die letzte Zeile der Tabelle zeigt, daß wir es nun mit vier Märkten zu tun haben, deren Überschußnachfragen sich zu Null addieren. Von links nach rechts sind dies der Markt für Arbeit, für Kapitaldienste, für Güter und für Geld. Das Gleichgewicht auf dem Geldmarkt erlaubt uns nun, auch das Preisniveau zu bestimmen. Gleichwohl ist es zweckmäßig, im folgenden nur reale, d.h. in Kaufkrafteinheiten notierte Größen zu betrachten.

Das reale Vermögen des Haushaltssektors V ist nun die Summe aus Kapital- und realem Geldvermögen, $V=K+(M/P)$. Es verändert sich nach der Gleichung

$$\dot{V} = wN + (r - \delta)K + Z - \pi(M/P) - C.$$

Der erste Term auf der rechten Seite dieser Gleichung ist das Lohneinkommen aller Haushalte, der zweite das Nettokapitaleinkommen und der dritte das reale Transfereinkommen. Der vierte Term berücksichtigt den Vermögensverlust der Geldhaltung bei einer Inflationsrate in Höhe von $\pi:=\dot{P}/P$.[31] Für eine repräsentative Familie, die den Anteil $x:=k/v$, $v=V/N$ ihres Vermögens in Form von Realkapital hält und mit der Rate n wächst, folgt daraus die Budgetrestriktion

$$v = w + (r - \delta - n)xv + z - (\pi + n)(1-x)v - c. \tag{C.II.3.2}$$

Die intertemporale Nutzenfunktion des Familiengründers in der Periode $t=0$ lautet:

$$U(0) = \int_0^\infty u(c, m)\, e^{-\rho t}\, dt, \rho > 0. \tag{C.II.3.3}$$

Der Periodennutzen u ist eine Funktion des Pro-Kopf-Konsums c und des realen Pro-Kopf-Geldvermögens $m:=M/(PN)=(1-x)v$. Wir parameterisieren die Funktion $u(c, m)$ wie folgt:

$$u(c, m) := \frac{\left(c^{1-\theta}m^\theta\right)^{1-\eta} - 1}{1 - \eta}, \eta > 0, \theta \in [0, 1). \tag{C.II.3.4}$$

Wenn wir $\bar{c} := c^{1-\theta}m^\theta$ als einen geometrisch gewichteten Warenkorb betrachten, dann ist $1/\eta$ dessen intertemporale Substitutionselastizität. Der Parameter θ steuert das Gewicht, mit dem die Realkasse in das Güterbündel $\bar{c}$ eingeht. Je größer θ ist, desto größer ist der momentane Nutzen der Geldhaltung.

Die Aufgabe des Familiengründers besteht nun darin, ein Konsumprofil $\{c(t)\}_{t=0}^\infty$ und eine Anlagestrategie $\{x(t)\}_{t=0}^\infty$ zu finden, die zusammen die intertemporale Nutzenfunktion (C.II.3.3) unter der Nebenbedingung (C.II.3.2) und der Bedingung

---

31   Bitte beachten Sie, daß in diesem Abschnitt - mangels einer besseren Alternative - π das Symbol für die Inflationsrate ist und nicht für die Einkommensquote des Kapitals steht.

eines gegebenen Anfangsvermögens $v(0)$ maximieren.[32]

Superneutralität im Sidrauski-Modell

Das individuell optimale Konsum- und Anlageprofil genügt zwei Bedingungen: Bezüglich des Konsums muß wie im Ramsey-Modell gelten, daß die Grenzrate der Transformation mit der Grenzrate der Substitution zwischen dem Konsum in der Periode t und einer späteren Periode $t+h$ übereinstimmt [siehe Seite 122]:

$$u_c(c(t), m(t)) = \frac{1 + (r(t) - \delta)h}{(1 + \rho h)(1 + nh)} u_c(c(t+h), m(t+h)).$$

Wenn wir diese Gleichung etwas umstellen und den Grenzwert für $h \to 0$ bilden, erhalten wir eine modifizierte Keynes-Ramsey-Regel,

$$\frac{u_{cc}(\cdot)}{u_c(\cdot)} \dot{c}(t) + \frac{u_{cm}(\cdot)}{u_c(\cdot)} \dot{m}(t) = \rho + n + \delta - r(t), \tag{C.II.3.5}$$

in der der Term $(u_{cm}/u_c)\dot{m}$ dem Umstand Rechnung trägt, daß der Grenznutzen des Konsums nun auch von der Höhe des realen Geldvermögens abhängt. Um die zweite Optimalitätsbedingung zu verstehen, müssen Sie sich nur den Unterschied zwischen Konsum und Realkasse klarmachen. Da eine Einheit Realkasse in jeder Periode gegen eine Einheit Konsum getauscht werden kann, verursacht die Geldhaltung zunächst dieselben intertemporalen Opportunitätskosten wie der Konsum. Zusätzlich entstehen aber Kosten in Höhe des Nominalzinses $r\text{-}\delta + \pi$, denn dem Anleger entgehen Nettokapitaleinkommen in Höhe von $r\text{-}\delta$, und er erleidet einen Kaufkraftverlust in Höhe der Inflationsrate π. In jeder Periode muß deshalb die Grenzrate der Substitution zwischen Konsum und Realkasse, u_m/u_c, dem Nominalzins entsprechen:

$$\frac{u_m(\cdot)}{u_c(\cdot)} = r(t) - \delta + \pi(t). \tag{C.II.3.6}$$

Der Zeitpfad der Inflation folgt aus dem Gleichgewicht des Geldmarkts,

$$\frac{\dot{M}^s}{P} = \frac{\dot{M}^d}{P} \Rightarrow \frac{\dot{M}}{P},$$

und der Definition der Pro-Kopf-Realkasse, die zusammen

$$\frac{\dot{m}(t)}{m(t)} = \phi - \pi(t) - n \tag{C.II.3.7}$$

implizieren. In dieser Gleichung steht der Parameter ϕ für die Wachstumsrate des nominellen Geldangebots, die zentrale Politikvariable unseres Modells.

---

32 Wie üblich unterstellen wir, daß der Haushalt den Zeitpfad der Löhne, Realzinsen und des Preisniveaus kennt. SIDRAUSKI (1967) unterstellt adaptive Inflationserwartungen. Vollkommene Voraussicht über den Pfad der Löhne und Realzinsen einerseits und Unkenntnis des Zeitpfades der Inflation andererseits lassen sich aber schwer vereinbaren.

Zusammen mit den Bedingungen für ein Gleichgewicht am Markt für Arbeits- und Kapitalleistungen, (C.II.3.1), der Budgetrestriktion des Staates, $z=\phi m$, sowie der Nutzenfunktion in Gleichung (C.II.3.4), erhalten wir aus (C.II.3.2), (C.II.3.5), (C.II.3.6) und (C.II.3.7) drei Gleichungen, die den Zeitpfad unserer Wirtschaft vollständig beschreiben [wir unterdrücken den Zeitindex der Variablen k, c und m]:

$$\frac{\dot{c}}{c} = \frac{1}{\theta + \eta(1-\theta)}\left(f'(k) - \delta - \rho - n\right) + \frac{\theta(1-\eta)}{\theta + \eta(1-\theta)}\left(f'(k) + \phi - \delta - n - \frac{\theta}{1-\theta}\frac{c}{m}\right),$$

$$\frac{\dot{k}}{k} = \frac{f(k)}{k} - (n + \delta) - \frac{c}{k}, \qquad\qquad\qquad \text{(C.II.3.8)}$$

$$\frac{\dot{m}}{m} = \left(f'(k) + \phi - \delta - n - \frac{\theta}{1-\theta}\frac{c}{m}\right).$$

Wir zeigen in Ergänzung C.II.3.1, daß es [lokal] genau einen Pfad zum Wachstumsgleichgewicht des Sidrauski-Modells gibt, der die optimale intertemporale Allokation reflektiert. Bevor wir anhand eines Zahlenbeispiels die Eigenschaften dieses Pfads aufdecken, betrachten wir das Wachstumsgleichgewicht des Modells, in dem alle Pro-Kopf-Größen konstant sind. Aus den drei vorstehenden Gleichungen und aus Gleichung (C.II.3.7) erhalten wir folgende Bedingungen:

$$f'(k^*) = \delta + \rho + n, \qquad\qquad\qquad\qquad \text{(C.II.3.9)}$$

$$c^* = f(k^*) - (n + \delta)k^*, \qquad\qquad\qquad \text{(C.II.3.10)}$$

$$\frac{c^*}{m^*} = \frac{1-\theta}{\theta}(\rho + \phi), \qquad\qquad\qquad \text{(C.II.3.11)}$$

$$\pi^* = \phi - n. \qquad\qquad\qquad\qquad\qquad \text{(C.II.3.12)}$$

Die beiden ersten Gleichungen entsprechen jenen des Ramsey-Modells. Sie bestimmen die stationäre Kapitalintensität und den stationären Pro-Kopf-Konsum. Damit sind auch die realen Faktorpreise und die Einkommensverteilung festgelegt. Alle diese Größen hängen nicht von der Wachstumsrate des Geldangebots ab. In diesem Sinne ist Geld *superneutral*. Gleichwohl beeinflußt die Geldpolitik die Wohlfahrt der repräsentativen Familie: Mit der Inflationsrate wachsen die Opportunitätskosten der Kassenhaltung. Die stationäre Realkasse ist deshalb um so kleiner, je größer ϕ ist.[33] Damit ist der momentane Nutzen um so größer, je kleiner die Wachstumsrate des Geldangebots ist. In diesem Sinn ist die Geldpolitik auch im Wachstumsgleichgewicht wirksam.

Eine Deflationspolitik $\phi<0$ vermag daher die Wohlfahrt zu erhöhen. Im vorliegenden Modell ist der Grenznutzen der Realkasse stets positiv, so daß der Nutzen im

---

33   Da c^* von den beiden Gleichungen (C.II.3.9) und (C.II.3.10) bestimmt wird, folgt aus Gleichung (C.II.3.11), daß m^* mit ϕ sinkt.

Wachstumsgleichgewicht durch eine unendlich große Realkasse maximiert wird. Gleichung (C.II.3.11) zeigt, daß dies für $\phi = -\rho$ erreicht wird. In diesem Fall hat Geld denselben Ertrag wie Realkapital, $-\pi^* = \rho + n = f'(k^*) - \delta$. Das Sidrauski-Modell rechtfertigt deshalb den Vorschlag von MILTON FRIEDMAN (1969) über die optimale Geldversorgung der Wirtschaft. FRIEDMAN (1969) argumentiert, Geld solle dieselbe Rendite erbringen wie andere Vermögenswerte. Es wäre dann nicht notwendig, möglichst kleine Geldbestände zu halten, um das Ausmaß entgangener Erträge zu senken. Alle mit der Liquiditätsplanung und dem Liquiditätsmanagement verbundenen Aufwendungen könnten entfallen, und die somit freigesetzten Ressourcen könnten die Güterproduktion erhöhen.

Die Superneutralität des Geldes im Sidrauski-Modell beruht darauf, daß wir Freizeit nicht als weiteres Argument der Nutzenfunktion berücksichtigen. Würden wir auch die Freizeit als nutzenstiftend ansehen, so könnten wir reale Effekte der Geldpolitik ableiten, deren Richtung von den Kreuzableitungen des momentanen Nutzens abhängt [siehe dazu BROCK (1974) sowie WANG und YIP (1992)].

Geldpolitik und Konvergenz im Sidrauski-Modell

Die erste der drei Gleichungen in (C.II.3.8) läßt vermuten, daß die Wachstumsrate des Geldangebots ϕ zumindest die Konvergenzgeschwindigkeit und damit den Pfad zum Wachstumsgleichgewicht beeinflußt. Die Wirkungsrichtung scheint dabei von der intertemporalen Substitutionselastizität $1/\eta$ abzuhängen, denn der zweite Term auf der rechten Seite dieser Gleichung hat für $\eta < 1$ ein positives Vorzeichen, so daß ceteris paribus ein höheres ϕ ein größeres Konsumwachstum und damit eine verminderte Kapitalakkumulation impliziert. Diese Intuition ist leider falsch. Man kann zeigen [FISCHER (1979)], daß die Konvergenzgeschwindigkeit mit Ausnahme von $\eta = 1$ in der Nähe des Wachstumsgleichgewichts eine positive Funktion von ϕ ist. Die Ursache ist darin zu suchen, daß zum einen mit ϕ auch c/m steigt [siehe Gleichung (C.II.3.11)], und daß die Bereitschaft, intertemporal zu substituieren, die Geschwindigkeit bestimmt, mit der die Realkasse im Vergleich zum Konsum aufgebaut wird.

Die anfängliche Realkasse ist relativ groß [klein] und sinkt [steigt] auf dem Weg zum Wachstumsgleichgewicht, wenn $\eta < 1$ [$\eta > 1$] ist.[34] Entlang eines Pfads, der bei einer niedrigen Kapitalintensität beginnt, $k(0) < k^*$, ist daher der zweite Term auf der rechten Seite der Gleichung für $\dot{c}/c$ in (C.II.3.8) stets negativ.

Abbildung C.II.3.1 zeigt die Halbwertszeiten im Sidrauski-Modell als Funktion der Modellparameter $\phi \in [0, 0{,}2]$, $\theta \in (0, 0{,}5]$ und $\eta \in \{0{,}3; 3{,}0\}$. Unabhängig vom Wert für η sinkt die Halbwertszeit mit der Wachstumsrate der Geldmenge. Der Einfluß ist dabei um so größer, je mehr die Realkasse zum Nutzen beiträgt. Für eine Wachstumsrate

---

34 Wenn man, wie ASAKO (1983), unterstellt, daß Konsum und Realkasse stets im selben Verhältnis zueinander stehen, dann nimmt die Konvergenzrate nur für $\eta < 1$ mit ϕ zu, während sie für $\eta > 1$ mit ϕ sinkt.

$\eta = 0.3$ $\eta = 3.0$

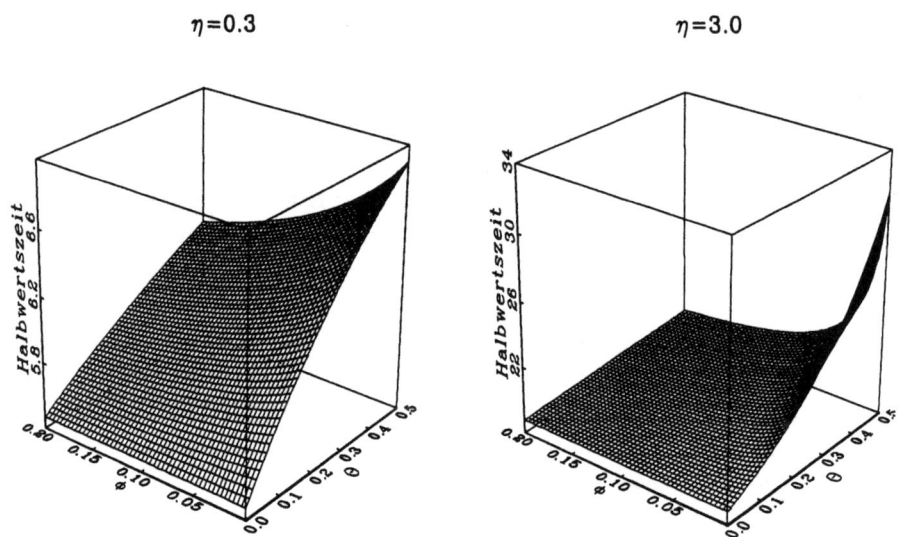

Abbildung C.II.3.1: Halbwertszeiten im Sidrauski-Modell

der Geldmenge nahe Null sowie $\eta = 3,0$ und $\theta = 0,5$ erhält man eine Halbwertszeit, die den empirischen Schätzungen durchaus nahe kommt [siehe dazu S. 48]. Der Vergleich der beiden Schaubilder zeigt zudem, daß die um den Faktor 10 kleinere intertemporale Substitutionselastizität $1/\eta$ die Halbwertszeiten rund verfünffacht.

Für die Cobb-Douglas-Funktion $y = k^\beta$ mit $\beta = 1/3$ sowie für $n+\delta = 0,05$, $\eta = 3$, $\rho = 0,01$ und $\theta = 0,5$ haben wir zwei Zeitpfade durch numerische Integration des Differential-gleichungssystems (C.II.3.8) berechnet. Die durchgezogenen Zeitpfade in Abbildung C.II.3.2 beziehen sich auf ein konstantes Geldangebot, $\phi = 0$. Den gestrichelten Pfaden liegt ein Wachstum der Geldmenge von 8 Prozent zugrunde. Mit dieser Rate ist M1 im Durchschnitt pro Jahr in der Bundesrepublik Deutschland zwischen 1960 und 1993 gewachsen. Beide Pfade beginnen bei derselben Kapitalintensität, die einem Viertel ihres stationären Wertes entspricht.

Die Kapitalbildung vollzieht sich wesentlich schneller bei $\phi = 0,08$. Deshalb ist auch die anfängliche Wachstumsrate des Pro-Kopf-Einkommens, $(dy/dt)/y$, rund ein Drittel größer und der Realzins während eines großen Teils der Anpassungsphase niedriger als im Fall des konstanten Geldangebots. Dafür ist in diesem Fall der Konsum im Vergleich zur Realkasse $[c^*/m^*]$ dreimal so groß. Entlang des optimalen Pfads sinkt das Verhältnis von c zu m. Da dieses Verhältnis nach Gleichung (C.II.3.6) für die Nutzenfunktion (C.II.3.4) direkt proportional zum Nominalzins $r-\delta+\pi$ ist, sinkt auch der Nominalzins während der Konvergenzphase. Beim Übergang zu einer höheren Wachstumsrate der Geldmenge kommt es deshalb zu einem Überschießen der Nominalzinsen: Sie steigen sprunghaft über ihren langfristigen Gleichgewichtswert, auf

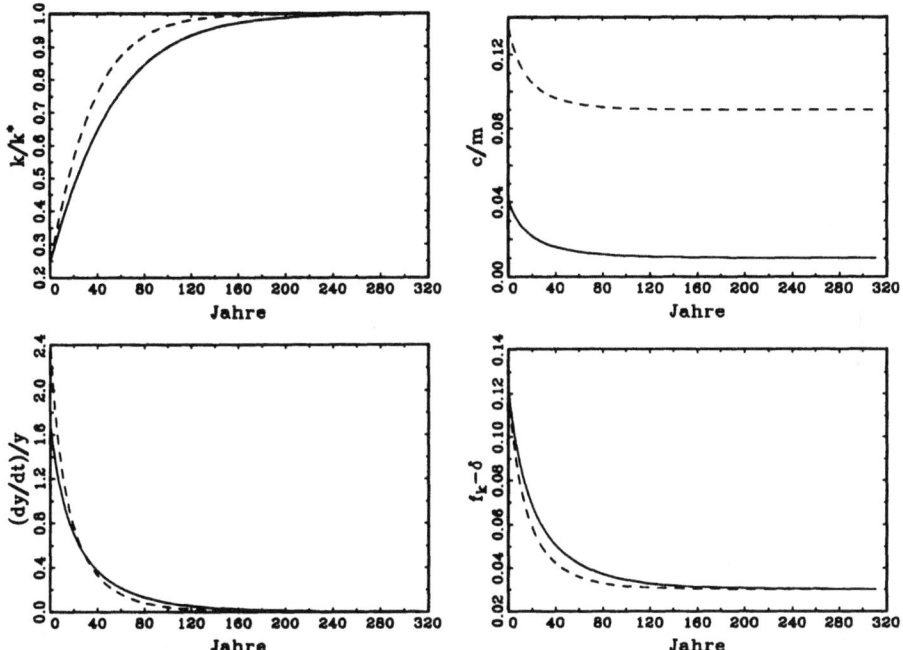

Abbildung C.II.3.2: Simulation des Sidrauski-Modells

den sie erst langfristig sinken. Dieser Effekt hängt von der Höhe der intertemporalen Substitutionselastizität ab. Wie COHEN (1985) zeigt, nimmt der Nominalzins für $\eta < 1$ entlang des optimalen Pfads zu, so daß ein Überschießen unterbleibt.

Derart deutlich beeinflußt die Geldpolitik den Wachstumspfad indes nur, weil wir einen großen Wert für θ gewählt haben. Ist dieser Wert aber realistisch? Einen Anhaltspunkt dafür können wir mit Hilfe der Steady-State-Bedingung (C.II.3.11) gewinnen. Wir berechnen c^*/m^* als die mittlere Umlaufgeschwindigkeit von M1 bezogen auf den privaten Verbrauch, die in der Bundesrepublik Deutschland im Zeitraum von 1960 bis 1993 rund 3,1 ist. ϕ ersetzen wir durch 0,08, die geschätzte exponentielle Wachstumsrate von M1 im selben Zeitraum. Zusammen mit unserem Referenzwert für ρ von 0,01 führen diese Werte auf ein θ von rund 0,03. Wir haben mit diesem Wert und unveränderten Werten der anderen Parameter das Sidrauski-Modell simuliert. Im Mittel weicht der Pfad der Kapitalintensität für $\phi = 0$ um weniger als 0,2 Prozent von jenem für $\phi = 0,08$ ab. Der Einfluß der Geldpolitik auf die intertemporale Allokation ist mithin im Sidrauski-Modell bei realistischen Parameterwerten nicht nennenswert.

Ergebnis C.II.3.1 :————————————————————————————————————

a) Im Sidrauski-Modell ist Geld superneutral, wenn Freizeit kein Argument des Periodennutzens ist. Die Kapitalintensität, der Pro-Kopf-Konsum und die Einkommensverteilung sind im Wachstumsgleichgewicht unabhängig von der Wachstumsrate des Geldangebots.

b) Die Realkasse ist im Wachstumsgleichgewicht um so kleiner, je größer die Wachstumsrate des Geldangebots ist. Es gibt deshalb eine optimale Deflationsrate, die erreicht wird, wenn das Geldangebot mit der Rate der Zeitpräferenz schrumpft.

c) Die Konvergenzgeschwindigkeit nimmt im Sidrauski-Modell mit der Wachstumsrate des Geldangebots zu, sofern die intertemporale Substitutionselastizität ungleich Eins ist. Allerdings ist dieser Zusammenhang für realistische Parameterwerte des Modells sehr schwach.

Ergänzung C.II.3.1: Formale Analyse des Sidrauski-Modells

Optimalität

Die Maximierung der intertemporalen Nutzenfunktion (C.II.3.3) unter der Nebenbedingung (C.II.3.2) ist ein Kontrollproblem mit der Zustandsvariablen $v = k+m$, das die Zeitpfade für z und π als gegeben nimmt, und dessen Kontrollen c und $x := k/v$ sind. Die Momentanwert-Hamiltonfunktion dieses Problems lautet:

$$\bar{H} = \psi_0 u(c, (1-x)v) + \psi\big(w + (r-\delta-n)xv + z - (\pi+n)(1-x)v - c\big). \tag{i}$$

Die Rangbedingung (E.IV.2.20) ist erfüllt, so daß wir $\psi_0 = 1$ setzen können. Wir betrachten im folgenden nur streng positive Lösungen $c, k, m > 0$, so daß die Restriktion $x \in [0, 1]$ erfüllt ist. Die Nutzenfunktion (C.II.3.4) ist streng konkav in (c, m). Deshalb ist auch $\bar{H}$ streng konkav in (c, x), und die beiden folgenden Bedingungen sind damit notwendig und hinreichend für ein Maximum von H bezüglich (c, x):

$$\frac{\partial \bar{H}}{\partial c} = u_c(c, (1-x)v) - \psi = 0, \tag{ii}$$

$$\frac{\partial \bar{H}}{\partial x} = -u_m(c, (1-x)v)v + \psi(r+\pi-\delta)v = 0. \tag{iii}$$

Der Schattenpreis des Vermögens ψ muß nach Satz E.IV.2.1 der Bedingung

$$\dot\psi - \rho\psi = -\frac{\partial \bar{H}}{\partial v} = -u_m(c, (1-x)v)(1-x) - \psi\big((r-\delta-n)x - (\pi+n)(1-x)\big) \tag{iv}$$

genügen. Da im streng positiven Kontrollraum $v>0$ ist, können wir (iv) mit Hilfe von (ii) und (iii) umformen zu:

$$\frac{\dot\psi}{\psi} = -(r - \delta - n - \rho). $$

Differenzieren von (ii) nach der Variablen t führt auf die Bedingung:

$$\frac{u_{cc}(\bullet)}{u_c(\bullet)}\dot c + \frac{u_{cm}(\bullet)}{u_c(\bullet)}\dot m = \frac{\dot\psi}{\psi}. \tag{v}$$

Aus (v) und (iv) folgt die modifizierte Keynes-Ramsey-Regel (C.II.3.5). Die zweite Optimalitätsbedingung (C.II.3.6) folgt für $v>0$ aus (iii), wenn wir ψ in dieser Gleichung mit Hilfe von (ii) eliminieren.

Da der Grenznutzen des Konsums stets positiv ist, muß auch der Schattenpreis des Vermögens ψ stets positiv sein. Die Momentanwert-Hamiltonfunktion ist deshalb als positive Linearkombination konkaver Funktion nach Satz E.I.2.b) konkav in (c, x, v). Schließlich erfüllt jeder konvergente Pfad auch die Transversalitätsbedingung $\lim_{t\to\infty} e^{-\rho t}[v(t) \text{-} v^{*}(t)] \geq 0$, da er sicherstellt, daß der negative Term in dieser Summe gegen Null konvergiert.

Stabilität

Die logarithmisch-lineare Approximation des Differentialgleichungssystems (C.II.3.8) lautet:

$$\begin{bmatrix} \dfrac{d\ln(c/c^{*})}{dt} \\[2mm] \dfrac{d\ln(k/k^{*})}{dt} \\[2mm] \dfrac{d\ln(m/m^{*})}{dt} \end{bmatrix} = \begin{bmatrix} -\dfrac{\theta(1-\eta)(\rho+\phi)}{\theta+\eta(1-\theta)} & \dfrac{1+\theta(1-\eta)}{\theta+\eta(1-\theta)}k^{*}f''(k^{*}) & \dfrac{\theta(1-\eta)}{\theta+\eta(1-\theta)} \\[3mm] -\dfrac{c^{*}}{k^{*}} & \rho & 0 \\[3mm] -(\rho+\phi) & k^{*}f''(k^{*}) & \rho+\phi \end{bmatrix} \begin{bmatrix} \ln(c/c^{*}) \\[2mm] \ln(k/k^{*}) \\[2mm] \ln(m/m^{*}) \end{bmatrix}. \quad \text{(vi)}$$

Die Spur der Jacobimatrix dieses Systems ist positiv, ihre Determinante

$$\frac{(\rho+\phi)c^{*}f''(k^{*})}{\theta+\eta(1-\theta)}$$

ist wegen $f''(k^{*})<0$ und $\theta<1$ negativ. Da die Determinante dem Produkt der Eigenwerte einer Matrix und ihre Spur der Summe der Eigenwerte entspricht [siehe (E.III.3.18)], kann die Jacobimatrix von (vi) nur zwei positive und einen negativen Eigenwert besitzen. Zum Wachstumsgleichgewicht führt mithin nur ein Pfad. Die Lösung für die Kapitalintensität des loglinearen Systems (vi) ist daher:

$$\ln(k(t)/k^{*}) = \ln(k(0)/k^{*})e^{\lambda t}. \quad \text{(vii)}$$

Da $\ln(y/y^{*}) \simeq [f'(k^{*})k^{*}/f(k^{*})]\ln(k/k^{*})$, strebt das Pro-Kopf-Einkommen lokal mit derselben Rate seinem stationären Wert zu, wie die Kapitalintensität. Die Halbwertszeit ist folglich $\ln(0.5)/\lambda$.

Begrenzter Planungshorizont und eingeschränkter Altruismus

Wir zeigen in diesem Abschnitt, daß die Superneutralität des Geldes im Sidrauski-Modell - wie die Ricardianische Äquivalenz - an den unbegrenzten Planungshorizont und den Altruismus der Eltern gegenüber ihren Nachkommen gebunden ist. Dazu vereinfachen wir das Modell, indem wir eine intertemporale Substitutionselastizität von Eins unterstellen, so daß der Periodennutzen einer zum Zeitpunkt j geborenen Person in der Periode s durch die Funktion

$$u(c, m) := (1-\theta)\ln c(j, s) + \theta\ln m(j, s), \quad \theta \in [0, 1], \quad \text{(C.II.3.13)}$$

definiert wird.[35] Sie finden die einzelnen Schritte, die zu den zentralen Gleichungen dieses Modells führen, in Ergänzung C.II.3.2. Der einzige Unterschied zu den

---

35 Mit Hilfe der Regel von L'Hôpital können Sie ableiten, daß die Nutzenfunktion (C.II.3.13) der Grenzwert der Funktion (C.II.3.4) für $\eta \to 1$ ist.

Gleichungen des Sidrauski-Modells liegt in der veränderten Gleichung für die Entwicklung des Pro-Kopf-Konsums. Auf der rechten Seite der ersten Gleichung in (C.II.3.8) entfällt der zweite Term, weil der Grenznutzen des Konsums, $u_c = (1-\theta)/c(j, s)$, nun unabhängig von der Höhe der Realkasse ist. An seine Stelle tritt der Term $(p+n)(1-\mu)(1-\theta)(p+\rho)(v/c)$, der den Unterschied zwischen den individuellen und den gesellschaftlichen Opportunitätskosten der Vermögensbildung erfaßt. Die Dynamik der Wirtschaft beschreiben demnach die folgenden Gleichungen:

$$\dot{c} = c\left(f'(k) - \delta - \rho - (p+n)\mu\right) - (p+n)(1-\mu)(1-\theta)(p+\rho)(k+m),$$

$$\dot{k} = f(k) - (n+\delta)k - c, \qquad\qquad\qquad\text{(C.II.3.14)}$$

$$\dot{m} = m\left(f'(k) + \phi - \delta - n - \frac{\theta}{1-\theta}\frac{c}{m}\right).$$

Wir setzen voraus, daß die Kapitalintensität im Wachstumsgleichgewicht dieses Modells den konsummaximalen Wert k^{GR}, $f'(k^{GR}) = \delta + n$ nicht übersteigt. Diese Bedingung ist erfüllt, wenn die Zeitpräferenzrate nicht zu klein ist oder der Egoismus der Eltern nicht zu groß: $\rho + \mu p \geq (1-\mu)n$. In diesem Fall ist die intertemporale Allokation eindeutig durch den Pfad zum Wachstumsgleichgewicht bestimmt. Die Wachstumsrate der Geldmenge ϕ beeinflußt nun allerdings die stationäre Kapitalintensität. Aus den Bedingungen für ein Wachstumsgleichgewicht, $\dot{c} = \dot{k} = \dot{m} = 0$, läßt sich ableiten, daß die stationäre Kapitalintensität k^* und der Pro-Kopf-Konsum c^* mit ϕ steigen [siehe Ergänzung C.II.3.2]. Die Erklärung dafür findet sich wieder im externen Effekt mangelnder Vorsorge der Elterngeneration: Die dritte Gleichung in (C.II.3.14) zeigt, daß der unmittelbare Effekt einer größeren Inflationsrate eine höhere Realkasse ist. Sofern die Eltern ihre Neugeborenen nicht mit demselben Vermögen ausstatten, über das sie selbst verfügen, sinkt der ans Vermögen gebundene Konsum der jüngsten Generation relativ zu jenem der älteren Generationen[36] und der Pro-Kopf-Konsum wächst deshalb langsamer. Die Folge ist eine größere Kapitalintensität im Wachstumsgleichgewicht, die auch einen größeren Pro-Kopf-Konsum ermöglicht. Vollkommener Altruismus, $\mu = 1$, unterbindet diesen Zusammenhang und die Geldpolitik ist superneutral.

Vermögenseffekte dieser Art beschreiben bereits JAMES TOBIN (1965) und ROBERT MUNDELL (1963). Seither nennt man den realen Effekt der Geldpolitik, der über höhere Inflationsraten wachstumsfördernd wirkt, auch den *Mundell-Tobin-Effekt*. Im Sidrauski-Modell kann dieser Effekt nicht auftreten, denn dort sind die Opportunitätskosten des Sachkapitals im Wachstumsgleichgewicht unabhängig von der Höhe des realen Geldvermögens [der zweite Term auf der rechten Seite der ersten Gleichung in (C.II.3.8) entfällt im Steady State]. Mundell-Tobin-Effekte treten auch in Generationenmodellen auf, die den Nutzen der Geldhaltung berücksichtigen und Altruismus

---

36   Diesen Effekt reflektiert der Ausdruck $(p+n)(1-\mu)(1-\theta)(p+\rho)(k+m)/c = (p+n)(1-\mu)(k+m)/(k+m+h)$ mit h als durchschnittlichem Humanvermögen.

ausschließen [WEISS (1980) und DRAZEN (1981)]. Angesichts der engen Verwandtschaft dieser Modelle mit dem Modell der ewigen Jugend, braucht uns das nicht zu wundern.

Ergebnis C.II.3.2:

Die Superneutralität des Geldes im Sidrauski-Modell ist an den Altruismus der Eltern gegenüber ihren Kindern gebunden. Wenn dieser unvollkommen ist, erhöht die Wachstumsrate der Geldmenge die stationäre Kapitalintensität [Mundell-Tobin-Effekt].

Ergänzung C.II.3.2: **Formale Analyse des Sidrauski-Modells mit begrenztem Planungshorizont**

Dynamik

Wir skizzieren zunächst die Herleitung der Konsumfunktion eines im Zeitpunkt j geborenen Haushalts. Um die Schreibweise etwas zu vereinfachen, unterdrücken wir den Index j. Mit wenigen Ausnahmen entspricht das Problem formal dem der repräsentativen Familie im Sidrauski-Modell. Der Haushalt plant in der Periode t sein Konsumprofil und seine Anlagestrategie. Dabei ist $x=k/v$, $v=k+m$, der Vermögensanteil, den er in Sachkapital anlegt. Er kennt die Zeitpfade für den Lohn w, die Sozialtransfers z, die Nettokapitalrendite $r-\delta$ und die Inflationsrate π. Seine Zeitpräferenzrate ρ, die Versicherungsprämie p und die Wachstumsrate seiner Familie n sind konstant. Sein Problem lautet daher:

$$\max_{\{c(s),\,x(s)\}_{s=t}^{\infty}} \int_{t}^{\infty} \left[(1-\theta)\ln c + \theta\ln(1-x)v\right]e^{-(\rho+p)s}\,ds,$$

unter den Nebenbedingungen

$$v = w + z +(r+p-\delta-(p+n)\mu)xv + (p-\pi-(p+n)\mu)(1-x)v - c,$$

$v(t)$ gegeben.

Die notwendigen Bedingungen nach Satz E.IV.2.1 implizieren die Keynes-Ramsey-Regel

$$\frac{\dot{c}}{c} = r-\delta-\rho-(p+n)\mu$$

und die Anlagestrategie

$$\frac{c}{m} = \frac{1-\theta}{\theta}\left[r+\pi-\delta\right]. \tag{i}$$

Mit Hilfe dieser Bedingung können wir die Budgetrestriktion umschreiben zu

$$v = w + z + (r+p-\delta-(p+n)\mu)v - \frac{c}{1-\theta}.$$

Diese Gleichung integrieren wir mit Hilfe der Bedingung

$$\lim_{T\to\infty} v(T)\,e^{-[\bar{r}(t,T)+p-\delta-(p+n)\mu](T-t)} = 0, \qquad \bar{r}(t,T) := \frac{1}{T-t}\int_{t}^{T} r(s)\,ds.$$

Aus dem Ergebnis und aus dem Integral der Keynes-Ramsey-Regel im Intervall $[t,\infty)$ folgt die Konsumfunktion des Haushalts im Zeitpunkt t [wir nehmen nun den Index j wieder auf]:

$$c(j, t) = (1-\theta)(\rho + p)\big[v(j, t) + h(j, t)\big],$$

$$h(j, t) := \int_t^\infty \big(w(s) + z(s)\big)e^{-[\overline{r}(t,\, s)\, +\, p\, -\, \delta\, -\, (p+n)\mu\,](s\, -\, t)}\,ds. \tag{ii}$$

Mit Hilfe der Aggregationsvorschrift

$$A(t) = \int_{-\infty}^t a(j, t)\,[(p+n)e^{jn}][e^{-p(t-j)}]dj, \quad a(j, t) \in \{c(j, t), h(j, t), v(j, t)\}$$

und der Gleichung

$$v(t, t)(p+n)e^{nt} = (p+n)\mu V(t),$$

die die Vermögensübertragung von den Eltern auf die Neugeborenen beschreibt, erhalten wir schließlich aus (ii) und der Budgetrestriktion die folgenden Gleichungen:

$$C = (1-\theta)(\rho+p)(V + H),$$

$$\dot{V} = W + Z + (r-\delta)K - \pi(M/P) - C, \tag{iii}$$

$$\dot{H} = \big(r - \delta - (p+n)(1-\mu)\big)H - W - Z.$$

Gleichung (i) gilt für jeden Haushalt unabhängig von seinem Alter, und daher müssen auch die Pro-Kopf-Größen $c := C/N$ und $m := M/PN$ dieser Bedingung genügen. Deren Veränderungsraten und die der Kapitalintensität können wir daher mit Hilfe von (iii) und (i) berechnen. Das Ergebnis ist das Gleichungssystem (C.II.3.14).

Die Jacobimatrix dieses Systems lautet an der Stelle des Wachstumsgleichgewichts

$$J := \begin{bmatrix} \xi & f''(k^*)c^* - \xi c^*/v^* & -\xi c^*/v^* \\[2mm] -1 & f'(k^*) - \delta - n & 0 \\[2mm] -\dfrac{\theta}{1-\theta} & f''(k^*)m^* & \dfrac{\theta}{1-\theta}\dfrac{c^*}{m^*} \end{bmatrix}, \quad \xi := f'(k^*) - \delta - \rho - (p+n)\mu \geq 0. \tag{iv}$$

wobei $\xi = 0$ sein muß, wenn $\mu = 1$ ist [das folgt für $c = 0$ und $\mu = 1$ aus der ersten Gleichung des Systems (C.II.3.14)]. Ihre Spur

$$\xi + f'(k^*) - \delta - n + \frac{\theta}{1-\theta}\frac{c^*}{m^*}$$

ist eindeutig positiv, wenn $f'(k^*) \geq \delta + n$. Ihre Determinante ist eindeutig negativ:

$$\det J = f''(k^*)\left[\frac{\theta}{1-\theta}\left[\frac{c^*}{m^*}\right]^2 + \frac{\xi c^* m^*}{v^*}\right] - \frac{\theta}{1-\theta}\frac{\xi c^* w^*}{m^* v^*} < 0.$$

Damit hat die Jacobimatrix einen negativen und zwei positive Eigenwerte, wenn die Kapitalintensität im Wachstumsgleichgewicht kleiner ist als nach der Goldenen Regel.

Komparative Statik

Die Jacobimatrix (iv) ist zugleich auch die Jacobimatrix des Gleichungssystems, das c^*, k^* und m^* als Funktion von ϕ bestimmt. Mit Hilfe von Satz E.II.1 können wir folgende Ausdrücke berechnen:

$$\frac{\partial c^*}{\partial \phi} = -\frac{(f'(k^*) - n - \delta)\xi c^*/v^*}{\det J},$$

$$\frac{\partial k^*}{\partial \phi} = -\frac{\xi c^*/v^*}{\det J} > 0, \tag{v}$$

$$\frac{\partial m^*}{\partial \phi} = \frac{-f''(k^*)c^* + \xi\big(c^* - (f'(k^*) - \delta - n)v^*\big)}{\det J}.$$

Demnach nimmt die Kapitalintensität k^* mit der Wachstumsrate der Geldmenge ϕ zu. Für den Konsum gilt dies nur, wenn $f'(k^*) > \delta + n$. Die Veränderung der Realkasse ist nicht eindeutig. Sie sinkt allerdings mit ϕ, wenn die Konsumausgaben nicht zu klein sind, $c^* \geq (f'(k^*) - \delta - n)v^*$. Sofern $\mu = 1$ und daher $\xi = 0$ ist, sind k^* und c^* unabhängig von ϕ. In diesem Fall sinkt die Realkasse mit ϕ. Schließlich folgt aus (v), daß

$$\frac{\partial(v^*/c^*)}{\partial\phi} = -\frac{f''(k^*)}{\det J} < 0.$$

Geld in der Produktionsfunktion

Wir betrachten nun - gemäß dem Vorschlag von LEVHARI und PATINKIN (1968) - die Realkasse M/P neben Arbeit N und Kapital K als Produktionsfaktor,[37] klammern sie aber als Determinante des Periodennutzens u wieder aus. Motivieren läßt sich dieses Prozedere mikroökonomisch, wenn wir berücksichtigen, daß die Finanzabteilung eines Unternehmens um so mehr Ressourcen für die Liquiditätssteuerung beansprucht, je geringer die liquiden Mittel des Unternehmens sind. STANLEY FISCHER (1974), S. 525 schreibt dazu: "... *real balances are not described as a factor because increases in real balances directly increase physical production but rather because increases in real balances free resources which would otherwise be tied up in transactions.*" Das Argument gilt natürlich a fortiori für die gesamtwirtschaftliche Produktionstechnik: Je weniger Ressourcen Haushalte und Unternehmen für die Abwicklung von Transaktionen benötigen, desto mehr Güter können produziert werden. Die Transaktionskosten sind indes um so kleiner, je reichlicher die realen Geldbestände der Wirtschaft sind.

Wir gehen deshalb von einer Produktionstechnik $Y=F(N, K, M/P)$ aus. Sie besitzt die üblichen neoklassischen Eigenschaften, insbesondere hat sie konstante Skalenerträge, so daß wir die Pro-Kopf-Produktion als Funktion der Kapitalintensität $k=K/N$ und der Pro-Kopf-Realkasse $m=M/PN$ darstellen können:

$$y = f(k, m)$$

mit:

(1) $f_k(\cdot), f_m(\cdot) > 0$, $f_{kk}(\cdot), f_{mm}(\cdot) < 0$, $\qquad\qquad$ (C.II.3.15)

(2) $f_{km}(\cdot) = f_{mk}(\cdot) > 0$,

(3) $\left[f_{kk}(\cdot)f_{mm}(\cdot) - f_{km}(\cdot)f_{mk}(\cdot)\right] > 0$.

Nach Bedingung (1) haben beide Produktionsfaktoren ein positives, aber abnehmendes Grenzprodukt. Sie sind komplementär insofern, als das Grenzprodukt eines Produktionsfaktors zunimmt, wenn der andere vermehrt genutzt wird [Bedingung (2)]. Die Eigenschaften (1) und (3) implizieren, daß $f(\cdot)$ streng konkav ist. Bezüglich der beiden

---

37   Siehe dazu auch DORNBUSCH und FRENKEL (1973) sowie KLUMP (1993), S. 79-83.

Produktionsfaktoren k und m hat die Produktion deshalb abnehmende Skalenerträge. Wenn alle drei Faktoren mit ihrem jeweiligen Grenzprodukt entlohnt werden, bestimmen die drei folgenden Gleichungen die Nutzungspreise für Arbeit w, Kapital r und Realkasse q:

$$w = f(k, m) - f_k(k, m)k - f_m(k, m)m,$$

$$r = f_k(k, m), \qquad\qquad\qquad (C.II.3.16)$$

$$q = f_m(k, m),$$

so daß die Unternehmen keine Gewinne erzielen.

Die Haushalte bieten die Leistungen aller drei Produktionsfaktoren an und legen ihre Ersparnisse in Realkapital und Realkasse an. Sie erhalten Sozialtransfers vom Staat in Höhe von Z Kaufkrafteinheiten. Die Budgetrestriktion einer repräsentativen Familie lautet daher:

$$\dot{v} = w + (r - \delta - n)xv + (q - \pi - n)(1 - x)v + z - c. \qquad (C.II.3.17)$$

Das optimale Konsumprofil und die optimale Anlagestrategie maximieren die intertemporale Nutzenfunktion

$$U(0) = \int_0^\infty \left[\frac{c^{1-\eta} - 1}{1 - \eta} \right] e^{-\rho t}\, dt,\ \rho,\ \eta > 0. \qquad (C.II.3.18)$$

Die intertemporale Substitution des Konsums folgt in diesem Modell nur dann der Keynes-Ramsey-Regel

$$\frac{\dot{c}}{c} = \frac{1}{\eta}(r - \delta - n - \rho), \qquad\qquad (C.II.3.19)$$

wenn Sachkapital und Realkasse dieselben Nettorenditen erbringen:

$$r - \delta = q - \pi. \qquad\qquad (C.II.3.20)$$

Nur in diesem Fall sind die Anleger indifferent zwischen beiden Anlageformen, und die gemeinsame Rendite beider Vermögenswerte bestimmt die Grenzrate der Transformation zwischen dem Konsum heute und dem der Zukunft. Andernfalls würde entweder nur Sachkapital oder Realkasse nachgefragt werden. Wir können deshalb Bedingung (C.II.3.20) als Gleichgewichtsbedingung des Geldmarkts interpretieren. Solange sie nicht erfüllt ist, werden die Anleger versuchen, ihre Portfolios umzuschichten. Beispielsweise werden sie im Fall $r-\delta < q-\pi$ Sachkapital veräußern und vermehrt Realkasse nachfragen. Dadurch steigt am Gütermarkt das Angebot, und die Preise fallen, so daß einerseits die antizipierte Inflationsrate zunehmen muß, und andererseits infolge der Kapitalverknappung der Realzins $r-\delta$ steigt. Die Arbitrageprozesse enden erst, wenn beide Renditen auf diese Weise in Einklang gebracht worden sind.

Mit Hilfe der Gleichgewichtsbedingungen der Faktormärkte (C.II.3.16), der Budgetrestriktion des Staates, $z=\phi m$, und der Beziehung $\dot{m}/m=\phi-\pi-n$ können wir aus den beiden vorstehenden Gleichungen ein System von drei Gleichungen ableiten, das den Zeitpfad der Wirtschaft beschreibt:

$$\frac{\dot{c}}{c} = \frac{1}{\eta}\Big(f_k(k,m) - \delta - n - \rho\Big),$$

$$\frac{\dot{k}}{k} = \frac{f(k,m)}{k} - (n+\delta) - \frac{c}{k}, \qquad \text{(C.II.3.21)}$$

$$\frac{\dot{m}}{m} = \phi + f_k(k,m) - \delta - f_m(k,m) - n.$$

Auch dieses System hat nur einen Zeitpfad zum Wachstumsgleichgewicht [siehe Ergänzung C.II.3.3]. Die stationären Werte für den Pro-Kopf-Konsum, die Kapitalintensität und die Pro-Kopf-Realkasse hängen nun aber von der Wachstumsrate des Geldangebots ϕ ab. Aus den Gleichgewichtsbedingungen

$$f_k(k^*,m^*) = \delta + n + \rho,$$

$$f(k^*,m^*) = c^* + (n+\delta)k^*, \qquad \text{(C.II.3.22)}$$

$$f_m(k^*,m^*) = \rho + \phi$$

kann man ableiten [siehe Ergänzung C.II.3.3], daß alle drei Größen im Wachstumsgleichgewicht um so kleiner sind, je größer ϕ ist. Die Produktion im Wachstumsgleichgewicht kann daher maximiert werden, wenn man die Realkasse soweit ausdehnt, daß ihr Grenzprodukt auf Null sinkt. Um das zu erreichen, muß nach der dritten Gleichung in (C.II.3.22) das Geldangebot mit der Rate $\phi=-\rho$ sinken. Wir erhalten deshalb auch in diesem Modell die Friedmansche Regel für ein optimales Geldangebot.

Um eine gewisse Vorstellung vom Einfluß der Geldpolitik auf die intertemporale Allokation zu vermitteln, haben wir das Modell simuliert. Abbildung C.II.3.3 zeigt das Ergebnis. Wir haben eine Cobb-Douglas-Funktion $y=k^\beta m^\gamma$ unterstellt. Für die Produktionstechnik und die Nutzenfunktion haben wir unsere Standardwerte $\beta=1/3$ und $n+\delta=0,05$ bzw. $\eta=3,0$ und $\rho=0,01$ gewählt. Schätzungen von SHORT (1979) sowie LAUMAS und MOHABBAT (1980) zufolge, liegt die Produktionselastizität der Realkasse zwischen 0,04 und 0,12. Wir haben deshalb mit $\gamma=0,08$ gerechnet. Die durchgezogenen Zeitpfade beziehen sich auf ein konstantes Geldangebot, die gestrichelten auf ein Geldmengenwachstum von jährlich 8 Prozent. Die Kapitalintensität und der Pro-Kopf-Konsum liegen für $\phi=0,08$ während der gesamten Konvergenzphase unter denen für $\phi=0$. Im Wachstumsgleichgewicht sind beide Größen etwa 25 Prozent kleiner als im Fall der konstanten Geldmenge. Die Wachstumsrate des Pro-Kopf-Einkommens ist bei

$\phi = 0,08$ anfangs höher, fällt aber rascher als bei $\phi = 0$. Die Realzinsen unterscheiden sich nur wenig.

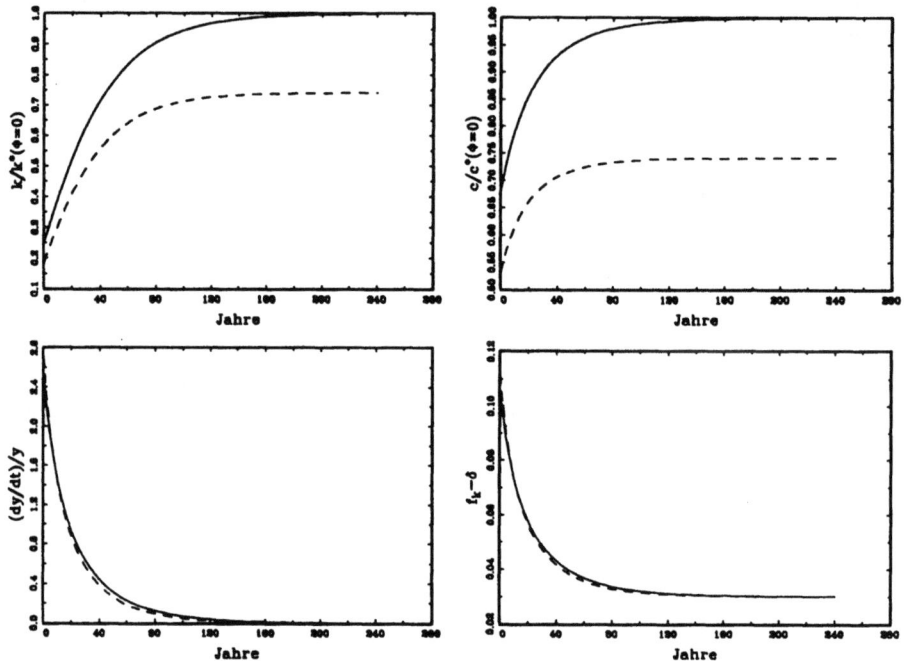

Abbildung C.II.3.3: Simulation des Ramsey-Modells mit Realkasse als zusätzlichem Produktionsfaktor

Wie im Sidrauski-Modell beschleunigt die Wachstumsrate des Geldangebots den Konvergenzprozeß: Sie erhöht die Inflationsrate und senkt damit den Ertrag der Realkasse, so daß die Haushalte tendenziell mehr Realkapital nachfragen und auf diese Weise die Kapitalakkumulation beschleunigen.

Ergebnis C.II.3.3: _____

Im Ramsey-Modell mit Realkasse als drittem Produktionsfaktor ist Geld nicht superneutral. Die Kapitalintensität, die Pro-Kopf-Produktion und der Pro-Kopf-Konsum sind um so kleiner, je größer die Wachstumsrate der Geldmenge ist.

Ergänzung C.II.3.3: Formale Analyse des Ramsey-Modells mit Realkasse als Produktionsfaktor

Optimalität

Das vollständige Kontrollproblem der repräsentativen Familie lautet:

$$\max_{\{c(t),\, x(t)\}_{t=0}^{\infty}} \int_0^{\infty} \left[\frac{c^{1-\eta} - 1}{1 - \eta} \right] e^{-\rho t}\, dt,$$

unter den Nebenbedingungen

(i)

$$\dot{v} = w + z + (r - \delta - n)xv + (q - \pi - n)(1-x)v - c,$$

$$0 \le x \le 1,$$

$v(0)$ gegeben.

Die erste der drei Nebenbedingungen erfüllt die Rangbedingung (E.IV.2.20), die zweite die Rangbedingung (E.IV.2.21). Die Lagrangefunktion des Problems lautet daher [siehe Satz E.IV.2.2]:

$$\mathscr{L} = \frac{c^{1-\eta} - 1}{1 - \eta} + \psi\big(w + (r - \delta - n)xv + (q - \pi - n)(1-x)v + z - c\big) + \mu_1 x + \mu_2(1-x).$$

Darin ist ψ der Schattenpreis des Vermögens. μ_1 und μ_2 sind die Lagrangemultiplikatoren der Nebenbedingungen $x \ge 0$ bzw. $1 \ge x$. Da die Momentanwert-Hamiltonfunktion streng konkav in (c, x) ist, und die beiden letztgenannten Nebenbedingungen eine konvexe Menge abgrenzen, sind die folgenden Quasisattelpunktbedingungen notwendig und hinreichend für ein Maximum von $\bar{H}$ bezüglich der beiden Kontrollen c und x [siehe Satz E.IV.2.2]:

$$\frac{1}{c} - \psi = 0, \tag{ii}$$

$$\left.\begin{array}{l} \psi\big((r - \delta) - (q - \pi)\big)v + \mu_1 - \mu_2 = 0, \\[2mm] \mu_1 x = 0, \quad \mu_2(1 - x) = 0, \quad \mu_1, \mu_2 \ge 0. \end{array}\right\} \tag{iii}$$

Außerdem muß der Schattenpreis des Vermögens die Differentialgleichung

$$\dot{\psi} - \rho\psi = -\psi\big((r - \delta - n)x + (q - \pi - n)(1 - x)\big) \tag{iv}$$

erfüllen. Wegen (ii) ist die Momentanwert-Hamiltonfunktion als positive Linearkombination konkaver Funktionen konkav [Satz E.I.2.b)]. Jeder Pfad, der die Bedingungen (ii)-(iv) und die Transversalitätsbedingung $\lim_{t \to \infty} e^{-\rho t}\psi[v(t) - v^*(t)] \ge 0$ erfüllt, ist daher optimal.

Aus dem Satz von Bedingungen in (iii) folgt, daß für r-δ<q-π das gesamte Vermögen in Form von Realkasse gehalten wird, $x=0$. In diesem Fall steuert die Ertragsrate der Realkasse nach (iv) die intertemporale Substitution des Konsums. Wenn indes Realkapital die rentablere Anlage ist, r-δ>q-π, sinkt die gewünschte Realkasse auf Null, $x=1$, und die intertemporale Substitution des Konsums folgt der Ertragsrate des Sachkapitals. Nur wenn beide Ertragsraten gleich groß sind, r-δ=q-π, und daher x im Inneren des Intervalls $[0, 1]$ liegt, folgt aus (ii) [nach Differenzieren nach der Zeit] und (iv) die Keynes-Ramsey-Regel

$$\dot{c} = \frac{c}{\eta}(r - \delta - n - \rho).$$

Stabilität

Die logarithmisch-lineare Approximation des Differentialgleichungssystems (C.II.3.21) lautet:

$$\begin{bmatrix} \dfrac{d\ln(c/c^*)}{dt} \\[2ex] \dfrac{d\ln(k/k^*)}{dt} \\[2ex] \dfrac{d\ln(m/m^*)}{dt} \end{bmatrix} = \begin{bmatrix} 0 & \dfrac{c^*}{\eta}f_{kk}^* & \dfrac{c^*}{\eta}f_{km}^* \\[2ex] -1 & \rho & \rho + \phi \\[2ex] 0 & m^*(f_{kk}^* - f_{mk}^*) & m^*(f_{km}^* - f_{mm}^*) \end{bmatrix} \begin{bmatrix} \ln(c/c^*) \\[2ex] \ln(k/k^*) \\[2ex] \ln(m/m^*) \end{bmatrix}, \qquad \text{(vi)}$$

wobei die partiellen Ableitungen der Produktionsfunktion an der Stelle des Wachstumsgleichgewichts berechnet sind. Die Spur der Jacobimatrix dieses Systems ist positiv [siehe (C.II.3.15), Bedingung (1)], ihre Determinante

$$-\frac{c^* m^*}{\eta}\left(f_{kk}^* f_{mm}^* - f_{mk}^* f_{km}^*\right)$$

ist infolge der strengen Konkavität der Produktionsfunktion [siehe (C.II.3.15), Bedingung (3)] negativ. Demnach hat auch diese Matrix zwei positive und einen negativen Eigenwert, so daß der Pfad zum Wachstumsgleichgewicht [lokal] eindeutig ist.

Komparative Statik

Das Gleichungssystem (C.II.3.22) definiert implizit k^*, m^* und c^* als Funktionen von μ, ρ und n. Mit Hilfe von Satz E.II.1 können wir die partiellen Ableitungen dieser Funktionen berechnen. Die Jacobimatrix des Gleichungssystems ist:

$$J = \begin{bmatrix} f_{kk} & f_{km} & 0 \\ \rho & \rho + \phi & 0 \\ f_{mk} & f_{mm} & -1 \end{bmatrix}, \qquad \text{(v)}$$

wobei alle partiellen Ableitungen an der Stelle (k^*, m^*, c^*) berechnet sind. Ihre Determinante,

$$\det J = \left(f_{kk} f_{mm} - f_{km} f_{mk}\right) > 0,$$

ist infolge der abnehmenden Skalenerträge positiv. Der Vektor f_ϕ nach Gleichung (E.II.4) lautet:

$$f_\phi = (0, 0, 1). \qquad \text{(vi)}$$

Aus (v) und (vi) errechnet man nach der Formel (E.II.3) folgende partielle Ableitungen:

$$\frac{\partial k^*}{\partial \phi} = -\frac{f_{km}}{\det J} < 0,$$

$$\frac{\partial m^*}{\partial \phi} = \frac{f_{kk}}{\det J} < 0,$$

$$\frac{\partial c^*}{\partial \phi} = \frac{(\rho + \phi)f_{kk} - \rho f_{km}}{\det J} < 0.$$

Ein Cash-in-Advance-Modell

Die Cash-in-Advance-Bedingung besagt, daß Güter nur gegen Geld gekauft werden können. Um beispielsweise die Gütermenge c zu erwerben, muß der Käufer mindestens über die entsprechende Geldsumme m [natürlich in Kaufkrafteinheiten gerechnet] verfügen. Diese Forderung entspricht zwar unserer Alltagserfahrung, sie ist aber in einem Modell mit nur einem produzierten Gut insofern künstlich, als hier der Naturaltausch ohne nennenswerte Kosten möglich ist.

Mit Hilfe der Cash-in-Advance-Bedingung läßt sich die Geldhaltung im Ramsey-Modell begründen, ohne daß es dafür notwendig wäre, Geld in die Nutzen- oder Produktionsfunktion aufzunehmen [LUCAS (1980), STOCKMAN (1981)]. Wir unterstellen, daß alle Konsumgüter und der Teil κ des neu zu erwerbenden Sachkapitals nur gegen Geld gekauft werden können:

$$m \geq c + \kappa \dot{k}. \qquad \text{(C.II.3.23)}$$

Die repräsentative Familie maximiert die intertemporale Nutzenfunktion (C.II.3.18) unter der Budgetrestriktion (C.II.3.2) und der zusätzlichen Nebenbedingung in Gleichung (C.II.3.23). Ein Wachstumsgleichgewicht dieser Cash-in-Advance-Wirtschaft erfüllt folgende Bedingungen:

$$f'(k^*) = \delta + n + \rho + \kappa\rho(\rho + \phi), \qquad \text{(C.II.3.24)}$$

$$f(k^*) = c^* + (n + \delta)k^*, \qquad \text{(C.II.3.25)}$$

$$\pi^* = \phi - n. \qquad \text{(C.II.3.26)}$$

Die Notwendigkeit, Geld vorzuhalten, um neues Sachkapital erwerben zu können, erhöht die Kosten der Kapitalbildung. Zwar entfällt dieser Zwang im Wachstumsgleichgewicht, $m^* = c^*$, indes erzwingen die während der Konvergenzphase anfallenden Kosten eine niedrigere stationäre Kapitalintensität, denn der Klammerausdruck auf der rechten Seite von Gleichung (C.II.3.24) ist für $\phi \geq -\rho$ positiv. Diese Gleichung geht in die Stationaritätsbedingung des Ramsey- und des Sidrauski-Modells (C.II.3.9) über, wenn Geld nur zum Erwerb der Konsumgüter vorgehalten werden muß, $\kappa = 0$. Eine höhere Wachstumsrate des Geldangebots ϕ erhöht nach Gleichung (C.II.3.26) die Inflationsrate und damit die Opportunitätskosten der Kapitalbildung. Deshalb ist die stationäre Kapitalintensität invers mit der Wachstumsrate der Geldmenge ϕ verknüpft. Aus der Ressourcenrestriktion im Wachstumsgleichgewicht, Gleichung (C.II.3.25), folgt zudem, daß auch der stationäre Pro-Kopf-Konsum mit ϕ sinkt, denn die Kapitalintensität liegt im Wachstumsgleichgewicht für $\phi \geq -[(1/\kappa) + \rho]$ unterhalb jener, die den Pro-Kopf-Konsum maximiert. Bezogen auf dieses Ziel, wäre im vorliegenden Modell eine Deflationspolitik ratsam, die mit einem Sinken der Geldmenge über die Zeitpräferenzrate hinaus zu erreichen wäre.

Ergebnis C.II.3.4: _____

Mit Hilfe der Cash-in-Advance-Bedingung kann man die Geldhaltung im Ramsey-Modell begründen. Geld ist superneutral, wenn nur Konsumgüter mit Geld erworben werden müssen. Andernfalls sind die Kapitalintensität und der Pro-Kopf-Konsum im Wachstumsgleichgewicht um so niedriger, je höher die Wachstumsrate des Geldangebots ist.

Ergänzung C.II.3.4:   Herleitung der Stationaritätsbedingungen der Cash-in-Advance-Wirtschaft

Wenn wir in der Budgetrestriktion (C.II.3.2) $v=k+m$ und $\dot{v} = \dot{k} + \dot{m}$ berücksichtigen und $\dot{m} =: x$ neben dem Konsum c als Kontrollvariable betrachten, erhalten wir das Kontrollproblem, das der Cash-in-Advance-Wirtschaft zugrunde liegt. Es lautet:

$$\max_{\{c(t),\, \dot{m}(t)\}_0^\infty} \int_0^\infty u(c)e^{-\rho t}dt, \rho > 0,$$

unter den Nebenbedingungen

(i)

$$\dot{k} = w + z + (r - \delta - n) - (n + \pi)m - x - c,$$
$$\dot{m} = x,$$
$$m \geq c + \kappa\dot{k},$$

$k(0)$, $m(0)$ gegeben.

Das Problem (i) erfüllt die Rangbedingung (E.IV.2.20), denn die Matrix [wir haben x als die erste und c als die zweite Kontrollvariable gewählt]

$$\begin{bmatrix} -1 & -1 \\ 1 & 0 \end{bmatrix}$$

hat für alle $t \in [0, \infty)$ den Rang 2, und die Matrix der Bedingung (E.IV.2.21) lautet $(-1, 0, m - c - \kappa\dot{k})$ und hat den Rang 1. Aus der Lagrangefunktion nach Satz E.IV.2.2,

$$\mathcal{L} = \frac{c^{1-\eta} - 1}{1 - \eta} + \psi_1\big(w + z + (r - \delta - n)k - (\pi + n)m - x - c\big) + \psi_2 x$$
$$+ \nu\Big[m - c - \theta\big(w + z + (r - \delta - n)k - (\pi + n)m - x - c\big)\Big],$$

erhalten wir folgende notwendige Bedingungen [die infolge der Konkavität der Hamiltonfunktion in (x, c, k, m) auch hinreichend sind, wenn der optimale Pfad konvergiert]:

$$\frac{\partial \mathcal{L}}{\partial c} = c^{-\eta} - \psi_1 - \nu(1 - \kappa) = 0, \tag{ii}$$

$$\frac{\partial \mathcal{L}}{\partial x} = -\psi_1 + \psi_2 + \nu\kappa = 0, \tag{iii}$$

$$-\frac{\partial \mathcal{L}}{\partial k} = (\nu\kappa - \psi_1)(r - \delta - n) = \psi_1 - \rho\psi_1, \tag{iv}$$

$$-\frac{\partial \mathcal{L}}{\partial m} = \psi_1(n + \pi) - \nu - \nu\kappa(\pi + n) = \psi_2 - \rho\psi_2. \tag{v}$$

Im Wachstumsgleichgewicht gilt $\dot{\psi}_1 = \dot{\psi}_2 = 0$. Aus den Gleichungen (iii)-(v) kann man

$$r^* = \delta + n + \rho + \kappa\rho(\rho + \pi - n) \tag{vi}$$

ableiten. Im Wachstumsgleichgewicht ist die Realkasse pro Kopf $m := M/PN$ konstant, so daß $\phi = \pi^* - n$ gelten muß. Dies und die Gleichgewichtsbedingung des Marktes für Kapitaldienste, $f'(k^*) = r^*$, implizieren zusammen mit Gleichung (vi) die Bedingung (C.II.3.24). Die Budgetrestriktion reduziert sich im Wachstumsgleichgewicht wegen $\dot{k} = \dot{m} = 0$ und $\phi m = z$ auf die Ressourcenrestriktion (C.II.3.25).

4. Außenhandel und Kapitalmobilität

Überblick

In diesem Abschnitt behandeln wir das Wachstum kleiner offener Volkswirtschaften, die Handel treiben. Uns interessiert dabei die Frage, ob die internationale Mobilität des Sachkapitals das Wachstum eines kleinen Landes im Vergleich zum Autarkiezustand beschleunigt. Wir klammern den Zusammenhang zwischen Sektorstruktur und Außenhandel aus, indem wir unterstellen, daß die Produktion aller Länder homogen ist. Gleichwohl erweitert der Außenhandel den Alternativenraum einer Volkswirtschaft: Über eine zeitweilige Verschuldung im Ausland ist es möglich, im Inland mehr zu konsumieren und zu investieren als es die inländische Produktion zuläßt. Sofern es einem Land aber nicht erlaubt ist, sich ad infinitum zu verschulden, sinken die Konsummöglichkeiten künftiger Generationen, die den Schuldendienst zu leisten haben.

Das Ramsey-Modell impliziert in diesem Kontext, daß die repräsentative Familie eines Landes in den ersten Perioden nach Öffnung der Grenzen soviel konsumiert, daß der sich kumulierende Schuldendienst in ferner Zukunft ihre gesamte Produktion aufzehrt. Der Pro-Kopf-Kapitalstock erreicht im Augenblick der Grenzöffnung seinen stationären Wert, weil sofort hinreichend Kapital aus dem Ausland zufließt.

Diese Implikationen des Ramsey-Modells sind zwar logisch nachvollziehbar, aber widersprechen aller empirischen Erfahrung. Wir betrachten deshalb zwei Varianten des Ramsey-Modells. Im Modell der ewigen Jugend begrenzen die gesellschaftlichen Opportunitätskosten der Vermögensbildung die Verschuldung, so daß die Wirtschaft einem Wachstumsgleichgewicht mit positivem Pro-Kopf-Konsum zustrebt. Indessen erreicht der Sachkapitalstock auch in diesem Modell sprunghaft seinen stationären Wert.

Der Konvergenzprozeß wird gegenüber dem Autarkiezustand nur beschleunigt, wenn wir außer Sachkapital auch Humankapital als Produktionsfaktor berücksichtigen und die Verschuldung im Ausland auf die jeweilige Höhe des Sachkapitalbestands begrenzen [BARRO, MANKIW und SALA-I-MARTIN (1995)].

Das Ramsey-Modell bei Kapitalmobilität

Wir betrachten ein kleines Land, dessen Produktion sich in keiner Hinsicht von der anderer Nationen unterscheidet. Sachkapital ist international völlig mobil, Arbeitskräfte sind völlig immobil, und Kapitalgüter können wie bisher kostenlos in Konsumgüter verwandelt werden. Um sicherzustellen, daß in- und ausländisches Kapital perfekte Substitute sind, müssen wir zudem unterstellen, daß die Abschreibungsrate δ in allen Ländern gleich groß ist. Die einzige Funktion des Außenhandels ist es daher, die Ressourcenrestriktion des Landes zumindest temporär zu lockern. Die Inländer können Güter im Ausland gegen ein künftiges Zahlungsversprechen erwerben. Das Nettovermögen je Inländer v entspricht daher der Differenz zwischen dem durchschnittlichen Sachkapital k und den Pro-Kopf-Nettoauslandsverbindlichkeiten d:

$$v = k - d.$$ (C.II.4.1)

Die Nettokapitalrendite des kleinen Landes muß dem Weltrealzins $r^* - \delta$ entsprechen. Solange diese Bedingung nicht erfüllt ist, können Inländer im Ausland gegen Kredit Kapital erwerben, für die sie Schuldzinsen in Höhe von $r^* - \delta$ bezahlen. Wenn sie dieses Kapital an die inländischen Unternehmen zu einem Nettonutzungspreis von $r - \delta > r^* - \delta$ vermieten, erzielen sie Arbitragegewinne. Läge die inländische Nettorendite des Sachkapitals unter dem Weltrealzins, wäre es für die Ausländer vorteilhaft, inländisches Kapital zu erwerben. Bei vollständiger Kapitalmobilität laufen die Arbitrageprozesse unendlich schnell ab. Daher muß die inländische Kapitalintensität $k = K/N$ augenblicklich den Wert k^*, $f'(k^*) = r^*$, annehmen. Wenn wir den Fall eines Entwicklungslandes, $k(0) < k^*$, betrachten, dann muß sich dieses nach Aufnahme des Handels in der Periode $t = 0$ in Höhe von

$$d(0) = k^* - k(0)$$ (C.II.4.2)

pro Kopf im Ausland verschulden.

Die Kapitalintensität determiniert die Pro-Kopf-Produktion $y^* = f(k^*)$ und den Reallohn $w^* = f(k^*) - f'(k^*)k^*$ des Landes. Die Wachstumsrate der Wirtschaft springt daher von einem Augenblick zum andern auf die Wachstumsrate des Arbeitskräftepotentials n. Die Wirtschaft konvergiert mithin unendlich schnell zum stationären Kapitalstock und zur stationären Produktion.

Völlig anders entwickelt sich der Pro-Kopf-Konsum. Die Budgetrestriktion der repräsentativen Familie

$$\dot{v} = w + (r^* - \delta - n)v - c$$

können wir mit Hilfe von Gleichung (C.II.4.1) umschreiben zu einer Gleichung in der Pro-Kopf-Auslandsverschuldung:

$$\dot{d} = (r^* - \delta - n)d + c - \bar{y}^*, \quad \bar{y}^* := f(k^*) - (n + \delta)k^*,$$ (C.II.4.3)

wobei $\bar{y}^*$ das um den Effekt des Bevölkerungswachstums bereinigte Nettoinlandsprodukt ist. Wir unterstellen zur Vereinfachung der folgenden Formeln, daß die intertemporale Substitutionselastizität Eins ist. Die repräsentative Familie des Landes maximiert deshalb die intertemporale Nutzenfunktion

$$U(0) = \int\limits_0^\infty (\ln c)e^{-\rho t}\, \mathrm{d}t,$$

unter der Nebenbedingung (C.II.4.3). Die Keynes-Ramsey-Regel für dieses Problem lautet:

$$\frac{\dot{c}}{c} = r^* - \delta - n - \rho.$$ (C.II.4.4)

Wir müssen unterstellen, daß

$$r^* \leq \delta + n + \rho \qquad \text{(C.II.4.5)}$$

gilt. Andernfalls wächst der Konsum mit der Zeit über alle Maßen und wir können das Land nicht länger als ein kleines Land betrachten. Der interessante Fall ist jener, bei dem (C.II.4.5) als strikte Ungleichung erfüllt ist. Dies trifft zu, wenn - bei international identischen Wachstumsraten n - die Inländer eine höhere Zeitpräferenz haben als der Rest der Welt. Diese Annahme impliziert zweierlei: Erstens ist die stationäre Kapitalintensität der offenen Volkswirtschaft größer als bei Autarkie. Der Außenhandel beeinflußt daher nicht nur die Konvergenzgeschwindigkeit, sondern auch die Lage des Wachstumsgleichgewichts. Zweitens muß der Konsum im Zeitverlauf permanent sinken.

Um die hinter diesem Ergebnis stehenden Zusammenhänge aufzudecken, integrieren wir zunächst die Budgetrestriktion (C.II.4.3) im Intervall [0, t]:

$$e^{-(r^*-\delta-n)t}d(t) = d(0) + \int_0^t \left(c(s) - \bar{y}^*\right)e^{-(r^*-\delta-n)s}\mathrm{d}s. \qquad \text{(C.II.4.6)}$$

Wenn wir dem Land nicht erlauben, sich mit einer Rate zu verschulden, die größer ist als r^*-δ-$n>0$ [bitte beachten Sie diese zusätzliche Annahme],

$$\lim_{t \to \infty} e^{-(r^*-\delta-n)t}d(t) = 0,$$

dann erhalten wir aus (C.II.4.6) und dem Integral der Keynes-Ramsey-Regel im Intervall [t, ∞) die Konsumfunktion

$$c(t) = \rho \left(\frac{\bar{y}^*}{r^*-\delta-n} - d(0) \right) e^{-(r^*-\delta-n)t}. \qquad \text{(C.II.4.7)}$$

Mit Hilfe dieses Ausdrucks können wir schließlich die intertemporale Budgetrestriktion (C.II.4.6) umschreiben zu:

$$d(t) = \frac{\bar{y}^*}{r^*-\delta-n} + \left[d(0) - \frac{\bar{y}^*}{r^*-\delta-n} \right] e^{-(r^*-\delta-n-\rho)t}. \qquad \text{(C.II.4.8)}$$

Diese Gleichung zeigt, daß die Auslandsverschuldung des Landes asymptotisch dem Gegenwartswert seines Nettoinlandsprodukts pro Kopf [korrigiert um den Einfluß des Bevölkerungswachstums], $\bar{y}^*/(r^* - \delta - n)$, zustrebt. An diesem Punkt verschlingt der Schuldendienst $(r^*$-δ-$n)d(\infty)$ das gesamte Nettoinlandsprodukt, das Nettosozialprodukt ist Null und Konsum nicht mehr möglich.

Die Inländer, die im Vergleich zu Ausländern gegenwartsbezogener sind, ziehen den Konsum zeitlich vor und häufen dabei mehr und mehr Auslandsschulden an, bis schließlich der Schuldendienst den Konsum völlig verdrängt.[38]

Ergebnis C.II.4.1: _____

Das Ramsey-Modell einer kleinen offenen Volkswirtschaft impliziert eine sofortige Konvergenz von Kapitalintensität, Pro-Kopf-Produktion und Wachstumsrate der Wirtschaft.

Sofern die Zeitpräferenz der repräsentativen Familie größer ist als im Rest der Welt, zieht diese gegenüber dem Autarkiezustand Konsum zeitlich vor. Die mit den wachsenden Auslandsschulden verbundenen Zinszahlungen verdrängen langfristig den Konsum.

_____

Beide Implikationen des Modells entsprechen nicht unserer Erfahrung. Die rasche Konvergenz ist natürlich das Ergebnis unserer impliziten Annahme, es sei zeitlos und ohne Kosten möglich, Kapital von einem Land in das andere zu transferieren. Würden wir die in der Realität vorhandenen Anpassungskosten in unserer Analyse berücksichtigen, liefe der Konvergenzprozeß langsam ab [bspw. BARRO und SALA-I-MARTIN (1995), S. 119-127]. Wir wollen diese offensichtliche, aber auch mit formalem Aufwand verbundene Erweiterung des Ramsey-Modells nicht weiter verfolgen. Statt dessen wenden wir uns mit dem Modell der ewigen Jugend zunächst dem Problem der wachsenden Verschuldung zu.

Das Modell des kleinen Landes bei begrenztem Zeithorizont

Wir haben bereits mehrfach gezeigt, daß begrenztes individuelles Leben im Verbund mit egoistischem Verhalten einen Keil zwischen die individuellen und die gesellschaftlichen Opportunitätskosten der Vermögensbildung treibt. Wir zeigen nun, daß dieser Keil eine permanent wachsende Verschuldung unterbindet.

Das Planungsproblem eines repräsentativen Mitglieds der Generation j in der Periode t lautet im vorliegenden Kontext:

$$\max_{\{c(j,\,s)\}_{s=t}^{\infty}} \int_{t}^{\infty} (\ln c(j,s)) e^{-(\rho+p)(s-t)} \, ds$$

(C.II.4.9)

unter den Nebenbedingungen

$$\dot{v}(j,s) = w^* + \left(r^* + p - \delta - (p+n)\mu \right) v(j,s) - c(j,s),$$

$$v(j,t) = k(j,t) - d(j,t) \quad \text{gegeben}.$$

_____

38 Hätten die Inländer dieselbe Zeitpräferenz wie die Ausländer, $r^* = \delta + n + \rho$, würden sie in der Periode $t=0$ die Kapitalmenge $k^* - k(0) = d(0)$ auf Kredit importieren und in jeder Periode die Menge $c^* = \rho[w^*/(r^* - \delta - n) + k(0)]$ verbrauchen. Aus der Budgetrestriktion (C.II.4.3) folgt dann $\dot{d} = 0$. Im Vergleich zum Autarkiezustand erreichen die Inländer deshalb sofort das Wachstumsgleichgewicht. Der Preis für diese rasche Konvergenz ist indes ein um den Schuldendienst $(r^* - \delta - n)d(0)$ niedrigerer Pro-Kopf-Konsum.

Dabei unterstellen wir, daß alle Individuen während ihrer gesamten Lebenszeit den konstanten Reallohn $w^* = f(k^*) - f'(k^*)k^*$ erhalten. Die Bedingung für ein Gleichgewicht des Marktes für Kapitaldienste, $r^* = f'(k^*)$, determiniert die stationäre Kapitalintensität k^*; $r^* - \delta$ ist der Weltrealzins, $1/p$ die Lebenserwartung einer Person und $\mu \in [0, 1]$ unser Altruismusparameter.

Mit Ausnahme der Definition des Nettovermögens unterscheidet sich das Problem (C.II.4.9) nicht von dem unseres Grundmodells der ewigen Jugend in Abschnitt C.I.3. Wir können mithin die relevanten Gleichungen von dort übertragen. Der individuelle Konsum in der Periode t ist $c(j, t) = (\rho + p)(v(j, t) + h^*)$, wobei das Humanvermögen aller Personen gleich dem abdiskontierten Wert des Reallohnes ist: $h^* = w^*/(r^* + p - \delta - (p+n)\mu$. Damit das Humanvermögen und demnach der individuelle Konsum begrenzt sind, müssen wir $r^* + p > \delta + (p+n)\mu$ unterstellen. Für die aggregierten Größen erhalten wir:

$$C = (\rho + p)(V + H^*),$$

$$V = \int_{-\infty}^{t} v(j, t)(p + n)e^{jn - p(t-j)}\,dj,$$

$$H^* = Nh^*.$$

Das aggregierte Vermögen folgt deshalb den beiden Gleichungen

$$\dot{V} = w^* N + (r^* - \delta)V - C,$$

$$\dot{H} = n\frac{w^* N}{r^* + p - \delta - (p+n)\mu}.$$

Aus den vorstehenden fünf Gleichungen können wir zwei Gleichungen im Pro-Kopf-Konsum $c := C/N$ und im Pro-Kopf-Nettovermögen $v := V/N$ ableiten:

$$\dot{c} = c\left(r^* - \delta - \rho - (p+n)\mu\right) - (p+n)(1-\mu)(p+\rho)v, \qquad \text{(C.II.4.10)}$$
$$\dot{v} = w^* + (r^* - \delta - n)v - c.$$

Sie beschreiben den Zeitpfad der Wirtschaft, den wir mit Hilfe des Phasendiagramms in Abbildung C.II.4.1 analysieren.

Wenn wir $r^* > \delta + n$ unterstellen, dann ist der geometrische Ort aller Paare (c, v), entlang dessen das Pro-Kopf-Vermögen konstant bleibt, $\dot{v} = 0$, eine Gerade mit positiver Steigung, die bei w^* die Ordinate schneidet. Punkte oberhalb [unterhalb] dieser Geraden implizieren ein sinkendes [steigendes] Vermögen. Die Steigung der $\dot{c} = 0$ Isokline hängt vom Vorzeichen von $r^* - \delta - \rho - (p+n)\mu$ ab. Analog zur Darstellung des Ramsey-Modells nehmen wir an, daß dieser Ausdruck negativ ist.[39] Die $\dot{c} = 0$ Isokline verläuft

---

39 Im Ramsey-Modell verstößt $r^* > \delta + \rho + n$ gegen die Annahme des kleinen Landes. Im vorliegenden Modell ist die analoge Annahme $r^* > \delta + \rho + (p+n)\mu$ problemlos möglich. In diesem Fall existiert ein Wachstumsgleichgewicht mit positivem Pro-Kopf-Vermögen allerdings nur, wenn $(p+n)(1-\mu)(p+\rho)/(r^* - \delta - \rho - (p+n)\mu) > (r^* - \delta - n)$ erfüllt ist.

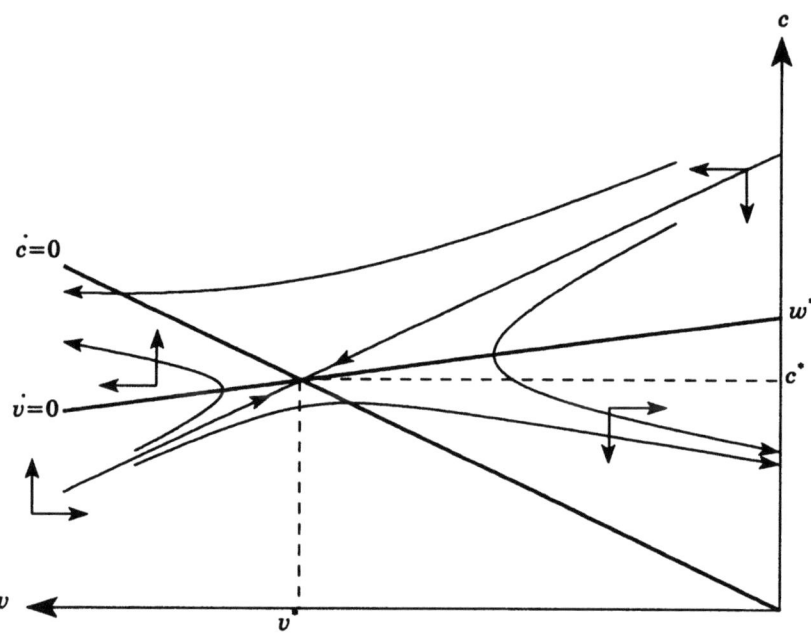

Abbildung C.II.4.1: Zeitpfad der Vermögensakkumulation im Modell der
ewigen Jugend für eine kleine offene Volkswirtschaft

dann mit negativer Steigung durch den Ursprung. Oberhalb [unterhalb] von ihr liegen
Punkte mit wachsendem [sinkendem] Pro-Kopf-Konsum. Die eingezeichneten Pfeilrichtungen und Zeitpfade machen deutlich, daß es nur einen Pfad zum Wachstumsgleichgewicht gibt.

Im Wachstumsgleichgewicht ist der Pro-Kopf-Konsum positiv und das Pro-Kopf-
Vermögen negativ. Aus den beiden Gleichung (C.II.4.10) und $\dot{c} = \dot{v} = 0$ folgt:

$$v^* = \frac{r^* - \delta - \rho - (p+n)\,\mu}{(p+n)\,(1-\mu)\,(p+\rho) - (r^* - \delta - n)\,(r^* - \delta - \rho - (p+n)\,\mu)}\; w^* < 0,$$

$$c^* = w^* + (r^* - \delta - n)v^* < w^*.$$

Die Auslandsverschuldung im Wachstumsgleichgewicht $d^* = k^* - v^*$ ist geringer als im
Ramsey-Modell, in dem das Pro-Kopf-Vermögen dem Wert

$$-\frac{w^*}{r^* - \delta - n} < v^*$$

zustrebt.[40] Der langfristig mögliche Pro-Kopf-Konsum ist kleiner als im Fall der geschlossenen Volkswirtschaft,[41] weil ein Teil des Lohneinkommens für den Schuldendienst ins Ausland fließt. Auch in diesem Modell führt deshalb die Ungeduld der Konsumenten zum zeitlichen Vorziehen des Konsums, und die daraus erwachsende Auslandsverschuldung mindert das langfristig mögliche Konsumniveau. Anders als im Ramsey-Modell begrenzt der externe Effekt egoistischen Verhaltens allerdings das Ausmaß der Verschuldung.

Ergebnis C.II.4.2: _____

Das Modell der ewigen Jugend impliziert für eine kleine offene Volkswirtschaft - wie das Ramsey-Modell - eine sofortige Konvergenz von Kapitalintensität, Pro-Kopf-Produktion und Wachstumsrate der Wirtschaft.

Der externe Effekt egoistischen Verhaltens begrenzt das Ausmaß der Auslandsverschuldung, so daß auch langfristig ein positiver Pro-Kopf-Konsum möglich ist.

_____

Begrenzte Auslandsverschuldung

Wir sind bislang davon ausgegangen, ein kleines Land könne gegebenenfalls sein gesamtes Sach- und Humanvermögen im Ausland verpfänden. In Wirklichkeit sind Kredite selten, die durch einen Anspruch des Kreditgebers auf das künftige Einkommen des Kreditnehmers besichert werden. Die Lohnverpfändung ist eines der wenigen Beispiele. Der Regelfall sind durch Sachwerte gesicherte Kredite. Wir werden deshalb im folgenden die Auslandsverschuldung auf die Höhe des Sachkapitals einer Wirtschaft begrenzen.

Diese Annahme allein reicht aber nicht aus, die realitätsfremden Schlußfolgerungen aus dem Ramsey-Modell einer kleinen offenen Volkswirtschaft zu beseitigen. Wir brauchen zudem noch einen weiteren akkumulierbaren Produktionsfaktor, der nur mit inländischen Ersparnissen aufgebaut werden kann. Erst dann begrenzt die Kreditrationierung nicht nur das Ausmaß der Verschuldung, sondern auch die Konvergenzgeschwindigkeit der kleinen offenen Volkswirtschaft [BARRO, MANKIW und SALA-I-MARTIN (1995)].

Wir greifen deshalb auf das Humankapitalmodell des Abschnitts B.II.3 zurück, bestimmen aber nun die dort als Parameter vorgegebenen Sparquoten im Rahmen eines intertemporalen Optimierungsproblems. Wir leiten zunächst den Zeitpfad einer geschlossenen Volkswirtschaft ab, anschließend den der offenen und zeigen, daß sich

_____

40 Die Auslandsverschuldung strebt im Ramsey-Modell nach Gleichung (C.II.4.8) dem Wert $d^{*\text{Ramsey}} = [f(k^*) - (\delta + n)k^*]/(r^* - \delta - n)$ zu. Das Vermögen im Wachstumsgleichgewicht des Ramsey-Modells ist daher $v^{*\text{Ramsey}} = k^* - d^{*\text{Ramsey}} = -w^*/(r^* - \delta - n)$.

41 Dort ist der Pro-Kopf-Konsum im Wachstumsgleichgewicht $c^{*\text{gV}} = f(k^*) - (n + \delta)k^{*\text{gV}} = w^* + \rho k^{*\text{gV}}$.

beide in der Nähe des Wachstumsgleichgewichts praktisch nur durch die Höhe eines einzigen Parameters unterscheiden.

Die Produktionstechnik beschreiben wir mit einer Cobb-Douglas-Funktion:

$$Y = N^\alpha K^\beta H^\gamma, \quad \alpha + \beta + \gamma = 1. \tag{C.II.4.11}$$

Die Produktionsfaktoren sind [ungelernte] Arbeit N, Sachkapital K und Humankapital H. Die zugehörige Pro-Kopf-Produktion $y := Y/N$ ist eine Funktion der Sach- und Humankapitalintensität, $k := K/N$ bzw. $h := H/N$:

$$y = k^\beta h^\gamma. \tag{C.II.4.12}$$

Die Haushalte bieten alle drei Produktionsfaktoren unabhängig von der Höhe der jeweiligen Nutzungsentgelte w, r bzw. q an. Die Gleichgewichtsbedingungen auf den drei Faktormärkten lauten daher:

$$w = \alpha y,$$

$$r = \beta \frac{y}{k}, \tag{C.II.4.13}$$

$$q = \gamma \frac{y}{h}.$$

Sach- und Humankapital können in jedem Zeitpunkt kostenlos in Konsumgüter verwandelt werden. Zudem kann jede Kapitalart in die jeweils andere transformiert werden. Diese Annahme ist zwar nicht besonders realistisch, erspart uns aber eine Menge zusätzlicher Arbeit, mit der kein nennenswerter Erkenntnisgewinn verbunden ist.

Die beliebige Austauschbarkeit der Kapitalgüter erlaubt es, das Pro-Kopf-Vermögen der repräsentativen Familie, v, als Summe des Sach- und Humanvermögens darzustellen: $v = k + h$. Die Budgetrestriktion der Familie impliziert für die Veränderung des Pro-Kopf-Vermögens die Gleichung

$$\dot{v} = w + (r - \delta - n)xv + (q - \delta - n)(1 - x)v - c. \tag{C.II.4.14}$$

Wir haben dabei unterstellt, daß beide Kapitalgüter dieselbe Abschreibungsrate δ haben. Den Anteil des Sachkapitals am Gesamtvermögen bezeichnen wir mit $x := k/v$.

Ein Konsumprofil $\{c(t)\}_{t=0}^{\infty}$ und eine Anlagestrategie $\{x(t)\}_{t=0}^{\infty}$, welche die intertemporale Nutzenfunktion

$$U(0) = \int_0^\infty \left[\frac{c^{1-\eta} - 1}{1 - \eta} \right] e^{-\rho t} \, dt, \quad \eta, \rho > 0 \tag{C.II.4.15}$$

maximieren, erfüllen zwei Bedingungen. Erstens ist die Familie nur bereit, sowohl Sach- als auch Humankapital zu halten, $x \in (0, 1)$, wenn beide Kapitalarten dieselbe

Nettoertragsrate besitzen:[42]

$$r - \delta = q - \delta.$$ (C.II.4.16)

Diese Bedingung schließt Arbitrageprozesse aus und stellt sicher, daß zweitens die intertemporale Substitution des Konsums der bekannten Keynes-Ramsey-Regel genügt:

$$\frac{\dot c}{c} = r - \delta - n - \rho.$$ (C.II.4.17)

Bedingung (C.II.4.16) impliziert zusammen mit den Gleichgewichtsbedingungen der Faktormärkte (C.II.4.13), daß in der Produktion stets dieselbe Menge Sachkapital pro Einheit Humankapital genutzt wird:

$$\frac{k}{h} = \frac{\beta}{\gamma}.$$ (C.II.4.18)

Wir können deshalb die Produktion als Funktion der Variablen $v = k + h$ darstellen:

$$y = A v^{\beta_1}, \quad A := \beta^\beta \gamma^\gamma (\beta + \gamma)^{-(\beta + \gamma)}, \quad \beta_1 := \beta + \gamma.$$ (C.II.4.19)

Wegen

$$r = \beta_1 A v^{\beta_1 - 1}$$

lauten die Bedingungen für eine optimale Kapitalakkumulation demnach

$$\dot v = A v^{\beta_1} - (n + \delta) v - c,$$

$$\dot c = \frac{c}{\eta} \left(\beta_1 A^{\beta_1 - 1} - \delta - n - \rho \right).$$ (C.II.4.20)

Bis auf die neuen Symbole v, β_1 und die Cobb-Douglas-Produktionsfunktion entspricht dieses Modell unserem Ramsey-Grundmodell im Abschnitt C.I.1. Der Zeitpfad der Wirtschaft gleicht mithin jenem des Grundmodells, wenn dort die Produktionselastizität des Kapitals konstant ist und β_1 beträgt.

Die Konvergenzgeschwindigkeit des Einkommens ist bei einer Cobb-Douglas-Technik in der Nähe des Wachstumsgleichgewichts nur eine Funktion der Modellparameter β_1, δ, η und ρ [siehe Ergänzung C.I.1.2, Gleichung (v)]. Die Halbwertszeit ist in unserem Modell daher so groß wie im Grundmodell mit einer größeren Produktionselastizität des Kapitals.

Wir lassen nun den Außenhandel zu, beschränken aber die Auslandsverschuldung pro Kopf, d, auf die jeweilige Höhe des Sachkapitals. Außerdem unterstellen wir, daß der Weltrealzins dem Nettogrenzprodukt des Sachkapitals im Wachstumsgleichgewicht der geschlossenen Volkswirtschaft entspricht:

---

42 Wir verzichten darauf, diese Bedingungen nochmals mit Hilfe der Kontrolltheorie abzuleiten. Das vorliegende Problem ist formal mit dem Problem identisch, das wir in Ergänzung C.II.3.3 behandeln. Dort ist die Pro-Kopf-Realkasse m der dritte Produktionsfaktor, dessen "Abschreibungsrate" die Inflationsrate π ist.

$$r^* - \delta = n + \rho.$$ (C.II.4.21)

Diese Annahme sichert, daß die offene und die geschlossene Volkswirtschaft denselben Pro-Kopf-Output haben. Sie hat darüber hinaus aber keine Konsequenzen und wäre insofern auch entbehrlich. Damit es überhaupt einen nennenswerten Anpassungsprozeß gibt, müssen wir noch annehmen, daß die Humankapitalintensität zum Zeitpunkt der Grenzöffnung $t=0$ kleiner als im Wachstumsgleichgewicht ist. Andernfalls könnte unsere Wirtschaft durch den Import von Sachkapital sofort ihr Wachstumsgleichgewicht erreichen.

Bei gegebener Nettorendite des Sachkapitals folgt aus der Gleichgewichtsbedingung des Marktes für Sachkapitalleistungen und Gleichung (C.II.4.21):

$$r^* = \delta + n + \rho = \beta \frac{y}{k}.$$ (C.II.4.22)

Der Kapitalkoeffizient ist mithin während der gesamten Konvergenzphase konstant. Mit Hilfe dieser Beziehung können wir die Pro-Kopf-Produktion nun als Funktion der Humankapitalintensität darstellen:

$$y = B h^{\beta_2}, \quad B := \beta^{\beta/(1-\beta)} (\delta + n + \rho)^{-\beta/(1-\beta)}, \quad \beta_2 := \frac{\gamma}{1-\beta}.$$ (C.II.4.23)

Sachkapital kann im Ausland gegen Kredit erworben werden. Die Kreditzinsen entsprechen dem Nettorealzins $r^* - \delta$. Das Nettovermögen $v = h + k - d$ der repräsentativen Familie entwickelt sich folglich nach der Gleichung

$$\dot{k} + \dot{h} - \dot{d} = w + (r^* - \delta - n)(k - d) + (q - \delta - n)h - c.$$

Nun gilt während der gesamten Konvergenzphase $k = d$ und $\dot{k} = \dot{d}$, so daß sich diese Gleichung auf

$$\dot{h} = w + (q - \delta - n)h - c$$ (C.II.4.24)

reduziert. Die Maximierung der intertemporalen Nutzenfunktion (C.II.4.15) unter der Nebenbedingung (C.II.4.24) führt auf die Keynes-Ramsey-Regel

$$\frac{\dot{c}}{c} = q - \delta - n - \rho.$$

Mit Hilfe der Gleichgewichtsbedingung der Faktormärkte (C.II.4.13) können wir aus dieser Gleichung q eliminieren. In der Budgetrestriktion (C.II.4.24) ersetzen wir $w + qh = \alpha y + \gamma y$ durch $(1-\beta) B h^{\beta_2}$ und erhalten das folgende Gleichungssystem:

$$\dot{h} = (1-\beta) B h^{\beta_2} - (n + \delta)h - c,$$

$$\dot{c} = \frac{c}{\eta} \left(\gamma B h^{\beta_2} - \delta - n - \rho \right).$$ (C.II.4.25)

Es beschreibt die optimale Kapitalakkumulation in unserer kleinen offenen Volkswirtschaft mit zwei Kapitalgütern und einer Verschuldungsgrenze. Formal unterscheidet es sich nicht vom System (C.II.4.20), und Annahme (C.II.4.21) stellt sicher, daß beide

Systeme dieselben stationären Kapitalintensitäten besitzen.[43] Die Halbwertszeit für das Pro-Kopf-Einkommen bestimmen in der Nähe des Wachstumsgleichgewichts nur die Parameter β_2, δ, η und ρ. Im Hinblick auf die Konvergenzgeschwindigkeit reduziert sich der Vergleich der geschlossenen mit der offenen Volkswirtschaft auf die beiden Parameter β_1 und β_2:

$$\beta_2 := \frac{\gamma}{1-\beta} < \beta_1 := \beta + \gamma < 1. \tag{C.II.4.26}$$

Die Simulation des Ramsey-Modells auf Seite 128 zeigt bereits, daß eine große Produktionselastizität des Kapitals den Konvergenzprozeß verlangsamt. Die Ungleichung (C.II.4.26) läßt deshalb den Schluß zu, daß die Öffnung der Wirtschaft den Konvergenzprozeß beschleunigt. Abbildung C.II.4.2 bestätigt diese Folgerung. Die gestrichelt gezeichneten Pfade beziehen sich auf die offene Volkswirtschaft. Die Simulationsparameter sind $\delta + n = 0.05$, $\eta = 3$ und $\rho = 0{,}01$. Für Sach- und Humankapital sind wir von einer Produktionselastizität von jeweils einem Drittel ausgegangen [$\beta = \gamma = 1/3$]. Die Sachkapitalausstattung pro Kopf am Anfang des Entwicklungsprozesses beträgt jeweils ein Viertel des stationären Wertes.

Die Zeitpfade für k/k^* zeigen, daß der Außenhandel die Akkumulation des Sachkapitals beträchtlich beschleunigt. Die Folge sind wesentlich höhere Wachstumsraten der offenen Volkswirtschaft am Anfang ihres Entwicklungsprozesses. Gleichwohl beansprucht der Aufholprozeß eine realistische Zeitspanne. Die Hälfte der Distanz zwischen $k(0)$ und k^* ist erst nach rund 33 Jahren zurückgelegt. Die geschlossene Volkswirtschaft benötigt dafür rund 80 Jahre.

Die beiden Schaubilder für k/h und das Nettogrenzprodukt des Kapitals f_k-δ liefern den Schlüssel zum Verständnis der beiden Modelle. In der geschlossenen Volkswirtschaft sorgen das Gleichgewicht der Faktormärkte und der Arbitrageprozeß dafür, daß stets dieselbe Menge Sachkapital je Einheit Humankapital genutzt wird, und die ge-

---

43 Das Gleichungssystem (C.II.4.20) impliziert für das stationäre Pro-Kopf-Vermögen der geschlossenen Volkswirtschaft die Lösung

$$v^{*gV} = \left[\frac{\delta + n + \rho}{(\beta_1 A)} \right]^{1/(\beta_1 - 1)}.$$

Aus Gleichung (C.II.4.18) folgen

$$h^{*gV} = \frac{\gamma}{\beta_1} v^{*gV}, \quad k^{*gV} = \frac{\beta}{\beta_1} v^{*gV}.$$

Das Gleichungssystem (C.II.4.25) impliziert für die stationäre Humankapitalintensität der offenen Volkswirtschaft die Lösung

$$h^{*oV} = (\delta + n + \rho)^{-\beta/\alpha} \beta^{(1-\beta)/\alpha} \gamma^{\beta/\alpha}.$$

Aus $r^{*oV} = q^{*oV}$ folgt zudem $k^{*oV} = (\beta/\gamma) h^{*oV}$, eine Beziehung, die in der geschlossenen Volkswirtschaft während der gesamten Entwicklungsphase erfüllt ist. Mit Hilfe der Definitionen der Parameter A und β_1 können Sie sich davon überzeugen, daß $h^{*gV} = h^{*oV}$ und $k^{*gV} = k^{*oV}$.

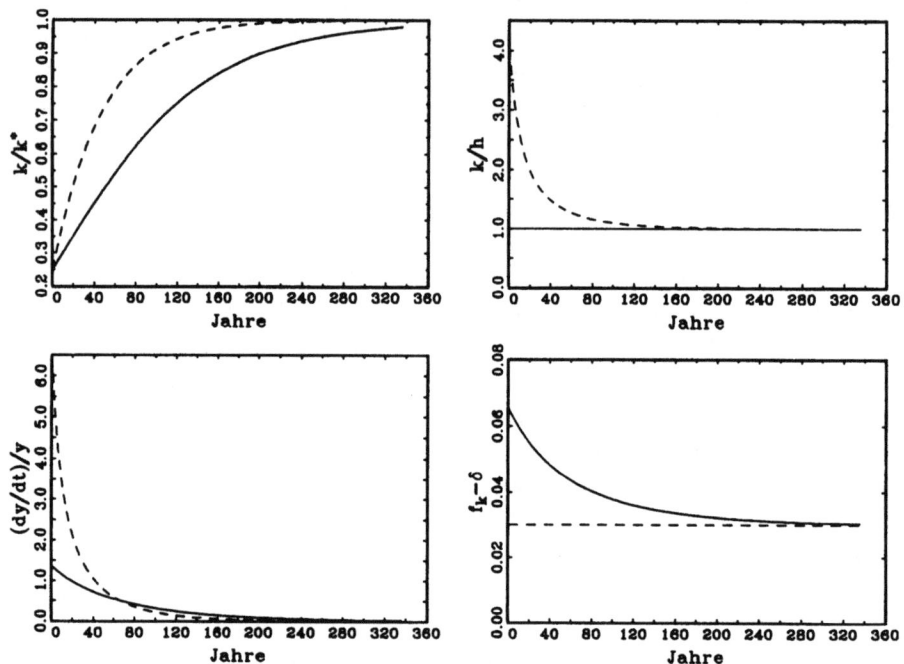

Abbildung C.II.4.2: Simulation des Humankapitalmodells einer offenen und geschlossenen Volkswirtschaft

meinsame Nettorendite beider Kapitalarten sinkt im Zuge der Kapitalakkumulation. In der offenen Volkswirtschaft bestimmt der Weltrealzins die Nettorendite des Kapitals, die deshalb per Annahme während des gesamten Aufholprozesses konstant ist. Das Grenzprodukt des Kapitals, das stets mit dem Bruttozins übereinstimmt, hängt aber von der Höhe des Humankapitals ab. Am Beginn des Entwicklungsprozesses ist vergleichsweise wenig Humankapital vorhanden, so daß auch nur wenig Sachkapital rentabel beschäftigt werden kann. Der begrenzte, von der heimischen Ersparnis abhängige Humankapitalbestand schränkt daher auch den Kapitalzufluß ein. Infolge des konstanten Kapitalkoeffizienten und des abnehmenden Grenzprodukts des Humankapitals sinkt im Zuge der Humankapitalbildung die Relation k/h langsam auf ihren langfristigen Gleichgewichtswert, der mit jenem der geschlossenen Volkswirtschaft übereinstimmt.

Der Preis der schnelleren Entwicklung ist ein niedrigerer langfristiger Pro-Kopf-Konsum, denn der Schuldendienst führt zu einem Leistungsbilanzdefizit in Höhe von $[\beta\rho/(\delta+n+\rho)]\times100$ Prozent des Bruttoinlandsprodukts.

Ergebnis C.II.4.3:
Wenn es außer Sachkapital noch einen weiteren, nur aus heimischen Ersparnissen akkumulierbaren Produktionsfaktor gibt, der nicht beleihbar ist, dann beschleunigt der Außenhandel den Konvergenzprozeß. Das Nettovermögen der Volkswirtschaft und ihr Pro-Kopf-Konsum sind im Wachstumsgleichgewicht positiv.

5. Regenerierbare Ressourcen

Überblick

Zu den regenerierbaren Ressourcen zählen tierische und pflanzliche Rohstoffe sowie die Umweltmedien Boden, Luft und Wasser. Ihr gemeinsames Merkmal ist die Fähigkeit, natürliche oder menschliche Einflüsse innerhalb gewisser Bandbreiten ohne Gefahr für ihren Bestand abfedern zu können. Wildbestände erholen sich nach der Jagdsaison, Mikroorganismen bauen Schadstoffe im Boden und in den Gewässern ab und Wälder verkraften einen maßvollen Holzeinschlag. Viele Beispiele belegen aber auch, daß natürliche Katastrophen und menschliche Nutzung zur Ausrottung von Tierarten, zur Verkarstung von Waldgebieten, zur Vergiftung von Gewässern und zur Anreicherung der Luft mit Treibhausgasen geführt haben. Wenn wir von einem Konflikt zwischen Wachstum und Umwelt sprechen, dann meinen wir damit die Belastung der Natur durch den Menschen über deren Regenerationsfähigkeit hinaus.

Ökonomisch hat dieser Konflikt zunächst keinen anderen Stellenwert als etwa das Problem, zwischen einer teuren Reise in die Karibik und einer ebenso teuren Hi-Fi-Anlage wählen zu müssen, wenn das Budget für beide nicht groß genug ist. Was den Konflikt zwischen Wachstum und Umwelt für den Ökonomen erst interessant macht, ist die Tatsache, daß ihn der Markt allein nicht optimal zu lösen vermag. Im Unterschied zu den meisten erschöpfbaren Ressourcen ist es nämlich schwierig, wenn nicht sogar unmöglich, Nutzungsrechte an den Umweltmedien zu definieren und durchzusetzen. Die Marktpreise reflektieren daher nur die privaten, aber nicht die gesellschaftlichen Kosten der Umweltnutzung. Bis auf Ausnahmefälle, die das Coase-Theorem abdeckt [siehe bspw. WEIMANN (1990)], besteht daher die Gefahr, daß regenerierbare Ressourcen über jenes Maß hinaus genutzt werden, das ihren langfristigen Bestand sichert.

Insoweit handelt es sich um ein Problem externer Effekte, das auch aus der statischen Allokationstheorie bekannt ist [bspw. BAUMOL und OATES (1988)]. Daneben gibt es in dynamischer Sicht aber noch ein zweites Externalitätenproblem. Marktpreise beinhalten nur die Wertschätzungen der Marktteilnehmer. Die Umweltpräferenzen künftiger Generationen spiegeln sich daher nicht in den Marktpreisen. Nur der Altruismus der Elterngenerationen vermag diesen externen Effekt zu internalisieren.

Wir illustrieren im folgenden beide Formen der externen Effekte der Umweltnutzung, die intragenerativen und die intergenerativen, im Rahmen eines sehr einfachen
Generationenmodells. Unser Ziel ist dabei nicht die Realitätsnähe des Modells, sondern
die Darstellung der grundlegenden Problematik in der Nutzung regenerierbarer Ressourcen. Im Anschluß an dieses Modell studieren wir beispielhaft den Zusammenhang
zwischen Kapitalakkumulation und Schadstoffemission im Ramsey-Modell. Dort sind
nur die intragenerativen externen Effekte darstellbar. Sofern das Ausmaß der Ver-
schmutzung mit der Kapitalintensität der Produktion wächst, führen diese zu einer
Überakkumulation des Kapitals und einem pareto-inferioren Niveau der Umweltqualität. Durch eine Steuer auf das Kapital, deren Einnahmen für Reinigungszwecke
genutzt werden, kann der Staat diesen externen Effekt internalisieren.

Externe Effekte der Umweltnutzung im einfachen Generationenmodell

Wir befreien zunächst das Generationenmodell aus Abschnitt C.I.2 von allem, was
unsere Darstellung erschweren würde.[44] Deshalb verzichten wir auf Kapital als Produktionsfaktor und gehen von einer konstanten Bevölkerung aus, die aus jeweils N
Personen in ihrer ersten Lebensphase und aus N Personen in ihrem zweiten und
letzten Lebensabschnitt besteht. Jedes Mitglied der jungen Generation verfügt über
eine Einheit Arbeit, die es unabhängig von der Lohnhöhe anbietet. Die Arbeitsproduktivität in den Unternehmen ist konstant und gleich Eins. Damit ist das reale Einkommen eines Jungen[45] gleich Eins, und das Sozialprodukt der Wirtschaft ist $Y=N$. Je
produzierter Gütereinheit fallen κY Einheiten Schadstoffe an, welche die Umweltqualität E mindern. Die Umwelt verfügt über eine Selbstreinigungskraft, die direkt proportional ist zur jeweils vorhandenen Umweltqualität. Zudem können individuelle
Reinigungsaktivitäten a_j die Umweltqualität mit einer konstanten Produktivität von θ
verbessern. Diese Annahmen führen zu folgender Dynamik der Umweltqualität:

$$E_{t+1} = (1-\delta)E_t - \kappa N + \theta \sum_{j=1}^{N} a_{jt}, \quad \delta \in (0,1), \quad \kappa, \theta > 0. \tag{C.II.5.1}$$

Ohne menschliche Eingriffe, $\kappa N = a_{1t} = a_{2t} = \ldots = a_{Nt} = 0$, strebt die Umweltqualität dem
Wert $E^* = 0$ zu. Sofern Reinigungsaktivitäten unterbleiben, erreicht sie asymptotisch
den niedrigeren Wert $E^W = -\kappa N/\delta$ [siehe Abbildung C.II.5.1].

Der Lebensnutzen eines repräsentativen Haushalts j sei eine Funktion seines Konsums in der Jugend und der Umweltqualität im Alter:

---

44   Komplexere Modelle finden Sie bei JOHN und PECCHENINO (1994) sowie bei MOURMOURAS
       (1993).

45   Wir ziehen diesen geschlechtsneutralen Begriff wiederum dem umständlichen Ausdruck "Mit-
       glied der jungen Generation" vor.

$$u(c_t, E_{t+1}),$$
$$\text{mit}: \quad u_c, u_E > 0, \; u_{cc}, u_{EE} \leq 0, \; u_{cE} = u_{Ec} > 0, \; [u_{cc}u_{EE} - u_{cE}^2] > 0. \tag{C.II.5.2}$$

Diese Funktion ist streng konkav, jedes Gut hat einen positiven, aber nicht zunehmenden Grenznutzen. Außerdem sind Konsum und Umweltqualität insofern komplementär, als der Grenznutzen jeden Gutes mit der verbrauchten Menge des jeweils anderen Gutes zunimmt. Der Konsum in der Jugend ist auf das Einkommen abzüglich möglicher Aufwendungen für den Umweltschutz begrenzt:

$$1 - a_{jt} \geq c_{jt}. \tag{C.II.5.3}$$

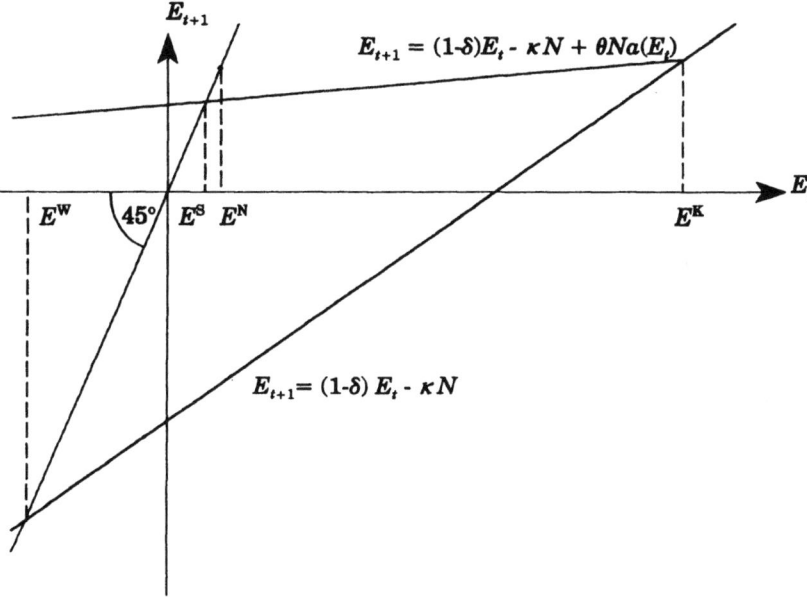

Abbildung C.II.5.1: Entwicklung der Umweltqualität in einem einfachen Generationenmodell

Wir betrachten zunächst die Entwicklung der Umweltqualität als Ergebnis des Wettbewerbsprozesses. Sie folgt aus dem Konsumplan der Jungen. Die Bedingung erster Ordnung für ein Maximum des Lebensnutzens (C.II.5.2) unter der Budgetrestriktion (C.II.5.3) lautet:[46]

---

46   Aus der Lagrangefunktion des Problems [siehe Satz E.IV.1.1],

$$\mathcal{L} = u\left[1 - a_{jt}, \, (1-\delta)E_t - \kappa N + \theta \sum_{i=1}^{N} a_{it}\right] + \nu_1(1 - a_{jt}) + \nu_2 a_{jt},$$

folgen die Quasisattelpunktbedingungen

(Fortsetzung...)

$$\frac{u_E(1 - a_{jt}, E_{t+1})}{u_c(1 - a_{jt}, E_{t+1})} = \frac{1}{\theta} \text{ für } a_{jt} > 0,$$

(C.II.5.4)

$$\frac{u_E(1 - a_{jt}, E_{t+1})}{u_c(1 - a_{jt}, E_{t+1})} \geq \frac{1}{\theta} \text{ für } a_{jt} = 0.$$

Solange die individuelle Grenzrate der Substitution zwischen Konsum und Umweltqualität, u_E/u_c, an der Stelle $a_{jt}=0$ größer ist als die Grenzrate der Transformation $1/\theta$, wird niemand in den Umweltschutz investieren, d.h. $a_{jt}=0$ für alle $j=1, 2, ..., N$. Die Umweltqualität strebt darum langfristig dem Wert E^W zu, der unterhalb ihres natürlichen Niveaus $E^*=0$ liegt.

Für viele Umweltprobleme dürfte diese Annahme durchaus realistisch sein. Der einzelne kann durch umweltgerechtes Verhalten oft sehr wenig bewirken, muß dafür aber spürbare Opfer bringen. Denken Sie an die Einkaufsfahrt mit dem Auto, die Urlaubsreise mit dem Jet oder den Einbau einer energiesparenden, aber unrentablen Solarenergieanlage. Gleichwohl ist nicht ausgeschlossen, daß diese Bedingung bei manchen Problemen erfüllt ist, insbesondere dann, wenn der Ressourcenbestand sehr klein wird. Die Nutzenfunktion (C.II.5.2) impliziert, daß die Grenzrate der Substitution, d.h. die relative marginale Wertschätzung des Konsums, mit sinkendem Umweltniveau abnimmt. Sofern daher an der Stelle der geringsten Umweltqualität $-\kappa N/\delta$ die Grenzrate der Substitution kleiner ist als die Grenzrate der Transformation,

$$\frac{u_E(1, -\kappa N/\delta)}{u_c(1, -\kappa N/\delta)} < \frac{1}{\theta},$$

gibt es eine Periode $T<\infty$, ab der es für jeden Jungen sinnvoll ist, bestandserhaltende Maßnahmen zu ergreifen.

Der Umfang dieser Maßnahmen ist indes zu klein, weil der einzelne den positiven externen Effekt seiner Bemühungen auf andere Personen nicht berücksichtigt: Nutzenstiftend ist in der Funktion (C.II.5.2) nicht das Pro-Kopf-Niveau, sondern der globale Bestand der regenerierbaren Ressource. Gesellschaftlich optimal im Sinne des Pareto-Kriteriums ist deshalb jenes Qualitätsniveau, bei dem die Summe der Grenzraten der Substitution über alle Jungen der Grenzrate der Transformation entspricht [wir unterdrücken im folgenden den Index j]:

46(...Fortsetzung)

$$\frac{\partial \mathcal{L}}{\partial a_{jt}} = -u_c(\bullet) + u_E(\bullet)\theta - \nu_1 + \nu_2 = 0,$$
$$0 = \nu_1(1 - a_{jt}), \nu_2 a_{jt} \geq 0, \nu_1, \nu_2, a_{jt} \geq 0.$$

Daraus folgen für $a_{jt}<1$ die beiden Bedingungen (C.II.5.4).

$$N \frac{u_E(1 - a_t, E_{t+1})}{u_c(1 - a_t, E_{t+1})} \geq \frac{1}{\theta}, \qquad (\text{C.II.5.5})$$

wobei das Gleichheitszeichen nur bei positiven Umweltleistungen, $a_t > 0$, gilt. Diese Bedingung entspricht SAMUELSONS (1954) Kriterium für die optimale Allokation öffentlicher Güter. Im vorliegenden Modell erhalten wir sie als Ergebnis der Maximierung des Nutzens eines Jungen, wenn wir berücksichtigen, daß alle Jungen im selben Maße zur Finanzierung der Umweltleistungen herangezogen werden:

$$\max_a u\left(1 - a, (1-\delta)E_t - \kappa N + \theta N a\right)$$

unter der Nebenbedingung
$a \in [0, 1]$.

Da die Grenzrate der Substitution, u_E/u_c, mit zunehmenden Umweltleistungen a sinkt,[47] impliziert Bedingung (C.II.5.5) größere Ausgaben für den Umweltschutz als Bedingung (C.II.5.4) [für $a_{jt} > 0$]. Zudem können wir zeigen, daß die gesellschaftlich optimalen Ausgaben für den Umweltschutz eine abnehmende Funktion $a(E_t)$ der Umweltqualität sind.[48] Aus gesellschaftlicher Perspektive ist es daher sinnvoll, früher und in größerem Umfang in den Umweltschutz zu investieren als es rationale Individuen tun werden. Die Umweltqualität folgt nun der Gleichung

$$E_{t+1} = (1 - \delta)E_t - \kappa N + \theta N a(E_t).$$

Diese Funktion verläuft flacher als die Gerade $E_{t+1} = (1-\delta)E_t - \kappa N$ und schneidet darum die 45-Grad-Linie rechts von E^W [siehe Abbildung C.II.5.1].[49] Das stationäre Umweltniveau E^S ist deshalb größer als im Fall der Laisser-faire-Wirtschaft. Es kann erreicht werden, wenn der Staat alle Jungen mit einer Steuer in Höhe von $a(E_t)$ belegt, deren Einnahmen er für den Umweltschutz verwendet.

Abbildung C.II.5.1 macht auch deutlich, daß entlang des Entwicklungspfades der Wirtschaft das Umweltniveau sinkt. Gleichzeitig steigen die Umweltschutzausgaben, so daß der Konsum ebenfalls zurückgehen muß. Das Nutzenniveau sinkt demnach von

---

47 Es gilt
$$\frac{\partial [u_E/u_c]}{\partial a} = u_c^{-2}\left[u_c\left(-u_{Ec} + \theta u_{EE}\right) - u_E\left(-u_{cc} + \theta u_{cE}\right)\right] < 0.$$

48 Die notwendige Bedingung (C.II.5.5) bestimmt a_t als Funktion von E_t. Mit Hilfe von Satz E.II.1 erhalten wir für die Ableitung dieser Funktion:
$$a'(E_t) = \frac{(1-\delta)\left(\theta N u_{EE} - u_{cE}\right)}{-u_{cc} + 2\theta N u_{cE} - (\theta N)^2 u_{EE}} < 0.$$

49 Ihre Steigung ist
$$0 < \frac{dE_{t+1}}{dE_t} = (1-\delta) + \theta N a'(E_t) = \frac{(1-\delta)\left(-u_{cc} + \theta N u_{cE}\right)}{-u_{cc} + 2\theta N u_{cE} - (\theta N)^2 u_{EE}} < 1 - \delta.$$

Generation zu Generation. Wenn wir alle Generationen gleich behandeln, dann erfordert eine nachhaltige Entwicklung ein Ausmaß an Umweltausgaben, das Konsum und Umweltqualität über die Zeit konstant hält. Wir finden es als Lösung des folgenden Problems:

$$\max_{a} \; u\left(1-a, \; \frac{1}{\delta}N(\theta a - \kappa) \right)$$

unter der Nebenbedingung
$a \in [0, 1]$.

Eine innere Lösung, $a \in (0, 1)$, genügt der folgenden Bedingung:

$$\frac{1}{\delta} N \frac{u_E\left(1-a, \; \frac{1}{\delta}N(\theta a - \kappa) \right)}{u_c\left(1-a, \; \frac{1}{\delta}N(\theta a - \kappa) \right)} = \frac{1}{\theta}. \qquad\qquad \text{(C.II.5.6)}$$

Der Term $(1/\delta)Nu_E$ ist die Summe der Grenznutzen einer marginalen Verbesserung der Umweltqualität über alle Individuen einer Generation und über alle Generationen: In der Gegenwart $t=0$ erhöht die Verbesserung der Umweltqualität um eine Einheit den Nutzen eines Alten um u_E. Der Nutzenzuwachs der gesamten Generation ist folglich Nu_E. Vom höheren Umweltniveau verbleiben der nächsten Generation noch $1-\delta$ Einheiten, so daß deren Nutzen um $(1-\delta)Nu_E$ wächst. Der T-ten Generation kommen von der ursprünglichen Einheit noch $(1-\delta)^T$ Einheiten zugute, so daß ihr Nutzen um $(1-\delta)^T Nu_E$ zunimmt. Der Wohlfahrtseffekt für alle Generationen entspricht der Summe $[1+(1-\delta)+ ... + (1-\delta)^T + ...]Nu_E=(1/\delta)Nu_E$. In ihr manifestiert sich der *intergenerative* Effekt der Umweltnutzung, den die Bedingung (C.II.5.6) internalisiert.

Wenn wir diese Bedingung mit jener vergleichen, die im stationären Gleichgewicht E^S gilt,

$$N \frac{u_E\left(1-a, \; \frac{1}{\delta}N(\theta a - \kappa) \right)}{u_c\left(1-a, \; \frac{1}{\delta}N(\theta a - \kappa) \right)} = \frac{1}{\theta},$$

so muß das nachhaltige Niveau des Umweltschutzes größer sein, denn die individuelle Grenzrate der Substitution u_E/u_c nimmt mit a ab [siehe Fußnote 47]. Das Gleichgewicht E^N, das alle Generationen gleich behandelt, muß daher rechts von E^S auf der 45-Grad-Linie liegen [siehe Abbildung C.II.5.1]. Es führt auf die größte Umweltqualität und den niedrigsten Pro-Kopf-Konsum.

Ergebnis C.II.5.1: _____

Die Nutzung regenerierbarer Ressourcen stößt auf zwei Probleme. Gemessen am Pareto-Kriterium führen intragenerative externe Effekte zu einer Übernutzung. Dieses Problem kann bspw. über Umweltabgaben gelöst werden.

Gemessen am Ziel einer nachhaltigen Entwicklung führen intergenerative externe Effekte zu einer Verschiebung der Umweltlasten auf künftige Generationen. Die Internalisierung dieser Effekte setzt den Altruismus der Elterngeneration voraus.

Regenerierbare Ressourcen im Ramsey-Modell

Wir könnten nun das Ramsey-Modell um eine Gleichung erweitern, die in Analogie zu Gleichung (C.II.5.1) den Zeitpfad einer regenerierbaren Ressource beschreibt. In diesem Fall bestünde unser Modell aus zwei Kontrollvariablen, dem Konsum und den Umweltschutzausgaben, und zwei Zustandsvariablen, nämlich dem Kapitalstock und dem Umweltniveau. Vierdimensionale Systeme wie dieses entziehen sich aber in aller Regel einer anschaulichen Darstellung, und zu ihrer Analyse ist man zumeist auf numerische Simulationen angewiesen. Aus dem Spektrum möglicher Modellvarianten, das bspw. VAN DER PLOEG und WITHAGEN (1991) skizzieren,[50] greifen wir daher auf eine beliebte Vereinfachung zurück [sehen Sie dazu auch GRADUS und SMULDERS (1993)]. Wir unterstellen, daß nicht das Niveau der Umweltqualität, sondern die Höhe der momentanen Emissionen das Wohlergehen der repräsentativen Familie beeinträchtigt. Der Zustandsraum des Modells bleibt daher zweidimensional. Der Anschaulichkeit halber benutzen wir zudem eine konkrete Nutzen- und eine Cobb-Douglas-Produktionsfunktion.

Der Periodennutzen eines Familienmitglieds sei logarithmisch-linear im Pro-Kopf-Konsum c und in der globalen Menge emittierter Schadstoffe S:

$$u(c, S) := (1-\theta)\ln c - \theta \ln S, \quad \theta \in (0, 1). \tag{C.II.5.7}$$

Die Schadstoffemissionen wachsen mit dem Kapitaleinsatz K. Sie können aber durch technische Maßnahmen A, wie den Einbau von Filteranlagen, reduziert werden. Wir gehen von folgendem Zusammenhang aus:

$$S = (K/A)^{\zeta}, \quad \zeta \in (0, 1). \tag{C.II.5.8}$$

Relevant für die Emissionsmenge ist also das Verhältnis zwischen dem Kapitaleinsatz und den Vermeidungsanstrengungen, nicht deren jeweiliges Niveau. Die Produktionstechnik der Wirtschaft beschreiben wir schließlich mit einer Cobb-Douglas-Funktion:

---

50 Dort finden Sie auch einen Literaturüberblick über die verschiedenen Ansätze, regenerierbare Ressourcen in das Ramsey-Modell zu integrieren.

$$Y = F(N, K) := N^\alpha K^\beta, \quad \alpha + \beta = 1. \tag{C.II.5.9}$$

Mit w als Symbol für den Reallohn und r-δ für die Nettorendite des Kapitals erhalten wir folgendes Entscheidungsproblem für die repräsentative Familie:

$$\max_{\{c(t),\, a(t)\}_{t=0}^\infty} \int_0^\infty [(1-\theta)\ln c - \theta \ln S]e^{-\rho t}\, dt, \quad \rho > 0,$$

unter den Nebenbedingungen $\qquad\qquad\qquad\qquad\qquad$ (C.II.5.10)

$$\dot{k} = w + (r - \delta - n)k - c - a,$$

$$S = (K/A)^\zeta \quad \text{und} \quad k(0) \text{ gegeben.}$$

Eine Familie unter sehr vielen anderen kann weder den Kapitalstock der Wirtschaft noch das Ausmaß der gesamtwirtschaftlichen Umweltschutzausgaben merklich beeinflussen. Es ist ihr daher nicht möglich, durch die eigene Sparentscheidung $\dot{k}$ und durch eigene Umweltausgaben a die gesamtwirtschaftliche Schadstoffmenge zu kontrollieren. Die Familie betrachtet darum den Zeitpfad von S als vorgegeben, und ihr optimales Konsumprofil entspricht jenem des Ramsey-Modells. Wie in unserem Generationenmodell ist umweltbezogenes Nichtstun individuell rational.

Welche Eigenschaften kennzeichnen eine pareto-optimale Allokation? Um das herauszufinden lösen wir das Problem

$$\max_{\{c(t),\, a(t)\}_{t=0}^\infty} \int_0^\infty [(1-\theta)\ln c - \theta \ln S]e^{-\rho t}\, dt, \quad \rho > 0,$$

unter den Nebenbedingungen $\qquad\qquad\qquad\qquad\qquad$ (C.II.5.11)

$$\dot{k} = k^\beta - (\delta + n)k - c - a,$$

$$S = (k/a)^\zeta \quad \text{und} \quad k(0) \text{ gegeben.}$$

In dieser Formulierung entlassen wir formal die einzelnen Familien aus ihrer Machtlosigkeit. Eine Familie entscheidet jetzt in der Tat repräsentativ über die Umweltnutzung und berücksichtigt dabei, daß die anderen Familien ebenso handeln wie sie selbst.

Der optimale Konsumpfad, der das Problem (C.II.5.11) löst, hat folgende Eigenschaften:[51] Der Grenznutzen einer zusätzlich in den Umweltschutz investierten Gü-

---

51   Das Problem (C.II.5.11) erfüllt die Rangbedingung (E.IV.2.20). Seine Momentanwert-Hamiltonfunktion [siehe Satz E.IV.2.1] lautet daher:

$$\bar{H} = (1-\theta)\ln c - \theta \ln(k/a)^\zeta + \psi(k^\beta - (n+\delta)k - c - a).$$

(Fortsetzung...)

tereinheit, $\theta\zeta/a$, muß ebenso groß sein, wie der Grenznutzen des entgangenen Konsums $(1-\theta)/c$. Diese Bedingung impliziert ein konstantes Verhältnis von Konsum und Umweltschutzausgaben:

$$\frac{c}{a} = \frac{1-\theta}{\theta\zeta}. \tag{C.II.5.12}$$

Wenn wir diesen Zusammenhang in der Gleichung für $\dot{k}$ berücksichtigen, erhalten wir folgende Gleichung für die Kapitalintensität:

$$\dot{k} = k^\beta - (n+\delta)k - \frac{1-\theta+\theta\zeta}{1-\theta}c. \tag{C.II.5.13}$$

Die Bedingung für die intertemporale Substitution des Konsums,

$$\dot{c} = c\left(\beta k^{b-1} - \delta - n - \rho\right) - c\frac{\theta\zeta}{1-\theta}\frac{c}{k}, \tag{C.II.5.14}$$

berücksichtigt, daß die Kapitalintensivierung den Schadstoffausstoß erhöht und so den Nutzen senkt. Die Opportunitätskosten der Kapitalbildung sind deshalb größer als im Ramsey-Modell. Dies erfaßt der Term $c[\theta\zeta/(1-\theta)](c/k)$ in Gleichung (C.II.5.14).

Abbildung C.II.5.2 veranschaulicht die Dynamik des Modells. Der geometrische Ort aller Paare (k, c), die eine konstante Kapitalintensität implizieren,

$$c = \frac{1-\theta}{1-\theta+\theta\zeta}\left(k^\beta - (n+\delta)k\right),$$

beginnt im Ursprung und endet auf der Abszisse bei $k^{\max} = (n+\delta)^{1/(\beta-1)}$. Gegenüber der entsprechenden Isokline des Ramsey-Modells ist er um den Faktor $(1-\theta)/(1-\theta+\theta\zeta)$ < 1 gestaucht. Unterhalb der $\dot{k} = 0$ Isokline ermöglicht der vergleichsweise geringe Konsum das Wachstum der Kapitalintensität. Diese schrumpft in allen Punkten oberhalb der $\dot{k} = 0$ Isokline.

Die $\dot{c} = 0$ Isokline,

$$c = \frac{1-\theta}{\theta\zeta}k\left(\beta k^{\beta-1} - \delta - n - \rho\right),$$

51(...Fortsetzung)

Diese Funktion ist streng konkav in den Kontrollen c und a, so daß die Bedingungen $c=(1-\theta)/\psi$ und $a=\theta\zeta/\psi$ notwendig und hinreichend für ein Maximum von H bezüglich c und a sind. Daraus folgt Bedingung (C.II.5.12). Aus der notwendigen Bedingung für die Entwicklung des Schattenpreises des Kapitals,

$$\dot{\psi} - \rho\psi = -\frac{\partial\bar{H}}{\partial k} = -\psi\left(\beta k^{\beta-1} - (n+\delta)\right) + \theta\zeta/k,$$

erhält man über $\dot{\psi}/\psi = -\dot{c}/c$ und $\psi = (1-\theta)/c$ die modifizierte Keynes-Ramsey-Regel (C.II.5.14).

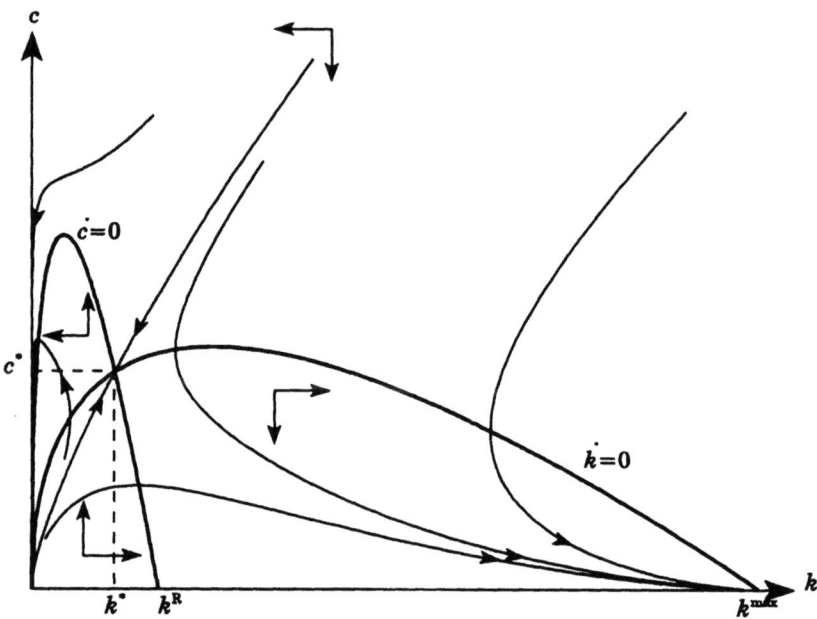

Abbildung C.II.5.2: Phasendiagramm des Ramsey-Modells bei pareto-optimalen Emissionen

beginnt ebenfalls im Ursprung und erreicht beim stationären Kapitalstock des Ramsey-Modells $k^R = [(\delta + n + \rho)/\beta]^{1/(\beta - 1)}$ erneut die Abszisse. Ihr Maximum liegt an der Stelle

$$\bar{k} = \left(\frac{\delta + n + \rho}{\beta^2} \right)^{1/(\beta - 1)} < k^R.$$

Oberhalb der Kurve sinkt der Konsum, unterhalb davon steigt er, wie die Pfeile in Abbildung C.II.5.2 verdeutlichen.

Die beiden Isoklinen schneiden sich an der Stelle

$$k^* = \left(\frac{\rho(1 - \theta + \theta\zeta) + (n + \delta)(1 - \theta)}{\beta(1 - \theta + \theta\zeta) - \theta\zeta} \right)^{1/(\beta - 1)},$$

vorausgesetzt, die Produktionselastizität des Kapitals β ist nicht zu klein:

$$\beta > \frac{\theta\zeta}{1 - \theta + \theta\zeta}. \tag{C.II.5.15}$$

Die intertemporal pareto-optimale Allokation ist der Pfad zum Wachstumsgleichgewicht an der Stelle (k^*, c^*).[52] In unserem Beispiel in Abbildung C.II.5.2 sinkt entlang des linken Asts des Sattelpfads der Konsum je Kapitaleinheit c/k.[53] Gleichung (C.II.5.12) impliziert deshalb, daß im Zuge des Wachstums die Emissionen zunehmen, bis sie im Wachstumsgleichgewicht ihr stationäres Niveau erreichen. Die Laisser-faire-Wirtschaft strebt demgegenüber zur stationären Kapitalintensität des Ramsey-Modells k^R. Der externe Effekt der Emissionen führt also zu einer Überakkumulation.[54]

Die pareto-optimale intertemporale Allokation läßt sich durch eine Steuer auf den Kapitaleinsatz implementieren. Dabei spielt es keine Rolle, ob der Staat diese Steuer von den Unternehmen oder den Kapitalbesitzern erhebt. Der optimale Steuersatz τ beträgt

$$\tau(t) = \frac{\theta\zeta}{1 - \theta}\frac{c}{k}. \tag{C.II.5.16}$$

Die Steuereinnahmen pro Kopf in Höhe von $a=\tau k$ muß der Staat für den Umweltschutz verwenden. Das Problem einer Familie lautet unter diesen Bedingungen:

$$\max_{\{c(t),\, a(t)\}_{t=0}^{\infty}} \int_{0}^{\infty} \left[(1-\theta)\ln c - \theta\ln S\right] e^{-\rho t}\, dt, \rho > 0,$$

unter den Nebenbedingungen

$$\dot{k} = w + (r - \delta - n - \tau)k - c - a,$$

$$S = (K/A)^{\zeta} \quad \text{und} \quad k(0) \text{ gegeben}.$$

Ihr optimales Konsumprofil erfüllt ihre Budgetrestriktion mit $a=0$ und genügt der modifizierten Keynes-Ramsey-Regel:

$$\dot{k} = w + (r - \delta - n - \tau) - c,$$

$$\dot{c} = c\left(r - \delta - n - \rho - \tau\right).$$

---

52 Analog zur Beweisführung in Ergänzung C.I.2.2 kann man zeigen, daß alle anderen Pfade entweder asymptotisch nach $(k^{\max}, 0)$ streben oder in endlicher Zeit die Ordinate erreichen. Während die erstgenannten Pfade die Transversalitätsbedingung verletzen, verstoßen die zuletzt genannten gegen die Stetigkeit des Kontrollpfades.

53 Das Beispiel beruht auf folgenden Werten der Modellparameter: $\beta=0{,}5$, $n+\delta=0{,}05$, $\rho=0{,}01$, $\theta=0{,}25$, $\zeta=0{,}5$.

54 Sofern der Konsum und nicht die Kapitalintensität der Produktion die Emissionen verursacht, $S=(c/a)^{\zeta}$, wäre das Wachstumsgleichgewicht nur mit einem geringeren Konsum verbunden. Die stationäre Kapitalintensität entspräche derjenigen des Ramsey-Modells.

Zusammen mit dem Zeitpfad der Steuern (C.II.5.16) und Umweltschutzausgaben $a=\tau k$ genügt dieses System den Bedingungen der pareto-optimalen intertemporalen Allokation in den Gleichungen (C.II.5.12) bis (C.II.5.14).

Ergebnis C.II.5.2: _____

Im Ramsey-Modell haben Schadstoffemissionen, die mit der Kapitalintensität der Wirtschaft zunehmen, einen externen Effekt, der zu einer Überakkumulation von Kapital führt. Durch eine Steuer auf den Kapitaleinsatz kann dieser Effekt internalisiert werden.

III. Anwendungsbeispiele

1. Lange Wellen der wirtschaftlichen Entwicklung

In the 19th and 20th century - i.e. from the beginning of industrialisation - several statistical time series have shown rising and declining movements, which could be interpreted as waves with a period of about 40 years. This applies clearly to the index numbers of wholesale prices, and also to the prices of wheat. Deviations from trends in many production series and interest rates are other examples of series showing wavelike movements. ... The alternation of rising and declinig movements can be regarded as waves, meaning that successive phases are connected by a causal relationship or a logical interrelationship.

JAN TINBERGEN (1983), S. 13f.

Überblick

Zentrales Kennzeichen der Wachstumsmodelle mit endogener Sparquote ist die Abhängigkeit der stationären Werte aller Pro-Kopf-Größen von der Zeitpräferenzrate, die die Einstellung des repräsentativen Konsumenten gegenüber der Zukunft reflektiert. Wir haben die Zeitpräferenzrate bisher als einen konstanten Parameter behandelt. Wenn wir sie endogenisieren und eine zeitlich verzögerte Anpassung im Generationenwechsel unterstellen, erhalten wir zyklische Veränderungen der Pro-Kopf-Produktion und des Realzinses. Auf diese Weise läßt sich im Rahmen der neoklassischen Wachstumstheorie das Phänomen langer Wellen der wirtschaftlichen Entwicklung erklären.

Langen Wellen

JOSEPH ALOIS SCHUMPETER (1935) nennt diese Wellen Kondratieff-Zyklen und grenzt sie von kurz- und mittelfristigen Konjunkturschwankungen ab. Den empirischen Nachweis der langen Wellen hat der russische Ökonom NICOLAI D. KONDRATIEFF (1926; 1928) zu geben versucht; auf ihre Existenz ist aber schon früher hingewiesen worden [REIJNDERS (1990)]. In der frühen Phase der Diskussion um die lan-

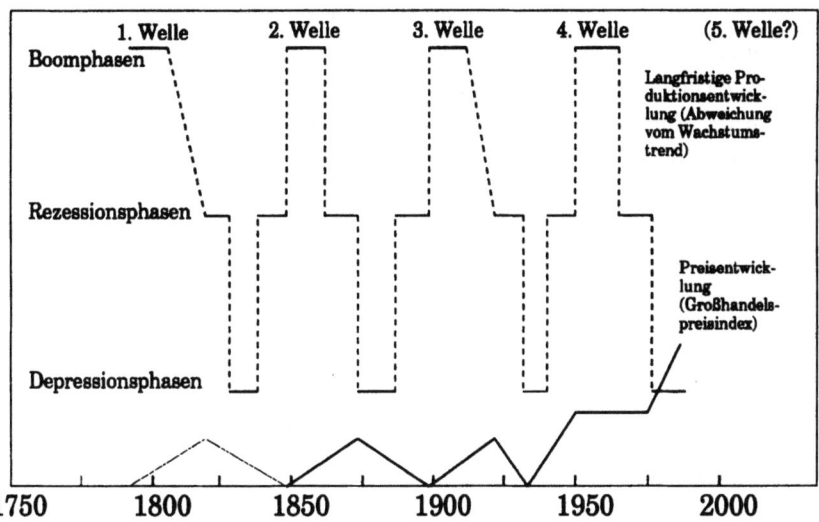

Abbildung C.III.1.1:   Schematische Datierung der Langen Wellen

gen Wellen stützte man sich häufig auf die Analyse der Entwicklung von Preisreihen.
KONDRATIEFF untersuchte sowohl die Warenpreise als auch Zinsen, Löhne, Außen-
handelsumsätze, Kohleförderung und Roheisengewinnung. Bei SCHUMPETER und in
den meisten späteren Untersuchungen konzentrierte sich das Interesse darauf, lange
Wellen in den Zeitreihen realer ökonomischer Größen nachzuweisen, wie etwa im realen Sozialprodukt, in der Industrieproduktion oder in den Investitionsquoten. Folgen-
de Periodisierung der Zyklen hat sich dabei eingebürgert [siehe Abbildung C.III.1.1]:
Die erste lange Welle, die SCHUMPETER als den *Industriellen Kondratieff* bezeichnete,
umfaßt ungefähr den Zeitraum 1785-1845, die zweite lange Welle, der sogenannte
Bürgerliche Kondratieff, die Periode 1845-1895, die dritte Welle, Schumpeters
Neomerkantilistischer Kondratieff, liegt zwischen 1895-1940 und die vierte, der
Neoklassische Kondratieff, soll um 1940 begonnen und etwa 1985 geendet haben.
Damit könnte in der Gegenwart bereits ein neuer, fünfter Kondratieff-Zyklus begon-
nen haben [NEFIODOV (1991)].

Der exakte statistische Nachweis der langen Wellen ist bis heute heftig umstritten.
Die Kritik setzt dabei an verschiedenen Punkten an. Gegenüber den Untersuchungen
von KONDRATIEFF wird eingewandt, daß der Untersuchungszeitraum zu kurz sei, um
fünfzigjährige Zyklen stichhaltig nachzuweisen. Außerdem könne etwa der für die Analyse der Preisentwicklung in England verwendete Großhandelspreisindex weder für die

Entwicklung der Lebenshaltungskosten noch für die Entwicklung der Produktionskosten im Inland repräsentativ sein. Andere Kritiker äußern den Verdacht, daß es sich bei der angeblich nachgewiesenen Periodizität der Zeitreihen um einen Slutzky-Effekt handeln könne, d.h. die verwendeten Verfahren der Trendbereinigung und Glättung des Datenmaterials erzeugten die Zyklen künstlich.[55]

Nachdem die Kondratieff-Zyklen längere Zeit eine "...*von Statistikern und Ökonomen einmütig belächelte Marotte der Historiker*" [SPREE (1980), S. 304] gewesen waren, lebte in den siebziger und achtziger Jahren das Interesse an ihrem empirischen Nachweis wieder auf. Auch unter Verwendung neuer statistischer Methoden der Zeitreihenanalyse blieb das Ergebnis strittig, was angesichts des relativ kurzen Untersuchungszeitraums und der kriegsbedingten Lücken in den Zeitreihen auch kaum überraschen kann. Wenn man also heute von langen Wellen der wirtschaftlichen Entwicklung spricht, so meint man damit nicht eine regelmäßige Sinusschwingung, sondern allenfalls eine Grundströmung, die immer wieder durch exogene Einflüsse überlagert oder unterbrochen wird. Im übrigen ist das langwellige Muster in den Zeitreihen von Wertgrößen wesentlich deutlicher ausgeprägt als in denen realer Größen. Am besten können etwa fünfzigjährige Schwankungen nach wie vor in Preisindizes und bei langfristigen Zinssätzen nachgewiesen werden [CLEARY und HOBBS (1984)]. Eine der Studien, die durch besondere Wahl der statistischen Filter das Entstehen von Slutzky-Effekten vermeidet, bestätigt nachhaltig die Ergebnisse, die KONDRATIEFF für die britischen Warenpreise im Zeitraum 1786-1924 erhielt, bescheinigt ihm eine glückliche Wahl bei der Festlegung der Trendgleichung für den Index der Industriegüter und weist für eine ganze Reihe anderer britischer Preisindizes ein paralleles zyklisches Entwicklungsmuster nach [GERSTER (1988)].

Umstritten ist noch immer die theoretische Erklärung des Phänomens langer Wellen. SCHUMPETER (1939) rückt das Auftreten von Basisinnovationen zu Beginn einer langen Welle und die Diffusion der Innovationen im Verlauf des Zyklus in den Mittelpunkt der Betrachtung. Es ist das Verdienst der Innovationstheorien, die im Anschluß an die Schumpeter-Hypothese entstanden sind [FREEMAN (1984), SPREE (1991)], daß sie die langfristigen Schwankungen der wirtschaftlichen Aktivität in Zusammenhang bringen mit technologischen Entwicklungen und strukturellen Wandlungen in Wirtschaft und Gesellschaft. Allerdings lassen sie offen, warum es zur Bündelung der Basisinnovationen in regelmäßigen Abständen von 40 bis 50 Jahren kommen sollte. Andere Hypothesen sehen zufällig auftretende Goldfunde, exogen verursachte Agrarkrisen, Kriege oder andere politische Veränderungen als Ursache der langen Wellen an, bleiben aber gleichfalls eine konsistente Erklärung der Zyklizität dieser Ereignisse schul-

---

55 Beispielsweise hat KONDRATIEFF Preisreihen englischer Industriegüter mit Hilfe eines Polynoms zweiten Grades trendbereinigt und mit 9- und 5-jährigen gleitenden Durchschnitten geglättet. Wählt man stattdessen einen linearen Trend, findet man kein zyklisches Muster mehr [SPREE (1991)].

dig. Eine solche Erklärung läßt sich aber im Rahmen des Ramsey-Modells entwickeln [NEUMANN (1985)].

Endogene Zeitpräferenzrate und Buddenbrook-Syndrom

Da im Ramsey-Modell die stationären Werte aller Variablen von der Höhe der Zeitpräferenzrate abhängen, können in diesem Modellrahmen über zyklische Veränderungen der Zeitpräferenzrate auch zyklische Veränderungen des Realzinses, der Kapitalintensität, des Pro-Kopf-Einkommens und des Pro-Kopf-Konsums erzeugt werden. Berücksichtigt man zudem harrod-neutralen technischen Fortschritt [siehe Abschnitt B.II.2], so würden Kapitalintensität, Pro-Kopf-Einkommen und Pro-Kopf-Konsum um einen langfristigen Wachstumstrend schwanken. Zu erklären bleibt allerdings, wodurch solche Veränderungen der Zeitpräferenzrate ausgelöst werden. Auf UZAWA (1968) geht die Hypothese zurück, daß die Zeitpräferenzrate vom Niveau des Pro-Kopf-Konsums abhängt. Mit der gleichen Hypothese arbeiten auch EPSTEIN und HYNES (1983) sowie LUCAS und STOKEY (1984). Die zu maximierende Zielfunktion des Ramsey-Modells können wir unter dieser Annahme schreiben als:

$$\int_{0}^{\infty} u(c_t) e^{-\int_{0}^{t} \theta(c(\tau))d\tau} dt, \qquad \text{mit:} \frac{d\theta}{dc} > 0. \tag{C.III.1.1}$$

Da das Niveau des Pro-Kopf-Konsums von der erreichten Höhe der Kapitalintensität abhängt, steht hinter dieser Annahme letztlich die Vorstellung von einem abnehmenden Grenznutzen der Kapitalakkumulation. Auf der Ebene des Individuums ist die Hypothese eines positiven Zusammenhangs zwischen Zeitpräferenzrate und Konsumniveau die entscheidende Voraussetzung dafür, daß es eine stabile gesellschaftliche Vermögensverteilung gibt. Würde nämlich mit wachsendem Vermögen die Bereitschaft zur Kapitalbildung zunehmen, käme es zu ständig wachsenden Unterschieden in der Höhe der individuellen Vermögen. Erst durch die Annahme eines positiven Zusammenhangs zwischen Vermögenshöhe bzw. Konsumniveau und individueller Zeitpräferenzrate wird es möglich, auf der Grundlage einer stabilen gesellschaftlichen Vermögensverteilung das Konzept einer einheitlichen gesellschaftlichen Zeitpräferenzrate zu entwickeln.

Wenn wir die Uzawa-Hypothese in das Ramsey-Modell einbauen, steigen wie im Modell der ewigen Jugend die Opportunitätskosten der Kapitalbildung mit wachsender Kapitalintensität. Wir erhalten ein neues, wiederum sattelpunktstabiles Wachstumsgleichgewicht [BLANCHARD und FISCHER (1989), S. 72ff.], aber noch keine zyklische Lösung. Diese stellt sich erst ein, wenn wir unterstellen, daß die Zeitpräferenzrate mit einer bestimmten zeitlichen Verzögerung auf Veränderungen des Pro-Kopf-Konsums reagiert. Das Konsumniveau der Gegenwart beruht auf den Sparentscheidungen in der Vergangenheit, die ihrerseits von der jeweiligen Zeitpräferenzrate abhängen. In Perioden mit hoher Zeitpräferenzrate ist die Kapitalbildung gering, so daß in der Folge die Kapitalintensität sinkt. Mit ihr läßt das Wachstum des Einkommens und des Konsums nach. Der niedrigere Pro-Kopf-Konsum senkt schließlich die Zeitpräferenz, so daß nach einer weiteren Anpassungsphase die Kapitalintensität wieder zunimmt. Diesen Zusammenhang kann man mit Hilfe einer gemischten Differenzen-Differentialgleichung beschreiben, in der τ die Länge der Anpassungsphase beschreibt:

$$\rho = G\big(\rho(t-\tau)\big), \quad \text{mit: } G'(\cdot) < 0. \tag{C.III.1.2}$$

Diese Gleichung besitzt eine zyklische Lösung, die bei geeigneter Wahl der Modellparameter, zu denen auch die Länge der Verzögerung τ zählt, Zyklen der Zeitpräferenzrate, und damit auch der Realzinsen, des Pro-Kopf-Konsums und der Kapitalintensität generieren kann. Wie NEUMANN (1990, S. 103f.) zeigt, treten bei einer Anpassungsverzögerung von etwa 13 Jahren Zyklen der Modellvariablen von mehr als 50 Jahren auf. Die Modellvariablen weisen dann also das gleiche zeitliche Muster wie die Kondratieff-Zyklen auf.

In der Länge der Zeitverzögerung τ manifestiert sich die Generationenfolge. Die Zeitpräferenzrate jedes Individuums dürfte während seiner Lebenszeit näherungsweise konstant sein. Änderungen der Zeitpräferenzrate vollziehen sich daher von Generation zu Generation. In Anlehnung an den Roman von THOMAS MANN kann man diesen Zusammenhang auch als das *Buddenbrook-Syndrom* bezeichnen. Unterstützung findet die Hypothese eines solchen Wertewandels in verschiedenen wirtschaftshistorischen Analysen [KLUMP und MÄNNEL (1995)]. In Kaufmanns- und Unternehmerdynastien zeigen sich immer wieder Anzeichen für ein "Gesetz der dritten Generation", wonach spätestens die Enkel der Firmengründer das ererbte Vermögen durch wachsende Konsumneigung wieder verspielen. Als gesamtwirtschaftliches Phänomen kann diese Form des Wertewandels erst ab dem Zeitpunkt unterstellt werden, ab dem für breite Schichten der Bevölkerung die Erfahrung wachsenden Wohlstands spürbar wurde, also erst nach dem Einsetzen der Industriellen Revolution.

Innovationszyklen und institutioneller Wandel

Da in unserem Modell kein endogener technischer Fortschritt unterstellt wird, können wir den Zusammenhang zwischen den Veränderungen der Zeitpräferenzrate, des Realzinses und den Innovationszyklen nicht näher analysieren. Allerdings lassen sich durch einen einfachen Analogieschluß die folgenden Aussagen herleiten. In dem Maße, in dem Innovationstätigkeit an den Einsatz von Ressourcen für Forschung und Entwicklung gebunden ist, erfordern höhere Innovationsraten auch einen höheren Konsumverzicht. Bei einem Anstieg der Zeitpräferenzrate wird daher nicht nur die Realkapitalbildung sinken, sondern auch wegen sinkender Forschungs- und Entwicklungsaufwendungen die Innovationsrate zurückgehen. Das gehäufte Auftreten von Innovationen am Beginn jeder langen Welle kann auf diese Weise als eine weitere Auswirkung veränderter Zukunftsperspektiven angesehen werden.

In den Aufschwungphasen der langen Wellen sinkt typischerweise auch der Einfluß staatlicher Regulierungen und Interventionen in den Wirtschaftsprozeß, während in den langen Abschwungphasen immer wieder ein wachsender Staatseinfluß und ein zunehmender Staatskonsum zu beobachten sind. Da zu den konsumtiven Staatsausgaben auch die Ausgaben für Militärgüter zählen, läßt sich die behauptete Zyklizität auch an der zeitlichen Ballung der großen militärischen Konflikte während der letzten 200 Jahre festmachen [GOLDSTEIN (1988)]. Häufig werden Kriege und andere Staatseingriffe als exogene Auslöser der langen Depressionsphasen angesehen; allerdings lassen sich unter Berücksichtigung zyklischer Veränderungen der Zeitpräferenzrate auch Gründe für die Existenz endogener Zyklen des Staatseinflusses angeben [MAUSSNER (1987), (1989)]. Man kann zunächst die Staatstätigkeit und die private Produktionstätigkeit als zwei Mechanismen zur Herstellung von Gütern interpretieren, die als öffentliche und private Konsumgüter dem repräsentativen Individuum einen Nutzen stiften. Typischerweise ist die Produktion der öffentlichen Güter aber viel weniger kapitalintensiv als die Produktion privater Güter. Der Kontakt mit den politischen Entscheidungsträgern, man denke etwa an die vielfältigen Formen des "Lobbying", erfordert einen relativ hohen Arbeitseinsatz. Ein Anstieg der Zeitpräferenzrate würde nun die Opportunitätskosten der Kapitalbildung erhöhen, damit die relativ kapitalintensiv erzeugten Güter verteuern und eine Substitution in der Nachfrage zugunsten der relativ arbeitsintensiv erzeugten öffentlichen Güter auslösen. Sinkt die Zeitpräferenzrate dagegen ab, so werden wieder verstärkt die relativ kapitalintensiv erzeugten privaten Güter nachgefragt, und die Bedeutung des Staatssektors geht zurück.

2. Wachstumseffekte der Rentenversicherung

Die Drehscheibenvorstellung, ... , wonach der Staat und die Sozialversicherung lediglich eine neutrale Umschaltfunktion für Kaufkraft darstellen, offenbart freilich den klassischen Fehler jeder nur quantitativ-kreislauftheoretischen Analyse, indem die qualitativen Motive vernachlässigt werden. Um es bildlich zu sagen: Was ein Haifisch verschlingt, geht im Kreislauf der Natur keineswegs verloren, aber es dürfte klar sein, daß sich die Qualität der Substanz verändert, wenn sie den Magen des Haifisches passiert. ... Der Gesetzgeber hat sich inzwischen ... für das Umlageverfahren entschieden. Aber auch er kann nicht die ... Tatsache ungeschehen machen, daß das Sparen eine notwendige Voraussetzung für wirtschaftliches Wachstum darstellt.

HANS WILLGERODT (1957), S. 182 und 195.

Überblick

Eine weitere Besonderheit der Wachstumsmodelle mit endogener Sparquote ist die Ausgestaltung der Beziehungen zwischen den Generationen. Im Ramsey-Modell lebt jedes neu geborene Individuum ewig und wird von der Elterngeneration bei seiner Geburt mit Kapital ausgestattet. Im Modell der enterbten Kinder, dem Spezialfall des Modells der ewigen Jugend, ist die Elterngeneration dagegen nicht bereit, für die Kapitalausstattung der Nachkommen zu sorgen. In den Generationenmodellen ist die Lebenserwartung jeder Generation begrenzt. Wie die Abschnitte C.I.2 und C.I.3 zeigen, spielen dann Vermögensübertragungen zwischen den Generationen, entweder als Erbschaft oder Schenkung, eine wichtige Rolle.

Wirtschafts- und sozialpolitisch besonders bedeutsam sind in den entwickelten Industrieländern, aber auch in einer immer größeren Zahl von Schwellenländern, die Transferzahlungen, welche die junge an die alte Generation leistet, um deren soziale Absicherung zu gewährleisten. Bei steigender Lebenserwartung ist realistischerweise davon auszugehen, daß die Lebensarbeitszeit relativ zur individuellen Lebenszeit abnimmt. Am Ende des Lebens entsteht so eine immer längere Phase, in der der individuelle Konsum aus anderen Quellen als den laufenden Arbeitseinkommen, in der Regel aus einer Altersrente, gedeckt werden muß. Die alternativen Möglichkeiten, Systeme der Alterssicherung zu konzipieren und deren Wachstumsfolgen können im Rahmen intertemporaler Optimierungsmodelle studiert werden.

Ältere Ansätze konzentrierten sich in der Regel sehr stark auf die durch die Einführung des Systems ausgelösten Präferenzänderungen. So stellen PHILIPP CAGAN (1965) und GEORG KATONA (1965) die Hypothese auf, daß die Einführung einer gesetzlichen Altersversicherung dem Individuum die Notwendigkeit der Altersvorsorge erst bewußt mache und daher gleichzeitig auch das private Vorsorgesparen anregen müsse. Ganz anders argumentiert GÜNTHER SCHMÖLDERS (1966), der als Folge einer gesetzlichen Versicherungspflicht eine Verkürzung des individuellen Zeithorizonts bei der privaten Vermögensanlage vermutet. Wir betrachten im folgenden nur jene Allokationseffekte der Alterssicherung, die bei unveränderten Präferenzen auftreten.

Umlage- versus Kapitaldeckungsverfahren

In seiner "Typologie der Alterssicherungsverfahren" unterscheidet STEFAN HOMBURG (1987), S. 5ff., fünf verschiedene Merkmale, die zu einer Charakterisierung alternativer Systeme der Alterssicherung herangezogen werden können. Solche Systeme können staatlich oder privat organisiert sein, können eine gesetzlich fixierte oder eine freiwillig vereinbarte Leistung beinhalten, können mit oder ohne Risikoausgleich [wegen der unsicheren individuellen Lebensdauer] sowie mit oder ohne intragenerative Umverteilungskomponente konzipiert sein. Als zentrales Merkmal, gerade unter dynamischen Allokationsgesichtspunkten, erweist sich aber die Unterscheidung zwischen dem *Kapitaldeckungs-* und dem *Umlageverfahren*.

Beim Kapitaldeckungsverfahren werden die Einzahlungen aller Erwerbstätigen in die Altersversicherung auf dem Kapitalmarkt angelegt. Dadurch wird ein individueller Kapitalstock angespart, der nach dem Ende des Erwerbslebens und dem Beginn der Rentenzahlungen wieder abgebaut wird. Infolge der sich überlappenden Generationen ist der gesamtwirtschaftliche Kapitalbestand stets positiv. Das Umlageverfahren erhebt Beiträge bei den Erwerbstätigen und finanziert damit die Renten. Abgesehen von einer gewissen Reservehaltung fehlt also ein eigener Kapitalbestand der Rentenversicherung. Wachstumspolitisch interessant ist vor allem ein Vergleich von Umlage- und Kapitaldeckungsverfahren bei einer staatlichen Rentenversicherung mit gesetzlich fixierten Beiträgen und Leistungen. Ein solches System wird in der Regel einen Risikoausgleich und auch redistributive Elemente beinhalten, deren mögliche Auswirkungen wir aber im folgenden vernachlässigen. Wir wollen uns alleine auf die Frage konzentrieren, welchen Einfluß das Eingreifen des Staates in die privaten intertemporalen und intergenerativen Allokationsentscheidungen hat.

Beispielhaft können wir das System der gesetzlichen Rentenversicherung in der Bundesrepublik Deutschland betrachten. Einen knappen Überblick hierzu gibt BREYER (1990), S. 7ff., eine ausführliche Darstellung finden Sie bei FRERICH und FREY (1996), S. 43-54 und 228-259. Für den überwiegenden Teil der Erwerbstätigen besteht in Deutschland Versicherungspflicht bei den Rentenversicherungsträgern, die als Körperschaften des öffentlichen Rechts organisiert sind. Beiträge und Leistungen der Rentenversicherungsträger werden durch den Gesetzgeber geregelt. Die Beiträge werden als ein fester Prozentsatz des Bruttoarbeitslohns fixiert. Die Leistungen berechnen sich nach Erreichen der Altersgrenze unter Berücksichtigung von Ersatz- und Ausfallzeiten nach einer persönlichen und einer volkswirtschaftlichen Komponente, deren relatives Gewicht in einer *Rentenformel* festgelegt ist. Mit der persönlichen Komponente, die sich an der individuellen Beitragsdauer und der relativen Lohnposition des Beitragszahlers orientiert, soll die relative Beitragsäquivalenz jeder Rentnergeneration sichergestellt werden. Mit der volkswirtschaftlichen Komponente, der Festlegung einer allgemeinen Bemessungsgrundlage, soll dagegen erreicht werden, daß die absolute Höhe der Rentnereinkommen in dem Maße steigt, in dem auch die Arbeitseinkommen der aktiv Beschäftigten ansteigen.

Das staatliche deutsche Rentenversicherungssystem war bis 1957 prinzipiell nach dem Kapitaldeckungsverfahren organisiert, wurde dann aber bis 1969 schrittweise auf ein fast reines Umlageverfahren umgestellt. Der Beitragssatz, die kontinuierliche Anpassung des Beitragsniveaus durch Veränderung der allgemeinen Bemessungsgrundlage, und die Festlegung der Rentenformel unterliegen der gesetzlichen Regelung und damit politisch gefällten Entscheidungen. Durch die Kopplung an die Arbeitseinkommen ist das Rentenversicherungssystem von der Entwicklung der Zahl der Erwerbstätigen abhängig. Ein rückläufiges Bevölkerungswachstum, aber auch steigende Arbeitslosenzahlen, führen damit zwangsläufig zu Krisensituationen, in denen entweder über steigende Beiträge oder über sinkende Leistungen oder über eine Kombination von beiden entschieden werden muß.[56] Gerade in solchen Krisensituationen wird immer wieder über eine grundlegende Reform des Alterssicherungssystems, darunter auch über die [Wieder-]Einführung des Kapitaldeckungsverfahrens nachgedacht.

Generationenvertrag und Mackenroth-These

Die Umstellung des deutschen Rentenversicherungssystems vom Kapitaldeckungs- auf das Umlageverfahren ist mit der Metapher vom Abschluß eines fiktiven *Generationenvertrags* umschrieben worden. Dahinter steht die Vorstellung, daß ein staatlich organisiertes Umlageverfahren prinzipiell so funktionieren könnte wie die Absicherung der Nicht-Erwerbstätigen in den bäuerlichen Großfamilien der vorindustriellen Zeit. Auch dort sorgten die Erwerbstätigen jeder Generation für den Lebensunterhalt der Kinder und der Alten und konnten implizit darauf vertrauen, im eigenen Alter die gleiche Form der Versorgung durch die dann erwerbstätigen Kinder zu erhalten. Der entscheidende Unterschied zwischen beiden Formen der Altersversorgung liegt aber zum einen in der besonderen Verknüpfung der Generationen innerhalb einer Familie, die eben auch andere Transfers, bspw. in Form von Erbschaften, einschließt, zum anderen in der Tatsache, daß die umlagefinanzierten Rentenversicherungssysteme des Industriezeitalters prinzipiell dynamisch konzipiert sind. Der Lebensstandard der Rentner soll nicht gegenüber dem Lebensstandard der Erwerbstätigen zurückfallen. Das moderne System setzt also auf Wirtschaftswachstum und damit auf Kapitalbildung, während die vorindustriellen Formen der Altersvorsorge prinzipiell von einer stationären Wirtschaft ohne nennenswerte Kapitalbildung ausgingen.

Gegen mögliche negative Allokationseffekte beim Wechsel von einem Kapitaldeckungs- zu einem Umlageverfahren ist häufig auch die sogenannte *Mackenroth-These* angeführt worden. GERHARD MACKENROTH (1952), S. 41ff., hat schon am Anfang der fünfziger Jahre[57] mit den folgenden Bemerkungen die prinzipielle allokative Gleichwertigkeit der beiden Alterssicherungsverfahren postuliert: "*Nun gilt der einfache und klare Satz, daß aller Sozialaufwand immer aus dem Volkseinkommen der laufenden*

---

56 Eine sicherlich nicht unrealistische Einschätzung der Zukunft der deutschen Rentenversicherung gibt die DEUTSCHE BUNDESBANK (1995), S. 18: "*Auf längere Sicht ist der Rentenversicherung ... wegen der fortschreitenden Veränderungen der Bevölkerungsstruktur die Tendenz zu sukzessiven Beitragssatzerhöhungen immanent, ... Die Reform der Rentenversicherung wird unumgänglich sein, um das grundsätzlich lohn- und damit leistungsbezogene Rentensystem zu stabilisieren. Hier ist auch in Rechnung zu stellen, daß die Gesamtbelastung mit Steuern und Abgaben im Gefolge der deutschen Vereinigung stark zugenommen hat. Dieses Niveau der Abgabenlast stellt ein gravierendes Hemmnis für das Wirtschaftswachstum und den notwendigen Abbau der Arbeitslosigkeit dar.*"

57 Wie SCHMÄHL (1981), S. 160ff. darlegt, finden sich in Deutschland ähnlich lautende Aussagen bei anderen Autoren bereits in den dreißiger und vierziger Jahren. Die zugrundeliegenden Kreislaufzusammenhänge sind aber implizit bereits in den Sätzen enthalten, mit denen ADAM SMITH (1776) den "Wohlstand der Nationen" einleitet.

Periode gedeckt werden muß. Es gibt gar keine andere Quelle und hat nie eine andere Quelle gegeben, aus der Sozialaufwand fließen könnte, es gibt keine Ansammlung von Fonds, keine Übertragung von Einkommensteilen von Periode zu Periode, kein 'Sparen' im privatwirtschaftlichen Sinne - , ... das ist immer so gewesen und kann nie anders sein. ... Kapitalsammlungsverfahren und Umlageverfahren sind also der Sache nach gar nicht wesentlich verschieden. Volkswirtschaftlich gibt es immer nur das Umlageverfahren." [Hervorhebung im Original].

Die Mackenroth-These kann in zweierlei Hinsicht kritisiert werden. Zum einen ist sie aus kreislaufanalytischer Sicht nur in einer modifizierten Form sinnvoll, in der [abgesehen von der Einbeziehung der Handels- und Kapitaltransaktionen mit dem Ausland] die Möglichkeit berücksichtigt wird, daß durch unterlassene Ersatzinvestitionen der Kapitalstock einer Volkswirtschaft abgebaut wird. Zur Finanzierung der Sozialausgaben steht dann nicht nur das Volkseinkommen, sondern das gesamte Bruttosozialprodukt zur Verfügung [NEUMANN (1986), S. 17]. Zum anderen zeigt eine Analyse der dynamischen Allokationswirkungen, daß Kapitaldeckungs- und Umlageverfahren deutlich unterschiedliche Wachstumswirkungen besitzen.

Ansprüche der Privaten und Zeithorizont des Staates

Die unterschiedlichen Allokationswirkungen entstehen letztlich dadurch, daß beide Alterssicherungssysteme verschieden geartete Ansprüche der Privaten gegenüber dem Staat bzw. den Rentenversicherungsträgern begründen [NEUMANN (1987), S. 37f.]. Beim Umlageverfahren wird dem Erwerbstätigen ein [in der Regel] einkommensabhängiger Beitrag, der den Charakter einer Steuer besitzt, auferlegt, so daß das verfügbare Einkommen, aus dem sich die Kapitalbildung speist, sinkt. Beim Kapitaldeckungsverfahren bleibt dagegen das verfügbare Einkommen unangetastet, denn die Beiträge zur Alterssicherung sind Teil der Ersparnis. Hinter der zunächst rein definitorisch erscheinenden Abgrenzung der beiden Beitragszahlungen steht eine unterschiedliche Ausgestaltung der Rechtsansprüche des Beitragszahlers gegenüber dem Rentenversicherungsträger. Das Vorsorgesparen nach dem Kapitaldeckungsprinzip stellt ein Eigentumsrecht, also einen einklagbaren Anspruch dar. Dagegen ist die Abgabe, die im Umlageverfahren gezahlt wird, kein Entgelt für eine genau spezifizierte Gegenleistung. Sie begründet zwar prinzipiell einen Versorgungsanspruch in der Zukunft, dieser aber bedarf einer Präzisierung durch die politische Willensbildung und stellt daher nur ein sehr verdünntes Eigentumsrecht dar.

Modelliert man diese Zusammenhänge im Rahmen eines modifizierten Ramsey-Modells [NEUMANN 1986, S. 31ff.], so tritt als Grund für die negativen Effekte des Umlageverfahrens auf Kapitalbildung und Wachstum die Einkommensabhängigkeit der Beitragssätze in Kombination mit den unterschiedlichen Zeithorizonten von Priva-

ten und Staat hervor.[58] Die privaten Haushalte maximieren ihren Lebensnutzen unter Berücksichtigung ihrer intertemporalen Budgetrestriktion, in der ein einkommens-
bezogener Beitragssatz für die Altersvorsorge exogen fixiert ist. Der Staat hingegen
legt den Beitragssatz so fest, daß die Ausgaben der Rentenversicherung in jeder Periode gedeckt sind. Da eine staatliche Ersparnis nicht stattfindet, fließt der Teil der
Realeinkommen, der den Versicherungsbeitrag bildet, einer rein konsumtiven Verwendung zu.

Beim Kapitaldeckungsverfahren ist der Staat dagegen gezwungen, einen eigenen
Kapitalstock des Rentenversicherungssystems anzusparen. Beide Sektoren haben dann
also prinzipiell den gleichen Zeithorizont. Die Unterschiede zwischen beiden Systemen
verschwinden im Ramsey-Modell, wenn die Beiträge im Umlageverfahren nicht ein-
kommensbezogen, sondern proportional zum Konsum sind [PRINZ (1989)]. In diesem
Fall wird das für die Kapitalbildung zur Verfügung stehende Einkommen durch die
Staatsaktivität nicht vermindert; steigende Beitragssätze zur Finanzierung einer wachsenden Zahl von Rentnern lassen lediglich das Konsumniveau der aktiv Beschäftigten
sinken.

Wirkungen der Alterssicherungssysteme im Generationenmodell

Eine noch genauere Analyse der intergenerativen Transfers und ihrer Wachstumswirkungen können wir im Rahmen des grundlegenden Generationenmodells vornehmen [siehe bspw. BLANCHARD und FISCHER (1989), S. 110ff. oder MAUSSNER und
HEER (1995), S. 63f.]. Wir gehen wieder davon aus, daß die Bevölkerung mit einer
konstanten Rate n wächst, und daß zur Finanzierung der Alterssicherung von den An-
gehörigen der jungen Generation ein Beitrag d_t erhoben wird, der [entsprechend der
modifizierten Mackenroth-Regel] als Renteneinkommen an die ältere Generation aus-
geschüttet wird. Deren Konsummöglichkeiten erhöhen sich, da sie nicht mehr nur auf
die Erträge der eigenen Ersparnisbildung in der Jugend angewiesen sind. Damit die
Beitragserhebung keine allokativen Verzerrungen induziert, betrachten wir d_t als einkommens-
und konsumunabhängige Pro-Kopf-Zahlung. Das Generationenmodell konzentriert
sich damit ausschließlich auf die Allokationseffekte, die sich aus der Veränderung der
Budgetrestriktion in den beiden Lebensabschnitten eines Individuums ergeben.

Wird ein Kapitaldeckungsverfahren eingeführt, so reduziert sich zwar die private
Ersparnisbildung in der ersten Periode um den Versicherungsbeitrag. Da aber der

---

58 Eine interessante Diskussion, die 1988 und 1989 in der Zeitschrift für Wirtschafts- und Sozial-
    wissenschaften geführt wurde, betraf die Frage, inwieweit das Ramsey-Modell geeignet ist, die
    grundlegenden Unterschiede zwischen Kapitaldeckungs- und Umlageverfahren abzubilden
    [BRUNNER und FALKINGER (1988, 1989a, 1989b) sowie NEUMANN (1988, 1989a, 1989b)].
    Dabei wurde klargestellt, daß zwar nicht das Optimierungsproblem eines zentralen Planers
    betrachtet werden darf, der auch den Beitragssatz zur Rentenversicherung als Kontrollvaria-
    ble verwendet, wohl aber eine Wettbewerbslösung, in der Haushalte und Staat unabhängig
    voneinander agieren.

Beitrag einem Kapitalstock zufließt, der sich prinzipiell mit der gleichen Rate, r_{t+1}- δ, verzinst wie die privaten Ersparnisse, steht im Alter ein unverändert hoher Zinsertrag zur Verfügung. Das Kapitaldeckungsverfahren führt also nur zu einer Umverteilung zwischen privater Ersparnis und Kapitalbildung des Rentensystems; da die gesamtwirtschaftliche Pro-Kopf-Ersparnis aber gleich bleibt, ändert sich die intertemporale Allokation nicht.[59]

Anders ist es im Umlageverfahren. Die Beiträge der jungen Generation werden dazu verwendet, die Konsummöglichkeiten der gleichzeitig lebenden Rentner zu erhöhen. Angesichts des Bevölkerungswachstums können die Jungen dann damit rechnen, bei Konstanz der Rentenbeiträge, d.h. $d_t = d_{t+1}$, im Alter von der dann jungen Generation eine um $(1+n)d_t$ höhere Rentenzahlung zu erhalten, die ihre Konsummöglichkeiten erhöht. In dieser Sicht "verzinsen" sich also die Rentenbeiträge im Umlageverfahren nach Maßgabe der Bevölkerungswachstumsrate, die PAUL SAMUELSON (1958) daher den *biologischen Zinssatz* nennt. Die Budgetrestriktionen in den beiden Lebensabschnitten lauten dann $c_{1t} = w_t - d_t - s_t$ und $c_{2t+1} = (1+r_{t+1} - \delta)s_t + (1+n)d_{t+1}$. Die notwendige Bedingung für die nutzenmaximale Sparentscheidung im Generationenmodell besagt nun:

$$u'[w_t - d_t - s_t] = \frac{1 + r_{t+1} - \delta}{1 + \theta} u'[(1 + r_{t+1} - \delta)s_t + (1+n)d_{t+1}].$$ (C.III.2.1)

Aus dem totalen Differential dieser Bedingung folgt aber eindeutig, daß ein höherer Beitrag die Ersparnis senkt:

$$\frac{\partial s_t}{\partial d_t} = - \frac{u''(c_{1t}) + (1 + r_{t+1} - \delta)(1+n)u''(c_{2t+1})/(1+\theta)}{u''(c_{1t}) + (1 + r_{t+1} - \delta)^2 u''(c_{2t+1})/(1+\theta)} < 0.$$ (C.III.2.2)

Bereits an dieser Stelle ist ein Wohlfahrtsvergleich der beiden Systeme möglich. Unter der Annahme gleich hoher Beiträge ist nach dem Pareto-Kriterium das Kapitaldeckungsverfahren dem Umlageverfahren überlegen, sofern der im Wachstumsgleichgewicht herrschende Zinssatz r^* größer ist als die Wachstumsrate der Bevölkerung n. Im umgekehrten, wenig realistischen Fall der dynamischen Ineffizienz [siehe Seite 138], würde dagegen die Einführung des Umlageverfahrens zu einem gesamtwirtschaftlichen Wohlfahrtsgewinn beitragen, weil sich für jedes Individuum bei unverändert hohen Konsummöglichkeiten in der ersten Periode die Konsummöglichkeiten in der zweiten Periode verbessern würden. Einen eindeutigen Wohlfahrtsgewinn durch das Umlageverfahren verbucht allerdings in jedem Fall die erste Rentnergeneration, die von dem

---

59   Dies setzt natürlich voraus, daß der Versicherungsbeitrag nicht größer ist als die Ersparnis, die vor Einführung der Altersvorsorge von der jungen Generation geplant wurde, also $d_t < (1+n)k_{t+1}$.

neuen Verfahren profitiert, denn ihr Alterskonsum erhöht sich, ohne daß ihr Konsum
in der Jugend sinkt.

Der Rückgang der privaten Ersparnisbildung bei Einführung des Umlageverfahrens,
der keine staatliche Ersparnisbildung gegenübersteht, reduziert die
gesamtwirtschaftliche Ersparnisbildung.
Da die Dynamik der Wirtschaft durch
die Gleichung $k_{t+1}=(1/(1+n))s(k_t,\ d)=:$
$h(k_t,\ d)$ beschrieben werden kann [siehe
Gleichung (C.I.2.6)], führt ein positiver
Rentenbeitrag dazu, daß sich die Funktion $h(k_t,\ d=0)$ nach unten dreht. Wenn
wir unterstellen, daß es nur ein stabiles
Wachtumsgleichgewicht gibt, führt die

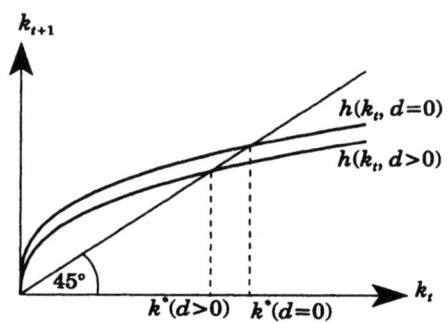

Abbildung C.III.2.1: Wachstumswirkung des
Umlageverfahrens im Generationenmodell

Drehung zu einem neuen Wachstumsgleichgewicht $k^*(d>0)$, in dem die Kapitalintensität kleiner als im Ausgangsgleichgewicht ist [vgl. Abbildung C.III.2.1]. Mit der Kapitalintensität sinkt auch der mögliche Konsum, sofern das Ausgangsgleichgewicht nicht
dynamisch ineffizient war.

Ein anderes Ergebnis wäre nur zu erwarten, wenn wir altruistisches Verhalten gegenüber den Nachkommen unterstellen und davon ausgehen, daß gemäß den Optimalitätsbedingungen (C.I.2.9) das Erbschaftsmotiv auch wirksam geworden ist, d.h.
$z_{t+1}>0$ gilt. In diesem Fall hat auch die Einführung des Umlageverfahrens keinen
Einfluß auf die intertemporale Allokation. Die Rentenversicherungsbeiträge, die den
Konsum der Rentner erhöhen, sind eine Art "negatives Erbe", das von den Jungen an
die Alten fließt. Wenn die Elterngeneration vor Einführung der Sozialversicherung
plant, $(1+n)z_{t+1}$ zu vererben, dann wird sie beim Bezug einer Rente in Höhe von
$(1+n)d_t$ einfach ihre Erbschaft um diesen Betrag erhöhen. Die Nettotransfers zwischen
den Generationen in jeder Periode und damit die Gesamtkapitalbildung der Wirtschaft
bleibt davon also unberührt.

Auch für die alternativen Verfahren der Alterssicherung gilt also in diesem besonderen Modellrahmen das Prinzip der *Ricardianischen Äquivalenz*. Die Finanzierung der
gewünschten Transferzahlungen spielt dann keine Rolle, wenn die einzelnen Generationen durch altruistisches Verhalten gegenüber den Nachkommen so miteinander verknüpft sind, daß man von der Fiktion eines einzelnen Individuums mit unendlich
langer Lebensdauer ausgehen kann. Aber auch das Alterssicherungssystem selbst ist in
einem solchen Kontext überflüssig, da sich am geplanten Konsum der Rentner per Saldo nichts ändert.

Wir kommen hier wieder auf den Ausgangspunkt unserer Analyse zurück, den Unterschied zwischen der Großfamilie und dem staatlichen Fürsorgesystem. Wenn es vollständigen Altruismus zwischen den Generationen gibt, wie in der bäuerlichen Großfa-

milie der vorindustriellen Zeit, besteht für ein staatliches Alterssicherungssystem keine Notwendigkeit. Würde dieses dennoch existieren, hätte es keinerlei allokativen Konsequenzen. Zerbricht aber der Altruismus zwischen den Generationen mit der Auflösung der Großfamilie, so ist ein Kapitaldeckungsverfahren unter Wachstumsgesichtspunkten einem Umlageverfahren überlegen, da es nicht mit einem Rückgang der Sparquote und einem Absinken der gleichgewichtigen Kapitalintensität verbunden ist. Bezeichnenderweise führen immer mehr Schwellenländer, die wegen der sozialen Begleitumstände der Industrialisierung mit der Notwendigkeit einer organisierten Altersvorsorge konfrontiert sind, Systeme auf der Basis der Kapitaldeckung ein. Sie erhoffen sich davon, daß trotz der sozialpolitischen Reform die Dynamik des Wirtschaftswachstums nicht gebremst wird [vgl. MACKENZIE (1995)].

D

Wachstum bei endogener Fortschrittsrate

The phrase "endogenous growth" embraces a diverse body of theoretical and empirical work that emerged in the 1980s. This work distinguishes itself from neoclassical growth by emphasizing that economic growth is an endogenous outcome of an economic system, not the result of forces that impinge from outside.

PAUL M. ROMER (1994), S. 3.

But have the recent theoretical insights succeeded in providing a better guide to explaining actual growth experience than the neoclassical model? This is doubtful.

HOWARD PACK (1994), S. 55.

Mit einer Ausnahme, dem Humankapitalmodell von ZIESEMER (1990) in Abschnitt B.II.3, beruht das Wachstum in den bislang von uns behandelten Modellen auf dem Wachstum eines originären, d.h. nicht produzierbaren Inputs, nämlich der menschlichen Arbeit. Das stationäre Pro-Kopf-Einkommen nimmt nur zu, wenn die Arbeitsproduktivität exogen wächst [siehe hierzu Abschnitt B.II.1]. In diesem Kapitel befassen wir uns mit Modellen, welche die Wachstumsrate des Pro-Kopf-Einkommens nicht auf das exogen gegebene Wachstum der Arbeitsproduktivität zurückführen, sondern sie aus dem Zusammenspiel von Präferenzen, Technologie und Marktstruktur erklären. In diesem Sinne handelt es sich um eine Theorie des endogenen Wachstums.

Mitte der achtziger Jahre haben Arbeiten von PAUL ROMER (1986) und ROBERT LUCAS (1988) die Theorie des endogenen Wachstums ins Leben gerufen. Sie haben zu einer Renaissance der [neoklassischen] Wachstumstheorie geführt, die sich in einer wahren Flut von Publikationen spiegelt. Selbst die Zahl der Überblicksartikel ist kaum mehr überschaubar. Aus der Liste mit fast zwei Dutzend uns bekannten Surveys verweisen wir auf FAGERBERG (1994), GROSSMAN und HELPMAN (1994), GUNDLACH (1993), HAMMOND und RODRIGUEZ-CLARE (1993), HELPMAN (1992), MANKIW (1995), RAMSER (1993), ROMER (1989), SCHNEIDER und ZIESEMER (1995) sowie VERSPAGEN (1992), in der Hoffnung, diese Palette möge für jeden Geschmack etwas enthalten.

Trotz der Vielfalt und der Unterschiede im Detail lassen sich grob drei Modelltypen unterscheiden, die wir im folgenden kurz charakterisieren, bevor wir in den Abschnitten D.I.2 bis D.I.4 entsprechende Prototypen darstellen und dann zwei Modellerweiterungen vornehmen. In einem Ausblick fragen wir abschließend, inwieweit Modelle endogenen Wachstums auch der Wachstumspolitik neue Impulse geben können.

I. Grundmodelle

1. Überblick: Wie entsteht endogenes Wachstum?

Ein-Sektor-Modelle

Die einfachsten Modelle der Theorie endogenen Wachstums behalten die Grundstruktur des Ramsey-Modells bei, machen sich aber ein Ergebnis zunutze, das wir bereits in Abschnitt B.II.1 im Zusammenhang mit der von Neumann-Produktionsfunktion kennengelernt haben. Um es nochmals aufzugreifen, betrachten wir Abbildung D.I.1.1. Dort haben wir unterstellt, daß das Grenzprodukt des Kapitals $f'(k)$ mit zunehmender Kapitalintensität k nicht gegen Null, sondern gegen die untere Schranke $r^{min}>0$ strebt. Das Durchschnittsprodukt des Kapitals $f(k)/k$, das stets über dem Grenzprodukt liegt, hat daher r^{min} als Asymptote. Sofern nun r^{min} groß genug ist, d.h. bei konstanter Sparquote s die Bedingung

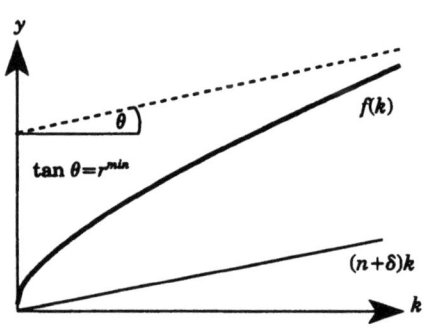

Abbildung D.I.1.1: Nach unten beschränktes Grenzprodukt des Kapitals

$$r^{min} > \frac{n+\delta}{s}$$

erfüllt ist, übersteigt die Pro-Kopf-Ersparnis $sf(k)$ bei jeder beliebigen Höhe der Kapitalintensität den Reinvestitionsbedarf $(n+\delta)k$. Mithin wächst die Kapitalintensität ohne Unterlaß, und ein Wachstumsgleichgewicht mit konstanter Kapitalintensität existiert nicht. Aus der Akkumulationsgleichung (B.I.2.1) des Solow-Modells erhalten wir für die Wachstumsrate der Kapitalintensität den Ausdruck:

$$g_k := \frac{\dot{k}}{k} = s\frac{f(k)}{k} - (n+\delta).$$

Da die Kapitalproduktivität $f(k)/k$ gegen r^{min} strebt, ist $g:=sr^{min}-n-\delta>0$ die langfristig konstante Wachstumsrate der Kapitalintensität und der Pro-Kopf-Produktion. Die Annahme einer positiven unteren Schranke für das Grenzprodukt des Kapitals gewährleistet das Wachstum des Pro-Kopf-Einkommens. Die Wachstumsrate g nimmt mit der Sparquote zu und mit der Rate des Wachstums des Arbeitsangebots n und der Abschreibungsrate δ ab.

Dieses Ergebnis läßt sich mit wenigen Modifikationen auf das Ramsey-Modell übertragen. Betrachten wir dazu die beiden zentralen Gleichungen (C.I.1.15) und (C.I.1.16) dieses Modells,

$$\dot{k} = f(k) - c - (n + \delta)k,$$ (D.I.1.1)

$$\dot{c} = \frac{c}{\eta}\left(f'(k) - \delta - n - \rho\right),$$ (D.I.1.2)

wobei wir unterstellen, die intertemporale Substitutionselastizität des Konsums $1/\eta$ sei konstant. Wenn wir nun

$$\lim_{k \to \infty} f'(k) =: r^{min} > \delta + n + \rho$$ (D.I.1.3)

annehmen, erhalten wir aus Gleichung (D.I.1.2) für die asymptotische Wachstumsrate des Konsums den Ausdruck

$$g_c := \frac{1}{\eta}\left(r^{min} - \delta - n - \rho\right) > 0.$$ (D.I.1.4)

Um sicherzustellen, daß die intertemporale Nutzenfunktion

$$U(0) := \int_0^\infty \left[\frac{c^{1-\eta} - 1}{1 - \eta}\right] e^{-\rho t}\, dt$$

einen endlichen Wert besitzt, müssen wir voraussetzen, daß $\rho > g_c(1-\eta)$ ist,[1] was auf die Bedingung

$$\rho > (1 - \eta)(r^{min} - \delta - n)$$ (D.I.1.5)

führt. Diese Bedingung ist für den realistischeren Fall $\eta > 1$ [siehe S. 128], wegen $\rho > 0$, trivialerweise erfüllt. Betrachten wir nun die asymptotische Wachstumsrate der Kapitalintensität. Aus Gleichung (D.I.1.1) erhalten wir dafür

$$\lim_{k \to \infty} \frac{\dot{k}}{k} =: g_k = r^{min} - \delta - n - \lim_{k \to \infty} \frac{c}{k}.$$

---

1 Wenn der Pro-Kopf-Konsum asymptotisch mit der Rate g_c wächst, ist

$$c(t) = c(0)e^{g_c t}$$

seine obere Schranke. Das Nutzenintegral strebt daher gegen

$$\int_0^\infty \left[\frac{c(0)^{1-\eta}e^{g_c(1-\eta)t} - 1}{1 - \eta}\right]e^{-\rho t}\,dt = \int_0^\infty \frac{c(0)^{1-\eta}e^{[g_c(1-\eta)-\rho]t}}{1 - \eta} - \frac{e^{-\rho t}}{1 - \eta}\,dt.$$

Dieses Integral ist beschränkt, wenn $\rho > (1-\eta)g_c$ ist.

Wäre nun die asymptotische Wachstumsrate der Kapitalintensität größer als jene des Pro-Kopf-Konsums, $g_k > g_c$, würde g_k gegen $r^{min} \text{-} \delta \text{-} n$ streben. In diesem Fall würde aber die intertemporale Budgetrestriktion des Haushalts nicht ausgeschöpft.[2] Wäre andererseits g_k kleiner als g_c, würde c/k mit der Zeit zunehmen und g_k würde negativ werden. Die einzig verbleibende Möglichkeit ist daher $g_k = g_c$. In einem Wachstumsgleichgewicht des Ramsey-Modells, das den Bedingungen (D.I.1.3) und (D.I.1.5) genügt, wachsen daher Kapitalintensität, Pro-Kopf-Konsum und Pro-Kopf-Produktion mit derselben Rate. Diese nimmt gemäß Gleichung (D.I.1.4) mit der unteren Schranke des Grenzprodukts des Kapitals r^{min} zu und mit den anderen Modellparametern [δ, ρ, η und n] ab.

Ein-Sektor-Modelle des endogenen Wachstums beruhen daher darauf, Bedingungen aufzuzeigen, unter denen die Pro-Kopf-Produktionsfunktion die Eigenschaft (D.I.1.3) besitzt.

Diese Vorgehensweise ist allerdings nicht ganz unproblematisch, denn (D.I.1.3) impliziert, daß die Kapitaleinkommensquote asymptotisch gegen Eins strebt. Letztlich ist man daher darauf angewiesen, den Kapitalbegriff sehr großzügig zu interpretieren, so daß k sowohl Sach- als auch Humankapital umfaßt [REBELO (1991)].

Zwei-Sektoren-Modelle

Diese Modelle gehen von zwei akkumulierbaren Produktionsfaktoren K und H aus, wobei die Interpretation von H als Humankapital natürlich nicht zwingend ist. Die beiden Faktoren produzieren zusammen mit einem dritten, nicht reproduzierbaren Faktor N das Gut Y, das sowohl zum Konsum C als auch zur Akkumulation zusätzlicher Einheiten von K dient. In einem zweiten Sektor produzieren die drei Faktoren N, K und H zusätzliche Einheiten des Faktors H. Die Produktionstechnik der Wirtschaft [wir beschränken uns auf den analytisch leicht durchschaubaren Fall zweier Cobb-Douglas-Funktionen] beschreiben daher die beiden folgenden Gleichungen:

---

2 Um die intertemporale Budgetrestriktion auszuschöpfen, muß das Pro-Kopf-Vermögen k die Bedingung

$$\lim_{t \to \infty} k(t) e^{[\bar{r}(t) - \delta - n]t} = 0 \qquad \text{(i)}$$

erfüllen [siehe Bedingung (C.I.1.11)]. Der Durchschnittszins

$$\bar{r}(t) := \frac{1}{t} \int_0^t r(s)\, ds$$

strebt mit $t \to \infty$ gegen r^{min}. [Das kann man mit Hilfe der Regel von L'Hôpital (E.I.13), und der Leibnitzregel (E.I.12) zeigen.] Wenn k aber asymptotisch mit der Rate $r^{min} \text{-} \delta \text{-} n$ wächst, dann strebt der Gegenwartswert des Kapitals in (i) gegen

$$e^{-[r^{min} - \delta - n]t} k(0) e^{[r^{min} - \delta - n]t} = k(0) > 0,$$

denn das Anfangsvermögen der Wirtschaft ist annahmegemäß positiv, damit überhaupt produziert werden kann.

$$Y = C + \dot{K} + \delta_K K = (u_N N)^{\alpha_1} (u_K K)^{\beta_1} (u_H H)^{\gamma_1},$$

$$\dot{H} + \delta_H H = \left((1 - u_N) N\right)^{\alpha_2} \left((1 - u_K) K\right)^{\beta_2} \left((1 - u_H) H\right)^{\gamma_2},$$

$$1 \geq \beta_i + \gamma_i, \quad i = 1, 2.$$

u_j, $j \in \{N, K, H\}$, ist der im Sektor 1 eingesetzte Anteil des Faktors j, δ_j, $i \in \{K, H\}$ die Abschreibungsrate des Faktors j. Wir gehen im folgenden davon aus, daß die Aufteilung der [ungelernten] Arbeit N auf beide Sektoren exogen fixiert ist und daß N mit der Rate $n \geq 0$ wächst. Für die Entwicklung der Pro-Kopf-Größen erhalten wir deshalb die Gleichungen:

$$y = c + \dot{k} + (\delta_K + n)k = u_N^{\alpha_1}(u_K k)^{\beta_1}(u_H h)^{\gamma_1}, \qquad \text{(D.I.1.6)}$$

$$\dot{h} + (\delta_H + n)h = (1 - u_N)^{\alpha_2}\left((1 - u_K)k\right)^{\beta_2}\left((1 - u_H)h\right)^{\gamma_2}. \qquad \text{(D.I.1.7)}$$

Unter welchen Bedingungen können wir mit positiven und [asymptotisch] konstanten Wachstumsraten der Pro-Kopf-Größen rechnen? Betrachten wir zunächst die Wachstumsrate der Kapitalintensität, für die aus Gleichung (D.I.1.6) der Ausdruck

$$g_k = \frac{y}{k} - \frac{c}{k} - (\delta_K + n) \qquad \text{(D.I.1.8)}$$

folgt. Ein Wachstumsgleichgewicht setzt voraus, daß langfristig das Durchschnittsprodukt des Faktors K, y/k, einem konstanten Wert zustrebt. Die Pro-Kopf-Produktion und die Kapitalintensität k müssen deshalb mit derselben Rate wachsen. Diese Rate muß zudem auch der Wachstumsrate des Konsums entsprechen. Andernfalls würde entweder g_k negativ werden, oder der Gegenwartswert von k wäre positiv [siehe S. 236]. Die Anteile u_j sind auf das Intervall [0, 1] beschränkt. Wir klammern die Grenzfälle aus, in denen langfristig in einem Sektor $i = 1, 2$, der Faktor $j \in \{K, H\}$ nicht mehr eingesetzt wird. Ein Wachstumsgleichgewicht ist dann nur mit konstanten Sektoranteilen u_j vereinbar. Die langfristige Konstanz der Wachstumsrate von k und h erfordert dann:[3]

$$0 = (\beta_1 - 1)g_k + \gamma_1 g_h,$$

$$0 = \beta_2 g_k + (\gamma_2 - 1)g_h. \qquad \text{(D.I.1.9)}$$

Dieses homogene Gleichungssystem in den Unbekannten g_k und g_h besitzt nur dann von Null verschiedene Lösungen, wenn die Determinante der Koeffizientenmatrix Null ist. Die Produktionselastizitäten müssen deshalb die folgende Gleichung erfüllen:

---

3 Zunächst leiten Sie Gleichung (D.I.1.6) nach der Zeit ab, wobei Sie $du_j/dt = 0$ beachten. Ebenso leiten Sie Gleichung (D.I.1.8) nach der Zeit ab. Wenn Sie berücksichtigen, daß $dg_k/dt = 0$ und $g_k = g_c$ gilt, gelangen Sie durch Einsetzen zur ersten Gleichung. Um die zweite Gleichung zu erhalten, lösen Sie Gleichung (D.I.1.7) zunächst nach der Wachstumsrate von h, g_h, auf. Anschließend verfahren Sie wie mit der ersten Gleichung.

$$\gamma_1\beta_2 = (\beta_1 - 1)(\gamma_2 - 1). \tag{D.I.1.10}$$

Diese Bedingung hat einige bemerkenswerte Implikationen. Wenn in einem Sektor $i=1, 2$, bezüglich der akkumulierbaren Produktionsfaktoren K und H konstante Skalenerträge vorliegen, $\beta_i + \gamma_i = 1$, dann muß dies auch im anderen Sektor gelten. Sofern der Sektor 1 bezüglich K und H mit abnehmenden Skalenerträgen produziert, muß der Faktor H im Sektor 2 eine Produktionselastizität von Eins besitzen [umgekehrt muß $\beta_1 = 1$ sein, wenn $\beta_2 + \gamma_2 < 1$ ist]. Auf dieser Annahme beruht das *Uzawa-Lucas-Modell*, das wir im Abschnitt D.I.3 behandeln. Endogenes Wachstum ist nach (D.I.1.10) aber nicht mit abnehmenden Skalenerträgen in beiden Sektoren [$\beta_i + \gamma_i < 1$ für $i=1$ und $i=2$] vereinbar.

Produkt- und Verfahrensinnovationen

Technischer Fortschritt äußert sich in neuen oder verbesserten Produkten sowie effizienteren Produktionstechniken. Zwei- und Drei-Sektoren-Modelle versuchen, diesen Aspekt des Wachstums zu formalisieren. Sie verwenden dabei einander sehr ähnliche Konzepte, wie die folgenden Beispiele zeigen.

Nehmen wir an, die Konsumenten schätzen die Produktvielfalt, so daß sich der Fortschritt in der Zahl verfügbarer Konsumgüter manifestieren kann. Die Vorliebe für eine Vielzahl heterogener Produkte kann man mit Hilfe folgender Funktion für den Periodennutzen $u(c)$ abbilden:

$$u(c),\ c := \left[\int_0^m c(j)^{\frac{\epsilon-1}{\epsilon}} \, \mathrm{d}j \right]^{\frac{\epsilon}{\epsilon-1}},\ \epsilon > 1. \tag{D.I.1.11}$$

Diese Formulierung unterstellt, es gebe soviele Güter, daß jedes davon einem Punkt im Intervall $[0, m]$ entspricht. Diese Güter sind unvollkommene Substitute. Der Parameter ϵ gibt die Substitutionselastizität zwischen zwei benachbarten Gütern an. Infolge der symmetrischen Behandlung der Güter in dem Index c verbraucht ein Haushalt von jedem Gut dieselbe Menge $\bar{c}$, sofern die Güter denselben Preis haben. Der gesamte Verbrauch des Haushalts ist demnach $m\bar{c}$, und die Definition von c führt auf

$$c = m^{1/(\epsilon-1)} m\bar{c}.$$

Bei konstantem Konsum in Höhe von $m\bar{c}$ wächst mithin der Nutzen eines Verbrauchers, wenn er sein Einkommen auf mehr Güter verteilen kann; er bevorzugt die Vielfalt.

Neue Produktvarianten $\dot{m}$ werden in einem Forschungssektor entwickelt und in einem zweiten Sektor von m Einproduktunternehmen hergestellt. Im einfachsten Fall könnten wir davon ausgehen, daß es nur Arbeit N als Produktionsfaktor gibt, die zu

$u_N \in [0, 1]$ Teilen im Forschungssektor beschäftigt ist. Den Stand des technischen Wissens können wir an der Zahl bislang entwickelter Produktvarianten m messen. Er beeinflußt als externer Effekt die Produktivität jedes Forschungsunternehmens. Wir unterstellen folgenden Zusammenhang zwischen dem Arbeitseinsatz im Forschungssektor, dem Stand des Wissens und der Zahl neu entwickelter Produktvarianten:

$$\dot{m} = u_N N m.$$

In einem Wachstumsgleichgewicht, in dem u und der Gesamtverbrauch $m\bar{c}$ konstant sind, wächst demnach der Index c mit der Rate

$$\frac{\dot{c}}{c} = \frac{1}{\epsilon - 1} \frac{\dot{m}}{m} = \frac{1}{\epsilon - 1} u_N N.$$

Bei konstantem Arbeitskräftepotential hängt die Wachstumsrate der Wirtschaft, gemessen an der Rate, mit der neue Produkte entwickelt werden, vom Anteil der Arbeitskräfte im Forschungssektor ab. Dieser Anteil kann im Rahmen eines vollständig ausformulierten Modells bestimmt werden.

Das Konzept der Produktvielfalt können wir auch verwenden, um die Idee des Wachstums durch fortschreitende Arbeitsteilung und damit verbundenen kostengünstigeren Produktionsverfahren zu formalisieren. Nehmen wir an, die Produktionsfunktion sei

$$Y = N^\alpha K^\beta, \quad K := \left[\int_0^m K(j)^{\frac{\sigma-1}{\sigma}} \, dj \right]^{\frac{\sigma}{\sigma-1}}, \, \sigma > 1, \, \alpha + \beta = 1. \tag{D.I.1.12}$$

Kapital ist nun ein Aggregat aus m verschiedenen Produktionsfaktoren. Diese seien wieder so zahlreich, daß jeder von ihnen einem Punkt im Intervall $[0, m]$ entspricht. Auch hier können wir uns vorstellen, daß in einem Gleichgewicht von jedem Input dieselbe Menge $\bar{K}$ benötigt wird. Der Index K nimmt dann den Wert

$$K = m^{1/\sigma - 1} m \bar{K}$$

an. Für die Wachstumsrate der Produktion erhalten wir

$$\frac{\dot{Y}}{Y} = \beta \frac{\dot{K}}{K} = \frac{\beta}{\sigma - 1} \frac{\dot{m}}{m},$$

wenn der Arbeitseinsatz N und der Kapitalverbrauch $m\bar{K}$ konstant bleiben. Die Produktion wächst, solange die Arbeitsteilung - in Form einer zunehmenden Vielfalt von reproduzierbaren Inputgütern - voranschreitet. Dies können wir erreichen, wenn wir - wie im Modell der Produktinnovation - unterstellen, neue Varianten von Produktionsfaktoren würden gemäß einer linearen Technologie mit Hilfe von Arbeit und bereits vorhandenen Varianten produziert: $\dot{m} = u_N N m$.

Technischer Fortschritt äußert sich indes nicht nur in neuen, sondern auch in verbesserten Gütern. Der Qualitätsfortschritt manifestiert sich dabei zumeist in einem erweiterten Leistungsumfang. Beispielsweise ist die Rechengeschwindigkeit und Speicherkapazität der Computer mit jeder neuen Generation gewachsen, so daß es mehrerer alter Geräte bedarf, um die Leistung des jeweils neuesten Rechners zu erreichen. Das Konzept der *Quality Ladders* [GROSSMAN und HELPMAN (1991), Kapitel 4] formalisiert diesen Gedanken. Stellen wir uns vor, die *s*-te Generation eines beliebigen Zwischengutes *j* erreicht eine um den Faktor λ^s, $\lambda>1$, höhere Leistung als die erste Generation *s*=0, so daß $K_0(j)$ Einheiten der niedrigsten Qualität äquivalent sind zu $\lambda^s K_s(j)$ Einheiten der Qualität *s*. Damit allein wären die neuen Güter noch nicht "besser" als die alten. Wichtig ist vielmehr, daß ihre Produktionskosten nicht ebenfalls um den Faktor λ^s höher sind. Nur dann können sich die neuen Produkte am Markt durchsetzen und die alten verdrängen. Eine Produktionstechnik, die sicherstellt, daß neue und geeignet vervielfachte alte Produkte perfekte Substitute in der Produktion eines Gutes *Y* sind, ist die folgende:[4]

$$\ln Y = \int\limits_0^1 \ln\left[\sum_{s=0}^{m(j)} \lambda^s(j) K_s(j)\right] dj. \tag{D.I.1.13}$$

Darin bezeichnet $K_s(j)$ die Menge eines Zwischenguts der Qualität *s* und $m(j)$ die höchste jeweils erreichte Qualitätsstufe. Die Nummern der Zwischengüter liegen im Intervall [0, 1], so daß wir jetzt eine gegebene Zahl von Zwischenprodukten unterstellen. In einem Gleichgewicht auf den Märkten der Zwischengüter werden nur die jeweils neuesten Varianten $m(j)$ in denselben Mengen $\bar{K}$ nachgefragt werden. In diesem Fall erhalten wir aus Gleichung (D.I.1.13):

$$\ln Y = \ln \bar{K} + \ln M, \ \ln M := \int\limits_0^1 m(j) \ln\lambda \ dj.$$

Wenn wir ein gegebenes Arbeitskräftepotential unterstellen und von Sachkapitalbildung absehen, werden die im Zwischengutsektor gebundenen Ressourcen $\bar{K}$ im Wachstumsgleichgewicht konstant sein. Die Wachstumsrate der Produktion g_Y entspricht

---

4 Stellen Sie sich vor, Sie wollten eine Strecke von 225 Kilometern zurücklegen. Die einfachste Art dies zu tun, *s*=0, ist ein Fußmarsch. Bei einer durchschnittlichen Geschwindigkeit von 1 km/h brauchen Sie dafür 225 Stunden [K_0=225 Fußstunden]. Mit einem Rad, *s*=1, fahren Sie λ=15 km/h schnell. Sie legen die Strecke also in K_1=15 Radstunden zurück. Mit einem Sportflugzeug, *s*=2, beträgt Ihre Geschwindigkeit 225 km/h=λ^2, so daß Sie für die Strecke gerade K_2=1 Flugstunde benötigen. Selbstverständlich sind die drei Fortbewegungsarten rein technisch gesehen perfekte Substitute: Die Strecke von 225 km können Sie bspw. in 40 Flugminuten und weiteren 5 Radstunden [225×(2/3)+15×5] zurücklegen.

dann der Veränderungsrate des Qualitätsindexes M, die wiederum von der Zahl der Arbeitskräfte abhängt, die im Forschungssektor beschäftigt sind. Auf der Ebene der einzelnen Sektoren äußert sich der Fortschritt in diskreten Qualitätsverbesserungen. Die Aggregation über sehr viele Sektoren führt indes zu einer stetigen Zunahme des gesamtwirtschaftlichen Qualitätsniveaus M. Das Konzept der Quality Ladders kann wie das Konzept der zunehmenden Produktvielfalt auch auf Endprodukte angewandt werden. In diesem Fall fragen die Verbraucher ein Bündel von Gütern unterschiedlicher Qualitätsniveaus nach.

Zusammenfassend können wir daher vier verschiedene Modellkonzepte unterscheiden, die sich aus der Kombination der Kriterien "zunehmende Produktvielfalt versus zunehmende Produktqualität" und "Endgüter versus Zwischengüter" ergeben. Formal gesehen ist der Unterschied zwischen End- und Zwischenprodukten rein interpretativer Natur. Beispielsweise kann man in der Funktion (D.I.1.11) $\{c(j)\}_{j=0}^{m}$ als Bündel von Zwischengütern interpretieren, die ein Gut c produzieren. Umgekehrt kann man in Gleichung (D.I.1.13) jedes $K(j)$ als Menge eines Konsumgutes betrachten, so daß die Gleichung eine spezielle Nutzenfunktion definiert. Aus diesem Grund beschränken wir uns in den Abschnitten D.I.4 und D.I.5 auf Modelle der Verfahrensinnovation. Darunter verstehen wir Modelle, in denen Zwischengüter in wachsender Vielfalt oder zunehmender Qualität für die Produktion eines Endprodukts erforderlich sind.

2. Das AK-Modell

Modellstruktur und Modelleigenschaften

Abschnitt D.I.1 zeigt, daß eine Voraussetzung für endogenes Wachstum im Ramsey-Modell ein nach unten beschränktes, strikt positives Grenzprodukt des Kapitals ist. Wir betrachten nun den Extremfall, in dem das Grenzprodukt des Kapitals von Beginn an konstant ist. Die Pro-Kopf-Produktionsfunktion hat dann die Form

$$y = Ak, \quad A > 0, \tag{D.I.2.1}$$

die das Etikett "AK-Modell" [BARRO und SALA-I-MARTIN (1992), S. 646] erklärt. Die Keynes-Ramsey-Regel lautet in diesem Fall [siehe Abschnitt C.I.1]:

$$\frac{\dot{c}}{c} = \frac{1}{\eta}(A - \delta - n - \rho).$$

Sofern

$$\delta + n + \rho/(1-\eta) > A > \delta + n + \rho \tag{D.I.2.2}$$

gilt [diese Bedingungen haben wir bereits im Abschnitt D.I.1 abgeleitet], wächst der Pro-Kopf-Konsum c mit einer konstanten Rate

$$g := \frac{A - \delta - n - \rho}{\eta}, \qquad\qquad\qquad\text{(D.I.2.3)}$$

die abhängt von der intertemporalen Substitutionselastizität des Konsums $1/\eta$, der Abschreibungsrate des Sachkapitals δ, der Wachstumsrate des Arbeitsangebots n und der Zeitpräferenzrate ρ. Mit derselben Rate wachsen Kapitalintensität und Pro-Kopf-Produktion [siehe Abschnitt D.I.1].

Wir zeigen nun, daß es im AK-Modell keinen Konvergenzprozeß gibt, sondern daß alle Variablen bereits am Beginn des Entwicklungsprozesses [t=0] sprunghaft ihren Gleichgewichtspfad erreichen [BARRO und SALA-I-MARTIN (1995), S. 142f.] Dazu setzen wir in die Gleichung für die Entwicklung der Kapitalintensität,

$$\dot{k} = (A - \delta - n)k - c,$$

die Lösung der Differentialgleichung für den Konsum ein:

$$\dot{k} = (A - \delta - n)k - c(0)e^{gt}.$$

Die Lösung dieser Gleichung für die Kapitalintensität ist[5]

$$e^{-(A-\delta-n)t}k(t) = K + \frac{c(0)}{\theta}e^{-\theta t}, \quad \theta := (A - \delta - n) - g > 0.$$

Der Exponent auf der rechten Seite dieser Gleichung strebt mit t gegen Null. Ein optimaler Konsumpfad muß die intertemporale Budgetrestriktion ausschöpfen [siehe dazu S. 123], so daß der Gegenwartswert der Kapitalintensität mit $t\to\infty$ gegen Null streben muß. Diese Bedingung ist nur erfüllt, wenn die Integrationskonstante K gleich Null ist. Die Lösung für den Zeitpfad der Kapitalintensität lautet daher:

$$k(t) = \frac{c(0)}{\theta}e^{gt} = \frac{1}{\theta}c(t).$$

Von Anfang an ist deshalb der Pro-Kopf-Konsum direkt proportional zur Höhe der Kapitalintensität und alle Pro-Kopf-Größen wachsen mit derselben konstanten Rate g.

Das AK-Modell impliziert, daß es keine Konvergenzprozesse gibt. Länder, die sich weder durch ihre Technik noch durch die Präferenzen ihrer Bewohner voneinander unterscheiden, wachsen unabhängig von ihrem Entwicklungsstand $k(0)$ mit derselben Rate. Konvergenzprozesse lassen sich indes erklären, wenn das AK-Modell nur asymptotisch gilt, d.h. wenn die Pro-Kopf-Produktion die Form

$$y = Ak + f(k), \quad \text{mit } \lim_{k \to \infty} f'(k) = 0,$$

---

5 Sie folgt aus Gleichung (E.III.2.6) für t_0=0 und $t_1\to\infty$. θ>0 folgt aus der linken Seite der Ungleichung (D.I.2.2).

besitzt. In diesem Fall haben Länder mit geringer Kapitalausstattung ein höheres Grenzprodukt des Kapitals und wachsen daher anfänglich schneller als Länder, deren Entwicklungsprozeß bereits weiter fortgeschritten ist.

Wie läßt sich die AK-Technologie rechtfertigen? Wir betrachten zwei Beispiele. Das erste davon geht auf ARROWS (1962) Theorie des *Learning by Doing* zurück, die RO-MER (1986) aufgreift; das zweite folgt geradewegs aus dem in Abschnitt C.II.4 entwik-kelten Humankapitalmodell [BARRO und SALA-I-MARTIN (1995), S. 144ff., HOMBURG (1995)].

Externe Effekte der Humankapitalbildung

Wir nehmen an, die Produktion eines Unternehmens i, $Y(i)$, sei eine Cobb-Douglas-Funktion des vom Unternehmen eingesetzten Kapitals $K(i)$ und der beschäftigten Menge Arbeit $N(i)$:

$$Y(i) = A(hN(i))^{\alpha}K(i)^{\beta}, \quad A > 0, \; \alpha + \beta = 1. \tag{D.I.2.4}$$

h mißt, wie im Modell des exogenen technischen Fortschritt im Abschnitt B.II.2, die Effizienz des physischen Arbeitseinsatzes. Hier gehen wir davon aus, die Effizienz der Arbeit hänge selbst von der gesamtwirtschaftlichen Kapitalintensität $k := K/N$ ab. Der Grund dafür liegt in positiven externen Effekten. Beispielsweise profitiert ein Unter-nehmen, das selbst keine Lehrlinge ausbildet, von Betrieben mit guter Lehrlingsausbil-dung. Technisches Wissen und Arbeitsroutine werden durch die Fluktuation von Ar-beitskräften zwischen Unternehmen ausgetauscht. Die Arbeitskräfte sammeln in jedem Betrieb, gleichsam als unbeabsichtigtes Produkt ihrer Tätigkeit, Kenntnisse über technische und organisatorische Zusammenhänge und vergrößern ihre Fertigkeiten im Umgang mit modernen Maschinen [daher der Ausdruck "Learning by Doing"]. Es ist nicht abwegig, die Kapitalintensität der Wirtschaft als Indikator für das Ausmaß der so vermittelten externen Effekte anzusehen. Im einfachsten Fall können wir

$$h = k \tag{D.I.2.5}$$

unterstellen.

Jedes Unternehmen maximiert seinen Periodengewinn durch die Wahl von Arbeit und Kapital, wobei es den Reallohn, den Nutzungspreis des Kapitals und das Effizienz-niveau der Arbeit als Marktdaten betrachtet. Die Produktionsfunktion (D.I.2.4) hat konstante Skalenerträge in $(K(i), N(i))$. Die Gewinnmaximierungsbedingung legt in diesem Fall die Kapitalintensität als Funktion des Faktorpreisverhältnisses fest. Da die Faktorpreise für alle Unternehmen gelten, wählen alle dieselbe Kapitalintensität, die mithin dem gesamtwirtschaftlichen Wert entspricht:

$$\frac{K(i)}{N(i)} = k.$$

Der Output je Beschäftigten y ist deshalb in allen Unternehmen derselbe:

$$\frac{Y(i)}{N(i)} = A h^{\alpha} \left(\frac{K(i)}{N(i)} \right)^{\beta} = A k^{\alpha} k^{\beta} = A k =: y.$$

Mit dieser Formulierung haben wir erreicht, daß auf Unternehmensebene konstante Skalenerträge vorliegen, während gleichzeitig auf gesamtwirtschaftlicher Ebene das Grenzprodukt des Kapitals, A, konstant ist.

Der externe Effekt der Kapitalbildung führt dazu, daß die Wachstumsrate der Wirtschaft nicht pareto-optimal ist. Das einzelne Unternehmen kann den positiven Effekt einer zusätzlich beschäftigten Kapitaleinheit auf andere Unternehmen nicht internalisieren. Das private Grenzprodukt des Kapitals, mit dem die Unternehmen die Kapitaldienste entlohnen, ist

$$r = \frac{\partial Y(i)}{\partial K(i)} = \beta A (h N(i))^{1-\beta} K(i)^{\beta-1} = \beta A k^{1-\beta} (K(i)/N(i))^{\beta-1} = \beta A.$$

Die Wachstumsrate des Konsums und mithin der Kapitalintensität und des Pro-Kopf-Einkommens folgt daher aus der Keynes-Ramsey-Regel als

$$g = \frac{\beta A - \delta - n - \rho}{\eta}.$$

Das soziale Grenzprodukt des Kapitals in der gesellschaftlichen Pro-Kopf-Produktionsfunktion $y = A k$ ist hingegen A. Es impliziert die pareto-optimale Wachstumsrate

$$g^{o} = \frac{A - \delta - n - \rho}{\eta} > g,$$

die größer ist als jene, die bei freiem Spiel der Kräfte zustande kommt.

Die pareto-optimale Wachstumsrate kann durch eine Subventionierung des Kapitaleinsatzes mit der Rate $\zeta := (1-\beta)A$ implementiert werden. Die Gewinnmaximierung der Unternehmen führt dann auf einen Nutzungspreis des Kapitals in Höhe von $r = \beta A + \zeta = A$. Die Mittel für die Subvention müssen durch eine Pro-Kopf-Steuer in Höhe von ζk bei den Haushalten erhoben werden. Da das Haushaltseinkommen über den höheren Nutzungspreis nun auch die Subventionen der Unternehmen umfaßt, verbleibt den Haushalten nach Abzug der Steuern nach wie vor ein Einkommen in Höhe von y.

Humankapital als zweiter akkumulierbarer Produktionsfaktor

Wir behalten die Produktionsfunktion (D.I.2.4) bei, interpretieren nun aber $h := H/N$ als durchschnittliches Niveau des Humankapitals H, das neben Sachkapital K ein zweiter akkumulierbarer Produktionsfaktor ist. Die Pro-Kopf-Produktionsfunktion der Wirtschaft lautet also:

$$y = h^{1-\beta} k^{\beta}, \quad \beta \in (0, 1). \tag{D.I.2.6}$$

Die repräsentative Familie bezieht Einkommen aus Sachkapital und aus Humankapital. Sie finanziert daraus ihren Konsum sowie den Aufbau ihres Vermögens, das sie nun in Sach- und Humankapital anlegen kann. Zur Vereinfachung unterstellen wir für beide Kapitalarten dieselbe Abschreibungsrate δ. Im Unterschied zum Modell des

Learning by Doing ist der Erwerb von Humankapital nun ein Entscheidungsproblem. Da beide Kapitalarten aus der laufenden Güterproduktion zu finanzieren sind, müssen sie - wie im Modell des Abschnitts C.II.4 auf Seite 202 - dieselbe Nettoertragsrate r-δ besitzen. Aus der Gewinnmaximierung eines repräsentativen Unternehmens, das Sach- und Humankapitaldienste nachfragt, erhalten wir:

$$\left.\begin{array}{l} r = (1-\beta)\dfrac{y}{h}, \\[3mm] r = \beta\dfrac{y}{k}, \end{array}\right\} \Rightarrow h = \dfrac{1-\beta}{\beta}k.$$

Damit lautet die Pro-Kopf-Produktionsfunktion der Wirtschaft:

$$y = Av, \quad A := \beta^{\beta}(1-\beta)^{1-\beta}, \, v := k+h, \tag{D.I.2.7}$$

und die Gleichung für die Entwicklung des Pro-Kopf-Vermögens v hat die Form:

$$v = (r-\delta-n)v - c. \tag{D.I.2.8}$$

Bis auf den Kapitalbegriff, der nun Sach- und Humankapital umfaßt, entspricht das in den Gleichungen (D.I.2.7) und (D.I.2.8) beschriebene Modell dem AK-Modell am Beginn dieses Abschnitts.

Ergebnis D.I.2.1 :

a) Ein-Sektor-Modelle des endogenen Wachstums beruhen darauf, daß das Grenzprodukt des Kapitals nach unten beschränkt ist. Dies läßt sich im Rahmen von Cobb-Douglas-Technologien beispielsweise mit externen Effekten der Kapitalintensivierung [Learning by Doing] oder der Akkumulation von Humankapital begründen.

b) Sofern das Grenzprodukt des Kapitals in der Produktionsfunktion konstant ist, gibt es keine Konvergenzphase. Die Wirtschaft erreicht in ihrer ersten Entwicklungsperiode ihren langfristigen Wachstumspfad.

3. Das Uzawa-Lucas-Modell

Modellstruktur

Das zuletzt beschriebene Humankapitalmodell besitzt nur einen Produktionssektor. ROBERT LUCAS (1988) stellt ein Modell vor, in dem Humankapital in einem zweiten Sektor produziert wird. Ein formal ähnliches Modell entwickelt HIROFUMI UZAWA (1965).[6] PAUL ROMER (1989), S. 100, spricht deshalb vom Uzawa-Lucas-Modell.

---

6 Eng verwandt mit UZAWAS Modell ist ein Ansatz von MANFRED NEUMANN (1990), S. 68ff., in dem ein zweiter akkumulierbarer Produktionsfaktor durch Forschungs- und Entwicklungsinvestitionen aufgebaut wird.

Neues Sachkapital und Konsumgüter werden mit folgender Technologie hergestellt:

$$Q = (uhN)^{1-\beta}K^{\beta}, \quad \beta \in (0, 1). \tag{D.I.3.1}$$

Darin ist Q die produzierte Menge der Sachgüter, N der physische Arbeitseinsatz, h das Humankapital eines durchschnittlichen Arbeiters und $u \in [0, 1]$ der Anteil der Arbeitsleistungen in der Produktion der Sachgüter. Die Produktion Q teilt sich auf in den Konsum C, die Ersatzinvestitionen δK und die Erweiterungsinvestitionen $\dot{K}$. Humankapital unterliegt derselben Abschreibungsrate $\delta \in (0, 1)$ wie Sachkapital. Zusätzliches Humankapital $\dot{H}$ produziert ein zweiter Sektor mit Hilfe effizienter Arbeit hN unter konstanten Skalenerträgen:

$$\dot{H} = A(1-u)hN - \delta H, \quad A > 0. \tag{D.I.3.2}$$

In dieser Formulierung mißt der Parameter A die Effizienz des Bildungswesens und $(1-u)$ ist der Anteil der Arbeitsleistungen, der zum Erwerb von Humankapital eingesetzt wird.

Das Einkommen der Haushalte besteht aus den Löhnen, die beide Sektoren bezahlen und aus dem Kapitaleinkommen, das in der Sachgüterproduktion entsteht. In jedem Sektor herrscht Wettbewerb, so daß die Unternehmen Absatzpreise und Faktorpreise als gegeben betrachten. Wir normieren den Preis der Sachgüter auf Eins und bezeichnen den Preis des Humankapitals in Einheiten des Sachgutes mit p. Der Lohnsatz in Einheiten des Sachgutes ist w und der Nutzungspreis des Sachkapitals ist r. Die Unternehmen im Sachgütersektor maximieren folglich den Ausdruck Q-$wuhN$-rK unter der Nebenbedingung der Produktionsfunktion (D.I.3.1). Die Unternehmen im Humankapitalsektor maximieren $p[\dot{H}+\delta H]$-$w(1$-$u)hN$ unter der Nebenbedingung (D.I.3.2). Das Gleichgewicht auf den Faktormärkten beschreiben folglich die nachstehenden Gleichungen:

$$w = \frac{\partial Q}{\partial uhN} = (1-\beta)\frac{Q}{uhN},$$

$$r = \frac{\partial Q}{\partial K} = \beta\frac{Q}{K}, \tag{D.I.3.3}$$

$$w = \frac{\partial(\dot{H}+\delta H)}{\partial(1-u)hN} = pA,$$

$$u \in [0, 1].$$

Die Unternehmen erwirtschaften mithin keine Gewinne, $\Pi_Q = Q$-$wuhN$-$rK = 0$, $\Pi_H = p[\dot{H}+\delta H]$-$w(1$-$u)hN = 0$, und das Einkommen der Haushalte, whN+rK, entspricht dem Produktionswert $Y = Q$+$p[\dot{H}+\delta H]$.

Aus dem Nettoeinkommen Y-δK-δpH bestreitet die repräsentative Familie ihren Konsum C und den Erwerb zusätzlichen Humankapitals $p\dot{H}$. Das verbleibende Einkommen erhöht das Sachvermögen:

$$\dot{K} = whN + (r-\delta)K - p\delta H - C - p\dot{H}.$$

Diese Gleichung impliziert folgende Beziehung für die Entwicklung des Pro-Kopf-Vermögens $k:=K/N$:

$$\dot{k} = wh + (r-\delta-n)k - p(\delta+n)h - c - p\dot{h}. \tag{D.I.3.4}$$

Bei der Ableitung dieser Gleichung haben wir berücksichtigt, daß die repräsentative Familie mit der Rate $n \geq 0$ wächst. Außerdem unterstellen wir, der Familiengründer sei altruistisch: Er stattet seine Kinder mit derselben Menge an Sach- *und* Humankapital aus, über die er selbst zum Zeitpunkt ihrer Geburt verfügt.[7]

Ein optimales Konsumprofil zusammen mit einem optimalen Aufbau von Humankapital maximiert die intertemporale Nutzenfunktion

$$U(0) := \int_0^\infty \left[\frac{c^{1-\eta}-1}{1-\eta} \right] e^{-\rho t} \mathrm{d}t, \quad \eta, \rho > 0, \tag{D.I.3.5}$$

unter der Nebenbedingung (D.I.3.4) und gegebenen Anfangsvermögen $k(0)$ und $h(0)$.

Optimalitätsbedingungen

Die intertemporale Allokation des Pro-Kopf-Konsums, $c:=C/N$, genügt auch in diesem Modell der Keynes-Ramsey-Regel:

$$\frac{\dot{c}}{c} = \frac{1}{\eta}(r-\delta-n-\rho). \tag{D.I.3.6}$$

Die optimale Aufteilung der Investitionen in Sach- und Humankapital regelt eine einfache Bedingung, die Arbitrage ausschließt und die Ihnen in diesem Buch in ähnlicher Form schon mehrfach begegnet ist:

$$\frac{\dot{p}}{p} + A = r. \tag{D.I.3.7}$$

Danach muß die Bruttorendite einer in Sachkapital investierten Gütereinheit, r, der Bruttorendite einer in Humankapital investierten Gütereinheit entsprechen. Der Ertrag einer zusätzlichen Einheit Humankapitals besteht aus dessen Grenzprodukt pA und den Gewinnen $\dot{p}$, die mit Änderungen des relativen Preises p verbunden sind. Da

---

7 Die Definition $h=H/N$ impliziert

$$\frac{\dot{h}}{h} = \frac{\dot{H}}{H} - n = \frac{\dot{H}N}{NH} - n \Rightarrow \frac{\dot{H}}{N} = \dot{h} + nh.$$

für eine Gütereinheit $1/p$ Humankapitaleinheiten erworben werden können, ist $\dot{p}/p + A$ die Bruttorendite des Humankapitals.

Das Uzawa-Lucas-Modell besitzt eine sehr einfache Struktur, die es uns erlaubt, die intertemporale Allokation mit Hilfe von drei Differentialgleichungen zu beschreiben. Dabei dürfen wir uns allerdings nicht auf die üblichen Pro-Kopf-Größen c und k beziehen, denn wir wollen ja zeigen, daß diese Größen im Wachstumsgleichgewicht mit einer noch zu bestimmenden Rate wachsen. Wir wählen deshalb Variable, von denen wir erwarten, daß sie im Wachstumsgleichgewicht konstant sind. Dazu zählen $x:=c/k$, $z:=k/h$ und u. Aus der Produktionsfunktion für das Humankapital erhalten wir für die Veränderungsrate des durchschnittlichen Humankapitals h den Ausdruck:

$$\frac{\dot{h}}{h} = A(1-u) - (\delta + n). \tag{D.I.3.8}$$

Mit dessen Hilfe sowie der Beziehung $w=pA$ [siehe (D.I.3.3)] können wir die Budgetrestriktion (D.I.3.4) umschreiben zu:[8]

$$\frac{\dot{k}}{k} = wu(h/k) + (r - \delta - n) - x = \frac{r}{\beta} - (\delta + n) - x. \tag{D.I.3.9}$$

Aus dieser Gleichung und der Keynes-Ramsey-Regel (D.I.3.6) können wir eine Gleichung für die Veränderungsrate von x ableiten. Sie lautet:

$$\frac{\dot{x}}{x} = \left(\frac{\beta - \eta}{\beta\eta}\right)r + x + \frac{(n+\delta)(\eta - 1) - \rho}{\eta}. \tag{D.I.3.10}$$

Die Veränderungsrate von z ist nach den beiden Gleichungen (D.I.3.8) und (D.I.3.9) eine Funktion von r, x und u:

$$\frac{\dot{z}}{z} = \frac{r}{\beta} - x - A(1-u). \tag{D.I.3.11}$$

Die Bedingung $w=pA$, wonach die Reallöhne beider Sektoren gleich sind [siehe Gleichung (D.I.3.3)] impliziert $\dot{w}/w = \dot{p}/p$. Hieraus folgt über $w = (1-\beta)u^{-\beta}z^{\beta}$ und (D.I.3.7)

$$\frac{\dot{u}}{u} = \frac{\dot{z}}{z} - \frac{r - A}{\beta}.$$

Zusammen mit Gleichung (D.I.3.11) folgt daraus eine Gleichung für die Veränderungsrate des Anteils der Arbeit im Sektor für Sachgüter:

---

8 Die zweite Gleichsetzung folgt wiederum aus den Gleichgewichtsbedingungen der Faktormärkte, die $q=Q/N=wuh+rk$ implizieren und der Produktionsfunktion für Sachgüter, aus der folgt:

$$\frac{q}{k} = u^{1-\beta}(k/h)^{\beta-1} = u^{1-\beta}z^{\beta-1} = \frac{r}{\beta}.$$

$$\frac{\dot{u}}{u} = Au - x + \frac{A(1-\beta)}{\beta}. \tag{D.I.3.12}$$

Die Differentialgleichungen für u und z implizieren schließlich eine Differentialgleichung in der Bruttorendite des Sachkapitals:

$$\frac{\dot{r}}{r} = \frac{\beta - 1}{\beta} r + \frac{A(1-\beta)}{\beta}. \tag{D.I.3.13}$$

Das Differentialgleichungssystem aus den Gleichungen (D.I.3.13), (D.I.3.10) und (D.I.3.12) beschreibt den Zeitpfad der Wirtschaft. Bevor wir diesen Pfad näher beschreiben, betrachten wir zunächst die Eigenschaften des Wachstumsgleichgewichts.

Wachstumsgleichgewicht

Aus Gleichung (D.I.3.13) folgt, daß die Bruttorendite des Kapitals asymptotisch dem Durchschnittsprodukt des Humankapitals, A, zustrebt.[9] Aus der Keynes-Ramsey-Regel (D.I.3.6) können wir dann die langfristige Wachstumsrate des Pro-Kopf-Konsums c berechnen:

$$g := \frac{A - \delta - n - \rho}{\eta}. \tag{D.I.3.14}$$

Sie stimmt mit jener überein, die wir auch in den AK-Modellen im Abschnitt D.I.2 finden. Allerdings symbolisiert A jetzt nicht das Durchschnittsprodukt des Sachkapitals, sondern das des Humankapitals. Wir gehen im folgenden davon aus, daß Humankapital hinreichend produktiv ist, $A > \delta + n + \rho$, um ein langfristiges Wachstum zu ermöglichen. Für $\dot{x}/x = 0$ und $r^* = A$ erhalten wir aus der Differentialgleichung für die Veränderungsrate von x den langfristigen Wert von c/k:

---

9 In der Variablen $R := 1/r$ lautet die Differentialgleichung (D.I.3.13)

$$\dot{R} = -r^{-2}\dot{r} = -r^{-2}\left[\frac{\beta-1}{\beta}r^2 + \frac{A(1-\beta)}{A}r\right] = -\frac{\beta-1}{\beta} - \frac{A(1-\beta)}{\beta}R.$$

Daraus folgt $R^* = 1/A$ als stationäre Lösung. Die Variable $\bar{R} := R - R^*$, folgt der linearen Differentialgleichung

$$\dot{\bar{R}} = -\frac{A(1-\beta)}{\beta}\bar{R}.$$

Diese Gleichung hat nach Formel (E.III.2.2) die Lösung $\bar{R}(t) = \bar{R}(0)e^{-[A(1-\beta)]/\beta]t}$. Hieraus erhalten wir für R die Lösung:

$$R(t) = R^* + (R(0) - R^*)e^{-[A(1-\beta)]/\beta]t}.$$

Demnach strebt R monoton gegen $1/A$ und somit r gegen A.

$$x^* = \frac{\beta\rho - \beta(\delta + n)(\eta - 1) + A(\eta - \beta)}{\beta\eta}.$$

(D.I.3.15)

Wenn wir die Lösung für x^* zusammen mit $\dot{u}/u = 0$ in Gleichung (D.I.3.12) einsetzen, erhalten wir für u^* die Lösung

$$u^* = \frac{\rho + (\eta - 1)(A - \delta - n)}{\eta A}.$$

(D.I.3.16)

Damit dieser Wert positiv ist, müssen die Modellparameter der Restriktion

$$\eta > \left(1 - \frac{\rho}{A - \delta - n}\right)$$

(D.I.3.17)

genügen. Diese Bedingung impliziert zugleich, daß $u^* < 1$ ist. Sie ist außerdem äquivalent zur Forderung, daß die Gegenwartswerte des Sach- und des Humankapitals asymptotisch gegen Null streben [siehe Ergänzung D.I.3.1]. Aus der Stationarität von x und r folgt jene von z. Demnach wachsen auch die Kapitalintensität und der durchschnittliche Humankapitalbestand mit der Rate g. Wir zeigen nun, daß auch das Pro-Kopf-Einkommen asymptotisch mit dieser Rate wächst.

Wir messen das Pro-Kopf-Einkommen y in Sachgütereinheiten. Es errechnet sich deshalb als Summe der pro Kopf hergestellten Sachgüter q und der mit p bewerteten Pro-Kopf-Produktion des Humankapitalsektors:

$$y = q + p\frac{\dot{H} + \delta H}{N} = q + pA(1 - u)h.$$

Wir nutzen nun die Gleichgewichtsbedingungen der Faktormärkte (D.I.3.3), um diesen Ausdruck umzuformen: Wegen $w = pA = (1-\beta)q/(uh)$ erhalten wir

$$y = q + (1 - \beta)\frac{q}{uh}A(1 - u)h = q\left(\beta + \frac{1 - \beta}{u}\right)$$

(D.I.3.18)

und somit

$$\frac{\dot{y}}{y} = \frac{\dot{h}}{h} - \frac{\beta(1 - \beta)(1 - u)}{1 - \beta + \beta u}\frac{\dot{u}}{u} + \beta\frac{\dot{z}}{z}.$$

Langfristig, d.h. wenn $\dot{u} = \dot{z} = 0$ gilt, wächst daher das Pro-Kopf-Einkommen y mit derselben Rate wie der durchschnittliche Humankapitalbestand h.

Schließlich können wir aus Gleichung (D.I.3.18) noch den Einkommensanteil des Sachkapitals im Wachstumsgleichgewicht berechnen. Wir erhalten

$$\pi^* := \frac{rk}{y} = \frac{\beta(q/k)k}{q\left[\beta + (1 - \beta)u^{-1}\right]} = \frac{\beta}{\beta + \dfrac{(1 - \beta)A\eta}{\rho + (\eta - 1)(A - \delta - n)}}.$$

(D.I.3.19)

Diese Quote ist [wegen $u^* < 1$] kleiner als die Produktionselastizität des Sachkapitals β.

Modellsimulation

Wir haben beispielhaft einige Zeitpfade des Uzawa-Lucas-Modells berechnet, die Aufschluß über seine Konvergenzeigenschaften geben. Dazu haben wir die drei Differentialgleichungen (D.I.3.13), (D.I.3.10) und (D.I.3.12) numerisch integriert. Für die aus früheren Simulationen vertrauten Modellparameter sind wir von unseren Eckwerten $n=0{,}01$, $\delta=0{,}04$, $\rho=0{,}01$ und $\eta=3$ ausgegangen. Um die Wachstumsrate der Wirtschaft zu fixieren, müssen wir noch einen Wert für A vorgeben. Da A auch den lang-

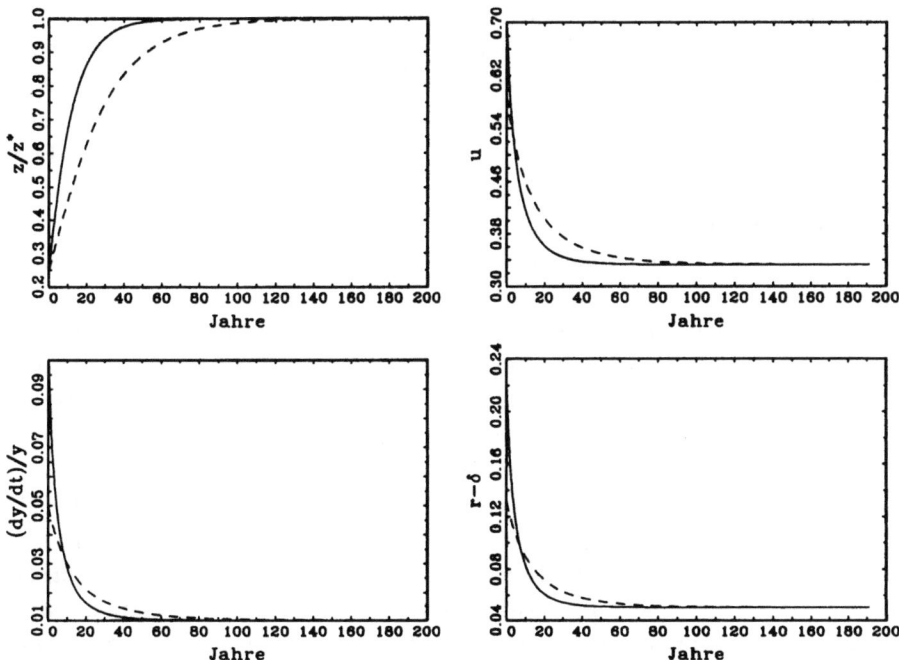

Abbildung D.I.3.1: Simulation des Uzawa-Lucas-Modells bei anfänglich knappem Sachkapital

fristigen Realzins $r^*\text{-}\delta=A\text{-}\delta$ festlegt, begrenzen die historischen Realzinsen die Wahl von A nach oben. Wir sind von einem langfristigen Realzins von 5 Prozent ausgegangen. Dieser eher große Wert impliziert ein $A=0{,}09$ und damit eine langfristige Wachstumsrate der Pro-Kopf-Produktion von einem Prozent.

Wie wir bereits beim Solow-Modell und beim Ramsey-Modell gesehen haben, beeinflußt die Produktionselastizität des Kapitals entscheidend die Konvergenzgeschwindigkeit. Das ist im Uzawa-Lucas-Modell nicht anders. Allerdings entspricht in diesem Modell β nicht der Einkommensquote des Kapitals. Diese ist nach Gleichung (D.I.3.19) eine zunehmende Funktion von β. Bei den bereits fixierten Werten der anderen Modellparameter impliziert $\beta=1/3$ eine Kapitaleinkommensquote von rund 14 Prozent.

Dieser Wert liegt weit unter den empirischen Kapitaleinkommensquoten [siehe Seite 10]. Für $\beta = 0,5$ liegt die Kapitaleinkommensquote im Wachstumsgleichgewicht bei 25 Prozent des Sozialprodukts, für $\beta = 2/3$ beträgt sie rund 40 Prozent. Diese beiden Werte decken in etwa die empirische Spannweite der Kapitaleinkommensquoten ab.

In Abbildung D.I.3.1 beziehen sich die gestrichelten Zeitpfade auf $\beta = 0,67$, die anderen auf $\beta = 0,5$. Der Simulation liegt ein anfängliches Verhältnis von Sach- zu Humankapital zugrunde, das einem Viertel seines langfristigen Wertes entspricht. Sachkapital ist mithin relativ knapp, wie bspw. in Deutschland nach dem Ende des Zweiten Weltkriegs. Infolgedessen ist der anfängliche Realzins, d.h. die Nettorendite des Sachkapitals, am Beginn der Entwicklung sehr hoch. Er liegt bei rund 22 Prozent und sinkt monoton auf 5 Prozent. Dazu korrespondiert der monotone Aufbau der Sachkapitalkapazitäten, der sich daran zeigt, das z/z^* von 0,25 gegen Eins strebt. Sachgüter sind anfangs relativ knapp, so daß der Arbeitsanteil der Sachgüterproduktion am Beginn der Entwicklung groß ist. Erst nach und nach wandert Arbeit in die Humankapitalproduktion, wie die Entwicklung von u zeigt. Langfristig sind zwei Drittel der Arbeitskräfte im Humankapitalsektor beschäftigt. Die Wachstumsrate der Wirtschaft sinkt im Zuge des Entwicklungsprozesses von fast zehn Prozent auf ihren langfristigen Wert von einem Prozent. Der Vergleich mit den gestrichelten Pfaden zeigt, daß auch im Uzawa-Lucas-Modell ein größerer Wert für β den Konvergenzprozeß bremst. Beim selben Maß der Unterentwicklung, $z(0)/z^* = 0,25$, liegt der anfängliche Realzins bei etwa 13 Prozent und ist damit deutlich kleiner als im Fall von $\beta = 0,5$. Die anfängliche Wachstumsrate des Pro-Kopf-Einkommens ist mit 5 Prozent nur halb so groß wie im ersten Beispiel.

Ein völlig anderes Entwicklungsmuster prognostiziert das Uzawa-Lucas-Modell für den Fall einer humankapitalarmen Wirtschaft. Den Zeitpfaden in Abbildung D.I.3.2 liegen dieselben Parameterwerte wie in den ersten beiden Simulationsläufen zugrunde. Allerdings haben wir eine Ausgangssituation gewählt, in der die Relation zwischen Sach- und Humankapital, $z(0)$, doppelt so groß wie im langfristigen Gleichgewicht ist. Infolgedessen sind die anfänglichen Realzinsen niedrig. Sie liegen bei rund einem [$\beta = 0,5$] bzw. eineinhalb Prozent [$\beta = 0,67$] und steigen erst im Zuge des knapper werdenden Realkapitals auf ihren langfristigen Wert von fünf Prozent. Neues Humankapital ist anfangs relativ teuer, so daß viele Arbeitskräfte in diesem Sektor arbeiten. Langfristig sinkt die Beschäftigtenquote dieses Sektors auf zwei Drittel. Mit der Expansion des Humankapitalsektors sinken die Preise für dessen Output, gleichzeitig schrumpft der Sachkapitalsektor relativ zum Humankapitalsektor. Diese strukturellen Veränderung zeigen sich daran, daß die Wirtschaft - gemessen am Pro-Kopf-Sozialprodukt - schrumpft und erst langfristig auf einen positiven Wachstumspfad einschwenkt.

Der Vergleich der eben beschriebenen Szenarien kann erklären helfen, warum manche Länder nach Einführung einer marktwirtschaftlichen Ordnung ein geradezu stürmisches Wachstum erleben, während in anderen Ländern eher ein Rückschritt zu

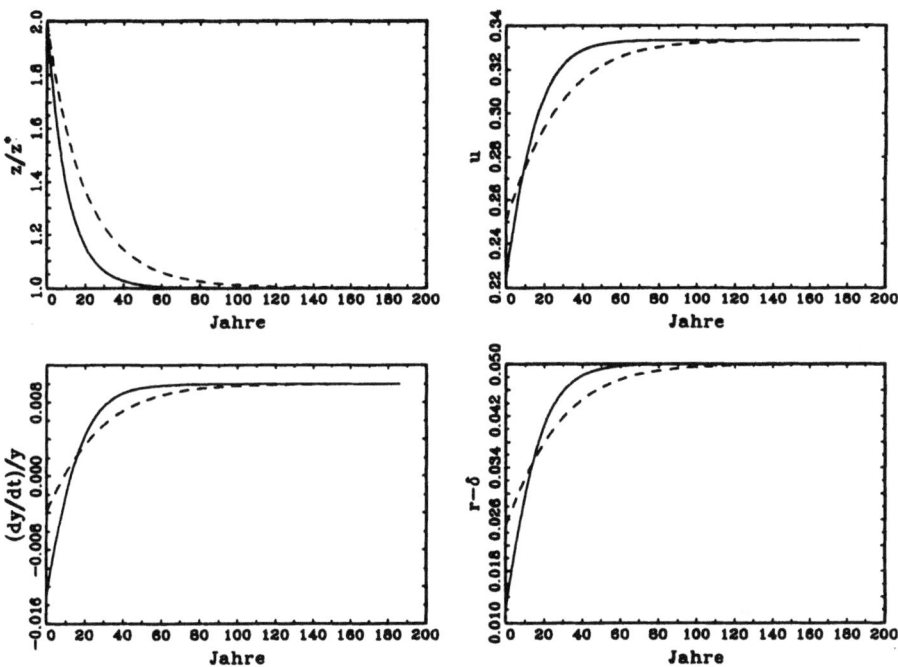

Abbildung D.I.3.2: Simulation des Uzawa-Lucas-Modells bei anfänglich knappem Humankapital

beobachten ist. Dort wo Humankapital vergleichsweise reichlich vorhanden ist und zudem Sachkapital aus dem Ausland zufließt, ist mit raschem Wachstum zu rechnen. Hingegen hilft Entwicklungsländern mit niedrigem Bildungsgrad und einem schlechten Bildungs- und Ausbildungssystem die Zufuhr von Sachkapital wenig, da Humankapital ihr Engpaßfaktor ist. Humankapital kann aber nur im Land selbst aufgebaut werden, und die daraus erwachsenden strukturellen Anpassungen der Wirtschaft spiegeln sich in einem vorübergehenden Sinken des [statistisch gemessenen] Pro-Kopf-Einkommens.

Ergebnis D.I.3.1: _____

a) Das Uzawa-Lucas-Modell besitzt ein eindeutiges Wachstumsgleichgewicht, in dem das Pro-Kopf-Einkommen, die Kapitalintensität und der durchschnittliche Humankapitalbestand mit derselben Rate wachsen. Die Wachstumsrate der Wirtschaft nimmt zu mit dem Durchschnittsprodukt des Humankapitals und mit der intertemporalen Substitutionselastizität des Konsums. Sie sinkt mit der Abschreibungsrate auf Sach- und Humankapital, der Wachstumsrate des Arbeitskräftepotentials und der Zeitpräferenzrate.

b) Das Konvergenzverhalten des Modells hängt entscheidend von der Relation zwischen Sach- und Humankapital zu Beginn des Entwicklungsprozesses ab. Hohe Wachstumsraten und hohe Realzinsen sind bei einer anfänglichen Sachkapitalknappheit zu erwarten. Bei einem Mangel an Humankapital ist es hingegen möglich, daß das Pro-Kopf-Einkommen am Beginn des Entwicklungsprozesses sinkt.

Ergänzung D.I.3.1: Formale Analyse des Uzawa-Lucas-Modells

Wir formulieren im folgenden das Uzawa-Lucas-Modell als ein soziales Planungsproblem. Sie werden sehen, daß dessen Optimalitätsbedingungen jenen entsprechen, die wir im Haupttext zur Analyse des Modells benutzt haben. Damit zeigen wir, daß die von uns beschriebene intertemporale Allokation pareto-optimal ist. [LUCAS (1988), S. 20, berücksichtigt in seiner Version des Modells noch einen externen Effekt des Bildungssektors, so daß dort die Marktlösung des Wachstumsproblems zu einer zu geringen Wachstumsrate führt.]

Pareto-Optimalität

Wir betrachten einen sozialen Planer, dessen Ziel darin besteht, den Nutzen eines repräsentativen Individuums unter Berücksichtigung der Ressourcenrestriktionen der Wirtschaft zu maximieren. Dieses Problem hat die folgende Struktur:

$$\max_{\{c(t),\,u(t)\}_{t=0}^{\infty}} \int_0^{\infty} \left[\frac{c^{1-\eta}-1}{1-\eta}\right] e^{-\rho t}\,dt,\quad \eta,\rho > 0,$$

unter den Nebenbedingungen

$$\dot{k} = (uh)^{1-\beta}k^{\beta} - (n+\delta)k - c,\tag{i}$$

$$\dot{h} = \big(A(1-u) - n - \delta\big)h,$$

$$u \in [0,1],$$

$$k(0),\ h(0)\ \text{gegeben}.$$

Wir lösen das Problem mit Hilfe von Satz E.IV.2.2. Die Lagrangefunktion lautet:

$$\mathscr{L} := \bar{H} + \nu_1 u + \nu_2(1-u),$$

$$\bar{H} := \frac{c^{1-\eta}-1}{1-\eta} + \psi_1\big((uh)^{1-\beta}k^{\beta} - (n+\delta)k - c\big) + \psi_2\big(A(1-u)h - (n+\delta)h\big).$$

Dabei haben wir $\psi_0=1$ gesetzt, denn entlang eines optimalen Pfades mit $q(t)$, $u(t)$, $h(t)>0$ hat die Matrix aus der Rangbedingung (E.IV.2.20) [die Reihenfolge der Kontrollen bei der Berechnung der partiellen Ableitungen ist c, u],

$$\begin{bmatrix} -1 & (1-\beta)q/u \\ 0 & -Ah \end{bmatrix}$$

stets den Rang 2. Erfüllt ist auch für alle zulässigen u die Regularitätsbedingung (E.IV.2.21), denn die Matrix

$$\begin{bmatrix} -1 & u & 0 \\ -1 & 0 & 1-u \end{bmatrix}$$

hat den Rang 2. Für positive Schattenpreise der beiden Kapitalgüter ist die Momentanwert-Hamiltonfunktion nach Satz E.I.2.b) konkav in (c, u), zudem sind die Nebenbedingungen $u \geq 0$ und $(1-u) \geq 0$ konkave Funktionen. Die folgenden Quasisattelpunktbedingungen sind deshalb notwendig und hinreichend für ein Maximum von $\bar{H}$ bezüglich der Kontrollen (c, u).

$$\frac{\partial \mathscr{L}}{\partial c} = c^{-\eta} - \psi_1 = 0, \tag{ii}$$

$$\frac{\partial \mathscr{L}}{\partial u} = \psi_1 (1-\beta) u^{-\beta} h^{1-\beta} k^{\beta} - \psi_2 A h + \nu_1 - \nu_2 = 0, \tag{iii}$$

$$\nu_1 u = 0, \ (1-u)\nu_2 = 0, \ \nu_1, \nu_2 \geq 0. \tag{iv}$$

Den Fall $u=0$ können wir ausschließen, da für positive Schattenpreise das Grenzprodukt der Arbeit in der Sachkapitalgüterproduktion, $w=(1-\beta)$, für $u \to 0$ gegen ∞ strebt. Hingegen kann der Fall $u=1$ auftreten, wenn die Zustands- und Kozustandsvariablen der Bedingung

$$\psi_1 (1-\beta) h^{1-\beta} k^{\beta} > \psi_2 A \tag{v}$$

genügen. Wir ignorieren diese Bedingung zunächst, d.h. wir gehen von $\nu_1=\nu_2=0$ aus. Wenn wir $p=\psi_2/\psi_1$ und $w=(1-\beta)$ setzen, erhalten wir aus (iii) die Bedingung $w=pA$, die sicherstellt, daß das Grenzprodukt der Arbeit in beiden Sektoren gleich groß ist.

Die Differentialgleichungen für die Schattenpreise des Sach- und des Humankapitals lauten nach Satz E.IV.2.2 [wir gehen weiterhin von $\nu_1=\nu_2=0$ aus]:

$$-\frac{\partial \mathscr{L}}{\partial k} = -\psi_1 \left(\beta (uh)^{1-\beta} k^{\beta-1} - \delta - n \right) = \dot{\psi}_1 - \rho \psi_1, \tag{vi}$$

$$-\frac{\partial \mathscr{L}}{\partial h} = -\psi_1 (1-\beta) u^{1-\beta} h^{-\beta} k^{\beta} - \psi_2 \left(A(1-u) - \delta - n \right) = \dot{\psi}_2 - \rho \psi_2. \tag{vii}$$

Mit der Definition $r=\beta (uh)^{1-\beta} k^{\beta-1}$ folgt aus (ii) [über $\dot{c}/c = -(1/\eta)\dot{\psi}_1/\psi_1$] die Keynes-Ramsey-Regel (D.I.3.6). Die Definition von p impliziert zusammen mit (iii), (vi) und (vii) die Arbitragefreiheitsbedingung (D.I.3.7).

Die Momentanwert-Hamiltonfunktion ist für $\psi_1, \psi_2 \geq 0$ eine nichtnegative Linearkombination konkaver Funktionen. Sie ist daher im zulässigen Steuerbereich konkav in den Kontroll- und Zustandsvariablen. Zu den hinreichenden Bedingungen für einen optimalen Pfad zählen noch die Transversalitätsbedingungen

$$\lim_{t \to \infty} \psi_1(t) e^{-\rho t} \left[k(t) - k^*(t) \right] \geq 0,$$

$$\lim_{t \to \infty} \psi_2(t) e^{-\rho t} \left[h(t) - h^*(t) \right] \geq 0.$$

Da nach (vi) ψ_1 asymptotisch mit der Rate $n+\delta+\rho-A$ wächst, wenn r gegen A strebt, und $k(t)$ langfristig mit der Rate $g=(A-\delta-n-\rho)/\eta$ zunimmt, ist die Bedingung (D.I.3.17) hinreichend dafür, daß ein konvergenter Pfad die Transversalitätsbedingung für k erfüllt. Entlang eines konvergenten Pfades wächst ψ_2 asymptotisch mit derselben Rate wie ψ_1 [denn $\lim_{t \to \infty} (\dot{p}/p)=0$] und h mit derselben Rate wie k, so daß ein konvergenter Pfad auch der Transversalitätsbedingung für h genügt.

Stabilität

Die Jabcobimatrix des Differentialgleichungssystems

$$\dot{r} = \frac{\beta-1}{\beta} r^2 + \frac{A(1-\beta)}{\beta} r,$$

$$\dot{x} = \frac{\beta - \eta}{\beta\eta}rx + x^2 + \frac{(\delta + n)(\eta - 1) - \rho}{\eta}x,$$

$$\dot{u} = -xu + Au^2 + \frac{A(1-\beta)}{\beta}u$$

lautet an der Stelle des Wachstumsgleichgewichts (r^*, x^*, u^*)

$$\begin{bmatrix} \dfrac{A(\beta - 1)}{\beta} & 0 & 0 \\[2ex] \dfrac{\beta - \eta}{\beta\eta}x^* & x^* & 0 \\[2ex] 0 & -u^* & Au^* \end{bmatrix}.$$

Sie hat deshalb die Eigenwerte $\lambda_1 = A(\beta-1)/\beta < 0$, $\lambda_2 = x^* > 0$ und $\lambda_3 = Au^* > 0$. Es gibt daher - lokal - nur einen Pfad zum Wachstumsgleichgewicht. Deshalb müssen bei gegebenen Anfangswerten für $k(0)$ und $h(0)$ der Pro-Kopf-Konsum c [und damit $x(0)$] sowie u so gewählt werden, daß sie auf diesem Pfad liegen. Damit sind auch Anfangswerte der Schattenpreise bestimmt. Sofern Sachkapital nicht zu knapp ist, d.h $z(0)$ nicht zu klein ist, verletzen diese Anfangswerte die Bedingung für $u < 1$ nicht.

4. Ein Modell zunehmender Produktvielfalt

Modellstruktur

Drei-Sektoren-Modelle des endogenen Wachstums bestimmen die Wachstumsrate der Wirtschaft über den Anteil der Ressourcen, der im Wachstumsgleichgewicht im Forschungssektor beschäftigt ist. Die Komplexität dieser Modelle nimmt mit der Zahl sektoral mobiler Produktionsfaktoren rasch zu. Wir beschränken uns deshalb auf eine einfache Variante des Modells von PAUL ROMER (1990) [dazu BARRO und SALA-I-MARTIN (1995), S. 213ff.]. Im Unterschied zum Original vernachlässigen wir Sachkapital als Produktionsfaktor für Zwischengüter, so daß Arbeit letztlich der einzige Produktionsfaktor unserer Wirtschaft ist. Durch die zusätzliche Annahme, daß sich die Produktionstechniken der drei Sektoren nur um jeweils einen Proportionalitätsfaktor voneinander unterscheiden, erhält das Modell gegenüber dem Original eine äußerst einfache Struktur.

Wir betrachten zunächst den Sektor für Endprodukte, deren Menge wir mit Y bezeichnen. Dieser Sektor nutzt Arbeitsleistungen N und ein Bündel von Zwischenprodukten $\{K(j)\}_{j=0}^m$. Seine Produktionsfunktion lautet[10]

$$Y = N^{1-\beta} \int_0^m K(j)^\beta \mathrm{d}j, \quad \beta \in (0, 1). \tag{D.I.4.1}$$

---

10   Diese Produktionsfunktion folgt aus Gleichung (D.I.1.12), wenn wir die Substitutionselastizität zwischen je zwei Zwischengütern auf den Wert $\sigma = 1/(1-\beta)$ setzen.

Das repräsentative Unternehmen dieses Sektors betrachtet den Preis seines Gutes, den wir auf Eins normieren, den Lohnsatz w und die Preise der Zwischenprodukte $q(j)$, $j \in [0, m]$ als gegeben. Es fragt daher soviele Arbeitsleistungen nach, bis deren Grenzprodukt dem Reallohn entspricht:

$$(1 - \beta) N^{-\beta} \int_0^m K(j)^{\beta} \, dj = w. \tag{D.I.4.2}$$

Die Nachfrage nach Zwischenprodukten genügt ebenfalls der Grenzproduktivitätsregel. Bei einem Nutzungspreis in Höhe von $q(j)$ Einheiten des Endprodukts fragt ein Unternehmen die Menge

$$K(j) = \left(q(j)/\beta \right)^{1/(\beta - 1)} N. \tag{D.I.4.3}$$

des Gutes $j \in [0, m]$ nach.[11]

Jedes Zwischenprodukt wird von einem Unternehmen hergestellt, das als einziges die Lizenz zur Produktion dieses Gutes besitzt. Der Zwischengutsektor besteht daher aus m Monopolen. Wir nehmen an, daß für jede produzierte Einheit eines Zwischengutes θ Einheiten des Endprodukts erforderlich sind. Es mag seltsam klingen, daß Endprodukte mit Zwischenprodukten und Zwischenprodukte mit Endprodukten hergestellt werden. Ein Augenblick des Nachdenkens zeigt indes, daß wir damit etwas anderes behaupten. Verzicht auf Endprodukte zugunsten von Zwischenprodukten bedeutet zunächst nur, daß Ressourcen aus dem einen Sektor in den anderen Sektor wandern müssen. Bei der unterstellten strikten Proportionalität müssen die Technologien

---

11   Zu dieser Formel gelangen Sie, wenn Sie das Integral in der Produktionsfunktion wie eine Summe behandeln und nach einem beliebigen $K(j)$ ableiten. Mathematisch ist das zwar kein korrektes Vorgehen, denn der Ausdruck unter dem Integral ist eine Funktion von j. Gleichwohl ist das Ergebnis korrekt, wie das folgende Argument zeigt. Das Gewinnmaximierungsproblem lautet:

$$\max_{w, \{K(j)\}_{j=0}^m} N^{1-\beta} \int_0^m K(j)^{\beta} dj - wN - \int_0^m q(j)K(j) dj.$$

Wir nehmen an, wir hätten die optimale Einsatzdichte der Zwischenprodukte gefunden. Wir bezeichnen diese Funktion mit $K^*(j)$, $j \in [0, m]$. Nun betrachten wir eine beliebige, stetige Funktion $h(j)$, mit der Eigenschaft $h(0) = h(m) = 0$. Für eine beliebige reelle Zahl a können wir $K(j) = K^*(j) + ah(j)$ schreiben, so daß die Funktion $K(j)$ an ihren Endpunkten mit der Funktion $K^*(j)$ zusammenfällt. Mit dieser Definition ist die Gewinnfunktion für gegebene Funktionen $K^*(j)$ und $h(j)$ nur noch eine Funktion des Skalars a. Notwendig für ein Gewinnmaximum ist daher, daß die erste Ableitung der Gewinnfunktion nach a an der Stelle $a = 0$ verschwindet. Demnach muß gelten:

$$N^{1-\beta} \int_0^m \beta K^*(j)^{\beta-1} h(j) \, dj - \int_0^m q(j) h(j) = \int_0^m \left[\beta N^{1-\beta} K^*(j)^{\beta-1} - q(j) \right] h(j) dj = 0.$$

Das Integral in dieser Bedingung verschwindet nur, wenn der Ausdruck in eckigen Klammern für alle $j \in [0, m]$ gleich Null ist. Dies führt auf Bedingung (D.I.4.3) [in der wir den Stern zur Kennzeichnung der optimalen Lösung wieder weglassen].

beider Sektoren bis auf den Faktor θ identisch sein. Auch der Zwischengutsektor nutzt daher Arbeitsleistungen und Zwischengüter.

Der Gewinn in Einheiten des Endprodukts für einen beliebigen Monopolisten j ist demzufolge $\pi(j)=(q(j)-\theta)K(j)$. Das Unternehmen j maximiert diesen Ausdruck durch die Wahl von $q(j)$ und berücksichtigt dabei die Nachfragefunktion (D.I.4.3). Diese Funktion hat eine konstante Preiselastizität von $1/(\beta-1)$. Der gewinnmaximale Preis errechnet sich deshalb als Aufschlag auf die konstanten Stückkosten von θ:[12]

$$q(j) = \frac{\theta}{\beta}. \tag{D.I.4.4}$$

Der Endproduktsektor setzt deshalb von jedem Zwischenprodukt die Menge

$$\bar{K} = \left(\frac{\theta}{\beta^2}\right)^{1/(\beta-1)} \tag{D.I.4.5}$$

ein, und jeder Monopolist erwirtschaftet einen Gewinn in Höhe von

$$\pi = \frac{\theta(1-\beta)}{\beta}\left(\frac{\theta}{\beta^2}\right)^{1/(\beta-1)} N. \tag{D.I.4.6}$$

Wir können die Menge der Arbeitsleistungen N als Index für die Größe des Marktes betrachten. Da der Stückgewinn konstant ist, nimmt der Gewinn mit der Größe des Marktes zu. Wir unterstellen, daß N konstant ist. In diesem Fall ist der Gewinn unabhängig von der Zeit t.

Designs für neue Zwischenprodukte entwickelt der Forschungssektor. Der Entwicklungsaufwand beträgt κ Einheiten des Endprodukts je Design. Mit anderen Worten, auch die Produktionstechnik dieses Sektors unterscheidet sich nur um den Faktor κ von der Technologie des Endproduktsektors. Neue Designs werden für p Einheiten des Endprodukts an Investoren verkauft, die damit eine zeitlich unbefristete Lizenz zur Produktion des neuen Gutes erwerben. Ein Gleichgewicht auf dem Markt für Lizenzen setzt zum einen $\kappa=p$ voraus: Könnten die Forschungsunternehmen ihre variablen Kosten nicht decken, $\kappa>p$, würden keine neuen Produkte entwickelt, d.h. $\dot{m}=0$. Würden andererseits im Forschungssektor Gewinne erzielt, $\kappa<p$, so wanderten alle verfügbaren Ressourcen in diesen Sektor und die beiden anderen Sektoren müßten die Produktion einstellen. Der Wettbewerb potentieller Investoren um Lizenzen sorgt zum anderen dafür, daß der Preis einer Lizenz gerade dem Gegenwartswert der damit erzielbaren Monopolgewinne entspricht. Beides zusammen führt auf die Bedingung:

---

12   Die notwendigen Bedingungen für ein Gewinnmaximum

$$\frac{d\pi(j)}{dq(j)} = K(j) + q(j)\frac{dK(j)}{dq(j)} - \theta\frac{dK(j)}{dq(j)} = K(j)\left[1 + \epsilon - \theta\epsilon/q(j)\right] = 0$$

[ϵ ist die Preiselastizität der Nachfrage] impliziert $q(j) = \dfrac{\epsilon}{\epsilon-1}\theta$. Daraus folgt mit $\epsilon=1/(\beta-1)$ Gleichung (D.I.4.4).

$$\kappa = \int\limits_{t}^{\infty} \pi e^{-\overline{r}(t,\,s)(s-t)} \, dt, \quad \overline{r}(t,s) := \frac{1}{s-t} \int\limits_{t}^{s} r(\xi) \, d\xi.$$

In dieser Gleichung sind κ und π zeitunabhängige Größen. Die Gleichung kann daher nur dann für alle beliebigen Zeitpunkte t erfüllt sein, wenn das Integral unabhängig von t ist. Das ist wiederum nur möglich, wenn der Diskontfaktor im Intervall $[t, \infty)$ konstant ist. Nur ein konstanter Zins r kann deshalb die Gleichung erfüllen. Wenn wir deshalb $\overline{r}(t, s)$ durch r ersetzen und π durch den Ausdruck in Gleichung (D.I.4.6), erhalten wir für den Zins den Ausdruck

$$r = \frac{\theta(1-\beta)}{\kappa\beta} \left(\frac{\theta}{\beta^2} \right)^{1/(\beta-1)} N. \tag{D.I.4.7}$$

Wir schließen das Modell mit Hilfe der intertemporalen Konsumplanung des Haushaltssektors. Die Haushalte erhalten Lohneinkommen in Höhe von wN und Dividendeneinkommen aus dem Besitz der Aktien der Monopolunternehmen in Höhe von $m\pi$. Daraus finanzieren sie ihren Konsum C und erwerben aus den Ersparnissen die Aktien neugegründeter Unternehmen im Wert von $p\dot{m}$. Ihr Aktienpaket hat den Wert $V = pm$. Es verzinst sich mit der Rate $r = m\pi/V$.[13] Wegen $\dot{V} = \dot{p}m + p\dot{m} = p\dot{m}$ können wir deshalb die Budgetrestriktion des Haushaltssektors auch als $\dot{V} = wN + rV - C$ schreiben. Da die repräsentative Familie nicht wächst, N ist konstant, lautet ihr Planungsproblem

$$\max_{\{c(t)\}_{s=t}^{\infty}} \int\limits_{t}^{\infty} \left[\frac{c^{1-\eta} - 1}{1 - \eta} \right] e^{-\rho(s-t)} \, ds, \, \rho > 0,$$

unter den Nebenbedingungen

$$\dot{v} = w + rv - c, \, v(0) \text{ gegeben},$$

wobei v und c das Pro-Kopf-Vermögen bzw. den Pro-Kopf-Konsum symbolisieren. Der optimale Konsumplan genügt der Keynes-Ramsey-Regel, aus der wir nun zugleich die Wachstumsrate des Pro-Kopf-Konsums erhalten:

$$g := \frac{\dot{c}}{c} = \frac{1}{\eta}(r - \rho). \tag{D.I.4.8}$$

Wachstumsgleichgewicht

Wir unterstellen, daß die Parameter unseres Modells der Bedingung $r > \rho$ genügen. Andernfalls wären die Haushalte nicht bereit, Aktien neu gegründeter Monopolunternehmen zu erwerben. Es gäbe demnach keine Nachfrage nach neuen Designs und m

---

13 Der Ertrag einer Aktie im Wert von p Gütereinheiten besteht aus der laufenden Dividende π und den Kursgewinnen $\dot{p}$. Ihre Rendite ist daher $r = (\pi + \dot{p})/p$. Die konstanten Produktionskosten für ein neues Design schließen Preisänderungen aus, $\dot{p} = 0$, so daß die Aktienrendite $r = \pi/p$ ist.

bliebe konstant. Die Produktion von Endprodukten würde bei $Y = N^{1-\beta} m \bar{K}^{\beta}$ verharren. Diese Überlegungen deuten bereits darauf hin, daß die Wachstumsrate der Wirtschaft der Rate entsprechen muß, mit der neue Produkte entworfen werden, d.h. es muß $\dot{m} = gm$ gelten. Wir zeigen nun, daß diese Intuition richtig ist. Die Ressourcenrestriktion der Wirtschaft lautet in Einheiten des Endprodukts:

$$Y = C + \theta m \bar{K} + \kappa g m .$$

Der zweite Term auf der rechten Seite dieser Gleichung entspricht der Produktion der Zwischengüter, der dritte Term der Menge neu entworfener Designs. Wenn wir diese Gleichung mit Hilfe der Produktionsfunktion (D.I.4.1) und der Lösungen für $\bar{K}$ [aus Gleichung (D.I.4.5)] sowie g [aus Gleichung (D.I.4.8)] nach C auflösen, erhalten wir:

$$C = \frac{m}{\eta} \left\{ \rho\kappa + N \left(\frac{\theta}{\beta^2} \right)^{\beta/(\beta-1)} \left[\eta (1 - \beta^2) - (1 - \beta)\beta \right] \right\}. \qquad \text{(D.I.4.9)}$$

Demnach muß der Konsum [und wegen der Konstanz von N auch der Pro-Kopf-Konsum] mit derselben Rate wachsen, mit der neue Designs produziert werden. Die Transversalitätsbedingung, die sicherstellt, daß die intertemporale Budgetrestriktion ausgeschöpft wird, stellt im übrigen sicher, daß C in Gleichung (D.I.4.9) positiv ist.[14]

Formal gesehen haben wir über einen etwas größeren Umweg wiederum ein AK-Modell entworfen, das keine Anpassungsdynamik kennt. Alle Pro-Kopf-Größen erreichen sofort den Gleichgewichtspfad. Die Wachstumsrate der Wirtschaft sinkt mit zunehmender Zeitpräferenzrate ρ und abnehmender intertemporaler Substitutionselastizität $1/\eta$, weil beide die Bereitschaft verringern, neue Aktien zu erwerben. Mit κ und θ sinkt die Effizienz des Forschungs- bzw. des Zwischengutsektors. Daher ist die Wachstumsrate der Wirtschaft um so niedriger, je größer diese beiden Parameter sind. Eine weitere Implikation des Modells ist es, daß große Wirtschaften schneller wachsen als kleine, weil die Wachstumsrate mit der Größe des Arbeitspotentials zunimmt. Diese

---

14   Wenn wir $\upsilon = w + r\upsilon - c$ mit Hilfe von Gleichung (E.III.2.6) im Intervall $[t, T]$ integrieren, erhalten wir

$$\upsilon(T) e^{-rT} = \int\limits_{t}^{T} e^{-r(s-t)} (w(s) - c(s)) ds + \upsilon(t).$$

Die linke Seite dieser Gleichung strebt mit T gegen Null. c wächst mit der Rate g und aus Gleichung (D.I.4.2) folgt für $K(j) = \bar{K}$, daß $w = (1-\beta) N^{-\beta} m \bar{K}^{\beta}$, so daß auch der Lohnsatz mit der Rate g wächst. Die Budgetrestriktion kann daher asymptotisch nur erfüllt sein, wenn $r > g$ ist. Diese Bedingung impliziert [nach Einsetzen der Lösungen für r aus Gleichung (D.I.4.7) und g aus Gleichung (D.I.4.8)]

$$\kappa\rho > (\eta - 1) \left[\frac{\theta}{\beta^2} \right]^{\beta/(\beta-1)} (1 - \beta)\beta,$$

so daß in Gleichung (D.I.4.9) $C > 0$ sein muß.

Aussage ist empirisch fragwürdig. Sie setzt zudem voraus, daß wir die Variable N in der Tat als Arbeitskräftepotential eines Landes interpretieren. In der Nachfragefunktion des Monopolisten repräsentiert sie die Größe des Marktes. Wenn eine Lizenz weltweit gilt, dann ist die Größe des Weltmarktes ausschlaggebend, und N wäre ein Maß dafür. Zudem ist ein neues Design ein nichttriviales Gut. Einmal entworfen, kann es im Prinzip überall auf der Welt genutzt werden. Auch aus dieser Perspektive ist es fraglich, N mit der Größe eines Landes zu identifizieren.

Pareto-Optimalität

Die Monopole im Zwischengutsektor führen dazu, daß die sozial wünschenswerte Wachstumsrate von der durch den Preismechanismus herbeigeführten Rate g abweicht. Dies läßt sich wie folgt zeigen: Die gesellschaftlichen Opportunitätskosten eines Zwischenprodukts sind θ. Würden sie zu diesem Preis bewertet und nicht zum höheren Monopolpreis θ/β gehandelt, könnte der Endproduktsektor von jedem Zwischengut die Menge $\bar{K}^o = (\theta/\beta)^{1/(\beta-1)} > \bar{K}$ einsetzen. Die Ressourcenrestriktion der Wirtschaft, $Y = Nc - \theta m \bar{K}^o - \kappa \dot{m}$, können wir daher umschreiben zu

$$\dot{m} = \frac{1}{\kappa}\left(Y - \theta m \bar{K}^o - Nc\right) = m \frac{\theta(1-\beta)}{\beta\kappa}\left(\frac{\theta}{\beta}\right)^{1/(\beta-1)} - Nc.$$

Wenn wir diese Gleichung als Produktionsfunktion für neue Designs interpretieren, dann ist das Grenzprodukt eines zusätzlichen Designs [d.h. die Ableitung von $\dot{m}$ nach m] gleich

$$r^o = \frac{\theta(1-\beta)}{\beta\kappa}\left(\frac{\theta}{\beta}\right)^{1/(\beta-1)}N = r\beta^{(1/(\beta-1))}.$$

Die soziale Ertragsrate zusätzlicher Designs ist mithin größer als die über den Markt vermittelte Aktienrendite. Demnach ist die pareto-optimale Wachstumsrate $g^o = (r^o - \rho)/\eta$ größer als die vom Preismechanismus herbeigeführte. Die Marktmacht im Zwischengutsektor führt daher zu Effizienzeinbußen. Diese äußern sich zum einen darin, daß zuwenig Zwischengüter produziert werden, so daß die Nettoproduktion zu klein ist [$Y - \theta m \bar{K} < Y^o - \theta m \bar{K}^o$]. Deshalb können die Haushalte in jeder Periode ceteris paribus weniger konsumieren als eigentlich möglich wäre. Die kleinere Wachstumsrate führt dazu, daß auch der Lebensnutzen niedriger ist. Gleichwohl sind die Monopole notwendige Voraussetzung für das Wachstum. Ohne Lizenzschutz könnten die Entwicklungskosten neuer Designs am Markt nicht verdient werden, und es würden keine Ressourcen in den Forschungssektor wandern.

Die pareto-optimale Allokation läßt sich mit Hilfe einer Subvention für den Einsatz der Zwischengüter implementieren. Wenn die Unternehmen des Endproduktsektors für jede Einheit eines Zwischenguts eine Subvention in Höhe von $(1-\beta)q(j)$ erhalten, so daß ihre effektiven Beschaffungskosten je Stück $\beta q(j)$ betragen, nutzen sie von jedem

Zwischenprodukt die optimale Menge $\bar{K}^o$. Zur Finanzierung der Subventionen kann der Staat bei den Haushalten eine Pauschalsteuer erheben.

Ergebnis D.I.4.1: _____

In unserem einfachen Modell der zunehmenden Produktvielfalt ist die Wachstumsrate - wie auch schon in den anderen Modellen des endogenen Wachstums - um so kleiner, je größer die Zeitpräferenzrate und je kleiner die intertemporale Substitutionselastizität ist. Sie ist um so größer, je effizienter Zwischenprodukte und Forschungsleistungen produziert werden können.

Voraussetzung für den Wachstumsprozeß ist ein unbegrenzter Patentschutz für neu entworfene Zwischenprodukte. Die damit verbundene Monopolstellung der Produzenten von Zwischenprodukten führt zu Effizienzeinbußen, die sich darin manifestieren, daß die Wachstumsrate der Wirtschaft kleiner ist als die sozial erwünschte. Mit Hilfe einer Subvention auf den Einsatz von Zwischenprodukten läßt sich diese Allokationsverzerrung beseitigen.

───

5. Ein Modell zunehmender Produktqualität

Modellstruktur

Wir betrachten nun ein Modell, in dem sich technischer Fortschritt in diskreten Qualitätssprüngen bei einzelnen Zwischenprodukten entlang einer Quality Ladder äußert. Die Qualitätsverbesserungen senken die Kosten der Konsumgüterproduktion. Der Abstand zwischen den Sprossen der Qualitätsleiter ist gegeben. Der Ressourceneinsatz im Forschungssektor steuert die Zahl der Stufen, die in einem Zeitabschnitt der Länge dt erklommen werden. Es gibt wiederum sehr viele Produkte, deren Indizes im Intervall [0, 1] liegen. Infolgedessen beobachten wir auf der gesamtwirtschaftlichen Ebene ein stetiges Wachstum der Pro-Kopf-Produktion, obgleich auf Firmenebene technische Neuerungen - gemessen an der Anzahl der Qualitätssprünge - zufällig sind. Unser Modell ist eine auf Zwischenprodukte gemünzte Version des Modells von GENE GROSSMAN und ELHANAN HELPMAN (1991) [Kapitel 4]. Diskrete Veränderungen eines gesamtwirtschaftlichen Qualitätsindexes betrachten PHILIPPE AGHION und PETER HOWITT (1992) in ihrem Modell der schöpferischen Zerstörung.

Jedes Zwischenprodukt $j \in [0, 1]$ gibt es in $s = 0, 1, ..., m(j)$ unterschiedlichen Qualitäten. Eine Einheit eines Gutes der Qualität s bietet gegenüber einer Einheit der niedrigeren Qualität s-1 eine um den Faktor $\lambda > 1$ höhere Produktionsleistung. Sobald man die unterschiedlichen Qualitätsstufen jedoch mit ihrem jeweiligen Effizienzniveau gewichtet, sind sie für die Endproduktherstellung gleichwertig. Die Produktionstechnik hat daher folgende Form:

$$\ln C = \int\limits_0^1 \ln \bar{K}(j)\,dj, \quad \bar{K}(j) := \sum_{s=0}^{m(j)} \lambda^s K_s(j).$$ (D.I.5.1)

Dabei haben wir unterstellt, daß in allen Industrien das Ausmaß der Qualitätssprünge λ dasselbe ist und daß die niedrigste Qualität $s=0$ das Effizienzniveau Eins besitzt.

Preisbildung für Zwischenprodukte

Auf dem Markt für Konsumgüter herrscht Wettbewerb und ebenso hat kein Unternehmen Nachfragemacht auf den Märkten für Zwischengüter. Den Preis des Konsumgutes normieren wir auf Eins, so daß der Lohn für die Arbeit w und die Preise der Zwischengüter $q(j)$ in Einheiten des Konsumgutes gemessen werden. In jedem Industriezweig j hat genau ein Unternehmen s das unbefristete Patent auf die Produktion der Qualität $s=0, 1, ..., m(j)$. Für die Produktion einer Einheit einer beliebigen Qualitätsstufe ist gerade eine Einheit Arbeitsleistungen erforderlich. Demnach haben alle Unternehmen einer Branche j dieselben Stückkosten. Sie werden deshalb nur produzieren, wenn der Preis $q(j)$ zumindest den Stückkosten entspricht. Betrachten wir nun den Marktführer, der das Patent auf das jeweils beste Produkt $s=m(j)$ hat. Eine Einheit dieses Gutes ist in den Augen der Konsumgüterproduzenten äquivalent zu λ Einheiten der nächst niedrigeren Qualität $m(j)$-1. Wenn daher der Marktführer einen Preis in Höhe von

$$q(j) = \lambda w$$ (D.I.5.2)

fordert, findet sein nächster Konkurrent nur noch zum Preis $q_{m(j)-1}(j)=w=q(j)/\lambda$ Kunden. Die Preise, zu denen die Produzenten der Qualitäten $s=0, 1, ..., m(j)$-2 noch konkurrenzfähig sind, liegen dann bereits unter den Produktionskosten. Der Marktführer kann mithin einen Eintrittssperrenpreis setzen, der marginal unter λw liegt und der ihm den gesamten Markt sichert.

Wenn wir die Menge des Gutes mit der jeweils höchsten Qualität mit $K(j)$ bezeichnen, vereinfacht sich die Produktionsfunktion (D.I.5.1) zu:

$$\ln C = \int\limits_0^1 \ln\left[\lambda^{m(j)} K(j)\right] dj.$$

Die Unternehmen der Konsumgüterindustrie maximieren deshalb ihren Gewinn, wenn sie von jedem Zwischengut j die Menge

$$K(j) = \frac{C}{q(j)} = \frac{C}{\lambda w}$$ (D.I.5.3)

nachfragen.[15] Der Marktführer in der Industrie j erzielt daher beim Preis $q(j)=\lambda w$ einen Gewinn in Höhe von

$$\Pi(j) = q(j)K(j) - wN_K(j) = (\lambda - 1)wN_K(j), \qquad \text{(D.I.5.4)}$$

wobei $N_K(j)$ [$=K(j)$] die von ihm eingesetzte Menge an Arbeitsleistungen ist. Da alle Zwischenprodukte denselben Preis haben, werden sie alle in denselben Mengen nachgefragt. Alle Branchenführer erzielen denselben Gewinn, der Arbeitseinsatz ist unabhängig vom Branchenindex, und die Summe über alle Branchen liefert $N_K=\int_0^1 (C/\lambda w)\,dj$ $=C/\lambda w=N_K(j)$.

Für einen Branchenführer lohnt es sich nicht, seinen Marktvorsprung durch eigene Forschungsanstrengungen weiter auszubauen. Nehmen wir an, er würde einen zweifachen Qualitätsvorsprung vor seinem nächsten Konkurrenten anstreben, so daß er statt λw einen Eintrittssperrenpreis von $\lambda^2 w$ setzen könnte. Sein Gewinnzuwachs wäre dann

$$\left(\lambda^2 w - w\right)\left(C/\lambda^2 w\right) - (\lambda w - w)(C/\lambda w) = \frac{1}{\lambda}\left(\frac{\lambda-1}{\lambda}\right)C.$$

Darin ist $(\lambda-1)(C/\lambda)$ der Gewinn, der jedem Unternehmen zufällt, das die Marktführerschaft in einer beliebigen Branche j erreicht [siehe Gleichung (D.I.5.4)]. Da annahmegemäß $1/\lambda$ kleiner als Eins ist, lohnt es sich offensichtlich nicht, einen Vorsprung von mehr als einer Qualitätsstufe anzustreben. Forschung wird daher nur von Außenseitern betrieben, die noch keine Marktführerschaft erreicht haben.

Ressourceneinsatz im Forschungssektor

Auf der Ebene eines Unternehmens, dessen Ziel es ist, eine beliebige Produktlinie j zu verbessern, ist offen, wann es seinen Forschern gelingt, die nächste Qualitätsstufe zu entwickeln. Wenn wir unterstellen, daß die Erfolgswahrscheinlichkeit je Zeiteinheit

---

15 Wenn wir das Integral in der Produktionsfunktion wie eine Summe behandeln, dann ist das Grenzprodukt eines Gutes j mit der höchsten Qualität $K(j)/C$, und das Ergebnis folgt aus der Maximumsbedingung "Faktorpreis=Grenzerlös" [Der Preis des Konsumgutes ist Eins!]. Mathematisch präzise ist folgende Argumentation [siehe Fußnote 11 in diesem Kapitel]: Wir nehmen an, wir hätten die gewinnmaximalen Mengen der Zwischenprodukte $K^*(j)$ gefunden und betrachten ein anderes Bündel, das wir durch $K(j)=K^*(j)+ah(j)$, $h(0)=h(1)=0$, $a\in\mathbb{R}$, definieren. Der Gewinn des repräsentativen Unternehmens der Konsumgüterindustrie ist dann nur eine Funktion des Parameters a,

$$e^{\int_0^1 \ln\left[\lambda^{m(j)}\left(K^*(j)+ah(j)\right)\right]dj} - \int_0^1 q(j)\left(K^*(j)+ah(j)\right)dj.$$

Die Ableitung dieser Funktion von a muß an der Stelle $a=0$ verschwinden. Dies führt auf die Bedingung

$$\int_0^1 \left[C/K^*(j)-q(j)\right]h(j)\,dj = 0.$$

Das Integral verschwindet nur, wenn für alle $j\in[0, 1]$ $K(j)=C/q(j)$ erfüllt ist.

θ beträgt, dann hat die Zufallsvariable S:="Anzahl der Qualitätssprünge in einem Intervall der Länge t" eine Poissonverteilung [siehe bspw. LLOYD (1980), S. 75f], d.h. die Wahrscheinlichkeit P für s Sprünge im Intervall der Länge t beträgt

$$P(S = s) = e^{-\theta t}(\theta t)^s/s!, \tag{D.I.5.5}$$

und ihr Erwartungswert ist

$$E(S) := \sum_{s=0}^{\infty} s\, e^{-\theta t}(\theta t)^s/s! = \theta t. \tag{D.I.5.6}$$

Die Wahrscheinlichkeit, die nächsthöhere Qualitätsstufe zu entwickeln, ist demnach $P(s=1)=(\theta t)e^{-\theta t}$. In einem sehr kleinen Intervall der Länge dt, beträgt diese Wahrscheinlichkeit näherungsweise θdt [siehe Formel (E.I.6)].

Wir nehmen an, daß die Erfolgswahrscheinlichkeit θ direkt proportional ist zum Arbeitseinsatz im Forschungssektor. Ein Unternehmen j, das im Intervall dt je Zeiteinheit $N_R(j)$ Arbeitskräfte in der Forschung beschäftigt, schafft mit der Wahrscheinlichkeit $\theta dt=(N_R(j)/\kappa)dt$ den Durchbruch in dieser Zeitspanne. Der Ausdruck $N_R(j)/\kappa$ mißt die individuelle Forschungsintensität. Gelingt dem Unternehmen eine Innovation, so kann es die Lizenz zur Produktion der neuesten Qualitätsstufe zum Preis von v verkaufen. Der erwartete Gewinn ist deshalb $v(N_R(j)/\kappa)dt-wN_R(j)dt$. Damit überhaupt in die Forschung investiert wird, muß $v\geq\kappa w$ gelten. Bei freiem Marktzutritt im Forschungssektor ist die Situation $v>\kappa w$ kein Gleichgewicht, so daß

$$v = \kappa w \tag{D.I.5.7}$$

gelten muß. Bei konstanter Effizienz der Arbeit im Forschungssektor $1/\kappa$ müssen deshalb der Reallohn w und der Preis einer Lizenz v mit derselben Rate wachsen.

Aktienrendite

Welche Rendite erzielt ein Haushalt, der die Aktie eines Marktführers zum Preis v erwirbt und damit das Unternehmen in die Lage versetzt, die Lizenz für die neueste Produktqualität zu erwerben? Wir haben bereits gesehen, daß der Branchenführer aus dem Markt scheidet, wenn es einem Außenseiter gelingt, eine weitere Qualitätsverbesserung zu erreichen. In diesem Fall wird die Aktie wertlos. Außerdem ist der Dividendenstrom auf das Intervall begrenzt, in dem kein neuer Durchbruch zustande kommt. Sei nun $N_R(j)$ der gesamte Arbeitseinsatz zur Verbesserung der Produktqualität in der Branche j, so daß mit der Wahrscheinlichkeit $(N_R(j)/\kappa)dt$ im Intervall dt ein Durchbruch zu erwarten ist. Dann kann der Aktionär im Intervall dt einen Ertrag von

$$\Pi dt\Big(1 - (N_R(j)/\kappa)\,dt\Big) + v\,dt\Big(1 - (N_R(j)/\kappa)dt\Big) - v(N_R(j)/\kappa)\,dt$$

erwarten. Der erste Term in diesem Ausdruck ist der erwartete Dividendenstrom, der zweite der erwartete Kursgewinn und der dritte der erwartete Kursverlust. Wir haben in diesem Ausdruck den Index j bei Π und v vernachlässigt, weil alle Branchenführer im Marktgleichgewicht denselben Gewinn erzielen und alle gehandelten Aktien wegen $v=\kappa w$ denselben Wert haben. Infolgedessen erhalten wir aus der oben stehenden Formel den Ertrag aus dem gesamten Aktienvermögen der Haushalte, wenn wir $N_R(j)$ durch N_R, den gesamten Arbeitseinsatz im Forschungssektor der Wirtschaft ersetzen.[16] In einem sehr kleinen Zeitintervall dt sind alle Terme mit dem Faktor $(dt)^2$ praktisch gleich Null. Der Einfachheit halber vernachlässigen wir diese Ausdrücke und erhalten daher für die Rendite r des gesamten Aktienvermögens den Ausdruck

$$r = \frac{1}{v}\Big(\Pi + v - v(N_R/\kappa)\Big). \tag{D.I.5.8}$$

Konsumentenverhalten

Wir schließen das Modell auf dieselbe Weise wie im Abschnitt D.I.4. Der Haushaltssektor bezieht Lohneinkommen in Höhe von wN, und hält die Aktien aller Branchenführer. Sein Vermögenseinkommen ist daher rv [da $\int_0^1 v\,dj = v$]. Die Familiengröße N ist konstant und der Periodennutzen ist logarithmisch [$u(c)=\ln c$]. Das optimale Konsumprofil genügt daher der Keynes-Ramsey-Regel:

$$g := \frac{\dot{c}}{c} = r - \rho. \tag{D.I.5.9}$$

Wachstumsgleichgewicht

In einem Wachstumsgleichgewicht muß der Arbeitseinsatz im Zwischengutsektor und im Forschungssektor konstant sein und dem gegebenen Arbeitskräftepotential entsprechen:

$$N = N_K + N_R. \tag{D.I.5.10}$$

Im Zwischengutsektor werden nur die Produkte der Stufe $m(j)$ produziert, wobei der Arbeitseinsatz in allen Branchen gleich ist: $K_{m(j)}=N_K(j)=C/\lambda w$. Aus der Produktionsfunktion (D.I.5.1) folgt daher:

$$\ln C = \int_0^1 \ln\Big[\lambda^{m(j)} N_K(j)\Big]\,dj = \ln N_K + \ln M, \quad \ln M := \int_0^1 \ln \lambda^{m(j)}\,dj,$$

bzw.

$$\ln(\lambda w) = \int_0^1 \ln \lambda^{m(j)}\,dj = \ln M.$$

---

16 Da alle Unternehmen im Intervall [0, 1] dieselbe Forschungsintensität $N_R(j)/\kappa$ haben, erhalten wir:

$$\int_0^1 \Big[\Pi dt\big(1 - (N_R(j)/\kappa)\,dt\big) + v\,dt\big(1 - (N_R(j)/\kappa)\,dt\big) - v(N_R(j)/\kappa)\,dt\Big]\,dj$$

$$= \Pi dt\big(1 - (N_R/\kappa)\,dt\big) + v\,dt\big(1 - (N_R/\kappa)\,dt\big) - v(N_R/\kappa)\,dt.$$

Die erste Formel zeigt, daß der Pro-Kopf-Konsum mit derselben Rate wachsen muß, mit der der Qualitätsindex M zunimmt. Die zweite Formel impliziert, daß auch der Reallohn mit dieser Rate wächst. Die Definition der Aktienrendite können wir umschreiben zu $v/v = r - \Pi/v + N_R/\kappa$. In dieser Gleichung ersetzen wir r mit Hilfe der Keynes-Ramsey-Regel (D.I.5.9) und Π/v durch $(\lambda-1)N_K/\kappa$ [siehe Gleichung (D.I.5.4) für $N_K = N_K(j)$ und Gleichung (D.I.5.7)]. Wegen $v/v = \dot{c}/c$ und $N_K = N - N_R$ [Gleichung (D.I.5.10)] erhalten wir dann schließlich

$$\frac{N_R^*}{\kappa} = \frac{\lambda - 1}{\lambda \kappa} N - \frac{\rho}{\lambda}. \tag{D.I.5.11}$$

Die linke Seite dieser Gleichung ist die Forschungsintensität, mit der in der gesamten Wirtschaft nach Qualitätsverbesserungen gesucht wird. Sie entspricht der Wachstumsrate des Pro-Kopf-Konsums, wie wir nun noch zu zeigen haben. Dazu schreiben wir den Qualitätsindex M um zu

$$\ln M = \int_0^1 m(j) \ln \lambda \, dj = \ln \lambda \sum_{m=0}^\infty m \, e^{-\theta t} (\theta t)^m / m! = \ln \lambda \, (\theta t) = \ln \lambda \, (N_R^*/\kappa) t. \tag{D.I.5.12}$$

Die Gleichsetzung des Integrals über dem Intervall [0, 1] mit der Summe über alle denkbaren, bereits erreichten Qualitätsstufen [$m = 0, ..., \infty$] beruht auf folgender Überlegung: Der Forschungserfolg hängt in unserer Wirtschaft nur vom Arbeitseinsatz ab. Forschung ist ein Prozeß, der keine Erfahrung erfordert und unabhängig vom Erfolg in anderen Branchen ist. Bei gleichem Ressourceneinsatz hat daher eine Branche, die bereits ein sehr hohes Qualitätsniveau erreicht hat, dieselbe Wahrscheinlichkeit für eine weitere Qualitätsverbesserung wie eine Branche, die bisher nur wenige Stufen auf der Qualitätsleiter erklommen hat. Da zudem der erwartete Ertrag bei jeder Verbesserung derselbe ist, muß der Arbeitseinsatz in der Forschung in allen Branchen gleich groß sein. Nun ist die Wahrscheinlichkeit, in der Zeitspanne [0, t] gerade m Verbesserungen zu realisieren, gleich

$$(N_R(j)/\kappa)t)^m \, e^{-(N_R(j)/\kappa)t} / m!$$

[siehe Gleichung (D.I.5.5)]. Wenn wir über alle Branchen aggregieren, ist $(\theta t)^m e^{-\theta t}/m!$, $\theta = N_R/\kappa$, der Anteil aller Branchen, die gerade auf der m-ten Stufe der Qualitätsleiter stehen.[17] Mit der Summe über alle denkbaren Stufen müssen wir daher auch alle Branchen im Intervall [0, 1] erfassen. Die Summe in Gleichung (D.I.5.12) entspricht

---

17 Dieselbe Überlegung wie in Fußnote 16 führt zum Ergebnis:

$$\int_0^1 \left[(N_R(j)\,t/\kappa)^m \, e^{-(N_R(j)t/\kappa)} / m! \right] dj = (N_R t/\kappa)^m \, e^{-N_R t/\kappa} / m!.$$

aber gerade dem Erwartungswert der poissonverteilten Zufallsvariablen S [siehe Gleichung (D.I.5.6)].

Aus Gleichung (D.I.5.12) folgt deshalb die Wachstumsrate des Qualitätsindexes:

$$\frac{\dot{M}}{M} = \frac{N_R^*}{\kappa} \ln\lambda = g. \tag{D.I.5.13}$$

Zusammen mit dem Ausdruck für N_R/κ in Gleichung (D.I.5.11) zeigt diese Formel, daß die Wachstumsrate des Pro-Kopf-Konsums mit dem Ausmaß der Qualitätssprünge λ, der Größe des Arbeitskräftepotentials N und der Arbeitsproduktivität im Forschungssektor ($1/\kappa$) zunimmt sowie mit der Zeitpräferenzrate ρ abnimmt.

Pareto-Optimalität

Auch im vorliegenden Modell gibt es Allokationsverzerrungen, die dazu führen, daß die pareto-optimale Wachstumsrate von jener abweicht, die der Preismechanismus herbeiführt. Aus statischer Sicht führt die Monopolstellung der Marktführer dazu, daß zuwenig Arbeit im Zwischengutsektor beschäftigt wird. Entspräche der Preis eines Gutes der jeweils höchsten Qualität seinen Stückkosten, würden davon C/w anstatt $C/\lambda w$ Einheiten nachgefragt. Bei gegebenem Stand der Technik M wäre daher der augenblickliche Konsum größer. Allerdings stünden dann weniger Arbeitskräfte für die Forschung zur Verfügung, und das Wachstum würde geringer ausfallen. Die pareto-optimale Wachstumsrate der Wirtschaft ist nun allerdings nicht notwendigerweise größer als die dezentral realisierte Rate N_R^*/κ nach Gleichung (D.I.5.11). Die Ursache hierfür liegt in dem Umstand, daß Forschung nun auch einen negativen externen Effekt zeitigt: Sie entwertet die Aktien jener Unternehmen, die ihre Branchenführerschaft durch den Forschungserfolg von Branchenneulingen verlieren. Je schneller sich der Fortschritt vollzieht, desto größer sind die erwarteten Kursverluste des Haushaltssektors und desto geringer sein verfügbares Einkommen. Wir zeigen nun, daß die Abwägung der Vor- und Nachteile des technischen Fortschritts im Kalkül eines sozialen Planers nicht notwendigerweise zu einer Wachstumsrate führt, die g übersteigt.

Wenn wir in einer gegebenen Periode $N-N_R$ Einheiten Arbeitsleistungen im Zwischengutsektor einsetzen und sie dort - infolge der überall gleich großen Arbeitsproduktivität - gleichmäßig auf die jeweils führenden Produkte verteilen, erhalten wir aus der Produktionsfunktion den Ausdruck:

$$\ln C = \ln(N - N_R) + \ln M, \quad \ln M := \ln\lambda \int_0^1 m(j)\,dj. \tag{D.I.5.14}$$

Bei konstanter Bevölkerung und einer logarithmischen Nutzenfunktion maximieren wir mit $\int_0^\infty \ln C e^{-\rho t}\,dt$ zugleich auch $\int_0^\infty \ln c\, e^{-\rho t}\,dt$ [$c:=C/N$]. Die Restriktion dieses Problems ist die Gleichung für die Veränderung des Qualitätsindexes, die über den

Ressourceneinsatz im Forschungssektor gesteuert werden kann. Unser Planungsproblem lautet mithin:

$$\max_{\{N_R(t)\}_{t=0}^{\infty}} \int_0^{\infty} \left[\ln(N - N_R) + \ln M \right] e^{-\rho t}\, dt, \; \rho > 0,$$

unter den Nebenbedingungen

$$\dot{M} = (N_R/\kappa)(\ln\lambda)\, M, \; M(0) \text{ gegeben}.$$

Seine Lösung führt auf die pareto-optimale Wachstumsrate[18]

$$g^o := \frac{N}{\kappa} - \frac{\rho}{\ln\lambda}. \tag{D.I.5.15}$$

Die Differenz zwischen der pareto-optimalen Wachstumsrate g^o und der von den Marktkräften herbeigeführten Rate g,

$$g^o - g = \frac{\rho}{\lambda}\left(1 + \frac{N}{\kappa\rho} - \frac{\lambda}{\ln\lambda} \right)\ln\lambda,$$

hängt vom Ausmaß der Qualitätssprünge ab. Sie ist für gegebene Modellparameter N, κ und ρ eine Funktion des Abstands der Sprossen auf der Qualitätsleiter λ. Abbildung D.I.5.1 zeigt den Verlauf dieser Funktion. Demnach wächst die Laisser-faire-Wirtschaft sowohl für kleine Werte von λ als auch für große schneller, als es nach dem Pareto-Kriterium wünschenswert ist.

Auch im Rahmen dieses Modells kann die Allokationsverzerrung durch eine Subvention, bzw. im Fall des zu schnellen Wachstums durch eine Steuer auf

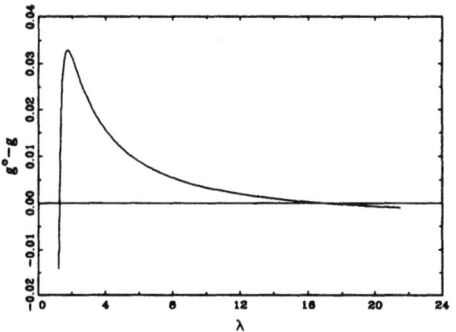

Abbildung D.I.5.1: Differenz zwischen pareto-optimaler und dezentraler Wachstumsrate im Modell zunehmender Produktqualität

den Arbeitseinsatz im Forschungssektor beseitigt werden. Durch eine Subventionierung des Arbeitseinsatzes in Höhe von ϕ sinken die Lohnkosten auf $w(1-\phi)\kappa$, und bei

---

18 Wir können dieses Problem mit Hilfe von Satz E.IV.2.1 lösen. Die Momentanwert-Hamiltonfunktion des Problems lautet mit $\psi_0=1$: $\tilde{H} = \ln(N - N_R) + \ln M + \psi(N_R/\kappa)(\ln\lambda)M$. Sie wird maximiert, wenn N_R, die Bedingung $M = \kappa/(\psi(\ln\lambda)(N - N_R))$ erfüllt. Daraus folgt, daß in einem Wachstumsgleichgewicht mit konstanter Beschäftigung im Forschungssektor der Schattenpreis des Qualitätsindexes mit der Rate $-\dot{M}/M =: g^o$ schrumpfen muß. Aus der Differentialgleichung für den Schattenpreis $\dot{\psi} - \rho\psi = -(1/M) - \psi N_R \ln\lambda/\kappa$ und der Nebenbedingung des Problems folgt dann die Lösung, die auch die Transversalitätsbedingung erfüllt.

freiem Marktzutritt im Forschungssektor muß ein Gleichgewicht mit $N_R>0$ nun der Bedingung $v=w(1-\phi)\kappa$ genügen. Mit Hilfe dieser Formel können wir aus der Gleichung für r, Formel (D.I.5.8), den Arbeitseinsatz im Wachstumsgleichgewicht berechnen. Das Ergebnis ist:

$$g(\phi) := \frac{N_R}{\kappa} = \frac{\lambda - 1}{\lambda - \phi}\frac{N}{\kappa} - \frac{\rho(1-\phi)}{\lambda - \phi}.$$

Diese Rate stimmt mit der sozial optimalen Rate g^o überein, wenn der Subventionssatz nach der Gleichung

$$\phi = \left[\frac{N}{\kappa} + \rho - \frac{\lambda\rho}{\ln\lambda}\right]\left[\frac{N}{\kappa} + \rho - \frac{\rho}{\ln\lambda}\right]^{-1}$$

gewählt wird. Der Staat muß den Subventionsbetrag aufbringen, indem er bei den Haushalten eine allokationsneutrale Pro-Kopf-Steuer erhebt.

Ergebnis D.I.5.1 :

In unserem Modell der zunehmenden Produktqualität nimmt die Wachstumsrate der Wirtschaft zu mit dem Ausmaß der Qualitätssprünge λ, der Größe des Arbeitskräftepotentials N und der Arbeitsproduktivität im Forschungssektor $(1/\kappa)$. Sie nimmt ab mit der Zeitpräferenzrate ρ.

Voraussetzung für den Wachstumsprozeß ist ein Patentschutz für Produkte höherer Qualität. Die damit verbundene Monopolstellung im Sektor für Zwischengüter führt zu Allokationsverzerrungen. Allerdings ist deren Einfluß auf die Höhe der Wachstumsrate nicht eindeutig. Die Ursache dafür liegt in der Entwertung des Aktienvermögens, die mit jedem Durchbruch in der Forschung verbunden ist. Falls dieser negative externe Effekt die positiven Effekte des Fortschritts dominiert, ist die pareto-optimale Wachstumsrate kleiner als die der Laisser-faire-Wirtschaft. Durch eine Steuer auf den Arbeitseinsatz im Forschungssektor kann diese Verzerrung behoben werden.

II. Modellerweiterungen

1. Einkommensverteilung

Motivation

Ein wesentliches Merkmal der Modelle endogenen Wachstums ist die Abhängigkeit der langfristigen Wachstumsrate des Pro-Kopf-Einkommens von jenen Parametern, die Präferenzen, Produktionstechnologie und institutionelle Besonderheiten einer Wirtschaft widerspiegeln. Gerade letztere sind aber nicht unabhängig vom Ergebnis des

Wirtschaftsprozesses. Beispielsweise ist die Steuer- und Subventionspolitik eines Landes mit demokratischer Verfassung Reflex politischer Mehrheitsverhältnisse. Nun haben wir aber im vorigen Abschnitt festgestellt, daß über die Subventionierung des Forschungssektors die Wachstumsrate gesteuert werden kann. Falls die Finanzierungslast nicht gleichmäßig auf die Individuen der Wirtschaft verteilt ist, gibt es Gewinner und Verlierer der Subventionspolitik. Beim nächsten Urnengang können sich die Mehrheitsverhältnisse ändern, und eine andere Regierung wird eine neue Subventionspolitik verfolgen.

Dieses Beispiel deckt die Interdependenz zwischen Wirtschaft und Politik auf, die wir nur im Rahmen eines erweiterten Modells studieren können. Dieses Modell darf nicht nur eine Antwort auf die Frage nach der Höhe der Wachstumsrate geben. Es muß zugleich die Frage beantworten können, mit welchen wirtschaftspolitischen Entscheidungen wir im Rahmen einer demokratischen Verfassung zu rechnen haben.

Als Beispiel für Modelle dieser Art behandeln wir im folgenden ein Modell von AL-BERTO ALESINA und DANI RODRICK (1994), mit dem diese einen Zusammenhang zwischen der Einkommensverteilung und der Wachstumsrate einer Wirtschaft herstellen. Weitere Arbeiten zu diesem Themenkreis im Rahmen der Theorie endogenen Wachstums sind [ohne Anspruch auf Vollständigkeit] BERTOLA (1993), PEROTTI (1992), PERSON und TABELLINI (1994) sowie SAINT-PAUL und VERDIER (1993). Einen Überblick über diese Literatur gibt der Beitrag von VERDIER (1994).

Wachstumsrate und Steuersatz

Das Wachstum der Wirtschaft beruht auf einer AK-Struktur, die wie folgt begründet wird. Produktionsfaktoren sind - wie in unserem Modell im Abschnitt B.II.4 - Arbeit N, privates Kapital K_p und öffentliches Kapital $K_ö$. Sie produzieren gemäß einer Cobb-Douglas-Technologie das Gut Y:

$$Y = N^{1-\beta} K_p^{\beta} K_ö^{1-\beta}, \quad \beta \in (0, 1). \tag{D.II.1.1}$$

Nach dieser Darstellung haben privates und öffentliches Sachkapital zusammen konstante Skalenerträge. Der Staat finanziert den öffentlichen Kapitalstock mit einer linearen Steuer auf das private Kapitalvermögen. Sein Budget ist in jeder Periode ausgeglichen, es gibt keine Abschreibungen auf privates Kapital, während öffentliches Kapital eine Verschleißrate von hundert Prozent hat. Demzufolge lautet die Budgetrestriktion des Staates:

$$K_ö = \tau K_p, \, \tau \in (0, 1). \tag{D.II.1.2}$$

Auf dem Arbeitsmarkt und dem Markt für private Kapitaldienste herrscht Wettbewerb, so daß bei Vollbeschäftigung dieser beiden Faktoren die Bedingungen

$$w(\tau, K_p) = \frac{\partial Y}{\partial N} = (1-\beta)N^{-\beta}K_p^{\beta}K_\delta^{1-\beta} = (1-\beta)\tau^{1-\beta}K_p,$$

$$r(\tau) = \frac{\partial Y}{\partial K_p} = \beta N^{1-\beta}K^{\beta-1}K_\delta^{1-\beta} = \beta\tau^{1-\beta},$$

(D.II.1.3)

erfüllt sein müssen. Bei der jeweils zweiten Gleichsetzung haben wir die Budgetrestriktion (D.II.1.2) berücksichtigt und das Arbeitsangebot der Wirtschaft N auf Eins normiert. Die einfachen Annahmen über die Wirtschaftsstruktur implizieren, daß das Grenzprodukt des Kapitals nur eine Funktion des Vermögenssteuersatzes τ ist. Bei gegebenem Steuersatz liegt mithin ein AK-Modell vor.

Wir nehmen nun an, daß alle Haushalte denselben logarithmischen Periodennutzen $u(C(i)) = \ln C(i)$ haben, wobei $C(i)$ der Konsum eines Haushalts i ist. Jeder Haushalt bezieht Lohneinkommen in Höhe von $wN(i)$ und Kapitaleinkommen in Höhe von $(r-\tau)K_p(i)$. Das Vermögen ist beliebig über die Haushalte verteilt. Die Vermögensposition eines Haushalts messen wir mit folgendem Indikator:

$$\theta(i) := \frac{N(i)/N}{K_p(i)/K_p} = \frac{N(i)}{K_p(i)/K_p} \in [0, \infty).$$

(D.II.1.4)

Er setzt die relative Haushaltsgröße $N(i)$ [wegen $N=1$] ins Verhältnis zum Vermögensanteil des Haushalts $K_p(i)/K_p$. Der Grenzfall $\theta=0$ kennzeichnet Haushalte, die nur über Kapitaleinkommen verfügen. Am anderen Ende des Skala, $\theta\to\infty$, steht der Fall des Arbeiters, der nur Lohneinkommen bezieht. Jeder Haushalt maximiert seinen Lebensnutzen, in dem er das Problem

$$\max \int_0^\infty \ln C(i)e^{-\rho t}\,dt, \rho > 0,$$

unter den Nebenbedingungen

$$\dot{K}_p(i) = wN(i) + (r-\tau)K_p(i) - C(i), K_p(i, t=0) \text{ gegeben},$$

löst. Sein optimales Konsumprofil genügt folglich der Keynes-Ramsey-Regel

$$\frac{\dot{C}(i)}{C(i)} = r(\tau) - \tau - \rho =: g(\tau).$$

(D.II.1.5)

Wir haben im Abschnitt D.I.2 gezeigt, daß es im AK-Modell keine Anpassungsdynamik gibt. Außer dem Konsum wächst mithin auch das Vermögen jedes Haushalts mit der Rate $g(\tau)$. Mit dieser Rate muß dann auch das gesamte private Vermögen K_p wachsen, so daß bei gegebener Verteilung der $N(i)$ die Einkommensverteilung, gemessen am Indikator in Gleichung (D.II.1.4), gleich bleibt.

Nach Gleichung (D.II.1.5) ist die Wachstumsrate der Wirtschaft bei gegebener Zeitpräferenzrate ρ nur eine Funktion des Steuersatzes. Die Funktion

$$g(\tau) := \beta\tau^{1-\beta} - \tau - \rho$$

erreicht an der Stelle

$$\tau^* := \left(\beta(1-\beta)\right)^{1/\beta} \tag{D.II.1.6}$$

ein Maximum. Welchen Steuersatz präferiert nun Haushalt i?.

Das optimale Konsumprofil erlaubt jedem Haushalt in jeder Periode einen Konsum
in Höhe von[19]

$$C(i) = wN(i) + \rho K_p(i). \tag{D.II.1.7}$$

Wenn wir reine Kapitalbesitzer, $N(i)=0$, betrachten, dann hängt ihr Perioden- und
damit auch ihr Lebensnutzen nur von der Höhe ihres Kapitalbesitzes ab. Sie werden
daher einen Steuersatz präferieren, der die Wachstumsrate ihres Kapitalbesitzes maximiert, d.h. sie werden in einer Abstimmung für den Steuersatz τ^* votieren. Für die
anderen Haushalte stellt sich das Problem weniger einfach dar. Nach Gleichung
(D.II.1.3) nimmt der Reallohn mit dem Steuersatz zu, weil damit der öffentliche Kapitalstock wächst und somit das Grenzprodukt der Arbeit zunimmt. Ein nur geringfügig
über τ^* liegender Steuersatz erlaubt daher einen höheren momentanen Konsum, während seine längerfristigen Folgen in Form einer geringeren Wachstumsrate weniger ins
Gewicht fallen.[20] Die relative Bedeutung des Lohneinkommens, $\theta(i)$, bestimmt, in
welchem Maß der von einem Haushalt i gewünschte Steuersatz über τ^* liegt. Wir
können den individuell optimalen Steuersatz mit Hilfe folgender Überlegung bestimmen. Wir versetzen uns in die Position einer politischen Partei, die sich der Stimme
eines Haushalts versichern will, indem sie seinen meistpräferierten Steuersatz auf ihr
Wahlprogramm setzt. Dieser Satz ist jener, der den Lebensnutzen des Haushalts maximiert. Dabei muß beachtet werden, daß jeder Haushalt bei gegebenem Steuersatz τ,
mit der Rate $g(\tau)$ Vermögen bildet. Das Problem lautet daher:

---

[19]   Da entlang des optimalen Pfades der Kapitalakkumulation $\dot{K}_p(i) = g(\tau)K_p(i)$ gilt, folgt dieses
Ergebnis unmittelbar aus der Budgetrestriktion des Haushalts.

[20]   Formal gesehen ist der Einfluß auf die Wachstumsrate ein Effekt zweiter Ordnung: Eine
lineare Approximation von $g(\tau)$ an der Stelle τ^* ergibt nach Formel (E.I.6) [wegen $g'(\tau^*) = 0$]

$$g(\tau) - g(\tau^*) = o(d\tau),$$

wobei der Term auf der rechten Seite schneller gegen Null strebt als $d\tau$. Der Einfluß von τ auf
den Reallohn ist hingegen $(1-\beta)(\tau^*)^{-\beta}K_p \, d\tau > 0$ und damit ein Effekt erster Ordnung.

$$\max \int_0^\infty \ln\Big[w(\tau, K_p)N(i) + \rho K_p(i)\Big]e^{-\rho t}\,dt,$$

unter den Nebenbedingungen

$$\dot{K}_p(i) = g(\tau)K_p(i),$$

$$\dot{K}_p = g(\tau)K_p,$$

$K_p(i, t=0)$, $K_p(t=0)$ gegeben.

Seine Lösung führt auf folgenden Zusammenhang zwischen dem Verteilungsparameter $\theta(i)$ und dem von Haushalt i gewünschten Steuersatz τ:[21]

$$\tau\Big(1 - \beta(1-\beta)\tau^{-\beta}\Big) = \frac{\rho(1-\beta)^2\tau^{1-\beta}\theta(i)}{\rho + (1-\beta)\tau^{1-\beta}\theta(i)}. \qquad (\text{D.II.1.8})$$

<table>
<tr><td>

Diese Formel hat für jeden Wert von $\theta(i)$ genau eine Lösung τ, die mit $\theta(i)$ zunimmt. Wir verzichten auf den Beweis dieser Behauptung und zeigen stattdessen in Abbildung D.II.1.1 den Verlauf der Funktion, die wir über eine numerische Lösung von Gleichung (D.II.1.8) ermittelt haben. Für eine gegebene Zeitpräferenzrate ist der gewünschte Steuersatz um so größer, je produktiver das private Kapital, gemessen an β ist. Der gewünschte Steuersatz nimmt mit $\theta(i)$

</td><td>

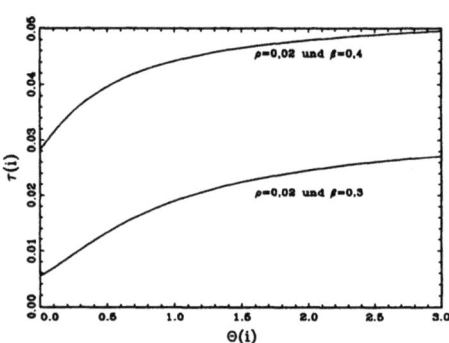

Abbildung D.II.1.1: Steuersatz und Verteilungsposition

</td></tr>
</table>

---

21   Das Kontrollproblem läßt sich mit Hilfe von Satz E.IV.2.1 lösen. Die Momentanwert-Hamiltonfunktion des Problems lautet mit $\psi_0=1$: $\bar{H} = \ln C(i) + \psi_1 g(\tau)K_p(i) + \psi_2 g(\tau)K_p$. Sie wird maximiert durch jenen Wert für τ, der die Bedingung

$$\frac{\partial H}{\partial \tau} = \frac{w_\tau N(i)}{C(i)} + g'(\tau)\Big(\psi_1 K_p(i) + \psi_2 K_p\Big) = 0 \qquad (\text{i})$$

erfüllt. Die beiden Schattenpreise müssen den Gleichungen

$$\frac{\dot{\psi}_1}{\psi_1} = \rho - g(\tau) - \frac{\rho}{\psi_1 C(i)} \qquad (\text{ii})$$

$$\frac{\dot{\psi}_2}{\psi_2} = \rho - g(\tau) - \frac{\rho}{w_{K_p} N(i)} \qquad (\text{iii})$$

genügen. Damit der Konsum des Haushalts mit der zeitinvarianten Rate g wachsen kann, müssen die Schattenpreise mit der Rate $-g$ zunehmen. Aus (ii) folgt daher $\psi_1=1/C(i)$, und aus (iii) folgt $\psi_2=w_{K_p}N(i)/\rho C(i)$. Diese Lösungen führen über (i) zusammen mit den partiellen Ableitungen der Lohnfunktion aus Gleichung (D.II.1.3) auf das Ergebnis (D.II.1.8).

zunächst rasch zu und nähert sich dann seiner oberen Schranke, die aus Gleichung (D.II.1.8) für $\theta \rightarrow \infty$ als Lösung von $\rho(1-\beta) = \bar{\tau}(1-\beta(1-\beta)(\bar{\tau})^{-\beta})$ folgt.

Politökonomisches Gleichgewicht

Wir haben nun gesehen, daß es für jeden Haushalt einen von ihm präferierten Steuersatz und damit zugleich eine Wachstumsrate der Wirtschaft gibt, die eindeutig von seiner Verteilungsposition bestimmt wird. Dieser Steuersatz maximiert seinen Lebensnutzen. Wir nehmen nun an, daß der Steuersatz der Wirtschaft im Rahmen einer öffentlichen Abstimmung festgelegt wird, in der jeder Haushalt eine Stimme besitzt. Zum selben Ergebnis bringt uns aber auch die Annahme, es gäbe zwei konkurrierende Parteien, die beide die Mehrheit im Parlament anstreben, die über die Präferenzen der Wähler vollkommen informiert sind und deren Wahlprogramm nur darin besteht, nach erfolgreicher Wahl einen bestimmten Steuersatz gesetzlich zu verankern.

Wir können die Wähler nach der Höhe ihres präferierten Steuersatzes auf einer Skala von τ^* bis $\bar{\tau}$ anordnen. Dabei gilt für einen beliebigen Wähler, daß sein Lebensnutzen um so niedriger ist, je weiter entfernt ein beliebiger anderer Steuersatz von seinem präferierten Steuersatz ist. Sei $H_L(\tau)$ die Zahl der Wähler, deren präferierter Steuersatz kleiner als τ ist und $H_R(\tau)$ die Zahl der Wähler, deren präferierter Steuersatz rechts von τ liegt. Insgesamt gebe es H Wähler. Der Medianwähler ist jener, dessen nutzenmaximaler Steuersatz der Bedingung $H_L(\tau^M) \geq H/2$ und $H_R(\tau^M) \geq H/2$ genügt. In einer Abstimmung kann dieser Wähler nie unterliegen. Entsprechend kann eine Partei nur die Mehrheit der Stimmen auf sich vereinigen, wenn sie ein Wahlprogramm anbietet, das dem gewünschten Steuersatz des Medianwählers entspricht. Der Beweis dieser Behauptung, die als *Medianwählertheorem* bekannt ist [siehe bspw. MUELLER (1989), S. 65f.], ist denkbar einfach: Stellen wir uns vor, in der Abstimmung würde ein Steuersatz $\tau < \tau^M$ vorgeschlagen. Dann werden alle Wähler zustimmen, deren gewünschter Steuersatz links von τ liegt. Ablehnen werden hingegen alle Wähler, deren optimaler Steuersatz rechts von τ liegt, denn deren Nutzen ist bei höheren Steuersätzen größer. Da aber aber die Zahl der Wähler, deren optimale Steuersätze größer als τ^M sind, $H/2$ beträgt, kann sich der Vorschlag τ nicht durchsetzen. Analog läßt sich auch ein Vorschlag $\tau > \tau^M$ nicht durchsetzen. Bei τ^M liegt daher ein politisches Gleichgewicht; es ist zugleich ein ökonomisches, da zu jedem Steuersatz τ eine gleichgewichtige Wachstumsrate existiert, die ohne Anpassungsverzögerung erreicht wird.

In der von uns betrachteten Wirtschaft ist das Vermögen gleichmäßig verteilt, wenn der Vermögensanteil eines Haushalts seiner relativen Größe [gemessen an der Zahl der Haushaltsmitglieder = Wähler $N(i)$] entspricht:

$$\frac{N(i)}{N} = \frac{K_p(i)}{K_p} \Leftrightarrow \theta(i) = 1 \text{ für alle } i.$$

In dieser egalitären Gesellschaft sind der Medianwähler und der Durchschnittswähler identisch. Diese Wirtschaft würde mit der Rate $g(\tau(\theta=1))$ wachsen. Wenn indes wenige

Haushalte einen großen Teil des Kapitalvermögens besitzen, dann liegt die Vermögensposition des Medianwählers $\theta(i=M)$ rechts von Eins. Je ungleicher, gemessen an
$\theta(i=M)$-1 die Vermögensverteilung ist, desto niedriger fällt daher das Wachstum der
Wirtschaft aus. In diesem Fall setzen sich die Interessen jener Haushalte durch, die
vorwiegend Lohneinkommen beziehen und die von einem großen öffentlichen Sektor
und damit vergleichsweise hohen Lohneinkommen mehr profitieren als von einem
schnellen Wachstum der Wirtschaft.

Empirische Studien von ALESINA und RODRIK (1994), PERSSON und TABELLINI
(1994) und PEROTTI (1992) bestätigen diesen Zusammenhang. Dabei ist unklar, welchen Einfluß die Staatsform auf das Wachstum besitzt. Während ALESINA und RO-
DRIK keinen signifikanten Unterschied zwischen demokratisch verfaßten und autoritä-
ren regierten Ländern finden, deuten die Ergebnisse von PERSSON und TABELLINI
daraufhin, daß demokratische Länder größere Wachstumsraten haben. Sofern man
davon ausgehen kann, daß auch Diktatoren auf Dauer nicht ohne einen gewissen
Rückhalt in der Bevölkerung auskommen, wären auch sie bei der Wahl der Steuersätze
nicht frei. Insofern steht das Modell von ALESINA und RODRIK nicht im Widerspruch
zur Unabhängigkeit der Wachstumsrate von der Regierungsform.

Ergebnis D.II.1.1: _____

Im Rahmen eines einfachen AK-Modells, in dem der Reallohn und die Wachstums-
rate der Wirtschaft von der Höhe des Vermögenssteuersatzes abhängen, läßt sich mit
Hilfe des Medianwählertheorems ein inverser Zusammenhang zwischen dem Grad der
Ungleichverteilung des Vermögens und der Wachstumsrate der Wirtschaft herstellen.

_____

2. Finanzsystem

Überblick

Für die Wachstums- und Entwicklungspolitik ist die Frage von großem Interesse,
welchen Beitrag Finanzmärkte und Finanzintermediäre für die ökonomische Entwicklung leisten können. In der traditionellen wachstumstheoretischen Literatur hob vor
allem JOSEPH SCHUMPETER (1911) die Bedeutung der Banken für die wirtschaftliche
Entwicklung hervor. Bei ihm schafft die Kreditvergabe durch Banken die Voraussetzung dafür, daß dynamische Unternehmer Ressourcen aus ihren traditionellen Verwendungen freisetzen und damit Innovationen einleiten können. Empirische Studien
von GOLDSMITH (1969), SHAW (1973) und MCKINNON (1973) zeigen eine starke Kor-
relation zwischen dem finanziellen Entwicklungsstand eines Landes und dem Stand
seiner ökonomischer Entwicklung.

Wir verwenden nun zwei Modellvarianten der Theorie endogenen Wachstums, um die Beziehungen zwischen dem Finanzsektor und der gesamtwirtschaftlichen Wachstumsrate genauer zu analysieren. Zunächst betrachten wir eine einfache Erweiterung des AK-Modells durch PAGANO (1993), in dem sich bereits verschiedene Kanäle verdeutlichen lassen, über die der Finanzsektor reale Wirkungen entfalten kann. Daran anschließend untersuchen wir in einem Quality Ladder-Modell, das auf KING und LEVINE (1993) zurückgeht, die Bedeutung von Finanzintermediären bei der Bewertung und Finanzierung risikoreicher Innovationen, ein Zusammenhang, der in der Tradition von SCHUMPETERS Hypothesen steht.

Alternative Wachstumswirkungen des Finanzsystems

Wir beginnen mit einem einfachen AK-Modell mit der Produktionsfunktion $Y=AK$, einer konstanten Sparquote s, einer konstanten Abschreibungsrate δ sowie einer konstanten Wachstumsrate des Arbeitskräftepotentials n. Zusätzlich führen wir einen Transaktionskostensatz τ ein, der bei der Transformation der Ersparnisse S in Investitionsobjekte anfällt. Wie bereits in Kapitel B.III.1 nehmen wir an, daß die Transaktionskosten τS rein konsumtiven Verwendungen zufließen, also für die Realkapitalbildung verloren gehen. Für die Zunahme des Kapitalstocks gilt somit:

$$\dot{K} = I - \delta K = (1-\tau)S - \delta K = (1-\tau)sY - \delta K = (1-\tau)sAK - \delta K. \qquad \text{(D.II.2.1)}$$

Für die Wachstumsrate der Kapitalintensität und der Produktion pro Kopf ergibt sich damit der Ausdruck:

$$\frac{\dot{y}}{y} = \frac{\dot{k}}{k} = sA(1-\tau) - (n+\delta) = \frac{\dot{c}}{c} =: g. \qquad \text{(D.II.2.2)}$$

Das Finanzsystem kann in diesem einfachen Ansatz über drei verschiedene Kanäle Einfluß auf die Höhe der realen Wachstumsrate g nehmen: Es kann die Produktivität des eingesetzten Kapitals A, die Sparquote s oder den Transaktionskostensatz der Finanzintermediation τ beeinflussen.

Im Zusammenhang mit der Tätigkeit von Banken oder anderen Finanzintermediären können wir den Transaktionskostensatz τ als Zinsspanne zwischen den Guthaben- und Kreditzinsen auffassen und seine Höhe als Indikator für die Effizienz der Intermediation interpretieren. Ein hoher Wert von τ ist dann ein Zeichen für große Ineffizienzen bei den Finanzintermediären, für hohe Marktmacht oder auch für die Existenz von Regulierungen, die eine hohe Zinsspanne herbeiführen. Da wir unterstellen, daß die Banken die ihnen aus der Zinsspanne zufließenden Mittel rein konsumtiv verwenden, ist die gesamtwirtschaftliche Investitionsquote um so geringer, je ineffizienter das Bankensystem arbeitet.

Entsprechend der Schumpeter-Hypothese besteht die Funktion des Finanzsystems vor allem in der Lenkung realer Ressourcen in die Bereiche mit höchster gesamtwirtschaftlicher Produktivität. Im Rahmen unseres einfachen endogenen Wachstumsmodells läßt sich dieser Effekt anhand der Höhe des Produktivitätsparameters A festmachen. Das Finanzsystem kann die Höhe von A, und damit die Höhe der Wachstumsrate g, in zweierlei Weise beeinflussen. Zum einen können Banken durch die Bewertung alternativer Investitionsprojekte die Informationen potentieller Investoren vergrößern, zum anderen können die Finanzmärkte Investitionen in produktivere, aber auch risikoreichere Investitionsobjekte begünstigen, indem sie Instrumente der Risikoumverteilung und Risikominderung bereitstellen. Während der erste Effekt in Modellen von GREENWOOD und JOVANOVIC (1990) sowie BENCIVENGA und SMITH (1991) genauer untersucht wird, steht der zweite Aspekt im Zentrum der Ansätze von LEVINE (1991) und SAINT-PAUL (1992), die vor allem die Rolle der Aktienmärkte bei der Diversifikation von Risiken analysieren.

Drittens kann das Finanzsystem über eine Veränderung der gesamtwirtschaftlichen Sparquote s die Wachstumsrate beeinflussen, wobei die Richtung dieser Veränderung unklar ist. Die bereits erwähnte Eigenschaft eines effizienten Finanzsystems, die Diversifikation möglicher Risiken zu verbessern, kann sich nämlich auch parallel in einem Sinken der Sparquote niederschlagen, die ceteris paribus die Wachstumsrate g sinken läßt. Einen negativen Effekt auf Sparquote und Wachstumsrate hätte ein besser entwickeltes Finanzsystems auch dann, wenn damit Verschuldungsrestriktionen für diejenigen gesellschaftlichen Gruppen abgebaut werden, die vorwiegend konsumtive Ausgaben tätigen und damit die gesamtwirtschaftliche Ersparnis verringern. Faßt man dagegen die Sparquote als positive Funktion des Realzinses auf und unterstellt, daß unterentwickelte Finanzsysteme häufig mit staatlich festgesetzten Höchstzinsen verbunden sind, so wäre von einer Finanzmarktliberalisierung ein Anstieg des Realzinses, ein Anstieg der Sparquote und eine Zunahme der Wachstumsrate zu erwarten. Diese Überlegung prägte die Untersuchungen von MCKINNON (1973) und SHAW (1973).

Finanzsystem, Unternehmerselektion und Innovationen

Eine komplexe Analyse der Zusammenhänge zwischen Finanzsystem, Unternehmertätigkeit, Innovationen und Wirtschaftswachstum liefert uns das Modell von KING und LEVINE (1993), das auf einem Quality Ladder-Modell aufbaut. Wir betrachten eine Wirtschaft mit einer Konsumgüterproduktion, einer Zwischenproduktfertigung und einem Finanzsektor, der an die Stelle des Forschungssektors tritt. Die Aufgabe des Finanzsektors liegt im Sinne von SCHUMPETERS Hypothese darin, innovative Unternehmer zu selektieren und zu finanzieren, um damit Neuerungen zum Durchbruch zu verhelfen und die gesamtwirtschaftliche Wachstumsrate zu erhöhen.

Konsumgüter C werden mit Hilfe von Arbeitsleistungen N_C und einem Bündel von Zwischengütern $\left\{K(j)\right\}_{j=0}^{1}$ nach folgender Produktionsfunktion hergestellt:

$$C = N_C^{1-\beta} K^{\beta}, \quad \ln K := \int_0^1 \ln K(j)\, \mathrm{d}j, \ \beta \in (0,1). \tag{D.II.2.3}$$

Ihren Preis normieren wir auf Eins. Das gewinnmaximierende Verhalten der Unternehmen im Konsumgütersektor impliziert die folgenden Nachfragefunktionen nach Arbeit und Zwischengütern:[22]

$$N_C = \frac{(1-\beta)C}{w}, \tag{D.II.2.4}$$

$$K(j) = \frac{\beta C}{q(j)}. \tag{D.II.2.5}$$

Dabei ist w der Reallohn und $q(j)$ der ebenfalls in Einheiten des Konsumgutes ausgedrückte Preis eines Zwischenprodukts.

Um die Darstellung etwas zu vereinfachen, bringen wir nun die Produktqualität indirekt ins Spiel, indem wir von folgender Produktionstechnik im Zwischengutsektor ausgehen:

$$K(j) = N_K(j)\lambda^{m(j)}, \quad \lambda > 1. \tag{D.II.2.6}$$

Der Qualitätsfaktor $\lambda^{m(j)}$ wirkt nun wie eine Erhöhung der Arbeitsproduktivität. Der Branchenführer hat als einziger das Recht, mit der durch $\lambda^{m(j)}$ indizierten Technik zu produzieren. Er kann wiederum einen Eintrittssperrenpreis setzen, den er als Aufschlag mit dem Satz λ-1 auf seine Lohnstückkosten $wN_K(j)/\lambda^{m(j)}$ berechnet [siehe Formel (D.I.5.2)]:

$$q(j) = \frac{\lambda w}{\lambda^{m(j)}}. \tag{D.II.2.7}$$

Diese Zusammenhänge führen zu zwei wichtigen Konsequenzen. Aus den Gleichungen (D.II.2.4) bis (D.II.2.7) folgt, daß alle Unternehmen im Zwischengutsektor dieselbe Menge Arbeit einsetzen, die direkt proportional zum Arbeitseinsatz in der Konsumgüterindustrie ist:

$$N_K(j) = \frac{\beta}{\lambda(1-\beta)}N_C. \tag{D.II.2.8}$$

Wenn wir dieses Ergebnis in der Produktionsfunktion (D.II.2.3) berücksichtigen, folgt:

$$C = \left(\frac{\lambda(1-\beta)}{\beta}\right)^{1-\beta}N_K M^\beta, \quad \ln M := \int_0^1 \ln \lambda^{m(j)}\,dj. \tag{D.II.2.9}$$

---

22 Diese Bedingungen können Sie analog zu dem in Abschnitt D.I.4, Fußnote 11, beschriebenen Vorgehen ableiten.

Bei konstantem Arbeitskräftepotential N muß in einem Wachstumsgleichgewicht auch die Zahl der Arbeitskräfte in der Produktion von Zwischengütern konstant sein. Die Gleichung (D.II.2.9) impliziert mithin, daß das Wachstum des Pro-Kopf-Konsums der Wachstumsrate des Qualitätsindexes M entsprechen muß.

Wir haben im Rahmen des Quality Ladder-Modells bereits gesehen, daß auf aggregierter Ebene der Qualitätsindex mit einer Rate wächst, die direkt proportional zu ln λ ist [siehe Gleichung (D.I.5.13)]. Der Proportionalitätsfaktor entsprach dabei der aggregierten Forschungsintensität. Im folgenden führen wir diese Größe zurück auf die Zahl der innovativen Unternehmen E in der Zwischengutproduktion, gewichtet mit der Wahrscheinlichkeit ϕ_P, daß sich eine einzelne Innovation auch als kommerziell erfolgreich erweist:

$$\frac{\dot{M}}{M} = (\phi_P E) \ln \lambda. \qquad \text{(D.II.2.10)}$$

Das Produktivitätswachstum $\dot{M}/M$ ist damit unmittelbar proportional zur Anzahl der Innovatoren E.

Die Tätigkeit des Finanzsektors besteht nun darin, erfolgreiche Innovatoren zu selektieren und die Realisierung von Innovation zu finanzieren. Je mehr Innovatoren tätig werden können, desto höher wird die gesamtwirtschaftliche Wachstumsrate sein. Wir gehen davon aus, daß Unternehmer ihre Innovationsfähigkeit nicht selbst einschätzen und gegenüber den Kapitalgebern glaubhaft machen können. Diese Rolle wird von spezialisierten Finanzintermediären übernommen, die solange Innovator-Unternehmer selektieren, bis die Kosten dieser Tätigkeit dem zu erwartenden Ertrag entsprechen. Die zusätzlichen Kosten pro Innovator belaufen sich auf den konstanten Zeitaufwand ν_U, der im Finanzsektor anfällt, multipliziert mit dem Lohnsatz w; der zusätzliche erwartete Ertrag entspricht der Innovationsrente s eines erfolgreichen Unternehmers multipliziert mit der Wahrscheinlichkeit ϕ_U für seine unternehmerische Befähigung. Wenn wir vollständige Konkurrenz unter den Finanzinstitutionen unterstellen, wird ein Gleichgewicht für die Unternehmerselektion durch das Finanzsystem dann erreicht sein, wenn die zusätzlichen Erträge den zusätzlichen Kosten entsprechen, also die Bedingung:

$$\phi_U s = w \nu_U \qquad \text{(D.II.2.11)}$$

erfüllt ist.

Während s den "Marktwert" eines Unternehmers angibt, bezeichnet v den Marktwert des innovativen Unternehmens, der sich im Preis seiner Aktien äußert. Ein Unternehmer, der eine Innovation durchführen möchte und auch als dazu fähig eingeschätzt wurde, wird sich die erforderlichen Mittel über die Emission von Aktien am Kapitalmarkt beschaffen. Die Erfolgswahrscheinlichkeit ϕ_P der Innovation schlägt sich auch im erwarteten Marktpreis der Aktien nieder. Außerdem fallen noch Kosten der Außenfinanzierung an, die durch einen Transaktionskostensatz τ auf den Wert der

Aktien gemessen werden. Wir können τ auch als einen Indikator für die Effizienz des gesamten Finanzsystems ansehen. Mit den Mitteln aus der Aktienemission, in denen sich die erwarteten abdiskontierten Gewinne aus der Innovation niederschlagen, sind die Arbeitskosten zu decken, die mit der Durchführung der Innovation verbunden sind. Sie setzen sich zusammen aus der Arbeitszeit ν_P pro Innovationsprojekt und dem Lohnsatz w. Die verbleibenden Erträge aus der Außenfinanzierung bilden die Innovationsrente des Unternehmers:

$$s = \phi_P v (1-\tau) - w\nu_P. \qquad \text{(D.II.2.12)}$$

Aus (D.II.2.11) und (D.II.2.12) erhalten wir eine Bedingung für das optimale Ausmaß der Finanzintermediation, die sowohl die Unternehmerselektion als auch die Innovationsfinanzierung umfaßt:

$$v = \frac{w(\phi_U \nu_P + \nu_U)}{\phi_U \phi_P (1-\tau)}. \qquad \text{(D.II.2.13)}$$

Dieser Ausdruck läßt sich so interpretieren, daß der zusätzliche Ertrag aus einer am Kapitalmarkt finanzierten weiteren Innovation, der mit dem Aktienkurs eines innovativen Unternehmens übereinstimmt, genau den Grenzkosten der Projektevaluation und -realisierung (unter Berücksichtigung des Lohnsatzes, der Erfolgswahrscheinlichkeit der Innovation und der Transaktionskosten des Finanzsektors) entsprechen muß.

Aus der Produktionsfunktion des Konsumgütersektor, Gleichung (D.II.2.3), den Faktornachfragefunktionen (D.II.2.4) und (D.II.2.5) sowie der Preisgleichung für Zwischenprodukte (D.II.2.7) folgt eine Beziehung zwischen dem Lohnsatz und dem Qualitätsindex M:

$$w = (1-\beta)^{1-\beta} \beta^\beta \lambda^{-\beta} M^\beta. \qquad \text{(D.II.2.14)}$$

Diese Gleichung und Gleichung (D.II.2.13) implizieren, daß der Lohn mit derselben Rate wachsen muß wie der Aktienkurs und daß diese Rate direkt proportional zur Veränderungsrate des Qualitätsindexes sein muß:

$$\frac{\dot{v}}{v} = \frac{\dot{w}}{w} = \beta \frac{\dot{M}}{M}. \qquad \text{(D.II.2.15)}$$

Die Rendite r der Aktien eines Zwischengutherstellers bestimmt sich analog zu Gleichung (D.I.5.8). Die Aktie eines Zwischengutproduzenten bringt eine Dividende in Höhe von $\Pi(j)=(\lambda-1)wN_K(j)$ und ihre Kurswertänderung ist $\dot{v}(j)$. Angesichts der ständigen Veränderungen der Produktqualität in jeder Branche muß allerdings auch berücksichtigt werden, daß die erfolgreiche Innovationstätigkeit eines Konkurrenten einen Kursverlust für alle anderen Anbieter mit sich bringt. Folglich muß eine Risikoprämie in die Renditeberechnung einbezogen werden. Aus dem Quality Ladder-Modell wissen wir, daß diese Prämie der gesamtwirtschaftlichen Innovationswahrscheinlichkeit je Zeiteinheit $\phi_P E$ entspricht [vgl. Formel (D.I.5.8)]. Da zudem Dividende und

Kursänderung in allen Branchen gleich groß sind und das Mengenmaß der Branchen Eins ist [so daß $\int_0^1 \Pi(j)\,dj = (\lambda{-}1)wN_K$ und $\int_0^1 v(j)\,dj = v$ ist], erhalten wir:

$$r = \frac{\Pi}{v} + \frac{\dot{v}}{v} - \phi_P E = (\lambda - 1)N_K\frac{\phi_U\phi_P(1 - \tau)}{\phi_U N_R + \nu_U} + \beta\frac{\dot{M}}{M} - \phi_P E. \qquad \text{(D.II.2.16)}$$

Wir schließen das Modell mit Hilfe der intertemporalen Konsumplanung der Haushalte. Deren Periodennutzen sei wiederum logarithmisch. Ihr optimales Konsumprofil genügt daher der Bedingung

$$\frac{\dot{c}}{c} = r - \rho. \qquad \text{(D.II.2.17)}$$

Auf dem Arbeitsmarkt muß bei Vollbeschäftigung gelten:

$$N = N_C + N_K + N_F. \qquad \text{(D.II.2.18)}$$

Hierbei bezeichnet

$$N_F = E(\nu_P + \nu_U/\phi_U) \qquad \text{(D.II.2.19)}$$

alle mit der Durchführung von Innovationen verbundenen Arbeitsleistungen. Sie hängen ab von der Zahl innovativer Unternehmen E, der für jedes Innovationsprojekt erforderlichen Arbeitszeit ν_P und dem Zeitaufwand im Finanzsystem, der bei der Unternehmerselektion anfällt ν_U/ϕ_U.

Wir können nun die Wachstumsrate der Wirtschaft berechnen. Zusammen mit Gleichung (D.II.2.8) implizieren Gleichung (D.II.2.18) und (D.II.2.19) eine Beziehung zwischen N_K und E:

$$N_K = \frac{N - E\left(\dfrac{\phi_U\nu_P + \nu_U}{\phi_U}\right)}{1 + \lambda(1 - \beta)/\beta}.$$

Eine weitere Beziehung zwischen diesen beiden Variablen erhalten wir aus Gleichung (D.II.2.16), Gleichung (D.II.2.17) und der Bedingung (D.II.2.15):

$$(\lambda - 1)N_K\frac{\phi_U\phi_P(1 - \tau)}{\phi_U\nu_P + \nu_U} - \phi_P E - \rho = 0.$$

Aus beiden Gleichungen können wir die Forschungsintensität je Zeiteinheit ($\phi_P E$) und damit über Gleichung (D.II.2.10) die Wachstumsrate des Qualitätsindexes berechnen. Wir erhalten als Lösung:

$$g := \beta\frac{\dot{M}}{M} = \beta\left[\frac{\dfrac{(\lambda - 1)N(1 - \tau)\phi_U\phi_P}{\phi_U\nu_P + \nu_U} - \rho\big(1 + \lambda(1 - \beta)/\beta\big)}{1 + \lambda(1 - \beta)/\beta + (\lambda - 1)(1 - \tau)}\right]\ln\lambda. \qquad \text{(D.II.2.20)}$$

Wie in den Modellen der Abschnitte D.I.4 und D.I.5 führt ein größeres Arbeitskräf-teangebot N und eine geringe Zeitpräferenzrate ρ dazu, daß die Wachstumsrate g steigt. Ein Anstieg des Parameters λ, der als Indikator für das Ausmaß der Kostenvor-teile eines erfolgreichen Innovators gegenüber der Konkurrenz [bzw. als Ausdruck seiner temporären Marktmacht] interpretiert werden kann, wirkt sich positiv auf die Wachstumsrate aus. Hinzu kommen nun die besonderen Einflüsse des Finanzsystems. Wie im Kontext des AK-Modells führt ein Anstieg der Transaktionskosten τ, hinter dem höhere Ineffizienzen der Finanzintermediation oder eine höhere Steuerbelastung des Finanzsektors stehen können, zu einer Verringerung der Wachstumsrate. Den gleichen Effekt hätte eine Zunahme der Kosten für die Unternehmerselektion, die sich in dem Parametern ν_U spiegeln.

Ergebnis D.II.2.2: _____

Entscheidet der Finanzsektor über die Selektion und Finanzierung innovativer Un-ternehmer, so wirkt sich eine Zunahme der Effizienz bzw. eine Abnahme der Transak-tionskosten auf den Finanzmärkten oder bei den Finanzintermediären positiv auf die gesamtwirtschaftliche Innovationsrate und damit auf die Wachstumsrate von Reallohn und Pro-Kopf-Konsum aus.

III. Ausblick:
Folgt aus der neuen Wachstumstheorie eine
neue Wachstumspolitik?

Wenn es heißt, daß dem ... "neuen" Anlauf der Wachstumstheorie mit gedämpftem Optimismus entgegengesehen werden darf, so sollte das nicht dazu führen, daraus jetzt schon wachstumspolitische Empfehlungen abzuleiten. ... Zu abstrakt noch sind die Modelle, zu "haarig" ihre Annahmen und Implikationen. Im gegenwärtigen Zeitpunkt muß die Theorie noch als zu wenig ausgebaut angesehen werden, als daß sie zur Richt-schnur irgendeiner Wachstumspolitik gewählt werden könnte.

HELMUT HESSE (1991), S. 343.

...I think this inventive, Model building process we Are engaged in is an essential one, and I cannot imagine how we could possibly organize and make use of the mass of data available to US without it. If we understand the process of economic growth ... we ought to be capable of demonstrating the knowledge by *creating* it in these pen and paper (and computer-equipped) laboratories of ours. If we know what an economic miracle is, we ought to be able to *make* one.

ROBERT E. LUCAS JR. (1993), S. 271 [Hervorhebung im Original].

Unterschiedliche Dimensionen einer neuen Wachstumspolitik

Am Schluß unserer Ausführungen über die Theorien endogenen Wachstums und damit über das Gebiet der neuen Wachstumstheorie wollen wir nicht ausführlich Einzelbeispiele möglicher wirtschaftspolitischer Anwendungen schildern, sondern uns mit dem grundsätzlichen Problem befassen, ob das bessere Verständnis über die Mechanismen des Wachstums auch zu einer grundlegenden Neuorientierung der Wachstumspolitik führt.

Dieses Problem besitzt drei verschiedene Dimensionen. Erstens können die Modelle endogenen Wachstums, indem sie die Entstehung und Verwertung des technischen Fortschritts genauer analysieren als die alte neoklassische Wachstumstheorie, ein neues Verständnis für die zentralen Wachstumsdeterminanten fördern, das sich nicht unbedingt in neuen Instrumenten, aber in einer neuen Akzentsetzung der Wachstumspolitik niederschlägt. Ein Beispiel dafür bietet die Wiederentdeckung der Wachstumschancen, die sich aus einer Vergrößerung der Märkte durch regionale Integration oder außenwirtschaftliche Öffnung ergeben. Ein anderes Beispiel ist die Auseinandersetzung mit den verschiedenen Elementen von JOSEPH SCHUMPETERS Theorie der wirtschaftlichen Entwicklung, darunter etwa der Vorstellung, daß die Marktform der vollständigen Konkurrenz keine Anreize für Innovationen und Wachstum bietet und daher temporäre Monopolstellungen zugelassen werden müssen.

Zweitens können aus den Mehrsektoren-Modellen des endogenen Wachstums aber auch neue wachstumspolitische Instrumente herausgelesen werden, vornehmlich solche, die einer selektiven Industrie- und Technologiepolitik zuzuordnen sind. Hierbei ist aber folgendes zu bedenken: Auf der Modellebene können wir zwar optimale Subventionssätze bestimmen. Allerdings setzen diese Berechnungen Informationen voraus, die dem Wachstumspolitiker realistischerweise nicht verfügbar sind.

Die dritte und vielleicht bedeutsamste Dimension besteht schließlich darin, die besondere Rolle der externen Effekte in den Modellen der neuen Wachstumstheorie zu verwenden, um den Zusammenhang zwischen Institutionen, institutionellem Wandel und Wirtschaftswachstum neu zu überdenken.

Regionale Integration und Außenhandel: Wiederentdeckung dynamischer Effekte der Marktöffnung

Die Diskussion über die dynamischen Wachstumseffekte der außenwirtschaftlichen Öffnung bietet ein Beispiel dafür, daß die neue Wachstumstheorie zur Neuentdeckung einiger alter wachstumspolitischer Einsichten geführt hat. Bereits ADAM SMITH (1776) hebt hervor, daß neue Exportmärkte die Arbeitsteilung und Spezialisierung fördern und damit neue Wachstumsimpulse schaffen. Die dynamischen Effekte der Marktöffnung, auf die ALLYN YOUNG (1928) noch einmal ausdrücklich hinweist, wurden in der formalen Wachstumstheorie zunächst nicht aufgegriffen. Erst die neue Wachstumstheorie liefert nun das Instrumentarium, um unmittelbare Zusammenhänge zwischen der Außenhandelspolitik und der endogen bestimmten, gleichgewichtigen Wachstumsrate herstellen zu können.

Ein besonders markantes Beispiel für die neu entfachte Diskussion über die dynamischen Effekte außenwirtschaftlicher Öffnung liefert RICHARD BALDWIN (1989) mit seiner Abschätzung der Wachstumseffekte des Europäischen Binnenmarktes. Die Absicht der Europäischen Kommission, aus der Europäischen Wirtschaftsgemeinschaft durch Abbau aller noch bestehenden nicht-tarifären Handelshemmnisse bis Ende 1992 einen echten Binnenmarkt zu machen, sollte nach den Untersuchungen, die 1988 im sogenannten Cecchini-Bericht vorgelegt wurden, wegen der effizienteren Nutzung der verfügbaren Produktionsfaktoren einen einmaligen Wachstumsschub im Umfang von 2,5 bis 6,5% des europäischen Bruttosozialprodukts auslösen. BALDWIN betont dagegen, daß die statischen Effizienzgewinne aus dem Binnenmarkt vernachlässigbar seien gegenüber den dynamischen Effekten, die er auf eine dauerhafte Zunahme der Wachstumsrate in Europa um 0,2 bis 0,9 Prozentpunkte veranschlagt. Er argumentiert und kalkuliert dabei auf der Basis des einfachen AK-Modells [siehe Abschnitt D.I.2], in dem die Zunahme des Effizienzparameters A bei unverändert hohem Grenzprodukt des Kapitals eine Zunahme der langfristigen Wachstumsrate nach sich zieht.

Analog zu BALDWINS Argumentation führt der Außenhandel im Humankapitalansatz von LUCAS (1988) [siehe Abschnitt D.I.3] zur Effizienzsteigerung im Humankapitalsektor und somit zu einer höheren Wachstumsrate. Auch die Innovationsmodelle in den Abschnitten D.I.4 und D.I.5 implizieren, daß die außenwirtschaftliche Öffnung einen dynamischen Wachstumsprozeß in Gang setzen kann. Wir haben oben [siehe S. 261] argumentiert, daß N als Maß für die Größe des Marktes interpretiert werden kann. Die Gewinne aus dem Außenhandel erlauben es folglich einem kleinen Land, einen Forschungssektor aufzubauen, der über eine wachsende Zahl von Produkten oder über Qualitätsverbesserungen zum Motor des Wachstums wird. Überlegungen dieser Art finden sich vor allem in den Ansätzen der neuen Wachstumstheorie, die nach den Ursachen der Wirtschaftswunder in Ostasien fragen [siehe den Sammelband von ITO und KRUEGER (1995)]. Gerade für Entwicklungs- und Schwellenländer wird damit die Exportorientierung als erfolgversprechende Entwicklungsstrategie rehabilitiert.

Unternehmertätigkeit und Innovationen: Abkehr vom Leitbild der vollständigen Konkurrenz

Wir haben im Abschnitt A.II.3 bereits darauf hingewiesen, daß mit den Modellen endogenen Wachstums unseres Erachtens eine bemerkenswerte Annäherung neoklassischer und schumpeterianisch inspirierter Wachstumstheorien eingesetzt hat [KLUMP (1996)]. Gerade in den Modellen zunehmender Produktvielfalt und Produktqualität wird SCHUMPETERS Vorstellung von einem dynamischen Innovator-Unternehmer, der in einem Prozeß schöpferischer Zerstörung durch permanente Innovationstätigkeit das

Wachstum vorantreibt, explizit aufgegriffen. Wir haben im Abschnitt D.II.3. gezeigt, daß in einem solchen Modellrahmen ebenso gut die Hypothese SCHUMPETERS nachvollzogen werden kann, wonach ein Finanzsystem, das Innovatoren selektiert und finanziert, eine zentrale Rolle für die Höhe der gesamtwirtschaftlichen Innovations- und Wachstumsrate spielt.

Deutlich zeigt sich der Rückgriff auf SCHUMPETERS "Theorie der wirtschaftlichen Entwicklung" (1911) auch in der Modellierung der Marktstrukturen, in denen die Innovatoren agieren. Im Unterschied zur Standardannahme der vollständigen Konkurrenz, die im Solow- oder Ramsey-Modell getroffen wird, finden wir in den Innovationsmodellen der neuen Wachstumstheorie temporäre Monopole. Die dadurch möglichen Gewinne bilden den Anreiz für die Innovatoren, neue Güter oder Produktionsverfahren zu entwickeln. Die Monopolrenten sind um so höher, je geringer die Substitutionsmöglichkeiten für neu entwickelte Produkte ausfallen oder je größer die Kostensenkungen durch produktivere Produktionsverfahren sind. Im Zeitablauf hängt die Höhe der Monopolrenten aber auch davon ab, für wie lange ein effektiver Schutz der Innovatoren vor Nachahmung besteht, der bspw. durch ein Patent garantiert wird. Aufgabe der Wachstumspolitik kann daher nicht die Herstellung vollständiger Konkurrenz sein; vielmehr muß sie einen funktionsfähigen Wettbewerb garantieren, der eine möglichst hohe gesamtwirtschaftliche Innovationsrate gewährleistet. Bei der Entscheidung über die Länge des Patentschutzes muß abgewogen werden zwischen dem Effekt der Innovationsförderung durch zu erwartende Monopolgewinne und der Diffusion einzelner Innovationen in der Gesamtwirtschaft, die durch einen kürzeren Patentschutz und damit eine schnellere Nachahmung beschleunigt wird [siehe BARRO und SALA-I-MARTIN (1995), S. 223ff.].

Dieser Zielkonflikt der Wettbewerbspolitik bei unvollständiger Konkurrenz ist prinzipiell nicht neu. Er ist auch nicht gänzlich unvereinbar mit den in der traditionellen neoklassischen Wachstumstheorie vertretenen Vorstellungen. Wenn etwa im Kontext des Solow-Modells alle Abweichungen von der Marktform der vollständigen Konkurrenz als wachstumshemmend angesehen werden, wie wir auch in den Abschnitten B.III.1 und B.III.2 argumentiert haben, so steht dahinter immer die implizite Vorstellung, daß Monopolgewinne rein konsumtiv verwendet werden und daher nicht für weiteres Wachstum sorgen. Würde man eine hohe Investitions- oder Innovationstätigkeit der Monopolisten unterstellen, ähnlich wie wir im Abschnitt B.II.4. eine investive Verwendung der Steuereinnahmen des Staates zugelassen haben, wäre auch im Solow-Modell eine andere wachstumspolitische Empfehlung denkbar.

Externalitäten, Wachstumspolitik und Institutionen: Pigou versus Coase

Sucht man nach einer Besonderheit der Modelle endogenen Wachstums, die gegenüber dem Solow- oder dem Ramsey-Modell auf neue Ansatzpunkte der Wachstumspolitik hinweisen könnte, so findet man diese wohl am ehesten im Auftreten externer Effekte. Positive Externalitäten in der individuellen Realkapitalakkumulation liegen implizit, wie schon ROMER (1986) argumentierte, der Annahme konstanter Grenzerträge des Kapitaleinsatzes zugrunde, die zu dem in Abschnitt D.I.2 beschriebenen AK-Modell führt. Analog ist auch im Uzawa-Lucas-Modell ein externer Effekt der individuellen Humankapitalbildung denkbar [LUCAS (1988)]. In den Modellen zunehmender Produktvielfalt und Produktqualität treten, wie wir in den Abschnitten D.I.2.4. und D.I.2.5 gezeigt haben, Spillover-Effekte der individuellen Innovationstätigkeit auf.

Die Existenz externer Effekte führt dazu, daß Wettbewerbslösung und soziales Optimum sich unterscheiden, eine Problematik, die wir bereits im Zusammenhang mit der Diskussion von Umweltschäden im Abschnitt C.II.5 kennengelernt haben. Insofern liefern die Modelle endogenen Wachstums eine wohlfahrtstheoretisch begründete Rechtfertigung wachstumspolitischer Eingriffe. Das traditionelle Instrumentarium, das die Wohlfahrtstheorie seit den Arbeiten von ARTHUR CECIL PIGOU (1920) in solchen Situationen bereithält, besteht in dem gezielten Einsatz von Steuern und Subventionen, mit denen die individuellen an die gesamtwirtschaftlichen Grenzkosten oder Grenznutzen angenähert werden. Beispielsweise ist im Quality Ladder-Modell [Abschnitt D.I.5] der Forschungssektor je nach Parameterkonstellation entweder mit einer Steuer zu belegen oder durch Subventionen zu fördern.

HANS JÜRGEN RAMSER (1991) verweist in einem Übersichtsartikel auf nicht weniger als zehn unterschiedliche Ansatzpunkte einer [überwiegend] selektiven Industriepolitik, die aus Modellen endogenen Wachstums als wachstumsfördernd abgeleitet werden können. Sie reichen von der Subventionierung der Arbeitsplätze in der Forschung bis zur staatlichen Förderung der Kooperation zwischen Unternehmen, um die Diffusion der Innovationen zu erhöhen. Die Diskussion über die Rolle selektiver industriepolitischer Eingriffe zur Förderung des gesamtwirtschaftlichen Wachstums erhielt ihre Brisanz nicht zuletzt durch die hohen Wachstumsraten Japans und anderer ostasiatischer Länder. Immer wieder ist die Vermutung geäußert worden, daß zu den Gründen für deren Erfolg auch die gezielte staatliche Förderung bestimmter strategischer Schlüsselindustrien zählte, die wiederum positive Spillover-Effekte für alle anderen Branchen nach sich zog [bspw. WADE (1990)].

Die Konzeption einer neuen Wachstumspolitik, die in selektiven industrie-, technologie- oder bildungspolitischen Maßnahmen besteht, hat sich allerdings [bislang] noch nicht auf breiter Front durchsetzen können. Dazu haben einerseits die empirisch wenig schlüssigen Belege über die Rechtfertigungen und die tatsächlichen Erfolge einer solchen Politik beigetragen [siehe hierzu KLODT (1993), S. 212ff. oder YOUNG (1994)]. Vor allem aber hat die neue Wachstumstheorie Anlaß dazu gegeben, die wirtschaftspolitischen Implikationen des Externalitätenproblems in einer unterschiedlichen Weise zu sehen.

Die Vorstellung, daß alleine durch Pigousteuern oder -subventionen eine Externalität internalisiert und damit das Wohlfahrtsmaximum erreicht werden kann, ist schon vor über dreißig Jahren durch RONALD COASE (1960) kritisiert worden. COASE verweist auf den hohen Informationsbedarf, der für eine optimale staatliche Internalisierungsstrategie erforderlich ist. Er argumentiert außerdem, daß unter der Annahme nicht-existenter Transaktionskosten und vollständig spezifizierter Eigentums- und Verfügungsrechte die privaten Wirtschaftssubjekte sehr wohl selbst in der Lage sind, die Nutzen- und Kostenveränderungen, die ihnen durch nicht-internalisierte Externalitäten entstehen, zu erkennen und dann durch Verhandlungen für eine geeignete Form der Internalisierung zu sorgen. Ergebnis der Verhandlungen sind Verträge zwischen den Privaten, die damit neue institutionelle Arrangements schaffen. Ein Überblick über die Diskussion, die durch COASE ausgelöst wurde, findet sich bei EGGERTSON (1990), S. 101ff.].

Gestützt auf das Coase-Theorem haben WEDER und GRUBEL (1993) eine neue Schlußfolgerung aus dem Auftreten von Externalitäten in den Modellen endogenen Wachstums gezogen. Die Verwendung externer Effekte zur Rechtfertigung selektiver staatlicher Industriepolitik wird zunächst als eine gesamtwirtschaftlich gefährliche Interessenpolitik gebrandmarkt. *"Strong policy implications of economic analysis reached by some of the world's leading economists tend to be used by special interest groups in their efforts to obtain increased government subsidies to R&D and education throughout the world. The implications also carry a great deal of weight in the policy deliberations of governments pushed to increase such subsidies. It is for this reason that the NGT's (new growth theory's, A.M./R.K.) policy implications deserve to be studied carefully."* [WEDER und GRUBEL (1993), S. 491f.]. Gleichzeitig wird darauf verwiesen, daß die privaten Anbieter selber die Existenz von Externalitäten zum Anlaß nehmen werden, um durch private Internalisierungsstrategien Wohlfahrtsgewinne zu erzielen. Sofern die Eigentumsrechte aller Individuen vollständig spezifiziert und die Transaktionskosten relativ gering sind, wird man darauf vertrauen können, daß sie selbständig und ohne expliziten Staatseingriff angemessene institutionelle Lösungen, vielleicht auch institutionelle Innovationen, entwickeln werden, die alle Beteiligten besser stellen.

WEDER und GRUBEL (1993), S. 492ff., führen zahlreiche Beispiele für ihre These auf, daß die Existenz externer Effekte des technischen Fortschritts, der Human- oder Realkapitalbildung schon immer ein Anreiz für besondere institutionelle Arrangements zwischen privaten Anbietern gewesen ist. So kann etwa die von COASE (1937) aufgeworfene Frage nach den Gründen für die Existenz und für die spezifische Größe von Unternehmen unter wachstumstheoretischen Gesichtspunkten neu beantwortet werden. In Unternehmen ist eine bessere Internalisierung der Lerneffekte bei der Güterproduktion möglich als bei reiner Marktkoordinierung aller Produktionsaktivitäten. Auch der Erfolg zahlreicher multinationaler Unternehmen kann auf das erfolgreiche Ausnutzen von Spillover-Effekten der Produktion zurückgeführt werden. Das Entstehen strategischer Allianzen oder anderer Kooperationsformen zwischen rechtlich selbständigen Firmen läßt sich ebenfalls als ein Versuch ansehen, in einem überschaubaren Kreis von Teilnehmern externe Effekte der Forschungsaktivitäten zumindest ansatzweise zu internalisieren. Zu den Institutionen, die für eine rasche Diffusion neuer Technologien sorgen, können schließlich auch die von MICHAEL PORTER (1990) besonders hervorgehobenen Branchencluster gezählt werden. Es handelt sich dabei um Netzwerke von regional konzentrierten und technologisch verwandten Branchen, die sich gegenseitig in ihren Innovationsaktivitäten befruchten. Institutioneller Nukleus der Branchenkooperation können gemeinsam betriebene Forschungs- und Weiterbildungseinrichtungen oder gemeinsam organisierte Ausstellungen und Messen sein.

Mit der Betonung der privaten institutionellen Arrangements ändert sich natürlich der Anspruch an die staatliche Wachstumspolitik. Diese soll nun primär die Voraussetzungen für ein erfolgreiches privates Handeln schaffen. Dazu zählt vor allem die Sicherung der privaten Eigentums- und Verfügungsrechte, um die privaten Transaktionskosten nicht prohibitiv hoch werden zu lassen. Allenfalls für rein öffentliche Güter, wie bspw. die Grundlagenforschung, wird direktes staatliches Eingreifen noch für notwendig erachtet. Die Sicherung effizienter Wachstumsbedingungen tritt an die Stelle effizienzerhöhender Lenkungsmaßnahmen im Wachstumsprozeß.

Wachstumspolitik, individueller Wohlstand und Wohlstand der Nationen

Wenn man die wachstumspolitische Besonderheit der neuen Wachstumstheorie vor allem in einem neu geweckten Bewußtsein für die Rolle von Institutionen im Wachstumsprozeß ansieht, so bietet sich abschließend noch eine weitere Überlegung an. Wir haben bei der Betrachtung möglicher Grenzen des Wachstums im Abschnitt A.II.4 die Meinung vertreten, daß die prinzipiell unbegrenzte menschliche Kreativität ausreichen könnte, um immer neue Lösungen für die Überwindung der Knappheit an Gütern und Produktionsfaktoren zu entwickeln. Dies setzt allerdings voraus, daß das bei jedem Individuum immer neu auftretende Wissen durch geeignete Institutionen gebündelt, also internalisiert wird. Zu den Institutionen, die eine solche Aufgabe leisten, zählen Familien, Unternehmen, Bildungs- und Forschungseinrichtungen, Städte, Märkte, Branchencluster und andere Netzwerke. Dazu zählen aber auch alle staatlichen Institutionen, sofern man den Staat als eine Institution ansieht, die durch freiwillige Übereinkunft der Staatsbürger geschaffen wurde. Die Lenkungsmaßnahmen, mit denen der Staat im Sinne von PIGOU für die Internalisierung der bei den Privaten entstehenden externen Effekte sorgt, sind in dieser Perspektive dann nur ein Spezialfall der von COASE beschriebenen Verhandlungslösung.

Seit dem Zeitalter des Merkantilismus sind es diese staatlichen Instanzen, und damit vor allem die Organe des Nationalstaats gewesen, denen die besondere Verantwortung für die Gestaltung von Wachstumspolitik anvertraut war. Die Mehrung des individuellen Wohlstands ist damit bis heute auf das engste verknüpft mit der Mehrung des Wohlstands der Nation. Mit der zunehmenden regionalen Integration und der wachsenden weltweiten Globalisierung scheint sich aber am Ende des 20. Jahrhunderts diese enge Bindung zu lockern. Gegenstand einer neuen Wachstumspolitik könnte daher in Zukunft vermehrt die Analyse institutionellen Wandels und institutioneller Interessenkonflikte werden. Dabei wäre zu ermitteln, welcher wachstumspolitische Regelungsbedarf noch auf nationalstaatlicher Ebene besteht und welche Aufgaben von anderen Institutionen, lokalen und regionalen Autoritäten, supranationalen Organisationen oder bspw. auch internationalen Netzwerken von Unternehmen, übernommen werden oder übernommen werden können.

E

Analytische Hilfsmittel

Die beliebte Frage, ob Mathematik eine Natur- oder Geisteswissenschaft sei, geht von einer unvollständigen Einteilung aus. Sie ist eine Strukturwissenschaft. Sie studiert Strukturen *in abstracto*, unabhängig davon, welche Dinge diese Strukturen haben, ja ob es überhaupt solche Dinge gibt.
... Das wissenschaftliche Verfahren der Abstraktion vom Einzelfall, der Suche nach allgemeinen Gesetzen, ist hier am weitesten getrieben. Ein Physiker, ein Populationsbiologe, ein Ökonom können dieselbe Mathematik benutzen. Die Mathematisierung der Wissenschaften ist eines der Merkmale der heutigen wissenschaftlichen Entwicklung.

CARL FRIEDRICH VON WEIZSÄCKER (1971), S. 22. [Hervorhebung im Original]

I. Grundlegende Begriffe

Überblick

Die moderne Wachstumstheorie ist zweifelsohne ein gutes Beispiel für die Mathematisierung der Wirtschaftswissenschaft. Grundkenntnisse der Analysis und der linearen Algebra reichen längst nicht mehr aus, sie zu verstehen. In diesem letzten Teil des Buches versuchen wir, eine Brücke zwischen dem Grundwissen in Mathematik zu bauen, das Gegenstand der Propädeutik für Wirtschaftswissenschaftler ist, und jenen Techniken, die heute zum Repertoire der dynamischen Makroökonomik gehören.

Wir bauen diese Brücke nur als schmalen Steg und nicht als komfortable und schnell befahrbare Autobahn, weil wir kein Lehrbuch der Mathematik schreiben wollen und können. Wir stellen deshalb nur eine Reihe von Formeln und Sätzen zusammen, auf die wir im Hauptteil des Buches zurückgreifen. Sie können sich mit diesen Bausteinen begnügen oder anhand der Literaturhinweise ihr methodisches Wissen weiter vertiefen [falls Sie es nicht ohnehin besitzen und das Buch nun zur Seite legen].

Wir stellen zunächst eine Reihe elementarer Begriffe und Sätze zusammen, um für die anschließend erörterten Methoden eine gemeinsame Basis zu haben. Anschließend zeigen wir, auf welchem Satz die Methode der komparativen Statik beruht. Das zentrale Werkzeug des Buches, Differentialgleichungen, behandelt der etwas umfangreichere Abschnitt E.III. Im letzten Abschnitt behandeln wir statische und dynamische Optimierungsprobleme. Wir motivieren das Maximumprinzip, mit dessen Hilfe wir dynamische Optimierungsprobleme lösen, und zitieren eine Reihe dazugehöriger Sätze.

Für die folgenden Begriffe und Sätze aus der Analysis[1] seien X und Y beliebige Teilmengen der Menge aller n-Tupel reeller Zahlen $x = (x_1, x_2, ..., x_n) \in \mathbf{R}^n$.

Euklidische Norm

Sei $x := (x_1, x_2, ..., x_n) \in \mathbf{R}^n$, dann heißt die reelle Zahl

$$|x| := \sqrt{x_1^2 + x_2^2 + ... + x_n^2} \qquad \text{(E.I.1)}$$

euklidische Norm von x. Geometrisch gesehen, mißt sie die Länge des Vektors x. Mit Hilfe der Norm kann man den Abstand zweier Punkte $x := (x_1, x_2, ..., x_n)$ und $y := (y_1, y_2, ..., y_n) \in \mathbf{R}^n$ definieren: Die reelle Zahl

$$d(x, y) \equiv |x - y| := \sqrt{(x_1 - y_1)^2 + (x_2 - y_2)^2 + ... + (x_n - y_n)^2} \qquad \text{(E.I.2)}$$

heißt *euklidische Metrik*.

Offene, abgeschlossene und beschränkte Mengen

Die Menge aller Punkte im $\mathbf{R}^n$, die von x weniger als $\delta > 0$ entfernt sind, nennt man *offene Kugel* um x und schreibt dafür:

$$B_\delta(x) := \{y : y \in \mathbf{R}^n \wedge d(x, y) < \delta\} \qquad \text{(E.I.3)}$$

Eine Menge $X \subset \mathbf{R}^n$ heißt *offen*, wenn es zu jedem $x \in X$ eine offene Kugel gibt, die in X enthalten ist. Eine Menge heißt *abgeschlossen*, wenn ihr Komplement in bezug auf die Grundmenge $\mathbf{R}^n$ offen ist. Eine Menge $X \subset \mathbf{R}^n$ heißt *beschränkt*, wenn es eine offene Kugel $B_\delta(x)$, $0 < \delta < \infty$, gibt, in der X enthalten ist. Eine Menge $X \subset \mathbf{R}^n$ heißt *kompakt*, wenn sie abgeschlossen und beschränkt ist.

Konvexe Mengen

Eine Menge X heißt *konvex*, wenn für x', $x'' \in X$ und $\lambda \in (0,1)$ auch jedes $x := \lambda x' + (1-\lambda) x''$ ein Element von X ist.

Funktion

Eine Vorschrift f, die jedem $x \in X$ genau ein Element $y \in Y$ zuordnet, heißt *Funktion*, in Symbolen: $f: X \to Y$. Die Menge $D := \{x : x \in X, y \in Y, y = f(x)\}$ heißt *Definitionsbereich* der Funktion. Die Menge $W := \{y : y \in Y, x \in X, y = f(x)\}$ heißt *Wertebereich* der Funktion.

---

[1] Für Ökonomen haben BERCK und SYDSÆTER (1991) eine umfangreiche Formelsammlung zusammengestellt. Um Basiswissen aus der Analysis und der linearen Algebra aufzufrischen, empfehlen wir BECKMANN und KÜNZI (1973a), (1973b) oder das umfangreiche, aber didaktisch hervorragende Buch von CHIANG (1974). Etwas anspruchsvoller, aber ohne Zweifel empfehlenswert, ist die Darstellung bei TAKAYAMA (1985), S. 5-39. Ausführlich behandelt FORSTER (1983), (1984) die Analysis.

Die Menge $G := \{(x, f(x)): x \in X, f(x) \in Y\}$ heißt *Graph* der Funktion. Eine Funktion heißt *injektiv*, wenn verschiedene Elemente aus X auch verschiedene Bilder in Y haben, mit anderen Worten aus $f(x) = f(x')$ folgt $x = x'$. Eine Funktion heißt *surjektiv* (oder f bildet X auf Y ab), wenn jedes Element der Menge Y Bild eines Elements der Menge X ist. Eine Funktion, die sowohl injektiv als auch surjektiv ist, heißt *bijektiv*. Bijektive Funktionen besitzen eine *Umkehrfunktion* oder *inverse Funktion* $f^{-1}: Y \to X$, die jedem Element aus Y das ihm über f zugeordnete Element aus X zuordnet.

Folgen und Grenzwerte

Eine Folge $\{x_n\}$, $x_n \in \mathbb{R}^n$ von Punkten ist eine Funktion f mit den natürlichen Zahlen $N := \{1, 2, 3, ..., n, n+1, ...\}$ als Definitionsbereich, so daß $f(n) = x_n$. Eine Folge von Punkten in einer Teilmenge $X \subset \mathbb{R}^n$ *konvergiert* zum Punkt $x \in X$, wenn es für jedes $\epsilon > 0$ eine natürliche Zahl N_ϵ gibt, so daß $d(x_n, x) < \epsilon$ für alle $n \geq N_\epsilon$. x heißt *Grenzwert* (Limes) der Folge und man schreibt:

$$\lim_{n \to \infty} x_n \to x.$$

Stetigkeit

Eine reellwertige Funktion $f: \mathbb{R}^n \to \mathbb{R}$ heißt *stetig* im Punkt x^*, wenn für jedes $\epsilon > 0$ ein $\delta(\epsilon) > 0$ existiert, so daß $d(x, x^*) < \delta(\epsilon)$ impliziert: $d(f(x), f(x^*)) < \epsilon$. Man kann zeigen, daß eine Funktion gemäß dieser Definition stetig im Punkt x^* ist, wenn gilt:

$$\lim_{n \to \infty} x_n \to x^* \Rightarrow \lim_{n \to \infty} f(x_n) \to f(x^*). \tag{E.I.4}$$

Differenzierbarkeit

Eine reellwertige Funktion einer Veränderlichen heißt differenzierbar im Punkt $x^* \in (a, b)$, wenn für ein h mit $x^* + h \in (a, b)$ der Grenzwert

$$f'(x^*) := \lim_{h \to 0} \frac{f(x^* + h) - f(x^*)}{h}$$

existiert. Für eine reellwertige Funktion mehrerer Variablen, $f: X \to \mathbb{R}$, $X \subset \mathbb{R}^n$, können wir in Analogie dazu die *partielle Ableitung* als den Grenzwert

$$f_{x_i}(x^*) = \lim_{h_i \to 0} \frac{f(x_1^*, x_2^*, ..., x_i^* + h_i, ..., x_n^*) - f(x_1^*, x_2^*, ..., x_i^*, ..., x_n^*)}{h_i} \tag{E.I.5}$$

definieren. Für $f_{x_i}(x^*)$ schreiben wir oft $\partial f(x^*)/\partial x_i$. f heißt *differenzierbar* in einem Punkt x^*, der im Inneren der Menge X liegt, wenn die Funktion linear approximierbar ist, d.h. wenn es einen Vektor $\nabla f(x^*)$ gibt, so daß gilt:

$$f(x + h) = f(x^*) + \nabla f(x^*)h + \theta(h).$$ (E.I.6)

Die Funktion $\theta(\cdot)$ hat die Eigenschaft, daß es zu jedem $\delta > 0$ ein $\epsilon > 0$ gibt, so daß $|h| < \epsilon$ impliziert $\theta(|h|) < \delta |h|$. Mit anderen Worten:

$$\lim_{h \to 0, h \neq 0} \frac{\theta(|h|)}{|h|} = 0.$$

Der Ausdruck $\nabla f(x^*)h$ heißt *Differential* von f an der Stelle x^*, und $\nabla f(x^*)$ ist der Gradient von f an der Stelle x^*. f heißt differenzierbar, wenn die Approximation (E.I.6) im gesamten Definitionsbereich von f existiert. Es gelten folgende Zusammenhänge [bspw. FORSTER (1984), S. 47, Satz 1 und 2]:

Satz E.I.1:

Sei f eine auf der offenen Menge $X \subset \mathbb{R}^n$ definierte Funktion, die im Punkt $x^* \in X$ im Sinne von (E.I.6) differenzierbar ist. Dann gilt:

a) f ist in x^* stetig;

b) f ist bezüglich aller Komponenten $(x_1, x_2, ..., x_n)$ partiell differenzierbar, und es ist

$$\nabla f(x^*) := \left(f_{x_1}(x^*), f_{x_2}(x^*), ..., f_{x_n}(x^*) \right),$$

(d.h. die Komponenten des Gradienten entsprechen den partiellen Ableitungen von f an der Stelle x^*);

c) f ist in X genau dann differenzierbar und besitzt ein stetiges-Differential für alle $x \in X$, wenn sie stetige partielle Ableitungen für alle x in X besitzt. ☻

Eine differenzierbare Funktion kann man also durch eine lineare Funktion [genauer eine linear affine Funktion] annähern. Ein Beispiel dafür ist die in diesem Buch häufig angewandte Näherung

$$\ln(x/x^*) \simeq \frac{x - x^*}{x^*}.$$ (E.I.7)

Um diese Beziehung herzuleiten, definieren wir $f(x) := \ln(x/x^*)$ und $h := x - x^*$. Dann ist $f'(x^*) = 1/x^*$ und nach (E.I.6) gilt $\ln(x/x^*) = (x - x^*)/x^* + \theta(x - x^*)$. Wenn wir den Schätzfehler $\theta(x - x^*)$ vernachlässigen und deshalb das Gleichheitszeichen durch das Zeichen $\approx$ ersetzen, erhalten wir Gleichung (E.I.7).

Wenn Sie in dieser Gleichung x durch x_{t+1} und x^* durch x_t ersetzen, sehen Sie, daß die Wachstumsrate einer Variablen x näherungsweise der Differenz der natürlichen Logarithmen zeitlich benachbarter Werte entspricht.

Die Funktion f ist zweimal differenzierbar, wenn neben dem Vektor $\nabla f(x^*)$ eine $n \times n$-Matrix $H(x^*)$ existiert, so daß gilt:

$$f(x + h) = f(x^*) + \nabla f(x^*)h + \frac{1}{2}hH(x^*)h' + \theta(h), \quad \lim_{\substack{h \to 0 \\ h \neq 0}} \frac{\theta(h)}{|h|^2} = 0. \qquad \text{(E.I.8)}$$

Hierbei ist die Matrix $H(x^*)$, die *Hessematrix*, die Matrix der zweiten partiellen Ableitungen der Funktion f:

$$H(x^*) := \begin{pmatrix} \dfrac{\partial f}{\partial x_1 \partial x_1}(x^*) & \dfrac{\partial f}{\partial x_1 \partial x_2}(x^*) & \cdots & \dfrac{\partial f}{\partial x_1 \partial x_n}(x^*) \\[2ex] \dfrac{\partial f}{\partial x_2 \partial x_1}(x^*) & \dfrac{\partial f}{\partial x_2 \partial x_2}(x^*) & \cdots & \dfrac{\partial f}{\partial x_2 \partial x_n}(x^*) \\[2ex] \cdots & \cdots & \cdots & \cdots \\[2ex] \dfrac{\partial f}{\partial x_n \partial x_1}(x^*) & \dfrac{\partial f}{\partial x_n \partial x_2}(x^*) & \cdots & \dfrac{\partial f}{\partial x_n \partial x_n}(x^*) \end{pmatrix}$$

und das Symbol $'$ beschreibt das Vertauschen der Zeilen und Spalten einer Matrix. Wenn bspw. h ein Spaltenvektor ist, so ist h' ein Zeilenvektor. Die Hessematrix ist eine *symmetrische Matrix* (d.h. $a_{ij} = a_{ji}$, wobei a_{ij} das Element in der i-ten Zeile und j-ten Spalte von H ist), sofern auch die zweite Ableitung eine stetige Funktion ist [bspw. FORSTER (1984), S. 59.]

Hauptsatz der Integralrechnung

Sei $f: \mathbb{R} \to \mathbb{R}$ eine in Intervall I stetige Funktion. Dann berechnet sich das bestimmte Integral von f im Intervall $[a, b] \subset I$ nach folgender Formel:

$$\int_a^b f(x)\,dx = F(b) - F(a), \qquad \text{(E.I.9)}$$

wobei die differenzierbare Funktion F eine *Stammfunktion* von f ist, d.h. eine Funktion, deren Ableitung nach x die Funktion $f(x)$ liefert: $F'(x) = f(x)$ [bspw. BECKMANN und KÜNZI (1973a), S. 160, Satz 2]. Dieser Satz impliziert folgende Rechenregeln für bestimmte Integrale:

$$\int_a^b f(x)\,dx = -\int_b^a f(x)\,dx,$$

(E.I.10)

$$\int_a^b f(x)\,dx + \int_b^c f(x)\,dx = \int_a^c f(x)\,dx.$$

Hilfreich ist auch die folgende Regel der *partiellen Integration* [bspw. BECKMANN und KÜNZI (1973a), S. 168]:

$$\int f(x)g'(x)\,dx = f(x)g(x) - \int f'(x)g(x)\,dx.$$

(E.I.11)

Leibnitzregel

Sei

$$y(x) = \int_{u(x)}^{v(x)} f(x,t)\,dt.$$

Dann ist [bspw. BERCK und SYDSÆTER (1991), S. 39, Formel 8.50]

$$y'(x) := \frac{dy(x)}{dx} = v'(x)f(x,v(x)) - u'(x)f(x,u(x)) + \int_{u(x)}^{v(x)} \frac{\partial f(x,t)}{\partial x}\,dt.$$

(E.I.12)

Regel von L'Hôpital

Wir betrachten zwei Funktionen $h{:}\mathbb{R}{\to}\mathbb{R}$ und $g{:}\mathbb{R}{\to}\mathbb{R}$. Beide Funktionen seien differenzierbar in einem Intervall $a<x_0<b$. $g'(x)\neq 0$ für $x\in(a,b)$ mit der möglichen Ausnahme an der Stelle x_0. Außerdem seien $h(x_0)=g(x_0)=0$, so daß $h(x_0)/g(x_0)=0/0$ ein *unbestimmter Ausdruck* ist. Dann gilt [bswp. BECKMANN und KÜNZI (1973a), S. 216, Satz 1]:

$$\lim_{x \to x_0} \frac{h(x)}{g(x)} = \lim_{x \to x_0} \frac{h'(x)}{g'(x)}.$$

(E.I.13)

Konkave und konvexe Funktionen

Die reellwertige Funktion $f{:}\mathbb{R}^n{\supset}X{\to}\mathbb{R}$ mit dem konvexen Definitionsbereich X heißt *konkav*, wenn für zwei Punkte $x, y\in X$ gilt:

$$f(\lambda x + (1-\lambda)y) \geq \lambda f(x) + (1-\lambda)f(y).$$

(E.I.14)

f heißt *konvex*, wenn gilt:

$$f(\lambda x + (1-\lambda)y) \leq \lambda f(x) + (1-\lambda)f(y).$$

(E.I.15)

Die Funktion *f* heißt *strikt konkav* bzw. *strikt konvex*, wenn in den Definitionsgleichungen (E.I.14) und (E.I.15) die strikte Ungleichheit [> bzw. <] hält. Somit ist eine Funktion *f* konkav, wenn -*f* konvex ist. Die Funktion *f* heißt *quasikonkav*, wenn für $\lambda \in (0,1)$ gilt:

$$f(\lambda x + (1 - \lambda)y) \geq \min\{f(x), f(y)\}. \tag{E.I.16}$$

Ersetzt man in (E.I.16) das Zeichen $\geq$ durch >, heißt *f* strikt quasikonkav. Jede konkave Funktion ist auch quasikonkav. Die Funktion $f(x) := x^2$ ist für $x \geq 0$ quasikonkav, aber nicht konkav. Dieses Beispiel zeigt, daß die Quasikonkavität eine schwächere Bedingung ist als die Konkavität. Desweiteren gilt:

Satz E.I.2 [TAKAYAMA (1985), S. 84, 68, 126f.]

a) Sei *f* eine reellwertige, differenzierbare Funktion auf der konvexen Menge $X \subset \mathbb{R}^n$. *f* ist *genau dann* konkav, wenn für jedes x^* und x aus X gilt:

$$f(x^*) + \nabla f(x^*)(x - x^*) \geq f(x).$$

b) Jede nichtnegative Linearkombination konkaver Funktionen ist konkav. ⊖

Taylor-Reihe

Wir betrachten eine Funktion $f : \mathbb{R} \to \mathbb{R}$, die in einem Intervall $I = (a, b)$ $n+1$-mal stetig differenzierbar ist und bezeichnen ihre *i*-te Ableitung mit f^i. Sie besitzt für $x \in I$ und $x + h \in I$ die *Taylorsche Entwicklung* [bswp. BECKMANN und KÜNZI (1973a), S. 208]:

$$f(x+h) = f(x) + \frac{f^1(x)}{1!}h + \frac{f^2(x)}{2!}h^2 + \dots + \frac{f^n(x)}{n!}h^n$$

$$+ \frac{f^{n+1}(x+\theta h)}{(n+1)!}h^{n+1}, \quad \theta \in (0, 1). \tag{E.I.17}$$

II. Komparative Statik

Mit Hilfe der komparativen Statik untersucht man den Einfluß exogener Größen auf die in einem Modell erklärten Variablen. In einfachen Modellen kann man dies graphisch tun. Für komplexere Modelle liefert der folgende Satz die passende Metho-de:[2]

Satz E.II.1:

Seien

$$f^1(y_1,...,y_m,x_1,...,x_n) = 0$$

$$\vdots \qquad \vdots \qquad\qquad\qquad (E.II.1)$$

$$f^m(y_1,...,y_m,x_1,...,x_n) = 0$$

die Gleichgewichtsbedingungen für ein ökonomisches Modell mit den m endogenen Variablen y_1, ..., y_m und den n exogenen Variablen x_1, ..., x_n. Die Funktionen $f^j, j=1, 2, ..., m$ seien stetig differenzierbar und an der Stelle $(\bar{x},\bar{y})$ besitze (E.II.1) eine Lösung. Die Determinante der Jacobimatrix von (E.II.1), berechnet an der Stelle dieser Lösung,

$$J(\bar{y},\bar{x}) := \begin{pmatrix} f^1_{y_1}(\bar{y},\bar{x}) & f^1_{y_2}(\bar{y},\bar{x}) & ... & f^1_{y_m}(\bar{y},\bar{x}) \\ f^2_{y_1}(\bar{y},\bar{x}) & f^2_{y_2}(\bar{y},\bar{x}) & ... & f^2_{y_m}(\bar{y},\bar{x}) \\ \vdots & \vdots & \vdots & \vdots \\ f^m_{y_1}(\bar{y},\bar{x}) & f^m_{y_2}(\bar{y},\bar{x}) & ... & f^m_{y_m}(\bar{y},\bar{x}) \end{pmatrix} \qquad (E.II.2)$$

sei ungleich Null. Dann gibt es in einer Umgebung der Lösung stetig differenzierbare Funktionen $y_j(x_1, ..., x_n)$ mit den partiellen Ableitungen

$$\frac{\partial y_j}{\partial x_i} = \frac{\det A_j}{\det J(\bar{y},\bar{x})}. \qquad (E.II.3)$$

Dabei ist A_j diejenige Matrix, die wir aus J erhalten, wenn wir deren j-te Spalte durch den Vektor

$$f_{x_i} := \left(-f^1_{x_i} \quad -f^2_{x_i} \quad ... \quad -f^m_{x_i} \right)' \qquad (E.II.4)$$

ersetzen. ☻

---

2 Siehe Forster (1984), S. 71, Satz 2 in Verbindung mit S. 68, Satz 1.

III. Gewöhnliche Differentialgleichungen

1. Begriffe

Differentialgleichungen

Wir haben die zeitliche Entwicklung einer Volkswirtschaft in diesem Buch fast ausschließlich mit Hilfe von Differentialgleichungen dargestellt. Die Handhabung solcher Gleichungen gehört mittlerweile zum Repertoire der meisten Ökonomen, und es gibt viele gute mathematische Lehrbücher und Anhänge zu ökonomischen Lehrbüchern, die diese Gleichungen behandeln. Wir begnügen uns deshalb damit, die wichtigsten Begriffe und Zusammenhänge zu erläutern und jene Formeln und Sätze wiederzugeben, auf die wir uns im Rahmen unserer Darstellung der Wachstumstheorie beziehen. Hervorragende Darstellungen des relevanten Stoffes bieten GANDOLFO (1980) sowie HIRSCH und SMALE (1974). Empfehlenswert ist auch die Monographie von WILLEMS (1973). Eine knappe, aber ebenfalls sehr verständliche Darstellung beinhaltet der mathematische Anhang des Buches von BARRO und SALA-I-MARTIN (1995).

Eine Differentialgleichung ist eine Gleichung, in der die Ableitungen einer Funktion vorkommen. Wenn diese Funktion nur eine unabhängige Variable besitzt, sprechen wir von *gewöhnlichen Differentialgleichungen*, sonst von partiellen Differentialgleichungen. In diesem Buch haben wir es nur mit gewöhnlichen Differentialgleichungen zu tun. Die *Ordnung einer Differentialgleichung* wird von der höchsten darin vorkommenden Ableitung bestimmt. Demnach ist eine Differentialgleichung von der Ordnung n, wenn darin die n-te Ableitung einer Funktion nach ihrer unabhängigen Variablen auftaucht.

Für die weiteren Definitionen sei $x(t)=(x_1(t), x_2(t), ..., x_n(t))$ ein Vektor mit den Funktionen $x_i(t)$, $i=1, 2, ..., n$, der unabhängigen Variablen t, die wir, um den konkreten Bezug herzustellen, Zeit nennen. Für fixiertes t ist x ein Punkt im n-dimensionalen Zahlenraum. $u(t)=(u_1(t), u_2(t), ..., u_m(t))$ sei eine bekannte, ebenfalls vektorwertige Funktion der Zeit und $f=(f^1, f^2, ..., f^n)$ sei ein Vektor mit n Funktionen. Dann ist

$$\dot{x}(t) = f(x(t), u(t), t) \qquad \text{(E.III.1.1)}$$

ein n-dimensionales Differentialgleichungssystem erster Ordnung. Dieses System heißt *frei*, wenn die Eingangsgrößen $u(t)$ für alle t identisch Null sind. Es heißt *stationär*, wenn f nicht direkt, sondern nur indirekt über x und u von der Zeit abhängt. Ein freies und stationäres System nennt man *autonom*. Zu dieser Klasse gehören bis auf wenige Ausnahmen alle Gleichungen in diesem Buch.

Die Lösung eines autonomen Differentialgleichungssystems ist eine vektorwertige Funktion $\Phi(x_0, t)$, die im Zeitpunkt $t=0$ durch den Punkt x_0 verläuft, und die für alle

t die Gleichung $\mathrm{d}\Phi(x_0, t)/\mathrm{d}t = f(\Phi(x_0, t))$ erfüllt. Die Unbekannte eines Differential-gleichungssystems ist mithin kein Punkt, sondern eine Funktion.

Stabilität

Ein Punkt x^* heißt *Gleichgewicht* des autonomen Differentialgleichungssystems

$$\dot{x}(t) = f(x(t)), \tag{E.III.1.2}$$

wenn er die Bedingung

$$f(x^*) = 0 \tag{E.III.1.3}$$

erfüllt. Das Gleichgewicht heißt *global asymptotisch stabil*, wenn für alle Punkte x_0 des Definitionsbereichs von f gilt

$$\lim_{t \to \infty} \Phi(x_0, t) \to x^*. \tag{E.III.1.4}$$

Wenn diese Gleichung nur von Punkten aus einer Umgebung U des Gleichgewichts erfüllt wird, heißt das Gleichgewicht *lokal asymptotisch stabil*.

2. Lineare Differentialgleichungen

Lineare Differentialgleichung mit konstantem Koeffizienten

Die einfachste Differentialgleichung lautet:

$$\dot{x} = ax(t), \tag{E.III.2.1}$$

mit der Konstanten a. Die Gleichung (E.III.2.1) verknüpft nur die erste Ableitung der gesuchten Funktion linear mit der Funktion selbst. Sie heißt daher lineare Differentialgleichung erster Ordnung mit konstantem Koeffizienten.

Die Exponentialfunktion $x(t) := Ke^{at}$ mit K als beliebiger Konstante erfüllt Gleichung (E.III.2.1):

$$\dot{x}(t) := \frac{\mathrm{d}Ke^{at}}{\mathrm{d}t} = aKe^{at} = ax(t).$$

Nehmen wir an, es gäbe eine andere Funktion $u(t)$, welche die Gleichung ebenfalls erfüllt. Dann folgt aus

$$\frac{\mathrm{d}[e^{-at}u(t)]}{\mathrm{d}t} = -ae^{-at}u(t) + e^{-at}\dot{u}(t) = -ae^{-at}u(t) + ae^{-at}u(t) = 0,$$

daß $e^{-at}u(t) = K$ gelten muß, denn nur die Ableitung einer Konstanten nach der Zeit ist Null. Dann aber ist $u(t) = Ke^{at}$. Damit haben wir gezeigt, daß

$$x(t) = Ke^{at}, \quad e \approx 2{,}71, \tag{E.III.2.2}$$

die einzige Lösung der Differentialgleichung (E.III.2.1) ist.

Lineare Differentialgleichung mit zeitvariablem Koeffizienten

Die Budgetrestriktion eines Haushalts im Ramsey-Modell ist eine Differentialgleichung des folgenden Typs:

$$\dot{x}(t) + a(t)x(t) = u(t). \tag{E.III.2.3}$$

Um auf die Lösung dieser Gleichung zu gelangen, versuchen wir, sie so umzuformen, daß die linke Seite der Gleichung als Ableitung eines Produkts nach der Zeit erscheint. Für einen beliebigen Faktor $m(t)$ gilt:

$$\frac{d[m(t)x(t)]}{dt} = \dot{m}(t)x(t) + m(t)\dot{x}(t). \tag{E.III.2.4}$$

Wenn daher $m(t)[\dot{x}(t) + a(t)x(t)] = d[m(t)x(t)]/dt$ sein soll, muß gelten:

$$m(t)[\dot{x}(t) + a(t)x(t)] = \dot{m}(t)x(t) + m(t)\dot{x}(t) \quad \Rightarrow \quad m(t)a(t) = \dot{m}(t).$$

Falls $m(t) > 0$, können wir dafür schreiben:

$$\frac{dm(t)}{m(t)} = a(t)\,dt.$$

Wir integrieren die linke Seite über m und die rechte über $\tau \in [t_0, t]$ und erhalten:

$$\ln[m(t)] = \int_{t_0}^{t} a(s)\,ds + C,$$

Dabei ist die untere Integrationsgrenze t_0 beliebig wählbar.[3] Wenn wir die Integrationskonstante C gleich Null setzen, erhalten wir:

$$m(t) = e^{\int_{t_0}^{t} a(\tau)\,d\tau}. \tag{E.III.2.5}$$

Diese Gleichung zeigt, daß $m(t)$ tatsächlich positiv ist. Nach Multiplizieren beider Seiten von Gleichung (E.III.2.3) mit $m(t)$ und Integrieren, erhalten wir unter Berücksichtigung von

$$d[m(t)x(t)]/dt = m(t)[\dot{x}(t) + a(t)x(t)]$$

---

3 Mit Hilfe der Leibnitzregel (E.I.12) können Sie nachprüfen, daß die Ableitung des Integrals nach t auf $a(t)$ führt.

die Lösung

$$m(t)x(t) = \int_{t_1}^{t} m(s)u(s)\,ds + K,$$

wobei auch hier die Untergrenze des Integrals t_1 unbestimmt ist. Aus dieser Gleichung folgt mit Hilfe der Lösung für $m(t)$ in Gleichung (E.III.2.5):

$$x(t) = e^{-\int_{t_0}^{t} a(\tau)\,d\tau} \left[\int_{t_1}^{t} e^{\int_{t_0}^{s} a(\tau)\,d\tau} u(s)\,ds + K \right]. \qquad \text{(E.III.2.6)}$$

Aus dieser Kurvenschar folgen spezielle Lösungen über die Wahl der Integrationsgrenzen t_0 und t_1. Die *Rückwärtslösung* erhalten wir für $t_0 = t_1 = 0$, so daß gleichzeitig $K = x(t=0)$ sein muß:

$$x(t) = e^{-\int_{0}^{t} a(\tau)\,ds} \left[\int_{0}^{t} e^{\int_{0}^{s} a(\tau)\,d\tau} u(s)\,ds + x(0) \right]$$

$$\qquad\qquad\qquad\qquad\qquad\qquad\qquad\qquad \text{(E.III.2.7)}$$

$$= \int_{0}^{t} e^{-\int_{s}^{t} a(\tau)\,d\tau} u(s)\,ds + x(0)e^{-\int_{0}^{t} a(\tau)\,d\tau}.$$

Die Umformungen beruhen auf den beiden Regeln (E.I.10).

Die *Vorwärtslösung* erhalten wir, wenn wir t_0 und t_1 gegen ∞ streben lassen, so daß aus (E.III.2.6) und den Regeln (E.I.10)

$$x(t) = -\int_{t}^{\infty} e^{\int_{t}^{s} a(\tau)\,d\tau} u(s)\,ds + Ke^{\int_{t}^{\infty} a(\tau)\,d\tau} \qquad \text{(E.III.2.8)}$$

folgt [vorausgesetzt, beide Integrale konvergieren].

3. Differentialgleichungssysteme in der Ebene

Lineare Systeme

Unter den zweidimensionalen Differentialgleichungssystemen ist das lineare System mit zeitkonstanten Koeffizienten das einfachste. Es lautet:[4]

---

[4] Um die Schreibweise zu vereinfachen, unterdrücken wir den Zeitindex der Funktionen x_1 und x_2.

$$\begin{pmatrix} \dot{x}_1 \\ \dot{x}_2 \end{pmatrix} = \begin{pmatrix} a_{11} & a_{12} \\ a_{21} & a_{22} \end{pmatrix}\begin{pmatrix} x_1 \\ x_2 \end{pmatrix} \Leftrightarrow \dot{x} = Ax. \tag{E.III.3.1}$$

Es beschreibt eine Kurvenschar in der Ebene. Eine Kurve, die durch den Punkt (x_1, x_2) geht, hat den Vektor $(\dot{x}_1, \dot{x}_2)$ als Tangente [siehe Abbildung E.III.3.1]. Auf dieser geometrischen Interpretation eines Differentialgleichungssystems beruht die Phasendiagrammanalyse.

Analytische Lösungen des linearen Systems

Unsere Lösungsstragie besteht darin, neue Variablen $y=(y_1, y_2)$ zu finden, die linear von unseren ursprünglichen Variablen $x=(x_1, x_2)$ abhängen. Motivieren läßt sich dieser Ansatz durch folgende Überlegung: Angenommen, es wäre möglich, eine Matrix V und eine Diagonalmatrix B zu finden, die A so zerlegen, daß gilt:

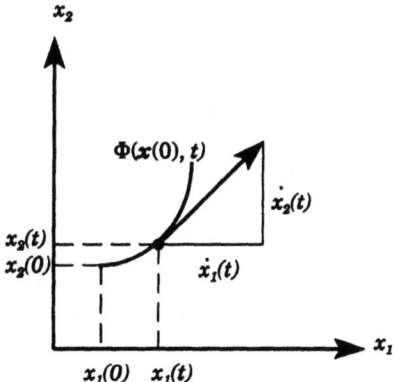

$$A := VBV^{-1}, \quad B:= \begin{pmatrix} \lambda_1 & 0 \\ 0 & \lambda_2 \end{pmatrix}. \tag{E.III.3.2}$$

In den neuen Variablen

$$y = V^{-1}x \Rightarrow \dot{y} = V^{-1}\dot{x}$$

Abbildung E.III.3.1: Geometrische Interpretation eines Differentialgleichungssystems in der Ebene

hat das Differentialgleichungssystem (E.III.3.1) die Form

$$\dot{y} = \begin{pmatrix} \dot{y}_1 \\ \dot{y}_2 \end{pmatrix} = V^{-1}\dot{x} = BV^{-1}x = \begin{pmatrix} \lambda_1 & 0 \\ 0 & \lambda_2 \end{pmatrix}\begin{pmatrix} y_1 \\ y_2 \end{pmatrix}.$$

Das Differentialgleichungssystem in den neuen Variablen y_1 und y_2 ist entkoppelt,

$$\dot{y}_1 = \lambda_1 y_1,$$

$$\dot{y}_2 = \lambda_2 y_2.$$

und hat daher die Lösung [siehe (E.III.2.2)]

$$y_1(t) = K_1 e^{\lambda_1 t},$$

$$y_2(t) = K_2 e^{\lambda_2 t}. \tag{E.III.3.3}$$

Wann ist die Zerlegung (E.III.3.2) möglich? Wenn wir die Spalten der Matrix V mit v_1 und v_2 bezeichnen, können wir für Gleichung (E.III.3.2) auch

$$Av_i = \lambda_i v_i, \quad i = 1, 2,$$

schreiben. Ein Vektor v mit der Eigenschaft $Av=\lambda v$ heißt *Eigenvektor* der Matrix A und der Skalar λ heißt *Eigenwert* von A. Eine Lösung der Gleichung $Av-\lambda v=(A-\lambda I)v=0$ [I ist die zweidimensionale Einheitsmatrix] existiert für $v\neq0$ nur dann, wenn die Koeffizientenmatrix $(A-\lambda I)$ singulär ist, d.h. wenn ihre Determinante $|A-\lambda I|=0$ ist. Diese Bedingung führt auf die quadratische Gleichung

$$\lambda^2 - \lambda(a_{11} + a_{22}) + (a_{11}a_{22} - a_{12}a_{21}) = 0 . \tag{E.III.3.4}$$

Diese Gleichung heißt *charakteristische Gleichung* der Matrix A. Ihre Lösungen sind:

$$\lambda_{1,2} = \frac{a_{11} + a_{22}}{2} \pm \frac{1}{2}\sqrt{(a_{11} + a_{22})^2 - 4(a_{11}a_{22} - a_{12}a_{21})} . \tag{E.III.3.5}$$

Wir müssen nun drei Fälle unterscheiden, je nachdem, ob die Lösungen reell und verschieden, reell und identisch oder komplex sind.

Reelle, verschiedene Lösungen: Falls die Lösungen $\lambda_1\neq\lambda_2$, λ_1, $\lambda_2\in\mathbb{R}$ lauten, gibt es zwei Eigenvektoren v_1 und v_2, die unser Problem lösen. Wegen $A(av)=\lambda(av)$ für jede reelle Zahl a, sind die Eigenvektoren nur bis auf skalares Vielfaches bestimmt. Wir können deshalb die erste Komponente jedes Eigenvektors auf Eins normieren, so daß die Matrix V die Form

$$V = \begin{pmatrix} 1 & 1 \\ v_1 & v_2 \end{pmatrix}, \quad v_1, v_2 \in \mathbb{R},$$

annimmt. Damit können wir über $x = Vy$ aus (E.III.3.3) die Lösung des Differentialgleichungssystems (E.III.3.1) bestimmen. Sie lautet:

$$\begin{aligned} x_1(t) &= K_1 e^{\lambda_1 t} + K_2 e^{\lambda_2 t}, \\ x_2(t) &= v_1 K_1 e^{\lambda_1 t} + v_2 K_2 e^{\lambda_2 t}. \end{aligned} \tag{E.III.3.6}$$

Reelle, identische Lösungen: Die quadratische Gleichung (E.III.3.4) besitzt nur eine Lösung $\lambda=(a_{11}+a_{22})/2$, wenn die Koeffizienten der Matrix A der Bedingung

$$(a_{11} + a_{22})^2 = 4(a_{11}a_{22} - a_{12}a_{21})$$

genügen. Es gibt daher keine zwei linear unabhängigen Eigenvektoren, und die Zerlegung (E.III.3.2) ist nicht möglich. Gleichwohl existiert eine andere, vergleichsweise einfache Zerlegung: Wir setzen $v_1=(1\ 0)'$ und definieren $v_2=(A-\lambda I)v_1$. Die beiden Vektoren sind linear unabhängig[5]. Sie können sich durch Nachrechnen davon überzeugen, daß

$$B := \begin{pmatrix} \lambda & 0 \\ 1 & \lambda \end{pmatrix} = V^{-1}AV, \quad V := \begin{pmatrix} 1 & a_{11} - \lambda \\ 0 & a_{21} \end{pmatrix}, \quad V^{-1} = \begin{pmatrix} 1 & (\lambda - a_{11})/a_{21} \\ 0 & 1/a_{21} \end{pmatrix} \quad \text{(E.III.3.7)}$$

gilt.[6] In den neuen Variablen $y = V^{-1}x$ lautet das Differentialgleichungssystem

$$\dot{y} = By.$$

In Analogie zur Lösung einer Einzelgleichung schreiben wir $y(t) = Ke^{Bt}$. Was bleibt, ist den Ausdruck e^{Bt} zu berechnen. Dazu greifen wir auf eine Verallgemeinerung der Reihendarstellung der Exponentialfunktion zurück [HIRSCH und SMALE (1974), S. 82-85]:

$$e^B = \sum_{i=0}^{\infty} \frac{B^i}{i!}, \quad \text{(E.III.3.8)}$$

$$e^{BC} = e^B e^C, \text{ wenn } BC = CB.$$

Die Matrix B aus (E.III.3.7) kann in

$$B = C + \Lambda, \quad C := \begin{pmatrix} 0 & 0 \\ 1 & 0 \end{pmatrix}, \quad \Lambda := \begin{pmatrix} \lambda & 0 \\ 0 & \lambda \end{pmatrix}, \quad C\Lambda = \Lambda C,$$

zerlegt werden. Damit folgt:

$$e^{Ct} = \frac{\begin{pmatrix} 0 & 0 \\ t & 0 \end{pmatrix}^0}{0!} + \frac{\begin{pmatrix} 0 & 0 \\ t & 0 \end{pmatrix}^1}{1!} = I + Ct = \begin{pmatrix} 1 & 0 \\ t & 1 \end{pmatrix}$$

$[C^i = 0 \text{ für } i = 2, 3, \dots]$ und

$$e^{\Lambda t} = \begin{pmatrix} 1 + \lambda t + \dfrac{(\lambda t)^2}{2!} + \dfrac{(\lambda t)^3}{3!} + \dots & 0 \\ 0 & 1 + \lambda t + \dfrac{(\lambda t)^2}{2!} + \dfrac{(\lambda t)^3}{3!} + \dots \end{pmatrix} = e^{\lambda t} I,$$

---

5 Zwei Vektoren sind linear unabhängig, wenn die Gleichung $a_1 v_1 + a_2 v_2 = 0$ nur für $a_1 = a_2 = 0$ erfüllt ist.

6 Dabei müssen Sie berücksichtigen, daß die Koeffizienten der Matrix A in diesem Fall die Bedingung $(a_{11} + a_{22})^2 = 4(a_{11}a_{22} - a_{12}a_{21})$ erfüllen. [Selbstverständlich gibt es elegantere Möglichkeiten zu beweisen, daß diese Zerlegung richtig ist. Aber dafür braucht man Kenntnisse der linearen Algebra, die wir hier nicht voraussetzen. Alles Wissenswerte darüber finden Sie im übrigen bei HIRSCH und SMALE (1974).]

so daß wir schließlich

$$e^{Bt} = e^{\Lambda t} e^{Ct} = e^{\lambda t} \begin{pmatrix} 1 & 0 \\ t & 1 \end{pmatrix}$$

erhalten. Die Lösung ist mithin

$$y_1(t) = K_1 e^{\lambda t},$$

$$y_2(t) = K_1 t e^{\lambda t} + K_2 e^{\lambda t},$$

$$\begin{pmatrix} x_1(t) \\ x_2(t) \end{pmatrix} = \begin{pmatrix} 1 & (a_{11} - a_{22})/2 \\ 0 & a_{21} \end{pmatrix} \begin{pmatrix} y_1(t) \\ y_2(t) \end{pmatrix}.$$

(E.III.3.9)

Komplexe Lösungen: Noch etwas verzwickter wird es, wenn die charakteristische Gleichung (E.III.3.4) keine reellen Lösungen besitzt. Dieser Fall tritt auf, wenn

$$(a_{11} + a_{22})^2 < 4(a_{11}a_{22} - a_{12}a_{21}).$$

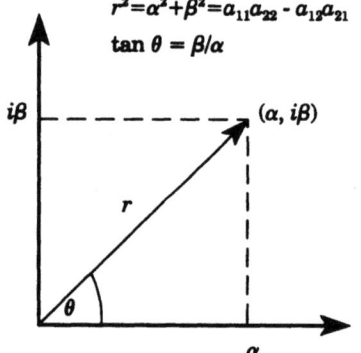

$$r^2 = \alpha^2 + \beta^2 = a_{11}a_{22} - a_{12}a_{21}$$
$$\tan \theta = \beta/\alpha$$

Die Wurzeln sind nun komplexe Zahlen $\lambda_1 = \alpha + i\beta$ und $\lambda_2 = \alpha - i\beta$, wobei $i^2 = -1$ die *imaginäre Einheit* ist. Sie bestehen aus einem Realteil α und einem Imaginärteil $i\beta$. Reelle Zahlen sind somit ein Spezialfall der komplexen Zahlen, denn sie besitzen nur einen Realteil. Wenn wir den Ausdruck unter dem Wurzelzeichen mit i^2 multiplizieren, finden wir:

$$\alpha = \frac{a_{11} + a_{22}}{2},$$

Abbildung E.III.3.2: Gausche Zahlenebene

$$\beta = \sqrt{4(a_{11}a_{22} - a_{12}a_{21}) - (a_{11} + a_{22})^2}.$$

Eine komplexe Zahl $z = (a + ib)$ ist ein Vektor in der Gaussschen Zahlenebene [siehe Abbildung E.III.3.2]. Seine Länge entspricht der Quadratwurzel der Determinante der Matrix A. Den zum Eigenwert $\lambda = \alpha + i\beta$ gehörenden komplexen Eigenvektor finden wir als Lösung von:

$$\begin{pmatrix} a_{11} - (\alpha + i\beta) & a_{12} \\ a_{21} & a_{22} - (\alpha + i\beta) \end{pmatrix} \begin{pmatrix} v_{11} + iv_{21} \\ v_{12} + iv_{22} \end{pmatrix} = \begin{pmatrix} 0 \\ 0 \end{pmatrix}.$$

Von diesen vier Gleichungen sind nur zwei voneinander unabhängig, so daß wiederum zwei der vier Unbekannten v_{11}, v_{12}, v_{21} und v_{22} beliebig gewählt werden können.[7] Wir wählen $v_{21}=1$ und $v_{22}=0$, so daß $v_{11}=(a_{22}-a_{11})/2\beta$ und $v_{12}=-a_{21}/\beta$ folgen. Durch Nachrechnen [auch wenn es zugegebenermaßen etwas mühselig ist, und man den Beweis mit etwas linearer Algebra einfacher führen kann], können Sie prüfen, daß folgende Zerlegung gilt:[8]

$$B := \begin{pmatrix} \alpha & -\beta \\ \beta & \alpha \end{pmatrix} = V^{-1}AV,$$

$$V := \begin{pmatrix} (a_{22}-a_{11})/\beta & 1 \\ -a_{21}/\beta & 0 \end{pmatrix}, \quad V^{-1} = \begin{pmatrix} 0 & -\beta/a_{21} \\ 1 & (a_{22}-a_{11})/2 \end{pmatrix}.$$

(E.III.3.10)

Mit Hilfe von Abbildung E.III.3.2 kann man B geometrisch deuten: Multipliziert man den Einheitsvektor $e_1=(1, 0)$ mit der Matrix B, dann bildet B den Vektor e_1 auf den Punkt (α, β) ab. e_1 wird um θ Radianten[9] entgegen dem Uhrzeigersinn gedreht und um $r=(\alpha^2+\beta^2)^{1/2} = |\lambda|$ Längeneinheiten gedehnt.

Wenn wir mit einem Vektor $(y_1, y_2)' \in \mathbf{R}^2$ die komplexe Zahl $z=y_1+iy_2$ identifizieren, so entspricht die Multiplikation dieses Vektors mit B der Multiplikation der komplexen Zahl z mit $\lambda=\alpha+i\beta$:

$$\begin{pmatrix} \alpha & -\beta \\ \beta & \alpha \end{pmatrix}\begin{pmatrix} y_1 \\ y_2 \end{pmatrix} = \begin{pmatrix} \alpha y_1 - \beta y_2 \\ \beta y_1 + \alpha y_2 \end{pmatrix} \Leftrightarrow (\alpha+i\beta)(y_1+iy_2) = \left((\alpha y_1 - \beta y_2) + i(\beta y_1 + \alpha y_2) \right).$$

Mit Hilfe dieser Identifikation können wir unser Differentialgleichungssystem in (y_1, y_2) zu einem Differentialgleichungssystem in der komplexen Zahl $z=y_1+iy_2$ umschreiben und erhalten somit wiederum eine Differentialgleichung in einer Variablen,

$$\dot{z} = \lambda z,$$

---

7 Wenn Sie die Matrixgleichung ausmultiplizieren, erhalten Sie zwei Gleichungen, in denen Terme mit der imaginären Einheit i auftreten. Eine komplexe Zahl $z=\alpha+i\beta$ ist aber nur dann gleich Null, wenn sowohl ihr Realteil als auch ihr Imaginärteil gleich Null sind. Deshalb müssen sich in beiden Gleichungen jeweils alle Terme mit dem Faktor i auf Null summieren. Deshalb führt die Matrixgleichung im Text auf vier Gleichungen.

8 Allgemein dazu siehe HIRSCH und SMALE (1974), S. 68.

9 Unter dem Bogenmaß eines Winkels, das in Radianten (abgekürzt rad) gemessen wird, versteht man die Maßzahl für den Bogen eines Winkels θ im Einheitskreis. Der Einheitskreis hat den Umfang=Bogen von 2π. Demnach sind Grad und Radianten als unterschiedliche Maßstäbe für Winkel wie folgt verknüpft: $360° = 2\pi$ rad.

für die wir die Lösung im Prinzip kennen. Nach Gleichung (E.III.2.2) lautet sie:

$$z(t) = Ke^{\lambda t} \quad \text{bzw.} \quad [y_1(t) + iy_2(t)] = (K_1 + iK_2)e^{(\alpha + i\beta)t},$$

wobei nun natürlich auch $K = K_1 + iK_2$ als komplexe Zahl zu deuten ist.

Eine besser interpretierbare Form dieser Lösung erhalten wir über folgenden Zusammenhang: Zunächst einmal gilt:

$$e^{(\alpha \pm i\beta)t} = e^{\alpha t}e^{\pm i\beta t}.$$

Außerdem kann man $e^{\pm i\theta}$ an der Stelle $\theta = 0$ durch eine (konvergente) Taylor-Reihe darstellen:

$$e^{\pm i\theta} = \left(1 - \frac{\theta^2}{2!} + \frac{\theta^4}{4!} - \frac{\theta^6}{6!} + \dots\right) \pm i\left(\theta - \frac{\theta^3}{3!} + \frac{\theta^5}{5!} - \frac{\theta^7}{7!} + \dots\right). \qquad \text{(E.III.3.11)}$$

Nun ist aber wegen

$$\frac{d\cos(\theta)}{d\theta} = -\sin(\theta) \quad \text{und} \quad \frac{d\sin(\theta)}{d\theta} = \cos(\theta)$$

der Ausdruck in der ersten Klammer von (E.III.3.11) zugleich die Reihendarstellung von $\cos(\theta)$ an der Stelle $\theta = 0$ und der zweite Klammerausdruck die Reihendarstellung von $\sin(\theta)$ an der Stelle $\theta = 0$. Hieraus folgt (wir setzen $\theta = \beta t$):

$$e^{\pm i\beta t} = \cos(\beta t) \pm i\sin(\beta t). \qquad \text{(E.III.3.12)}$$

Mit Hilfe von Gleichung (E.III.3.12) erhalten wir für die Lösung unseres komplexen Differentialgleichungssystems:

$$[y_1(t) + iy_2(t)] = (K_1 + iK_2)e^{\alpha t}(\cos(\beta t) + i\sin(\beta t)).$$

Ausmultiplizieren der rechten Seite dieser Gleichung führt auf:

$$[y_1(t) + iy_2(t)] = e^{\alpha t}\big\{[K_1\cos(\beta t) - K_2\sin(\beta t)] + i[K_1\sin(\beta t) + K_2\cos(\beta t)]\big\}.$$

Über die Identifikation $(y_1, y_2) \leftrightarrow y_1 + iy_2$ erhalten wir mithin als Lösung:

$$y_1(t) = e^{\alpha t}[K_1\cos(\beta t) - K_2\sin(\beta t)],$$

$$y_2(t) = e^{\alpha t}[K_1\sin(\beta t) + K_2\cos(\beta t)].$$

Diese Lösung läßt sich weiter vereinfachen, indem wir für die beliebigen Parameter K_1 und K_2 durch zwei andere, ebenfalls beliebig wählbare Größen ersetzen:

$$K_1 = K \cos \epsilon,$$

$$K_2 = K \sin \epsilon.$$

Nun erhalten wir für die Ausdrücke in eckigen Klammern

$$K[\cos \epsilon \, \cos (\beta t) - \sin \epsilon \, \sin (\beta t)] = K \cos (\beta t + \epsilon),$$

$$K[\sin \epsilon \, \cos (\beta t) + \cos \epsilon \, \sin (\beta t)] = K \sin (\beta t + \epsilon),$$

wobei die Gleichsetzung aus einer [bekannten?] trigonometrischen Formel folgt [BERCK und SYDSÆTER (1991), S. 5, Formel 1.38]. Damit gelangen wir schließlich zu einer einfach interpretierbaren Lösung:

$$y_1(t) = K e^{\alpha t} \cos (\beta t + \epsilon),$$

$$y_2(t) = K e^{\alpha t} \sin (\beta t + \epsilon),$$

(E.III.3.13)

aus der wir mit Hilfe der Matrix V aus (E.III.3.10) auch die Lösung in den ursprünglichen Variablen $x = Vy$ bestimmen können.

Abbildung E.III.3.3 zeigt, daß die Lösung für y_1 eine harmonische Schwingung ist mit der Amplitude $K e^{\alpha t}$, der Periode $2\pi/\beta$ und der Phasenverschiebung gegenüber der Cosinusfunktion von $-\epsilon/\beta$.

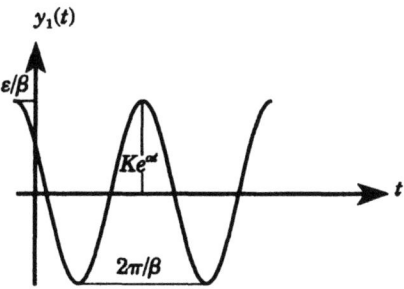

Phasendiagramme und Stabilität linearer Systeme

Wir haben die Lösungen des zweidimensionalen linearen Differentialgleichungssystems mit konstanten Koeffizienten gefunden, indem wir neue Variable gesucht haben. Das ursprüngliche System vereinfacht sich dann insofern, als es eine von drei Grundformen an-

Abbildung E.III.3.3: Harmonische Schwingung

nimmt, die aus den drei möglichen Lösungen der charakteristischen Gleichung (E.III.3.4) folgen. Für diese Grundformen können wir mit Hilfe der Lösungen (E.III.3.3), (E.III.3.9) und (E.III.3.13) typische Phasendiagramme zeichnen und Bedingungen für die Stabilität des Ursprungs $y^* = (0,0)$ ableiten. Die Lösung des Systems in den ursprünglichen Variablen x ist nur eine lineare Transformation der Lösung für $y = (y_1, y_2)$. Die geometrische Struktur seiner Lösungskurven entspricht daher jener der Grundform und die Stabilitätsbedingungen gelten auch für das ursprüngliche System.

Wenn die Lösungen der charakteristischen Gleichung (E.III.3.4) reell und negativ sind, dann strebt jede Lösungskurve gegen den Ursprung des Koordinatensystems. Der Ursprung heißt dann *stabiler Knoten*. Sind beide Eigenwerte positiv, entfernt sich jeder Zeitpfad mehr und mehr vom Ursprung, der dann *instabiler Knoten* heißt. Das Phasendiagramm eines *Sattelpunkts* entsteht, wenn einer der Eigenwerte positiv und der andere negativ ist. Wenn beispielsweise der erste Eigenwert negativ ist, strebt der Abszissenwert y_1 gegen Null und der Ordinatenwert wächst unbegrenzt. Zum Ursprung führen daher nur jene Zeitpfade, die auf der Abszisse starten, denn die Anfangsbedingung $y_1(0)=0$ führt auf $K_1=0$.

Welcher der drei Fälle vorliegt, kann vergleichsweise einfach anhand der Matrix A ermittelt werden. Wie Sie mit Hilfe von Gleichung (E.III.3.5) nachprüfen können, gilt:

$$\lambda_1 + \lambda_2 = a_{11} + a_{22} \equiv \text{Spur}\, A,$$

$$\lambda_1 \lambda_2 = (a_{11} a_{22} - a_{12} a_{21}) \equiv \text{Det}\, A. \tag{E.III.3.14}$$

Einen Sattelpunkt erkennt man daher an einer negativen Determinante. Ein Knoten besitzt stets eine positive Determinante. Er ist stabil [instabil], wenn die Spur von A negativ [positiv] ist. Es spielt dabei keine Rolle, ob die Eigenwerte voneinander verschieden sind. Der Term $te^{\lambda t}$ strebt für einen negativen Eigenwert gegen Null, denn nach der Regel von L'Hôpital ist

$$\lim_{t \to \infty} te^{\lambda t} = \lim_{t \to \infty} \frac{t}{e^{-\lambda t}} = \lim_{t \to \infty} \frac{1}{-\lambda e^{-\lambda t}}.$$

Selbst im Fall komplexer Eigenwerte kann man mit Hilfe von Spur und Determinante der Matrix A die Stabilität prüfen. Gleichung (E.III.3.14) gilt nämlich auch in diesem Fall, und Gleichung (E.III.3.13) zeigt, daß bei negativen Realteilen der Wurzeln, d.h. $\alpha = (a_{11} + a_{22})/2 < 0$, y_1 und y_2 gegen Null streben. In diesem Fall ist der Ursprung ein *stabiler Brennpunkt*. Wenn der Realteil der komplexen Wurzel gleich Null ist, sind die Lösungen geschlossene Kurven um den Ursprung, der dann *Zentrum* heißt. Das Zentrum erkennt man daran, daß die Spur der Matrix A, $a_{11} + a_{22} = 2\alpha$, Null ist, während die Determinante, β^2, positiv ist.

Die Übersicht E.III.3.1 zeigt die Phasendiagramme für die verschiedenen Lösungstypen. Die Phasendiagramme instabiler Knoten und Brennpunkte haben wir nicht aufgenommen. Sie erhalten diese einfach durch Umkehren der Pfeilrichtung in den entsprechenden Abbildungen.

Das Zentrum ist eine sehr spezielle Lösung. Die Eigenwerte einer Matrix sind stetige Funktionen der Elemente der Matrix. Bereits eine geringfügige Änderung eines einzigen Elements überführt eine Matrix mit rein imaginären Eigenwerten in eine Matrix, deren Eigenwerte von Null verschiedene Realteile besitzen. Aus dem Zentrum wird ein Brennpunkt.

Übersicht E.III.3.1

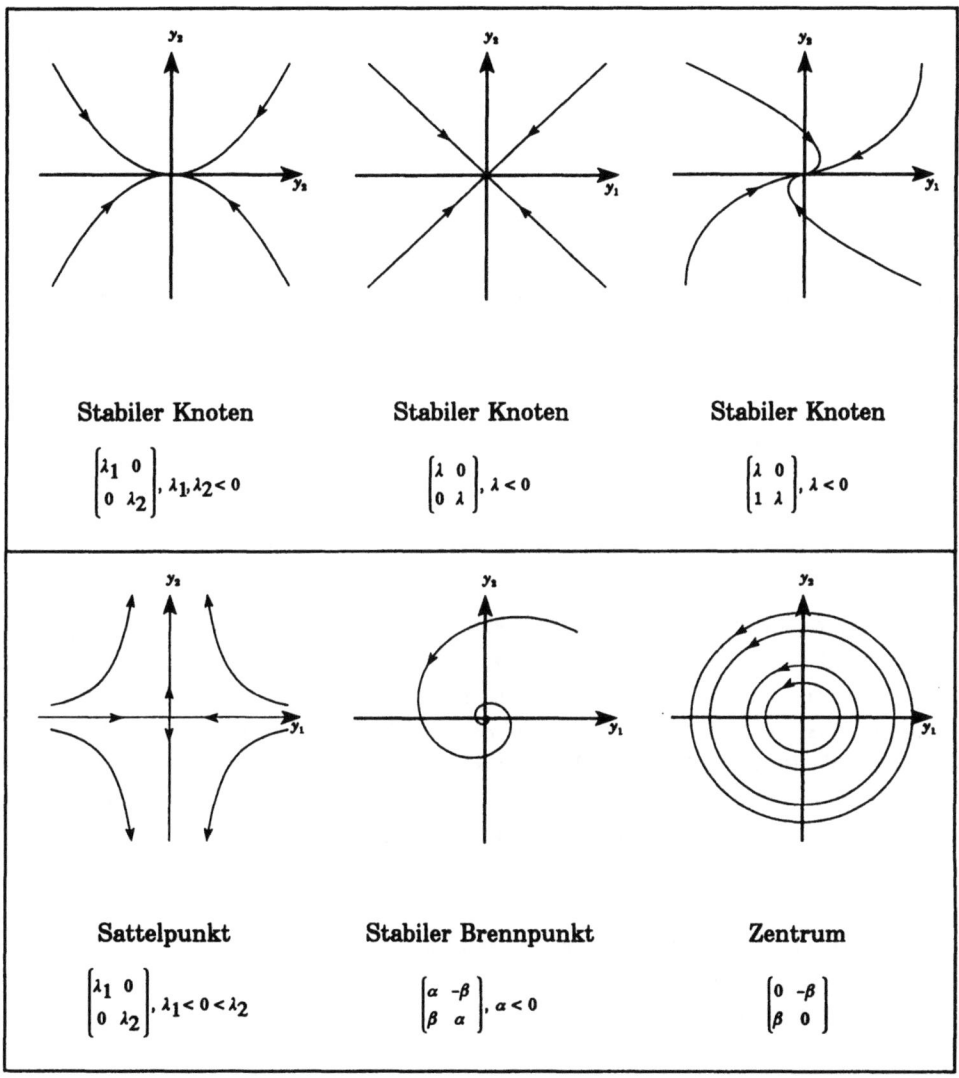

Gleichermaßen selten ist die Kombination eines reellen Eigenwertes mit einem Eigenwert von Null. Das Phasendiagramm besteht dann aus einer Schar von Parallelen zur der Achse, deren Eigenwert nicht Null ist. Kleine Veränderungen der Elemente von A überführen dieses Phasendiagramm in dasjenige eines Knotens oder Sattelpunkts. Diese Erkenntnis erlaubt es - zumindest intuitiv - ein wichtiges Ergebnis über den Zusammenhang zwischen linearen und nichtlinearen Differentialgleichungssystemen zu verstehen.

Stabilität nichtlinearer Differentialgleichungssysteme

Ein differenzierbares, nichtlineares Differentialgleichungssystem

$$\dot{x}_i = f^i(x), \quad i = 1, 2, ..., n, \tag{E.III.3.15}$$

in den n Variablen $x = (x_1, x_2, ..., x_n)$ kann man nach der Definition (E.I.6) wie folgt darstellen:

$$\dot{x} = J(x^*)(x - x^*) + \theta(x - x^*), \quad \lim_{x \to x^*} \frac{\theta(x - x^*)}{|x - x^*|} = 0. \tag{E.III.3.16}$$

Die partiellen Ableitungen der Funktionen $f^i(\cdot)$ an der Stelle x^* sind in der Matrix J, der *Jacobimatrix*, zusammengefaßt:

$$J(x^*) := \begin{pmatrix} \dfrac{\partial f^1(x^*)}{\partial x_1} & \cdots & \dfrac{\partial f^1(x^*)}{\partial x_n} \\ \vdots & \vdots & \vdots \\ \dfrac{\partial f^n(x^*)}{\partial x_1} & \cdots & \dfrac{\partial f^n(x^*)}{\partial x_2} \end{pmatrix} \tag{E.III.3.17}$$

In einer hinreichend kleinen Umgebung von x^* bestimmt der lineare Teil das Systemverhalten. Eine Ausnahme sind jene Fälle, in denen die Jacobimatrix Eigenwerte mit einem Realteil von Null besitzt. Das Phasendiagramm hängt dann entscheidend vom Restglied $\theta(x - x^*)$ ab. Das *Hartman-Grobman-Theorem* bestätigt diese Intuition.[10] Es liefert die Basis dafür, anhand der Jacobimatrix eines nichtlinearen Systems auf dessen lokales Stabilitätsverhalten zu schließen. Wir formulieren dieses Ergebnis als Satz. Den Beweis dazu führt bspw. WILLEMS (1973), S. 155f.

Satz E.III.3.1

Gegeben sei das nichtlineare Differentialgleichungssystem (E.III.3.15) mit den stetig differenzierbaren Funktionen $f^i : \mathbb{R}^n \to \mathbb{R}$, $i = 1, 2, ..., n$. Das Gleichgewicht x^*,

$$0 = f^i(x_1^*, ..., x_n^*), \quad i = 1, 2, ..., n,$$

ist asymptotisch stabil, wenn die Jacobimatrix (E.III.3.17) nur Eigenwerte mit negativem Realteil besitzt. ◉

---

10   Dieses Theorem finden Sie bspw. bei GUCKENHEIMER und HOLMES (1983), S. 13, Theorem 1.3.1.

Die Stabilitätsbedingung dieses Satzes ist für $n=2$ leicht mit Hilfe von Gleichung (E.III.3.14) prüfbar. Bei größeren Systemen ist es oft nicht einfach, die Stabilität zu prüfen. Hilfreich ist dabei folgende Verallgemeinerung der Aussage von Gleichung (E.III.3.14) [bspw. Berck und Sydsæter (1991), S. 103, Formel 20.5]: Für die Eigenwerte λ_i, $i=1, 2, ..., n$ einer $n \times n$-Matrix A gilt:

$$\text{Spur } A := \sum_{i=1}^{n} a_{ii} = \sum_{i=1}^{n} \lambda_i,$$

(E.III.3.18)

$$\text{Det } A = \lambda_1 \lambda_2 ... \lambda_n.$$

Satz E.III.3.1 gibt nur über die *lokale* Stabilität Auskunft. Es gibt indes auch eine Möglichkeit, die *globale* Stabilität eines autonomen, nichtlinearen Differentialgleichungssystems zu prüfen, ohne dessen Lösung überhaupt zu kennen. Dahinter steht folgende Überlegung: Die asymptotische Stabilität eines Gleichgewichts impliziert, daß der Abstand eines beliebigen Punktes x vom Gleichgewicht mit der Zeit stetig sinkt. Eine *Ljapunow-Funktion* ist eine reellwertige Funktion des Vektors x, die entlang eines Zeitpfades streng monoton sinkt. Die Existenz einer solchen Funktion im gesamten Definitionsbereich der Abbildung f impliziert die globale asymptotische Stabilität des Gleichgewichts x^*, wie der folgende Satz zeigt.[11]

Satz E.III.3.2

Das Gleichgewicht x^*, $f(x^*) = 0$, des n-dimensionalen, autonomen Differentialgleichungssystems $\dot{x} = f(x)$ ist global asymptotisch stabil, wenn es eine Funktion $V(h)$, $h=(h_1, h_2, ..., h_n)$, $h_i=x_i-x_i^*$ mit folgenden Eigenschaften gibt:

a) $V(h)$ besitzt stetige partielle Ableitungen,

b) $V(h)>0$ für alle $h>0$ und $V(0)=0$,

c) $\dot{V} = \sum_{i=1}^{n} \dfrac{\partial V(h)}{\partial x_i} \dfrac{dh_i}{dt} < 0$ für alle $h \neq 0$. ☻

Ein Beispiel verdeutlicht diesen Satz. Betrachten wir die lineare Differentialgleichung $\dot{x} = ax$. Wir wählen $V(x)=x^2$. Die Funktion x^2 erfüllt offensichtlich die Voraussetzungen a) und b) von Satz E.III.3.2. Außerdem ist

$$\dot{V} = 2\dot{x} = 2x^2 a.$$

---

11   Siehe bspw. WILLEMS (1973), S. 45, Satz 3.2.

Bedingung c) ist mithin genau dann erfüllt, wenn $a<0$. Das entspricht der Stabilitätsbedingung, die aus der Lösungsgleichung (E.III.2.2) folgt.

4. Numerische Lösungsverfahren

Um zeitkontinuierliche Modelle zu simulieren, muß man das entsprechende Differentialgleichungssystem numerisch lösen. Wir erläutern zwei einfache Verfahren, die in praktisch jedem Softwarepaket zur Lösung von Differentialgleichungen implementiert sind.[12] Wir beschränken wir uns auf freie Differentialgleichungssysteme $\dot{x} = f(x, t)$.

Euler Methode

Die Euler Methode beruht auf der linearen Approximation der gesuchten Funktion $x(t)$. Für jede der im Vektor x zusammengefaßten Funktionen $x_i(t)$ gilt nach Gleichung (E.I.6):

$$x_i(t + h) \simeq x_i(t) + \frac{dx_i(t)}{dt}h = x_i(t) + f^i(x(t), t)h,$$

wobei $f^i(\cdot)$ die entsprechende Funktion aus dem Vektor $f=(f^1, f^2, ..., f^n)$ ist. Wenn man einen Anfangswert $x(t_0)$ und eine Schrittweite h vorgibt, kann man über die Iteration

$$x(t + h) = x(t) + f(x(t), t)h \qquad\qquad \text{(E.III.4.1)}$$

die Funktion $x(t)$ durch die Punktefolge $x(t_0)$, $x(t+h)$, $x(t+2h)$, ..., approximieren. Der Approximationsfehler ist bei jedem Schritt $\theta(h)$. Die Schrittweite sollte daher klein sein.

Runge-Kutta-Methoden

Im Prinzip könnte man den Approximationsfehler dadurch senken, daß man die gesuchte Funktion durch eine Taylor-Reihe höherer Ordnung approximiert. Dazu müßten dann aber auch die Ableitungen von f^i, $i=1, 2, ..., n$ berechnet werden, was - zumindest analytisch - oft sehr mühsam werden kann. Die *Runge-Kutta-Methoden* der Ordnung k erreichen durch mehrfache Berechnung von $f(x(\tau))$ im Intervall $[t, t+h]$ indes dieselbe Genauigkeit, wie eine Taylor-Reihen-Approximation der Ordnung k. Wir erläutern das Verfahren für die Ordnung $k=2$.

---

12   Solche Pakete finden Sie auf den Servern der Universitätsrechenzentren. Mittlerweile gibt es auch Bücher, die zusammen mit DOS-Programmen ausgeliefert werden. Beispiele sind KOÇAK (1989) und MEDIO (1992).

Die Runge-Kutta-Methoden beruhen auf der Iteration

$$x_i(t+h) = x_i(t) + h\phi(x(t), t, h), \quad i = 1, 2, ..., n, \tag{E.III.4.2}$$

wobei $\phi(\cdot)$ eine Approximation der Funktion $f^i(\cdot)$ im Intervall $[t, t+h]$ ist. Für $k=2$ ist

$$\phi := a\phi_1 + b\phi_2,$$

$$\phi_1 := f^i(x(t), t), \tag{E.III.4.3}$$

$$\phi_2 := f^i(x(t) + qhf(x(t), t), t + ph),$$

wobei a, b, p und q noch zu bestimmende reelle Zahlen sind. Um diese zu ermitteln, approximieren wir $\phi_2(\cdot)$ linear als Funktion von p und q an der Stelle $p=q=0$:

$$\phi_2 = f^i(x(t), t) + \sum_{j=1}^{n} \frac{\partial f^i(x(t), t)}{\partial x_j} f^i(x(t), t) hq + \frac{\partial f^i(x(t), t)}{\partial t} hp. \tag{E.III.4.4}$$

Aus (E.III.4.3) und (E.III.4.4) folgt für (E.III.4.2):

$$x_i(t+h) = x_i(t) + f^i(x(t), t)h[a+b] + \frac{\partial f^i(x(t), t)}{\partial t} h^2[bp]$$

$$+ \sum_{j=1}^{n} \frac{\partial f^i(x(t), t)}{\partial x_j} h^2[qb]. \tag{E.III.4.5}$$

Wir approximieren nun die unbekannte Funktion x_i durch eine Taylor-Reihe mit zwei Gliedern:

$$x_i(t+h) = x_i(t) + \frac{dx_i(t)}{dt} h + \frac{1}{2} \frac{d^2 x_i(t)}{dt^2} h^2$$

$$= x_i(t) + f^i(x(t), t)h + \frac{1}{2} \sum_{j=1}^{n} \frac{\partial f^i(x(t), t)}{\partial x_j} f^i(x(t), t)h^2. \tag{E.III.4.6}$$

Wenn die beiden Darstellungen von x_i übereinstimmen sollen, müssen die Koeffizienten bei h und h^2 in (E.III.4.5) und (E.III.4.6) übereinstimmen. Daraus folgen drei Gleichungen für die vier Unbekannten a, b, p und q:

$$a + b = 1,$$

$$p = q = \frac{1}{2b}. \tag{E.III.4.7}$$

Eine der Variablen kann frei gewählt werden. Üblicherweise setzt man $b=1$ oder $b=0{,}5$ [CARNAHAN, LUTHER und WILKES (1969), S. 361].

Die Herleitung der Formeln (E.III.4.7) zeigt, daß der Approximationsfehler nurmehr dem einer Taylor-Reihe zweiter Ordnung entspricht. Abbildung E.III.4.1 veranschaulicht den Unterschied zwischen der Euler-Methode und der Runge-Kutta-Methode zweiter Ordnung für $b=a=1/2$ und $q=p=1$. Der gesuchte Zeitpfad der Variablen x ist $\Phi(x(0), t)$. Das Eulerverfahren mit der Schrittweite h nähert den Punkt $\Phi(x(0), t+h)$ durch den Punkt $x^E(t+h)$ an. Die Runge-Kutta-Methode wählt anstelle der Steigung von $\Phi(\cdot)$ im Punkt $(x(0),0)$ das arithmetische Mittel von $\dot{x}=f(\cdot)$ im Punkt $(x(0),0)$ und (x^E,h).

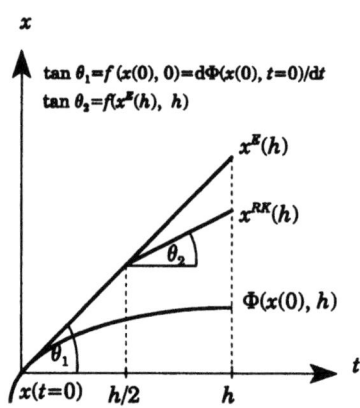

Abbildung E.III.4.1: Euler-Methode und Runge-Kutta-Methode zweiter Ordnung

Runge-Kutta-Methoden der Ordnung k erhält man aus dem Ansatz $\phi= a_1\phi_1 + a_2\phi_2 + \ldots + a_k\phi_k$. Jedes ϕ_j entspricht einem Wert der Funktion $f^i(x(\tau), \tau)$ für $\tau\in[t, t+h]$. Die Zahl der Freiheitsgrade ist dabei $k-1$. Deshalb gibt es eine Reihe von Formeln für das häufig benutzte Verfahren vierter Ordnung. Wir haben unsere numerischen Beispiele mit Hilfe folgender Formeln berechnet [CARNAHAN, LUTHER und WILKES (1969), S. 363]:

$$x_i(t+h) = x_i(t) + \frac{h}{8}(\phi_1 + 3\phi_2 + 3\phi_3 + \phi_4),$$

$$\phi_1 = f^i(x(t), t),$$

$$\phi_2 = f^i(x(t) + \frac{1}{3}h\phi_1, t + \frac{1}{3}h),$$

$$\phi_3 = f^i(x(t) - \frac{1}{3}h\phi_1 + h\phi_2, t + \frac{2}{3}h),$$

$$\phi_4 = f^i(x(t) + h\phi_1 - h\phi_2 + h\phi_3, t + h).$$

(E.III.4.8)

Berechnung von Sattelpfaden

Eindimensionale Kontrollprobleme, wie das Ramsey-Modell, haben einen Sattelpfad als Lösung. Da der Anfangswert des Schattenpreises unbekannt ist, können diese Pfade nicht ohne weiteres mit den eben beschriebenen Verfahren approximiert werden. MULLIGAN und SALA-I-MARTIN (1991) schlagen eine Lösung mit Hilfe der Methode der Zeitelimination vor. Wir beschränken uns auf ein zweidimensionales, nichtlineares autonomes Differentialgleichungssystem

$$x_1 = h(x_1, x_2),$$

$$x_2 = g(x_1, x_2).$$

(E.III.4.9)

Wir dividieren die zweite dieser Gleichungen durch die erste. Wegen $\dot{x}_i = \dfrac{dx_i}{dt}$ verschwindet dt, und wir erhalten:

$$\frac{dx_2}{dx_1} = \frac{g(x_1, x_2)}{h(x_1, x_2)}.$$

(E.III.4.10)

Diese Gleichung ist ebenfalls eine Differentialgleichung. Sie bestimmt implizit x_2 als Funktion von x_1. Wir können sie daher mit den beschriebenen numerischen Methoden integrieren. Mit dem Gleichgewicht (x_1^*, x_2^*) kennen wir auch einen Anfangspunkt. Allerdings ist in diesem Punkt die rechte Seite der Gleichung (E.III.4.10) unbestimmt, da $g(x_1^*, x_2^*) = h(x_1^*, x_2^*) = 0$. Nach dem Satz über die zentrale Mannigfaltigkeit [GUCKENHEIMER und HOLMES (1983), S. 13f, Theorem 1.3.2], tangiert der Eigenvektor des stabilen Eigenwertes den Sattelpfad im Gleichgewicht. Die Steigung der Funktion $x_2(x_1)$ in (x_1^*, x_2^*) entspricht also der Richtung des Eigenvektors. Mit diesen Informationen kann man die Differentialgleichung (E.III.4.10) vom Punkt x_1^*, x_2^* aus integrieren. Das Ergebnis ist die numerische Näherung für den Sattelpfad.

Noch einfacher ist folgendes Verfahren: Zunächst vergewissert man sich mit Hilfe der lokalen Stabilitätsanalyse, daß ein System in der Nähe des Wachstumsgleichgewichts genau einen konvergenten Pfad besitzt. Alle benachbarten Pfade entfernen sich dann mit $t \rightarrow \infty$ vom Wachstumsgleichgewicht. Gleichwohl muß deren Ursprung im Phasenraum in der Nähe des Ursprungs des Sattelpfads liegen[13]. Deshalb kann man den Sattelpfad auch durch einen Pfad approximieren, den man dadurch erhält, daß man von einem Punkt sehr nahe beim Wachstumsgleichgewicht rückwärts integriert. Diese Methode hat den Vorteil, daß sie auch bei höherdimensionalen Differentialgleichungssystemen benutzt werden kann.

IV. Optimierung

1. Statische Optimierung

Überblick

Ökonomische Entscheidungen stellen wir oft als Optimierungsprobleme dar. Wenn die Menge der Alternativen eine Teilmenge der Menge aller n-Tupel reeller Zahlen ist,

---

13 Diese Eigenschaft besitzten alle Systeme, die kein irreguläres Verhalten im Sinne der mathematischen Chaostheorie haben. Differentialgleichungssysteme können dieses Verhalten erst ab $n \geq 3$ besitzen. Siehe hierzu bspw. LORENZ (1993), S. 167ff.

sprechen wir von *statischen Optimierungsproblemen*. Suchen wir hingegen für jeden Zeitpunkt eines vorgegebenen Planungsintervalls eine Handlungsanweisung, so liegt ein Problem der *dynamischen Optimierung* vor, dessen Alternativenmenge eine geeignet abgegrenzte Menge von Funktionen ist.

Wir beschränken uns auf ein Standardproblem der statischen Optimierung. Eine sehr gute Darstellung statischer Extremwertprobleme, die nur elementare Kenntnisse voraussetzt, finden Sie bei CHIANG (1974). Anspruchsvoller, aber sehr aufschlußreich sind die entsprechenden Abschnitte in dem Buch von TAKAYAMA (1985).

Begriffe

Eine reellwertige Funktion $f: X \to \mathbf{R}$, die auf einer Teilmenge X des $\mathbf{R}^n$ definiert ist, hat in $x^* \in X$ ein *lokales Maximum*, wenn es eine offene Kugel $B_\delta(x^*)$ mit Zentrum x^* und Radius $\delta > 0$, $\delta \in \mathbf{R}$, gibt, so daß $f(x^*) \geq f(x)$ für alle $x \in B_\delta(x^*) \cap X$. x^* heißt *strenges* (oder eindeutiges) *lokales Maximum*, wenn $f(x^*) > f(x)$ für alle $x \in B_\delta(x^*) \cap X$.

Eine reellwertige Funktion $f: \mathbf{R}^n \supset X \to \mathbf{R}$ hat in x^* ein *globales Maximum*, wenn $f(x^*) \geq f(x)$ für alle $x \in X$. Gilt $f(x^*) > f(x)$ für alle $x \in X$, heißt x^* *strenges* (oder eindeutiges) *globales Maximum*.

Problemstellung

Sei $f: X \to \mathbf{R}$, $X \subset \mathbf{R}^n$ eine reellwertige Funktion. Seien ferner $g^j: \mathbf{R}^n \to \mathbf{R}$, $j = 1, 2, \ldots, m$, ebenfalls reellwertige Funktionen. Gesucht sei ein $x \in X$, das folgendes Problem löst:

$$\max_{x \in X} \quad f(x)$$

unter den Nebenbedingungen   (M)

$$g^j(x) \geq 0, \quad j = 1, 2, \ldots, m.$$

Die vorstehende Formulierung schließt Minimierungsprobleme ebenso ein wie Nebenbedingungen in Gleichungsform. Das Minimum der Funktion f liegt dort, wo die Funktion $-f$ ihr Maximum erreicht, und die Bedingung $g^j(x) = 0$ kann durch die beiden Nebenbedingungen $g^j(x) \geq 0$ und $g^j(x) \leq 0$ dargestellt werden.

Das Maximum als Sattelpunkt

Die Funktion

$$\mathscr{L}(x, \lambda) := f(x) + \sum_{j=1}^{m} \lambda_j g^j(x)$$

heißt *Lagrangefunktion* des Problems (M). Ein Punkt $(x^*, \lambda^*) = (x_1^*, x_2^*, \ldots, x_n^*, \lambda_1^*, \lambda_2^*, \ldots, \lambda_m^*)$, $x^* \in X$, $\lambda^* \in \mathbf{R}_+^m$ heißt *Sattelpunkt* der Lagrangefunktion, wenn gilt:

$$\mathcal{L}(x, \lambda^*) \le \mathcal{L}(x^*, \lambda^*) \le \mathcal{L}(x^*, \lambda), \qquad\qquad\qquad\qquad \text{(SP)}$$

wobei das Symbol $\mathbf{R}_+^m$ die Menge aller m-Tupel nichtnegativer reeller Zahlen darstellt. Mit anderen Worten x^* maximiert die Lagrangefunktion für alle $\lambda \ge 0$, während λ^* die Lagrangefunktion für alle $x \in X$ minimiert. Als *Slaterbedingung* bezeichnet man die Annahme

$$\exists \bar{x} \in X, \text{ so daß } g^j(\bar{x}) > 0 \ \forall j = 1, 2, ..., m. \qquad\qquad\qquad \text{(S)}$$

Sie setzt voraus, daß es zumindest ein x aus X gibt, das alle Nebenbedingungen als strikte Ungleichungen erfüllt. Die Bedingung

$$\exists \ (x^*, \lambda^*) \in X \otimes \mathbf{R}^m \text{ so daß gilt:}$$

a) $\quad \dfrac{\partial \mathcal{L}}{\partial x_i} = \dfrac{\partial f}{\partial x_i}(x^*) + \displaystyle\sum_{j=1}^{m} \lambda_j^* \dfrac{\partial g^j}{\partial x_i}(x^*) = 0 \quad \forall \ i = 1, 2, ..., n$

b) $\quad g^j(x^*) \ge 0 \quad \forall j = 1, 2, ..., m$ $\qquad\qquad\qquad\qquad\qquad$ (QS)

c) $\quad \displaystyle\sum_{j=1}^{m} \lambda_j^* g^j(x^*) = 0$

d) $\quad \lambda_j^* \ge 0 \quad \forall j = 1, 2, ..., m$

heißt *Quasisattelpunktbedingung*. Es gilt folgender Satz

Satz E.IV.1.1 [TAKAYAMA (1985), S. 91f]
Seien $f, g^1, g^2, ..., g^m$ reellwertige, konkave und differenzierbare Funktionen mit der offenen, konvexen Menge $X \subset \mathbf{R}^n$ als Definitionsbereich. Die Bedingung (S) sei erfüllt. Ein Punkt $(x^*, \lambda^*) \in X \otimes \mathbf{R}_+^m$ löst das Problem (M) *genau dann*, wenn er die Bedingung (QS) erfüllt. Dieser Punkt ist ein *Sattelpunkt* der Lagrangefunktion. ⊕

Dieser Satz beschreibt zusammen mit den Definitionen (S), (QS) und (SP) notwendige und hinreichende Bedingungen für die Lösung des Problems (M).

Aufgrund von (QSb) und (QSd) kann die Bedingung (QSc) auch in der Form

$$\lambda_j g^j(x^*) = 0 \quad \forall j = 1, 2, ..., m$$

geschrieben werden.

Die Notwendigkeit der Slaterbedingung kann man sich an folgendem Beispiel klarmachen: Das Problem "maximiere $f(x):=x$ unter der Nebenbedingung $-x^2 \geq 0$" verletzt
die Slaterbedingung. Seine Lösung, $x=0$, ist kein Sattelpunkt der Lagrangefunktion
$\mathfrak{L}(x, \lambda):=x-\lambda x^2$.

Das Enveloppentheorem

Das Enveloppentheorem ist ein nützliches Hilfsmittel für Sensitivitätsanalysen, d.h.
wenn wir an der Fragestellung interessiert sind, wie sich die optimale Lösung des Problems (M) verändert, wenn sich die Parameter des Problems ändern. Wir machen die
Annahme explizit, f und g^j, $j=1, 2, ..., m$, seien Funktionen eines Parametervektors
$a=(a_1, a_2, ..., a_r) \in \mathbf{R}^r$, indem wir das Problem (M) wie folgt formulieren:

$$\max_{x \in X} \quad f(x, a)$$

unter den Nebenbedingungen   (M')

$$g^j(x, a) \geq 0, \quad j = 1, 2, ..., m.$$

Wir unterstellen, daß es zu jedem a eine Lösung dieses Problems gibt, so daß die Komponenten von x^* und λ^* differenzierbare Funktionen der in a zusammengefaßten Parameter sind. Dafür schreiben wir in Kurzform $x^*(a)=(x_1^*(a), x_2^*(a), ..., x_n^*(a))$ und $\lambda^* =$
$(\lambda_1^*(a), \lambda_2^*(a), ..., \lambda_m^*(a))$. Außerdem definieren wir

$$F(a) := f(x^*(a), a)$$

[den maximalen Wert der Zielfunktion] und

$$\mathfrak{L}^*(a) := F(a) + \sum_{j=1}^{m} \lambda_j^*(a) g^j(x^*(a), a),$$

[die maximierte Lagrangefunktion]. Es gilt nun folgender Satz, dessen Beweis sie bei
TAKAYAMA (1985), S. 137f, finden:

Satz E.IV.1.2 [Enveloppentheorem]

Seien $x_i^*(a)$, $i=1, 2, ..., n$ und $\lambda_j^*(a)>0$, $j=1, 2, ..., m$ die Lösungen
des Problems (M'). Wenn $F(a)$ und $\mathfrak{L}^*(a)$ stetig differenzierbar sind,
dann gilt:

$$\frac{\partial F}{\partial a_k}(a) = \frac{\partial \mathfrak{L}^*}{\partial a_k}(a) = \frac{\partial \mathfrak{L}}{\partial a_k}(x^*, \lambda^*, a) \ \odot$$

Mit anderen Worten: Die Veränderung des Wertes der maximierten Zielfunktion f infolge einer Änderung eines Parameters a_k, $k=1, 2, ..., r$, entspricht dem partiellen Einfluß von a_k auf die Lagrangefunktion an der Stelle (x^*, λ^*, a). Für den maximalen Wert der Zielfunktion ist es daher in erster Näherung ohne Bedeutung, ob die x_i optimal der Parameteränderung angepaßt werden oder nicht.

Mit Hilfe des Enveloppentheorems gelangen wir zu einer anschaulichen Interpretation der λ_i, die häufig *Lagrangemultiplikatoren* genannt werden. Dazu formulieren wir das Problem (M"):

$$\max_{x \in X} \; f(x)$$

unter den Nebenbedingungen   (M")

$$g^j(x) \leq b_j, \quad j = 1, 2, ..., m.$$

Die Lagrangefunktion dieses Problems ist

$$\mathcal{L}(x, \lambda, b) := f(x) + \sum_{j=1}^{m} \lambda_j [b_j - g^j(x)]$$

mit $b=(b_1, b_2, ..., b_m)$. Anwendung des Enveloppentheorems führt auf

$$\frac{\partial F}{\partial b_j}(b) = \lambda_j^*(b).$$

Der Multiplikator $\lambda_j^*(b)$, der zur Lösung von (M") gehört, gibt also den Zuwachs des Maximums der Funktion f an, wenn die Schranke b_j gelockert wird. Die Lagrangemultiplikatoren können daher als implizite Bewertungen oder *Schattenpreise* der b_j interpretiert werden.

2. Dynamische Optimierung

Überblick

Die mathematischen Techniken zur Lösung intertemporaler Optimierungsprobleme gehören heute ebenso zum Werkzeug der Ökonomen wie jene zur Analyse von Differentialgleichungen. Die Theoreme, auf denen diese Techniken beruhen, sind nicht immer ganz einfach. Manche ökonomische Lehrbücher benutzen sie daher eher rezeptartig. Das ist legitim, wenn es darum geht, dem Leser die Eigenschaften eines wohl bekannten Modells zu vermitteln. Technische Details stören dabei und tragen meist nichts zum Verständnis bei. Anderseits erweckt dies beim Leser den Eindruck, er habe mit dem Modell auch schon die Methode verstanden. Um diesem Mißverständnis vorzubeugen, zitieren wir für die von uns behandelten Modellklassen ausführliche Sätze.

Wir beschreiben zunächst das Problem der dynamischen Optimierung. Anschließend geben wir eine heuristische Begründung für das *Maximumprinzip*, das neben der *Variationsrechnung* und der *dynamischen Programmierung* notwendige und hinreichend Optimumsbedingungen formuliert. Wir schließen mit zwei Theoremen, die Lösungen für die von uns behandelten Modellklassen beschreiben.

Eine knappe, aber gleichwohl äußerst gelungene Darstellung des Maximumprinzips finden Sie bei ARROW und KURZ (1971). Eine präzise, detailreiche und sehr verständliche Erläuterung mit vielen Anwendungsbeispielen ist das Buch von FEICHTINGER und HARTL (1986). LONG und VOUSDEN (1977) stellen die wichtigsten Sätze zusammen. Dieser Beitrag eignet sich hervorragend als Referenz. INTRILIGATOR (1971) behandelt sehr verständlich statische und dynamische Optimierungsmethoden und deckt die Verbindung zwischen Maximumprinzip, Variationsrechnung und dynamischer Optimierung auf.

Kontrollprobleme

Wir betrachten ein wirtschaftliches System, dessen Zustand in einem beliebigen Zeitpunkt $t \in \mathbb{R}$ durch n Variable $x(t) := (x_1(t), x_2(t),..., x_n(t))$, $x(t) \in \mathbb{R}^n$, beschrieben werden kann. Diese Variablen heißen *Zustandsvariablen*. Das System kann durch m weitere Variablen $u(t) := (u_1(t), u_2(t), ..., u_m(t))$, $u(t) \in \mathbb{R}^m$, gesteuert werden, die *Kontrollvariablen* heißen. Die Veränderung des Systemzustands beschreiben n Differentialgleichungen:

$$\dot{x}_i(t) = f^i(t, x(t), u(t)), \quad i = 1, 2, ..., n. \qquad \text{(E.IV.2.1)}$$

Das Differentialgleichungssystem (E.IV.2.1) soll für jeden vorgegebenen Pfad der Kontrollvariablen $\{u(t)\}_{t=0}^{T}$ in $x(t)$ lösbar sein. Welche der prinzipiell möglichen Entwicklungen des Systems gewählt wird, hängt von der Einschätzung der Systementwicklung und der Beurteilung des dafür notwendigen Kontrollaufwands ab. Sei

$$F(x(t), u(t), t)$$

die Bewertung des Systemzustands und der Kontrolle im Zeitpunkt $t \in [0, T]$ und

$$S(x(T))$$

die Bewertung des Systemzustands am Ende der Planperiode im Zeitpunkt T. Dann gibt

$$J := \int_0^T F(x(t), u(t), t)\,dt + S(x(T)) \qquad \text{(E.IV.2.2)}$$

die Bewertung eines Kontrollpfades $\{u(t)\}_{t=0}^{T}$ und der ihm über das Differentialgleichungssystem (E.IV.2.1) zugeordneten Systementwicklung $\{x(t)\}_{t=0}^{T}$ an. Das Kontrollproblem liegt darin, aus der Menge zulässiger Kontrollpfade $\Omega \subset \mathbf{R}^m$ denjenigen auszuwählen, der J maximiert.

Die Menge zulässiger Kontrollpfade kann die Menge aller m-Tupel reeller Zahlen sein. In diesem Fall ist der Kontrollraum $\Omega \subseteq \mathbf{R}^m$. Beschränkungen der Kontrollmenge können durch r Gleichungen

$$g^k(x(t), u(t), t) \geq 0, \quad k = 1, 2, ..., r, \tag{E.IV.2.3}$$

explizit erfaßt werden.

Eine besondere Rolle spielen Kontrollprobleme, in denen die Funktionen $f^j(\cdot), j=1, 2, ..., n$, und $g^k(\cdot), k=1, 2, ..., r$, nicht direkt von t abhängen und das Zielfunktional J die Form

$$J := \int_0^T e^{-\rho t} F(x(t), u(t)) dt + S(x(T)) \tag{E.IV.2.4}$$

besitzt. Solche Kontrollprobleme heißen *autonome Kontrollprobleme*.

Heuristische Begründung des Maximumprinzips

Wir betrachten nun das folgende Kontrollproblem:

$$\max_{\{u(t)\}_{t_0}^{T}} \int_{t_0}^T F(x(t), u(t), t) \, dt + S(x(T))$$

unter den Nebenbedingungen

$$\dot{x}_i(t) = f^i(x(t), u(t), t), \quad i = 1, 2, ..., n, \tag{E.IV.2.5}$$

$x(t_0)$ gegeben,

$u(t) \in \Omega \subset \mathbf{R}^m$.

Eine Lösung des Problems (E.IV.2.5) ist eine vektorwertige Funktion über den Planungszeitraum $[t_0, T]$, die ausführlich in der Form $\{u^*(t)\}_{t_0}^{T}$ zu schreiben wäre, die wir aber im folgenden verkürzt mit dem Symbol $u^*(t)$ belegen. Mit Hilfe der optimalen Steuerung und den Bewegungsgleichungen können wir den Wert der Zielfunktion berechnen. Dieser Wert kann nur von den gegebenen Anfangsbeständen $x(t_0)$ und dem

Planungsdatum t_0 abhängen. Wir nehmen an, daß es eine differenzierbare Funktion $V(x(t_0), t_0)$ gibt, die diesen Zusammenhang beschreibt.[14]

Betrachten wir nun ein kleines Zeitintervall $[t_0, t_0+h]$. Für dieses Zeitintervall suchen wir eine optimale Steuerung. Am Ende des Intervalls erreicht unser Prozeß unter der optimalen Steuerung den Zustand $x(t_0+h)$. Wenn wir ausgehend von diesem Zustand wiederum eine optimale Politik wählen, liefert uns diese den Wert $V(x(t_0+h), t_0+h)$. Der Wert unserer Zielfunktion im Zeitpunkt t_0 ist daher:

$$V(x(t_0), t_0) := \max_{\{u(t)\}_{t_0}^{t_0+h}} \left\{ \int_{t_0}^{t_0+h} F(x(t), u(t), t)\, dt \ + \ V(x(t_0+h), t_0+h) \right\}. \qquad \text{(E.IV.2.6)}$$

Wenn die Funktion $F(\cdot)$ stetig ist und die Länge des Intervalls h sehr klein, können wir $F(\cdot)$ durch ihren Wert im Zeitpunkt t_0 ersetzen:

$$F(x(t), u(t), t) \ \simeq \ F(x(t_0), u(t_0), t_0). \qquad \text{(E.IV.2.7)}$$

Außerdem können wir $V(\cdot)$ linear approximieren:

$$V(x(t_0+h), u(t_0+h), t_0+h) \ \simeq \ V(x(t_0), u(t_0), t_0)$$

$$+ \sum_{i=1}^{n} V_{x_i} (x_i(t_0+h) - x_i(t_0)) \ + \ V_t h, \qquad \text{(E.IV.2.8)}$$

worin V_{x_i} die partiellen Ableitungen der Funktion V nach der Variablen x_i, $i=1, 2, \ldots,$ n, an der Stelle $(x(t_0), t_0)$ sind. Analog ist V_t die partielle Ableitung von V nach t an derselben Stelle. Wir definieren:

$$\lambda_i := V_{x_i}. \qquad \text{(E.IV.2.9)}$$

Die λ_i geben damit den marginalen Beitrag der Zustandsvariablen x_i zum optimalen Wert der Zielfunktion an. Wir können sie daher als implizite Bewertungen [Schattenpreise] der Zustandsvariablen auffassen. Man nennt sie *Kozustandsvariable*.

Wenn die Funktionen $x_i(t)$ differenzierbar sind, ist für kleines h auch

$$x_i(t_0+h) - x_i(t_0) \ \simeq \ f^i(x(t_0), u(t_0), t_0) h \qquad \text{(E.IV.2.10)}$$

eine gute Näherung. Damit können wir für (E.IV.2.8) auch schreiben:

---

14   Die Existenz und Differenzierbarkeit dieser Funktion nachzuweisen, ist das eigentliche Beweisproblem. Deshalb hat unsere Darstellung keinen Beweischarakter, sondern ist nur heuristisch.

$$V(x(t_0 + h), u(t_0 + h), t_0 + h) \simeq V(x(t_0), u(t_0), t_0)$$

$$+ \sum_{i=1}^{n} \lambda_i f^i(x(t_0), u(t_0), t_0)h + V_t h. \qquad \text{(E.IV.2.11)}$$

Mit Hilfe von (E.IV.2.8) und (E.IV.2.11) können wir das Maximierungsproblem (E.IV.2.6) durch ein wesentlich einfacheres Problem annähern:

$$V(x(t_0), t_0) \simeq \max_{u(t_0)} \left\{ F(x(t_0), u(t_0), t_0)h + V(x(t_0), t_0) \right.$$

$$\left. + \sum_{i=1}^{n} \lambda_i f^i(x(t_0), u(t_0), t_0)h + V_t h \right\}. \qquad \text{(E.IV.2.12)}$$

Das ursprüngliche Problem (E.IV.2.6) besteht darin, eine vektorwertige Funktion $u(t)$ auf dem Intervall $[t_0, t_0 + h]$ zu finden. Viel einfacher ist es, ein m-Tupel reeller Zahlen $u(t_0) = (u_1(t_0), u_2(t_0), ..., u_m(t_0))$ zu finden, welches das Problem (E.IV.2.12) löst. Da alle Funktionen stetig sind, muß für $h \to 0$ auch die Funktion $u(\tau)$, $\tau \in [t_0, t_0 + h]$, gegen $u(t_0)$ streben. Das ist der Trick des Maximumprinzips: Es führt das Problem, eine Funktion zu finden auf eine [kontinuierliche] Folge reellwertiger Optimierungsprobleme zurück!

Wenn wir auf beiden Seiten der vorstehenden Gleichung $V(x(t_0), t_0)$ subtrahieren, h herauskürzen und statt t_0 einen beliebigen Anfangszeitpunkt t wählen, erhalten wir:

$$-V_t = \max_{u(t)} H(x(t), u(t), \lambda(t), t) =: H^0, \qquad \text{(E.IV.2.13)}$$

worin die *Hamiltonfunktion H* durch

$$H(x(t), u(t), \lambda(t), t) := F(x(t), u(t), t) + \sum_{i=1}^{n} \lambda_i f^i(x(t), u(t), t) \qquad \text{(E.IV.2.14)}$$

definiert ist und H^0 die maximierte Hamiltonfunktion bezeichnet. Die Hamiltonfunktion beschreibt die Folgen der Entscheidung im Zeitpunkt t, die einen direkten und indirekten Effekt zeitigt: Den direkten Effekt erfaßt die Funktion $F(\cdot)$, die die Bewertung von Zustand und Kontrolle im Zeitpunkt t reflektiert. Der Summenausdruck in Gleichung (E.IV.2.14) erfaßt den indirekten Effekt, nämlich die mit ihren Schattenpreisen bewerteten Zustandsänderungen.

Für die Veränderung der Kozustandsvariablen erhalten wir nach Differenzieren von Gleichung (E.IV.2.9):

$$\dot{\lambda_i} = \sum_{j=1}^{n} V_{x_i x_j} \dot{x}_j + V_{x_i t}. \qquad\qquad (E.IV.2.15)$$

Wir differenzieren nun (E.IV.2.13) nach einer beliebigen Zustandsvariablen x_i. Dabei müssen wir bedenken, daß H^0 eine Funktion von x, λ und t ist, daß aber die λ_i nach (E.IV.2.9) selbst Funktionen von t und $x_1, \dots x_n$ sind:

$$-V_{t x_i} = H^0_{x_i} + \sum_{j=1}^{n} H^0_{\lambda_i} V_{x_i x_j}. \qquad\qquad (E.IV.2.16)$$

Nach dem Enveloppentheorem, Satz E.IV.2.2, können wir die partiellen Ableitungen der maximierten Hamiltonfunktion durch die partiellen Ableitungen der Hamiltonfunktion (E.IV.2.14) ersetzen, so daß insbesondere

$$H^0_{\lambda_i} = H_{\lambda_i} = f^i(x(t), u(t), t) = \dot{x}_i \qquad\qquad (E.IV.2.17)$$

gilt. Damit erhalten wir für den Ausdruck auf der rechten Seite von (E.IV.2.15) die bemerkenswert einfache Formel:

$$\dot{\lambda_i} = \sum_{j=1}^{n} V_{x_i x_j} \dot{x}_j - H_{x_i} - \sum_{j=1}^{n} \dot{x}_j V_{x_i x_j} = -H_{x_i}. \qquad\qquad (E.IV.2.18)$$

Das Prinzip zur Lösung des Kontrollproblems besteht also darin, in jedem Zeitpunkt bei gegebenen Zustands- und Kozustandsvariablen den Kontrollvektor $u(t)$ so zu wählen, daß er die Hamiltonfunktion (E.IV.2.14) maximiert. Mit Hilfe der Bewegungsgleichungen und der Differentialgleichungen für die Kozustände gemäß (E.IV.2.18) erhalten wir die Veränderung von Zuständen und Kozuständen und damit den Systemzustand in der unmittelbaren Zukunft. Für die eindeutige Lösung des Systems aus $2 \times n$ Differentialgleichungen stehen uns in $x(t_0)$ n Anfangsbedingungen zur Verfügung. Weitere n Bedingungen erhalten wir mit Hilfe der Restwertfunktion $S(x(T))$: Schließlich muß nach der Definition der Wertefunktion V gelten:

$$V(x, T) = S(x(T))$$

und damit [gemäß (E.IV.2.9)]:

$$\lambda_i(T) = S_{x_i}. \qquad\qquad (E.IV.2.19)$$

Diese Bedingungen heißen *Transversalitätsbedingungen*.

Die notwendigen Bedingungen sind hinreichend, wenn die *maximierte Hamiltonfunktion*

$$H^0(x(t), \lambda(t), t) := \max_{u(t)} \quad H(x(t), u(t), \lambda(t), t)$$

für jedes $(\lambda(t), t)$ stetig differenzierbar und konkav in $x(t)$ ist, und $S(x(T))$ differenzierbar und konkav in x ist. Wenn $u^*(t)$ die optimale Kontrolle und $x^*(t)$ der ihr zugeordnete Zustand ist, gelten in diesem Fall folgende Beziehungen: Per Definition ist

$$H^0(x(t), \lambda(t), t) = H(x(t), u^*(t), \lambda(t), t).$$

Aufgrund des Enveloppentheorems [Satz E.IV.1.2] gilt

$$H^0_x(x(t), \lambda(t), t) = H_x(x(t), u^*(t), \lambda(t), t),$$

wobei H_x der Gradient der Hamiltonfunktion bezüglich der Zustandsvariablen ist. Schließlich folgt aus der Konkavität von $H^0(\cdot)$ [siehe Satz E.I.2.a]

$$H(x(t), u(t), \lambda(t), t) - H(x^*(t), u^*(t), \lambda(t), t)$$

$$\leq H^0(x(t), \lambda(t), t) - H^0(x^*(t), \lambda(t), t)$$

$$\leq H^0_x(x^*(t), \lambda(t), t)\Big(x(t) - x^*(t)\Big)$$

$$= H_x(x^*(t), u^*(t), \lambda(t), t)\Big(x(t) - x^*(t)\Big),$$

wobei $H^0(x(t), \lambda(t), t)$ die maximierte Hamiltonfunktion für einen beliebigen Zustand $x(t)$ ist und $H^0(x^*(t), \lambda(t), t)$ die maximierte Hamiltonfunktion, wenn der aus dem Kontrollpfad $u^*(t)$ resultierende Zustandsvektor $x^*(t)$ vorliegt. Die Konkavität von $S(\cdot)$ impliziert:

$$S(x(T)) - S(x^*(T)) \leq S_x(x^*(T))\,(x(T) - x^*(T)).$$

Sei $J(u)$ der Wert des Zielfunktionals für eine beliebige Kontrolle $u(t)$ mit zugeordnetem Zustand $x(t)$. $J(u^*)$ sei eine Kontrolle, welche die notwendigen Bedingungen erfüllt, $x^*(t)$ sei der ihr zugeordnete Zustand. Dann gilt:

$$J(u) - J(u^*) =$$

$$= \int_0^T \left\{ \Big[H(x(t), u(t), \lambda(t), t) - H(x^*(t), u^*(t), \lambda(t), t) \Big] - \lambda(t)' \Big(\dot{x}(t) - \dot{x}^*(t) \Big) \right\} dt$$

$$+ S(x(T)) - S(x^*(T))$$

$$\leq \int_0^T \left\{ H_x(x^*(t), u^*(t), \lambda(t), t)\left(x(t) - x^*(t)\right) - \lambda(t)'\left(\dot{x}(t) - \dot{x}^*(t)\right)\right\} dt$$

$$+ S_x(x^*(T))\left(x(T) - x^*(T)\right)$$

$$= \int_0^T \left\{ -\dot{\lambda}(t)\left(x(t) - x^*(t)\right) - \lambda(t)'\left(\dot{x}(t) - \dot{x}^*(t)\right)\right\} dt + S_x(x^*(T))\left(x(T) - x^*(T)\right)$$

$$= \int_0^T - \left\{\frac{d\left[\lambda(t)\left(x(t) - x^*(t)\right)\right]}{dt}\right\} dt + S_x(x^*(T))\left(x(T) - x^*(T)\right)$$

$$= \left[-\lambda(t)\left(x(t) - x^*(t)\right)\right]_0^T + S_x(x^*(T))\left(x(T) - x^*(T)\right)$$

$$= -\left[\lambda(T) - S_x(x^*(T))\right]\left(x(T) - x^*(T)\right) + \lambda(0)\left(x(0) - x(0)\right) = 0.$$

[Die drei letzten Umformungen beruhen auf dem Hauptsatz der Integralrechnung, Gleichung (E.I.9).]

Die Forderung, die maximierte Hamiltonfunktion sei konkav in x, ist schwächer als die Konkavität der Hamiltonfunktion in x und u. Man kann leicht zeigen, daß aus der Konkavität der Hamiltonfunktion in x und u jene der maximierten Hamiltonfunktion in x folgt: Sei $H(x, u, t)$ konkav in x und u. u_1 [u_2] maximiere H für den Zustandsvektor x_1 [x_2]. Außerdem sei $\alpha \in [0, 1]$. Dann gilt per Definition [siehe Abschnitt E.I]:

$$\alpha \max_u H(x_1, u, t) + (1 - \alpha)\max_u H(x_2, u, t)$$

$$= \alpha H(x_1, u_1, t) + (1 - \alpha)H(x_2, u_2, t)$$

$$\leq H\left(\alpha x_1 + (1-\alpha)x_2, \alpha u_1 + (1-\alpha)u_2, t\right)$$

$$\leq \max_u H(\alpha x_1 + (1-\alpha)x_2, u, t).$$

Die erste in Verbindung mit der letzten Zeile zeigt die Konkavität der maximierten Hamiltonfunktion.

Solange $\lambda_j(t) \geq 0$ und $F(\cdot)$ und $f^j(\cdot)$ konkav in x und u sind, folgt nach Satz E.I.1.b, daß die Hamiltonfunktion als positive Linearkombination konkaver Funktionen selbst konkav in x und u ist.

Gegenwartswert- und Momentanwert-Hamiltonfunktion

In unseren Anwendungen lautet die Zielfunktion in der Regel

$$\int_0^\infty F(x(t), u(t))e^{-\rho t}dt,$$

und die Bewegungsgleichungen hängen nur indirekt, also über x und u, von der Zeit ab. Die zugehörige Hamiltonfunktion

$$H := F(x(t), u(t))e^{-\rho t} + \sum_{i=1}^{n} \lambda_i(t) f^i(x(t), u(t))$$

nennt man *Gegenwartswert [Present Value] Hamiltonfunktion*, denn sie gibt den auf die Gegenwart $t=0$ abdiskontierten momentanen Wert des Prozesses an, der im Zeitpunkt t durch die Wahl von u erzielt wird. Im Gegensatz dazu nennt man

$$\bar{H} := e^{\rho t} H = F(x(t), u(t)) + \sum_{i=1}^{n} \psi_j(t) f^i(x(t), u(t)), \quad \psi_j(t) := e^{\rho t}\lambda_j(t),$$

Momentanwert [Current Value] Hamiltonfunktion. Natürlich ist ein Maximum von H zugleich ein Maximum von $\bar{H}$. Die Bedingung (E.IV.2.18) kann mit Hilfe von $\bar{H}$ wie folgt formuliert werden: Aus der Definition

$$\psi_j(t) := e^{\rho t}\lambda_j(t)$$

folgt

$$\psi_j(t) = \rho\psi_j(t) + e^{\rho t}\lambda_j(t),$$

woraus über (E.IV.2.18) folgt:

$$\psi_j(t) - \rho\psi_j(t) = -\frac{\partial \bar{H}}{\partial x_j}.$$

Unbeschränkter Planungshorizont

In unseren Anwendungen ist der Planungshorizont nicht beschränkt, $T<\infty$, sondern unendlich fern $T=\infty$, und es gibt keine Bewertung des Endzustands. Dies hat zwei Konsequenzen. Zum einen muß eine andere Transversalitätsbedingung formuliert werden, und zum anderen muß die Hamiltonfunktion neu definiert werden. Sie hat nun die Form

$$H(\cdot) = \lambda_0 F(\cdot) + \lambda(t)' f(\cdot).$$

Die Konstante λ_0 kann dabei in Ausnahmefällen auch den Wert Null annehmen, wie das folgende Beispiel zeigt:

$$\max_u \int_0^\infty (u - x)dt$$

unter den Nebenbedingungen

$$\dot{x} = u + x, u \in [0, 1], x(0) = 0.$$

Falls u in einem kleinen Intervall $[t,\ t+h]$ positiv ist, wächst x exponentiell. Da u auf das Intervall $[0,\ 1]$ beschränkt ist, strebt der Wert des Integrals gegen $-\infty$. Offensichtlich ist $u(t)=0$ für alle t die optimale Lösung. Die Ableitung der Hamiltonfunktion

$$H := \lambda_0(u - x) + \lambda(u + x)$$

nach u,

$$H_u = \lambda_0 + \lambda u,$$

ist an der Stelle $u=0$ für $\lambda_0>0$ positiv, so daß es optimal wäre, den größtmöglichen Wert $u=1$ zu wählen. Dies widerspricht aber der optimalen Lösung $u^*(t)=0$, auf die nur $\lambda_0=0$ führt.

Sätze über die Eigenschaften optimaler Kontrollen

Wir geben nun zwei Sätze an, mit Hilfe derer die von uns behandelten Problemstellungen gelöst werden können. Wir formulieren die Sätze mit Hilfe der *Momentanwert Hamiltonfunktion*. Wir betrachten zunächst ein Problem ohne Beschränkungen des Kontrollraumes:

Satz E.IV.2.1 [FEICHTINGER und HARTL (1986), Satz 2.3 und 2.4]
Gegeben sei das Kontrollproblem

$$\max_{\{u(t)\}_{t=0}^{\infty}} \quad J := \int_{0}^{\infty} F(x(t),u(t),t)e^{-\rho t}\,dt$$

unter den Nebenbedingungen

$$\dot{x}_i(t) = f^i(x(t),u(t),t), \quad i = 1, 2, ..., n,$$

$$u(t) \in \mathbb{R}^m$$

$x(0)$ gegeben.

I. Es sei $u^*(t)$ eine Lösung dieses Problems und $x^*(t)$ der zugehörige Zustandspfad. Dann gibt es eine Konstante $\psi_0\geq0$ und stetige Kozustandsfunktionen $(\psi_1(t), \psi_2(t), ..., \psi_n(t))=:\psi(t)$, so daß der Vektor $(\psi_0, \psi(t))$ für kein $t\in[0,\infty)$ verschwindet und daß überall dort, wo $u^*(t)$ stetig ist, gilt:

a) $u^*(t)$ maximiert die Hamiltonfunktion

$$\bar{H}(x^*(t), u(t), t) := \psi_0 F(x^*(t), u(t), t)$$

$$+ \sum_{i=1}^{n} \psi_i(t) f^i(x^*(t), u(t), t),$$

b) $\psi_i - \rho\psi_j(t) = -\dfrac{\partial\bar{H}}{\partial x_i}(x^*(t), u^*(t), \psi(t), \psi_0, t), \quad i = 1, 2, ..., n.$

II. Gegeben seien eine Kontrolle $u^*(t)$, eine zugehörige Zustandstrajektorie $x^*(t)$, eine Kozustandstrajektorie $\psi(t)$ und eine Konstante $\psi_0 > 0$, welche die Bedingungen a) und b) erfüllen und für die $x^*(0) = x(0)$. Wenn außerdem für jeden zulässigen Pfad $x(t)$ gilt:

$$\lim_{t \to \infty} e^{-\rho t}\psi(t)\Big[x(t) - x^*(t)\Big] \geq 0,$$

und $\bar{H}^0(x, \psi, t)$ für alle Paare $(\psi(t), t)$ konkav in x ist, dann ist $u^*(t)$ eine optimale Kontrolle. ☺

Wie wir bereits gezeigt haben, kann die Konstante ψ_0 in Ausnahmefällen den Wert Null annehmen. Um diesen Fall auszuschließen, kann man einen Widerspruch konstruieren, der es erlaubt, $\psi_0 = 1$ zu setzen. LONG und VOUSDEN (1977), S. 17, Fußnote 4, geben eine *hinreichende Bedingung* dafür an, daß $\psi_0 = 1$ gewählt werden darf:

$$\exists \, \bar{t} \in [0, \infty) \text{ so daß Rang} \begin{pmatrix} f^1_{u_1}(\cdot) & f^1_{u_2}(\cdot) & \cdots & f^1_{u_m}(\cdot) \\ f^2_{u_1}(\cdot) & f^2_{u_2}(\cdot) & \cdots & f^2_{u_m}(\cdot) \\ \vdots & \vdots & \vdots & \vdots \\ f^n_{u_1}(\cdot) & f^n_{u_2}(\cdot) & \cdots & f^n_{u_m}(\cdot) \end{pmatrix} = n, \qquad \text{(E.IV.2.20)}$$

wobei die partiellen Ableitungen an der Stelle $(x^*(\bar{t}), u^*(\bar{t}), \bar{t})$ berechnet sind. Der Rang einer Matrix ist die maximale Zahl linear unabhängiger Zeilen oder Spalten. Die in (E.IV.2.20) definierte $n \times m$-Matrix kann deshalb nur dann den Rang n besitzen, wenn die Zahl der Zustandsvariablen zumindest der Zahl der Kontrollvariablen entspricht, $n \geq m$, und entlang einer Lösung zumindest einmal die Gradienten der f^i bezüglich der Kontrollen linear unabhängig sind. Diese Bedingung ist in allen unseren Anwendungen erfüllt. Gleichwohl empfiehlt es sich, sie stets zu prüfen.

Kontrollprobleme, deren Kontrollraum durch Nebenbedingungen eingeschränkt ist, müssen einer Regularitätsbedingung genügen, die in etwa die Rolle der Slaterbedingung in statischen Problemen übernimmt:

$$
\text{Rang} = \begin{pmatrix}
g_u^1(\cdot) & g^1(\cdot) & 0 & \dots & 0 \\
g_u^2(\cdot) & 0 & g^2(\cdot) & \dots & 0 \\
\vdots & \vdots & \vdots & \vdots & \vdots \\
g_u^r(\cdot) & 0 & 0 & \dots & g^r(\cdot)
\end{pmatrix} = r.
\qquad \text{(E.IV.2.21)}
$$

worin $g_u^j(\bullet)$ den Gradienten der j-ten Nebenbedingung bezüglich der Kontrollvariablen symbolisiert und Gradienten wie Nebenbedingungen an der Stelle $(x^*(t), u^*(t), t)$ berechnet sind. Die in (E.IV.2.21) definierte $r \times (m+r)$ Matrix besitzt maximal den Rang r. Dies ist beispielsweise gewährleistet, wenn entlang der optimalen Steuerung keine der r Nebenbedingungen bindet. Für alle bindenden Nebenbedingungen fordert (E.IV.2.21), daß deren Gradienten bezüglich der Kontrollvariablen linear unabhängig sind. Die Rangbedingung (E.IV.2.21) schließt auch aus, daß eine Nebenbedingung j, die von den Kontrollvariablen unabhängig ist, jemals bindet. In diesem Fall wäre die j-te Zeile eine Zeile mit Nullen und der Rang der Matrix wäre höchstens r-1.

Der folgende Satz beschreibt die Lösung eines Kontrollproblems mit Nebenbedingungen. Er folgt aus den Sätzen 7.4 und 7.5 von FEICHTINGER und HARTL (1986), wenn man reine Zustandsnebenbedingungen der Form $h^k(x(t), t) \geq 0$, $k = 1, 2, ..., l$, außer acht läßt:

Satz E.IV.2.2

Gegeben sei das Kontrollproblem

$$
\max_{\{u(t)\}_{t=0}^\infty} \int_0^\infty F(x(t), u(t), t) e^{-\rho t} dt,
$$

unter den Nebenbedingungen

$$
\dot{x}_i(t) = f^i(x(t), u(t), t), \, i = 1, 2, ..., n,
$$

$$
g^j(x(t), u(t), t) \geq 0, \, j = 1, 2, ..., r,
$$

$x(0)$ gegeben.

I. Es sei $u^*(t)$ eine Lösung dieses Problems und $x^*(t)$ der zugehörige Zustandspfad. Für alle $t \in [0, \infty)$ sei die Rangbedingung (E.IV.2.21) erfüllt. Dann gibt es eine Konstante $\psi_0 \geq 0$ und stetige Kozustandsfunktionen $(\psi_1(t), \psi_2(t), ..., \psi_n(t)) =: \psi(t)$ und stückweise stetige Multiplikatoren $(\lambda_1(t), \lambda_2(t), ..., \lambda_r(t)) =: \lambda(t)$, so daß der Vektor $(\psi_0, \psi(t),$

$\lambda(t))$ für kein $t \in [0, \infty)$ verschwindet und daß überall dort, wo $u^*(t)$ stetig ist, gilt:

a) $u^*(t)$ maximiert die Hamiltonfunktion unter den gegebenen Nebenbedingungen, d.h. es gelten die Quasisattelpunktbedingungen

$$\frac{\partial \mathscr{L}(x^*(t), u^*(t), \psi_0, \psi(t), \lambda(t), t)}{\partial u_j} = 0, \; \forall j = 1, 2, ..., m.$$

$$\left.\begin{array}{l} g^j(x^*(t), u^*(t), t) \geq 0 \\[2mm] \lambda_j(t) g^j(x^*(t), u^*(t), t) = 0 \\[2mm] \lambda_j(t) \geq 0 \end{array}\right\} \; \forall j = 1, 2, ..., r.$$

mit der Lagrangefunktion

$$\mathscr{L}(x(t), u(t), \psi_0, \psi(t), \lambda(t), t) :=$$

$$\psi_0 F(x(t), u(t), t) + \sum_{i=1}^{n} \psi_i(t) f^i(x(t), u(t), t)$$

$$+ \sum_{j=1}^{r} \lambda_j(t) g^j(x(t), u(t), t).$$

b) $\dot{\psi}_i(t) - \rho \psi_i(t) = - \dfrac{\partial \mathscr{L}(x^*(t), u^*(t), \psi_0, \psi(t), \lambda(t), t)}{\partial x_i}.$

II. Gegeben seien eine Kontrolle $u^*(t)$ und eine zugehörige Zustandstrajektorie $x^*(t)$, welche die Rangbedingung (E.IV.2.21) erfüllen. Ferner gebe es eine Konstante $\psi_0 > 0$, stückweise stetig differenzierbare Kozustände $\psi(t)$ und stückweise stetige Multiplikatoren $\lambda(t)$, welche die Bedingungen a) und b) erfüllen und für die $x^*(0) = x(0)$. Wenn außerdem für jeden zulässigen Pfad $x(t)$ gilt:

$$\lim_{t \to \infty} e^{-\rho t} \psi(t) \left[x(t) - x^*(t) \right] \geq 0,$$

und $\bar{H}^0(x, \psi, t)$ für alle Paare $(\psi(t), t)$ konkav in x ist, und alle $g^j(\cdot)$ quasikonkav in (x, u) sind, dann ist $u^*(t)$ eine optimale Kontrolle. ☺

Literaturverzeichnis

ABEL, WILHELM, *Agrarkrisen und Agrarkonjunktur*, 3. Aufl., Paul Parey: Hamburg und Berlin 1978

ABELSHAUSER, WERNER, *Wirtschaft in Westdeutschland 1945 - 1948. Rekonstruktion und Wachstumsbedingungen in der amerikanischen und britischen Zone*, Deutsche Verlags-Anstalt: Stuttgart 1975

ABRAMOWITZ, MOSES, Catching Up, Forging Ahead, and Falling Behind, in: *Journal of Economic History*, Vol. 46, 1986, S. 385-406

ABRAMOWITZ, MOSES, Rapid Growth Potential and its Realisation: The Experience of the Capitalist Economies in the Postwar Period, in: Malinvaud, Edmond (ed.), *Economic Growth and Ressources*, Proceedings of the Fifth World Congress of the International Economic Association, Macmillan: London 1979, S. 1-30

AGHION, PHILIPPE und PETER HOWITT, A Model of Growth through Creative Destruction, in: *Econometrica*, Vol. 60, 1992, S. 323-351

ALESINA, ALBERTO und DANI RODRIK, Distributive Politics and Economic Growth, in: *Quarterly Journal of Economics*, Vol. 109, 1994, S. 465-490

ALLAIS, MAURICE, *Economie et Interet*, Imprimerie Nationale: Paris 1947

ARROW, KENNETH J., *Social Choice and Individual Values*, John Wiley & Sons: New York 1951

ARROW, KENNETH J., The Economic Implications of Learning by Doing, in: *Review of Economic Studies*, Vol. 29, 1962, S. 155-173

ARROW, KENNETH J. und MORDECAI KURZ, *Public Investment, the Rate of Return, and Optimal Fiscal Policy*, John Hopkins Press: Baltimore und London 1971

ASAKO, KAZUMI, The Utility Function and the Superneutrality of Money on the Transition Path, in: *Econometrica*, Vol. 51, 1983, S. 1593-1596

BACKUS, DAVID K. und PATRICK J. KEHOE, International Evidence on the Historical Properties of Business Cycles, in: *American Economic Review*, Vol. 82, 1992, S. 864-888

BALDWIN, RICHARD, The Growth Effects of 1992, in: *Economic Policy*, Vol. 9, 1989, S. 247-281

BARKAI, HAIM, A Formal Outline of a Smithian Growth Model, in: *Quarterly Journal of Economics*, Vol. 83, 1969, S. 396-414

BARRO, ROBERT J. und XAVIER SALA-I-MARTIN, *Economic Growth*, McGraw-Hill: New York 1995

BARRO, ROBERT J. und XAVIER SALA-I-MARTIN, Public Finance in Models of Economic Growth, in: *Review of Economic Studies*, Vol. 59, 1992, S. 645-661

BARRO, ROBERT J., N. GREGORY MANKIW und XAVIER SALA-I-MARTIN, Capital Mobility in Neoclassical Models of Growth, in: *American Economic Review*, Vol. 85, 1995, S. 103-115

BAUMOL, WILLIAM J., Productivity Growth, Convergence, and Welfare: What the Long-Run Data Show, in: *American Economic Review*, Vol. 76, 1986, S. 1072-1085

BAUMOL, WILLIAM J. und WALLACE E. OATES, *The Theory of Environmental Policy*, 2nd ed., Cambridge University Press: Cambridge 1988

BECKMANN, MARTIN J. und HANS P. KÜNZI, *Mathematik für Ökonomen I*, Differentialrechnung und Integralrechnung von Funktionen einer Veränderlichen, 2. Aufl., Springer: Berlin u.a. 1973a

BECKMANN, MARTIN J. und HANS P. KÜNZI, *Mathematik für Ökonomen II*, Lineare Algebra, Springer: Berlin u.a. 1973b

BELTRATTI, ANDREA, GRACIELLA CHICHILNISKY und GEOFFREY HEAL, Sustainable Growth and the Green Golden Rule, in: Goldin, Jan und L. Alan Winters (Hrsg.), *The Economics of Sustainable Development*, Cambridge University Press: London 1995, S. 147-166

BENCIVENGA, VALERIE R. und BRUCE D. SMITH, Financial Intermediation and Endogenous Growth, in: *Review of Economic Studies*, Vol. 58, 1991, S. 195-209

BERCK, PETER und KNUT SYDSÆTER, *Economists' Mathematical Manual*, Springer: Berlin 1991

BERTOLA, GUISEPPE, Factor Shares and Savings in Endogenous Growth, in: *American Economic Review*, Vol. 83, 1993, S. 1184-1198

BLANCHARD, OLIVER JEAN, Debt, Deficits, and Finite Horizons, in: *Journal of Political Economy*, Vol. 93, 1985, S. 223-247

BLANCHARD, OLIVER JEAN und STANLEY FISCHER, *Lectures on Macroeconomics*, MIT Press: Cambridge, MA, und London 1989

BREYER, FRIEDRICH, *Ökonomische Theorie der Alterssicherung*, Vahlen: München 1990

BROCK, WILLIAM A., Money and Growth: The Case of Long Run Perfect Foresight, in: *International Economic Review*, Vol. 15, 1974, S. 750-777

BRUNNER, JOHANN K. und JOSEF FALKINGER, Umlageverfahren, Kapitaldeckung und optimales Wachstum. Drei Anmerkungen zur Replik von M. Neumann, in: *Zeitschrift für Wirtschafts- und Sozialwissenschaften*, Vol. 109, 1989a, S. 625-626

BRUNNER, JOHANN K. und JOSEF FALKINGER, Bemerkungen zur neuerlichen Erwiderung von Manfred Neumann, in: *Zeitschrift für Wirtschafts- und Sozialwissenschaften*, Vol. 109, 1989b, S. 630-631

BRUNNER, JOHANN K. und JOSEF FALKINGER, Umlageverfahren, Kapitaldeckungs-verfahren und optimales Wachstum. Zu einer Arbeit von M. Neumann, in: *Zeitschrift für Wirtschafts- und Sozialwissenschaften*, Vol. 108, 1988, S. 617-620

BUCHANAN, JAMES M., Constitutional Economics, in: *The New Palgrave*, A Dictionary of Economics, Volume 1, Macmillan: London 1987, S. 585-588

BURMEISTER, EDWIN, *Capital Theory and Dynamics*, Cambridge University Press: Cambridge 1980

BURMEISTER, EDWIN und A. RODNEY DOBELL, *Mathematical Theories of Economic Growth*, Macmillan: London 1970

BURMEISTER, EDWIN und A. RODNEY DOBELL, Disembodied Technological Change with Several Factors, in: *Journal of Economic Theory*, Vol. 1, 1969, S. 1-8

BUTTRICK, JOHN, A Note on Professor Solow's Growth Model, in: *Quarterly Journal of Economics*, Vol. 72, 1958, S. 633-636

BUTTRICK, JOHN, A Note on Growth Theory, in: *Economic Development and Cultural Change*, Vol. 9, 1960, S. 75-82

CAGAN, PHILIP, The Effects of Pension Plans on Aggregate Saving: Evidence from a Sample Survey, National Bureau of Economic Research, Occasional Paper No. 95, New York: Columbia University Press 1965

CARNAHAN, BRICE, H.A. LUTHER und JAMES O. WILKES, *Applied Numerical Methods*, John Wiley & Sons: New York u.a. 1969

CASS, DAVID, Optimum Growth in an Aggregative Model of Capital Accumulation, in: *Review of Economic Studies*, Vol. 32, 1965, S. 233-240

CHALMERS, THOMAS, *On Political Economy in Connexion with the Moral State and Moral Prospects of Society*, 2nd ed., Collins: Glasgow 1832

CHIANG, ALPHA C., *Fundamental Methods of Mathematical Economics*, 2. Aufl., McGraw-Hill: New York u.a. 1974

CLEARY, M. N. und G. D. HOBBS, The Fifty Years Cycle: A Look at the Empirical Evidence, in: Freeman, Christopher (Hrsg.), *Long Waves in the World Economy*, Frances Pinter: London und Dover 1984, S. 63-77

CLOWER, ROBERT, A Reconsideration of the Microfoundations of Monetary Theory, in: *Western Economic Journal*, Vol. 6, 1967, S. 1-8

COASE, RONALD H., The Nature of the Firm, in: *Economica*, Vol. 4, 1937, S. 386-405

COASE, RONALD H., The Problem of Social Cost, in: *Journal of Law and Economics*, Vol. 3, 1960, S. 1-44

COBB, CHARLES W. und PAUL H. DOUGLAS, A Theory of Production, in: *American Economic Review*, Papers and Proceedings, Vol. 18, 1928, S. 139-165

COHEN, DANIEL, Inflation, Wealth and Interest Rates in an Intertemporal Optimizing Model, in: *Journal of Monetary Economics*, Vol. 16, 1985, S. 73-85

DASGUPTA, PARTHA S. und GEOFFREY M. HEAL, *Economic Theory and Exhaustible Resources*, James Nisbet & Co.: Welwyn 1979

DENISON, EDWARD F., *Why Growth Rates Differ? Postwar Experience in Nine Western Countries*, The Brookings Institution: Washington, DC, 1967

DENISON, EDWARD F., *The Sources of Economic Growth in the United States and the Alternatives Before Us*, Committee for Economic Development, Supplementary Papers No. 13, New York 1962

DEUTSCHE BUNDESBANK, Zur Finanzentwicklung der gesetzlichen Rentenversicherung seit Beginn der 90er Jahre, in: *Deutsche Bundesbank*, Monatsbericht März 1995, S. 17-31

DIAMOND, PETER, National Debt in a Neoclassical Growth Model, in: *American Economic Review*, Vol. 55, 1965, S. 1126-1150

DOMAR, EVSEY D., Capital Expansion, Rate of Growth, and Employment, in: *Econometrica*, Vol. 14, 1946, S. 137-147

DOMAR, EVSEY D., Expansion and Employment, in: *American Economic Review*, Vol. 37, 1947, S. 34-55

DORNBUSCH, RÜDIGER und JACOB FRENKEL, Inflation and Growth: Alternative Approaches, in: *Journal of Money, Credit, and Banking*, Vol. 5, 1973, S. 141-156

DRAZEN, ALLAN, Inflation and Capital Accumulation under a Finite Horizon, in: *Journal of Monetary Economics*, Vol. 8, 1981, S. 247-260

DUMKE, ROLF H., Reassessing the Wirtschaftswunder: Reconstruction and Postwar Growth in West Germany in an International Context, in: *Oxford Bulletin of Economics and Statistics*, Vol. 52, 1990, S. 451-491

DÜRR, ERNST, *Wachstumspolitik*, Paul Haupt: Bern und Stuttgart 1976

EGGERTSON, THRAININ, *Economic Behavior and Institutions*, Cambridge University Press: London und Cambridge 1990

EHRLICH, ISSAC, The Problem of Development, in: *Journal of Political Economy*, Vol. 98, 1992, S. 1-11

ELTIS, WALTER und A. FRANCOIS QUESNAY: A Reinterpretation. 2. The Theory of Economic Growth, in: *Oxford Economic Papers*, Vol. 30, 1978, S. 327 - 351

EPSTEIN, LARRY G. und ALLAN J. HYNES, The Rate of Time Preference and Dynamic Economic Analysis, in: *Journal of Political Economy*, Vol. 91, 1983, S. 611-635

FAGERBERG, JAN, Technology and International Differences in Growth Rates, in: *Journal of Economic Literature*, Vol. 32, 1994, S. 1147-1175

FEENSTRA, ROBERT, Functional Equivalence between Liquidity Costs and the Utility of Money, in: *Journal of Monetary Economics*, Vol. 17, 1986, S. 271-291

FEICHTINGER, GUSTAV und RICHARD F. HARTL, *Optimale Kontrolle ökonomischer Prozesse*, Walter de Gruyter: Berlin und New York 1986

FISCHER, STANLEY, Capital Accumulation on the Transition Path in a Monetary Optimizing Model, in: *Econometrica*, Vol. 47, 1979, S. 1433-1439

FISCHER, STANLEY, Money in the Production Function, in: *Economic Inquiry*, Vol. 12, 1974, S. 518-533

FISHER, FRANKLIN M., The Existence of Aggregate Production Functions, in: *Econometrica*, Vol. 37, 1969, S. 553-557

FISHER, FRANKLIN M., Aggregate Production Functions and the Explanation of Wages: A Simulation Experiment, in: *Review of Economics and Statistics*, Vol. 53, 1971, S. 305-325

FORSTER, OTTO, *Analysis 1*, 4. Aufl., Friedrich Vieweg & Sohn: Braunschweig und Wiesbaden 1983

FORSTER, OTTO, *Analysis 2*, 5. Aufl., Friedrich Vieweg & Sohn: Braunschweig und Wiesbaden 1984

FREEMAN, CHRISTOPHER (Hrsg.), *Long Waves in the World Economy*, Frances Pinter: London und Dover 1984

FRERICH, JOHANNES und MARTIN FREY, Handbuch der Geschichte der Sozialpolitik in Deutschland, Band 3: Sozialpolitik in der Bundesrepublik bis zur Herstellung der Deutschen Einheit, 2. Aufl., Oldenbourg: München und Wien 1996

FRIEDMAN, MILTON, *A Theory of the Consumption Function*, Princeton University Press: Princeton, NJ, 1957

FRIEDMAN, MILTON, *The Optimum Quantity of Money and Other Essays*, Aldine Press: Chicago 1969

FRISCH, ARMIN, *Unternehmensgröße und Innovation. Die schumpeterianische Diskussion und ihre Alternativen*, Campus: Frankfurt am Main 1993

GANDOLFO, GIANCARLO, *Economic Dynamics*: Methods and Models, 2nd ed., North-Holland: Amsterdam 1980

GERSCHENKRON, ALEXANDER, *Economic Backwardness in Historical Perspective*, Belknap Press of Harvard University Press: Cambridge, MA, 1962

GERSTER, HANS JOACHIM, *Lange Wellen der wirtschaftlichen Entwicklung, Empirische Analyse langfristiger Zyklen für die USA, Großbritannien und vierzehn weitere Industrieländer von 1800 bis 1980*, Peter Lang: Frankfurt am Main 1988

GOLDSMITH, RAYMOND, *Financial Structure and Develoment*, Yale University Press: New Haven, CT, 1969

GOLDSTEIN, JOSHUA S., *Long Cycles: Prosperity and War in the Modern Age*, Yale University Press: New Haven und London 1988

GÖMMEL, RAINER und RAINER KLUMP, *Merkantilisten und Physiokraten in Frankreich*, Wissenschaftliche Buchgesellschaft: Darmstadt 1994

GRADUS, RAYMOND und SJAK SMULDERS, The Trade-off Between Environmental Care and Longterm Growth - Pollution in Three Prototype Growth Models, in: *Journal of Economics*, Vol. 58, 1993, S. 25-51

GREEN, JOHN A.H., *Aggregation in Economic Analysis, An Introductory Survey*, Princeton University Press: Princeton, 1964

GREENWOOD, JEREMY und BOYAN JOVANOVIC, Financial Development, Growth, and the Distribution of Income, in: *Journal of Political Economy*, Vol. 98, 1990, S. 1076-1107

GROSSMAN, GENE M. und ELHANAN HELPMAN, Endogenous Innovation in the Theory of Growth, in: *Journal of Economic Perspectives*, Vol. 8, 1994, S. 23-44

GROSSMAN, GENE M. und ELHANAN HELPMAN, *Innovation and Growth in the Global Economy*, MIT Press: Cambridge, MA, und London 1991

GROSSMAN, GENE M. und ELHANAN HELPMAN, *Innovation and Growth in the Global Economy*, MIT Press: Cambridge, MA, und London 1991

GUCKENHEIMER, JOHN und PHILIP HOLMES, *Nonlinear Oscillations, Dynamical Systems, and Bifurcations of Vector Fields*, 2nd Printing, Springer: New York 1983

GUNDLACH, ERICH, Determinanten des Wirtschaftswachstums: Hypothesen und empirische Evidenz, in: *Die Weltwirtschaft*, Heft 4, 1993, S. 466-498

HAMMOND, PETER J. und ANDRÉS RODRIGUEZ-CLARE, On Endogenizing Long-Run Growth, in: *Scandinavian Journal of Economics*, Vol. 95, 1993, S. 391-425

HANSEN, ALVIN, *Full Recovery or Stagnation*, W.W. Norton: New York 1938

HARCOURT, GEOFFREY C., The Cambridge Controversies: Old Ways and New Horizons - or Dead End?, in: *Oxford Economic Papers*, Vol. 28, 1976, S. 25-65

HARROD, ROY F., An Essay in Dynamic Theory, in: *Economic Journal*, Vol. 49, 1939, S. 14-33

HARROD, ROY F., *Toward a Dynamic Economics: Some Recent Developments of Economic Theory and their Applications to Policy*, Macmillan: London 1942

HARTWICK, JOHN, Intergenerational Equity and the Investing of Rents from Exhaustible Resources, in: *American Economic Review*, Vol. 67, 1977, S. 972-974

HELPMAN, ELHANAN, Endogenous Macroeconomic Growth Theory, in: *European Economic Review*, Vol. 36, 1992, S. 237-267

HESSE, HELMUT, Einführung in die Generaldiskussion, in: Gahlen, Bernhard, Helmut Hesse und Hans Jürgen Ramser unter Mitarbeit von Gottfried Bombach (Hrsg.), *Wachstumstheorie und Wachstumspolitik. Ein neuer Anlauf*, Schriftenreihe des Wirtschaftswissenschaftlichen Seminars Ottobeuren, Bd. 20, J.C.B. Mohr (Paul Siebeck): Tübingen 1991, S. 339-347

HEUSS, ERNST, *Allgemeine Markttheorie*, J.C.B. Mohr (Paul Siebeck): Tübingen und Zürich 1965

HICKS, JOHN R., *The Theory of Wages*, Macmillan: London 1932

HIRSCH, MORRIS M. und STEPHEN SMALE, *Differential Equations, Dynamical Systems, and Linear Algebra*, Academic Press: New York und London 1974

HOMBURG, STEFAN, Humankapital und endogenes Wachstum, in: *Zeitschrift für Wirtschafts- und Sozialwissenschaften*, Vol. 115, 1995, S. 339-366

HOMBURG, STEFAN, *Theorie der Alterssicherung*, Springer: Berlin u.a. 1987

INTRILIGATOR, MICHAEL D., *Mathematical Optimization and Economic Theory*, Prentice-Hall: Engelwood Cliffs 1971

ITO, TAKATOSHI und ANNE O. KRUEGER (eds.), *Growth Theories in the Light of the East Asian Experience*, Chicago University Press: Chicago und London 1995

JÁNOSSY, FRANZ (unter Mitarbeit von Maria Holló), *Das Ende der Wirtschaftswunder. Erscheinung und Wesen der wirtschaftlichen Entwicklung*, Neue Kritik: Frankfurt am Main 1968

JOHN, A. UND R. PECCHENINO, An Overlapping Generations Model of Growth and the Environment, in: *Economic Journal*, Vol. 104, 1994, S. 1393-1410

JONES, ERIC L., *The European Miracle. Environments, Economies and Geopolitics in the History of Europe and Asia*, University Press: Cambridge und London 1981

JORGENSON, DALE W., Empirical Studies of Depreciation, in: *Economic Inquiry*, Vol. 34, 1996, S. 24-42

KALDOR, NICHOLAS, Capital Accumulation and Economic Growth, in: Lutz, Friedrich A. und Douglas C. Hague (Hrsg.), *Proceedings of a Conference Held by the International Economic Association*, Macmillan: London 1963

KALDOR, NICHOLAS, Alternative Theories of Distribution, in: *Review of Economic Studies*, Vol. 23, 1956, S. 83-100

KATONA, GEORGE S., *Private Pensions and Individual Savings*, University of Michigan Survey Research Center: Ann Arbour 1965

KEYNES, JOHN MAYNARD, *The General Theory of Employment, Interest and Money*, Macmillan: London 1936

KEYNES, JOHN MAYNARD, *A Treatise on Money*, Vol. 1 + 2, Macmillan: London 1930

KING, ROBERT G. und SERGIO T. REBELO, Transitional Dynamics and Economic Growth in the Neoclassical Model, in: *American Economic Review*, Vol. 83, 1993, S. 908-931

KING, ROBERT G. und ROSS LEVINE, Finance, Entrepreneurship, and Growth, in: *Journal of Monetary Economics*, Vol. 32, 1993, S. 513-542

KLATT, SIGURD, Wachstumstheoretische Beziehungen in der Akkumulationstheorie von Karl Marx, in: *Jahrbücher für Nationalökonomie und Statistik*, Vol. 172, 1960, S. 240-248

KLEIN, LAWRENCE R., A Model of Japanese Economic Growth, 1878 - 1937, in: *Econometrica*, Vol. 29, 1961, S.277-292

KLODT, HENNING, Theorie der strategischen Handelspolitik und neue Wachstumstheorie als Grundlage für eine Industrie- und Technologiepolitik, in: Meyer-Krahmer, Frieder (Hrsg.), *Innovationsökonomie und Technologiepolitik. Forschungsansätze und Konsequenzen*, Physica: Heidelberg 1993, S. 196-230

KLUMP, RAINER, Wachstum und Wandel: Die "neue" Wachstumstheorie als Theorie wirtschaftlicher Entwicklung, in: *ORDO - Jahrbuch für die Ordnung von Wirtschaft und Gesellschaft*, BD. 47, Gustav Fischer: Stuttgart, erscheint in Kürze

KLUMP, RAINER, On the Institutional Determinants of Economic Development. Lessons from a Stochastic Neoclassical Growth Model, in: *Jahrbuch für Wirtschaftswissenschaft*, Vol. 46, 1995, S. 138-151

KLUMP, RAINER, Produktivitätslücken, Konvergenzprozesse und die Rolle der Wirtschaftsordnung: Anmerkungen zur "Catching up"-Hypothese, in: *Zeitschrift für Wirtschaftspolitik*, Vol. 44, 1995, S. 29-44

KLUMP, RAINER, *Geld, Währungssystem und optimales Wachstum*, J.C.B. Mohr (Paul Siebeck): Tübingen 1993

KLUMP, RAINER, Geld als Argument der Nutzen- und der Produktionsfunktion, in: *Wirtschaftswissenschaftliches Studium*, 21. Jg., 1992, S. 441-446

KLUMP, RAINER, Die Währungsreform von 1948. Ihre Bedeutung aus wachstumstheoretischer und ordnungspolitischer Sicht, in: Fischer, Wolfram (Hrsg.), *Währungsreform und Soziale Marktwirtschaft. Erfahrungen und Perspektiven nach 40 Jahren*, Duncker & Humblot: Berlin 1989, S. 403-422

KLUMP, RAINER und BEATE MÄNNEL, "Lange Wellen" der Unternehmenskonjunktur, in: *Zeitschrift für Unternehmensgeschichte*, Vol. 40, 1995, S. 1-34

KOÇAK, HÜSEYIN, *Differential and Difference Equations through Computer Experiments*, Springer: New York 1989

KOGIKU, K. C., On Friedmans Law of Economic Growth, in: *Weltwirtschaftliches Archiv*, Vol. 97, 1966, S. 153-159

KONDRATIEFF, NICOLAI D., Die Preisdynamik der industriellen und landwirtschaftlichen Waren, in: *Archiv für Sozialwissenschaft und Sozialpolitik*, Vol. 60, 1928, S. 1-85

KONDRATIEFF, NICOLAI D., Die langen Wellen der Konjunktur, in: *Archiv für Sozialwissenschaft und Sozialpolitik*, Vol. 56, 1926, S. 573-609

KOOPMANS, TJALLING C., On the Concept of Optimal Economic Growth, in: *The Econometric Approach to Development Planning*, North-Holland Publ. Co. and Rand-McNally, 1966, a reissue of Pontificiae Academiae Scientiarum Scripta Varia, Vol. 28, 1965, S. 225-300

KRELLE, WILHELM, *Theorie des wirtschaftlichen Wachstums: Unter Berücksichtigung von erschöpfbaren Ressourcen, Geld und Außenhandel*, Springer: Berlin 1985

KRELLE, WILHELM und GÜNTER GABISCH, *Wachstumstheorie*, Springer: Berlin u.a. 1972

KRELLE, WILHELM, Marx als Wachstumstheoretiker, in: *Ifo-Studien*, Vol. 16, 1970, S. 85-98

LAUMAS, PREM S. und KHAN A. MOHABBAT, Money and the Production Function: A Case Study of France, in: *Weltwirtschaftliches Archiv*, Vol. 116, 1980, S. 685-696

LEONTIEF, WASSILI W., *The Structure of the American Economy*, 1919-1939, Havard University Press: Cambridge, MA, 1941

LETICHE, JOHN M., Adam Smith and David Ricardo on Economic Growth, in: Hoselitz, Bert F. (ed.), *Theories of Economic Growth*, Free Press und Collier-Macmillan: New York und London, 1960, S. 65-88

LEVHARI, DAVID und DON PATINKIN, The Role of Money in a Simple Growth Model, in: *American Economic Review*, Vol. 58, 1968, S. 713-753

LEVINE, ROSS, Stock Markets, Growth, and Tax Policy, in: *Journal of Finance*, Vol. 46, 1991, S. 1445-1465

LIST, FRIEDRICH, *Das nationale System der Politischen Ökonomie*, Cotta: Stuttgart und Tübingen 1841

LLOYD, EMLYN, *Handbook of Applicable Mathematics*, Volume II: Probability, John Wiley & Sons: Chichester 1980

LONG, NGO VAN und NEIL VOUSDEN, Optimal Control Theorems, in: John D. Pitchford und Stephen J. Turnovsky (Hrsg.), *Applications of Control Theory to Economic Analysis*, North-Holland: Amsterdam u.a. 1977, S. 11-34

LORENZ, HANS-WALTER, *Nonlinear Dynamical Economics and Chaotic Motion*, 2nd ed., Springer: Berlin 1993

LUCAS, ROBERT E., JR., Making a Miracle, in: *Econometrica*, Vol. 61, 1993, S. 251-272

LUCAS, ROBERT E., JR., On the Mechanics of Economic Development, in: *Journal of Monetary Economics*, Vol. 22, 1988, S. 3-42

LUCAS, ROBERT E., JR., Equilibrium in a Pure Currency Economy, in: *Economic Inquiry*, Vol. 18, 1980, S. 203-220

LUCAS, ROBERT E., JR. und NANCY STOKEY, Optimal Growth with Many Consumers, in: *Journal of Economic Theory*, Vol. 32, 1984, 139 - 171

MACKENROTH, GERHARD, Die Reform der Sozialpolitik durch einen deutschen Sozialplan, in: Albrecht, Gerhard (Hrsg.), *Die Berliner Wirtschaft zwischen Ost und West* - Die Reform der deutschen Sozialpolitik durch einen deutschen Sozialplan. Verhandlungen auf der Sondertagung des Vereins für Socialpolitik, Gesellschaft für Wirtschaft- und Sozialwissenschaften, Duncker & Humblot: Berlin 1952

MACKENZIE, G. ALEXANDER, Reform der Rentensysteme in Lateinamerika, in: *Finanzierung und Entwicklung*, Vol. 32, 1995, S. 10-13

MADDISON, ANGUS, *Dynamic Forces in Capitalist Development*, Oxford University Press: Oxford 1991

MALTHUS, THOMAS R., *An Essay on the Principle of Population and a Summary View of the Principle of Population*, Johnson: London 1798

MANKIW, N. GREGORY, The Growth of Nations, in: *Brookings Papers on Economic Activity*, Vol. 1, 1995, S. 275-326

MANKIW, N. GREGORY, DAVID ROMER und DAVID N. WEIL, A Contribution to the Empirics of Economic Growth, in: *Quarterly Journal of Economics*, Vol. 107, 1992, S. 407-437

MARINI, GIANCARLO und FREDERICK VAN DER PLOEG, Monetary and Fiscal Policy in an Optimizing Model with Capital Accumulation and Finite Lives, in: *Economic Journal*, Vol. 98, 1988, S. 772-786

MARX, KARL, *Das Kapital. Kritik der politischen Ökonomie*, Band I: Der Produktionsprozeß des Kapitals, Meissner: Hamburg 1867; Band II: Der Zirkulationsprozeß des Kapitals, Meissner: Hamburg 1885; Band III: Der Gesamtprozeß der kapitalistischen Produktion, Meissner: Hamburg 1894

MEADOWS, DONELLA H., DENNIS L. MEADOWS und JORGEN RANDERS, *Beyond the Limits*, Chelsea Green Publishing: Post Mills 1992

MAUSSNER, ALFRED und BURKHARD HEER, Modellkonzepte der dynamischen Makroökonomik, in: *Wirtschaftswissenschaftliches Studium* (WIST), 24. Jg., 1995, S. 58-64

MAUSSNER, ALFRED, *Konjunkturtheorie*, Springer: Berlin u.a. 1994

MAUSSNER, ALFRED, Market versus Political Decision Making, Implications from Discounted Utility Maximization, in: *Jahrbuch für Sozialwissenschaft*, Vol. 40, 1989, S. 145-159

MAUSSNER, ALFRED, Public Consumption, Optimal Capital Accumulation, and the Social Rate of Time Preference, in: *Journal of Theoretical and Institutional Economics*, Vol. 143, 1987, S. 324-333

MCKINNON, RONALD I., *Money and Capital in Economic Development*, Brookings Institution: Washington, DC, 1973

MEADOWS, DONELLA H., DENNIS L. MEADOWS, JORGEN RANDERS und WILLIAM W. BEHRENS III, *The Limits to Growth*, Universe Books: New York 1972

MEDIO, ALFREDO, *Chaotic Dynamics, Theory and Applications to Economics*, Cambridge University Press: New York 1992

MILL, JOHN STUART, *Principles of Political Economy*, Longmans, Green and Co.: London 1848

MÖLLER, HANS, *Zur Vorgeschichte der Deutschen Mark. Die Währungsreformpläne 1945-1948*, J.C.B. Mohr (Paul Siebeck): Tübingen 1961

MOURMOURAS, ALEX, Conservationist Government Policies and Intergenerational Equity in an Overlapping Generations Model with Renewable Resources, in: *Journal of Public Economics*, Vol. 51, 1993, S. 249-268

MUELLER, DENNIS C., *Public Choice II*, Cambridge University Press: Cambridge 1989

MULLIGAN, CASEY B. und XAVIER SALA-I-MARTIN, A Note on the Time-Elimination Method for Solving Recursive Economic Models, NBER Technical Working Paper no. 116, Cambridge, MA, 1991

MUNDELL, ROBERT A., Inflation and Interest Rates, in: *Journal of Political Economy*, Vol. 71, 1963, S. 280-283

MURPHY, KEVIN M., ANDREI SHLEIFER und ROBERT W. VISHNY, Industrialization and the Big Push, in: *Journal of Political Economy*, Vol. 97, 1989, S. 1003-1026

NELSON, RICHARD, Recent Evolutionary Theorizing About Economic Change, in: *Journal of Economic Literature*, Vol. 33, 1995, S. 48-90

NELSON, RICHARD R., A Theory of Low Level Equilibrium Trap in Underdeveloped Economies, in: *American Economic Review*, Vol. 46, 1956, S. 894-908

NELSON, RICHARD R. und SIDNEY G. WINTER, *An Evolutionary Theory of Economic Change*, Harvard University Press: Cambridge, MA, und London 1982

NEFIODOV, LEO A., *Der fünfte Kondratieff: Strategien zum Strukturwandel in Wirtschaft und Gesellschaft*, Gabler: Wiesbaden 1991

NEUMANN, MANFRED, *Theoretische Volkswirtschaftslehre III, Wachstum, Wettbewerb und Verteilung*, 2. Aufl., Vahlen: München 1994

NEUMANN, MANFRED, *Zukunftsperspektiven im Wandel.* Lange Wellen in Wirtschaft und Politik, J.C.B. Mohr (Paul Siebeck): Tübingen 1990

NEUMANN, MANFRED, Erwiderung auf die Anmerkungen von Brunner und Falkinger, in: *Zeitschrift für Wirtschafts- und Sozialwissenschaften*, Vol. 109, 1989a, S. 627-629

NEUMANN, MANFRED, Eine weitere Erwiderung, in: *Zeitschrift für Wirtschafts- und Sozialwissenschaften*, Vol. 109, 1989b, S. 632

NEUMANN, MANFRED, Umlageverfahren, Kapitaldeckungsverfahren und optimales Wachstum, in: *Zeitschrift für Wirtschafts- und Sozialwissenschaften*, Vol. 108, 1988, S. 621-625

NEUMANN, MANFRED, Entlastung der gesetzlichen Rentenversicherung durch kapitalbildende Maßnahmen, in: Felderer, Bernhard (Hrsg.), *Kapitaldeckungsverfahren versus Umlageverfahren.* Demographische Entwicklung und Finanzierung von Alterssicherung und Familienlastenausgleich, Schriften des Vereins für Sozialpolitik, N.F., Bd. 163, Duncker & Humblot: Berlin 1987, S. 27-53

NEUMANN, MANFRED, Möglichkeiten zur Entlastung der gesetzlichen Rentenversicherung durch kapitalbildende Vorsorgemaßnahmen, J.C.B. Mohr (Paul Siebeck): Tübingen 1986

NEUMANN, MANFRED, Long Swings in Economic Development, Social Time Preference, and Institutional Change, in: *Journal of Institutional and Theoretical Economics*, Vol. 143, 1985, S. 21-35

NEUMANN, MANFRED, Innovationen, Wachstum und Freizeit, in: *Kyklos*, Vol. 29, 1976, S. 639-659

NEWBERY, DAVID M., Ramsey Model, in: *The New Palgrave*, Vol. 4, Macmillan: London 1987, S. 46-49

NORTH, DOUGLAS C., *Theorie des institutionellen Wandels: eine neue Sicht der Wirtschaftsgeschichte*, J.C.B. Mohr (Paul Siebeck): Tübingen 1988

NORTH, DOUGLAS C., *Structure and Change in Economic History*, W.W. Norton: New York 1981

PACK, HOWARD, Endogenous Growth Theory: Intellectual Appeal and Empirical Shortcomings, in: *Journal of Economic Perspectives*, Vol. 8, 1994, S. 55-72

PAGANO, MARCO, Financial Markets and Growth, in: *European Economic Review*, Vol. 37, 1993, S. 613-622

PATTERSON, KERRY D. und BAHRAM PESARAN, The Intertemporal Elasticity of Substitution in Consumption in the United States and the United Kingdom, in: *Review of Economics and Statistics*, Vol. 79, 1992, S. 573-584

PEROTTI, ROBERTO, Political-Economic Equilibrium: Income Distribution, Politics and Growth, in: *American Economic Review*, Vol. 82, 1992, S. 311-316

PERSSON, TORSTEN und GUIDO TABELLINI, Is Inequality Harmful for Growth ?, in: *American Economic Review*, Vol. 84, 1994, S. 600-621

PHELPS, EDMUND, The Golden Rule of Capital Accumulation: A Fable for Growthmen, in: *American Economic Review*, Vol. 51, 1961, S. 638-643

PIGOU, ARTHUR CECIL, *The Economics of Welfare*, Macmillan: London 1920

PORTER, MICHAEL E., *The Comparative Advantage of Nations*, Free Press: New York 1990

RAMSER, HANS JÜRGEN, Grundlagen der "neuen" Wachstumstheorie, in: *Wirtschaftswissenschaftliches Studium (WiSt)*, Vol. 22, 1993, S. 117-123

RAMSER, HANS JÜRGEN, Industriepolitik und Wachstumstheorie, in: Gahlen, Bernhard, Helmut Hesse und Hans Jürgen Ramser unter Mitarbeit von Gottfried Bombach (Hrsg.), *Wachstumstheorie und Wachstumspolitik. Ein neuer Anlauf*, Schriftenreihe des Wirtschaftswissenschaftlichen Seminars Ottobeuren, Bd. 20, J.C.B. Mohr (Paul Siebeck): Tübingen 1991, S. 305-327

RAMSEY, FRANK, A Mathematical Theory of Saving, in: *Economic Journal*, Vol. 38, 1928, S. 543-559

RAWLS, JOHN, *A Theory of Justice*, Harvard University Press: Cambridge, MA, 1971

REBELO, SERGIO, Long-Run Policy Analysis and Long-Run Growth, in: *Journal of Political Economy*, Vol. 99, 1991, S. 500-521

REIJNDERS, JAN, *Long waves in economic development*, Edwar Elgar: Aldershot und Hant 1990

RICARDO, DAVID, *On the Principles of Economy and Taxation*, Vol. 2, John Murray: London 1817

RIETER, HEINZ, Historische Schulen, in: Issing, Otmar (Hrsg.), *Geschichte der Nationalökonomie*, 3. Aufl., Vahlen: München 1994, S. 127-162

ROMER, PAUL M., The Origins of Endogenous Growth, in: *Journal of Economic Perspectives*, Vol. 8, 1994, S. 3-22

ROMER, PAUL M., Increasing Returns and New Developments in the Theory of Growth, in: Barnett, Wiliam A. u.a. (Hrsg.), *Equilibrium Theory and Applications*, Cambridge University Press: Cambridge, MA, 1990, S. 83-110

ROMER, PAUL M., Endogenous Technological Change, in: *Journal of Political Economy*, Vol. 98, 1990, S. 71-102

ROMER, PAUL M., Capital Accumulation in the Theory of Long-Run-Growth, in: Robert J. Barro (Hrsg.), *Modern Business Cycle Theory*, Basil Blackwell: Oxford 1989, S. 51-127

ROMER, PAUL M., Increasing Returns and Long-Run Growth, in: *Journal of Political Economy*, Vol. 94, 1986, S. 1002-1037

ROSE, KLAUS, Klassische Theorie und wirtschaftliches Wachstum, in: Dürr, Ernst (Hrsg.), *Wachstumstheorie*, Wissenschaftliche Buchgesellschaft: Darmstadt 1978, S. 21-43

ROSENSTEIN-RODAN, PAUL N., Problems of industrialization of Eastern and South Eastern Europa, in: *Economic Journal*, Vol. 53, 1943, S. 202-211

ROSTOW, WALT W., *The Stages of Economic Development: A Non-Communist Manifesto*, Cambridge University Press: Cambridge, MA, 1960

SACHVERSTÄNDIGENRAT zur Begutachtung der gesamtwirtschaftlichen Entwicklung, Jahresgutachten 1994/95, Metzler-Poeschel: Stuttgart 1994

SACHVERSTÄNDIGENRAT zur Begutachtung der gesamtwirtschaftlichen Entwicklung, Jahresgutachten 1989/90, Kohlhammer: Wiesbaden 1989

SAMUELSON, PAUL A., *Foundations of Economic Analysis*, Enlarged Edition, Harvard University Press: Cambridge, MA und London 1983

SAMUELSON, PAUL A., The Canonical Classical Model of Political Economy, in: *Journal of Economic Literature*, Vol. 16, 1978, S. 1415-1434

SAMUELSON, PAUL A., An Exact Consumption-Loan Model of Interest with or without the Social Contrivance of Money, in: *Journal of Political Economy*, Vol. 66, 1958, S. 467-482

SAMUELSON, PAUL A., The Pure Theory of Public Expenditure, in: *Review of Economics and Statistics*, Vol. 36, 1954, S. 387-389

SAINT-PAUL, GILLES, Technological Choice, Financial Markets, and Economic Development, in: *European Economic Review*, Vol. 36, 1992, S. 763-781

SAINT-PAUL, GILLES und THIERRY VERDIER, Education, Democracy and Growth, in: *Journal of Development Economics*, Vol. 42, 1993, S. 399-407

SCHMÄHL, WINFRIED, Über den Satz "Aller Sozialaufwand muß immer aus dem Volkseinkommen der laufenden Periode gedeckt werden" - Methodische und Dogmenhistorische Anmerkungen zur "Belastung" in einer Volkswirtschaft durch Nichterwerbstätige und durch Sozialausgaben, in: *Hamburger Jahrbuch für Wirtschafts- und Gesellschaftspolitik*, Bd. 26, 1981, S. 147-171

SCHMÖLDERS, GÜNTER, *Psychologie des Geldes*, Rowohlt: Reinbek bei Hamburg 1966

SCHNEIDER, JOHANNES und THOMAS ZIESEMER, What's New and What's Old in New Growth Theory: Endogenous Technology, Microfoundations and Growth Rate Predictions, in: *Zeitschrift für Wirtschafts- und Sozialwissenschaften*, Vol. 115, 1995, S. 429-472

SCHULTZ, THEODORE W., *Transforming Traditional Agriculture*, Yale University Press: New Haven 1964

SCHULTZ, THEODORE W., Investment in Human Capital, in: *American Economic Review*, Papers & Proceedings, Vol. 77, 1987, S. 1-17

SCHUMPETER, JOSEPH A., *Capitalism, Socialism, and Democracy*, Harper & Brothers: London 1942

SCHUMPETER, JOSEPH A., *Business Cycles, A Theoretical, Historical, and Statistical Analysis of the Capitalist Process*, Vol. 1 + 2, McGraw-Hill: New York und London 1939

SCHUMPETER, JOSEPH A., The Analysis of Economic Change, in: *Review of Economic Statistics*, Vol. 17, 1935, S. 2-10

SCHUMPETER, JOSEPH A., *Theorie der wirtschaftlichen Entwicklung. Eine Untersuchung über Unternehmergewinn, Kapital, Kredit, Zins und den Konjunkturzyklus*, Duncker & Humblot: Berlin 1911

SEATER, JOHN J., Ricardian Equivalence, in: *Journal of Economic Literature*, Vol. 31, 1993, S. 142-190

SEITZ, HELMUT, Konvergenz: Theoretische Aspekte und empirische Befunde für west-deutsche Regionen, in: *Konjunkturpolitik*, Vol. 41, 1995, S. 168-198

SHAW, EDWARD S., *Financial Deepening in Economic Development*, Oxford University Press: New York 1973

SHORT, EUGENIE D., A New Look at Real Monetary Balances as a Variable in the Production Function, in: *Journal of Money, Credit, and Banking*, Vol. 11, 1979, S. 326-339

SIDRAUSKI, MIGUEL, Rational Choice Patterns of Growth in a Monetary Economy, in: *American Economic Review, Papers and Proceedings*, Vol. 57, 1967, S. 534-544

SMITH, ADAM, *An Inquiry into the Nature and Causes of the Wealth of Nations*, Glasgow 1776, ed. Edwin Cannan, The University of Chicago Press: Chicago 1976

SOLOW, ROBERT M., Sustainability: An Economist's Perspective, in: *National Geographic Research & Exploration*, Vol. 8, 1992, S. 3-6

SOLOW, ROBERT M., Nobel Lecture, December 8, 1987, abgedruckt in: Robert M. Solow, Growth Theory, *An Exposition*, Oxford University Press: New York und Oxford 1988

SOLOW, ROBERT M., On the Intergenerational Allocation of Natural Resources, in: *Scandinavian Journal of Economics*, Vol. 88, 1986, S. 141-149

SOLOW, ROBERT M., Intergenerational Equity and Exhaustible Resources, in: *Review of Economic Studies*, Vol. 64, 1974, S. 29-45

SOLOW, ROBERT M., Technical Change and the Aggregate Production Function, in: *Review of Economics and Statistics*, Vol. 39, 1957, S. 312-320

SOLOW, ROBERT M., A Contribution to the Theory of Economic Growth, in: *Quarterly Journal of Economics*, Vol. 70, 1956, S. 65-94

SOLOW, ROBERT M., Investment and Technical Change, in: Kenneth J. Arrow, et al. (Hrsg.), *Mathematical Methods in the Social Sciences*, Stanford University Press: Palo Alto 1969, S. 89-104

SPENGLER, JOSEPH J., Mercantilist and Physiocratic Growth Theory, in: Hoselitz, Bert F. (ed.), *Theories of Economic Growth*, Free Press und Collier-Macmillan: New York und London, 1960a, S. 3-64

SPENGLER, JOSEPH J., John Stuart Mill on Economic Development, in: Hoselitz, Bert F. (ed.), *Theories of Economic Growth*, Free Press und Collier-Macmillan: New York und London, 1960b, S. 113-154

SPREE, REINHARD, Lange Wellen der wirtschaftlichen Entwicklung in der Neuzeit, Historische Befunde, Erklärungen und Untersuchungsmethoden, in: *Historische Sozialforschung*, Beiheft 4, Köln 1991

SPREE, REINHARD, Was kommt nach den "langen Wellen der Konjunktur"?, in: Schröder, Wilhelm H. und Reinhard Spree (Hrsg.), *Historische Konjunkturforschung*, Klett-Cotta: Stuttgart 1980, S. 304-315

STATISTISCHES BUNDESAMT, *Statistisches Jahrbuch 1995*, Wiesbaden 1995

STATISTISCHES BUNDESAMT, *Volkswirtschaftliche Gesamtrechnungen*, Fachserie 18, Reihe 1.3, Hauptbericht 1993, Wiesbaden 1994

STATISTISCHES BUNDESAMT, *Volkswirtschaftliche Gesamtrechnungen*, Fachserie 18, Reihe S. 15, Revidierte Ergebnisse 1950-1990, Wiesbaden 1991

STEINMANN, GUNTER, *Bevölkerungswachstum und Wirtschaftsentwicklung. Neoklassische Wachstumsmodelle mit endogenem Bevölkerungswachstum*, Duncker & Humblot: Berlin 1974

STOCKMAN, A.C., Anticipated Inflation and the Capital Stock in a Cash-in-Advance Economy, in: *Journal of Monetary Economics*, Vol. 8, 1981, S. 387-393

STRIGENS, EMIL, *Optimale Kapitalakkumulation. Neoklassische Wachstumsmodelle mit exogenem und endogenem Bevölkerungswachstum*, Duncker & Humblot: Berlin 1975

SUMMERS, ROBERT und ALAN HESTON, The Penn World Table (Mark 5): An Expanded Set of International Comparisons, 1950-1988, in: *Quarterly Journal of Economics*, Vol. 106, 1991, S. 327-368

SWAN, TREVOR W., Economic Growth and Capital Accumulation, in: *Economic Record*, Vol. 32, 1956, S. 334-361

TAKAYAMA, AKIRA, *Mathematical Economics*, 2. Aufl., Cambridge University Press: Cambridge u.a. 1985

TAKAYAMA, AKIRA, Permanent Income Hypothesis: An Optimal Control Theory Approach to a Classical Macro Thesis, in: *Journal of Macroeconomics*, Vol. 7, 1985, S. 347-362

TINBERGEN, JAN, Kondratieff Cycles and So-Called Long Waves, in: Freeman, Christopher (Hrsg.), *Long Waves in the World Economy*, Frances Pinter: London und Dover 1984, S. 13-18

TOBIN, JAMES, Money and Economic Growth, in: *Econometrica*, Vol. 33, 1965, S. 671-684

UZAWA, HIROFUMI, Time Preference, the Consumption Function, and Optimum Asset Holdings, in: Wolfe, James N. (Hrsg.), *Value, Capital, and Growth: Papers in Honour of Sir John Hicks*, University Press: Edinburgh 1968, S. 485-504

UZAWA, HIROFUMI, Optimum Technical Change in an Aggregative Model of Economic Growth, in: *International Economic Review*, Vol. 6, 1965, S. 18-31

VAN DER PLOEG, FREDERICK UND CEES WITHAGEN, Polution Control and the Ramsey Problem, in: *Environmental and Resource Economics*, Vol. 1, 1991, S. 215-236

VEBLEN, THORSTEIN, *Imperial Germany and the Industrial Revolution*, Macmillan: New York 1915

VERDIER, THIERRY, Models of Political Economy of Growth: A Short Survey, in: *European Economic Review*, Vol. 38, 1994, S. 757-763

VERSPAGEN, BART, Endogenous Innovation in Neo-Classical Growth Models: A Survey, in: *Journal of Macroeconomics*, Vol. 14, 1992, S. 631-662

VON NEUMANN, JOHN, Über ein Ökonomisches Gleichungssystem und eine Verallgemeinerung des Brouwerschen Fixpunktsatzes (1937), in: *Ergebnisse eines Mathematischen Kolloquiums*, 8, translated by Karl Menger as A Model of General Equilibrium, Review of Economic Studies, Vol. 13, 1945, S. 1-9

VON WEIZSÄCKER, CARL CHRISTIAN, Existence of Optimal Programs of Accumulation for an Infinite Time Horizon, in: *Review of Economic Studies*, Vol. 32, 1965, S. 85-104

VON WEIZSÄCKER, CARL FRIEDRICH, *Die Einheit der Natur*, Carl Hanser Verlag: München 1971

WADE, ROBERT, *Governing the Market: Economic Theory and the Role of Government in East Asian Industrialization*, Princeton University Press: Princeton 1990

WAN, HENRY Y. JR., *Economic Growth*, Harcourt Brace Jovanovich: New York 1971

WANG, PING und CHONG K. YIP, Alternative Approaches to Money and Growth, in: *Journal of Money and Banking*, Vol. 24, 1992, S. 553-562

WEDER, ROLF und HERBERT G. GRUBEL, The New Growth Theory and Cosean Economics: Institutions to Capture Externalities, in: *Weltwirtschaftliches Archiv*, Vol. 129, 1993, S. 488-513

WEIL, PHILIPPE, Overlapping Families of Infinitely-Lived Agents, in: *Journal of Public Economics*, Vol. 38, 1989, S. 183-198

WEIMANN, JOACHIM, *Umweltökonomik*, Springer: Berlin u.a. 1990

WEISS, LAURENCE, The Effects of Money Supply on Economic Welfare in the Steady State, in: *Econometrica*, Vol. 48, 1980, S. 565-576

WENZEL, HEINZ-DIETER und MATTHIAS WREDE, Golden Rule Fiscal Policy, in: *Schweizerische Zeitschrift für Volkswirtschaft und Statistik*, Vol. 129, 1993, S. 123-150

WILLEMS, JACQUES L., *Stabilität dynamischer Systeme*, Oldenbourg: München und Wien 1973

WILLGERODT, Hans, Das Sparen auf der Anklagebank der Sozialreformer, in: *ORDO - Jahrbuch für die Ordnung von Wirtschaft und Gesellschaft*, Bd. 9, 1957, S. 175-198

WITT, ULRICH (Hrsg.), *Evolutionary Economics*, Edwar Elgar: London 1993

WORLD BANK, *The East Asian Miracle. Economic Growth and Public Policy*, A World Bank Research Report, Washington, DC, 1993

WORLD COMMISSION ON ENVIRONMENT AND DEVELOPMENT, *Our Common Future (The Brundtland Report)*, Oxford University Press: Oxford 1987

YOUNG, ALLYN, Increasing Returns and Economic Progress, in: *Economic Journal*, Vol. 38, 1928, S. 527-542

YOUNG, ALWYN, Lessons from the East Asian NICs: A Contrarian View, in: *European Economic Review*, Vol. 38, 1994, S. 964-973

ZIESEMER, THOMAS, Public Factors and Democracy in Poverty Analysis, in: *Oxford Economic Papers*, Vol. 42, 1990, S. 268-280

Personenverzeichnis

Sachverzeichnis